Stefan Böckler

Kapitalismus und Moderne

Studien zur Sozialwissenschaft

Band 100

Westdeutscher Verlag

Stefan Böckler

Kapitalismus und Moderne

Zur Theorie fordistischer Modernisierung

Westdeutscher Verlag

Der Westdeutsche Verlag ist ein Unternehmen der Verlagsgruppe Bertelsmann International.

Umschlaggestaltung: studio für visuelle kommunikation, Düsseldorf

ISBN-13: 978-3-531-12213-7   e-ISBN-13: 978-3-322-88743-6
DOI: 10.1007/978-3-322-88743-6

VORWORT

Die vorliegende Arbeit ist als Dissertation im Rahmen meiner Tätigkeit als wissenschaftlicher Mitarbeiter am Fachbereich Gesellschaftswissenschaften der Gesamthochschule Kassel entstanden. Für die großzügigste Bereitstellung der Voraussetzungen und des Freiraums zur Erstellung dieser Arbeit möchte ich mich bei allen Mitgliedern des Fachbereichs und insbesondere bei Herrn Weiß als meinem Fachvorgesetzten und einem der Betreuer der Arbeit bedanken.

Daß ich diese Voraussetzungen auch inhaltlich nutzen konnte, habe ich vor allem Eike Hennig als weiterem Betreuer und Harry Hermanns zu danken, die mir immer wieder mit Rat zur Seite gestanden sind. Klärend waren in dieser Hinsicht auch die verschiedenen Gespräche, die ich mit Herrn Hummell und Gerd Panzer in den ersten Phasen meiner Arbeit geführt habe.

Nicht nur mit Rat, sondern auch mit Tat haben mich während der verschiedenen Phasen der Erstellung meiner Arbeit immer wieder mein Bruder Michael, Eveline Fuchs-Wissemann und Silke Stoklassa-Metz unterstützt, denen ich deshalb bei dieser Gelegenheit auch herzlich danken möchte. Nicht zuletzt möchte ich mich bei Georg Fobbe für seine abschließende Durchsicht des Manuskriptes bedanken.

Kassel, April 1990 Stefan Böckler

INHALT

EINLEITUNG:
DIE "KRISE DER MODERNE" UND DIE "KRISE DES MARXISMUS"

In den westlichen Industriegesellschaften ist mit der Zuspitzung sozialer Krisenprozesse und der damit verbundenen Infragestellung eingespielter sozialer Normen und Institutionalisierungen in den letzten Jahren gleichzeitig eine Vervielfältigung und Intensivierung in der Produktion zeitdiagnostischer Entwürfe zu beobachten. Eine allseits konstatierte gesellschaftliche Krisen- und Umbruchsituation wird für die in sozialwissenschaftlicher Form betriebene Selbstreflexion der Gesellschaft zum Anlaß der Rückbesinnung auf die grundlegenden Prinzipien des gesellschaftlichen Zusammenhangs und dessen Entwicklungsperspektiven. Neben Entwürfe, die diesen gesellschaftlichen Wandel an einzelnen, wenn auch wesentlichen Momenten moderner Vergesellschaftung festmachen und dadurch weiterhin fortbestehende Kontinuitäten festhalten möchten, tritt sogar die Auseinandersetzung um die Beendigung der weltgeschichtlichen Epoche der Moderne überhaupt.[1]

Diese aktuelle Beschleunigung und Fundamentalisierung zeitdiagnostischer Reflexion sollte allerdings über Kontinuitäten weder in deren realhistorischem Hintergrund noch dessen intellektueller Verarbeitung hinwegtäuschen. Zumindest seit Ende der 60er Jahre zeichnet sich schon das Brüchigwerden der vielfältigen Selbstverständlichkeiten des gesellschaftlichen Lebens ab. Während die 50er und beginnenden 60er Jahre - jenseits weiterer Differenzierungen[2] - durchweg als Periode grundlegender sozialer Stabilität und eines entsprechenden sozialen Konsensus begriffen werden, der bestenfalls einzelne Phänomene eines insgesamt akzeptierten Bezugsrahmens zum Thema hat werden lassen, gerät seit Mitte der 60er Jahre dieser Bezugsrahmen selbst ins Blickfeld. Aufgrund realer Verschiebungen sowohl auf dem Felde der internationalen Politik, in den politischen Kräfteverhältnissen innerhalb der westlichen Industriegesellschaften wie in der Produktions-, Qualifikations- und Konsumtionsstruktur dieser Gesellschaften entsteht erstmals nach dem Zweiten Weltkrieg das Bewußtsein einer grundlegenden

---

1 Als jüngste und vielleicht prominenteste Versuche sind hier die Arbeiten von Habermas 1985, Beck 1986 und Hirsch/Roth 1986 zu nennen. Jede dieser Krisendiagnosen liefert gleichzeitig einen entsprechenden Zukunftsentwurf derjenigen gesellschaftlichen Funktionsprinzipien, deren Herausbildung in der Bearbeitung dieser Krisenprozesse zu erwarten ist. Habermas sieht die gegenwärtige gesellschaftliche Entwicklung von der "Arbeitsgesellschaft" auf die "Kommunikationsgesellschaft" zusteuern; Beck entwirft das Szenario einer "Risikogesellschaft" als Modell einer sich vervollständigenden Moderne, während Hirsch und Roth den Kapitalismus im Übergang von seiner "fordistischen" in seine "postfordistische" Phase begriffen sehen. All diesen zeitdiagnostischen Versuchen ist gemeinsam, daß sie die jeweils thematisierten Wandlungsprozesse als institutionelle Neuanpassungen im Rahmen des übergreifenden Epochenzusammenhangs der Moderne konzipieren. Die Radikalisierung dieser Problematik im postmodernen Denken, die eine endgültige Überholtheit dieser Epoche und des ihr entsprechenden Denkens zumindest nahelegt, stellt gleichzeitig in gewisser Weise auch den zeitdiagnostischen Anspruch überhaupt in Frage, indem sie die Möglichkeit eines synthetischen Zugriffs auf die gesellschaftliche Wirklichkeit problematisiert. Als Überblick über diese Denkrichtung siehe Vester 1985. Zur Problematik von Zeitdiagnosen in der aktuellen gesellschaftlichen Situation aus einer andersartigen Perspektive siehe Habermas 1979a, S. 10ff.

2 Je nach wissenschaftlicher und politischer Position wird dieses Merkmal der 50er Jahre unterschiedlich akzentuiert; aber selbst bei Historikern wie Schwarz 1981, S. 375ff., die im Hinweis auf die zahlreichen Wandlungsprozesse während der 50er Jahre den qualitativen Sprung zur nachfolgenden Periode zu relativieren suchen, bleibt weiterhin eine eher statische Interpretation dieser Jahre beherrschend.

Dynamisierung der gesellschaftlichen Verhältnisse.[3] Unter dem Einfluß eines relativ neuartigen und kaum vorausgesehenen Typus sozialer Bewegung - der Studentenbewegung - verdichtet sich diese neue Sichtweise zeitweilig durchaus in gesellschaftliches Krisenbewußtsein.

Auch die sozialwissenschaftliche Diskussion kann sich in den folgenden Jahren den damit aufgeworfenen Fragen nicht entziehen. Sowohl die anhebende Auseinandersetzung über die Merkmale spätkapitalistischer Gesellschaften, die Besinnung auf die Eigenarten und systematischen Defizite moderner Vergesellschaftung[4] wie schließlich die Entwicklung des Konzeptes einer neuartigen, postindustriellen Phase gesellschaftlicher Entwicklung stellen die Früchte dieser Diskussion dar.[5]

Ausgehend von dieser erstmaligen Problematisierung des gesellschaftlichen Zusammenhangs in seiner Gesamtheit läßt sich - ohne zwischenzeitliche Phasen sozialer und ideologischer Restabilisierung zu berücksichtigen - bis in die Gegenwart ein Prozeß der Ausweitung gesellschaftlicher Krisenprozesse und des entsprechenden Krisenbewußtseins konstatieren.[6] Seit Mitte der 70er Jahre zeichnet sich dabei eine Vertiefung entsprechender gesellschaftlicher Problemlagen ab: von ökonomischen Problemen wie der wachsenden Verelendung der 3. Welt und der zunehmenden Arbeitslosigkeit in den westlichen Industrienationen, über die Zuspitzung des nicht nur atomaren Wettrüstens, zunehmende politsche Legitimationsprobleme bis hin zur Problematisierung tief verankerter sozio-kultureller Wertorientierungen. Ausdruck dieser Ausweitung und Vertiefung gesellschaftlicher Krisenprozesse stellt die angesprochene Vervielfältigung und Intensivierung der zeitdiagnostischen Selbstreflexion der Gesellschaft dar. Der Grundsätzlichkeit wie Unübersichtlichkeit[7] dieser realhistorischen Prozesse korrespondiert dabei die Mannigfaltigkeit und Radikalität zeitdiagnostischer Entwürfe, ohne daß allerdings bis auf weiteres absehbar ist, ob und wie diese Diskussion - wenn auch nicht einheitliche - so zumindest überschaubare und eingrenzbare alternative Konzeptualisierungen der gegenwärtigen Phase gesellschaftlicher Entwicklung und ihrer in die Zukunft weisenden Tendenzen erbringen soll.

Einen bedeutsamen Strang zu diesem sich nunmehr seit 20 Jahren entfaltenden zeitdiagnostischen Diskurs steuert nicht zufälligerweise die marxistische Theorietradition bei; vielmehr scheint diese von ihren grundsätzlichen Ansprü-

3 Zu den verschiedenen Dimensionen dieses Umwälzungsprozesses siehe zum Beispiel Cavalli/Martinelli 1971.

4 Siehe dazu beispielsweise Berger u. a. 1975.

5 Zur Postindustrialismustheorie siehe den Reader von Kern 1984 und Touraine 1972. Kern (S. 16ff.) arbeitet in der Einleitung dieser Textsammlung heraus, wie dieser Theorie das reale Kontingentwerden traditioneller Vergesellschaftungsprinzipien zum Anlaß der Wiederbelebung einer historisierenden, sogar "historizistischen" Betrachtungsweise und einer umfassenden, "spekulativen" Besinnung auf diese Prinzipien und deren mögliche Alternativen wird. - Zum Zusammenhang dessen, was dem Sozialwissenschaftler an Bestandteilen der gesellschaftlichen Totalität *theoretisch* zur Disposition steht, und dem Umfang der *realen* Problematisierung dieser Totalität siehe treffend Habermas 1981b, S. 590. Die schrittweise wissenschaftliche Thematisierung des einen solchen gesellschaftlichen Gesamtzusammenhang betreffenden Hintergrundwissens hängt demnach selbst von der Entwicklung realer gesellschaftlicher Problemlagen ab.

6 Wenn im folgenden von "sozialen Krisenprozessen" die Rede ist, geht es dabei immer schon um beide Momente, d. h. die Einheit objektivierter, institutioneller Dysfunktionalitäten und deren Verarbeitung im Alltagsbewußtsein der Handelnden. Zu der komplexen Beziehung zwischen beiden gleichermaßen konstitutiven Momenten sozialer Krisen siehe Habermas 1973, S. 9ff.

7 Zum Begriff der "neuen Unübersichtlichkeit" und seinen objektiven und subjektiven Implikationen siehe Habermas 1985, S. 143.

chen her geradezu prädestiniert für die Erarbeitung angemessener Zeitdiagnosen in gesellschaftlichen Krisensituationen. Indem sie davon ausgeht, daß moderne Industriegesellschaften aufgrund ihrer kapitalistischen Organisationsprinzipien prinzipiell von gesellschaftlichen Widersprüchen gekennzeichnet sind, die ihren praktischen Ausdruck in periodisch auftretenden, sich vertiefenden Krisen finden, besitzt diese Theorietradition im Vergleich zu gesellschaftstheoretischen Ansätzen, für die eher Mechanismen gesellschaftlicher Stabilität im Zentrum des Interesses stehen, einen entscheidenden Startvorteil in der Analyse solcher Situationen.[8]

Tatsächlich gelang es der marxistischen Theorie zumindest im ersten Abschnitt der Konkurrenz zeitdiagnostischer Entwürfe, sich diesen Vorteil zunutze zu machen. Ende der 60er bis etwa Mitte der 70er Jahre machte sich dies in einem entscheidenden Zuwachs an intellektuellem Einfluß marxistisch orientierter Sozialwissenschaftler bemerkbar. Zwar gelang es diesen nicht, in ihrem Einflußbereich die intellektuelle Hegemonie zu gewinnen, aber zumindest bewirkten sie eine gewichtige Verschiebung im Machtgefüge wissenschaftlicher Selbstverständigung von Gesellschaft.[9]

Seit Mitte der 70er Jahre beginnt sich allerdings auch auf diesem Gebiet eine "Tendenzwende" (Habermas 1979a, S. 17) oder gar ein "scharfer Bruch" (Blanke 1979, S. 259) abzuzeichnen, in dem ein solcher Bonus der marxistischen Theorie zunehmend verlorengeht. Explizit wird dieser Prozeß 1977 mit der Beschwörung einer "Krise des Marxismus" durch Louis Althusser.[10]

Jenseits der konkreten politischen Enttäuschungen und daran anknüpfenden strategischen Verunsicherungen, die dieser Krise zugrunde liegen[11], steht eine solche Diagnose, soweit sie die theoretischen Gehalte des Marxismus betrifft, keineswegs schlichtweg für dessen Scheitern in der Erklärung und Voraussage gesellschaftlicher Entwicklungen, sondern eher für eine spezifische Ambivalenz von Erfolg und Mißerfolg in dieser Beziehung. Zwar haben sich die Krisenprognosen der marxistischen Theorie bezogen auf die ökonomische Entwicklung - vor allem an-

---

8 Ebbighausen (1985, S. 84ff.) macht dementsprechend die Renaissance marxistischer Theoriebildung in der politischen Soziologie und ihren Erfolg gegenüber modernisierungstheoretischen Ansätzen genau an diesem grundlegend krisentheoretischen Herangehen fest.

9 Siehe hierzu Blanke 1979, S. 259, der von einer "dominierenden Minderheit" von Marxisten in den Sozialwissenschaften bis etwa 1975/76 spricht. Ähnlich Ebbighausen a.a.O., S. 85ff.

10 Zum konkret-politischen Zusammenhang dieser Diagnose wie auch zu ihrem strategischen und theoretischen Hintergrund siehe Heft 36 der Zeitschrift "Probleme des Klassenkampfes" aus dem Jahre 1979. Dieses Heft ist insgesamt diesem Thema gewidmet. Anknüpfend daran siehe Heimann 1981.

11 Hierbei handelt es sich sowohl um Fragen der Entwicklung realsozialistischer Länder wie Strategieprobleme der kommunistischen Arbeiterbewegung in den kapitalistischen Nationen, insbesondere die Auseinandersetzung um den Eurokommunismus. Beide Komplexe gaben zunächst Anlaß zur Infragestellung konkreter strategischer Orientierungen, wurden in der Folge aber zunehmend eingebunden in die Problematisierung fundamentalerer Annahmen dieser theoretischen und politischen Tradition des Marxismus. Zu diesem Zusammenhang und der daraus entspringenden Wendung auf die gesellschaftstheoretischen Fundamente dieser Tradition siehe Hirsch/Roth 1986, S. 8f.und Wolf 1979, S. 28. - Im folgenden soll es im wesentlichen um diese Weiterungen in das Theoriegebäude des Marxismus gehen. Dies ergibt sich zum einen aus der starken Orientierung an der westdeutschen Diskussion über die "Krise des Marxismus", die aufgrund einer fehlenden marxistisch orientierten Arbeiterbewegung und entsprechender Organisationen weitgehend akademisch geblieben ist. (Prokla 1979, S. 4) Zum anderen ist diese Beschränkung Ausdruck der für diese Arbeit gewählten *gesellschaftsanalytischen* Argumentationsebene. *Bewegungstheoretische* und *strategische* Fragen werden von daher nur in dem Maße einbezogen, in dem sie in unmittelbarer Beziehung zu entsprechenden gesellschaftstheoretischen Erklärungsproblemen stehen. Zu diesen Ein- bzw. Ausgrenzungen innerhalb des übergreifenden Bezugsrahmen des Marxismus und seiner Krise siehe im weiteren.

gesichts der noch bis weit in die 70er Jahre gegen solche Prognosen ins Feld geführten Evidenzen empirischer und theoretischer Art - in hohem Maße bewährt. Seit Mitte der 70er Jahre verläuft die ökonomische Entwicklung in den westlichen Industrienationen unbestreitbar entlang der Grundlinien von Krisenzyklizität und -vertiefung, wie sie die Marxsche Kritik der Politischen Ökonomie vorgezeichnet hat.[12]

Begleitet und damit in ihren Resultaten zunichte gemacht wird diese Bewährung marxistischer Theorie allerdings von dem Scheitern nahezu aller Voraussagen bzgl. des konkreten Verlaufes und der gesamtgesellschaftlichen wie insbesondere der politischen Konsequenzen dieser wiederum zu Tage getretenen Krisendynamik.

Besonders deutlich ist dieses Verfehlen der realen gesellschaftlichen Entwicklung an den klassentheoretischen Bestandteilen der marxistischen Theorie geworden, die gleichzeitig als Brücke zwischen Theorie- und Strategiebildung einen besonders sensiblen Bereich dieser Tradition darstellen.[13] Statt der erwarteten Remobilisierung der Arbeiterbewegung - angesichts einer mit der ökonomischen Krise verbundenen Verschlechterung der Lebensbedingungen von Lohnarbeitern - und der damit gleichzeitig vorausgesagten Entetatisierung und Entinstitutionalisierung von deren organisierter Interessensvertretung haben sich die Phänomene der Entpolitisierung und Fragmentierung der Arbeiterklasse, die bisher gerade der Stabilität der ökonomischen Entwicklung zugeschrieben wurden, in deren krisenhafter Phase eher noch konsolidiert.[14] Vervollständigt wurde diese Irritation angesichts des Nichteintretens erwarteter Ereignisse durch das Hervortreten einer Vielzahl unvorhergesehener sozialer Entwicklungen von unbezweifelbarer gesellschaftlicher Relevanz. Neben die ökonomischen Krisenprozesse traten im Verlauf der 70er Jahre in zunehmendem Maße andersartige Krisenerscheinungen, die nicht mehr ohne weiteres als unmittelbarer Ausfluß ökonomischer Entwicklungen zu begreifen waren, aber gleichzeitig - ganz anders als diese - zum Anlaß umfassender sozialer und politischer Auseinandersetzungen wurden.[15]

Mit dem Hervortreten solcher ökologischer, politischer und sozio-kultureller Krisenprozesse und den an sie anknüpfenden sogenannten Neuen sozialen Bewegungen geraten seit Mitte der 70er Jahre tragende Säulen sowohl der Theorie- wie Strategiebildung der marxistischen Tradition ins Wanken: Weder läßt sich ohne weiteres an der einheitsstiftenden Bedeutung ökonomischer Prozesse in der Erklärung der gesamtgesellschaftlichen Entwicklung festhalten, noch läßt sich die

12 Dieser Erfolg der orthodoxen Varianten der marxistischen Theorie ist besonders hervorzuheben, weil er häufig in deren Außen- wie Selbstkritik gegenüber den offensichtlich zu Tage getretenen Defiziten in den Hintergrund geraten ist. - Zumindest bis 1973 galt außerhalb der orthodoxen Strömungen des Marxismus einhellig die Überzeugung, der Kapitalismus sei in der Lage, seine ökonomische Krisendynamik zu bändigen. Unterschiedliche Einschätzungen gab es lediglich bzgl. der Kosten, die mit einer solchen ökonomischen Stabilisierung für andere gesellschaftliche Bereiche verbunden sind. Gerade aus diesem Grunde stellt das erneute Hervortreten der ökonomischen Krisendynamik kapitalistischer Gesellschaften für diejenigen antiorthodoxen Ansätze, die sich auf die Analyse der krisenhaften Konsequenzen solcher außerökonomischer Kosten kapitalistischer Vergesellschaftung konzentriert haben, umgekehrt einen Mißerfolg dar.

13 Auf Basis des programmatischen Anspruches des Marxismus als theoretische Verständigung praktischer sozialer Auseinandersetzungen berührt dies grundsätzlich seine Legitimation auch als theoretisches System. Zu diesem konstitutiven Zusammenhang von marxistischer Gesellschaftstheorie und sozialen Bewegungen siehe Hirsch/Roth 1986, S. 12ff.

14 Zu diesen gescheiterten Prognosen siehe Ebbighausen 1985, S. 86ff.

15 Siehe dazu Ebbighausen a.a.O., S. 87 und Blanke 1979, S. 255.

eindeutige Zuordnung zwischen sozialstrukturellen Krisenprozessen zu bestimmten Formen und sozialen Trägern politischen Handelns aufrechterhalten. Allzu offensichtlich treten diese Annahmen zumindest in der Form, in der sie bisher formuliert worden waren, in Gegensatz zur Vielfalt und Komplexität der tatsächlichen gesellschaftlichen Entwicklung. Das damit auch für die marxistische Theorie eingeläutete "Ende der Gewißheit" (Berger 1983, S.474) leitet gleichzeitig einen Dissoziationsprozeß dieser Tradition ein, der bisher noch keineswegs abgeschlossen ist.

Als vorläufige Resultate dieses Prozesses zeichnen sich neben den extremen Varianten eines orthodoxen Festhaltens an den zur Diskussion stehenden Annahmen und einer Absage an diese Form der Theoriebildung überhaupt verschiedene Versuche einer Erneuerung dieser Tradition durch partielle Revisionen und Reformulierungen ab. Durch Einbeziehung andersartiger Theorietraditionen[16] oder Reaktivierung bisher eher unbeachtet gelassener Lesarten des Marxismus selbst wird ausgelotet, inwieweit zentrale Annahmen dieser Theorie auch zur Erklärung historisch offensichtlich neuartiger Phänomene weiterhin verwendbar sind.

Die vorliegende Arbeit soll einen Beitrag zu diesem eher experimentell betriebenen Prozeß in Richtung auf eine Überwindung der "Krise des Marxismus" leisten. Gerade wegen der grundsätzlichen wie übergreifenden Sichtweise der Probleme marxistischer Theoriebildung, wie sie mit der Auseinandersetzung um diese Krise verbunden worden ist, stellt sich dabei allerdings schon im Ausgangspunkt eine grundlegende methodische Schwierigkeit. Jede solche umfassende Rede von der "Krise *des* Marxismus" unterstellt auf der Seite dieser Denktradition eine Einheit, die ein Blick nicht nur auf die Werke ihrer Begründer[17] sondern vielmehr noch auf ihre inzwischen 100jährige Weiterentwicklung nur schwerlich sichtbar werden läßt. Genausowenig wie sich die jeweils aufgewiesenen theoretischen Probleme und Widersprüche ohne weiteres dieser Tradition in all ihren vielfältigen Gestalten zuordnen lassen, ist ohne weiteres auszumachen, inwiefern die aus solchen Problemen gefolgerten notwendigen Modifikationen oder Ergänzungen nicht doch innerhalb einer dieser Gestaltungen selbst schon präsent sind.[18]

16 Siehe dazu Ebbighausen a.a.O., S. 89.

17 Auf die Heterogenität und Ambivalenz der Marxschen Arbeiten selbst und deren Konsequenzen für ihre Rezeptionsgeschichte hat Kolakowski 1977, Bd. 1, S. 17f. hingewiesen. - Auch wenn in der Folge davon ausgegangen wird, daß die Marxschen Theorie durchaus von einheitsstiftenden Gesichtspunkten bestimmt ist, wird genauso deutlich werden, daß sich die verschiedenen und zum Teil gegensätzlichen Marxinterpretationen auf Züge der Marxschen Arbeiten berufen können, die sich diesem einheitsstiftenden Zusammenhang keineswegs fügen. Wie wohl bei jedem anspruchsvollen Theoretiker müßte eine angemessene Rezeption auch bei Marx im wesentlichen rekonstruktiv vorgehen.

18 Auf die zwei Seiten dieser Problematik haben Wolf 1979, S. 25 und Blanke 1979, S. 35 hingewiesen: Genausowie "es '*den* Marxismus' als eine einheitliche Größe gar nicht gibt - und schon gar nicht seine 'Krise' als ein hinreichend einheitliches Phänomen", "drückt ... jede 'schöpferische Weiterentwicklung' eine neue Lesart oder Revision existierender Marxismen aus". Das Bewußtsein dieser Schwierigkeit der Rede von der "Krise des Marxismus" und deren "Überwindung" hält beide aber berechtigterweise nicht von der Entwicklung allgemeiner Bestimmungen dieses Zusammenhanges ab. - Tatsächlich muß jeder Versuch der Überschreitung der Analyse einzelner Stränge der marxistischen Theoriebildung einen solchen Vorgriff auf das, "was in allen bisherigen Bestrebungen die wesentlichen Elemente des Marxismus sind und was *marxistisch* bedeutet" (Vranicki 1983, S. 9) wagen. Davon unberührt bleibt allerdings die Frage, auf welchem systematischen und theoriegeschichtlichen Hintergrund dieses Wagnis eingegangen wird, wie

Vertieft werden die Schwierigkeiten eines derart abstrahierenden Umgangs mit einer überaus komplexen Theorietradition dadurch, daß auch die vorliegenden Versuche zu deren theoriegeschichtlicher Verarbeitung in dieser Beziehung nur wenig hilfreich sind. In ihrer dominant an geschichtlichen Kriterien wie zeitlichem Ablauf, nationaler Zugehörigkeit oder gar persönlichen Zusammenhängen orientierten Darstellungsweise wird die "Geschichte des Marxismus" gerade nicht als Geschichte der Entfaltung eines überschaubaren Umkreises grundsätzlicher Fragestellungen oder Probleme nachgezeichnet, die angezielte Einheit dieser Denktradition in ihrer Heterogenität nicht hinreichend sichtbar.[19]

Will man vor diesem Defizit in einer systematisch angeleiteten theoriegeschichtlichen Verortung der aktuellen Krise des Marxismus nicht den Rückzug in die Theoriegeschichte selbst antreten - etwa in Richtung auf die angedeutete systematische Nachzeichnung der Grundlinien und -probleme dieser Tradition seit ihren Begründern[20] - oder sich vorwiegend den aktuellen Formen der "Krise des Marxismus" und ihrer Überwindung zuwenden[21], legt sich eine dritte vermittelnde Herangehensweise nahe, die in allerdings unvermeidlich selektiver Form sowohl dem historischen Hintergrund wie der Gegenwart der "Krise des Marxismus" gerecht zu werden erlaubt. Dreh- und Angelpunkt eines solchen Versuches wird in der vorliegenden Arbeit die schon angesprochene "Renaissance" des Marxismus, wie sie die Studentenbewegung eingeleitet hat, sein. Eine einheitsstiftende Funktion wird der Theoriebildung dieser sozialen Bewegung dabei einerseits in bezug auf die gegenwärtige Krise des Marxismus zugeschrieben: Zwar hat die von ihr ausgehende Wiederbelebung des Marxismus in den 70er Jahren eine von ihrer Intensität seit einem halben Jahrhundert her nicht mehr erreichte Auseinandersetzung mit der marxistischen Tradition eingeleitet, dabei aber auch die Pro-

weit die Risiken eines solchen Vorgriffs auf die Totalität einer Theorietradition jeweils zu mindern gesucht werden.

19 Siehe dazu die schon angesprochenen Arbeiten von Vranicki und Kolakowski. Beiden Autoren ist zwar die Unzulänglichkeit einer solchen *ausschließlich* historischen Strukturierung der "Geschichte des Marxismus" bewußt; sie gilt ihnen aber als notwendiger Ausdruck des geringen Entwicklungsgrades einer systematisch und wissenssoziologisch orientierten Bearbeitung dieser Geschichte. Siehe dazu Vranicki 1983, S. 9ff. - Ein besonderes Verdienst für die Auseinandersetzung mit der Geschichte des Marxismus kommt den Bemühungen von Iring Fetscher zu. Siehe dazu insbesondere dessen Arbeiten aus den Jahren 1967 und 1976, an denen allerdings die angesprochene Schwierigkeit gleichfalls deutlich wird: Während erstere Arbeit über eine kommentierte Textsammlung kaum hinausgeht, kann die zweite Arbeit aufgrund ihres systematischen Zugriffes auf die marxistische Theorie trotz der vielfältigen theoriegeschichtlichen Hinweise der Komplexität der Geschichte dieser Theorie letztlich nicht gerecht werden.

20 Allein vom Umfang eines solchen Vorhabens her würde dabei allerdings eine systematisch orientierte Auseinandersetzung mit den aktuellen Verlaufsformen der "Krise des Marxismus" und den entsprechenden Lösungsversuchen in den Hintergrund geraten. Tatsächlich überschreiten die entsprechenden Versuche, zumindest Ausschnitte aus der "Geschichte des Marxismus" nachzuzeichnen, selten den jeweils gewählten theoriegeschichtlichen Bezugsrahmen und beschränken sich dabei auf einen im wesentlichen rekonstruktiven Umgang mit diesem. Siehe dazu beispielsweise die Arbeiten von Gangl 1987 und Leineweber 1977.

21 Diese Auflösung der angesprochenen Schwierigkeiten bietet Wolf (1979, S. 25) an, indem er die Auseinandersetzung um die "Krise des Marxismus" von der Diskussion über "die Totalität der Marxismen" hin auf die "gegenwärtige ... lebendige marxistische Theorie" orientieren möchte. - Dieser Schnitt in der Diskussion mag zwar eine pragmatisch sinnvolle Form des Umgangs mit diesen Schwierigkeiten sein, löst sie aber keineswegs in einem grundsätzlichen Sinn; in der Zuordnung der Probleme aktueller Theorie- und Strategiebildung zum übergreifenden Bezugsrahmen des Marxismus bleiben diese vielmehr weiterhin unterstellt. Tatsächlich kommt der Autor in seiner Krisendiagnose und dem Aufweis von Lösungsperspektiven ohne beständige Verweise auf einen übergreifenden theoriegeschichtlichen Zusammenhang nicht aus: Von Bernstein über die Frankfurter Schule bis hin zum Austromarxismus bleibt nahezu kein Strang dieses Zusammenhangs unerwähnt. (a.a.O., S. 32)

blemgehalte dieser Tradition erneut und massiv zu Tage treten lassen. Daß die dabei hervorgetretenen sachlichen Probleme tatsächlich zurückverweisen auf strukturierende Fragen der marxistischen Tradition in ihrer Gesamtheit, hängt andererseits damit zusammen, daß die Studentenbewegung selbst sich durchaus in Beziehung gesetzt hat zu den geschichtlichen Gestalten dieser Tradition, insbesondere zu denjenigen Formen, die diese in den 20er und 30er Jahren[22] im sogenannten "westlichen Marxismus" angenommen hat.

Daß über die Verortung der gegenwärtigen marxistischen Diskussion in diesem Bezugsrahmen ein Zugriff auf grundlegende Fragen der marxistischen Tradition möglich ist, hängt mit der spezifischen Stellung des "westlichen Marxismus" in dieser Tradition zusammen. Nicht nur läßt sich das von ihm verfolgte Projekt als ausdrückliche und systematische Auseinandersetzung mit den historisch vorangegangenen Formen marxistischer Theoriebildung begreifen[23], sondern stellt es auch einen genauso ausdrücklichen Rückgriff auf die Begründer dieser Tradition dar.[24] Anknüpfend an eine solche Rückwendung auf die eigenen theoriegeschichtlichen Voraussetzungen hat diese "reiche, vielfältige, schöpferische Phase der Entwicklung des marxistischen Denkens" (Vranicki 1983, Bd. 2, S. 486) dabei den Grundfragen und -problemen dieses Denkens eine Formulierung gegeben, die in ihrer Radikalität für deren weitere produktive Entfaltung entscheidende Bezugspunkte geliefert hat, in ihrem letztendlichen Scheitern an der Bearbeitung dieser Fragen gleichzeitig aber auch durchaus destruktive Konsequenzen für diese Theorietradition freigesetzt hat.

Die damit unterstellte ambivalente Stellung des "westlichen Marxismus" innerhalb der marxistischen Denktradition läßt sich dabei selbst noch begreifen aus den theoriepolitischen Bedingungen seiner Herausbildung.[25] Schon seine Charakterisierung als "westlich" verweist auf eine realgeschichtlich fundierte Regionalisierung auch der Theorieentwicklung des Marxismus.[26] Einen ersten Schritt in ei-

---

22 Dem Zusammenhang zwischen zentralen Motiven der Marxismusdiskussion der 20er und 30er Jahre geht die Arbeit von Bock (1976) nach. Im Unterschied zu der dort vertretenen Hervorhebung der Rolle der rätekommunistischen Linksopposition wird hier allerdings den Theoretikern, die dem "westlichen Marxismus" im engeren Sinn zuzuordnen sind (zu diesem Personenkreis siehe Anderson 1978, S. 46), eine weitaus gewichtigere Rolle zugeschrieben. Daß darüber hinaus innerhalb dieses Bezugsrahmens selbst der Kritischen Theorie eine Schlüsselfunktion zugeordnet wird, ist einer der Gründe, aus denen diese im folgenden eine besondere Würdigung erfährt.

23 Daß sich die Arbeiten von Lukacs und Korsch als den Begründern dieses Projekts unmittelbar in der Auseinandersetzung mit den zum damaligen Zeitpunkt dominierenden "revisionistischen" und "orthodoxen" Lesarten der Marxschen Theorie herausgebildet haben, bedarf keiner weiteren Erläuterung. (Siehe dazu unter vielen Breuer 1977, S. 88.) Gangl (1987, S. 21ff.) hat darüber hinaus herausgearbeitet, daß sich das Programm des "westlichen Marxismus" genauso als Auseinandersetzung mit dem im Ausgang des 19. Jahrhunderts geführten "Revisionismusstreit" und dessen Weiterführung in den daran anknüpfenden Diskussionen innerhalb der Sozialdemokratie begreifen läßt.

24 Dutschke hat diese Phase der Entwicklung des Marxismus in seiner "Bibliographie des revolutionären Sozialismus" deshalb unter das Motto "Zurück zu Marx" gestellt. (1969, S. 1) Gangl hat die Bemühungen des "westlichen Marxismus" als "Reformulierungsversuch der Marxschen Theorie" (a.a.O., S. 122) gekennzeichnet.

25 Zu den hier nur angedeuteten geschichtlichen Hintergründen der Herausbildung des "westlichen Marxismus" siehe im weiteren ausführlicher. Zu Begriff und Geschichte dieses Projekts siehe zuerst Merleau-Ponty 1955 (1968) und umfassend Anderson 1978.

26 Fetscher (1967, S. 31f.) hat diese Regionalisierung marxistischer Theoriebildung nach dem Ersten Weltkrieg dementsprechend als Prozeß einer zunehmenden "Auseinanderentwicklung von sowjetischem und 'westlichem' Marxismus" bestimmt. Vranicki (a.a.O., Bd. 1, S. 13) faßt denselben Prozeß als Gegenübertreten von "zwei 'Lagern'" auch in der "Entwicklung des theoretischen Denkens". Auf der konstitutiven Bedeutung, die der Entwicklung der Arbeiterbewegung

nem solchen Spaltungsprozeß stellte die Krise des Internationalismus der Arbeiterbewegung im ersten Weltkrieg dar. War während der revolutionären Auseinandersetzungen nach dessen Beendigung trotz der daraus erwachsenen politischen Spaltung der Arbeiterbewegung zumindest grundsätzlich noch deren internationale Einheit konzipierbar, trat mit den andersartigen Resultaten dieser Auseinandersetzungen endgültig ein unterschiedlicher praktischer Bezugsrahmen für die marxistische Theoriebildung hervor. Während der praktische Erfolg der Revolution in der Sowjetunion kaum Zweifel an den theoretischen Gehalten einer Denktradition, die maßgeblich zu einem solchen Erfolg beigetragen zu haben schien, nahelegte, stand für die "westlichen Marxisten" aufgrund der enttäuschten Hoffnungen auf einen entsprechenden Erfolg auch "im Westen" schon damals die "Krise des Marxismus" nicht nur in seinen politischen und strategischen Dimensionen auf der Tagesordnung.[27] Diese real- wie theoriegeschichtliche Konstellation erzwang nicht nur die angesprochene Rückwendung auf die Voraussetzungen des marxistischen Denkens zum Zwecke der Krisenbewältigung, sondern ermöglichte gleichzeitig eine Abgrenzung von den Dogmatisierungsprozessen, denen zu dieser Zeit der "östliche Marxismus" zunehmend unterlag.[28] Wie sich in der Folge gezeigt hat, mußten allerdings auch die Bemühungen des "westlichen Marxismus", demgegenüber an den kritischen[29] Gehalten des Marxismus festzuhalten, den Preis für die sich mit diesen Prozessen vertiefende Spaltung innerhalb der marxistischen Theoriebildung bezahlen. Mit der Abgrenzung von den verschiedenen Varianten der Marxorthodoxie war nicht nur eine zunehmende Distanz zur politischen Praxis der Arbeiterbewegung, sondern auch eine den Defiziten dieser Orthodoxie in gewisser Weise komplementäre theoretische Ausgrenzung zentraler Teile der marxistischen Denktradition verbunden. Hatten ursprünglich auch für den "westlichen Marxismus" die ökonomischen Vergesellschaftungsformen im Zentrum der angezielten Reformulierung der Marxschen Theorie zu stehen, gerieten diese tatsächlich im Verlauf seiner Entfaltung zunehmend an den Rand der Betrachtung.[30]

---

für die theoretischen Auseinandersetzungen innerhalb des Marxismus überhaupt zukommt, hat Korsch immer wieder beharrt. Siehe beispielsweise seinen Aufsatz aus dem Jahre 1931 (1971, S. 167).

27 Siehe dazu Gangl a.a.O., S. 123 in Anknüpfung an Korsch 1923.

28 Auf diese doppelte Intention der Arbeiten von Lukacs hat Kammler (1974, S. 319) hingewiesen: Einerseits stellten diese Arbeiten "ein Rückzugsgefecht der konkreten revolutionären Bewegtheit der großen Jahre, den Versuch also, die theoretische Substanz einer von weltrevolutionären Hoffnungen erfüllten Periode der Arbeiterbewegung unter veränderten Bedingungen zu bewahren", andererseits die "Verkörperung einer antidogmatischen Theorie und antibürokratischen Praxis" dar. - Historisch ist die Charakterisierung des von Lukacs ausgehenden Stranges marxistischer Theoriebildung als "westlicher Marxismus" eher eine Fremdzuschreibung, die aus der sowjetrussischen Polemik gegen den "ultralinken Revisionismus" Lukacs' und Korschs hervorgegangen ist, als Ausdruck einer von diesen Theoretikern vorgenommenen Selbstabgrenzung. Siehe dazu wiederum Kammler a.a.O., S. 319ff. und Breuer 1977, S. 94.

29 Aus diesem Grunde wird der Begriff "kritischer Marxismus" als alternative Einordnung dieser Traditionslinie verwandt (siehe dazu Cerutti 1971, S. 199); eine Kennzeichnung, die tatsächlich allerdings nicht nur aufgrund ihres vorschnell bewertenden Charakters dem komplexen Prozeß der Spaltung innerhalb der marxistischen Theoriebildung nicht hinreichend gerecht wird.

30 Anderson (a.a.O., S. 68f.) hat den Zusammenhang zwischen politischer Isolierung und Ausklammerung der "Untersuchungen der ökonomischen Bewegungsgesetze der Produktion" innerhalb des "westlichen Marxismus" im einzelnen nachgezeichnet. Schon Merleau-Ponty als einer der Vertreter dieses Projekts hatte darauf hingewiesen, daß dem "'westlichen' Marxismus (im Unterschied zur 'leninistischen Orthodoxie'; St. B.) das Mittel fehlte, die Trägheit der Unterbauten ... auszudrücken".

Gerade wenn man dem "westlichen Marxismus" eine spezifische Bedeutung sowohl für die Formulierung der die marxistische Tradition bestimmenden Grundprobleme wie für die Entwicklung entsprechender Lösungsperspektiven[31] zuschreiben will, muß also gleichzeitig daran festgehalten werden, daß auch dieses anspruchsvolle Projekt an einer einheitlichen Rekonstruktion der Motive dieser Tradition gescheitert ist.

Abgesehen von der damit unterstellten paradigmatischen Bedeutung des "westlichen Marxismus" für die Geschichte des Marxismus in ihrer Gesamtheit hat dessen in den 60er Jahren anhebende Wiederbelebung tatsächlich an die skizzierte Problemsituation angeknüpft und sich in den Bahnen, die deren Antagonisten vorgegeben haben, bewegt. Nicht nur hat sich die "Renaissance" des Marxismus in der Studentenbewegung unmittelbar als Rückgriff auf den "westlichen Marxismus" verstanden, sondern ist in der Folgezeit auch der angesprochene Bruch in der marxistischen Theoriebildung zwischen einer solchen Orientierung auf der einen, der Erneuerung verschiedener Formen der Marxorthodoxie auf der anderen Seite wiederum bestimmend geworden.

Die Verortung des im folgenden thematisierten Ausschnittes marxistischer Theoriebildung spricht damit zwar für dessen eigene sachliche und theoriegeschichtliche Einheit und macht auch seinen besonderen Stellenwert innerhalb des Gesamtzusammenhangs der marxistischen Tradition *plausibel*; daß die damit ins Blickfeld geratenen Probleme wie Lösungsperspektiven eine angemessene Strukturierung dieses Gesamtzusammenhangs erlauben, ist damit allerdings keineswegs *zwingend* nachgewiesen. Der Aufweis, daß sich die Widersprüche und Vermittlungsperspektiven bei Marx und Engels selbst, genauso wie bei ihren Nachfolgern als jeweils konkrete Verlaufsformen der diesen Ausschnitt dominierenden gegensätzlichen Argumentationsmuster begreifen lassen[32], wäre weiterhin nur durch eine ins Detail gehende Auseinandersetzung mit diesen historischen Formen marxistischer Theoriebildung selbst zu erbringen. Der Spannung zwischen einem solchen grundsätzlichen Erfordernis und der konkreten Unmöglichkeit, diesem in einem begrenzten Rahmen nachzukommen, versucht die weitere Argumentation zumindest an einzelnen Punkten Rechnung zu tragen: In bezug auf jeweils einschlägige Argumentationszusammenhänge bei Marx und Engels selbst wie bei ihren Nachfolgern wird zu diesem Zweck angedeutet werden, wie sich die herausge-

---

31 Wie sich zeigen wird, berührt diese ausgezeichnete Rolle des "westlichen Marxismus" nicht nur die Binnenstruktur der marxistischen Tradition. Gerade für die im weiteren angezielte Einbeziehung außermarxistischer Ansätze ist die Tatsache von Bedeutung, daß der "westliche Marxismus" nicht nur in der Interpretation, die ihm in der jüngeren Vergangenheit Jürgen Habermas gegeben hat, sondern schon in seinen Ursprüngen von der Auseinandersetzung mit den soziologischen Ansätzen einer Theorie der Moderne motiviert war. Merleau-Ponty (a.a.O. S. 38) hat diesen Zusammenhang in bezug auf Weber vielleicht eher überzeichnet: "Nur ausgehend von Weber und diesem Weberschen Marxismus lassen sich die Abenteuer der Dialektik seit fünfunddreißig Jahren verstehen." - Liegt in dieser Offenheit gegenüber andersartigen theoretischen Zugängen erneut eine Stärke des "westlichen Marxismus" begründet, war diese Anknüpfung in der Folgezeit umgekehrt genauso eines der Motive, das zu der zunehmenden Distanzierung von zentralen Bestandteilen der marxistischen Tradition geführt hat.

32 Merleau-Ponty (a.a.O., S. 78) hat die hier vertretene Annahme, daß die Gegensätze der marxistischen Tradition insgesamt zurückverweisen auf entsprechend gegenläufige Motive ihrer Begründer, an der angesprochenen Spaltung dieser Tradition konkretisiert: "Der Konflikt von 'westlichem Marxismus' und Leninismus findet sich schon in Marx als Konflikt zwischen dialektischem Denken und Naturalismus."

arbeiteten sachlichen Gegensätze und die entsprechenden Vermittlungsperspektiven in der Geschichte des Marxismus immer wieder geltend gemacht haben.[33]

Hinausgehend über eine solche *theoriegeschichtliche* Eingrenzung bedarf die angezielte Auseinandersetzung mit der "Krise des Marxismus" aufgrund des komplexen *sachlichen* Zusammenhangs, der in dieser Krise angesprochen ist, einer Schwerpunktsetzung auch in dieser Beziehung. Wie sich zeigen wird, haben schon die Bemühungen des "westlichen Marxismus" um eine zeitgemäße Reformulierung der Marxschen Theorie die unterschiedlichen Ebenen, an denen sich eine solche sachliche Eingrenzung des Zugangs zur "Krise des Marxismus" zu orientieren hat, hervortreten lassen:

- die rationalitäts- und gesellschaftstheoretischen Fundamente der marxistischen Theorie;

- deren strukturtheoretisches Modell des Gesamtzusammenhangs kapitalistischer Vergesellschaftung;

- die Konsequenzen, die aus einem solchen Modell für eine historisch orientierte Analyse kapitalistischer Gesellschaften in ihren ökonomischen, politischen und kulturellen Dimensionen überhaupt zu ziehen sind;

- die Diagnose, die auf dem Hintergrund einer solchen historisch ausgerichteten Theorie kapitalistischer Entwicklung der gegenwärtigen "fortgeschrittenen" Stufe dieser Entwicklung zu stellen ist;

- und schließlich die Folgerungen, die aus diesem gesellschaftstheoretischen und -historischen Gesamtkomplex für die Perspektiven praktischer Veränderung kapitalistischer Gesellschaften vor allem im Rahmen des Wirkens sozialer Bewegungen abzuleiten sind.

Einer näheren Betrachtung unterzogen werden im folgenden diejenigen Ebenen dieses übergreifenden Zusammenhangs, in denen die Beziehung zwischen den kapitalismustheoretischen Voraussetzungen der marxistischen Tradition auf der einen, der auf deren Basis gelieferten Einschätzung der jüngsten Phase kapitalistischer Entwicklung auf der anderen Seite angesprochen ist.[34] Getragen wird diese Akzentsetzung von der selbst noch im Verlauf der Argumentation zu begründenden Annahme, daß dieser Zusammenhang tatsächlich das theoretische Zentrum marxistischen Denkens darstellt, von dem aus deren gesellschafts-, rationalitäts-

---

33 Solche Hinweise werden vorwiegend den Anmerkungen vorbehalten bleiben, was dem insgesamt verfolgten Verfahren einer Ausgliederung aller nicht unmittelbar zum Argumentationsgang gehörigen Reflexionen in den Anmerkungsapparat entspricht; allerdings genauso zu dessen Konsequenz einer Aufblähung dieses Apparats beiträgt.

34 Dies bedeutet, daß das Schwergewicht der Argumentation auf dem zweiten, dritten und vierten Problemkomplex liegen wird, während die erste und fünfte Analyseebene eher an den Rand der Darstellung geraten werden.

und praxistheoretische Bestandteile allererst sinnvoll angegangen werden können.[35]

Auch wenn durch diese Eingrenzungsprozeduren die Auswahl der in der Folge thematisierten Theorieansätze und Problemkomplexe keineswegs voll determiniert ist[36], bestimmen diese zumindest die Grundstruktur der Arbeit. Oberstes und zugleich formalstes Gliederungsprinzip stellt dabei die Unterscheidung zwischen der Herausarbeitung der Determinanten der thematischen Theoriekrise im Rahmen eines dominant theorierekonstruktiven Vorgehens auf der einen, eine systematisch orientierten Skizze von deren Lösungsperspektiven auf der anderen Seite dar. Konkretisiert wird diese Struktur in einer Untergliederung der Arbeit in drei Teile. In einem ersten Teil wird die angedeutete theoriegeschichtliche Verortung der gegenwärtigen "Krise des Marxismus" entfaltet; gleichzeitig treten dabei auch in sachlicher Hinsicht die diese bestimmenden Problemkreise hervor. Im Zentrum wird dabei vor allem der Versuch der frühen Kritischen Theorie stehen, das Programm des "westlichen Marxismus" in theoretischer wie empirischer Hinsicht einzulösen[37], um von dort aus die Art und Weise ins Auge zu fassen, in der die westdeutsche Studentenbewegung die Auseinandersetzung um die dabei hervorgetretenen Grundprobleme marxistischer Theoriebildung erneut auf die Tagesordnung gesetzt hat.

Dient der erste Teil damit vor allem der *Formulierung* solcher Grundprobleme, ist der zweite Teil der *Entfaltung*, die diese Probleme in den Reformulierungsversuchen des Marxismus in den 70er Jahren gefunden hat, gewidmet. Einer eingehenderen Betrachtung werden dabei vor allem zwei der in dieser Zeit hervorgetretenen Konzeptionen unterzogen: auf der einen Seite die "Kritische Spätkapitalismustheorie", wie sie vor allem Jürgen Habermas als gegenwärtig einflußreichster Vertreter einer "Kritischen Theorie der Gesellschaft" formuliert hat, auf der anderen Seite die erneuten Bemühungen einer orthodoxen Erklärung der gegenwärtigen Entwicklung kapitalistischer Gesellschaften. Diese Schwerpunktsetzung[38] hat, wie oben angedeutet, ihren Grund nicht nur darin, daß in diesen theo-

35 Neben der damit verbundenen systematischen Annahme, daß die marxistische Theorie primär als Theorie der Entwicklung kapitalistischer Gesellschaften (und erst sekundär als übergreifender geschichtstheoretischer Bezugsrahmen und noch viel weniger als kosmologisches System) zu verstehen ist, beruht eine solche Schwerpunktsetzung, wie schon angedeutet, allerdings auch auf der dominanten Orientierung an der bundesrepublikanischen Diskussion. Dies betrifft insbesondere die relative Untergewichtung strategischer Fragestellungen.

36 Jenseits aller systematischen Argumente bleibt eine solche Auswahl selbstverständlich immer auch von der persönlichen Bildungsgeschichte des Auswählenden bestimmt.

37 Neben der spezifischen Bedeutung, die dieser Variante des "westlichen Marxismus" für die westdeutsche Diskussion zukommt, sind dafür wiederum auch sachliche Beweggründe bestimmmend. Ausgegangen wird von der Annahme, daß die frühe Kritische Theorie von ihren Vorzügen wie Defiziten die angesprochene Ambivalenz des "westlichen Marxismus" in umfassender und radikaler Form repräsentiert.

38 Eine solche Eingrenzung bedeutet beispielsweise die Ausgrenzung der Theorie des staatsmonopolistischen Kapitalismus als einer sachlich einschlägigen und in den 70er Jahren einflußreichen Konzeption des fortgeschrittenen Kapitalismus. (Zum Selbstverständnis und zur Kritik dieser Konzeption in diesem Zeitraum siehe Boccara 1971 und Wirth 1972.) Diese Ausblendung hat u. a. ihre Gründe darin, daß sich diese Theorie der idealtypischen Dichotomie von "orthodoxen" und "revisionistischen" Argumentationsmustern, wie sie in dem realen Gegeneinander der hier hervorgehobenen Theorien unmittelbar faßbar wird, gerade nicht ohne weiteres fügt. Die spezifische Verklammerung von beiden Argumentationsmustern in der Theorie des staatsmonopolistischen Kapitalismus hätte aus diesem Grund den Rahmen des hier verfolgten Versuch, idealtypische und realgeschichtliche Gestalten der marxistischen Theoriebildung möglichst zur Dek-

retischen Konzeptionen die traditionelle Konfliktlinie zwischen "Orthodoxie" und "westlichem Marxismus" wiederbelebt worden ist; sondern gleichzeitig wird davon ausgegangen, daß beide Positionen in ihrer unmittelbaren Existenz in relativ reiner Form diejenigen gegensätzlichen sachlichen Argumentationsmuster repräsentieren, die die marxistische Tradition insgesamt immer wieder in die Krise getrieben haben, genauso allerdings die in dieser Tradition durchaus vorhandenen Hinweise für entsprechende Lösungsperspektiven anbieten.

Gemäß der skizzierten inhaltlichen Eingrenzung wird sich die Rekonstruktion dieser Kontroverse vor allem auf den Zusammenhang zwischen den zeitdiagnostischen Bemühungen der Kontrahenden auf der einen, dem jeweils vorausgesetzten kapitalismustheoretischen Modell auf der anderen Seite konzentrieren. Indem die Vorzüge wie Defizite beider Ansätze in der Einschätzung aktueller gesellschaftlicher Entwicklungen zumindest von ihren innertheoretischen Motiven als Ausdruck eines beiden - jenseits ihrer Entgegensetzung - durchaus gemeinsamen Fundaments kapitalismustheoretischer Voraussetzungen bestimmt werden, wird dabei den kapitalismus*theoretischen* Grundlagen beider Varianten die ausschlaggebende Bedeutung in diesem letztlich wechselseitigen Bedingungszusammenhang zugeschrieben.

Der letzte Teil der Arbeit ist schließlich dem Entwurf von Lösungsperspektiven für eine derart verortete Krise gewidmet. Gemäß der gelieferten Diagnose müssen dabei die Aussichten für eine Reformulierung der kapitalismus*theoretischen* Fundamente des Marxismus im Vordergrund stehen, dürfen allerdings gleichzeitig auch die produktiven Perspektiven einer solchen Reformulierung für eine angemessene Verständigung über die gegenwärtigen *historischen* Charakteristika kapitalistischer Gesellschaften nicht unberücksichtigt bleiben. Zu diesem Zwecke wird in einem ersten Schritt der notwendige Bezug auf die aktuellen Versuche einer Bewältigung der "Krise des Marxismus" hergestellt. Hierzu bietet sich die Auseinandersetzung mit der Fordismustheorie als in dieser Beziehung erfolgversprechendster Versuch[39] an. Die Bemühungen dieser aktuellen Variante marxistischer Theoriebildung stützen nicht nur die im vorangegangenen gelieferte Diagnose von deren Krise, sondern erlauben auch die Entfaltung einer *kapitalismustheoretischen* wie *gegenwartsanalytischen* Programmatik zu deren Überwindung sowie erste Schritte in Richtung ihrer Einlösung. Daß in dem Aufweis von Lösungsperspektiven der thematisierten Krise bei einem immanenten Anknüpfen an diese Theorie nicht stehengeblieben werden kann, wird allerdings genauso deutlich werden: Auch die Fordismustheorie bleibt dem im Grunde dieser Krise identifizierten fehlerhaften Zusammenhang kapitalismustheoretischer Annahmen verhaftet und kann auf diesem Hintergrund weder den sachlichen und theoriegeschichtlichen Gegensätzen der marxistischen Tradition entgehen noch der aktuellen gesellschaftlichen Entwicklung eine befriedigende Erklärung geben.

kung zu bringen, gesprengt. - Daß die von dieser Theorie repräsentierte "Mischung" von "orthodoxen" und "revisionistischen" Elementen, wie vielleicht zu vermuten wäre, keinen entscheidenden Beitrag zu der angezielten Vermittlung darstellt, wird jenseits einer ins einzelne gehenden Auseinandersetzung inhaltlich sowohl in bezug auf ihre ökonomischen wie staatstheoretischen Annahmen immer wieder zumindest anzudeuten sein.

39 Zwar wird deutlich werden, daß die Mehrzahl der im Umkreis marxistisch orientierter Theoriebildung verfolgten Bemühungen sich an einzelnen Momenten der angesprochenen Krise abarbeiten; deren umfassender und grundsätzlicher Charakter, so wie er den ausdrücklichen Bezugspunkt der Fordismustheorie darstellt, bleibt dabei aber meist im Hintergrund.

Ob und wie angesichts eines solchen unbefriedigenden Zustandes auch des gegenwärtigen Entwicklungsstandes marxistischer Theoriebildung gleichwohl eine Lösung von deren Krise ins Auge gefaßt werden kann, soll im letzten Kapitel dieser Arbeit zumindest in *grundsätzlicher* Form eine Antwort finden. Diese Relativierung verweist dabei nicht nur auf einzelne auszufüllende Lücken in der Argumentation, sondern auf die schon angedeutete grundlegendere Beschränkung der angezielten Krisenbewältigung: Im Zentrum der Bemühungen wird der Versuch einer Reformulierung der kapitalismus*theoretischen* Annahmen der marxistischen Tradition stehen. In der Skizze eines Strukturmodells der Moderne geht es dabei in erster Linie um den Aufweis, daß die auf dieser Abstraktionsebene innerhalb der marxistischen Tradition hervorgetretenen Widersprüche und Vereinseitigungen vermeidbar sind, ohne die grundlegenden Intentionen dieser Theorietradition fallenzulassen; die Versuche, in Richtung auf eine Konzeption "fordistischer Modernisierung" auch die *zeitdiagnostischen* Erklärungspotentiale eines solchen Strukturmodells zu umreißen, können dem gegenüber sowohl in methodologischer wie inhaltlicher Hinsicht nur punktuellen und exemplarischen Charakter beanspruchen.[40] Gleiches gilt für den abschließenden Ausblick auf einige Implikationen des vorgestellten Modells für die Analyse sozialer Bewegungen als praktischer Träger der gesellschaftskritischen Ansprüche des Marxismus: Bestenfalls kann hierbei deutlich werden, inwiefern ein solches Modell auch diesen zentralen Aspekt marxistischer Theoriebildung und ihrer Krise in ein anderes Licht zu rücken erlaubt.

Daß die skizzierten Perspektiven einer Lösung der "Krise des Marxismus" angegangen werden im Rahmen der Einbeziehung von Argumentationszusammenhängen aus dem Bereich einer der soziologischen Tradition verpflichteten "Theorie der Moderne", steht dabei für die Sichtweise, die dem folgenden in bezug auf die Angemessenheit der grundsätzlichen Intentionen der marxistischen Tradition auf der einen, deren mangelhafter Realisierung auf der anderen Seite zugrundeliegt. Zum einen wird davon ausgegangen, daß auch diese Tradition sich grundsätzlich als Selbstverständigung über die Formen und Inhalte moderner Vergesellschaftung begreifen läßt und dabei gerade aufgrund ihrer ökonomiekritischen Orientierung entscheidende Vorzüge besitzt; zum anderen wird allerdings auch deutlich werden, daß die Umsetzung dieser Vorzüge nicht nur die Systematisierung von schon in dieser Tradition vorhandenen Argumentationszusammenhängen erforderlich macht, sondern darüber hinaus auf die Einbeziehung von Erklärungsmustern verweist, die faktisch in dieser Tradition nicht entwickelt worden sind, dagegen gerade im Zentrum der soziologischen Versuche zu einer "Theorie der Moderne" standen und stehen.

Bedeutet eine solche Sichtweise erneut ein Anknüpfen an zentrale Motive des "westlichen Marxismus", ist damit allerdings genauso unterstellt, daß eine Lösung der "Krise des Marxismus" - will sie mit der Ausweitung von dessen Bezugsrahmen diesen nicht insgesamt in Frage stellen - ohne einen Rückgriff auf die im wesentlichen im Bereich der Marxorthodoxie weiterverfolgten ökonomiekritischen Motive nicht sinnvoll zu konzipieren ist. Auch in dieser Hinsicht verweisen damit die verfolgten Lösungsperspektiven der "Krise des Marxismus" auf eine Vermitt-

40 Wie sich zeigen wird, entspringt diese Beschränkung nicht nur pragmatischen Notwendigkeiten der Eingrenzung handhabbarer Fragestellungen, sondern ergibt sich auch aus den Implikationen des entwickelten kapitalismus*theoretischen* Modells selbst.

lung zwischen den gegensätzlichen Gestalten, die diese Tradition in ihrer Geschichte angenommen hat.

I. ZUR PROBLEMGESCHICHTE: GRUNDFRAGEN EINER THEORIE DES FORTGESCHRITTENEN KAPITALISMUS

1. Die Totalisierung der Kritik: Die Widersprüche des fortgeschrittenen Kapitalismus und die Dialektik der Moderne

Die Auseinandersetzung mit der aktuellen "Krise des Marxismus" hat von vornherein vermieden, den grundsätzlichen Charakter dieser Krise von ihrer historischen Originalität abhängig zu machen. Vielmehr hat sie den Anspruch erhoben, deren Erscheinungsformen wie Wurzeln zurückzuverfolgen bis zu den Begründern dieser Tradition selbst. In Anknüpfung an die selbst inzwischen historisch gewordene These Korschs, "die gegenwärtige Krise des Marxismus bedeute vielmehr im letzten Grunde auch eine Krise der Marx-Engelschen Theorie selbst" (Korsch 1971 (1931), S. 167), wird davon ausgegangen, daß die Krise des Marxismus "so alt sei wie der Marxismus selber" (Blanke 1979, S. 35).

Unabhängig von der Gültigkeit dieser historischen Verallgemeinerung und ihren inhaltlichen Implikationen für die Grundstruktur der Marxschen Theorie lassen sich theoriegeschichtlich zumindest zwei Vorgänger der gegenwärtigen Krise dieser Theorie ausmachen, deren Anknüpfungspunkte, Verlaufsformen und Konsequenzen bemerkenswerte Affinitäten zu den aktuellen Auseinandersetzungen besitzen und darüber hinaus in der historischen Selbstreflexion dieser Auseinandersetzungen explizit in Anspruch genommen werden.

Wenn zu Beginn der 70er Jahre in dem in gewisser Weise für die nachfolgende Diskussion wegweisenden Aufsatz von Müller/Neusüß (1970)[1] die kritisierten "Sozialstaatsillusionen" in unmittelbaren Zusammenhang zu der im Ausgang des 19. Jahrhunderts formulierten revisionistischen Position Bernsteins gebracht werden, ist damit ein orthodoxes Programm angezielt, das sich ausdrücklich in eine Kontinuität zu dieser ersten "Krise des Marxismus" stellt.[2] Der Bedeutung dieser ersten Infragestellung grundsätzlicher Positionen der marxistischen Tradition für die aktuelle Diskussion soll im weiteren nicht nachgegangen werden.[3] Das Augenmerk soll im folgenden vielmehr auf die "zweite" Krise des Marxismus gerichtet werden. Dafür, daß dieser Theoriekrise, die zwischen den 20er und 40er Jahren unseres Jahrhunderts angesichts des Mißerfolges revolutionärer Umwälzun-

---

1 Auf die Bedeutung dieses Aufsatzes für die weitere Theoriebildung in der westdeutschen Linken wird noch zurückzukommen sein.

2 Daß sich der Mitherausgeber eines 1978 erschienen Sammelbandes zur "historischen Leistung und aktuellen Bedeutung Eduard Bernsteins" in die Diskussion um die "Krise des Marxismus" eingeschaltet hat, ist aus diesem Grunde kaum ein Zufall. Siehe Heimann 1981 und ders. 1986a, S. 383.

3 Zum Zusammenhang zwischen dem Revisionismusstreit und der weiteren Entwicklung der Diskussion der Grundfragen marxistischer Theoriebildung - vor allem im Rahmen der Kritischen Theorie - siehe die schon erwähnte Arbeit von Gangl (1987). Als Überblick zu diesen Kontinuitäten in der "Krise des Marxismus" siehe Spohn 1979. - Daß schon Kautsky z. B. eines der Kapitel (1976 (1899), S. 128ff.) seiner Auseinandersetzung mit Bernstein der Frage des "Neuen Mittelstandes" gewidmet hat, zeigt die Aktualität der damals diskutierten Fragen, relativiert allerdings umgekehrt auch die Originalität mancher aktueller Auseinandersetzungen. - Eine umfassende theoriegeschichtliche Verortung der Grundprobleme marxistischer Theoriebildung müßte gerade auch diese Auseinandersetzung anhand der an der gegenwärtigen "Krise des Marxismus" entwickelten systematischen Gesichtspunkte einzuordnen versuchen.

gen in Westeuropa und der Herausbildung des Faschismus zu Tage getreten ist, eine besondere Bedeutung für die Gegenwart zukommt, spricht nicht nur die Tatsache, daß zum damaligen Zeitpunkt die Rede von der "Krise des Marxismus" erstmals explizit wird.[4] Ausgehend von den organisatorischen Fronten[5] über die Thematisierung der strategischen Rolle der Arbeiterklasse und ihrer Beziehung zu intellektuellen Gruppen über die Identifizierung einzelner neuartiger gesellschaftlicher Entwicklungen bis hin zu der Art und Weise der Auseinandersetzung mit den gesellschaftstheoretischen und philosophischen Grundlagen der Marxschen Theorie und den Konsequenzen, die aus dieser gezogen werden[6], läßt sich eine Kontinuität zwischen der angesprochenen historischen Krise des Marxismus und den Versuchen ihrer Bewältigung auf der einen, den heutigen Kontroversen auf der anderen Seite feststellen.[7] Wie schon einleitend angedeutet, werden deshalb diese rückblickend unter der Klammer "westlicher Marxismus" zusammengefaßten Krisendiagnosen und Reformulierungsversuche der Marxschen Theorie im weiteren als der ausschlaggebende problem- und theoriegeschichtliche Hintergrund der jüngeren marxistischen Diskussion begriffen.

Gerade wenn solche frappierenden theoriegeschichtlichen Kontinuitäten Rückschlüsse auf entsprechende Kontinuitäten auch in der gesellschaftlichen Entwicklung selbst nahelegen, muß die Originalität der aktuellen "Krise des Marxismus" und ihres realhistorischen Zusammenhanges festgehalten werden.[8] Zwar läßt sich die Renaissance marxistischer Theoriebildung in der Studentenbewegung als Wiederaufgreifen der Themen- und Problemstellungen des westlichen Marxismus rekonstruieren, gleichzeitig wird aber auch deutlich, daß die Akzentuierungen und

4 Siehe hierzu Korschs Aufsatz gleichen Titels aus dem Jahre 1931.

5 Magri (1979, S. 16) geht in dieser Beziehung soweit, die heutige Krise des Marxismus ausdrücklich als Krise des Marxismus der II. und III. Internationale zu begreifen.

6 Wenn man die Formulierungen Korschs zu den "drei eigentümlichen Erscheinungen des "Revisionismus", der "Orthodoxie" und der von Zeit zu Zeit einsetzenden Bestrebungen zur "Wiederherstellung" der reinen Form des ursprünglichen revolutionären Marxismus" (a.a.O., S. 168) oder zur "theoretischen Ableitung aller gegebenen ökonomischen Erscheinungen aus dem unkritisch angenommenen axiomatischen Grundbegriff des 'Wertes'" liest, fühlt man sich unmittelbar in die Diskussionen der jüngsten Vergangenheit versetzt.

7 Zu diesem Zusammenhang im einzelnen siehe Oehlke 1979, Blanke 1979 und (besonders in bezug auf die westdeutsche Studentenbewegung) Bock 1976, der die verschiedenen Dimensionen dieser Kontinuität nach beiden Seiten differenziert herausgearbeitet hat.- Ein Beispiel, an dem diese Kontinuität sowohl in ihren theoretischen wie politischen Dimensionen besonders hervortritt, ist die Auseinandersetzung um den Eurokommunismus und die Bedeutung, die in dieser der Theorie und Person Antonio Gramscis zukommt. Gramsci hatte - obwohl als Mitbegründer des PCI zunächst orthodox-leninistisch orientiert - grundlegende politische Umorientierungen eingeleitet, die durch die Vermittlung seines politischen Nachfolgers Togliatti zur Voraussetzung der Formulierung einer polyzentristischen und damit eurokommunistischen Position wurden. (Siehe hierzu Priester 1986 und Gruppi 1976.) Darüber hinaus hat Gramsci als einer der Begründer des "westlichen Marxismus" (Anderson 1978, S. 46ff.) auch für die theoretische Diskussion der 70er Jahre entscheidende Impulse geliefert; sowohl in seinen Beiträgen zur Staatstheorie, seiner Ökonomismuskritik wie in der Einführung des Konzepts des Fordismus, das in jüngster Vergangenheit an Bedeutung gewonnen hat.- Auf die Bedeutung Gramscis und überhaupt "westlicher Marxisten" außerhalb des deutschen Sprachraumes kann im folgenden nicht näher eingegangen werden. Die Berücksichtigung der andersartigen sozialen und politischen Wirkungsbedingungen marxistischer Theoriebildung in Ländern wie Italien, England und Frankreich würde einen Rekonstruktionsversuch, der sich im wesentlichen mit der theoretischen Diskussion in Westdeutschland befassen soll, sprengen. Zur Entwicklung dieser nationalen Varianten des westlichen Marxismus siehe Anderson 1978, S. 48ff.

8 Darauf, daß es sich bei der heutigen "Krise des Marxismus" nicht um eine bloße Neuauflage historischer Krisen handelt, verweist Wolf 1979, S. 28.

Konsequenzen einer solchen Vorgabe entscheidend von den verschiedenartigen sozialen und politischen Bedingungen, mit denen diese soziale Bewegung konfrontiert war, abhängig sind. Indem die theoretische Selbstverständigung der Studentenbewegung sich um die Aktualisierung der Traditionen des "westlichen Marxismus" bemüht hat, übernimmt sie eine wesentliche Vermittlungsfunktion zwischen diesen Traditionen auf der einen, den in den 70er Jahren anhebenden Diskussionen über die Charakteristika des Spätkapitalismus und die daran aufbrechende "Krise des Marxismus" auf der anderen Seite.

Die selektive Form, in der im folgenden die Vermittlungsfunktion der Theoriebildung der Studentenbewegung angegangen wird, unterstellt allerdings eine spezifische Sichtweise sowohl der Binnenstruktur dieser theoretischen Selbstverständigung und der aus ihr hervorgegangenen innovativen Momente wie der Beziehung deren innerer Merkmale zu den Traditionen des "westlichen Marxismus".

Zunächst wird davon ausgegangen, daß der theoretisch originäre und politisch bedeutsame Strang dieser Theoriebildung von der sogenannten anti-autoritären Fraktion repräsentiert wird[9] und daß diese gleichzeitig diejenigen Themen benannt hat, die für die weitere theoretische und politische Auseinandersetzung von Bedeutung waren.[10] Bezogen auf den theoriegeschichtlichen Zusammenhang des damit hervorgehobenen Theoriestranges wird darüber hinaus davon ausgegangen, daß sich zwar durchaus ein Bezug auf die Traditionen des "westlichen Marxismus" insgesamt herstellen läßt, dieser aber in besonderem Maße vermittelt ist durch die bestimmte Variante dieser Traditionen, die die Kritische Theorie des Frankfurter Institutes für Sozialforschung vertritt.[11]

Unter den skizzierten Voraussetzungen konzentriert sich die Nachzeichnung der Verbindungslinien zwischen "westlichem Marxismus" auf der einen, der aktuellen Diskussion um die "Krise des Marxismus" auf der anderen Seite auf die Art und Weise, in der schon in der frühen Entwicklung der Kritischen Theorie angesprochene Problemkomplexe vermittelt über den Anti-Autoritarismus Einfluß

---

9 Neben dieser Position läßt sich zumindest eine weitere theoretisch und politisch relevante Richtung benennen, die sogenannte traditionalistische Fraktion. Allerdings besteht - nahezu unabhängig von der politischen Option des jeweiligen Autors - Einigkeit darüber, daß der Traditionalismus im Verlauf der Studentenbewegung zunehmend an Boden gegenüber dem Anti-Autoritarismus verloren hat. Diesem gelang es, in den entscheidenden Phasen der Protestbewegung deren spontaner Dynamik ihre Wirklichkeitsdefinitionen aufzuprägen.

10 Auch wenn in der unmittelbaren Nachfolge diese "anti-autoritären" Themen zunächst gegenüber der neu erstandenen Orthodoxie in den Hintergrund getreten sind, haben sich erstere auf lange Sicht in höherem Maße als "anknüpfungsfähig" erwiesen.

11 Hier ist wiederum auf die Arbeit von Bock 1976 zu verweisen. Diese geht mit erheblichem Gespür für theoriegeschichtliche Zusammenhänge den gemeinsamen Motiven von "westlichem Marxismus" und Anti-Autoritarismus nach, konzentriert sich dabei aber auf die rätekommunistische Linksopposition in der Arbeiterbewegung, obwohl dieser kaum eine ähnliche Bedeutung als Bezugspunkt der theoretischen Exponenten des SDS zuzuschreiben ist wie den Arbeiten des Instituts für Sozialforschung. Sowohl die Entwicklung der marxistischen Theoriebildung in der BRD überhaupt wie der persönliche und intellektuelle Hintergrund dieser Exponenten läßt diesen Sachverhalt allzu deutlich werden. Zum einen stellen die theoretischen Aktivitäten des Instituts nach dem zweiten Weltkrieg nahezu den einzigen erfolgreichen Versuch dar, "marxistisches Gedankengut" innerhalb der geistigen und politischen Kultur der BRD überhaupt noch zur Geltung zu bringen; zum anderen verweisen Lebensgeschichte und intellektuelle Biografie zentraler Vertreter des SDS wie Rudi Dutschke und Hans Jürgen Krahl auf die Bedeutung dieses Zusammenhangs. Dutschke hat wesentliche Teile seiner politischen Sozialisation in der "Subversiven Aktion", einer Abspaltung der stark an Adorno orientierten Situationistischen Internationale erfahren. (Siehe dazu Böckelmann/Nagel 1976.) Krahl hat in Frankfurt studiert und war Doktorand bei Adorno. Auf die inhaltliche Bedeutung der Kritischen Theorie für die Arbeiten der Vertreter des Anti-Autoritarismus wird noch einzugehen sein.

gewonnen haben auf die aus der Studentenbewegung hervorgegangenen kapitalismustheoretischen Entwürfe. Eine besondere Bedeutung wird dabei der Theorie und Person Herbert Marcuses zugeschrieben werden, da dieser die angesprochene Entwicklung in ihrer Gesamtheit theoretisch wie politisch begleitet hat.

Betrachtet man die historischen Entstehungsbedingungen, die bei einem Teil der geistes- und sozialwissenschaftlichen Intelligenz der Weimarer Zeit zu einer Intensivierung der Auseinandersetzung mit dem Marxismus und in der Folge zur Begründung des "westlichen Marxismus" geführt haben[12], fallen erste Momente der behaupteten Kontinuität ins Auge[13]. Die Hinwendung zur politischen Praxis und deren marxistischer Interpretation war geprägt von einer gesellschaftlichen Umbruchsituation nach der Beendigung des 1. Weltkrieges, die es erlaubte, die anstehenden Neuordnungen der westeuropäischen Nationen zusammen mit der erfolgreichen russischen Revolution zu der Vision grundlegender, revolutionärer Veränderungen zu verbinden. Diese Vision wurde zur Grundlage einer Politisierung von Teilen einer bis dahin weitgehend philosophisch-kulturkritisch orientierten bürgerlichen Intelligenz, ließ deren moralisches und kulturelles Unbehagen umschlagen in politischen Aktivismus.[14]

Dem Umfang der Hoffnungen, die mit dieser Umorientierung verbunden war, entsprach in der Folgezeit die Sensibilität für die Prozesse, in denen sich solche Hoffnungen schrittweise zerschlugen: Weder erfüllte sich die Vision einer revolutionären Umwälzung auch in den westeuropäischen Nationen noch entsprach die Realität der sowjetischen Gesellschaft unbedingt den Erwartungen, die mit der Herausbildung sozialistischer Gesellschaften verbunden waren. Die Spaltung der Arbeiterbewegung in einen sozialdemokratischen und einen kommunistischen Teil, die schrittweise Stalinisierung des kommunistischen Teils, die entsprechende organisatorische Ausgrenzung der Linksopposition in den westlichen kommunistischen Parteien und schließlich die ersten Anzeichen des heraufziehenden Faschismus stellen die konkreten Stationen derjenigen "Niederlage" der Arbeiterbewegung dar, die diese Gruppe in eine Situation der "Isolation" und "Verzweiflung" (Anderson 1978, S. 68f.) trieb.[15]

Die aus dieser Situation erwachsenden Zweifel am Marxismus zunächst in bezug auf seine unmittelbar politischen Voraussagen wurden zwar zunächst vertieft zur Diagnose einer "Krise des Marxismus" auch in seiner Eigenschaft als theoretisches Bezugssystem, bewirkten aber keineswegs eine Abwendung vom Marxismus in seiner Gesamtheit. Zwar folgte den politischen Enttäuschungen und

12 Zum Personenkreis, der dem "westlichen Marxismus" zuzuordnen ist, und dessen sozialem und intellektuellem Hintergrund siehe Anderson 1978, S. 46.

13 Zu den genannten Gemeinsamkeiten in der politischen und existenziellen Ausgangssituation siehe Claussen 1981, S. 11ff.

14 Siehe hierzu Breuer 1977, S. 80ff., der allerdings der Meinung ist, mit einer solchen Erklärung die entwickelten politischen Perspektiven dieser "bürgerlichen Intellektuellen" reduzieren zu können auf das zugrundeliegende kulturelle Unbehagen dieser Gruppe am modernen Rationalisierungsprozeß. (Eine ähnliche Interpretation mit derselben reduktionistischen Intention hat Scheuch 1968 für die studentische Protestbewegung angeboten.) Die sicherlich bestehenden Zusammenhänge zwischen sozialem und intellektuellem Hintergrund auf der einen, politischen und theoretischen Optionen auf der anderen Seite können allerdings im Sinne eines solchen Reduktionismus kaum erklären, warum sich diese Intellektuellen gerade dem Marxismus und der Arbeiterbewegung zugewandt haben und - mit wenigen Ausnahmen - lebenslang an dieser Entscheidung festgehalten haben.

15 Siehe dazu im einzelnen Prokla 1979, S. 5f.

Zweifeln häufig ein Rückzug von unmittelbar politischen Aktivitäten[16], daß aber gerade in dieser Periode zwei so bedeutende Arbeiten wie Lukacs' "Geschichte und Klassenbewußtsein" und Korschs "Marxismus und Philosophie" erschienen (beide 1923), zeigt die zugleich grundsätzliche wie produktive Wende, die diese Theoretiker ihren Zweifeln geben konnten.

Anknüpfungspunkt der damit vollzogenen Radikalisierung der politisch-strategischen Krise der Arbeiterbewegung in die Diagnose einer "Krise des Marxismus" in seiner Gesamtheit stellten die divergierenden Einschätzungen der Vermittlung zwischen "objektiver" ökonomischer Entwicklung auf der einen, den einzuschlagenden Handlungsperspektiven der Arbeiterbewegung auf der anderen Seite dar, wie sie zu Beginn der 20er Jahre von der sozialdemokratischen und kommunistischen Orthodoxie[17] entwickelt worden waren. Beide Lesarten des Marxismus, sowohl der "ökonomistische Katastrophismus" (Breuer 1977, S. 89) und der entsprechende Aktivismus, wie er von der III. Internationale vertreten wurde, als auch die Stabilitätsinterpretation und deren reformistische Konsequenzen auf seiten der Sozialdemokratie, wurden als Ausdruck grundlegender Mißverständnisse der Beziehung von Theorie und Praxis, Subjektivität und Objektivität, Entwicklung des Klassenbewußtseins und ökonomischer Entwicklung identifi-

16 Zu den Varianten, in denen sich diese Auseinandersetzung mit der Praxis der Arbeiterbewegung bei den Theoretikern des "westlichen Marxismus" entwickelt hat, siehe Anderson 1978, S. 51ff. Einige begleitete diese Auseinandersetzung ihr gesamtes Leben, während andere schon frühzeitig einen politischen Bruch mit den Organisationen der Arbeiterbewegung vollzogen haben.

17 In diesem Zusammenhang von "kommunistischer Orthodoxie" zu sprechen, stellt allerdings einen Anachronismus dar, da zum damaligen Zeitpunkt unter "orthodoxem Marxismus" gerade diejenige anti-revisionistische Lesart des Marxismus innerhalb der Sozialdemokratie verstanden wurde, zu deren Kritik der Leninismus mit seiner aktivistischen Revolutionstheorie angetreten war. (Siehe hierzu Korsch 1971 (1931).) - Daß das Prädikat "orthodox" in der Zuordnung marxistischer Positionen offensichtlich in historisch relativer Form verwendet wird, verweist dabei auf die einleitend schon angesprochenen Probleme der Rezeption des Marxschen Werkes wie dieses Werkes selbst. "Orthodoxie" als (positiv oder negativ besetzter) Kampfbegriff letztlich um die angemessene, unverfälschte Form der Anknüpfung an Marx (Lukacs hatte aus diesem Grund seine Aufsatzsammlung "Geschichte und Klassenbewußtsein" mit der Frage "Was ist orthodoxer Marxismus?" eingeleitet.) wird je nach den gewählten Kriterien für diese Angemessenheit mit verschiedenartigen, oft entgegengesetzten Inhalten versehen. Die Grundlage eines solchen Kampfes der verschiedenen Orthodoxien ist dabei in der Marxschen Theorie selbst zu suchen, indem diese in ihrer Heterogenität für jede dieser Orthodoxien (häufig sogar auch für die entsprechenden Revisionismen) Anknüpfungspunkte bietet. Insofern kann die Krise der verschiedenartigen Marxismen also zu Recht als Krise der Marxschen Theorie selbst begriffen werden. - Für die folgende Argumentation soll der Begriff der "Orthodoxie" als sachliche Kennzeichnung für auch bei Marx selbst identifizierbare "unhistorische", "objektivistische" und "ökonomistische" Argumentationsmuster innerhalb der marxistischen Tradition verwendet werden, ohne damit eindeutige Bezüge zu bestimmten Varianten des Marxismus herstellen zu wollen. (Tatsächlich würden sich die Mehrzahl der in dieser Tradition hervorgetretenen Versuche als spezifische Kombination dieser im folgenden zu explizierenden "orthodoxen" Argumentationsmuster und ihrer "revisionistischen" Gegenstücke ergeben.) Daß eine solche sachliche Unterscheidung sich keineswegs mit den historischen Zuschreibungen dieser Prädikate deckt, wird gerade an der von Lenin begründeten "orthodoxen" Konzeptualisierung des fortgeschrittenen Kapitalismus als "staatsmonopolistischen", die in den 70er Jahren zumindest von weiten Teilen der marxistischen Diskussion als aktuelle Variante des "Revisionismus" verstanden und kritisiert wurde, deutlich. In der in dieser Hinsicht grundlegenden Schrift zum Imperialismus hat Lenin selbst deshalb nicht zufälligerweise die Argumentationen des "Revisionisten" Hilferdings in extensiver Form in Anspruch genommen (siehe dazu beispielsweise Lenin 1930 (1917), S. 124); dies wurde ihm allerdings dadurch erleichtert, daß umgekehrt auch die Arbeiten Hilferdings keineswegs ausschließlich von den üblicherweise an ihnen hervorgehobenen "revisionistischen" Relativierungen der Marxschen Kapitalismustheorie bestimmt sind. Zu dieser Ambivalenz der Position Hilferdings siehe Vranicki 1983, S. 364ff.

ziert.[18] Zusammengefaßt findet sich diese Kritik in dem Vorwurf eines "objektivistischen" Begriffes von Theorie, deren Fassung "als bloß abstrakt-anschauende ... über den durch äußere Gesetze bestimmten o b j e k t i v e n A b l a u f der gesellschaftlichen Entwicklung" (Korsch 1971 (1931), S. 169).

Diese anti-objektivistische Distanzierung von einer orthodoxen Marxinterpretation, wie sie von der Praxis der Arbeiterbewegung nahegelegt wurde, fand zur gleichen Zeit Unterstützung durch die Impulse, die die aktuelle Auseinandersetzung mit dem Marxschen Werk selbst anbot. Vorbereitet u. a. durch die engen Kontakte, die das Frankfurter "Institut für Sozialforschung" während der 20er Jahre zum Marx-Engels-Institut in Moskau, das mit der Herausgabe der Kritischen Gesamtausgabe der Werke von Marx und Engels befaßt war, unterhielt[19], erschienen zu Beginn der 30er Jahre erstmals die Marxschen Frühschriften in vollständiger Form.[20] Anknüpfend an die eigene philosophische Herkunft aus den Gedankengängen vor allem des deutschen Idealismus[21] gab die Zugänglichkeit des Marxschen Frühwerkes den "westlichen Marxisten" die Möglichkeit, dessen in ausdrücklicher Auseinandersetzung mit der Philosophie entwickeltes Rationalitätsmodell erneut zu thematisieren und abzugrenzen von dem als "positivistisch" kritisierten Verständnis der Marxschen Theorie, das die Marxorthodoxie im Anschluß an einzelne Teile vor allem des Marxschen Spätwerkes, der Kritik der Politischen Ökonomie, entwickelt hatte.

Dieses Rationalitätsmodell[22] ist in prägnantester Form in den "Thesen über Feuerbach" (MEW 3, S. 5ff.) formuliert.[23] Deren Grundmaxime läßt sich mit der inzwischen in der marxistischen Diskussion bis zur Unkenntlichkeit strapazierten Formel von der "Einheit von Theorie und Praxis" umreißen. Diese Einheit ist im Rahmen der Marxschen Argumentation - auch wenn sie zunächst nur als erkenntnistheoretische Beziehung abgegrenzt wird von einer passivistischen, bloß anschauenden Fassung der Subjekt-Objekt-Relation - vor allem zu verstehen als konstitutionstheoretische Konzeption der Beziehung zwischen gesellschaftlicher Subjektivität und Objektivität. Gleichzeitig legt ein derartiges Verständnis von gesellschaftlicher Objektivität das Fundament für den theoretisch kritischen und praktisch auf revolutionäre Umwälzung abzielenden Charakter dieser Praxistheo-

18 Zu den einzelnen Dimensionen einer solchen Kritik an den Hauptströmungen der marxistisch orientierten Arbeiterbewegung siehe Leineweber 1977.

19 Zu diesen Kontakten, die vor allem in der ersten Phase des Instituts unter dem Direktorat von Grünberg gepflegt wurden, siehe Jay 1976, S. 31.

20 Der Besprechungsteil der ersten Nummer der "Zeitschrift für Sozialforschung" widmete sich zentral den entsprechenden Editionen der Frühschriften. Dutschke (1969, S.1) sieht in dem erstmaligen vollständigen Erscheinen vor allem der Deutschen Ideologie und der Ökonomisch-philosophischen Manuskripte eines der Motive für die in dieser Zeit aufgestellte Forderung nach einem "Zurück zu Marx".

21 Zum geistesgeschichtlichen Hintergrund dieser Theoretiker siehe am Beispiel der Kritischen Theorie Jay 1976, S. 63-113. Jay (S. 64) geht dabei soweit, die Kritische Theorie unmittelbar dem Linkshegelianismus der 40er Jahre des 19. Jahrhunderts zuzuordnen. - Auch bei Lukacs ist der Bezug insbesondere zur Hegelschen Philosophie unübersehbar.

22 Den Versuch, die Entwicklung des "westlichen Marxismus" als Bearbeitung der "Rationalitätsproblematik" zu begreifen, hat umfassend Habermas im ersten Band seiner "Theorie des kommunikativen Handelns" (1981) unternommen.

23 Daß Lukacs seinem "Geschichte und Klassenbewußtsein" die letzte Feuerbachthese, die den prinzipiell "weltverändernden" Sinn kritischer Theorie ausspricht, vorangestellt hat, steht für das Programm des "westlichen Marxismus".

rie.[24] Der erkenntnistheoretische Objektivismus findet in dieser Sichtweise sein Fundament in einer realen Objektivierung der Beziehungen gesellschaftlicher Subjekte. Dieser reale Objektivismus, den Marx an anderer Stelle als "Entfremdung" gefaßt hat, fällt in einer solchen grundsätzlich kritischen Ausrichtung keineswegs zusammen mit der Notwendigkeit von Objektivierung, Vergegenständlichung überhaupt, sondern wird selbst begriffen als Ausdruck der "selbstzerrissenen" und "sich selbst widersprechenden" Organisationsform der sozialen Beziehungen, wie sie die bürgerliche Gesellschaft kennzeichnet. Die Existenz eines sich als Objekt präsentierenden gesellschaftlichen Zusammenhangs und damit die Notwendigkeit einer gesellschaftstheoretischen Aneignung dieses Zusammenhangs - mithin der Sinn von Gesellschaftstheorie überhaupt - fällt dementsprechend mit denjenigen spezifischen gesellschaftlichen Bedingungen zusammen, die die Unterscheidung von Subjekt und Objekt erst hervorbringen.[25]

Die Rationalität von Gesellschaftstheorie beruht angesichts der für sie konstitutiven Irrationalität ihres Gegenstandes allein darauf, daß es ihr gelingt, diese Irrationalität kritisch zu fassen und Perspektiven für ihre reale Überwindung aufzuzeigen. Das die Feuerbachthesen abschließende Diktum "Die Philosophen haben die Welt nur verschieden interpretiert, es kommt darauf an sie zu verändern" bedeutet insofern keine Absage an eine eigenständige theoretische Verständigung über die soziale Wirklichkeit, sondern stellt die Kritik einer Theoriekonzeption dar, die ihre eigene Rationalität in eine bloß äußerliche Beziehung zu ihrem Gegenstand setzt. Der formulierte Anspruch auf Veränderung bindet den Rationalitätsgehalt von Theorie dagegen an die Annahme, daß Theorie in ihrem innersten Kern selbst die Kritik an der gesellschaftlichen Irrationalität enthält und diese damit als notwendig zu verändernde begreift.

Auf dem Hintergrund einer derart bestimmten Einheit von Theorie und Praxis wird gleichzeitig verständlich, welcher grundlegende Stellenwert der Arbeiterbewegung als historisch prädestiniertem Träger solcher Veränderungsprozesse zukommt. Daß Marx wenige Jahre später im Kommunistischen Manifest den Sinn von Theorie als Selbstverständigung "tatsächlicher Verhältnisse eines existierenden Klassenkampfes, einer unter unseren Augen vor sich gehenden geschichtlichen Bewegung" begreift und damit auch die theoretische Weltorientierung grundsätzlich mit dem Erfolg und Mißerfolg der Arbeiterbewegung als Träger dieses Kampfes verknüpft, entspringt dem in den Feuerbachthesen skizzierten praxistheoretischen Rationalitätsmodell und der konstitutiven Rolle, die der Arbeiterklasse für die Produktion und Reproduktion der tatsächlichen gesellschaftlichen Grundlage auch dieser theoretischen Verständigung zugeschrieben wird.

Die Anknüpfung an diese umfassende rationalitätstheoretische Konzeption erlaubte es den "westlichen Marxisten", die praktischen und theoretischen Deformationen der Arbeiterbewegung nicht nur in ihren konkreten Erscheinungsformen anzugehen, sondern einzuordnen in eine Neubesinnung auf die Grundlagen der Marxschen Theorie insgesamt. Die weitere Entwicklung dieser theoretischen Richtung speist sich dementsprechend aus dem wechselseitigen Bezug einer

24 Den umfassenden Anspruch der Marxschen These von der "Einheit von Theorie und Praxis" hat Schmidt 1969, S. 7ff. und 1974 verdeutlicht.

25 Zum Zusammenhang von erkenntnistheoretischem und tatsächlichem Objektivismus und seiner gegenstandskonstitutiven Bedeutung für die Sozialwissenschaften siehe Reichelt 1970, S. 19ff.

Reformulierung dieser Grundlagen auf der einen, der Analyse der aktuellen Entwicklungsbedingungen der Arbeiterbewegung, wie sie durch die sich wandelnde Realität kapitalistischer Gesellschaften vorgegeben sind, auf der anderen Seite.[26]

Die grundlegende Bedeutung dieser komplementären Bezugspunkte des "westlichen Marxismus" hat in jüngerer Vergangenheit Hauke Brunkhorst (1983) in seiner Rekonstruktion der Fragestellung von "Geschichte und Klassenbewußtsein" als des Werkes, das ihm für die Entwicklung dieser Tradition von paradigmatischer Bedeutung gilt, hervorgehoben. Lukacs' Werk ist gemäß seiner Interpretation von der Spannung zwischen der Auseinandersetzung mit dem Problem gesellschaftlicher Rationalisierung auf der einen, dem Versuch des Entwurfes einer Theorie des Klassenbewußtseins, die es erlaubt, dem historisch gegebenen Stand von dessen (defizitärer) Entwicklung gerecht zu werden, auf der anderen Seite bestimmt. Gemäß seines Rekonstruktionsversuches läßt sich nicht nur die weitere inhaltliche Entwicklung des westlichen Marxismus aus der Abarbeitung an beiden zentralen Problemen begreifen; diese wurden darüber hinaus zum Anknüpfungspunkt einer grundsätzlichen Ausweitung des Fragehorizonts marxistischer Theoriebildung über die Grenzen hinaus, die die Marxorthodoxie ihr gesetzt hatte. Sowohl die zugrundegelegte Rationalitätstheorie, die in ihrer Hervorhebung der Einheit von Theorie und Praxis nicht nur die praktischen Gehalte von Theorie, sondern umgekehrt auch den konstitutiven Charakter von Bewußtseinsprozessen für die Existenz quasi-objektiver, entfremdeter Strukturen hervorhebt, wie die im Kern der Klassenbewußtseinsproblematik stehende Kluft zwischen "objektiver ökonomischer Entwicklung" auf der einen, der Entwicklung eines dieser adäquaten Klassenbewußtseins auf der anderen Seite legten es nahe, die Verklammerung von Rationalisierungs- und Verdinglichungsprozessen als eine den Gesamtzusammenhang gesellschaftlicher Reproduktion übergreifende zu thematisieren. Diese Totalisierung der Fragestellung über gesellschaftliche Sphären und damit die Einbeziehung politischer und kultureller Problematiken wird nach Brunkhorsts Rekonstruktionsversuch begleitet von einer Ausweitung der rationalitätstheoretischen Fragestellung auch in historischer Hinsicht. Das Ineinandergreifen von Rationalitätszuwachs und Verdinglichung sozialer Verhältnisse wird dabei zunehmend nicht nur an der spezifisch kapitalistischen Phase gesellschaftlicher Entwicklung, sondern am bisherigen Geschichtsprozeß in seiner Gesamtheit festgemacht.[27]

---

26 Der beharrliche Versuch, zwischen diesen zwei Komplexen eine Brücke zu schlagen, wird noch einmal zu einem Zeitpunkt deutlich, in dem der Reformulierungsversuch des "westlichen Marxismus" zunehmend selbst in die Krise gerät. Horkheimer hat in seinem Aufsatz über "Traditionelle und Kritische Theorie" - sozusagen abschließend - eine glänzende Reformulierung des umfassenden rationalitäts-, gesellschaftstheoretischen und -kritischen Anspruchs der Marxschen Theorie in bezug auf den aktuellen Stand der gesellschaftlichen Auseinandersetzungen geliefert.

27 Brunkhorst führt beide gegen die Orthodoxie gerichteten Ausweitungen des Fragehorizonts auf den "Webermarxismus" (S. 23) des Lukacsschen Werkes zurück und kommt dementsprechend zu dem Schluß, daß auch Lukacs die Existenz einer hinter den spezifisch kapitalistischen Formen von Verdinglichung liegenden "tieferen" Ursache der Widersprüchlichkeit des Rationalisierungsprozesses annehme. - Auch wenn man sicherlich den Einfluß der Weberschen Rationalisierungstheorie auf Lukacs (und in der Folgezeit auch auf die Theoretiker der Frankfurter Schule) kaum leugnen kann, beruht diese Interpretation insgesamt auf einem theoriegeschichtlichen Anachronismus, der die zunehmend kontingente Beziehung, die neuerdings Habermas zwischen modernem Rationalisierungsprozeß und spezifisch kapitalistischer Verfaßtheit dieses Prozesses hergestellt hat, schon in die Anfangsphase des "westlichen Marxismus" projiziert. Zu diesem Zeitpunkt ist dagegen diese Totalisierung der Fragestellung vielmehr der Auseinander-

Seine umfangreichste, in gewisser Weise radikalste und sicherlich theoriegeschichtlich wirkungsvollste Durchführung fand das Programm des westlichen Marxismus in den Arbeiten des Frankfurter "Instituts für Sozialforschung". Anknüpfend an Impulse aus der 1922 von den späteren Begründern des "Instituts" zusammen mit Georg Lukacs und Karl Korsch durchgeführten "Ersten marxistischen Arbeitswoche", die Korschs "Marxismus und Philosophie" zum Gegenstand hatte, entstand 1923 das "Institut für Sozialforschung" als institutioneller Zusammenhang zur Diskussion dieser Fragestellungen. Aufgrund seiner wohl einzigartigen finanziellen und institutionellen Bedingungen entwickelte sich in der Folgezeit ein kollektiver Forschungsprozeß, der sich nahezu über 20 Jahre dieser Diskussion widmete.[28]

Auf den spezifischen sozialen und geistesgeschichtlichen Hintergrund der Mitglieder des "Instituts", der sie absetzte von anderen "westlichen Marxisten" kann hier nicht näher eingegangen werden[29]; jenseits sicherlich bestehender Unterschiede stellten sich auf Basis eines ähnlichen politischen Erfahrungshintergrundes, dessen philosophischer Verarbeitung in den Traditionen des deutschen Aufklärungsdenkens und einer besonders ausgeprägten kulturellen Sensibilität[30] für diese Gruppe zunächst die gleichen Fragen, mit denen sich der "westliche Marxismus" insgesamt auseinandersetzte. Ausgehend von einer Reformulierung der Einheit von Theorie und Praxis in deren grundsätzlicher rationalitätstheoretischer Bedeutung[31] wurde die Analyse deren aktueller Realisierungsbedingungen in fortgeschrittenen kapitalistischen Gesellschaften über das Programm einer Untersuchung der modernen Gesellschaft als Gesamtzusammenhang ökonomischer, sozialer, politischer und kultureller Entwicklung bis hin zur Thematisierung der grundlegenden Dilemmata des Rationalisierungsprozesses, wie sie in dieser Gesellschaft kulminieren, verlängert.

Die Auseinandersetzung mit diesen Fragestellungen vollzog sich im Rahmen eines Forschungsprogrammes, das Horkheimer 1931 anläßlich seiner Übernahme

setzung mit dem "jungen Marx" zuzuordnen und läßt sich dementsprechend zunächst auch innerhalb der von diesem entwickelten Konzeption von Vorgeschichte rekonstruieren. Daß dieser Bezugsrahmen in der weiteren Entwicklung schrittweise gesprengt wird und dabei zunehmend Webersche Themen auch unmittelbar an Bedeutung gewinnen, soll damit nicht bestritten werden.

28 Zur Entstehung des "Instituts" siehe Jay 1976, S. 23ff.

29 Siehe hierzu ausführlich wiederum Jay a.a.O., S. 63ff. Neben Unterschieden im philosophischen Hintergrund wäre hierbei sicherlich der ausgeprägte kulturelle Elitarismus dieser Gruppe und ihre spezifische politisch-organisatorische Distanz zur Arbeiterbewegung anzusprechen. - Wenn im weiteren von "Kritischer Theorie" die Rede ist, ist damit immer die institutionell und inhaltlich dominierende Gruppe um Horkheimer gemeint. Neben dieser Gruppe, zu der vor allem Pollock, Adorno, Löwenthal und (mit Abstrichen) Marcuse gehörten, gab es während der gesamten Frühphase des Instituts eine eher orthodoxe Fraktion, die zunächst durch Grossmann, Borkenau und Wittfogel, später durch Kirchheimer, Gurland und Neumann repräsentiert wurde. Siehe dazu Jay a.a.O., S. 33ff. und Dubiel/Söllner 1981, S. 16ff.

30 Für den größeren Teil der Mitglieder des Instituts war ein enges Verhältnis zur Kunst kennzeichnend. Adorno studierte bei Alban Berg Komposition, Marcuse promovierte über den "deutschen Künstlerroman" und bei Horkheimer wird von frühen literarischen Ambitionen berichtet. Siehe dazu Jay a.a.O., S. 41f. u. S. 211ff.

31 Siehe dazu Jay 1976, der aus diesem Grund die gesamte Frühgeschichte des Instituts am Leitfaden der Auseinandersetzung um das Verhältnis von "theoretischer" und "praktischer" Weltaneignung, personalisiert in der Beziehung zwischen "Intellektuellen" und "Arbeiterbewegung", darstellt.

des Direktorats des Instituts für Sozialforschung erstmalig explizit formuliert hat.[32] Die Entwicklung des zu diesem Anlaß skizzierten Projektes dokumentierte sich in den folgenden Jahren sowohl in seinen programmatischen wie materialen Aspekten in der 1932 eigens für diesen Zweck gegründeten "Zeitschrift für Sozialforschung". In den grundlegenden programmatischen Beiträgen (die zunächst ausschließlich aus der Feder Horkheimers stammten) und den verschiedenartigsten Problemfeldern gewidmeten thematischen Beiträgen[33] tritt ein zugleich tiefgreifender wie umfassender Versuch zur Bearbeitung der skizzierten "Krise des Marxismus" zu Tage.[34]

In Anknüpfung an das oben vorgestellte rationalitäts- und gesellschaftstheoretische Programm des jungen Marx wird eine dialektische Konzeption von Theorie entfaltet, deren zentrale Bezugspunkte die Kategorien von "Widerspruch" und "Vermittlung" darstellen. Ausdrücklich grenzt sich diese Konzeption "Kritischer Theorie" ab von den verschiedenartigen Formen "Traditioneller Theorie", unter die durchaus auch die verschiedenen Varianten der Marxorthodoxie gerechnet werden.[35] Die theoretischen Entgegensetzungen und Vereinseitigungen, die letzteren Theorietypus kennzeichnen, werden hierbei als Ausdruck einer *realen* Dialektik der sozialen Verhältnisse begriffen. Vernunft und Sinnlichkeit, Freiheit und Notwendigkeit, Fortschritt und Destruktion, Subjektivität und Objektivität, Arbeit und Kultur - um nur einige der "klassischen" Entgegensetzungen zu nennen, deren Bearbeitung die Kritische Theorie sich zuwandte,- verweisen damit erneut zurück auf die "Zerrissenheit" und das "Sich-Selbst-Widersprechen" der tatsächlichen gesellschaftlichen Verhältnisse. Eine widerspruchsfreie und damit entsprechend den methodologischen Kriterien "traditioneller Theorie" rationale Verarbeitung dieser Wirklichkeit scheitert in dieser Sichtweise an dem Rationalitätsdefizit der Wirklichkeit selbst, ihrer grundsätzlich widersprüchlichen Organisation.[36] Die Probleme, die sich der Gesellschaftstheorie stellen, und deren Lösungsperspektiven stehen und fallen so - in strenger Anknüpfung an das praxistheoretische Programm der Feuerbachthesen - mit der Aufhebung der widersprüchlichen Organisationsform der sozialen Wirklichkeit selbst. Im Vorgriff und in der Vorbereitung einer solchen praktischen Vermittlung stellt sich der Kri-

32 Siehe dazu Horkheimer 1981.

33 Schon die erste Nummer der Zeitschrift umspannt thematisch das Feld von der "Wert-Preis-Transformation bei Marx" über die Bestimmung der "Methode und Aufgabe einer analytischen Sozialpsychologie" hin zur Analyse der "gesellschaftlichen Lage der Musik".

34 Diese Bemühungen können und sollen hier nicht im Einzelnen weiterverfolgt werden. Siehe dazu die inzwischen umfangreiche Literatur, die sich in Anknüpfung an die in gewisser Weise bahnbrechende Arbeit von Jay 1976 aufgehäuft hat.(U. a. Leineweber 1977, Dubiel 1978, ders./Söllner 1981, Bonß/Honneth 1982 und neuerdings Wiggershaus 1986.) - Vielmehr sollen diejenigen Grundlinien innerhalb des Zusammenhangs von Rationalitätstheorie, Kapitalismustheorie und Theorie des fortgeschrittenen Kapitalismus skizziert werden, die zu einem besseren Verständnis der heutigen "Krise des Marxismus" beitragen. Diese Rekonstruktion bleibt in Teilen hypothetisch und bedürfte in diesen Teilen einer eingehenderen Verifikation an den entsprechenden Texten. - Einen solchen Versuch, dessen Resultate sich im wesentlichen mit der hier gelieferten Darstellung decken, hat jüngst Gangl (1987) vorgelegt.

35 Die wohl umfangreichste Darstellung der Grundgedanken der "Kritischen Theorie" hat Horkheimer 1937 (1974) geliefert.

36 Adorno hat den Zusammenhang von tatsächlicher Irrationalität und "Dunkelheit" der Erkenntnis, den Horkheimer 1937 (1974, S. 24) an den notwendigen Unklarheiten der Kantschen Deduktion der reinen Verstandesbegriffe angedeutet hatte, später radikalisiert: "Die Irrationalität der gegenwärtigen Gesellschaft verhindert ihre rationale Entfaltung in der Theorie." (Adorno 1975, S. 163)

tischen Theorie die Aufgabe, die Falschheit der in der traditionellen Theorie formulierten theoretischen Gegensätze und deren tatsächliche innere Vermittlung wie Widersprüchlichkeit in einer aufzuhebenden "falschen" Wirklichkeit aufzuzeigen.[37]

Der Tatsache, daß eine solche Vermittlung selbst nur als historisch argumentierende denkbar, Dialektik nur als konkrete entfaltbar ist, versuchte das Institut dabei von vornherein mit dem Entwurf einer "Theorie des historischen Verlaufs der gegenwärtigen Epoche" (Horkheimer 1932a, S. III) gerecht zu werden, die den jeweiligen Zusammenhang an "einer bestimmten Gruppe, in einer bestimmten Zeitspanne, in bestimmten Ländern" (ders. (1981 (1931), S. 44) zu analysieren habe. Auch in dieser Beziehung sah sich die Kritische Theorie also der von Marx formulierten Kritik der Philosophie und dem aus dieser entwickelten Programm einer historisch-empirisch orientierten Theorie des gesellschaftlichen Lebensprozesses in seiner Gesamtheit verpflichtet.[38]

Die Art und Weise, in der die Kritische Theorie in ihrer ersten Phase die "Krise des Marxismus" bearbeitet hat, kann also zunächst als immanentes Anknüpfen an bestimmte Elemente des Marxschen Frühwerkes rekonstruiert werden. Dieser Selbstverortung innerhalb einer - allerdings zu reformulierenden - Tradition entspricht auch der Grundtenor der historischen Analysen des Instituts. In seinen zeitdiagnostischen Untersuchungen zu den ökonomischen, sozialen und kulturellen Entwicklungen der 30er Jahre werden diese - trotz ihrer auf der Hand liegenden empirischen Originalität - durchweg als Fortsetzung von Tendenzen bestimmt, die die kapitalistische Entwicklung in ihrer Gesamtheit kennzeichnen. Die Anomalien, die den Anlaß zur Herausbildung des "westlichen Marxismus" darstellen, werden als grundsätzlich in die Marxsche Kapitalismustheorie integrierbar begriffen[39], die erste Bearbeitung der "Krise des Marxismus" bleibt insofern weitgehend immanent.

Eine solche Rekonstruktion des Theorieprogramms der Kritischen Theorie sieht sich allerdings bei näherem Hinsehen selbst mit einer Vielzahl von Anomalien konfrontiert. Was sich im Rahmen des behaupteten immanenten Anknüpfens an die Marxschen Gedankengänge zunächst als bloße Explizierung oder möglicherweise abstraktive Reformulierung des jungmarxschen Forschungsprogrammes darbietet, tritt in der Folge - und das gilt auch für die erste Phase der Institutsentwicklung - häufig in offenen Gegensatz zu den Implikationen dieses Programms. Die Konsequenzen, die die Kritische Theorie jeweils aus der Kritik der abstrakten Entgegensetzungen traditioneller Theorie zieht, scheinen sowohl auf methodologischer wie materialer Ebene häufig den Vermittlungsversuch selbst zu konterkarieren.

Die eigentümliche Ambivalenz der Kritischen Theorie hebt an in der methodologischen Bestimmung des Zusammenhanges der gleichermaßen zu be-

---

37 Zu den inhaltlichen Dimensionen dieses Vermittlungsprogrammes und dessen auf der Hand liegenden Wurzeln in der Hegelschen Philosophie siehe Jay a.a.O., S. 63ff.

38 Darauf, daß die Lösung selbst noch der allgemeinsten theoretischen Probleme nur auf Basis des "Prinzips der geschichtlichen Spezifizierung aller gesellschaftlichen Verhältnisse" möglich ist, hat vor allem Korsch immer wieder insistiert. (Korsch 1967 (1938), S. 8ff.)

39 Dies galt nahezu bis zum Ende der 30er Jahre sogar für den Faschismus. Zu der damit angezielten "kontinuitätstheoretischen" Interpretation des Zusammenhangs von Kapitalismus und Faschismus, auf deren Bedeutung noch einzugehen sein wird, siehe Dubiel 1978, S. 61ff und ders./Söllner 1981, S. 7ff.

rücksichtigenden Momente von gesellschaftlicher Totalität auf der einen und deren empirisch-historischer Ausdifferenzierung auf der anderen Seite. In Anlehnung an die Marxsche Kritik eines empirischen Vorgehens, das die einzelnen Fakta isoliere vom Gesamtzusammenhang des gesellschaftlichen Lebensprozesses[40], war die Kritische Theorie von vornherein an einem umfassenden Zugriff auf die gesellschaftliche Wirklichkeit ausgerichtet. Im Zentrum ihrer Analysen sollte aus diesem Grunde "die Frage des Zusammenhangs zwischen einzelnen Kulturgebieten, ihrer Abhängigkeit voneinander, der Gesetzmäßigkeit ihrer Veränderung" (Horkheimer 1932a, S. II) stehen.[41] Die diesbezügliche Kritik an der traditionellen Theoriebildung hebt aus diesem Grunde die wechselseitige Verselbstständigung von Sozialphilosophie auf der einen Seite, und den verschiedenen einzelwissenschaftlichen Herangehensweisen auf der anderen Seite als eines von deren Charakteristika hervor. Die orthodoxe Marxtradition wurde dabei erneut als eine dieser Formen traditioneller Theoriebildung begriffen, insofern als sie die Marxsche Theorie, insbesondere die Kritik der Politischen Ökonomie, genauso wie die traditionelle Theorie im wesentlichen als einzelwissenschaftliche Analyse eines von anderen Wirklichkeitsbereichen isolierbaren Zusammenhangs konzipierte, deren umfassende, philosophische Dimension dabei aus den Augen verlor.

Einer solchen Entgegensetzung von philosophischer und einzelwissenschaftlicher Analyse suchte die Kritische Theorie mit einer methodologischen und wissenschaftsorganisatorischen Konzeption zu begegnen, die sich als "interdisziplinärer Materialismus" bezeichnen läßt.[42] Diese Benennung selbst genauso wie die mit ihr verbundenen Inhalte verweisen allerdings auf bemerkenswerte Abweichungen von der entsprechenden Marxschen Konzeption. Galt dieser die theoretische Aufhebung der Philosophie (und damit ihres Gegensatzes zu den Einzelwissenschaften) in einer einheitswissenschaftlich und zugleich empirisch orientierten Theorie der Geschichte als kritische Vorbereitung der tatsächlichen Aufhebung der Probleme, die der Philosophie zugrunde lagen, wird in der Konzeption des "interdisziplinären Materialismus" gerade weiterhin festgehalten an einer methodologischen und wissenschaftsorganisatorischen Selbständigkeit von "Sozialphilosophie" auf der einen, einzelwissenschaftlicher Forschung auf der anderen Seite.[43] Die Vermittlung zwischen beiden Polen wird in dieser Konzeption

40 Diesen Anspruch hatte Marx in der Deutschen Ideologie (MEW 3, S. 27.) in Abgrenzung sowohl gegenüber einer Philosophie, die sich in bloßen Abstraktionen bewegt, wie einer empirischen Wissenschaft, der der Gesamtzusammenhang ihres Gegenstandes verlorengeht, formuliert.

41 Dubiel (1978, S. 189f.) hat diesen umfassenden Anspruch an der Konzeption einer "Kulturwissenschaft", in der "Kultur ... als Totalitätskategorie, die die Bereiche der "materiellen" und "geistigen" Kultur umfaßt" verdeutlicht. - Daß hier allerdings der Kulturbegriff - wenn auch in der angesprochenen erweiterten Form - zur Totalitätskategorie wird, deutet gleichzeitig schon die Richtung an, in der die Marxsche Konzeption von Totalität umgelenkt wird.

42 Dieser Terminus ist innerhalb der Kritischen Theorie selbst nicht verwendet worden, umreißt aber treffend die von Horkheimer in seiner Antrittsrede formulierte Konzeption. Siehe dazu Dubiel 1978, S. 135 und Bonß/Schindler 1982.

43 Im Institut trat diese Selbständigkeit sogar als personelle Arbeitsteilung und Hierarchisierung hervor. Horkheimer als Direktor des Instituts war für die Formulierung der sozialphilosophischen Synthesen zuständig, während die anderen Mitglieder (mit Ausnahme vielleicht von Marcuse) als Spezialisten für einzelne Fachgebiete definiert waren. Dies galt in den 30er Jahren sogar für einen Theoretiker wie Adorno, der am Institut vor allem als Musiksoziologe firmierte. Siehe dazu Dubiel 1978, S. 193 und Horkheimer selbst, der die "Diktatur des Direktors" unmittelbar verstand als "Diktatur der planvollen Arbeit über das Nebeneinander von philosophischer Konstruktion und Empirie". (1981 (1931), S. 42)

praktisch umgesetzt als wechselseitige Ergänzung und Befruchtung philosophischer und einzelwissenschaftlicher Forschung, eine Form der Wechselwirkung voneinander unabhängiger Momente, die sich höchstens in Nuancen von entsprechenden "Vermittlungsversuchen" innerhalb traditioneller Theorie unterschied.[44] Auch wenn diese Konzeption von Horkheimer selbst immer wieder relativiert worden ist[45], hat dieses selbst noch traditionelle Moment in der Kritischen Theorie wesentliche inhaltliche Konsequenzen für die angebotene Reformulierung des Marxismus gezeitigt. Bei Marx selbst stand im Zentrum des angezielten einheitswissenschaftlichen Vermittlungsversuches eine ökonomisch fundierte Geschichtstheorie, der es gelingen sollte, die Integration der verschiedenen Abstraktionsgrade gesellschaftswissenschaftlicher Erkenntnis zu leisten. Im Modell des "interdisziplinären Materialismus" dagegen bleibt dieses Zentrum verwaist, werden seine Bestandteile in arbeitsteiliger Form auf der einen Seite der Sozialphilosophie, der in ihrer Zuständigkeit für begrifflich-theoretische Aspekte eine Leitfunktion zugeschrieben wird, auf der anderen Seite der einzelwissenschaftlichen Forschung, die für die empirischen Aspekte dieses Zusammenhangs zuständig ist, zugeordnet.

Daß damit die Substanz der Marxschen Theorie, wie sie in deren Kennzeichnung als "Historischer Materialismus" ihren Ausdruck findet, berührt ist, wird darüber hinaus in der expliziten Auseinandersetzung um den Status der ökonomischen Sphäre für die Erklärung des sozialen Gesamtzusammenhangs deutlich.

Ausgangspunkt der Kritik an der orthodoxen Theorie ist hierbei zunächst die einseitige, abstrakte Fassung, die diese dem Inhalt der ökonomischen Sphäre gibt. Deren Ökonomismus besteht dementsprechend nicht in der Hervorhebung der ökonomischen Verhältnisse als einheitsstiftender Grundlage der gesellschaftlichen Wirklichkeit, sondern in einer Fassung dieser Grundlage, in der in objektivistischer Manier menschliches Handeln und Bewußtsein ausgeklammert werden. Die relative Berechtigung, die gegenüber einer derart beschränkten Fassung gesellschaftlicher Praxis der Philosophie zukommt, wäre gemäß dieser Kritik erneut aufzuheben in der Einführung eines erweiterten Begriffes von Ökonomie, der den Naturaneignung, Sozialität und Bewußtsein übergreifenden Charakter des "wirklichen Lebensprozesses" einbeziehbar machen würde. Die entsprechende Konsequenz hat die Kritische Theorie zwar erneut in grundsätzlicher Form gezogen[46]; umso verblüffender ist angesichts dieser Tatsache allerdings der faktische Umgang mit ökonomischer Theoriebildung, der vielmehr der oben angedeuteten methodisch-wissenschaftsorganisatorischen Relativierung von deren Bedeutung entspricht: Indem in dieser Konzeption die Leitfunktion programmatisch wie tatsächlich einer philosophisch motivierten Gesellschaftstheorie, die ausdrücklich

44 Zu den problematischen Aspekten dieser Konzeption siehe Bonß/Schindler 1982. Jay (S. 67) weist in demselben Band darauf hin, daß bezüglich dieser Auffassung innerhalb des Instituts von vornherein Meinungsverschiedenheiten bestanden, in denen Adorno dezidiert gegen den angesprochenen interdisziplinären Ansatz aufgetreten ist.

45 Siehe dazu seinen Aufsatz zur "sozialen Funktion der Philosophie", in der die Schwierigkeiten einer Formulierung des Marxschen Gedanken der "Aufhebung der Philosophie" im Rahmen einer weiterhin mit eigenem Geltungsanspruch versehenen Philosophie explizit angesprochen werden. Auch Marcuse (1972 (1941), S. 280) ist in Anknüpfung an die entsprechenden Passagen der Deutschen Ideologie der Überzeugung, daß "die Marxsche Ökonomie einer unabhängigen Philosophie, Psychologie oder Soziologie keinen Raum lasse".

46 Siehe hierzu besonders das gemeinsam von Horkheimer und Marcuse verfaßte Nachwort zu "Traditionelle und Kritische Theorie" und das oben zitierte Kapitel aus Marcuses "Vernunft und Revolution".

unter dem Titel "Sozialphilosophie" firmiert, zugeschrieben wird, gerät eine systematisch und historisch ausdifferenzierte ökonomische Theoriebildung zunehmend an den Rand des entsprechenden Forschungsprogrammes.[47] In der Praxis des Programmes selbst fand diese Akzentverschiebung ihren Niederschlag in einem zunehmenden Defizit an ökonomisch orientierten Beiträgen und einer Marginalisierung der tatsächlich durchgeführten Studien.[48] Von vornherein waren diese Studien dabei nicht darauf ausgerichtet, den argumentativen Gesamtzusammenhang für die interdisziplinären Projekte des Instituts zur Verfügung zu stellen, sondern galten - genauso wie die entsprechenden Untersuchungen zur Literatur, Musik und Psychologie - als einzelwissenschaftliche Beiträge zum Gesamtprojekt. Der beschränkten Bedeutung ökonomischer Theoriebildung korrespondierte darüber hinaus die Art und Weise der Einbeziehung ökonomischer Argumentationszusammenhänge innerhalb Horkheimers sozialphilosophischer Abhandlungen, die den Rahmen für dieses Projekt abstecken sollten. Die systematischen Bemerkungen zur Ökonomie beschränkten sich in diesen im wesentlichen auf eine - als solche wohl einzigartige - Rekonstruktion der Spaltungen zwischen "Individuum" und "Gesellschaft", "Subjektivität" und "Objektivität", "Totalität" und "Partikularität" anhand der Grundstrukturen von Vergesellschaftung, wie sie die Warenproduktion kennzeichnen.[49] Konkret-historische Diagnosen des ökonomischen Entwicklungsstandes - sofern diese überhaupt einbezogen werden - gehen meist nicht über die von der kommunistischen Orthodoxie schon seit Ende des 1. Weltkrieges gepflegte Vorstellung des Eintritts des Kapitalismus in die Phase seines endgültigen Niederganges hinaus. Eine solche Hintergrundargumentation[50] erübrigte in gewisser Weise sogar eine weitere Auseinandersetzung mit den objektiven ökonomischen Bedingungen revolutionärer Umwälzung, da diese objektiven Bedingungen mit dem Eintritt in diese Phase grundsätzlich als gegeben anzusehen waren.

Daß die Kritische Theorie sowohl der systematischen Entfaltung ökonomischer Kategorien wie einer historisch orientierten Analyse ökonomischer Ent-

47 Zu dieser "fortschreitenden Preisgabe der ökonomischen ... Strukturen als Schwerpunkt der Theorie" siehe Anderson 1978, S. 77. Anderson bringt dies in Zusammenhang mit der oben angesprochenen Konzentration auf das Marxsche Frühwerk, der gegenüber die Auseinandersetzung mit dem ökonomiekritisch orientierten Spätwerk in den Hintergrund tritt.

48 Diese Prozesse besaßen selbstverständlich eine personelle Basis. Die Ökonomen im Institut (Grossmann, Borkenau und Wittfogel) waren bis auf Pollock einer relativ "orthodoxen" Marxinterpretation verpflichtet und haben nur geringen Einfluß auf die Entwicklung des Instituts genommen. (Siehe dazu Jay 1976, S. 33ff.) Pollock - als engster Mitarbeiter Horkheimers - war zwar Ökonom, methodisch aber eher an der "bürgerlichen Nationalökonomie" als an der Kritik der Politischen Ökonomie orientiert. (Dubiel 1978, S. 197f.). Seine Aufgabe bestand nicht so sehr in der Entwicklung eigenständiger theoretischer Perspektiven für die Forschungsarbeit des Instituts, als vielmehr darin, Horkheimer das Material für dessen sozialphilosophische Synthesen zu liefern.

49 Für den Aufweis der Irrationalität, den diese Vergesellschaftungsform allen menschlichen Lebensäußerungen auferlegt, siehe wiederum "Traditionelle und Kritische Theorie" als glänzendes Beispiel.

50 Um eine Hintergrundannahme handelt es sich insofern, als diese Einschätzung - zumindest in der ersten Phase der Entwicklung des Instituts - selten ausdrücklich formuliert worden ist, sondern sich meist nur erschließen läßt aus der Art und Weise, in der die Probleme revolutionärer Umwälzung vor allem als Probleme der Herausbildung einer dem objektiven Entwicklungs- bzw. Verfallszustand entsprechenden revolutionären Subjektivität angesprochen werden. In bezug auf Lukacs siehe hierzu Breuer (1977, S. 92); bei Horkheimer scheint vor allem in der Bedeutung, die er der Psychologie zuschreibt, eine solche Einschätzung durch. Siehe dazu Horkheimer 1932b, S. 135 und in Anknüpfung daran Bonß 1982, S. 368.

wicklungen entgegen ihrer programmatischen Ansprüche keinen zentralen Stellenwert eingeräumt hat, dieses Feld tatsächlich der Marxorthodoxie ohne weitere Kritik von deren Annahmen über den objektiven Entwicklungsstand des Kapitalismus überlassen hat, wird darüber hinaus deutlich an der Art und Weise, in der die Entwicklung der subjektiven Bedingungen revolutionärer Umwälzung, der Herausbildung proletarischen Klassenbewußtseins angegangen wird.

Zwar war es Lukacs gelungen, mit seiner an die Hegelsche Geschichtsphilosophie anknüpfenden Identifizierung des Proletariats als Subjekt-Objekt der Geschichte dem Problem des Klassenbewußtseins eine Fassung zu geben, die der Marxschen Praxistheorie grundsätzlich gerecht wurde[51], indem er den Übergang von der "Klasse an sich" zur "Klasse für sich" als bewußtseinsvermittelten Prozeß der Wiederaneignung einer selbstgeschaffenen und dennoch eigenmächtigen Objektivität konzipiert hatte; die Frage nach den empirischen Bedingungen eines solchen Überganges war mit dieser grundsätzlichen Rekonstruktion allerdings nicht beantwortet.[52] Die systematischen und empirischen Bemühungen der Kritischen Theorie knüpften genau an diese Kluft zwischen Lukacs' hegelmarxistisch reformulierter Klassenbewußtseinstheorie und der tatsächlichen Entwicklung des Bewußtseins der Arbeiterklasse an. Ihr Ziel bestand dabei in der Verfeinerung und Ausdifferenzierung der Klassenbewußtseinstheorie, die eine Vermittlung zwischen beiden Polen möglich machte. Als Mittel hierzu wurde erneut eine empirische Wendung[53] dieser Theorie bestimmt, die zunächst wiederum als Konkretisierung der Programmatik des Historischen Materialismus zu verstehen ist. Auf dem Hintergrund der vorausgesetzten Scheidung zwischen Philosophie und Einzelwissenschaften auf der einen, dem gebrochenen Verhältnis zur ökonomischen Analyse auf der anderen Seite nahm diese Vermittlung allerdings wiederum eine Form an, die keineswegs alleine aus der Notwendigkeit einer solchen Konkretisierung abzuleiten war: Wissenschaftssystematisch sollte die Vermittlung vor allem zurückgreifen auf eine als Sozialpsychologie verstandene Psychoanalyse; empirisch eingelöst werden sollte diese Einbeziehung sozialpsychologischer Fragestellungen in den empirischen Studien zum Arbeiter- und Angestelltenbewußtsein und zu "Autorität und Familie", in denen gegenüber den aktuellen Handlungsbedingungen der Individuen der familiäre Zusammenhang als ent-

51 Siehe hierzu Schmidt 1974, S. 297 und kritisch Krahl 1971, S. 164ff.

52 Zur Lukacsschen Theorie des Klassenbewußtseins in ihrer Bedeutung für die Entwicklung der Fragestellungen der Kritischen Theorie siehe Brunkhorst 1983. Auch wenn hier nicht auf die verschiedenen Dimensionen dieser Theorie selbst eingegangen werden kann, muß zumindest darauf hingewiesen werden, daß sich die immer wieder gegen sie formulierte Kritik in ihrer Plausibilität häufig einer mangelnden Differenzierung beider hier angesprochener Aspekte verdankt: Wenn überhaupt, trifft die Kritik an der Lukacsschen Konzeption des Proletariats als Subjekt-Objekt der Weltgeschichte genauso die Marxsche Bestimmung der weltgeschichtlichen Bedeutung der proletarischen Revolution. Auch in dessen Spätwerk wird die Arbeiterklasse ausdrücklich als Produzent wie Produkt des kapitalistischen Vergesellschaftungsprozesses begriffen, der gleichzeitig Geschichte erstmals zur Weltgeschichte werden läßt. Daß der Erfolg einer grundsätzlichen Umorientierung des weltgeschichtlichen Prozesses davon abhängt, daß sein Träger sich seiner widersprüchlichen Stellung in ihm bewußt wird und sich dies nur als Moment einer tatsächlichen Änderung dieser Stellung denken läßt, folgt genauso aus der Grundstruktur des Marxschen Modells. Daß damit keinerlei Aussagen über die konkreten Bedingungen des Prozesses der Selbstbewußtwerdung gemacht sind, trifft zwar zu, berührt aber zunächst nicht die Schlüssigkeit dieser Grundstruktur.

53 Brunkhorst bezeichnet aus diesem Grunde die Kritische Theorie als "empirischen Hegelmarxismus" (1983, S. 54).

scheidende Vermittlungsinstanz zwischen gesellschaftlicher Realität und Bewußtsein bestimmt wurde.[54]

Mit dieser Hervorhebung der psychologischen Dimension der Konstitution von Klassenbewußtsein war zunächst wiederum gegen die Marxorthodoxie ein Feld eröffnet, das deren bloß interessentheoretischer Fassung von Bewußtseinsprozessen unzugänglich war und gleichzeitig augenscheinlich grundlegende Bedeutung für das Verständnis solcher Prozesse besaß[55]; gleichzeitig lieferte sie für die weitere Entwicklung der Kritischen Theorie das Instrumentarium zur Analyse einer Vielzahl sozialer und kultureller Phänomene, ermöglichte erstmals im Rahmen marxistischer Theoriebildung die Analyse verschiedenartiger Formen von Subjektivität wie deren Objektivationen in kulturellen Zusammenhängen. Daß dieser Thematisierung der psychischen Bedingungen der Entwicklung (bzw. Nicht-Entwicklung) von Klassenbewußtsein aber die *entscheidende* Vermittlungsfunktion zwischen einer philosophisch reformulierten Theorie des Klassenbewußtseins auf der einen, dem Verständnis von dessen empirischen Gestalten auf der anderen Seite zugeschrieben wird, zeigt erneut, daß die programmatisch formulierte Vermittlungsebene einer historisch-materialistischen Analyse der wirklichen Lebensbedingungen verfehlt ist. Eine solche Analyse müßte die angesprochene Konkretisierung zunächst in der Auseinandersetzung mit den historisch gegebenen ökonomischen, sozialen und politischen Konflikten angehen, um erst in einem zweiten Schritt die Frage der psychologischen Formen, in denen sich ein angemessenes Bewußtsein der eigenen Lebensbedingungen herausbildet, zum Gegenstand zu machen. Indem die Kritische Theorie dagegen einer ökonomisch fundierten Theorie gesellschaftlicher Objektivität, die ihr nur Programm bleibt, eine psychologisch fundierte Theorie der Subjektivität, deren Ausarbeitung sie große Teile ihrer Aufmerksamkeit widmet, zur Seite stellt, verfängt sie sich darüber hinaus in derselben Entgegensetzung von "Subjektivität" und "Objektivität", die den kritischen Bezugspunkt ihrer Auseinandersetzung mit der orthodoxen Theorie gebildet hat, setzt innerhalb dieser Entgegensetzung allerdings umgekehrte Vorzeichen.

Auch in dieser Beziehung tritt die schon angedeutete "dialektische" Abhängigkeit der Kritischen Theorie von ihrem Gegenpart, der Marxorthodoxie hervor: Indem sie den einzelwissenschaftlichen, ökonomistischen und objektivistischen Vereinseitigungen, die diese an der Marxschen Theorie vollzogen hatte, in der Durchführung des formulierten Vermittlungsprogrammes ihr bloßes Negativ in einer philosophischen, entökonomisierten und psychologisierten Fassung dieser Theorie entgegenhält, erweist sich der angezielte Reformulierungsversuch der Marxschen Theorie schon in dieser Phase als insgesamt gescheitert. Ungeachtet der Tatsache, daß es der Kritischen Theorie in diesem Reformulierungsversuch gelungen ist, den Problem- und Gegenstandsbereich marxistischer Theoriebildung

---

54 Zu diesem Zusammenhang siehe Fromms programmatische Arbeit aus dem Jahre 1932 in der "Zeitschrift" und seinen sozialpsychologischen Teil von "Autorität und Familie" (1936). Zur Bedeutung der Integration der Psychoanalyse in das Forschungsprogramm des Instituts aus heutiger Perspektive siehe Jay 1976, S. 113ff. und Bonß 1982, S. 367ff.

55 Auf die Rolle der Psychologie als "unentbehrlicher Hilfswissenschaft" gegenüber einer ökonomisch fundierten Geschichtswissenschaft, die menschliches Handeln wesentlich als Verfolgung ökonomisch bestimmter Interessen begreift, hat Horkheimer 1932b in seinem Vortrag "Geschichte und Psychologie" hingewiesen. Derselben Beschränkung der Marxorthodoxie galt die zur gleichen Zeit ablaufende Diskussion über das Verhältnis von Marxismus, Psychoanalyse und Sexpol. Siehe dazu Gente 1970.

entscheidend zu erweitern und damit deren Vereinseitigungen und Reduktionismen aufzubrechen, gelingt ihr keine widerspruchsfreie Verarbeitung der in der "Krise des Marxismus" hervorgetretenen Anomalien dieser Theorietradition im Rahmen von deren ursprünglichen Intentionen.

Diese Brüche in der Reformulierung des Marxschen Denkens, die in der ersten Phase der Kritischen Theorie noch weitgehend implizit bleiben[56], treten unter den veränderten historischen und institutionellen Bedingungen, die ihre zweite Entwicklungsphase bestimmen, zunehmend hervor.[57]

Schon die ersten Jahre, in denen sich das Forschungsprogramm des Instituts entfaltete, waren von einer Zuspitzung sowohl der allgemeinen politischen Situation wie der aus dieser erwachsenden unmittelbaren Schwierigkeiten des Institutszusammenhanges gekennzeichnet. Die Durchsetzung des Faschismus in Deutschland trieb die Kritischen Theoretiker sowohl intellektuell wie physisch in die Emigration und damit in die Isolation von denjenigen sozialen und politischen Zusammenhängen, denen ihre kritische Reflexion galt. Trotz der damit verbundenen Häufung sowohl unmittelbar politischer Enttäuschungen wie der entsprechenden theoretischen Anomalien hielt die Kritische Theorie bis nahezu zum Ende der 30er Jahre an diesen Zusammenhängen und den entsprechenden theoretischen Konzeptualisierungen fest. Selbst ihre Arbeit im Exil in den USA war zunächst als immanentes Anknüpfen an die westeuropäische Kultur und deren Denktraditionen, zu deren höchsten Produkten die marxistische Theorie selbst gerechnet wurde, organisiert. Theoriestrategisch fand dies seinen Ausdruck in dem skizzierten Vermittlungsprogramm, dem immanenten Anknüpfen an die Widersprüche dieser Traditionen[58] und der im wesentlichen immanenten Bearbeitung der "Krise des Marxismus".

Gegen Ende der 30er Jahre zeichnete sich allerdings eine erneute Verschärfung der weltpolitischen Situation ab. Der Beginn des 2. Weltkrieges, die damit endgültig enttäuschten Hoffnungen auf einen inneren, von der Arbeiterbewegung betriebenen Zusammenbruch des Faschismus und die real faßbare Gefahr einer Ausweitung, wenn nicht gar Totalisierung von dessen Herrschaft überschritten die Toleranzschwelle eines solchen immanenten Anknüpfens. Verstärkt durch zunehmende Zweifel sowohl an den emanzipatorischen Perspektiven der Sowjetunion wie den Veränderungsmöglichkeiten in ihrer unmittelbaren Umwelt, den Vereinigten Staaten, geriet das an einer solchen Immanenz ausgerichtete

56 Darauf, daß die Kritische Theorie schon in ihrer Entstehungsphase (und nicht erst mit der gescheiterten Verarbeitung des Faschismus) "Programm und Durchführung nicht zur Deckung" gebracht hat, hat Krahl 1971, S. 287 hingewiesen. Im einzelnen hat dies Gangl 1987, S. 136ff. belegt.

57 Zur Phaseneinteilung innerhalb der Frühgeschichte der Kritischen Theorie siehe Dubiel 1978, S. 24 und Brunkhorst 1983. Beide unterscheiden drei Phasen, wobei allerdings die mittlere, die etwa zwischen 1937 und 1940 anzusiedeln ist, für die hier verfolgte Fragestellung eher als Übergangsphase zu begreifen ist.

58 Dies läßt sich in Form und Inhalt an den Beiträgen der "Zeitschrift" ablesen. Sowohl das Festhalten an der deutschen Sprache bis Kriegsbeginn wie die thematische Ausrichtung auf Westeuropa verdeutlichen dies. Die einzige Nummer der "Zeitschrift", die 1941/42 ausschließlich in englischer Sprache veröffentlicht wurde, signalisierte gleichzeitig das Ende ihres Erscheinens. Zum gleichen Zeitpunkt nahm der größere Teil der Mitglieder des Instituts die amerikanische Staatsbürgerschaft an. Siehe hierzu Jay 1976, S. 202ff.

Programm selbst in die Krise.[59] Die zunehmende Unfähigkeit, den sich zuspitzenden Prozeß der Irrationalisierung der Welt im Rahmen der für dieses Programm als grundlegend erachteten europäischen Rationalitätskonzeption zu begreifen, führte schrittweise zu einer Rückwendung auf die letzten Voraussetzungen des Rationalitätsmodells selbst.

Bevor der Zusammenhang zwischen einer neuartigen Sichtweise aktueller politischer Entwicklungen und der Fundamentalisierung der rationalitätstheoretischen Fragestellung in der "Dialektik der Aufklärung" - wie er sich im wesentlichen an der Einschätzung der faschistischen Herrschaft herausbildete[60] - weiterverfolgt werden kann, ist erneut ein Rückbezug auf die vorangehende Phase der Entwicklung der Kritischen Theorie vonnöten, um diejenigen Voraussetzungen zu klären, die schon in dieser Phase den später vollzogenen Perspektivwechsel vorbereiten.

Folgt man der oben skizzierten Rekonstruktion der ersten Phase der Institutsentwicklung entlang eines dialektischen Modells von "Widerspruch" und "Vermittlung", scheint die Formulierung einer "Dialektik der Aufklärung" ihren Inhalten nach keineswegs eine originäre Schöpfung erst der späteren Entwicklung der Kritischen Theorie darzustellen. Schon dieses Modell hatte ja den Gesamtzusammenhang der modernen Gesellschaft als widersprüchlichen gekennzeichnet, der als solcher mit dem Fortschritt in der Freiheit gleichzeitig auch fortwährend dessen Schranken setzt, in dem sich Rationalität und Irrationalität beständig verschränkt finden. Die tatsächliche Aufhebung dieses grundsätzlichen Dilemmas moderner Vergesellschaftung hinge darüber hinaus in diesem Modell - nimmt man die geleistete Objektivismuskritik beim Wort - vom tatsächlichen Handeln, von der Entscheidung der Subjekte dieses Vergesellschaftungsprozesses ab. Der Ausgang der angesprochenen Dialektik des Geschichtsprozesses würde im Rahmen dieser Konzeption grundsätzlich als kontingent bezogen auf ebensolche Entscheidungsprozesse von Subjekten bestimmt.[61] Die Konzeption eines sich dialektisch entfaltenden Prozesses, der in seinen Antagonismen in der Moderne kulminiert und als solcher in Richtung auf die Zukunft prinzipiell offen bleibt, ist insofern schon in dem skizzierten Vermittlungsprogramm der ersten Phase der Kritischen Theorie enthalten. Die einzelnen Untersuchungen, wie sie in der "Zeitschrift" dokumentiert sind, stellen auch material den Versuch dar, diese grundle-

---

59 Zu diesen Entwicklungen auf politischer Ebene traten die gleichzeitig einsetzenden Dissoziationsprozesse innerhalb des Instituts selbst in Wechselwirkung: Sowohl die finanziellen Schwierigkeiten, in die das Institut zu dieser Zeit geriet, wie die aus Gesundheitsgründen notwendige Umsiedlung Horkheimers von New York nach Kalifornien bewirkten faktisch eine Auflösung des gemeinsamen Arbeitszusammenhanges. (Siehe dazu Jay a.a.O., S. 202ff.) - Dies dokumentierte sich darin, daß die zu Anfang der 40er Jahre geführte Faschismusdiskusssion nicht nur das letzte Projekt darstellte, das unter den methodologischen Maximen des "interdisziplinären Materialismus" abgewickelt wurde, sondern auch institutionell und personell die letzte Unternehmung des Instituts darstellte, an der dessen Mitglieder in ihrer Gesamtheit beteiligt waren. Siehe dazu Dubiel/Söllner 1981, S. 7ff. u. Brunkhorst 1983, S. 40.

60 Auf die entscheidende Bedeutung der Auseinandersetzung mit dem Faschismus für die Hinwendung zur "Dialektik der Aufklärung" weisen nahezu alle Historiker und Interpreten der Kritischen Theorie hin. Zumindest von diesem Zeitpunkt an bildete der Faschismus *den* Referenzpunkt der Entwicklung der Kritischen Theorie.

61 Horkheimer hat die grundsätzliche Kontingenz der Befreiung 1937 (1974, S. 63f.) ausdrücklich hervorgehoben, auffälligerweise aber nicht so sehr als Konsequenz der dort gelieferten Reformulierung der zentralen Annahmen der Kritischen Theorie, sondern eher als diese relativierende Argumentation. - Dies ist eine derjenigen Textstellen, in denen die oben behauptete implizite Orientierung an einer objektivistischen Lesart der Marxschen Theorie innerhalb der Kritischen Theorie selbst faßbar wird.

gende und umfassende Widersprüchlichkeit der modernen Gesellschaftsformation in allen ihren Ausprägungen zu bestimmen.[62]

Ist somit die Aufklärung bzw. der ihr zugrundeliegende gesellschaftliche Zusammenhang[63] selbst als der Widerspruch benannt, den es in theoretischer Analyse zu kritisieren und in politischer Praxis aufzuheben gilt, bewegt sich die Argumentation der Kritischen Theoretiker doch häufig auf dem Boden eines eher affirmativen und harmonisierenden Bezuges auf die Ideen und die Realität von Aufklärung. War schon im Ausgangspunkt die radikale Kritik an der gesellschaftlichen Realität nach dem 1. Weltkrieg von deren offensichtlichem Gegensatz zu der an der deutschen Philosophie gewonnenen Konzeption von Aufklärung motiviert[64], so wurde auch in der Folge die erhoffte Umwälzung und ihre theoretische Begründung durch den Marxismus eher als Fortsetzung und Vollendung der Traditionen der Aufklärung begriffen denn als deren grundsätzliche Kritik.[65] Geschichte wird hierbei implizit eher als unilinearer Prozeß der Befreiung verstanden, der zwar durchaus von Umwegen und Rückschlägen gekennzeichnet sein mag, aber insgesamt als Fortschritt in der Befreiung zu verstehen ist.[66]

Die Fixierung an denselben Rationalitätsformen, die den Gegenstand der Kritik bilden, wird verstärkt durch die Diagnose der den Kritischen Theoretikern vor Augen stehenden Phase gesellschaftlicher Entwicklung. Auf Basis der skizzierten Unterteilung der Entwicklung des Kapitalismus in eine aufsteigende, produktive Phase und eine Phase des Niederganges, der Zunahme seiner destruktiven Tendenzen, wird die aktuelle Gestalt des Kapitalismus in Westeuropa verstanden als historisch abschließender Abschnitt dieser Gesellschaftsformation, in der ihre Überwindung endgültig ansteht. Diese Identifizierung der aktuellen Situation Westeuropas mit den Perspektiven von Befreiung überhaupt hat zur Folge, daß

---

62 Siehe dazu exemplarisch Marcuses Aufsatz aus dem Jahre 1934, indem er sich mit der grundsätzlichen Spannung zwischen Rationalität und Irrationalität schon im Liberalismus beschäftigt. Dieser Aufsatz ist darüber hinaus von Bedeutung, weil er die frühe Einschätzung des Instituts bzgl. des Zusammenhanges zwischen der liberalen Organisationsform von Gesellschaft und dem Faschismus repräsentiert. - Terminologisch taucht in dieser ersten Phase der Begriff der "Aufklärung" in der umfassenden Bedeutung, die ihm später zugeschrieben wird, noch nicht auf. Mit der Hinwendung zur "Dialektik der Aufklärung" gewinnt gleichzeitig der Begriff der "modernen Gesellschaft" gegenüber vorher dominierenden Termini wie "individualistische" oder "bürgerliche" Gesellschaft an Stellenwert. (Siehe dazu u. a. Marcuse 1981 (1941), S.361, Pollock 1981a (1941), S. 111 oder auch Horkheimer 1967 (1939), S. 9) Auch wenn dieser Begrifflichkeit zu diesem Zeitpunkt noch keine theoriestrategische Bedeutung zukommt, soll im folgenden deutlich werden, daß mit der "Dialektik der Aufklärung" tatsächlich die Fragestellungen angesprochen sind, die die aktuelle Variante Kritischer Theorie im Rahmen einer "Theorie der Moderne" zu beantworten sucht. Jay ist insofern zuzustimmen, wenn er als Gegenstand der "Dialektik der Aufklärung" die "Krise der westlichen Kultur" (a.a.O., S. 311) benennt.

63 Bei Horkheimer/Adorno bezeichnet "Aufklärung" immer schon auch die realen Formen von Vergesellschaftung und Naturaneignung und nicht nur deren geistiges Moment.

64 Zu dieser grundlegenden Orientierung an den Werten der Aufklärung siehe u. a. Claussen 1981, S. 16ff. und Habermas 1981b, S. 560. Zu dem widersprüchlichen Charakter dieser Orientierung siehe Gangl 1987, S. 250ff.

65 Siehe dazu Horkheimer/Adorno 1971 (1947), S. 201, Bonß 1982, S. 376 und Jay a.a.O., S. 303.

66 Habermas (1981a, S. 128) hat diesen Sachverhalt - wenn auch unter anderer Akzentsetzung - als Verhaftetsein der Kritischen Theorie an den "geschichtsphilosophischen Vernunftbegriff" bezeichnet. - Auch diese zugleich harmonistische und objektivistische Interpretation des Geschichtsverlaufes ist tief verankert in der marxistischen Denktradition. Auch bei Marx selbst tritt eine solche Konzeption immer wieder hervor, z. B. in der Annahme eines naturnotwendigen Überganges vom Kapitalismus in die sozialistische Gesellschaftsformation. (Siehe MEW 23, S. 791) In dem Entwurf der bekannten Alternative "Sozialismus" oder "Barbarei" ist dieser Determinismus allerdings wieder zurückgenommen zugunsten der Annahme eines prinzipiell offenen Ausganges des gattungsgeschichtlichen Projektes der Menschheit.

jede weitere Entwicklung, der nicht der qualitative Sprung zur sozialistischen Gesellschaft gelingen sollte, nicht mehr weiterhin aus der die bisherige Geschichte kennzeichnenden Dialektik von Rationalität und Irrationalität, Produktivität und Destruktivität interpretierbar war.

Diese Hintergrundannahmen[67] bestimmen nun in entscheidender Form die Analyse der tatsächlichen Formen der weiteren gesellschaftlichen Entwicklung und die aus dieser gezogenen rationalitätstheoretischen Konsequenzen. Im Zentrum der Auseinandersetzung stand dabei aus einsichtigen Gründen die Frage nach den neuartigen Qualitäten der faschistischen Herrschaftsform. Daß es sich bei dieser um ein im empirischen Sinne neuartiges System gesellschaftlicher Herrschaft handelte, war dabei von vornherein unbestritten. Zur Diskussion stand vielmehr die Frage, wieweit die mit dieser Formation hervorgetretenen neuen Merkmale in die Tiefenstruktur der bürgerlichen Gesellschaft hinabreichten, d. h. umgekehrt Signale für mehr oder weniger einschneidende Veränderungen in dieser darstellten. Während der 30er Jahre war hierbei - gemäß des zu diesem Zeitpunkt dominierenden immanenten Vorgehens - im Institut die Beantwortung dieser Frage im Sinne einer Kontinuitätsinterpretation bestimmend, die in dem Horkheimerschen Diktum "Wer aber vom Kapitalismus nicht reden will, sollte auch vom Faschismus schweigen" (Horkheimer 1967 (1939), S. 8) zusammengefaßt ist. Der Faschismus war damit als eine bestimmte historische Formation gefaßt, in der die vorausgesetzte Irrationalität der kapitalistischen Gesellschaft - wenn auch in besonders drastischen Formen - hervortritt.[68] Von dieser grundlegenden Einschätzung waren auch die materialen Untersuchungen der verschiedenen Dimensionen des Faschismus geprägt. Diese beschäftigten sich allerdings kaum mit der für eine solche Kontinuitätsinterpretation zentralen Frage, wie der Faschismus in seinen ökonomischen und politischen Mechanismen als bestimmte Form kapitalistischer Vergesellschaftung zu begreifen sei, sondern griffen im wesentlichen ideologiekritische und sozialpsychologische Fragen auf.[69] Zwar wird mit dem Hinweis auf den Übergang von liberalen zu monopolistischen Formen des Kapitalismus der Bezug zu einem Modell des Kapitalismus hergestellt, das für eine Klärung der neuartigen Qualitäten des Faschismus auch in ökonomischer Hinsicht in Anspruch genommen werden könnte, dieses wird aber weder als solches expliziert noch in eine mehr als assoziative Beziehung zu den thematisierten sozialpsychologischen und ideologischen Entwicklungen gestellt, dagegen erneut nur als selbst unreflektierte Voraussetzung der Analyse andersartiger Prozesse ver-

67 Bei diesen Annahmen handelt es sich erneut um Hintergrundannahmen insofern, als diese Fixierungen selten explizit formuliert werden, vielmehr meist nur als implizite Voraussetzungen unmittelbar andersartiger Argumentationszusammenhänge faßbar werden. Vordergründig wird dieser Hintergrund erst im Rückblick von der theoretischen Umorientierung in der "Dialektik der Aufklärung". Zentrale Argumentationsfiguren dieser Arbeit - vor allem die vollzogenen Distanzierungen von den früheren eigenen theoretischen Positionen - werden nur verständlich, wenn man diese Hintergrundannahmen berücksichtigt.

68 Siehe dazu den schon erwähnten Aufsatz Marcuses aus dem Jahre 1934, der auf ideologiekritischer Ebene den inneren Zusammenhang zwischen "totalitärem" und "liberalem" Gedankengut aufzuzeigen versucht.

69 Neben umfangreichen theoretischen und empirischen Arbeiten sozialpsychologischer Art stehen während dieser Zeit eine Reihe von Arbeiten, die sich mit dem geistesgeschichtlichen Hintergrund der faschistischen Ideologie beschäftigen. Allein Pollocks Aufsatz aus dem Jahre 1932 analysiert den Zusammenhang von ökonomischer und politischer Struktur des Faschismus auf der einen, des Kapitalismus auf der anderen Seite. Siehe dazu Dubiel/Söllner 1981, S. 9ff.

wendet.[70] Daß die Kritische Theorie auch an diesem zentralen Gegenstand zeitdiagnostischer Analyse keine systematisch und historisch orientierten Konzepte entwickelt hat, die die neuartigen ökonomischen und politischen Qualitäten der sich herausbildenden Gesellschaftsformation begreifbar machen, zeigt wiederum, daß schon in dieser ersten Bearbeitung des Faschismus das oben skizzierte Programm eines auf den "historischen Ablauf der Gesellschaft" gerichteten interdisziplinären Materialismus nur unzulänglich eingelöst worden ist.

In der Anfang der 40er Jahre einsetzenden Intensivierung der Auseinandersetzung mit dem Faschismus scheint das Institut diesen Mangel allerdings angegangen zu haben: Der Faschismus als ökonomische und politische Organisationsform tritt ins Zentrum der Analyse. In dieser Zeit gehen aus dem Institutszusammenhang eine Fülle von Untersuchungen hervor, die in Breite und Niveau bis in die heutige Zeit Maßstäbe für die Faschismusforschung setzen.[71] Gleichzeitig treten aber die skizzierten Widersprüche schon des frühen Forschungsprogrammes des Instituts erstmals in der Form von dessen Spaltung in zwei Lager hervor: Einer eher orthodox orientierten Fraktion um Neumann und Kirchheimer, deren Anliegen in einer empirisch orientierten Analyse des inneren Zusammenhanges zwischen ökonomischen und politischen Funktionsprinzipien des Kapitalismus und der faschistischen Herrschaftsform bestand, tritt eine im wesentlichen von Horkheimer formulierte Position entgegen, die mit ihrer Wende zu einer fundamentalen Neuartigkeitsinterpretation des Faschismus gleichzeitig zunehmend das empirische Forschungsprogramm der ersten Phase des Instituts fallenläßt.[72]

Den Kern einer solchen Neuartigkeitsinterpretation stellt die These dar, daß durch die spezifischen Formen politischer Kontrolle und kultureller Mobilisierung, die der Nationalsozialismus entwickelt hat, das die kapitalistischen Gesellschaften kennzeichnende Fundierungsverhältnis zwischen ökonomischer Sphäre auf der einen, politischen und kulturellen Prozessen auf der anderen Seite in Frage gestellt wird, somit sich an der Analyse dieser neuartigen Herrschaftsform grundsätzlicher noch die Frage stellt, inwieweit in ihr die Anwendungsbedingungen des Historischen Materialismus in der gegenwärtigen gesellschaftlichen Situation weiterhin noch vorliegen. Sowohl die Politisierung ökonomischer Verhältnisse in der nationalsozialistischen Befehlswirtschaft[73] wie die sich abzeichnende unmittelbare Subsumtion des kulturellen Bereiches und der

70 Die wenigen Bemerkungen zu dieser Phasenunterscheidung innerhalb der Geschichte des Kapitalismus deuten allerdings schon zu diesem Zeitpunkt auf grundlegende Mißverständnisse vor allem der Phase des Konkurrenzkapitalismus, die sich mit dem ersten Weltkrieg ihrem Ende zugeneigt hat, hin. Diese liberale Phase wird dabei als von unabhängigen Privatproduzenten dominiert gesehen, die auf Basis der Verfügung über ihr in *eigener* Tätigkeit geschaffenes Eigentum gleichzeitig die korrespondierenden bürgerlichen Werte von "Autonomie" und "Individualität" entwickeln. Daß der Wertehimmel der Aufklärung der Kritischen Theorie in diesem Fall den Blick auf die Lebensverhältnisse der Mehrheit der Bevölkerung völlig verdunkelt hat, ist kaum zu übersehen. Auch systematisch scheinen die Kritischen Theoretiker dabei völlig aus den Augen verloren zu haben, daß das Spezifikum kapitalistischer Produktionsweise gerade in der Abtrennung der Produzenten von den Produktionsmitteln besteht.

71 Zum richtungsweisenden Charakter dieser Diskussion siehe Dubiel/Söllner 1981, S. 7ff.

72 Zu diesem Zusammenhang von Umorientierungen in der Einschätzung des Faschismus und grundlegenden Revisionen des ursprünglichen Forschungsprogrammes siehe Brunkhorst 1983, S. 40ff.

73 In einer solchen Kennzeichnung wurde der Faschismus durchaus in die Nähe planwirtschaftlicher Ordnungsversuche gerückt. Siehe dazu Pollock 1981b (1941).

Herausbildung von Subjektivität überhaupt unter die Ansprüche des ökonomisch-politischen Apparates wurden darüber hinaus zur Vision eines sich zunehmend zusammenschließenden, von Widerspüchen entkleideten, insofern totalen Herrschaftssystems verdichtet, das den vielfach geschichteten, in sich widersprüchlichen Zusammenhang der bürgerlichen Gesellschaft abzulösen beginnt. Diese Vision einer sozusagen negativen Aufhebung der Widersprüche der bürgerlichen Gesellschaft fand in der Sicht dieser Fraktion darüber hinaus Nährstoff sowohl in den "totalitären" Entwicklungstendenzen des Sozialismus in der Sowjetunion wie den politischen und kulturellen Entwicklungen, die den Institutsmitgliedern in der Form des Staatsinterventionismus des New Deal und der Herausbildung einer durch Massenkonsum und -kultur geprägten Persönlichkeitsstruktur unmittelbar vor Augen standen.[74]

Wie allerdings auch Sympathisanten der damit eingeleiteten Umorientierung der Kritischen Theorie eingestehen müssen[75], hat diesselbe Diskussion in Form der Position von Neumann und Kirchheimer eine kaum bezweifelbare Widerlegung dieser Neuartigkeitsinterpretation erbracht. Trotz der Anerkennung neuartiger Vermittlungsformen von Ökonomie und Politik haben diese Autoren material nachgewiesen, daß gerade die Originalität dieser Vermittlungsformen nur angemessen zu begreifen ist, wenn man weiterhin an der prinzipiellen Differenzierung sozialer Sphären und darüber hinaus am Primat des ökonomischen Bereiches innerhalb einer solchen Differenzierung festhält. Genausowenig bieten darüber hinaus die tatsächlich zu beobachtenden Formierungprozesse innerhalb des Faschismus nach dieser Position Anlaß, die grundsätzliche Widersprüchlichkeit auch der faschistischen Herrschaftsform in Frage zu stellen.

Die Tatsache, daß sich die empirische Basis, die die "Horkheimerfraktion" ihren Interpretationen zugrundelegt, als derart fragwürdig erweist, spricht nun viel weniger für die empirische Kurzsichtigkeit dieser Theoretiker als vielmehr dafür, daß die Bedeutung empirischer Befunde selbst ihren Stellenwert innerhalb des verfolgten Forschungsprogrammes verändert hat. Die Motive für den pseudoempirischen Charakter der betreffenden Argumente sind außerhalb der empirisch-historischen Analyse des Faschismus zu suchen in einer grundsätzlichen Umorientierung des Forschungsprogrammes, in der die oben angedeuteten eher impliziten Defizite hervortreten.[76] Methodisch sind hier die schon aufgewiesenen Mängel ökonomisch-historischer Theoriebildung überhaupt und deren konkrete Ausprägung in der ersten Bearbeitung des Faschismus zu nennen, inhaltlich die angesprochenen systematischen und historischen Annahmen über den Charakter wie aktuellen Stand des weltgeschichtlichen Emanzipationsprozesses.

Die Interpretation des Faschismus als das "Absolut Andere", in der dessen Irrationalität als endgültige Aufhebung der Dialektik der bürgerlichen Gesellschaft konzipiert wird, verweist auf die oben angesprochene Art und Weise, in der diese

---

74 Zu diesem sich in gewisser Weise selbst "totalisierenden" Erfahrungszusammenhang siehe Claussen 1981, S. 31.

75 Siehe dazu z. B. Brunkhorst 1983, S. 41.

76 Diese Annahme "andersartiger Ursachen" für die Hartnäckigkeit, mit der Horkheimer u. a. an empirisch offensichlich falschen Befunden festhielten, vertritt auch Brunkhorst 1983. Auch ihm gilt diese Beschränktheit als Ausdruck einer Theoriedynamik, die der Faschismusanalyse selbst vorausgesetzt ist, in dieser allerdings erstmals manifest wird. Allerdings versteht er diesen Prozeß weniger als Hervortreten grundsätzlicher Defizite der Kritischen Theorie, sondern als zukunftsweisende, produktive Entwicklung.

Dialektik und ihre historische Entfaltung selbst vorausgesetzt wird. Auf der Basis einer Vereinseitigung dieser Dialektik, die letztlich deren emanzipatorische Dimension zur bestimmenden werden läßt[77], und der Endzeitinterpretation der eigenen historischen Epoche muß die neuartige Zuspitzung des Irrationalismus in faschistischen Gesellschaften zunächst als Bruch mit dem Kontinuum der bisherigen Geschichte begriffen werden.

Daß diese Auseinandersetzung um den Charakter des Faschismus aufs engste verzahnt war mit den rationalitäts- und gesellschaftstheoretischen Grundannahmen der Kritischen Theorie wird an den umfassenden Konsequenzen dieser veränderten Einschätzung des Faschismus deutlich. Wenn der Faschismus die Möglichkeit einer negativen Aufhebung der Widersprüche der modernen Gesellschaft, einer Totalisierung der diese kennzeichnenden Irrationalität, andeutete, dann war damit - unter den skizzierten Voraussetzungen - auch die Begrifflichkeit, die diese Widersprüche selbst faßte, in Frage gestellt. Betroffen war davon insbesondere die marxistische Konzeption des bisherigen geschichlichen Prozesses als "Vorgeschichte", die in ihrer Widersprüchlichkeit in der kapitalistischen Organisationsform von Gesellschaft kulminiert. Indem diese Konzeption zunehmend einen zu beschränkten Rahmen für das Verständnis der Ungeheuerlichkeit der neuen Herrschaftsform darzustellen scheint, werden die in der ersten Phase der Kritischen Theorie gelieferten Ausweitungen des Fragehorizonts marxistischer Theoriebildung selbst noch als unzureichende Radikalisierung der rationalitätstheoretischen Fragestellung begriffen. In der "Dialektik der Aufklärung" erfährt dieser Horizont von daher eine erneute historische und inhaltliche Erweiterung: Die Dialektik der modernen Gesellschaft wird auf der einen Seite eingeordnet in einen gesamtgeschichtlichen Zusammenhang, der in seiner Alternativlosigkeit auch solche Unterschiede der gesellschaflichen Organisation wie Kapitalismus und Sozialismus übergreift; auf der anderen Seite wird diese Dialektik inhaltlich radikalisiert bis in die Grundstrukturen der menschlichen Existenz, des Verhältnisses des Menschen zu seiner inneren und äußeren Natur. Kein Moment des Lebenszusammenhangs bleibt dabei verschont von der Verklammerung von "Fortschritt" und "Verfall", die die Aufklärung von Anfang an gekennzeichnet hat, kein Zustand ist mehr denkbar, der dieser Verklammerung entgehen könnte.

Resultat dieser Argumentation, die zunächst ausging von dem radikalen Bruch mit den bisherigen Herrschaftsformen, den der Faschismus verkörperte, ist so eine Totalisierung des Bezugsrahmens der Analyse von Herrschaft, der solche neuartigen Herrschaftsformen wiederum integrierbar macht in einen weltgeschichtlichen Prozeß des Fortschrittes in der Herrschaft. Der Preis, den die Kritische Theorie für diese erneute historische Verortung des Faschismus zu entrichten hatte, bestand allerdings darin, daß der übergreifende historische Zusammen-

77 Daß den am Faschismus vollzogenen Abstraktionen komplementäre Reduktionen der Dialektik der bürgerlichen Gesellschaft zugrundeliegen, wird z. B. deutlich, wenn Marcuse 1941 dem den Faschismus kennzeichnenden Rationalitätstypus der "technologischen Rationalität" ohne weiteres den Typus "individualistischer Rationalität" gegenüberstellt, der von den "Werten, die die bürgerliche Revolution kennzeichneten" (1981, S.338ff) konstituiert wird. Auch hier wird das Hohelied einer liberalistischen Gesellschaft angeschlagen, in deren "Sphäre der freien Konkurrenz die handgreiflichen Leistungen des Individuums, das seine Produkte und Tätigkeiten als Teil des gesamtgesellschaftlichen Bedarfs realisierte, Kennzeichen seiner Individualität waren" (S. 339).

hang einer solchen Verortung zunehmend seines bestimmten gesellschaftlichen Charakters entkleidet wurde.[78]

Offensichlich stellt diese geschichtsphilosophische Radikalisierung der Rationalitätstheorie eine grundsätzliche Infragestellung des marxistischen Rationalitätsmodells dar. Indem deren praktisches Fundament, die Veränderbarkeit der Welt zunehmend prekär wird, werden auch die an diese Voraussetzung geknüpften theoretischen Vermittlungsansprüche fragwürdig.[79] Indem auf diesem Wege die zentralen rationalitäts- und gesellschaftstheoretischen Annahmen der marxistischen Tradition relativiert sind, scheint die "Krise des Marxismus", zu deren Bearbeitung die Kritische Theorie angetreten war, endgültig gelöst durch den Tod des Patienten, das Fallenlassen dieser Denktradition als Bezugsrahmen[80] und die Annäherung an grundlegend andersartige gesellschafts- und rationalitätstheoretische Konzeptionen.[81]

Die nähere Betrachung der weiteren Entwicklung der Kritischen Theorie zeigt allerdings, daß sie diesen naheliegenden Weg *nicht* eingeschlagen hat, sondern ihren Bezug zur Marxschen Theorie - wenn auch in aporetischer Form - aufrechterhalten hat. Trotz der Einordnung des Historischen Materialismus in das Kontinuum des Aufklärungsdenkens, das mit seinem geschichtsphilosophischen Optimismus gleichzeitig zum Instrument sich totalisierender Destruktion geworden ist[82], bleibt die Kritische Theorie weiterhin dieser Denktradition verpflichtet. Auf der einen Seite argumentiert sie in ihren materialen gesellschaftstheoretischen Beiträgen weiterhin im Rahmen der Marxschen Rationalitäts-, Gesellschafts- und Kapitalismustheorie[83]; auf der anderen Seite wird dieses Festhal-

78 Zu diesen umfassenden Konsequenzen der "Dialektik der Aufklärung" siehe Gangl 1987, S. 235ff.

79 Dies findet u. a. seinen Ausdruck im Zusammenbrechen des Programms des "interdisziplinären Materialismus" in den 40er Jahren. Der Zusammenhang zwischen Sozialphilosophie und einzelwissenschaftlicher Forschung geht der Kritischen Theorie zunehmend dadurch verloren, daß einerseits die Sozialphilosophie in geschichtsphilosophische Aphorismen überführt wird, andererseits die weiterhin durchgeführten empirischen Studien des Instituts von gesellschaftstheoretischen Fragestellungen gereinigt werden. Siehe dazu Jay a.a.O., S. 297f.

80 Eine entsprechende Interpretation der "Dialektik der Aufklärung" als endgültigem Bruch mit der marxistischen Tradition wird dementsprechend häufig vertreten. (Siehe dazu die einflußreiche Interpretation Jays (1976, S. 297ff.), Dubiel 1978, S. 112f. und neuerdings Brunkhorst a.a.O.) Die "Dialektik der Aufklärung" selbst wie auch die späteren Arbeiten insbesondere von Adorno zeigen aber ohne Zweifel die Unhaltbarkeit einer solchen eindimensionalen Interpretation.

81 Naheliegend ist in dieser Beziehung die schon angedeutete Orientierung an der Weberschen Denktradition, die (bis in die Terminologie hinein) offensichtlichen Einfluß auf die Gedankengänge der "Dialektik der Aufklärung" genommen hat. Sowohl Marcuses Einführung des Begriffes der "technologischen Rationalität" im Jahre 1941 wie Horkheimer/Adornos Kennzeichnung der Aufklärung als "Entzauberung der Welt" (1971 (1947), S. 7) lassen sich unmittelbar diesem Einfluß zuordnen. Jay a.a.O., S. 304 hebt diesen Zusammenhang besonders hervor, Habermas (1981a) hat ihn in seiner Reformulierung der "Dialektik der Aufklärung" als "Dialektik der Rationalisierung" umfassend zum Bezugspunkt gemacht.

82 Siehe hierzu S.198ff. der "Dialektik der Aufklärung".

83 Ein gutes Beispiel für dieses Festhalten an der Marxschen Theorie genauso wie die innere Gebrochenheit dieser Orientierung stellt Adornos thematisch einschlägiger Vortrag auf dem Soziologentag 1968, auf den noch zurückzukommen sein wird, dar. In diesem werden in der über weite Strecken geradezu orthodoxen Argumentation eindeutige Präferenzen für eine kapitalismustheoretische Verortung gegenwärtiger gesellschaftlicher Entwicklungen deutlich, die aber in anderen Teilen durch die formulierten grundsätzlichen Zweifel an der Gültigkeit dieser Konzeptualisierung wieder relativiert werden. - Ein ähnlich aporetisches Verfahren kennzeichnet schon die Minima Moralia aus dem Jahre 1951, in der Adorno (1980, S. 134ff.) eine Interpretation des Faschismus liefert, die sich gerade in der historischen Bestimmung von

ten selbst noch in den grundsätzlichen Zweifeln an der Möglichkeit der Entfaltung einer rationalen Gesellschaftstheorie, wie sie in dem prinzipiellen Rationalitätszweifel der "Dialektik der Aufklärung" vorliegen, sichtbar. Dieser prinzipielle Rationalitätszweifel entspringt gerade der Tatsache, daß weiterhin die Marxsche Theorie als allein angemessene Rationalitätstheorie angesehen wird, weiterhin rationale Erkenntnis und praktische Veränderung von Gesellschaft nur in deren Rahmen konzipierbar erscheinen, mit dem Wegfallen der Perspektive einer solchen praktischen Veränderung allerdings auch die Kriterien theoretischer Rationalität grundsätzlich prekär werden. Daß die Kritische Theorie sich in solchen prinzipiellen Rationalitätszweifeln in die aporetische Situation einer weiterhin entlang von Rationalitätskriterien argumentierenden Infragestellung solcher Kriterien bewegt[84], ist unter der Voraussetzung dieser Identifizierung deshalb selbst noch Ausdruck eines widersprüchlichen Umganges mit der Marxschen Theorie, der mit der Infragestellung dieser Theorie gleichzeitig weiterhin eine grundlegende Orientierung an ihr verbindet. Im Rahmen der "Dialektik der Aufklärung" wie in der weiteren Entwicklung der Kritischen Theorie insgesamt stellen "Krise der Rationalität" und "Krise des Marxismus" insofern nur verschiedene Seiten desselben widersprüchlichen Zusammenhanges dar.

In den daraus erwachsenden Aporien erweist sich damit auch das ursprüngliche Programm einer Behebung der "Krise des Marxismus" durch eine systematische Einbeziehung der auslösenden Anomalien in den Rahmen der Grundannahmen marxistischer Theorie endgültig als gescheitert. Die von der Kritischen Theorie gelieferte Radikalisierung dieser Krise hat im Gegenteil zu deren nahezu ausweglaser Vertiefung geführt. Das bleibende Verdienst dieser "negativen" Leistung der Kritischen Theorie besteht nun darin, daß sie gerade in ihrem aporetischen Resultat die Dimensionen der "Krise des Marxismus" in einer umfassenden und grundsätzlichen Form[85] offengelegt hat, die auch noch für die heutige Diskussion entscheidende Bezugspunkte zur Verfügung stellen kann und dies tatsächlich auch getan hat: Ausgehend von der Auseinandersetzung mit spezifischen Entwicklungen innerhalb fortgeschrittener kapitalistischer Gesellschaften wie der zunehmenden Destruktivität der diese kennzeichnenden Formen von Naturaneignung, der zunehmenden Bedeutung politischer Regulierungsformen auch für den ökonomischen Zusammenhang solcher Gesellschaften und schließlich den sich in diesen andeutenden Wandlungsprozessen der Struktur von Subjektivität, über die Thematisierung des Verhältnisses der unterschiedlichen sozialen Sphären von Ökonomie, Politik und Kultur bis hin zu ihren rationalitätstheoretischen Überlegungen hat die Kritische Theorie Problemformulierungen vorgegeben, die bis heute nicht als überholt gelten können.

---

dessen Erfolgs- bzw. Mißerfolgsbedingungen von der geschichtsphilosophischen Totalisierung dieser Herrschaftsform, wie sie diese Arbeit zu weiten Teilen charakterisiert, absetzt.

84 Auf die "Aporien einer sich selbst verneinenden Philosophie" und den naheliegenden Schritt zum Poststrukturalismus, den Adorno gleichwohl nie vollzogen hätte, hat Habermas 1981a, S. 129 hingewiesen. Auch ihm gilt dies als Ausdruck der Orientierung an einem Rationalitätsmodell, das gleichzeitig in seinen Schwächen erkannt wird. - Zu den wahrhaft absurden Konsequenzen, die dies - in durchaus selbstbewußter Form - in der späteren Argumentation Adornos geführt hat, siehe Clemenz 1968.

85 Auf diese grundlegende Bedeutung der Widersprüche der Kritischen Theorie hat Breuer 1977, S. 242 hingewiesen: "Die Krise der Kritischen Theorie erweist sich als Krise der Revolutiontheorie schlechthin."

Wie deutlich geworden ist, sind ihr die entsprechenden Lösungen aber versagt geblieben: Die angezielte Rekonstruktion der Marxschen Theorie ist aufgrund einer Vereinseitigung dieser Theorie, die sich selbst noch deren Wahrnehmung in den Perspektiven der kritisierten Orthodoxie verdankt, gescheitert. Insofern als der gelieferte Lösungsversuch die "Krise des Marxismus" auf die Spitze getrieben hat, ihr allerdings weder in der Entwicklung einer andersartigen gesellschaftstheoretischen Konzeption noch in einer erneuten Bearbeitung im Rahmen der Marxschen Theorie Lösungsperspektiven aufgewiesen hat, bleibt diese Krise in der Kritischen Theorie sozusagen auf ihrem Höhepunkt fixiert.

Daß es der Kritischen Theorie in der Folge gelungen ist, mit einer derart fixierten Aporetik ihrer theoretischen Voraussetzungen zu "leben", d. h. überhaupt ihre theoretische Arbeit fortzusetzen, läßt sich nur durch die spezifische Umgangsform, die sie mit diesem Zustand gefunden hat, erklären. Mit ihrer Rückkehr nach Frankfurt[86] gerät die Auseinandersetzung mit diesen Voraussetzungen zunehmend in den Hintergrund; durchaus in Einklang mit den Einflüssen, die von der realpolitischen Situation im Nachkriegsdeutschland auf eine Auseinandersetzung mit der Marxschen Theorie ausgingen[87], hat sich die Kritische Theorie weniger brisanten Themen zugewandt, sich hauptsächlich auf dem Felde der Philosophie und Kulturkritik betätigt.[88] Zwar stellte das Institut für Sozialforschung in der Bundesrepublik der 50er Jahre nahezu die einzige Institution dar, in der Elemente der marxistischen Theorie weiterhin lebendig blieben und eine gewisse Legitimität und Öffentlichkeitswirksamkeit fanden; dadurch, daß das Institut aber einer Auseinandersetzung mit den produktiven Gehalten wie Problemen dieser Theorie weitgehend aus dem Weg ging, trat mit dem Marxismus selbst auch seine Krise in eine Phase der Latenz ein.[89]

Der einzige der zentralen Theoretiker des Instituts, der sich dieser Verarbeitungsstrategie der "Krise des Marxismus" nicht angeschlossen hat, war Herbert Marcuse[90], dem aufgrund dieser Tatsache eine spezifische Bedeutung in der Vermittlung marxistischen Denkens und seiner Probleme an diejenige Generation, die dieser Latenz in den 60er Jahren ein Ende bereitete, zukommt. Durch diese unterschiedliche Umgangsform mit den eigenen theoretischen Voraussetzungen gelang es Marcuse darüber hinaus, deren Widersprüchen auch in der Fol-

86 Zu dieser Phase siehe Jay a.a.O., S. 327ff.

87 Bock (1976, S. 170ff.) hat die nationalen und internationalen Bedingungen des "Untertauchens" marxistischer Theoriebildung in den 50er Jahren skizziert.

88 Zu dieser "Rückzugsstrategie", die allerdings "die Krise ... nicht los wird", siehe Brunkhorst 1983, S. 35. - Für diese Interpretation spricht auch die Tatsache, daß Horkheimer über lange Zeit bemüht war, den Zugang zu den Arbeiten der Frühphase des Instituts für die Öffentlichkeit zu erschweren. Habermas berichtet, daß die Aufsätze der Zeitschrift selbst für die jüngeren Mitglieder des Instituts unzugänglich aufbewahrt wurden. (1981a, S. 127f.) Neuauflagen dieser frühen Arbeiten wurden erst wieder in den 60er Jahren unter andersartigen politischen Bedingungen möglich.

89 Daß ein solcher Umgang mit den eigenen theoretischen Fundamenten keine auf Dauer erfolgreiche Strategie darstellen konnte, bekam die Kritische Theorie an der Art und Weise, in der diese Latenz in den 60er Jahren aufbrach, zu spüren.

90 Marcuse hat seiner Ablehnung der Rückzugsstrategie der Kritischen Theorie schon 1941 in einem Brief an Horkheimer Ausdruck gegeben: "Ich bin nun mal nicht für 'Flaschenpost'. Was wir zu sagen haben, ist nicht für eine mythische Zukunft bestimmt." (hier zitiert nach Van Reijen/Schmid Noerr 1987, S. 8) - Auf den vor allem für die Zukunft des Gedankenguts der frühen Kritischen Theorie zentralen Sachverhalt, der sich hinter der Metapher "Flaschenpost" verbirgt, wird noch zurückzukommen sein.

gezeit eine Explikation zu geben, die den späteren Arbeiten von Adorno und Horkheimer nicht möglich war.

Marcuse, der schon vor seinem Eintritt in das Institut nach der Ablösung von seinem Lehrer Heidegger maßgebliche Beiträge zur Aneignung und Rekonstruktion des von Marx in seinem Frühwerk konzipierten Historischen Materialismus beigesteuert hatte[91], übernahm nach seinem Eintritt in das Institut im Jahre 1932 zunehmend die "zweite Position" hinter Horkheimer, wenn es darum ging, die übergreifenden sozialphilosophischen Gesichtspunkte des Forschungsprogrammes des Institutes zur Geltung zu bringen.[92] Zumindest bis zu Beginn der 40er Jahre läßt sich seine intellektuelle Biografie dementsprechend im Rahmen der im wesentlichen von Horkheimer bestimmten Generallinie des Institutes rekonstruieren. Auch sein in dieser Zeit verfaßtes Werk "Vernunft und Revolution" (1972 (1941)), das Marcuse Horkheimer und dem Institut widmete, läßt sich als Beitrag zu dessen Anliegen einer philosophisch orientierten Reformulierung des übergreifenden Anspruches des Marxschen Werkes begreifen.[93]

Genauso wie er auf diesem Wege maßgeblich an der Formulierung und Ausarbeitung des Vermittlungsprogramms der ersten Phase der Institutsentwicklung beteiligt war, hat er der oben skizzierten Wende zur "Dialektik der Aufklärung" entscheidende Impulse gegeben. In seinem Beitrag zur Faschismusdiskussion des Instituts mit dem unprätentiösen Titel "Einige gesellschaftliche Folgen moderner Technologie" entwickelte Marcuse - innerhalb des Instituts vielleicht erstmals in dieser Prägnanz - unter dem (an Weber angelehnten) Begriff der "technologischen Rationalität" die grundsätzlich ambivalenten Konsequenzen des von der modernen Technologie getragenen historischen Projektes für den Prozess der Befreiung, wie diese erstmals in der faschistischen Herrschaftsform unübersehbar hervortraten.

Obwohl damit ohne Zweifel die Problemebene der "Dialektik der Aufklärung" angesteuert ist, zeigt sich von vornherein ein Unterschied in der Akzentsetzung, der diesen Beitrag in Form wie Inhalt von den Konsequenzen, die Horkheimer und Adorno in den folgenden Jahren aus der Auseinandersetzung mit den "neuen Qualitäten des Faschismus" gezogen haben, absetzt. Während letztere in der "Dialektik der Aufklärung" zunehmend pauschal und selten noch in systematischer Form auf den Zusammenhang von kapitalistischer Wirtschaftsstruktur und Faschismus hinweisen werden, war Marcuse zumindest bemüht, in systematischer Form denjenigen Veränderungen innerhalb der ökonomischen Struktur des Kapitalismus nachzugehen, die die Charakteristika des Faschismus weiterhin im Rahmen grundlegender Kontinuitätslinien zu bestimmen erlaubten.[94] Dessenungeachtet kann sich allerdings auch Marcuse letztlich dem Reiz einer Totalisierung der zunächst kapitalismustheoretisch abgeleiteten Ambivalenzen des modernen Rationalisierungsprozesses nicht entziehen.

---

91 Siehe dazu die Aufsätze aus den Jahren 1928 und 1932 und Marcuses erstes Hegelbuch von 1932 (1975).

92 Siehe dazu Marcuses Beitrag zu dem gemeinsam mit Horkheimer verfaßten Nachwort zu "Traditionelle und Kritische Theorie" unter dem Titel "Philosophie und Kritische Theorie" (1965 (1937)) und den ideengeschichtlichen Teil von "Autorität und Familie" (1936).

93 Siehe dazu Schoch 1981, S. 62.

94 Dubiel/Söllner (1981, S. 23f.) weisen aus diesem Grunde Marcuse mit einer gewissen Berechtigung eine Vermittlerposition zwischen den beiden "Lagern" des Instituts zu.

Dieser Beitrag, der erneut die zentrale Stellung Marcuses innerhalb der Diskussionen des Institutes deutlich macht, markiert aber gleichzeitig einen tiefen Einschnitt sowohl in Marcuses Beziehung zum Institut wie in seiner theoretischen Entwicklung insgesamt. In den oben angedeuteten allgemeinen Auflösungsprozessen des Instituts gerät auch Marcuse (z. T. wegen persönlicher und politischer Differenzen) in zunehmende Distanz zum Kern des Institutes um Horkheimer und Adorno. Ausdruck findet dies u. a. darin, daß Marcuse an keinem der großen empirischen Projekte der 40er Jahre beteiligt war[95] und schließlich auch nicht mit nach Frankfurt zurückkehrte. Darüber hinaus führten die persönlichen und politischen Begleitumstände[96] dieser Distanzierung auch zu einem Bruch in Marcuses Veröffentlichungstätigkeit: Außer einigen wenigen Rezensionen hat Marcuse zwischen 1941 und 1955 nichts Nennenswertes veröffentlicht.[97]

Im Gegensatz dazu sind allerdings die folgenden 10 Jahre von einer umso regeren theoretischen Aktivität gekennzeichnet, die neben einer Vielzahl von Aufsätzen vor allem in drei grundlegenden Studien ihr sichtbares Resultat gefunden hat. Deren gemeinsames Merkmal ist gerade darin zu sehen, daß sie sich den seit den 40er Jahren "liegengebliebenen" Fragestellungen erneut und in umgreifender Form zuwenden. Die 1958 erschienene Arbeit zum Sowjetmarxismus stellt sich dabei - zumindest was die Kritische Theorie betrifft - erstmals ausdrücklich der Auseinandersetzung mit der historisch dominierenden Form der Marxorthodoxie und deren sozialen Bedingungen.[98] Die 1955 unter dem Titel "Eros and Civilization"[99] erschienene Arbeit war der Reformulierung der "Dialektik der Aufklärung" innerhalb der Begrifflichkeit der Freudschen Kulturtheorie gewidmet, während "Der Eindimensionale Mensch" 1964 die Zuspitzung dieser Dialektik in den zeitgenössischen fortgeschrittenen Gesellschaften zum Gegenstand machte.

Vor einem Eingehen auf den Inhalt vor allem der beiden zuletzt genannten Arbeiten machen schon die Gegenstände dieser Arbeiten einen entscheidenden Unterschied zu dem oben skizzierten Umgehen Horkheimers und Adornos sowohl mit der "Dialektik der Aufklärung" selbst wie der durch deren Radikalität auf die Spitze getriebenen "Krise des Marxismus" deutlich. Während Horkheimer und Adorno die Dimensionen dieser Krise und damit die Aporetik ihres theoretischen Bezugsrahmens zwar auch in der Latenz weiterhin gegenwärtig sind und im Zusammenhang andersartiger Argumentationen immer wieder aufscheinen, werden diese erst bei Marcuse wieder als solche explizit gemacht und einem erneuten systematischen Bearbeitungsprozeß unterworfen. Marcuses inhaltliche und wir-

95 Siehe dazu Claussen 1981, S. 34.

96 Marcuse war zwischen 1942 und 1950 im amerikanischen Regierungsdienst tätig. Zur Biographie Marcuses siehe Jay 1979. Eine umfangreichere Biographie liegt bisher - zumindest in deutscher Sprache - nicht vor. Siehe dazu auch die wenigen Bemerkungen in Claussen a.a.O. und Brunkhorst/Koch 1987, S. 7ff.

97 Zur Bibliographie der Schriften Marcuses siehe Sahmel 1979b.

98 Claussen (a.a.O., S. 78) hebt diese Tatsache besonders hervor. In gewisser Weise läßt sich diese Arbeit in ihrem Versuch der Bestimmung der sozialen Bedingungen der Deformierung der Marxschen Theorie als Fortsetzung der Korschschen Arbeit zu "Marxismus und Philosophie" begreifen.

99 In deutscher Sprache erschien dieses Werk zunächst unter dem Titel "Eros und Kultur" und später als "Triebstruktur und Gesellschaft".

kungsgeschichtliche Bedeutung ist auf diesem Hintergrund eines unterschiedlichen Bezuges auf die identische theoretische Problemstruktur zu sehen.[100]

Seine beiden späten Hauptwerke bewegen sich auf der einen Seite zweifellos auf dem von der "Dialektik der Aufklärung" formulierten Reflexionsniveau[101] und sind von denselben Aporien bzgl. der Marxschen Theorie und der rationalitätstheoretischen Fragestellung überhaupt gekennzeichnet; auf der anderen Seite werden durch den erneuten Versuch, diese Widersprüche zu bearbeiten, deren Gehalt und Dimensionen allererst wieder faßbar und damit die Perspektive eines produktiven Umgangs mit einer derart erneut aufgebrochenen "Krise des Marxismus"[102] eröffnet.

Marcuses Werk bietet sich aus diesem Grunde, sowohl was seinen inhaltlichen Explikationsgrad wie seine vermittelnde Bedeutung für die weitere Diskussion über diese Krise betrifft, als Verbindungsglied zwischen den Traditionen des "westlichen Marxismus" und der Aktualisierung, die diese Tradition in den 60er Jahren gefunden hat, an.

Das erneute Aufgreifen der Programmatik des "westlichen Marxismus" und deren Einmündung in die "Dialektik der Aufklärung" geht Marcuse in zwei Schritten an. In "Triebstruktur und Gesellschaft" entfaltet er in Anlehnung an Freuds kulturtheoretische und metapsychologische Arbeiten eine Kulturtheorie, die die bisherige Geschichte und das sie beherrschende Realitätsprinzip als von einer grundsätzlichen Dialektik gekennzeichnet sieht.[103] "Kultur" steht hierbei für genau den Zusammenhang, den Adorno/Horkheimer mit dem Konzept einer "Aufklärung", die zwar in der modernen Gesellschaft kulminiert, ihre Wurzeln aber schon in der gesamten Gattungsgeschichte der Menschheit findet, angezielt hatten. Diese Kultur - als umfassender Vermittlungszusammenhang von Aneignung äußerer Natur, sozialer Herrschaft und Formung der menschlichen Triebstruktur konzipiert - unterliegt gemäß der sie kennzeichnenden Dialektik einer grundlegenden Zerrissenheit: Derselbe Kulturationsprozeß, der durch Kontrolle der äußeren wie inneren Natur die Konstitution der menschlichen Gattung vorantreibt, mündet in die zunehmende Instrumentalisierung und Zerstörung sowohl der äußeren Natur wie der Triebstruktur des Menschen selbst ein und untergräbt damit seine eigenen objektiven und subjektiven Bedingungen. (Marcuse 1982 (1957), S. 80ff.)

---

100 Dieser unterschiedliche Umgang mit identischen Problemen unter gemeinsamen theoretischen Voraussetzungen, der sich in den 60er Jahren in tiefgehenden politischen Differenzen niederschlug, läßt sich vielleicht nur biographisch erklären. Inhaltlich weisen Marcuses spätere Arbeiten tatsächlich - trotz eines wohl vollständigen Verlustes jeglichen unmittelbaren Diskussionszusammenhangs - bis in die 60er Jahre eine bemerkenswerte Gemeinsamkeit mit den Arbeiten von Adorno und Horkheimer auf. Siehe dazu Claussen 1981, S. 36f.

101 Siehe dazu Jay 1976, S. 300, der beide Werke deshalb als Weiterbearbeitung der Problemstellungen der "Dialektik der Aufklärung" begreift.

102 Diese Interpretation verfolgt auch Breuer (1977, S. 240ff.) unter dem Titel der "Krise der Revolutionstheorie", deren Dimensionen er an Marcuses Werk zu verdeutlichen sucht. Marcuse hat seiner Meinung nach die Denkvoraussetzungen der marxistischen Tradition in der "Zerrissenheit" und "Unentschiedenheit" seiner Argumentation in eine Form gebracht, die deren Krise unübersehbar macht. Ob die damit verbundene Kritik Marcuses hinreichend berücksichtigt, daß Marcuse selbst sich der Widersprüchlichkeit seiner eigenen Argumentation und deren Repräsentativität für eine ganze Denktradition durchaus bewußt war, sein Anliegen gerade in der Hervorhebung von und Auseinandersetzung mit dieser "Zerrissenheit" sah, wird in dieser Kritik nicht immer deutlich.

103 Siehe dazu Schülein 1981, S. 126ff.

Soweit läßt sich "Triebstruktur und Gesellschaft" bruchlos als Reformulierung der "Dialektik der Aufklärung" in Freudscher Terminologie begreifen. Über eine solche Einordnung weist diese Arbeit allerdings dadurch hinaus, daß sie erneut versucht, diese Dialektik im Rahmen der Marxschen Theorie zu reinterpretieren. Gegenüber der "Dialektik der Aufklärung", die in der gesellschaftlichen Verortung der Bedingungen dieser Dialektik zweideutig geblieben ist, bindet Marcuse die Widersprüchlichkeit des Rationalisierungsprozesses ausdrücklich an historisch bestimmte - wenn auch die bisherige Geschichte in ihrer Gesamtheit charakterisierende - Bedingungen, konzipiert sie als Merkmal der menschlichen Vorgeschichte, in der sich die Selbstkonstitution der menschlichen Gattung notwendigerweise in den Formen der Selbst- und Fremdinstrumentalisierung vollzieht.[104] Marcuse hat damit das frühe Vermittlungsprogramm der "Kritischen Theorie" wieder aufgegriffen und selbst noch die "Dialektik der Aufklärung", die dessen Infragestellung bedeutete, in dieses einzubeziehen versucht.

Dem Festhalten an der historischen Relativität der Bedingungen der verhängnisvollen Verklammerung von Fortschritt und Destruktion entspricht Marcuses Skizze der Möglichkeiten einer tatsächlichen Relativierung dieser Bedingungen im Prozeß der Befreiung. Der zweite Teil seiner Arbeit ist dementsprechend den Perspektiven dieses Prozesses gewidmet und umreißt das "neue Realitätsprinzip", dem es gelingen soll, die die Vorgeschichte kennzeichnenden Widersprüche tatsächlich in eine widerspruchsfreie Einheit zu bringen, "Lust und Freiheit, Trieb und Moral, Phantasie und Vernunft endgültig zu versöhnen". (a.a.O., S. 140ff. u. S. 171ff.)

Soweit scheint sich "Triebstruktur und Gesellschaft" sowohl von den theoretischen Ambivalenzen wie der praktischen Verzweiflung der "Dialektik der Aufklärung" abzusetzen. Eine eingehendere Betrachtung zeigt allerdings, daß auch Marcuses Auseinandersetzung mit der Dialektik der Kultur ähnliche Brüche aufweist wie die Argumentation Horkheimers und Adornos, auch wenn Marcuse sich in der Gewichtung der widersprüchlichen Argumentationsstränge von diesen unterscheidet. Innerhalb der allgemeinen kulturtheoretischen Überlegungen tritt dies in Marcuses ambivalentem Umgang mit der Freudschen "Todestriebhypothese" hervor. Indem diese der destruktiven Seite der Dialektik der Kultur eine biologische und insofern übergeschichtliche Basis gibt, wird das historische Modell einer Dialektik der Kultur entscheidend modifiziert. Obwohl Marcuse immer wieder auf dem "soziologischen Charakter " (a.a.O., S.11f.) der Freudschen Kategorien besteht und die Notwendigkeit einer politisch-ökonomischen Analyse auch der psychischen Aspekte von Herrschaft hervorhebt (Marcuse 1968 (1956), S. 7 u. 28ff.), kann er sich zumindest in Teilen seiner Arbeit einem positiven Bezug auf eine solche biologische Grundlegung von Destruktivität und Herrschaft und den entsprechenden enthistorisierenden Konsequenzen nicht entziehen. Ähnlich wie in der "Dialektik der Aufklärung" deutet sich hierin erneut eine Revision zentraler Annahmen des Historischen Materialismus mit den entsprechenden Folgerungen,

104 Siehe dazu Marcuse 1982 (1957), S. 129ff. Auch wenn Marcuse in diesem unter den Bedingungen des Kalten Krieges verfaßten Werk den Bezug zu Marx an keinem Punkt explizit macht (zu den politischen Gründen dieser Selbstbeschränkung siehe Claussen 1981, S. 38.), ist unübersehbar, daß sich die Argumentation eng anlehnt an die Konzeption der Selbstkonstitution der menschlichen Gattung durch Entfremdung von der Natur, dem anderen Menschen und schließlich sich selbst, wie Marx sie in den "Ökonomisch-Philosophischen Manuskripten" entwickelt hat.

die sich daraus für die Beantwortung der Frage nach der Möglichkeit theoretischer und praktischer Rationalität ergeben, an.

Die unmittelbaren Ursachen für diese Selbstrelativierung der Marcuseschen Argumentation werden schon in "Triebstruktur und Gesellschaft" in den eher verstreuten zeitdiagnostischen Passagen faßbar. Der in der Kulturtheorie auf gattungsgeschichtlicher Ebene festgehaltenen "Möglichkeit der Befreiung" wird in diesen Abschnitten eine gegenwärtige "Wirklichkeit der Unfreiheit" entgegengestellt, die den historischen Gehalt der Vision einer endgültigen Emanzipation von den repressiven Strukturen des alten Realitätsprinzipes fragwürdig werden läßt: In demselben Augenblick, in dem sich die "Dialektik der Kultur" in den gegenwärtigen kapitalistischen Gesellschaften in einer einzigartigen Steigerung gesellschaftlichen Reichtums auf der einen, in der Möglichkeit der Selbstvernichtung der menschlichen Gattung auf der anderen Seite zuspitzt, ist realhistorisch keine Aufhebung dieser Dialektik, kein Ausweg aus dieser Zerrissenheit in Sicht; vielmehr ist eine "Stillegung dieses Widerspruches" (Marcuse 1968, S.10) in der Herrschaft "des zur unteilbaren Einheit gewordenen ökonomischen, politischen und kulturellen Apparates" (a.a.O., S. 9) abzusehen, die "die Wirklichkeit der Freiheit" im Moment der Möglichkeit ihrer Verwirklichung in weite Ferne entrückt.[105]

Diese Spannung zwischen allgemeinen kulturtheoretischen Annahmen auf der einen, der Diagnose des gegenwärtigen Standes des gesellschaftlichen Rationalisierungsprozesses auf der anderen Seite, die in "Triebstruktur und Gesellschaft" noch eher implizit bleibt, rückt mit dem Versuch einer zeitdiagnostischen Konkretisierung der "Dialektik der Aufklärung" im "Eindimensionalen Menschen" ins Zentrum der Analyse. Die dieser Analyse fortgeschrittener Industriegesellschaften vorausgeschickte Bestimmung des rationalitäts- und gesellschaftstheoretischen Hintergrundes einer solchen Zeitdiagnose schlägt darüber hinaus ausdrücklich den Bogen zu denjenigen Grundproblemen der marxistischen Denktradition, die den Anknüpfungspunkt für die Entstehung des "westlichen Marxismus" und in der Folge für die Herausbildung einer prinzipiellen Rationalitätskritik gebildet haben; in dem einleitend skizzierten "zweidimensionalen Gesellschaftsmodell" als notwendiger Voraussetzung der Entwicklung einer kritischen Theorie von Gesellschaft sind unschwer die Annahmen dieser Variante des Marxismus auszumachen: von einer dialektischen Konzeption der geschichtlichen Wirklichkeit über das Postulat der Einheit von Theorie und Praxis bis hin zu deren Verwirklichung in der politischen Praxis der Arbeiterbewegung. Anhand der tatsächlichen Entwicklung fortgeschrittener kapitalistischer Gesellschaften wird der Zweidimensionalität dieses Modells der Prozeß der Eindimensionalisierung dieser Gesellschaften entgegengestellt. Indem dieser Prozeß die widersprüchliche Struktur kapitalistischer Gesellschaften zunehmend zu einer widerspruchsfreien Einheit zusammenschweißt, dabei tatsächlichen Alternativen zunehmend den Boden entzieht, wird gleichzeitig auch das zweidimensionale Rationalitäts- und Gesellschaftsmodell fragwürdig; ja selbst die Begriffe von "Freiheit" und "Rationalität" verlieren ihren Sinn in dem Augenblick, in dem die höchste Zuspitzung von Unfreiheit und Irrationalität sich als höchste Form von Freiheit und Rationalität präsentiert, zu

105 Zu dieser "pessimistischen" Seite von "Triebstruktur und Gesellschaft", die den Endzeitvisionen der "Dialektik der Aufklärung" und des "Autoritären Staates" von einer "verwalteten Welt" kaum nachsteht, siehe Schülein 1981, S. 129ff.

der als solche gleichzeitig keine realen Alternativen mehr denkbar sind.[106] Als zentralen Gegenstand des "Eindimensionalen Menschen" bestimmt Marcuse die Auseinandersetzung mit der Frage, welches der beiden Modelle der gegenwärtigen gesellschaftlichen Realität letztlich angemessen ist, für welche der "zwei einander widersprechenden Hypothesen" (Marcuse 1978 (1967), S. 17) die Gesellschaftstheorie sich zu entscheiden habe.

In diesem "Schwanken" (a.a.O.) zwischen zwei gesellschaftstheoretischen Modellen sind unschwer die Aporien der "Dialektik der Aufklärung" wiederzuerkennen, sowohl deren Motive im Scheitern einer marxistischen Erklärung neuartiger gesellschaftlicher Integrationsformen kapitalistischer Gesellschaften wie dem daraus entspringenden ambivalenten Bezug auf die Marxsche Theorie selbst und schließlich der Verallgemeinerung dieser Zweifel in Richtung auf eine prinzipielle Infragestellung von Rationalität. Marcuse beläßt es allerdings nicht bei dem Festhalten der entsprechenden Widersprüche, sondern wendet diese Rückbesinnung auf die theoretischen Grundlagen kritischer Gesellschaftstheorie zunächst produktiv, indem er sie erneut zur Grundlage einer materialen Gesellschaftsanalyse macht, die diese Grundlagen wieder verfügbar macht für die Entwicklung einer Fülle von Fragestellungen, die für die weitere Diskussion der Entwicklungsdynamik fortgeschrittener kapitalistischer Gesellschaften wegweisend geworden sind: von dem erneuten Aufweis der inneren Verklammerung des industrialistischen Projekts von Naturaneignung mit sozialer Herrschaft über dessen ungeahnte Stabilisierung auf Basis neuartiger Formen der Subsumtion selbst noch der Tiefenstrukturen des Individuums im Prozeß "repressiver Entsublimierung" bis hin zum Entwurf eines alternativen Realitätsprinzips, das sich als Einheit von politischer und ästhetischer Sensibilität gegen dieses Projekt in seiner Gesamtheit wendet.[107] Besondere Bedeutung kommt diesem erneuten Anlauf der Kritischen Theorie zu einer "auf die gegenwärtige Epoche gerichtete Theorie der Gesellschaft" (Habermas 1981d, S. 417; hier zitiert nach: Brunkhorst 1983, S. 40) darüber hinaus dadurch zu, daß sie sich mit den USA auf die Realität derjenigen Gesellschaft richtet, die tatsächlich den höchstentwickelten Stand gegenwärtiger kapitalistischer Gesellschaften repräsentiert und in der Zeit nach dem zweiten Weltkrieg in der Lage war, diesem Modellcharakter praktisch Geltung zu schaffen.[108]

Ungeachtet der Reichhaltigkeit an Aspekten und Impulsen, die die Analyse Marcuses bietet, erweist sie sich allerdings im Endeffekt erneut als gescheitert. Die Vermittlung zwischen den einleitend formulierten gegenläufigen Modellen gelingt nicht; der "Eindimensionale Mensch" endet letztendlich in derselben Ausweglosigkeit zwischen "Möglichkeit" und "Katastrophe der Befreiung" und denselben theoretischen Aporien, mit denen er seine Argumentation eingeleitet hatte.[109]

---

106 Siehe Marcuse 1978 (1967), S. 11ff.

107 Die Charakterisierung des "neuen Vergesellschaftungsmodells", das sich in den sogenannten Neuen sozialen Bewegungen andeutet, durch Brand u. a. 1983, S. 251ff. erinnert z. B. unmittelbar an diesen Marcuseschen Entwurf eines "neuen Realitätsprinzipes".

108 Den "zukunftsweisenden" Charakter der Entwicklungstendenzen der US-amerikanischen Gesellschaft hat Marcuse selbst hervorgehoben. (a.a.O., S. 20)

109 Siehe dazu Marcuse a.a.O., S. 236ff. - Der Restbestand an politischer Strategie, den Marcuse in der Konzentration auf die Randgruppen der Gesellschaft, die von deren allumfassenden Integrationsmechanismen noch nicht vollständig erfaßt sind, noch anzubieten hat (a.a.O., S. 267), offenbart nur einmal mehr die Ohnmacht dieses Vermittlungsversuches. Allzu offensichtlich fallen bei diesen Gruppen die möglicherweise vorhandenen Motive zu gesellschaftlicher Veränderung

Mit gleicher Deutlichkeit tritt darüber hinaus aber auch der "blinde Fleck" in der Theoriebildung der Kritischen Theoretiker hervor, dessen Sensibilisierung oben zumindest als eine der Bedingungen einer produktiven Bearbeitung der "Krise des Marxismus" benannt worden ist. Wie schon auf kulturtheoretischer Ebene hält Marcuse auch in seiner Theorie des fortgeschrittenen Kapitalismus erneut am konstitutiven Charakter der "Organisation der Arbeit" (Marcuse 1968 (1956), S. 29) fest, nimmt dies aber - in guter Tradition der Kritischen Theorie - nicht zum Anlaß, diesen konstitutiven Bedingungszusammenhang in seiner Gegenwartsdiagnose selbst ins Auge zu fassen. Indem der "Eindimensionale Mensch" nahezu keinerlei Hinweise auf die ökonomischen Voraussetzungen der im Detail analysierten politischen, psychologischen und ideologischen "Eindimensionalisierungsprozesse" gibt, bleibt er gemessen an seinen eigenen Ansprüchen eher ein deskriptiv orientierter Problemaufriß, als daß er erlaubt, die benannten Phänomene gesellschaftstheoretisch zu erklären und damit auch die formulierte Frage nach den weiteren Perspektiven der dargestellten Eindimensionalisierungsprozesse zu beantworten.[110]

Als solcher Problemaufriß hat Marcuses Werk allerdings zunehmend an Bedeutung gewonnen: Bis in die 60er Jahre auch von der "Latenz des Marxismus" betroffen, darüber hinaus akademisch, politisch und persönlich weitgehend isoliert, wird seine Beharrlichkeit im Festhalten an den Ansprüchen Kritischer Theorie unter den veränderten gesellschaftlichen Bedingungen der 60er Jahre durch eine politische Wirksamkeit belohnt, die ihm selbst noch wenige Jahre vorher undenkbar gewesen wäre. Mit dem Hervortreten neuer Widerstandspotentiale gegen die "Eindimensionale Gesellschaft" in den sozialen Bewegungen der 60er Jahre wurde Marcuse zu demjenigen Vertreter der "alten" Linken, der für die "neue" Linke als Person und Theoretiker die Beziehung zu den Traditionen des "westlichen Marxismus" herstellte und ihr so einen übergreifenden historischen Zusammenhang für ihre theoretisch-politische Selbstverständigung bot.[111] Nicht nur gab Marcuse der dabei erneut auf die Tagesordnung gesetzten Entwicklung einer Theorie des fortgeschrittenen Kapitalismus den theoretischen Bezugsrahmen vor, sondern darüber hinaus gelang es ihm auch immer wieder, mit seinen aktuellen Arbeiten unmittelbar Einfluß auf die politische Auseinandersetzung zu nehmen.[112]

und die Mittel, diese durchzusetzen, auseinander. - Nichtsdestotrotz hat auch dieser Bestandteil der Marcuseschen Argumentation in der Folgezeit enorme Resonanz gefunden.

110 Zur Kritik dieser Beschränktheit der Marcuseschen Theorie siehe Mattick 1969. - Wenn bisher immer wieder auf die zentrale Bedeutung historisch orientierter ökonomischer Theoriebildung für die Bearbeitung der "Krise des Marxismus" hingewiesen worden ist, soll damit nicht behauptet werden, daß durch deren Einbeziehung diese Krise ohne weiteres behebbar wäre. Vielmehr soll *zunächst* in immanentem Vorgehen deutlich werden, daß sich jeder Bearbeitungsversuch dieser Krise, der einer solchen Anforderung nicht nachkommt, in Widerspruch setzt zu grundsätzlichen Annahmen des Marxismus, an denen er gleichzeitig festhalten will. - Tatsächlich rückt die Kritische Theorie in ihren materialen Analysen nicht nur von der Annahme einer *vorrangigen* Bedeutung ökonomischer Prozesse ab, sondern behandelt solche Prozesse noch nicht einmal als *einen* wesentlichen Bestimmungsfaktor der thematisierten gesellschaftlichen Entwicklungen. Ihr Bezug auf ökonomische Prozesse bleibt selbst gemessen an einer solchen Relativierung von deren Bedeutung, wie sie beispielsweise die Arbeiten von Weber kennzeichnet, programmatisch und pauschal.

111 Zu den verschiedenen Dimensionen der Bedeutung, die Marcuse für die westdeutsche Studentenbewegung besaß, siehe Cohn-Bendit u. a. 1980.

112 Siehe hierzu die in gewisser Weise die Studentenbewegung begleitenden Arbeiten aus den Jahren 1969 und 1973, auf die noch zurückzukommen sein wird.- Nicht zuletzt bildeten Marcuses Arbeiten der 60er Jahre auch für Jürgen Habermas den Anstoß, eine am Konzept gesellschaftli-

Obwohl Marcuse diesen Versuch des Eingreifens in den 70er Jahren fortgesetzt hat[113], ist es in den Jahren bis zu seinem Tod 1979 eher ruhig um ihn geworden. Erst in den ausgehenden 70er und den beginnenden 80er Jahren beginnt sich ein Wiederaufgreifen seines Werkes abzuzeichnen, in dem dessen zukunftsweisende Bedeutung gerade zum Verständnis aktueller gesellschaftlicher Entwicklungen und der an diese anknüpfenden Protestbewegungen hervorgehoben wird.[114]

Welche zentrale Bedeutung der Kritischen Theorie und insbesondere Herbert Marcuse in dem Entstehungsprozeß dieser Protestbewegungen in der westdeutschen Studentenbewegung zukam und wie dadurch die aus dieser Bewegung hervorgegangene Auseinandersetzung um die Marxsche Theorie geprägt worden ist, soll im folgenden deutlich werden. Im Zentrum soll dabei nicht so sehr die Art und Weise stehen, in der Marcuse als konkret-historischer Theoretiker und Person Einfluß genommen hat auf die Selbstverständigung der Studentenbewegung[115], sondern die sachlichen Impulse, die von seinen Arbeiten auf die Theoriebildung der Studentenbewegung ausgegangen sind.[116]

cher Rationalisierung orientierte Analyse spätkapitalistischer Gesellschaften anzugehen. Siehe dazu Habermas 1968, S. 48ff.

113 Siehe dazu u. a. seinen Aufsatz zu "Marxismus und Feminismus" aus dem Jahre 1978.

114 Während die Arbeiten von Breuer 1977 und Sahmel 1979a eher den theoretischen Aspekten des Marcuseschen Werkes gewidmet sind, stellen die Arbeiten von Claussen (1981) und Roth (1985a) Marcuses theoretische Bemühungen ausdrücklich in den Zusammenhang der Suche nach den "Spuren der Befreiung", wie sie in der "Rebellion der Subjektivität", in den "Revolten und sozialen Bewegungen in den 60er und 70er Jahren" aufzuspüren sind.

115 Zu der herausragenden Rolle, die Marcuse in dieser Beziehung für die Studentenbewegung gespielt hat, siehe das erwähnte Diskussionsprotokoll von Cohn-Bendit u. a. 1980.

116 Dies wird seinen Ausdruck u. a. darin finden, daß Marcuse selbst unmittelbar dem Kreis der anti-autoritären Theoretiker zugeschlagen wird; eine Zuordnung, die seiner konkret-historischen Beziehung zur Studentenbewegung nicht ohne weiteres gerecht wird, sich aber gerade zum Verständnis von deren Theoriebildung als besonders hilfreich erweisen wird.

2. Die Entkorkung der Flaschenpost: Die Widersprüche des Spätkapitalismus und die neue Opposition

Wie schon angedeutet, beruhte die Latenz marxistischer Theoriebildung in den ersten 20 Jahren der Geschichte der BRD u. a. auf einer ebensolchen Unterschwelligkeit sozialer Auseinandersetzungen, die einer entsprechenden theoretischen Selbstverständigung bedurft hätten. Mit den ökonomischen, sozialen und politischen Verschiebungen der 60er Jahre geriet dieser Zustand relativer gesellschaftlicher Stabilität und damit auch die diesen ideologisch überhöhende Stabilitätsinterpretation in Bewegung. Die in diesem Dynamisierungsprozeß erstmals wieder konstatierten Krisenerscheinungen wurden dabei allerdings nicht als ein Wiederaufleben der klassischen ökonomischen Krisendynamik kapitalistischer Gesellschaften begriffen; im Gegenteil wurden sie überhaupt nicht als unmittelbar ökonomisch induziertes Phänomen, sondern eher als Ausdruck von Anpassungsproblemen politischer und ökonomischer Strukturen in bezug auf einen fortschreitenden technologischen und ökonomischen Modernisierungsprozeß wahrgenommen.[1] Vielmehr als von ökonomischer Krise war in dieser Zeit die Rede von einer "tiefgreifenden Legitimitätskrise westlicher Demokratien" (Rupp 1978, S. 154), von einer "Bildungskatastrophe" (Picht 1965) oder umfassender noch von "industriegesellschaftlichen Anpassungskonflikten" (Ahlberg 1972, S. 25ff.).

Einen entscheidenden Faktor dieses "Klimawechsels" - sowohl als Reaktion auf diesen wie als eigenständiger Faktor in dessen Definition und Radikalisierung - bildete das Hervortreten neuartiger Protestbewegungen, die genau an die damit angesprochenen Problemkomplexe von Bildung, politischer Kultur und Lebensform anknüpften. Das Zentrum dieser Bewegungen stellte die sich im wesentlichen aus den geistes- und sozialwissenschaftlichen Fächern rekrutierende studentische Protestbewegung[2] dar.

Diese Art der Problemdefinition und der sich herausbildenden sozialen Auseinandersetzungen veränderte gleichzeitig die sozialen und politischen Bedingungen der Rezeption der marxistischen Theorie und bestimmte darüber hinaus die Art und Weise, in der die Rezeption in der Folgezeit vorangetrieben wurde. Angesichts der neuen Protestbewegungen gelang es den vor allem im SDS organisierten studentischen Gruppen, die die Auseinandersetzung mit dieser theoretischen und politischen Tradition in relativer Isolation weiterhin gepflegt hatten[3], die ursprüngliche Programmatik der marxistischen Tradition öffentlichkeitswirksam wiederzubeleben und damit eine erneute langjährige Beschäftigung mit ihr einzuleiten.

Für den politisch und theoretisch dominierenden Teil dieser Gruppen, die sogenannte anti-autoritäre Fraktion des SDS, bedeutete die Renaissance marxistischen Denkens ein ausdrückliches Anknüpfen an die Reformulierung von dessen

---

1 Auch die ökonomische Rezession von 1966 wurde eher als Problem der Unangemessenheit politischer Regulierungsmechanismen an die Erfordernisse der ökonomischen Entwicklung, denn als genuin ökonomische Krise begriffen; eine Interpretation, der die kurzfristige - scheinbar von politischen Maßnahmen bewirkte - Bewältigung dieser "Wachstumsschwäche" zunächst Recht gab. Siehe hierzu Thränhardt 1986, S. 160ff.

2 Zur "Fächerrekrutierung" des studentischen Protestes siehe ausführlich Allerbeck 1973, S. 148ff.

3 Zum "Seminarmarxismus" der frühen 60er Jahre siehe Fichter/Lönnendonker 1977, S. 72ff.

Programmatik im Rahmen des "westlichen Marxismus".[4] Mit dem Hervortreten neuer Protestbewegungen konnten die studentischen Theoretiker dabei in gewisser Weise von einem erneuten Vorliegen der geschichtlichen Anwendungsbedingungen der von dieser Tradition formulierten umfassenden Konzeption von Rationalitäts-, Gesellschaftstheorie und Theorie sozialer Bewegung ausgehen: Realhistorisch schien sich erneut eine Einheit von Kritik gesellschaftlicher Verhältnisse und umwälzender Praxis abzuzeichnen.

Daß innerhalb des Rückgriffes auf die Diskussionen der 30er und 40er Jahre dieses Jahrhunderts der Kritischen Theorie eine besondere Bedeutung zukommt, ergibt sich nicht nur empirisch aus den theoriegeschichtlichen Bezügen der anti-autoritären Theoriebildung[5], sondern auch aus der Struktur des Erklärungsproblemes, das sich dieser stellte. Hatte sich die "Neue Linke" schon zu Beginn der 60er Jahre in expliziter Absetzung vom Traditionalismus der "Alten Linken" definiert[6] und dies mit realhistorischen Veränderungen in der Sozialstruktur kapitalistischer Gesellschaften und entsprechenden Verschiebungen auf seiten der Träger sozialer Umwälzung begründet, so bildete sich die anti-autoritäre Fraktion Mitte der 60er Jahre erst in der Auseinandersetzung mit verschiedenartigen traditionalistischen Gruppierungen innerhalb des SDS heraus.[7] Indem die anti-autoritäre Theorie gegen die von diesen Gruppen gelieferten ökonomistischem Erklärungsversuche der Protestbewegung[8] davon ausging, daß deren politische und kulturelle Orientierung einen diesem Charakter entsprechenden Erklärungsansatz erforderlich macht, konnte sie unmittelbar anknüpfen an die frühen Beiträge der Kritischen Theorie: Die "kulturalistische" Erweiterung, die diese dem Marxismus

---

4 Siehe dazu die ausdrückliche Auseinandersetzung mit den entsprechenden Theoretikern des "Kritischen Marxismus" bei Krahl 1971 (u. a. S.214) und Dutschke 1969, S. 35ff. Beide heben die Bedeutung dieses Stranges marxistischer Theoriebildung für eine angemessene Rekonstruktion des Marxschen Denkens hervor. - Marcuse selbst hat diesen Zusammenhang angedeutet: "Die Studentenbewegung hat diejenigen Bilder realer Möglichkeiten bewußt gemacht, die im traditionellen Marxismus tabuiert oder niedergehalten wurden." (hier zitiert nach Claussen 1981, S. 41)

5 Zu diesen Bezügen siehe die oben gelieferten Hinweise. Die inhaltlichen Beiträge des anti-autoritären Flügels sind nahezu ohne Ausnahme in ausdrücklicher Anknüpfung an die frühen Arbeiten des Instituts formuliert. Auf den freilegenden Einfluß, die diese Beiträge umgekehrt für die Auseinandersetzung mit der Frühphase des Instituts hatten, haben Jay und Habermas hingewiesen. Die Hebung des "versunkenen Kontinents" (Habermas 1981a, S. 127) verdeutlicht Jay am Schicksal der zentralen Werke dieser Frühphase: Die "Dialektik der Aufklärung" wurde erstmals wieder als "Untergrundklassiker" in der studentischen Protestbewegung wahrgenommen und diskutiert und 1970 erst erneut aufgelegt. Die "Eclipse of Reason" erschien 1967 erstmals überhaupt in deutscher Sprache. (Jay 1976, S. 299f.)

6 Siehe dazu Bock 1976, S. 194ff.

7 Zu den verschiedenen rezeptionsgeschichtlichen Linien im SDS siehe Krahl a.a.O., S. 249ff. Krahl setzt hierbei zwei Varianten eines "Dogmatismus" zwei weitere Lesarten eines "kritischen" Marxismus entgegen, innerhalb derer er wiederum besonders die Bedeutung der Kritischen Theorie hervorhebt. - Zur Auseinandersetzung zwischen "Traditionalismus" und "Anti-Autoritarismus" siehe außerdem Bock a.a.O., S. 205ff. und Fichter/Lönnendonker 1977, S. 114ff. Bevor diese Auseinandersetzung allerdings zum bestimmenden Moment innerhalb des SDS wurde, war dieser politisch dominiert von einer Position, die am ehesten noch als "linkssozialistisch" zu charakterisieren wäre. Diese Position hatte z. T. unter dem Einfluß der Sozialistischen Förderergesellschaft (ab 1962: Sozialistischer Bund) die Politik des SDS bis zum Ausbruch der Revolte entscheidend bestimmt, aber mit dem Hervortreten des Gegensatzes von "Antiautoritarismus" und "Traditionalismus" zunehmend an Bedeutung und Einfluß verloren.

8 Vertreter eines solchen traditionalistischen Erklärungsversuches waren Hofmann (1970), Lederer (1968), Eisner (1967), (mit Einschränkungen) Abendroth (1968) und im Rückblick Bauß (1977). Zu den offensichtlichen Defiziten eines solchen Erklärungsversuches, der die Protestbewegung als von unmittelbar ökonomischen Motiven "bewegte" begreift, siehe GRZ 1978, S. 3f.

gegeben hatte, lieferte dem Anti-Autoritarismus das theoretische Instrumentarium, um die für eine solche Erklärung als wesentlich erachtete Vermittlung von "Ökonomie" und "Sozialpsychologie"[9] anzugehen; die historische Neuartigkeitsinterpretation kapitalistischer Gesellschaften, wie sie die Kritische Theorie in der Faschismusdiskussion entwickelt hatte, ermöglichte es gleichzeitig, diese Vermittlung in einem historisch spezifischen Sinn zu verstehen, eine Theorie einer neuartigen Entwicklungsphase kapitalistischer Gesellschaften zu entwickeln, die als solche der Originalität der neuen Protestbewegungen gerecht werden konnte.

Daß diese "Entkorkung der Flaschenpost"[10], wie sie die Kritische Theorie mit der "Dialektik der Aufklärung" auf den Weg geschickt hatte, allerdings nicht unmittelbar auch die problematischen Aspekte dieser Arbeit und die in ihr radikalisierte "Krise des Marxismus" herausspülte, hängt mit denselben sozialen und politischen Bedingungen zusammen, die diese Entkorkung überhaupt möglich gemacht haben: Hatte die Kritische Theorie (noch bis zu Marcuses "Eindimensionalem Menschen") die angesprochenen Veränderungen innerhalb kapitalistischer Gesellschaften im wesentlichen unter dem Gesichtspunkt von deren Stabilisierung auf Basis der Untergrabung der gegen sie gerichteten Widerstandsbewegungen betrachtet, ihre theoretischen Reflexionen von daher nicht mehr an ein realhistorisches Subjekt, sondern nur noch an einen "eingebildeten Zeugen" (Horkheimer/Adorno 1971 (1947), S. 228) adressieren können, war die anti-autoritäre Theorie zunächst in der glücklichen Lage, diesen Veränderungen eine andersartige theoretische und strategische Interpretation zu geben. Indem erneut reale soziale Protestpotentiale als Adressaten kritischer Theorie hervortraten, konnten dieselben neuartigen Mechanismen kapitalistischer Gesellschaft, die für die Kritische Theorie mit deren Stabilisierung das Schwinden jeglicher Veränderungsperspektive anzeigten, gleichzeitig auch als krisen- und protestauslösende Mechanismen begriffen werden.[11] Allein durch diese "offensive Wende" der Kritischen Theorie im Aufweis neuartiger politischer Handlungsperspektiven war es der Studentenbewegung möglich, deren Reformulierungsversuch der Marxschen Theorie wiederaufzugreifen, ohne unmittelbar erneut zu dessen aporetischen Konsequenzen gedrängt zu werden. Auch wenn die anti-autoritäre Theorie dabei keine wesentlichen systematischen Weiterentwicklungen der Problemstruktur einer solchen Reformulierung beigesteuert hat, hat sie durch ihren Aktualisierungsversuch den Boden für eine weitaus systematischere Bearbeitung dieser Aporetik in den 70er Jahren bereitet.

Der Versuch einer produktiven Wendung der aporetischen Grundlagen der Kritischen Theorie auf Basis der Praxis der neuen sozialen Bewegungen kennzeichnet die anti-autoritäre Theorie sowohl in ihren gesellschaftstheoretischen und -historischen Bemühungen, ihrer theoretisch-strategischen Selbstverständigung als Teil dieser Bewegungen wie schließlich auch in ihrem inneren Zersetzungsprozeß in der Dissoziation dieser Bewegungen selbst.

---

9 Zu diesem Vermittlungsanspruch siehe Reiche 1968a, S. 32ff.

10 Diese Metapher hat Claussen (1981, S. 31ff.) in Anknüpfung an das von Adorno geprägte Bild der "Flaschenpost", in die sich die Kritische Theorie angesichts der überwältigenden Irrationalität des Faschismus zurückgezogen hatte, zur Charakterisierung der Beziehung zwischen Studentenbewegung und Kritischer Theorie eingeführt. Zur Entstehung und Bedeutung dieses Bildes siehe Van Reijen/Schmid Noerr 1987, S. 8f.

11 Krahl (1971, S. 297) hat darauf hingewiesen, daß "Adorno etwas vermittelt hat, das für die Studentenbewegung geradezu umgekehrt nicht resignations-, sondern aktionskonstitutiv war."

Nach der gesellschaftsanalytischen Seite läßt sich der Rückgriff auf die frühe Kritische Theorie in einem doppelten Sinne als Aktualisierung verstehen. Zunächst geht es bei dieser Aktualisierung um ein Wiederaufgreifen der im wesentlichen im Rahmen der Faschismusdiskussion entwickelten Argumentationsfragmente bzgl. der Veränderungsprozesse des Kapitalismus im Zeitraum zwischen beiden Weltkriegen.[12] Diese Fragmente, die die Kritische Theorie selbst meist nur noch als wenig systematische, eher aphoristische Reflexionen hinterlassen hat, versucht die anti-autoritäre Theorie im Rahmen einer expliziten Phasentheorie kapitalistischer Entwicklung zu einem einheitlichen Bild von deren Spätphase zusammenzufügen. Die Charakteristika, die gemäß dieser Fragmente schon die Entwicklung fortgeschrittener kapitalistischer Gesellschaften seit dem 1. Weltkrieg kennzeichnen, werden dementsprechend in einer auch diesen Zeitraum schon übergreifenden "Theorie des Spätkapitalismus" angegangen.[13]

In einem zweiten Schritt erfährt diese Analyse eine realgeschichtliche Aktualisierung: Die schon von der frühen Kritischen Theorie skizzierten gesellschaftlichen Entwicklungsprozesse sollen ihre Aktualität auch am gegenwärtigen Stadium der gesellschaftlichen Entwicklung beweisen, die Geschichte der bundesrepublikanischen Gesellschaft als raum-zeitliche Besonderung der grundlegenden Dynamik spätkapitalistischer Gesellschaften begriffen werden.

Das Anheben dieser Dynamik selbst wird zeitlich mit dem Ende des 1. Weltkrieges angesetzt.[14] Die qualitative Neuartigkeit dieser Phase wird angegangen auf Basis einer Skizzierung der übergreifenden strukturellen Merkmale kapitalistischer Gesellschaften und deren Verortung innerhalb der Geschichte dieser Produktionsweise: Grundsätzlich werden solche Gesellschaften als Zuspitzung der die Vorgeschichte insgesamt kennzeichnenden Widersprüchlichkeit von Produktivkräften, dem jeweiligen Stand der gesellschaftlichen Naturaneignung, auf der einen, den Produktionsverhältnissen als sozialer Form, in der sich diese vollzieht, auf der anderen Seite begriffen. In der kapitalistischen Warenproduktion kulminiert dieser Gegensatz insofern, als diese in bisher einzigartiger Weise die technologische Entwicklung und deren Vergesellschaftung in weltweitem Maßstab vorantreibt, diesem Rationalisierungs- und Vergesellschaftungsprozeß aber in der privaten Verfügung über die Produktionsmittel und damit die Produktionsentscheidung grundlegende Beschränkungen auferlegt, die realhistorisch in periodisch auftretenden ökonomischen und sozialen Krisen zu Tage treten.[15] Als historisch "klassische" Formation, die sozusagen ein Maximum an Deckung mit

12 Im wesentlichen wird dabei Bezug genommen auf Horkheimers Aufsatz zum "Autoritären Staat" aus dem Jahre 1940 (1967). Siehe dazu Krahl 1971, S. 204ff. und Dutschke 1968, S. 54f.

13 Der Begriff des "Spätkapitalismus" selbst ist in den frühen Diskussionen der Kritischen Theorie bestenfalls beiläufig verwendet worden (Siehe dazu z. B. Horkheimer 1974 (1937), S. 52), obwohl er zumindest seit Sombarts Aufsatz "Die Zukunft des Kapitalismus" aus dem Jahre 1932, der in der "Zeitschrift" eine kurze Besprechung gefunden hat, systematisch eingeführt ist. (Siehe dazu vom Brocke 1987, S. 45f. und Sombart selbst 1987 (1932), S.396) Dessenungeachtet sind die zentralen Merkmale, die dieses Konzept zusammenfaßt, in der Faschismusdiskussion des Instituts benannt.

14 Sombart (a.a.O., S. 398) setzte den Beginn des Spätkapitalismus - soweit ihm eine solche eindeutige zeitliche Zuordnung überhaupt möglich erschien - mit dem Anfang des 1. Weltkrieges etwas früher an.

15 Siehe hierzu Dutschke 1968, S. 33ff. - Ähnlich wie in der Kritischen Theorie wird also auch hier die Verklammerung von "Rationalität" und "Irrationalität", von "Vergesellschaftung" und "Atomisierung" vor allem gewonnen an dem Charakter kapitalistischer Produktion als marktwirtschaftlicher Produktion.

der damit skizzierten strukturellen Dialektik kapitalistischer Gesellschaften aufweist, wird die Phase des Konkurrenzkapitalismus bestimmt.[16] Ihre Vollendung findet die kapitalistische Vergesellschaftungsform in dieser Phase nicht nur im Sinne eines Adäquatwerdens von "Begriff" und "Geschichte", sondern auch in bezug auf die historische Mission, die ihr als Höhe- und Endpunkt der Vorgeschichte zukommt. Mit der Beendigung dieser Phase, die durch ihren Übergang in den Monopolkapitalismus angezeigt wird, geht der Kapitalismus selbst seiner "transitorischen Notwendigkeit" (Dutschke 1968, S. 43) als Vorbereitung einer höheren Vergesellschaftungsform zunehmend verlustig. Mit dem Abschluß "jener Phase, ... wo der Kapitalismus historisch-progressiven Charakter hatte" (a.a.O.) tritt er darüber hinaus auch tatsächlich in seine "Niedergangsperiode" und damit seine "Spätphase" (a.a.O., S. 61) ein.

Der Prozeß des Niedergangs des Kapitalismus umfaßt gleichzeitig die schrittweise Aufhebung zentraler struktureller Merkmale kapitalistischer Gesellschaften, die, obwohl sie sich weiterhin auf dem Boden dieser Gesellschaftsform bewegt, wesentliche Merkmale darauffolgender postkapitalistischer Vergesellschaftungsformen antizipiert.[17]

Mit dem Verlust ihrer progressiven Funktion schlägt gleichzeitig das produktive, wenn auch widersprüchliche Verhältnis zwischen Entfaltung der Produktivkräfte und kapitalistischen Produktionsverhältnissen als materialer Basis menschlicher Emanzipation in sein Gegenteil um: In der massenhaften Verwandlung der Produktivkräfte in Destruktivkräfte tritt ein absoluter Gegensatz zwischen der weiteren Entfaltung der Produktivkräfte durch Technologie und Wissenschaft und ihrer kapitalistischen Form zu Tage.[18] Sowohl in ihrer unmittelbar destruktiven Form als Perfektionierung von Vernichtungsmitteln in der Rüstungsindustrie (und der tatsächlichen Anwendung dieser Destruktivmittel im ersten Weltkrieges) wie in ihrer zunehmenden Einbindung in die Mechanismen politischer und psychologischer Kontrolle werden die moderne Technologie und das sie fundierende theoretische Wissen immer mehr zum Mittel der Stabilisierung von Herrschaft als zur Beförderung der Aufhebung dieser Herrschaft, zu der sie ursprünglich angetreten war.[19]

---

16 Auf diese schon von der Kritischen Theorie vollzogene Identifizierung einer bestimmten historischen Phase des Kapitalismus mit seiner strukturellen Dynamik und deren Konsequenzen für die anti-autoritäre Theoriebildung hat die GRZ 1978, S. 14 hingewiesen.

17 Dieses Argumentationsmuster einer "Aufhebung der kapitalistischen Produktionsweise innerhalb der kapitalistischen Produktionsweise" (MEW 25, S. 454) stellt *den* bevorzugten Anknüpfungspunkt der Spätkapitalismustheorie überhaupt dar. Siehe dazu u. a. Offe 1972, S. 27f. und Mandel 1972, S. 316.

18 Auch diese Unterteilung des Kapitalismus in eine Phase der Beförderung der Produktivkraftentwicklung und eine Phase von deren grundsätzlicher Beschränkung kann genauso wie die damit zusammenhängende Unterscheidung zwischen einer progressiven und einer Niedergangsphase des Kapitalismus auf Marx zurückgreifen. Siehe dazu u. a. das Vorwort Zur Kritik der Politischen Ökonomie (MEW 13) und die entsprechenden Passagen zur historischen Mission der Bourgeoisie im Kommunistischen Manifest. Für Marx hatte die Niedergangsphase des Kapitalismus aber anscheinend schon mit seinem Eintritt in die Phase des Konkurrenzkapitalismus etwa in der Mitte des 19. Jahrhunderts begonnen.

19 Siehe dazu Lefèvre 1968, S. 120f. - Der Bezug zur "Dialektik der Aufklärung" ist hier erneut nicht zu übersehen. Horkheimer hatte 1967 (1941/42), S. 100f. einen übergreifenden Zusammenhang zwischen der Herausbildung des Monopolkapitalismus, der Durchsetzung der modernen Technologie in der "Großen Industrie" und dem absehbaren Ende der Rationalität hergestellt.

Der Erschöpfung seiner progressiven Dynamik insgesamt entspricht im Prozeß der Selbstaufhebung des Kapitalismus darüber hinaus die schrittweise Aushöhlung seiner ökonomischen Funktionsprinzipien auf dem Boden dieser Funktionsprinzipien selbst. Die Herausbildung solcher ökonomischer Organisations- und Integrationsformen wie Zentralisation, Monopolbildung und vor allem das Entstehen von Aktiengesellschaften zeigt einerseits einen enormen Machtzuwachs des Kapitals an, bedeutet aber viel grundsätzlicher eine Schwächung der dieses charakterisierenden Funktionsprinzipien privater Vergesellschaftung durch Einbeziehung "planwirtschaftlicher" Elemente. Neben den unmittelbar ökonomischen Konsequenzen dieses Organisierungsprozesses entzieht die damit verbundene "Zerstörung der Zirkulationssphäre" auch den entsprechenden Subjektivitätsformen ihr Fundament, wird mit der Autonomie der Entscheidung des einzelnen Warenproduzenten die Selbstbestimmung gegenüber dem übermächtigen Wirtschaftsprozeß überhaupt "liquidiert". (Lefèvre 1968, S. 113 u. Krahl 1971, S. 91ff.)

Diese Wandlungsprozesse in der ökonomischen Kernstruktur des Kapitalismus bedeuten für die anti-autoritäre Theorie gleichzeitig das grundsätzliche Scheitern der kapitalistischen Organisationsform von Ökonomie: Mit dem Eintritt in ihre Niedergangsphase wird "die Krise permanent" (Krahl a.a.O., S. 17 u. Dutschke a.a.O., S. 61), liegen endgültig die objektiven Bedingungen zur tatsächlichen Aufhebung dieser Organisationsform vor, zeichnet sich damit die "objektive Reife der Revolution" ab. (Dutschke a.a.O., S. 38 u. Marcuse 1973, S. 14)

Daß ein derart labiles, ökonomisch funktionsunfähiges Sozialsystem an einer solchen "permanenten Krise" allerdings nicht augenblicklich zugrundegeht, die "objektive Möglichkeit der Revolution" tatsächlich umschlägt in die Wirklichkeit der "Konterrevolution" (Marcuse 1973), stellt für die anti-autoritären Theoretiker die Kehrseite der benannten Charakteristika des Selbstaufhebungsprozesses kapitalistischer Gesellschaften dar. Indem die kapitalistische Ökonomie mit dem Übergang vom Konkurrenz- zum Monopolkapitalismus "kaum noch sich selber trägt" (Krahl a.a.O., S. 94), verliert sie zunehmend sowohl ihren Charakter als eigenständiges soziales Subsystem wie ihre grundlegende Bedeutung für die Entwicklung des gesamtgesellschaftlichen Zusammenhanges. Durch die Subsumtion anderer sozialer Bereiche zum Zwecke der Kompensation der grundlegenden Funktionsschwäche des ökonomischen Systems wird somit die den Konkurrenzkapitalismus kennzeichnende Unterscheidung zwischen materiellem Lebensprozeß und dessen politischen und kulturellen Vermittlungen, die "Dialektik" von "Basis und Überbau" selbst in Frage gestellt. (Krahl a.a.O., S. 118 u. 253)[20]

Die Stabilisierung des Spätkapitalismus, die "Bewältigung der letzten Krise des Monopolkapitalismus" (Krahl a.a.O., S.207), wird nur möglich durch die Inanspruchnahme der Interventionsmechanismen der verschiedenen Varianten des "autoritären Staates" auf der einen Seite[21], die unmittelbare manipulative Subsum-

20 Diese Argumentation knüpft erneut an die entsprechende Konzeptualisierung der Beziehung gesellschaftlicher Sphären und deren historische Veränderungen an, die die Kritische Theorie geliefert hatte. Marcuse hatte 1937 die "klassisch bürgerliche" Beziehung gesellschaftlicher Sphären als relative Autonomie unter einem grundlegenden Primat der ökonomischen Sphäre entwickelt, Horkheimer 1941 die fortschreitende Entdifferenzierung dieser Beziehung analysiert.

21 Diese Verlagerung des Zentrums der Regulation kapitalistischer Gesellschaften in die politische Sphäre hat Krahl zu der Frage geführt, "ob revolutionäre Theorie noch als Kritik der politischen Ökonomie möglich ist, oder schon, wie Marcuse es unausgesprochen annimmt, als Kritik der politischen Technologie geschrieben werden muß." (a.a.O., S. 213) Lefèvre spricht in diesem Zusammenhang von "einem unmittelbar politisch gewordenen Kapitalverhältnis" (1968, S. 120).

tion der Subjektivität der Individuen und des sozio-kulturellen Bereiches insgesamt unter die Erfordernisse einer objektiv überholten Herrschaftsformation auf der anderen Seite.[22] Mit dieser unmittelbaren Subsumtion gesellschaftlicher Bereiche unter die Stabilitätserfordernisse des ökonomischen Systems verlagert sich gleichzeitig das Zentrum der gesellschaftlichen Dynamik überhaupt in diese außerökonomischen Bereiche, verliert damit die ökonomische Sphäre aufgrund ihrer eigenen Entwicklung zunehmend an determinierender Kraft für die Integration des gesamtgesellschaftlichen Zusammenhanges.

Allein auf dieser erneuten Aufhebung seiner Grundstrukturen gelingt es dem Kapitalismus in seiner Spätphase trotz seiner grundlegenden Labilität den Übergangsprozeß in postkapitalistische Vergesellschaftungsformen stillzulegen, "seinen eigenen Endpunkt historisch in die Länge zu ziehen und sich angesichts der unmittelbaren Präsenz seiner geschichtlichen Abschaffung in seinem Umschlagspunkt zu stabilisieren". (Krahl a.a.O., S. 219)

Die anti-autoritäre Theorie hat in dieser Form den aporetischen Bezug der Kritischen Theorie auf die Frage der Anwendung des kapitalismustheoretischen Instrumentariums auf die neuartigen Herrschaftsformen erneut aufgegriffen und diesen in ihrer Konzeption eines Spätkapitalismus, der in seiner "Fixierung in seinem Umschlagspunkt" (GRZ 1978, S. 11) zugleich Kapitalismus und Nicht-Kapitalismus ist, als aporetischen Zustand der gesellschaftlichen Entwicklung selbst zu identifizieren versucht. Ob ein solcher Zustand einer Selbstnegation kapitalistischer Funktionsprinzipien historisch denkbar ist, bleibt an dem entsprechenden Versuch einer historischen Füllung dieser theoretischen Konstruktion anhand der Analyse der Nachkriegsentwicklung der BRD als Ausprägung dieser Dynamik spätkapitalistischer Gesellschaften zu überprüfen.

Das Verhältnis zwischen den Charakteristika spätkapitalistischer Gesellschaften überhaupt auf der einen, der Entwicklung der BRD als raum-zeitlicher Ausschnitt aus diesem übergreifenden Zusammenhang auf der anderen Seite wird in diesem zweiten Schritt der Aktualisierung mehr oder weniger explizit als Prozeß des Wiederauflebens der entsprechenden übergreifenden Merkmale im Anschluß an eine Latenzphase nach der Beendigung des zweiten Weltkrieges bestimmt. Obwohl die damit unterstellte Beziehung der gesellschaftlichen Situation der 20er bis 40er Jahre dieses Jahrhunderts zu den gesellschaftlichen Entwicklungen der 60er Jahre durchaus bewußt hergestellt wird, bleibt die anti-autoritäre Theorie bei der Konkretisierung dieser Beziehung relativ unbestimmt: Warum sich die schon mit dem 1. Weltkrieg anhebenden Entwicklungen nach dem zweiten Weltkrieg zunächst zurückdrängen lassen, um dann in den 60er Jahren erneut hervorzutreten, welchen Modifikationen ein solches Wiederaufleben unter national und international andersartigen Bedingungen unterliegt, wird nur in Ausnahmen Gegenstand systematischer Reflexion. Vielmehr erscheint die Entwicklung der BRD unter diesen historisch spezifischen Bedingungen in der anti-autoritären Theorie hauptsächlich unter der Perspektive einer nur mit einem anderen Zeitindex versehenen Neuauflage der allgemeinen Charakteristika spätkapitalistischer Gesellschaften -

22 Siehe hierzu Krahl a.a.O., S. 93 u. 335. Nach Marcuse wird durch diesen Subsumtionsprozeß "die Konterrevolution in der Triebstruktur verankert". (1973, S. 27)

in einzelnen Fällen wird dabei noch nicht einmal hinreichend deutlich, auf welchen Zeitraum die betreffende Argumentation sich überhaupt bezieht.[23]

Am ehesten geeignet, den angezielten Brückenschlag zwischen der Situation in Europa vor dem zweiten Weltkrieg und den 60er Jahren zu bewältigen, scheint das Konzept der "Rekonstruktionsperiode" zu sein, auf das in der Theoriebildung der Studentenbewegung immer wieder zurückgegriffen wird. Dieses Konzept- eingeführt von dem ungarischen Wirtschaftshistoriker Jánossy (1966) - soll zugleich die anhaltend hohen Wachstumsraten in den ersten 20 Jahren nach dem Weltkrieg wie deren Normalisierung in den 60er Jahren aus einem Reorganisierungsprozeß der Wirschaft nach einem derart tiefgreifenden Einschnitt, wie ihn der zweite Weltkrieg darstellt, verständlich machen. Bestimmendes Moment dieses Rekonstruktionsprozesses und seines Abschlusses im "Ende der Wirtschaftswunder" (so der Titel der Arbeit Jánossys) ist dabei das Verhältnis von technologischer Struktur des Produktionsprozesses auf der einen, der Qualifikationsstruktur der Arbeitskräfte auf der anderen Seite. Die Phase des "Wirtschaftswunders" ist in dieser Beziehung von einer hochentwickelten Berufsstruktur auf seiten der Arbeiterschaft gekennzeichnet, die der durch den zweiten Weltkrieg dramatisch gebrochenen Entwicklung der Produktionsmittel und deren Wiederherstellung jeweils ein Stück vorauseilt und damit dem Prozeß technologischer Innovation und dem daran anknüpfendem Wirtschaftswachstum einen weiten Entfaltungsspielraum bietet. Von dem Augenblick an allerdings, in dem sich beide Seiten dieses Verhältnisses durch den technologischen Rekonstruktionsprozeß einander angleichen, der qualitative Vorsprung der Berufsstruktur gegenüber der Arbeitsplatzstruktur wettgemacht ist, stößt der bisher rasante Wachstumsprozeß an seine Grenzen; eine Reduktion der Wachstumsraten auf dasjenige Niveau, das ohne den vorangegangenen Einbruch der technologischen Entwicklung zu erwarten gewesen wäre, setzt ein, das "Wirtschaftswunder" neigt sich seinem Ende zu.

Im Rahmen der anti-autoritären Theorie kommt dieser Konzeption für das Verständnis der ökonomischen Entwicklung der BRD eine Schlüsselfunktion zu: Durch sie wird es zugleich möglich, die angesprochene Latenz der Dynamik des Spätkapitalismus während der zwei Nachkriegsjahrzehnte und deren erneutes Hervortreten Mitte der 60er Jahre verständlich zu machen, und darüber hinaus diesen ökonomischen Prozeß an der Entwicklung "subjektiver" Faktoren, der Qualifikationsstruktur der Arbeitskräfte, festzumachen.[24] Jenseits der Schwächen einer solchen ökonomischen Theorie selbst[25] hat der Anti-Autoritarismus den

23 Dieser Mangel der anti-autoritären Theorie wurde ihr von ihren Kritikern als "ahistorisches" Vorgehen vorgehalten. Tatsächlich erscheint die Entwicklung der BRD unter einer derart von den 30er und 40er Jahren geprägten Perspektive in verzerrter Form. Siehe dazu Fichter/Lönnendonker 1977, S. 88.

24 Zur grundlegenden Bedeutung dieser Konzeption für das Selbstverständnis der Studentenbewegung siehe Kukuck 1977. Dieser Erklärungsversuch des "Wirtschaftswunders" blieb bis weit in die 70er Jahre einflußreich (Siehe u. a. Becker/Wagner 1977, S. 31ff.); neuerdings ist er von Abelshauser (1983, S. 85ff.) wieder aufgegriffen worden.

25 Als eine Theorie der Entwicklung spätkapitalistischer Gesellschaften erweist sich Jánossys Untersuchung allein schon deshalb als ungeeignet, weil sie - trotz der Verwendung eines marxistischen Vokabulars - grundsätzlich nicht kapitalismustheoretisch argumentiert. Entscheidende Sachverhalte werden sowohl in ihren empirischen Bezügen (in der unterschiedslosen Heranziehung kapitalistischer wie sozialistischer Nationen zur Veranschaulichung des theoretischen Modells) wie in der theoretischen Argumentation selbst nahezu ausschließlich an der technischen Seite des Produktionsprozesses festgemacht. Dadurch, daß die ökonomische Formbestimmtheit des Wirtschaftswachstums und deren historische Ausprägung in der BRD nicht einbezogen werden, gerät sowohl die Frage der ökonomischen Krise überhaupt wie der politische Gesamtzu-

materialen Gehalt dieses Ansatzes hinausgehend über dessen theoriestrategische und politische Bedeutung selten im einzelnen in Anspruch genommen[26], sondern seine Resultate aufgegriffen und neben einer Vielzahl andersartiger, unterschiedlicher und manchmal auch gegenläufiger Versatzstücke ökonomischer Theoriebildung für die angezielte Gesamtanalyse instrumentalisiert.[27]

Diese Gesamtsicht der ökonomischen Entwicklung gegenwärtiger kapitalistischer Gesellschaften verdichtet allgemeine Problemlagen der kapitalistischen Ökonomie - ohne deren spezifische Verschärfung in dem betrachteten Zeitraum zu entwickeln[28] - und tatsächliche ökonomische Entwicklungen der 60er Jahre (national erneut die Rezession von 1966, international die Befreiungsbewegungen der 3. Welt) - ohne bei diesen umgekehrt deren Signifikanz für tiefgreifende Krisenprozesse aufzuzeigen - zu einer erneuten welthistorischen Entscheidungssituation. In einer solchen Situation wird mit dem Hervortreten der permanenten Krisenhaftigkeit spätkapitalistischer Gesellschaften gleichzeitig deren Übergangscharakter wieder virulent: Angesichts der Tatsache, daß sich "der Imperialismus als Gesamtsystem total auf dem Rückzug befindet" (Dutschke 1968, S. 78), steht die "revolutionäre Befreiung" sowohl "in den Metropolen" wie "in den unterdrückten und verelendeten Ländern der Dritten Welt auf der Tagesordnung" (Krahl 1971, S. 145 u. 148).

Das ökonomische Fundament für die angezielte Aktualisierung der Spätkapitalismustheorie, dessen auch der Antiautoritarismus bedarf[29], ist somit gelegt. Erneut stellt sich allerdings auch für diese Aktualisierung die Frage, wie die nicht zu übersehende Überlebensfähigkeit der kapitalistischen Gesellschaft trotz ihrer endgültigen Krise erklärbar ist, warum auch in den 60er Jahren die ökonomische, soziale und politische Stabilität zumindest in den Metropolen des kapitalistischen Weltsystems insgesamt eher ungebrochen erscheint.[30] Daß der "permanenten

---

sammenhang, in den diese einzuordnen ist, aus dem Blickfeld. Zur Kritik dieser Mängel im einzelnen siehe Altvater u. a. 1980, S. 19ff. und Kukuck a.a.O., S. 40f.

26 Auf diesen Umgang mit der These vom "Ende der Rekonstruktionsperiode" hat erneut Kukuck a.a.O., S. 27 hingewiesen.

27 Neben oder auch in Kombination mit Jánossys Erklärung der Wachstumsverlangsamung in den 60er Jahren wurde in der Studentenbewegung die seit Anfang dieser Jahre gepflegte These von der "technologischen Rückständigkeit" der westdeutschen Wirtschaft vor allem gegenüber den USA zu demselben Zwecke herangezogen. Selbst wenn man die empirische Triftigkeit dieser These unterstellt - Mandel (1972, S. 425) beziffert das Produktivitätswachstum in der BRD für den Zeitraum zwischen 1953 und 1965 als doppelt so hoch wie in den USA) - steht ihr Gehalt quer zu der Erklärung Jánossys, die die Verlangsamung des Wirtschaftswachstums in der BRD gerade an einen technologischen Aufholprozeß in den 50er Jahren bindet. Das einzig gemeinsame Motiv beider Erklärungsansätze besteht darin, daß in beiden Fällen die Notwendigkeit einer Höherqualifikation von Arbeitskräften, allerdings ganz unterschiedlicher Art, als Lösung der wirtschaftlichen Probleme konzipierbar ist.

28 Für Marcuse (1969, S. 121) ist z. B. der Hinweis auf die "Gefahr steigender Arbeitslosigkeit, der Erschöpfung des Marktes und der hohen Belastung von Rüstungskosten" als Beleg einer gegenwärtigen Verschärfung auch der "objektiven" Krise des Kapitalismus hinreichend.

29 Auf die Notwendigkeit eines solchen ökonomischen Krisenzusammenhangs als "objektiver Faktor ... radikaler Umwälzung" hat vor allem Marcuse immer wieder hingewiesen. (1969, S. 86f. u. 1967, S. 407)

30 Auch in dieser Beziehung liefert die anti-autoritäre Theorie in Anknüpfung an die Imperialismustheorie im Hinweis einer Auslagerung ökonomischer Probleme und damit der "wirklichen Armutsbasis" (Dutschke a.a.O., S. 69) in die Periferie des kapitalistischen Weltsystems ökonomische Erklärungsfragmente. (Siehe hierzu Habermas 1970, S. 18ff.) Wie sich die damit unterstellte geographische Problemverschiebung allerdings im einzelnen vollzieht, welche ökonomischen und politischen Rückwirkungen dies auf die Entwicklung der Metropole selbst hat und welche Grenzen dadurch solchen Prozessen gesetzt sind, wird nicht weiterverfolgt. Der Frage, ob die unterstellte Gesamtkrise des Imperialismus mittelfristig tatsächlich umschlagen wird in

Krise" des Kapitalismus erneut eine "permanente Stabilisierung" entspricht, die "Endkrise des Kapitalismus sehr wohl länger als ein Jahrhundert dauern kann" (Marcuse 1973, S. 154), kann wiederum nur durch den spezifischen Einfluß außerökonomischer Prozesse erklärt werden. Erneut gelingt es dem Spätkapitalismus durch die Mobilisierung politischer und psychologischer Herrschaftsmechanismen die prinzipielle Irrationalität und historische Überholtheit seiner ökonomischen Organisationsprinzipien, seine auf dieser Basis permanent gewordene ökonomische Krise latent zu halten. Das derart unterdrückte Krisenpotential und damit das Zentrum der gesellschaftlichen Entwicklungsdynamik verlagert sich auf diesem Wege erneut in den "subjektiven" Bereich, in die politische und kulturelle Auseinandersetzung und verändert entsprechend den allgemeinen Charakteristika spätkapitalistischer Gesellschaften dadurch grundlegend die Determinationsbeziehungen zwischen den sozialen Sphären.

Soweit stellt die Analyse, die die anti-autoritäre Theorie der Entwicklung der Bundesrepublik gibt, nicht vielmehr dar als die Wiederaufnahme der von der frühen Kritischen Theorie entwickelten Konzeptualisierung der Veränderungsprozesse fortgeschrittener kapitalistischer Gesellschaften. Wie schon angedeutet, gelingt es der anti-autoritären Theorie aufgrund der politischen Bedingungen, deren Reflexion sie darstellte, allerdings der Vision eines "geschlossenen Universums der Unterdrückung" (Marcuse 1973, S. 154), die noch in Marcuses "Eindimensionalem Menschen" eindrucksvoll ausgestaltet wird, eine offensive Interpretation zu geben. Dieselbe Verlagerung des Zentrums gesellschaftlicher Dynamik, die es ermöglicht, die ökonomische Endkrise des Kapitalismus latent zu halten, wird nicht nur zur Grundlage eines Stabilisierungsprozesses kapitalistischer Herrschaft, sondern setzt gerade in der Verschiebung der ökonomischen Krisenpotentiale in die außerökonomischen Bereiche der Gesellschaft neuartige Krisenprozesse frei, denen es gelingen könnte, die Hermetik dieses Universums aufzusprengen.[31]

---

manifeste ökonomische Krisenprozesse auch in den Metropolen, hat sich die anti-autoritäre Theorie dementsprechend selten gestellt; bestenfalls hat sie ihre Beantwortung offengelassen. Zu letzterer Strategie siehe Marcuse 1967, S. 406f. - Auch hier wird der charakteristische Umgang der anti-autoritären Theorie mit ökonomischen Argumentationszusammenhängen faßbar: Obwohl diesen immer wieder ein zentraler Stellenwert für die theoretische wie strategische Auseinandersetzung zugeschrieben wird, werden sie selbst nicht zu deren Gegenstand gemacht, sondern in ihren Resultaten jeweils ad hoc zur Stützung andersartiger Argumentationszusammenhänge verwendet. Besonders deutlich wird ein solcher Umgang mit ökonomischer Theorie und Empirie in bezug auf die 1966 verfaßte und 1967 ins Deutsche übersetzte Arbeit von Baran und Sweezy, die nach Dutschke (1969, S. 42) den "bedeutensten theoretischen polit-ökonomischen Beitrag seit dem Ende des 2. Weltkriegs" darstellt und deren "Rezeption für die Diskussion über die sozio-ökonomischen Grundlagen unserer **praktisch-politischen Perspektive** von Wichtigkeit " wird. Gerade weil damit die potentielle theoretische und strategische Bedeutung dieser Arbeit für den Anti-Autoritarismus richtig erkannt ist, ist ihre tatsächliche Inanspruchnahme verblüffend. Weder der in dieser Arbeit verfolgte Versuch einer Aktualisierung sowohl des Hilferdingschen "Finanzkapitals" wie des Leninschen "Imperialismus" (Baran/Sweezy a.a.O., S. 13f.) noch die auf dieser Basis entwickelten strategischen Orientierungen in Richtung auf eine "Randgruppentheorie" (a.a.O., S. 346f.) waren den anti-autoritären Theoretikern Anlaß zu einer weitergehenden Auseinandersetzung. Zur Stellung dieser Analyse der jüngsten Entwicklungstendenzen vor allem des amerikanischen Kapitalismus im Spannungsfeld zwischen "orthodoxen" und "revisionistischen" Argumentationsmustern siehe Anderson 1978, S. 74.

31 Nach Reiche (1968b,S. 91) "verlagern sich die internen ökonomischen Schwierigkeiten im industriell entfalteten Kapitalismus von der Produktionssphäre auf die Konsumsphäre".

Die erneute Mobilisierung des "autoritären Staates" - empirisch festgemacht an der Notstandsgesetzgebung und der Großen Koalition[32] - wird begriffen als zunehmende Inanspruchnahme der ökonomischen, politischen und sozialpsychologischen Interventions- und Indoktrinationsmechanismen des Staates angesichts der Gefahr eines erneuten Hervorbrechens ökonomischer Krisen. Mit diesem politischen Formierungsprozeß, der durchaus in unmittelbaren Zusammenhang mit der Durchsetzung des Faschismus zu Beginn der 30er Jahre gestellt wird[33], geht zugleich ein Abbau zentraler Mechanismen von Rechtsstaatlichkeit und parlamentarischer Entscheidungsfindung einher.[34] Indem dieser Prozeß der "Transformation der Demokratie" auf eine in der Latenzphase des autoritären Staates herausgebildete demokratische Wertstruktur zumindest bei Teilen der Bevölkerung trifft, sieht sich das staatliche Handeln in der Spannung zwischen entwickelten ökonomischen und politischen Steuerungsmechanismen auf der einen, der Notwendigkeit einer demokratischen Rechtfertigung der entsprechenden Maßnahmen auf der anderen Seite gleichzeitig mit grundlegenden Legitimationsproblemen konfrontiert. Der Preis, den der Spätkapitalismus für die Befriedigung des erhöhten Bedarfes an politischer Regulierung von seiten des ökonomischen Systems zu entrichten hat, besteht demnach im Hervortreten neuartiger Konflikte, die sich im wesentlichen am Modus demokratischer Legitimation staatlicher Herrschaft entzünden.[35]

Das Hervortreten politischer Krisenpotentiale wird gemäß der anti-autoritären Theorie in seinen Wirkungen bestärkt durch die sozio-kulturellen Wandlungsprozesse, die sich zur gleichen Zeit abzeichnen. Diese gewinnen dabei gleichzeitig auf Basis der unterstellten "Akzentverlagerung von Produktions- auf Konsumprobleme" (Hack 1968, S. 48) eine für den gesamtgesellschaftlichen Zusammenhang derart fundamentale Bedeutung, daß "sozialpsychologischen Erklärungen eine wichtigere politische Bedeutung als unmittelbar ökonomischen Erklärungen" (Reiche 1968b, S. 91) zugewiesen wird. Ausgeführt werden solche sozialpsychologischen Erklärungen in Form einer Wertwandeltheorie, die im Vergleich zu dem häufig nur pauschalen Umgang mit aktuellen gesellschaftlichen Entwicklungen anderer Art eine Ausdifferenzierung findet, die in wesentlichen Gesichtspunkten der seit Beginn der 70er Jahre einsetzenden Diskussion dieser Fragestellung vorgreift. In der behaupteten "Problematisierung grundlegender Werte der fortge-

---

32 Die Große Koalition begreift Dutschke a.a.O., S. 88 "als letzten verzweifelten Versuch der herrschenden Oligarchien, die strukturellen Schwierigkeiten des Systems zu lösen".

33 Krahl sieht im Zusammenhang der Notstandsgesetze "die Demokratie in Deutschland am Ende" (a.a.O., S. 149). Lefèvre (1968, S. 148) spricht von einem Übergang von "faschistoider zu manifest faschistischer Herrschaft". - In dieser kurzschlüssigen Verbindung zwischen der Vorkriegssituation und den autoritären Entwicklungen der 60er Jahre wird das oben allgemein charakterisierte unhistorische Vorgehen des Anti-Autoritarismus in politisch folgenreicher Form deutlich. Siehe dazu Habermas 1970, S. 38 und Fichter/Lönnendonker 1979, S. 106ff.

34 Zu den "Involutionstendenzen zu einem autoritären Staat" siehe die für die Studentenbewegung in dieser Beziehung entscheidende Arbeit von Agnoli/Brückner 1968 (S. 10). Den umfassendsten Versuch, diesen Tendenzen auf den verschiedensten Feldern der "Verfassungswirklichkeit der Bundesrepublik" nachzugehen, stellt die von Schäfer/Nedelmann herausgegebene Arbeit aus dem Jahre 1967 (1969) dar.

35 Darauf, daß sich die Protestpotentiale der 60er Jahren - allen voran die Studentenbewegung - aus dem Einklagen demokratischer Werte angesichts solcher desillusionierender Entwicklungen wie der Notstandsgesetzgebung und des Vietnamkrieges speisten, haben verschiedene Arbeiten hingewiesen. Siehe u. a. GRZ 1978, S. 9 und Allerbeck 1973, S. 207f.

schrittenen Industriegesellschaft" (Hack a.a.O., S. 46)[36] wird die traditionell in den Industrialisierungsprozeß eingelassene "Um-zu-Orientierung" schrittweise durch eine neuartige Orientierung, die "Neue Unmittelbarkeit", verdrängt; der "rigide Funktionalismus" (Hack a.a.O., S. 45), der bisher sowohl das industrielle Leistungsprinzip[37] wie als "innerweltliche Askese" (Marcuse 1973, S. 41) auch den Realitätsbezug insgesamt geprägt hat, weicht einer Ausrichtung an kurzfristigen Perspektiven unmittelbarer Bedürfnisbefriedigung. Diese Bestimmung des Inhalts des ablaufenden Wertwandels wird vervollständigt sowohl durch ein sozialisationstheoretisches Modell, das die Entstehung der neuartigen Wertstruktur dem sich wandelnden Erziehungsstil von im wesentlichen der Mittelschicht entstammenden Familien kausal zurechnet (Hack a.a.O., S. 57ff.)[38], wie durch generationstheoretische Annahmen, die den Prozeß der Ablösung der traditionellen durch die neuen Werte in der Adoleszenzphase der Jugendlichen dieser Schicht verortet. (Hack 1968, S. 60f. und Reiche 1968a, S. 28ff.)

Die unterstellte grundsätzliche Bedeutung des derart verorteten Wertewandels für die Entwicklung spätkapitalistischer Gesellschaften in ihrer Gesamtheit ist von dem ambivalenten Charakter der zugrundeliegenden Problemverschiebung gekennzeichnet: Die Neue Unmittelbarkeit ist einerseits wiederum zu begreifen als neuartige Form der manipulativen Stabilisierung dieser Gesellschaften; die "repressive Entsublimierung"[39], das gesteuerte Freilassen bisher gebundener Triebenergie aus Bindungen, die gleichzeitig auch Voraussetzung der Ichleistungen von Autonomie und Distanz waren, ermöglicht es den Herrschaftsmechanismen dieser Gesellschaften auf dem Wege "psychischer Repression und Manipulation" (Reiche 1968b, S. 91), die Triebstruktur der Individuen unmittelbar, d. h. unter Umgehung der Ichkontrolle in ihrem Sinne zu formieren. Derselbe Mechanismus der Zurücknahme von Triebunterdrückung steht allerdings - sowohl in seinen destruktiven wie weitertreibenden Momenten - gleichzeitig für eine zunehmende Auflösung des sozialpsychologischen "Kitts", der Herrschaft überhaupt aufrechterhält: Die "Auflösung der gesellschaftlichen Moral" führt auf der einen Seite zu einer zunehmenden Anomisierung und Neurotisierung menschlicher Beziehungen (Marcuse 1969, S. 123ff.), Prozesse psychischer Verelendung treten an die Stelle materieller Armut; darüber hinaus setzt die Neue Unmittelbarkeit eine Bedürfnisdynamik frei, die in ihrer manipulativen Wendung nicht ohne weiteres aufgeht, treten aus der Freisetzung von Triebenergie "transzendierende moralische und ästheti-

---

36 Hack faßt Werte hierbei grundsätzlich als "Strukturelemente ..., die nicht unmittelbar das Verhalten definieren, sondern so in soziale Situationen eingewoben sind, daß sie als *soziale* Faktoren kaum mehr wahrgenommen werden." (a.a.O., S. 45)

37 Marcuse spricht in diesem Zusammenhang von einem "Verfall der operationalen Werte des Kapitalismus." (a.a.O., S. 99)

38 Marcuse hat diesem Zusammenhang eine psychoanalytische Interpretation gegeben, die in den 70er Jahren vor allem durch die Arbeit von Ziehe (1975) erhebliche Resonanz in der Auseinandersetzung um die Entstehung neuartiger Persönlichkeitsstrukturen und die daraus erwachsenden Konsequenzen für politisches Verhalten gewonnen hat: Die objektive Schwächung der väterlichen Stellung in der Mittelschichtfamilie verändert aufgrund einer Relativierung des Identifikationsmechanismus den Prozeß der "Über-Ich-" wie der "Ich-Bildung" und wird dadurch zu einer grundlegenden Infragestellung des klassisch bürgerlichen Sozialisationstypus. Siehe dazu Marcuse 1973, S. 101 und ähnlich Reiche 1968a, S. 40.

39 Zu diesem schon von Marcuse im "Eindimensionalen Menschen" entwickelten Begriff siehe Reiche 1971, S. 25ff.

sche Bedürfnisse" hervor, die "ohne Abschaffung der kapitalistischen Produktionsweise nicht befriedigt werden können." (Marcuse 1973, S. 24)[40]

Ähnlich wie schon im Zusammenhang der politischen Dynamik des Spätkapitalismus treiben auch hierbei diesselben Mechanismen, die dieser zum Zwecke seiner Stabilisierung zu mobilisieren gezwungen war, die kapitalistische Gesellschaft in eine Krise in diesem Fall ihrer sozio-kulturellen Fundamente.

Hinausgehend über die unmittelbar sozialpsychologische Erklärung des behaupteten Wertwandels versucht die anti-autoritäre Theorie aufgrund ihres Vermittlungsprogrammes zwischen Ökonomie und Sozialpsychologie den identifizierten sozio-kulturellen Wandlungsprozessen selbst noch ein ökonomisches Fundament zu unterlegen. Die diese Veränderungen unmittelbar kennzeichnenden Merkmale werden dabei erneut als Ausdruck einer Veränderung in der ökonomischen Vergesellschaftungsstruktur des Kapitalismus begriffen, die sich in der Herausbildung des "Konsumismus" als Strategie der Produktion und Konsumtion niederschlägt.[41] Eine solche Konzeption genügt zunächst insofern grundsätzlich dem formulierten Vermittlungsanspruch, als sie es erlaubt, ökonomische Entwicklungen und sozio-kulturelle Prozesse zusammenzubinden: Nach der Seite der ökonomischen Entwicklung greift sie sowohl die durch den technologischen Rationalisierungsprozeß ermöglichte enorme Steigerung der Reichtumsproduktion wie die Probleme, die sich aus dem Absatz des entsprechenden Warenausstoßes auf dem Markt stellen, auf; gleichzeitig bezieht sie das auf diesem Wege thematisierte ökonomische Problem der Mehrwertrealisierung auf die unmittelbaren Lebensbedingungen außerhalb der ökonomischen Sphäre, in Familie und Freizeit, und damit auf die Widersprüche des aufgewiesenen Wertwandels. Dessen stabilisierende Funktion läßt sich auf dieser Basis als Kompensation von Leidensdruck durch Zuwachs an warenförmig vermittelten Befriedigungsmöglichkeiten begreifen[42]; seine Sprengkraft besteht darin, daß ein solcher Kompensationsmechanismus eine Ausweitung und Ausdifferenzierung von Bedürfnissen in Gang setzt, die unter kapitalistischen Bedingungen und den durch diese systematisch gesetzten Grenzen des zur Konsumtion verfügbaren Einkommens keine Entsprechung in der tatsächlichen Bedürfnisbefriedigung finden kann: "Der Kapitalismus kann die Bedürfnisse, die er erzeugt, nicht befriedigen." (Marcuse 1973, S. 24)

Sobald es allerdings darum geht, den ökonomischen Inhalt des Konsumismus und die spezifisch historischen Bedingungen seines Auftretens zu bestimmen, verstummt die anti-autoritäre Theorie erneut. Weder wird entwickelt, welches grundsätzliche Problem dem angesprochenen Auseinanderfallen zwischen Reichtumsproduktion und deren Vermarktung in der kapitalistischen Organisation von Produktion und Verteilung zugrundeliegt, noch wird deutlich, unter welchen historischen Bedingungen das aufgewiesene Problem der Mehrwertrealisierung gegenüber den unmittelbar aus dem Prozeß der Mehrwertproduktion entspringenden

---

40 Diese "neue Sensibilität" (Marcuse 1969, S. 43ff.) bildet für Marcuse den Vorschein des "neuen Realitätsprinzipes", das er schon in "Triebstruktur und Gesellschaft" umrissen hatte.

41 Der Begriff selbst entstammt nicht der anti-autoritären Theorie; in dieser wurde der gleiche Sachverhalt mit anderen Termini wie z. B. dem der "Konsumgesellschaft" (Marcuse 1973, S. 28ff.) umschrieben. Leineweber/Schibel 1975, S. 11ff. haben für diese Zusammenhänge den Begriff des "Konsumerismus" verwendet. Der hier bevorzugte Terminus "Konsumismus" stellt eine Übertragung aus dem italienischen "consumismo" dar. Siehe dazu Pasolini 1986, S. 9ff.

42 Habermas bezeichnet diese kompensatorische Funktion mit der "Kategorie der Entschädigung" (1970, S. 189ff.).

sozialen Gegensätzen eine derartige Bedeutung gewinnt, daß von der besagten "seit Jahrzehnten stattfindenden Akzentverlagerung von Produktions- auf Konsumtionsprobleme" (Hack 1968, S. 48) gesprochen werden kann.

Daß aufgrund der Vernachlässigung dieser Fragestellungen auch die Grenzen, die einer solchen Verschiebung in der Struktur kapitalistischer Produktionsweise gesetzt sind[43], nicht bestimmbar werden, wird an der abschließenden Würdigung der Bedeutung der angesprochenen sozio-kulturellen Entwicklungen faßbar. Diese geht davon aus, daß - in Abgrenzung von der bisher den Industrialisierungsprozeß charakterisierenden Spaltung des Wertesystems in produktionsbezogene Werte des Bedürfnisaufschubes auf der einen, konsumtionsbezogene Werte der Bedürfnisbefriedigung auf der anderen Seite - der Wertwandel in Richtung auf konsumistische Werte zunehmend die Führung übernimmt. (Hack a.a.O., S. 46ff.) Diese Totalisierung des Konsumismus führt bis zu dem Punkt, an dem "der Konsumerismus beginnt, Vergesellschaftungsqualitäten zu übernehmen, die bisher der Arbeit vorbehalten waren." (Leineweber/Schibel 1975, S. 11)[44]

Das angezielte Vermittlungsprogramm mündet in dieser Form viel weniger in eine widerspruchsfreie Verarbeitung der sich auf dem Boden der Ökonomie selbst vollziehenden Relativierung der determinierenden Bedeutung der Sphäre gesellschaftlicher Arbeit innerhalb des Selbstaufhebungsprozesses spätkapitalistischer Gesellschaften ein als vielmehr in eine Infragestellung der Bedeutung dieser Sphäre überhaupt.

Dies bedeutet auf der einen Seite, daß die anti-autoritäre Theorie - gewissermaßen im Höhepunkt ihrer theoretischen Entwicklung - bei derselben aporetischen Verarbeitung der "Krise des Marxismus" angelangt ist, die schon ihre theoretischen Mentoren in der Kritischen Theorie angeboten hatten. Auf der anderen Seite ist es ihr aber trotz dieser offensichtlichen Unstimmigkeiten gelungen, diejenigen zentralen Fragekomplexe einer Theorie fortgeschrittener kapitalistischer Gesellschaften erneut auf die Tagesordnung zu setzen und damit als Bezugspunkte der weiteren Diskussion über den Spätkapitalismus vorzugeben, die schon in der frühen Theorie dieser ihrer Mentoren angerissen waren und in der Zwischenzeit keine weitere Bearbeitung gefunden hatten:

- das Problem der Formulierung einer historisch orientierten ökonomischen Theorie des Kapitalismus, die erlaubt, die spezifische Verklammerung von Stabilität und Krisenhaftigkeit, wie sie die Entwicklung fortgeschrittener kapitalistischer Gesellschaften bis in die Gegenwart kennzeichnet, zu erklären;

---

43 Trotz des expliziten Festhaltens an solchen Grenzen klingt in der anti-autoritären Theorie immer wieder die Annahme an, sowohl das Wirtschaftswachstum wie die Entwicklung der Konsummöglichkeiten seien beliebig in der bisherigen Form fortsetzbar. Siehe hierzu Mattick 1969 in der entsprechenden Kritik an Marcuses "Eindimensionalen Menschen".

44 Daß bei Hack Motive anklingen, die durchaus im Einklang mit den Annahmen der Postindustrialismustheorie stehen, ist auf diesem Hintergrund kaum als Zufall einzuordnen. Überhaupt weisen zentrale Argumente der Kritischen Spätkapitalismustheorie bemerkenswerte Affinitäten insbesondere zu Touraines Thesen auf. Bei Offe (1972, S. 60f.) wird dieser positive Bezug auf die Postindustrialismustheorie explizit.

- die Notwendigkeit einer ebenso historisch vorgehenden Theorie kapitalistischer Gesellschaften als Gesamtzusammenhang verschiedenartig struktuierter Sphären, die dem unübersehbaren Bedeutungszuwachs politischer und kultureller Auseinandersetzungen in solchen Gesellschaften gerecht zu werden erlaubt.

Die Tatsache, daß die anti-autoritäre Theorie in der Beantwortung dieser Fragen insgesamt nicht erfolgreich war, gab in den 70er Jahren den Anlaß zu einer Ausdifferenzierung von Theorievarianten innerhalb einer "Theorie des Spätkapitalismus", die sich als Anknüpfung an diese anti-autoritären Antworten sowohl im positiven wie negativen Sinne verstehen lassen. In der "kritischen" Spätkapitalismustheorie, wie sie vor allem von Claus Offe und Jürgen Habermas entwickelt worden ist, wird dabei in unmittelbarer Verlängerung der entsprechenden Annahmen des Anti-Autoritarismus die These einer Latenz ökonomischer Krisenprozesse um den Preis ihrer Transformation in eine Krisendynamik, die die politische Legitimität und das sozio-kulturelle Fundament kapitalistischer Gesellschaften in Frage stellt, ausgearbeitet in einer systematischen Analyse der Funktionsprinzipien der entsprechenden sozialen Subsysteme und deren für kapitalistische Gesellschaften charakteristische Widersprüche.

Die "orthodoxe" Spätkapitalismustheorie, hat in ausdrücklicher Abgrenzung zum Anti-Autoritarismus und dessen intellektuellen Traditionen gerade diese These selbst zum Gegenstand der Kritik gemacht. Ihr gilt die Annahme einer prinzipiellen Verschiebung in der Sphärendynamik kapitalistischer Gesellschaften als Ausdruck sowohl einer mangelhaften historisch-ökonomischen Grundlegung wie eines "revisionistischen" Bezuges auf die Marxsche Tradition insgesamt. Gegen diesen "Revisionismus" hat sie dementsprechend den Versuch einer Reformulierung der historisch-materialistischen Gehalte der Marxschen Kapitalismustheorie, wie diese in der Kritik der Politischen Ökonomie vorliegen, gesetzt.

Der Auflösungsprozeß des Anti-Autoritarismus in diese zwei theoretischen Richtungen war nun vom Wandel derselben sozialen Entwicklungen abhängig, die es ihm zunächst überhaupt erlaubt hatten, die "alten" Fragen neu zu stellen: Wie schon gezeigt, war die Wiederbelebung der von der Kritischen Theorie repräsentierten kulturalistischen Variante des Marxismus möglich auf Basis des Hervortretens ensprechender sozialer Bewegungen; nur unter dieser Voraussetzung war es möglich gewesen, die theoretisch wie politisch resignativen Konsequenzen, die die Kritische Theorie aus den identischen gesellschaftstheoretischen Prämissen gezogen hatte, zunächst zu umgehen.

Damit war allerdings die Entwicklung der anti-autoritären Theorie aufs engste verknüpft mit ihrem Charakter als Selbstverständigung dieser sozialen Bewegungen. Genauso wie ihre theoretische Behauptung war dementsprechend der Prozeß ihrer Selbstauflösung mit den Erfolgs- bzw. Mißerfolgsperspektiven dieser Bewegungen verbunden. Die Entwicklung der anti-autoritären Theorie läßt sich aus diesem Grunde erneut und vertieft verständlich machen an ihren verschiedenen

Versuchen, die sozialen Bedingungen und strategischen Perspektiven der neuen Protestpotentiale zu bestimmen.[45]

Tatsächlich war für die theoretische Dynamik des Anti-Autoritarismus der Komplex bewegungstheoretischer und -strategischer Fragen sogar bedeutsamer als der dargestellte Versuch der Entwicklung einer Theorie des Spätkapitalismus, hat sich letzterer viel mehr aus den Notwendigkeiten einer solchen Selbstverständigung ergeben als aus dem systematischen Bemühen um eine solche Theorie selbst.[46]

Innerhalb des damit anzusprechenden Versuches der Bestimmung der gesellschaftlichen Entstehungs- und Wirkungsbedingungen der sozialen Bewegungen der 60er Jahre war von vornherein die Hervorhebung der Neuartigkeit dieser Bewegungen leitend. Sowohl von ihren Trägern wie von der angezielten Vermittlung "ästhetischer, moralischer und politischer Dimension" und der darin enthaltenen "Totalisierung des politischen Protestes" (Marcuse 1969, S. 51) her formiert sich in diesen Bewegungen ein "weltgeschichtlich neuartiges Protestpotential", das "zur Zeit als einziges revolutionäres Potential der fortgeschrittenen Industriegesellschaften bezeichnet werden kann" (Negt 1968, S. 17).[47]

Aufgrund der theorie- und organisationsgeschichtlichen Zusammenhänge des SDS bedeutete eine solche Hervorhebung der Originalität und Bedeutung der neuen Protestpotentiale aber keineswegs ein schlichtes Fallenlassen der Auseinandersetzung mit der Arbeiterbewegung als "altem" Agenten sozialer Umwälzung. Auch wenn die Auseinandersetzung mit der tatsächlichen Verfassung der Arbeiterbewegung und ihrer Organsationen aufgrund der eigenen politischen

---

45 Die Auseinandersetzung mit dem Charakter der sozialen Bewegungen der 60er Jahre besitzt nicht nur theoriegeschichtliche Bedeutung für die Veranschaulichung der theoretischen Positionen des Anti-Autoritarismus und deren Auflösungsprozesses, sondern führt material in eines der zentralen Erklärungsprobleme, dem sich eine Theorie fortgeschrittener kapitalistischer Gesellschaften stellen muß, dem Hervortreten neuartiger, nicht ökonomisch orientierter sozialer Bewegungen.

46 Ausdruck dieser Tatsache ist der fragmentarische Charakter, den diese Theorie im Anti-Autoritarismus besitzt. Die relative Systematik und Einheitlichkeit, die die obige Darstellung vielleicht suggeriert, verdankt sich deshalb hauptsächlich einer Rekonstruktion des Zusammenhangs meist innerhalb strategischer Reflexionen verstreuter Theoriefragmente. - Die allzu enge Verklammerung von Theoriebildung, Strategieformulierung und schließlich politischer Praxis hat in der Studentenbewegung zu einer zunehmenden Auseinandersetzung mit ihren "theoretischen Vätern" (Miermeister/Staadt 1980, S. 43) geführt. Selbst zu Marcuse, der den politischen Anliegen der Studentenbewegung nicht annähernd so reserviert bis ablehnend gegenüberstand wie andere Vertreter der Kritischen Theorie, ergaben sich daraus Differenzen. Ihren Höhepunkt fanden diese Auseinandersetzungen im Zusammmenhang der Besetzung des Soziologischen Seminars in Frankfurt, die sozusagen die politische Seite der zunehmenden Distanzierung der Studentenbewegung von der Kritischen Theorie darstellte. Siehe dazu Fichter/Lönnendonker 1977, S. 138ff. und Habermas 1970, S. 244.

47 In der Selbstwahrnehmung der Studentenbewegung häufen sich nur so die Neuheitsprädikationen: Ausgehend von der Neuen Linken über die Neue Opposition (Bergmann u. a. 1968), die Neue Unmittelbarkeit, das Neue Realitätsprinzip, die Neue Sensibilität bis hin zu einer "neuen Zielvorstellung des Sozialismus" und gar einem "neuen Menschentyp" (Marcuse 1969, S. 38). - Aus der heutigen Perspektive ist unter diesen Originalitätsinterpretationen vor allem der Begriff der Neuen Sozialen Bewegungen hervorzuheben, den Touraine (1972) erstmals in bezug auf die Protestbewegungen der 60er Jahre verwendet hat. Touraine begreift dabei diese Bewegungen als Vorschein eines neuen Typus von sozialer Bewegung, der gleichzeitig eine neue Stufe der Vergesellschaftung, nämlich die postindustrielle Gesellschaft anzeigt. (a.a.O., S. 92ff.) Eine Skizze des Zusammenhangs der Protestbewegungen der 60er Jahre zu den heutigen Neuen sozialen Bewegungen findet sich bei Hirsch/Roth 1986, S. 197ff. und Brand u. a. 1983, S. 71ff.

Erfahrungen in und mit diesen Organisationen[48] weitgehend kritisch blieb - in der Tradition des "westlichen Marxismus" gerade den Verlust an "Bewegung", die Bürokratisierung und Etatisierung dieser Organisationen zum Gegenstand der Kritik machte[49] - blieb die Arbeiterbewegung auch im positiven Sinne weiterhin der Bezugspunkt der Strategiebildung. Die Auseinandersetzung mit den Motiven und Perspektiven der neuen Protestbewegungen wird aus diesem Grunde durchgängig verbunden mit der Frage, in welcher Form diese Einfluß nehmen können auf eine weiterhin bestehende - wenn auch latente - Dynamik von Klassenkämpfen.[50] Kennzeichnend für die bewegungstheoretische und -strategische Diskussion und deren Widersprüche war gerade die Spannung zwischen der Hervorhebung eines radikalen Bruchs in der Geschichte der sozialen Bewegung und dem Festhalten an den traditionellen sozialen Konfliktlinien, wie sie durch die Arbeiterbewegung repräsentiert sind. Auch der Versuch, die sozialen Bedingungen und gesamtgesellschaftlichen Perspektiven der neuen Protestbewegungen zu bestimmen, ist dementsprechend zunächst von demselben Vermittlungsanspruch geleitet, der schon dem skizzierten gesellschaftstheoretischen Versuch des Aufweises ökonomisch fundierter, gleichwohl unmittelbar andersartiger Krisenpotentiale zugrundelag.

Eine solche Vermittlung hat zunächst davon auszugehen, daß sich das zu erklärende Phänomen einer unmittelbar ökonomischen Erklärung in klassentheoretischen Kategorien entzieht.[51] Die entsprechende traditionalistische Erklärung der Protestbewegung aus der Interessenlage einer ökonomisch deklassierten Schicht, die sich im Übergang in die soziale Position der Arbeiterklasse befinde[52], und die dazugehörige strategische Verortung der Protestbewegung verfehlten nach Ansicht der Anti-Autoritären sowohl die spezifischen Merkmale der Protestgruppe wie die Inhalte, an denen sich ihr Protest entzündete.[53] Einer solchen interessentheoretischen Erklärung setzt der Anti-Autoritarismus ein Verständnis des sozialen Potentials der Studentenbewegung entgegen, das dieses auf der Ebene sozio-kultureller und politischer Restriktions- und Freisetzungsprozesse ansiedelt.

Die sozio-kulturellen Prozesse, die dabei in Frage kommen, ergeben sich im umfassenden Sinne unmittelbar aus dem oben dargestellten Modell des Wertwan-

48 Seine Identität hatte der SDS in den 60er Jahren - nach seinem Ausschluß aus der SPD im Jahre 1961 - gerade aus der Ausgrenzung aus diesen Organisationen gewonnen. Siehe hierzu Fichter/Lönnendonker 1977, S. 55ff.

49 Diese Kritik stellte ein zentrales Motiv für den "Anti-Institutionalismus" und "Anti-Autoritarismus" der Studentenbewegung dar. (Siehe dazu Bock 1976, S. 38ff.) - Unmittelbarer Gewährsmann war auch in dieser Beziehung Horkheimer, der die tatsächliche Entwicklung der Arbeiterparteien und Gewerkschaften als Entfremdung von "ihren anti-autoritären Zielen" begriffen hatte. (Horkheimer 1967 (1940), S. 68)

50 Diesen Bezug macht schon der Untertitel der Sammlung von Krahls Arbeiten deutlich. (Zur historischen Dialektik von bürgerlicher Emanzipation und proletarischer Revolution) - Die Herausgeber dieser posthum erschienenen Sammlung heben in ihrer Einleitung hervor, daß Krahls Arbeit insgesamt von der Spannung zwischen dem Bruch mit den Traditionen der Arbeiterbewegung auf der einen, der Einsicht der Notwendigkeit einer Vermittlung hin zu diesen auf der anderen Seite bestimmt war.

51 Marcuse leitet seine erste Analyse der "Ziele, Formen und Aussichten der Studentenopposition" (1967, S. 398f.) aus diesem Grunde mit der These ein, "die neue Linke ... selber kann ...überhaupt nicht klassenmäßig definiert werden."

52 Exemplarisch für einen solchen ökonomistischen Erklärungsansatz siehe Hofmann 1970, S. 77ff.

53 Diese anti-autoritäre Kritik am Traditionalismus hat die GRZ 1978, S. 4 nochmal resümiert.

dels und dessen schichtspezifischer Zuordnung zur Lebenslage von Jugendlichen der Mittelschicht. Bezogen auf die Kerngruppe des Protestes, die Studentenschaft, wird eine solche Interpretation sowohl an den allgemeinen Strukturen universitärer Ausbildung, den Fächern, aus denen sich die Protestgruppen im wesentlichen rekrutieren, wie den unmittelbaren Anknüpfungspunkten des Protests selbst festgemacht. Die relative Freisetzung von den unmittelbar ökonomischen Zwängen der Berufsarbeit, das Studium geistes- und sozialwissenschaftlicher Fächer, die sich im wesentlichen mit "Wertfragen" befassen, und schließlich die Auseinandersetzung mit einem Rationalisierungsprozeß der Hochschule, der nach Form wie Inhalt die klassisch bürgerliche Bildung und deren demokratische Substanzen in Frage stellt, wird zu einer sozialpsychologischen und legitimationstheoretischen Erklärung des Protestes verdichtet.[54]

Gemäß des formulierten Vermittlungsanspruches wird diese Erklärung allerdings auch im Anti-Autoritarismus begleitet von der Einführung politökonomischer Argumentationen im wesentlichen bildungsökonomischer Herkunft. Aus erhöhten Qualifikationsanforderungen an die Arbeitskraft im Rahmen der Beendigung der Rekonstruktionsperiode und der technologischen Rückständigkeit des westdeutschen Kapitals ergibt sich nach diesen Argumentationen ein Rationalisierungsdruck auch auf die universitäre Ausbildung. Gleichzeitig kommt aufgrund solcher Veränderungen in der Produktions- und Qualifikationsstruktur den vom Prozeß der Höherqualifikation Betroffenen eine besondere Rolle in der Organisation des Produktionsprozesses und damit für Prozesse sozialen Wandels insgesamt zu.[55]

Wie aber diese - in ihrer Orientierung an technisch-ökonomischen Prozessen kaum hinter dem Ökonomismus des traditionalistischen Erklärungsversuches zurückstehende - politökonomische Erklärung, sich in Beziehung setzen soll zu den zunächst hervorgehobenen Charakteristika der Protestgruppen und ihres Protestes, bleibt in der anti-autoritären Theorie unbeantwortet. Für die anti-autoritäre Phase des Protestes bleiben beide Erklärungsstränge daher theoretisch nebeneinander bestehen; praktisch einflußreicher war dagegen zunächst das sozialpsychologisch orientierte Selbstverständnis[56], das ohne Zweifel den Motiven und Charakteristika der Protestbewegung in höherem Maße gerecht wurde.

Auf dem Boden dieses Erklärungsansatzes stellte sich allerdings die strategisch bedeutsame Frage, wie ein inhaltlich und sozialstrukturell derart beschränktes

---

54 Krahl 1971, S. 25 hat - erneut in Anknüpfung an Motive aus der Kritischen Theorie - dieses Selbstverständnis der Studentenbewegung auf die einflußreiche Formel der "Trauer um den Tod des bürgerlichen Individuums " gebracht und damit zugleich deren klassenspezifischen Hintergrund - wenn auch erneut nicht in einem unmittelbar ökonomischen Sinne - hervorgehoben. Zu den einzelnen Momenten dieses Erklärungszusammenhanges siehe u. a. Bock 1976, S. 226ff., Allerbeck 1973, S. 205, GRZ 1978 und Neidhardt 1977. Der gemeinsame Tenor all dieser Annäherungen an die sozialen Bedingungen der Studentenbewegung besteht darin, diese im wesentlichen im Bereich der politischen und lebensweltlichen Verkehrsformen modernen Gesellschaften zu verorten. Auch wenn die Erklärungsversuche der Studentenbewegung insgesamt höchst disparat sind, hat sich zumindest ein Konsens herausgebildet darüber, daß es sich bei der Studentenbewegung um keine unmittelbar ökonomisch induzierte Protestbewegung gehandelt hat.

55 Zu diesem politökonomischen Strang der Selbstverständigung der Studentenbewegung siehe Bock a.a.O., S. 1976, S. 228f. und Marcuse 1973, S. 16ff.

56 Dies findet seinen Ausdruck darin, daß Marcuse sich in seiner ersten Analyse der Studentenbewegung noch ausdrücklich von der Theorie der "neuen Arbeiterklasse", die in der politökonomischen Argumentation zumindest implizit ist, absetzt und dabei hervorhebt, daß die von den angesprochenen Prozessen betroffene Gruppe der technischen Intelligenz gerade nicht das Reservoir darstellt, aus dem heraus sich der Protest formiert hat. (1967, S. 400)

Potential die beanspruchte Bedeutung für den Prozeß gesamtgesellschaftlicher Umwälzung gewinnen sollte. Auch wenn es innerhalb des Anti-Autoritarismus in der Beantwortung dieser Frage durchaus Tendenzen gab, diesen gordischen Knoten kurzerhand durch Selbststilisierung zum Träger einer solchen Umwälzung zu durchschlagen[57], wurde ein solcher schlichter Substitutionalismus zumindest von den Theoretikern des Anti-Autoritarismus doch meist relativiert. Zwar übernahmen bei diesen die neuen Protestpotentiale, vorgestellt als Teil gesellschaftlicher Randgruppen, die dynamische Rolle im Prozeß der Umwälzung, die ursprünglich der Arbeiterbewegung im Zentrum des Vergesellschaftungsprozesses zukam; die tatsächliche Umwälzung wurde aber weiterhin davon abhängig gemacht, daß es diesen Randgruppen gelang, auch in diesem Zentrum eine entsprechende Dynamik zu induzieren.[58] Als Lösung dieser Aufgabe wurde den neuen Bewegungen eine "Katalysatorfunktion" zugeschrieben, die den Durchbruch latenter Krisenprozesse in diesem gesellschaftlichen Zentrum zu beschleunigen habe.[59]

Unter der gesellschaftstheoretischen Prämisse der Verschiebung der Krisenpotentiale in spätkapitalistischen Gesellschaften konnte diese Vermittlung zwischen "alter" und "neuer" sozialer Bewegung selbst aber nicht als ökonomische konzipiert werden. Da die einer solchen Vermittlung entgegenstehende Loyalität der Arbeiterklasse gegenüber dem spätkapitalistischen Herrschaftssystem nicht mehr auf dessen wenn auch partieller ökonomischer Rationalität, sondern auf manipulativen Stabilisierungsmechanismen politischer und psychologischer Art beruht, kann auch die Aufsprengung dieses Verblendungszusammenhanges nicht die Form der Auseinandersetzung um ökonomische Interessen annehmen, sondern sich nur in Form provokativer Aktionen und daran anknüpfender Aufklärungsprozesse vollziehen. Diese "Dialektik von Aufklärung und Massenaktion" (Dutschke 1968, S. 78), in der die historische Überholtheit kapitalistischer Gesellschaften schlagartig klar wird, kulminiert in der Konzeption einer "Kulturrevolution" (a.a.O., S. 63), die vor allem auf die "Durchbrechung des falschen Bewußtseins" abzielt.

Diese subjektivistische und aktionistische Wende[60] der Spätkapitalismustheorie behielt genau so lange ihre Überzeugungskraft, wie die tatsächlichen Aktionen eine Vermittlung zwischen Studentenbewegung und Arbeiterklasse zumindest als

---

57 Marcuse redet 1969 (S. 81) immerhin von einem "neuen historischen Subjekt des Wandels".

58 Diese Relativierung der Bedeutung der neuen Protestpotentiale hat Marcuse im gleichen Zusammenhang selbst vollzogen: "Zwar sind das subjektive Faktoren, aber sie können im Verein mit den objektiven ökonomischen und politischen Spannungen, denen das System global ausgesetzt ist, materielle Gewalt annehmen. Dann und nur dann würde dasjenige politische Klima herrschen, das eine Massenbasis für die neuen Organisationsformen böte, die zur Führung des Kampfes erforderlich sind." (a.a.O., S. 124)

59 Diese Konzeption hat erneut Marcuse (a.a.O., S. 70ff.) entwickelt. Das Bild des Katalysators und die tatsächliche Bedeutung, die dieses in der Randgruppentheorie gewonnen hat, spiegelt die Ambivalenzen der strategischen Positionen des Anti-Autoritarismus wieder. Tatsächlich sah er sich wohl kaum in der bescheidenen Rolle eines Faktors, der zur Beschleunigung eines Prozesses, der auch ohne sein Hinzutreten - wenn auch mit geringerer "Reaktionsgeschwindigkeit - ablaufen würde.

60 Zum Zusammenhang zwischen den gesellschaftstheoretischen Annahmen des Anti-Autoritarismus und dieser selbstbewußt vertretenen "subjektivistischen" und "aktionistischen" Strategie siehe GRZ 1978, S. 9ff. Krahl selbst hat diesen Bezug hergestellt: "Doch das an seinem naturgeschichtlichen Endpunkt regulativ fixierte Kapital scheint das Verhältnis von Marxismus und Anarchismus auf dem Boden des Historischen Materialismus selber zu ändern." (Krahl a.a.O., S. 220)

möglich erscheinen ließen[61], wie es den neuen Protestbewegungen gelang, diese Konzeption in ihrem Handeln unmittelbar erfolgreich umzusetzen. Mit dem Scheitern der Springerkampagne im Anschluß an den Mordanschlag auf Rudi Dutschke, einen der Exponenten dieser Konzeption, und der Verabschiedung der Notstandsgesetze im Juni 1968 zeichnete sich das Ende einer solchen erfolgreichen Umsetzung ab.[62] Indem zunehmend deutlich wurde, daß es der Studentenbewegung nicht gelang, ihre zunächst durchaus als kreativ definierte Isolation zu durchbrechen und dadurch unmittelbar den Prozeß gesellschaftlicher Umwälzung in Gang zu setzen, gerät mit der Bewegung selbst auch der Anti-Autoritarismus in eine grundlegende politische und strategische Krise.

Faßbar wird diese Krise zunächst in einer Akzentverlagerung in der unmittelbar politischen Bewertung des anti-autoritären Protestes. Auch wenn die Theoretiker des Anti-Autoritarismus schon in der Erfolgsphase des Protestes auf dessen grundlegende Ambivalenzen, seine sozialstrukturellen wie inhaltlichen Beschränkungen, hingewiesen hatten[63], war diese Relativierung anfangs zurückgetreten gegenüber einer teilweise emphatischen Hervorhebung der emanzipatorischen Potentiale der neuen Protestbewegungen. Mit deren tatsächlichem Niedergang gewinnt dagegen das Moment der Selbstkritik zunehmend an Bedeutung. Sowohl der kulturelle und politische Elitarismus wie seine soziale Basis in der Mittelschichtherkunft der Protestgruppen[64] werden zum Gegenstand der Kritik an dem politischen Handeln dieser Gruppen durch die anti-autoritären Theoretiker.[65] Als Konsequenz der Kritik setzte sich gleichzeitig die Forderung nach einer Überwindung des Anti-Autoritarismus in Richtung auf genuin sozialistische Positionen, eines Überganges "von der antiautoritären Bewegung zur sozialistischen Opposition" (Rabehl 1968), durch. Allein durch einen solchen Transformationsprozeß schien die Isolierung der Protestbewegungen durchbrechbar zu sein.

Indem die Praxis der Protestbewegungen derart aufgezeigt hatte, daß das spätkapitalistische Herrschaftssystem ausschließlich von seinen politischen und soziokulturellen Krisenpotentialen aus nicht aufzurollen war, rückten die ökonomische Sphäre und die Arbeiterklasse als von deren Widersprüchen unmittelbar betroffene Gruppe auch theoretisch zunehmend ins Blickfeld des Anti-Autoritarismus.[66]

---

61 Die Ereignisse des Pariser Mai wurden als grundlegende Bestätigung der Möglichkeit einer solchen nicht-ökonomischen Vermittlung wahrgenommen. Siehe dazu Fichter/Lönnendonker 1977, S. 129ff.

62 Zu diesem Desillusionierungsprozeß und dessen Konsequenzen siehe Fichter/Lönnendonker 1977, S. 136. Dem Scheitern der Notstandskampagne kam insofern eine besondere Bedeutung zu, als sich in der Auseinandersetzung um die Notstandsgesetzgebung zunächst tatsächlich der Erfolg einer Bündnispolitik, die weit in die Arbeiterbewegung hereinreichte abzuzeichnen schien. Höhepunkt dieser noch von der linkssozialistischen Fraktion des SDS getragenen Bündnispolitik war der Bonner Kongreß "Demokratie vor dem Notstand" im Jahre 1965, der nicht unerheblich zumindest zur Vertagung der Verabschiedung der Notstandsgesetze beitrug. Siehe hierzu Fichter/Lönnendonker a.a.O., S. 84f. u. S.174f.

63 Die "Ambivalenz der Unmittelbarkeit" (Hack 1968, S. 50) war von vornherein Anlaß gewesen, auf "die Beschränkung der jugendlichen Protestbewegungen" (Reiche 1968a, S. 25) hinzuweisen.

64 Diese wurde schon in dieser Phase zunehmend mit dem Etikett "kleinbürgerlich" und den entsprechenden abwertenden Konnotationen versehen. Siehe dazu Krahl a.a.O., S. 304ff. und für die Folgezeit Steffen/Funken 1971.

65 Siehe dazu Krahl 1971, S. 278ff. unter dem Anspruch einer "Ideologiekritik des anti-autoritären Bewußtseins" und Marcuse 1973, S. 62ff.

66 Siehe dazu u. a. den Programmentwurf Krahls (a.a.O., S. 348ff.) für eine Zeitschrift mit dem Titel "Neue Kritik. Hefte für politische Ökonomie".

Mit dieser Akzentverlagerung gerät darüber hinaus auch das theoretische Fundament dieser Theorie insgesamt ins Wanken: Dieselbe kulturalistische Orientierung der Kritischen Theorie, die dem Protest zunächst seine Identität zu finden erlaubt hat, wird zunehmend zum Gegenstand der Kritik, in Anlehnung an die politische Selbstkritik des Anti-Autoritarismus als sozialstrukturell durch die Problemlagen des Bürgertums beschränkte Reflexion der Widersprüche des Spätkapitalismus identifiziert.[67]

Gleichzeitig war der Anti-Autoritarismus aber auch nicht ohne weiteres bereit, das kulturalistische Selbstverständnis des Protestes und die Annahme, daß diesem eine zentrale Bedeutung für den Prozeß gesellschaftlicher Umwälzung zukommt, ad acta zu legen. Im Rückgriff auf die oben angedeuteten politökonomischen Argumentationen machte er vielmehr einen erneuten Anlauf auf eine Erklärung der politischen und kulturellen Gehalte der Bewegung. Dadurch, daß dieser erneute Anlauf den Protestbewegungen eine ökonomische Grundlage zu unterlegen suchte, sollte gleichzeitig auch eine ökonomisch fundierte Beziehung der Protestbewegungen zur Arbeiterbewegung konzipierbar werden.

Unter der Voraussetzung einer "objektiven Integration relevanter Teile der wissenschaftlichen Intelligenz in den produktiven Gesamtarbeiter" (Krahl a.a.O., S. 341) und der damit notwendigen "Veränderung des Begriffs der arbeitenden Klasse" (a.a.O., S. 334) wird die Intelligenz mit der revolutionstheoretischen Bestimmung des "kollektiven Theoretikers des Proletariats" (a.a.O., S. 345) innerhalb einer derart totalisierten Arbeiterklasse versehen.[68] Die Annahme einer solchen sozialen und politischen Integration in die Arbeiterklasse sollte dabei aber nicht mit einer Absage an die Anliegen des anti-autoritären Protestes insgesamt verbunden werden, sondern im Gegenteil dessen "im Gewande ... des kleinbürgerlichen ... Kulturbewußtseins entfaltete historisch neue Prinzipien der Befreiung" (Krahl a.a.O., S. 343) in den neuen Klassenzusammenhang hinüberretten.

An diesem letzten, eher "verzweifelten" Vermittlungsversuch zwischen kulturellen Protestphänomenen und ökonomischer Entwicklung tritt im Abschluß anti-autoritärer Theoriebildung derselbe implizite Ökonomismus, der in der Kritischen Theorie den negativen Bezugspunkt der Argumentation gebildet hatte, positiv hervor: Das erneute Scheitern einer kulturalistischen Wendung des Marxismus wird mit einer Hinwendung zu ökonomischen Argumentationszusammenhängen beantwortet, die den grundlegenden Charakter ökonomischer Prozesse für den gesamtgesellschaftlichen Zusammenhang spätkapitalistischer Gesellschaften nur als unmittelbare Determination dieses Gesamtzusammenhangs durch ökonomische Entwicklungen zu fassen erlaubt. Die anfänglich die anti-autoritäre Theorie kennzeichnende Entökonomisierung der Gesellschaftstheorie und die Wende zu einer unmittelbar ökonomischen Selbstverständigung stellen nur verschiedene Verlaufsformen desselben Ökonomismus unter verschiedenartigen politisch-strategischen Bedingungen dar.

---

67 Siehe dazu Krahl (a.a.O., S. 285). Verstärkt wurde diese Distanzierung von der Kritischen Theorie durch die oben angesprochenen politischen Auseinandersetzungen.

68 Eine ähnliche Verschiebung ist auch in den Arbeiten von Herbert Marcuse zu beobachten: War in diesen zunächst die Kritik an solchen ökonomistischen Erklärungsversuchen und Strategieentwürfen dominierend, gewinnt die These von der "neuen Arbeiterklasse" in seinen späteren Arbeiten zunehmend an Bedeutung. Unter Aufbietung aller erdenklichen "Strukturanalogien" zwischen ökonomischem und kulturellem Bereich bemüht er sich, den neuen Protestbewegungen ein ökonomisches Fundament zu unterlegen. (Marcuse 1973, S. 17ff.)

Daß die Widersprüche[69] beider Varianten nicht unmittelbar zu denselben theoretisch und politisch resignativen Konsequenzen geführt haben wie in der Kritischen Theorie, hängt damit zusammen, daß mit der praktischen "Liquidation der anti-autoritären Phase" (Krahl 1971, S. 284)[70] jede weitere Reflexion über diese Widersprüche zunächst abgebrochen wurde. An die Stelle des gebrochenen Ökonomismus der anti-autoritären Theorie trat eine Wende zur Ökonomie, die an die politischen und theoretischen Schwächen des Anti-Autoritarismus anknüpfte und für diese eine "einfache" Lösung bot. Die Tatsache, daß die unmittelbar ökonomische Verortung des Protestpotentials durch den Anti-Autoritarismus offensichtlich dessen Spezifika verfehlte, wurde aufgegriffen, aber innerhalb des Ökonomismus dieser Positionen diesem Protestpotential selbst zugerechnet: Keineswegs sprachen die kulturellen und politischen Spezfiika der Bewegung gegen eine weiterhin ökonomische Fundierung der Theorie der Gesellschaft, sondern vielmehr nur für die Bedeutungslosigkeit einer Bewegung, die im "Überbau" kapitalistischer Gesellschaften angesiedelt ist[71], gegenüber den Hauptwidersprüchen, wie diese aus der Organisation der "Basis" solcher Gesellschaften entspringen.[72]

Das Problem einer Erklärung der sozio-kulturellen und legitimatorischen Krisenprozesse spätkapitalistischer Gesellschaften, dem der Anti-Autoritarismus zentral seine Aufmerksamkeit gewidmet hatte, war damit grundsätzlich "gelöst". Die berechtigte Kritik an der Vernachlässigung ökonomischer Fragestellungen im Anti-Autoritarismus und der Kritischen Theorie[73], war mit dieser Lösung allerdings mit dem Rückfall in genau diejenigen "objektivistischen" und "ökonomisti-

69 Die Widersprüche des angedeuteten bewegungstheoretischen und -strategischen Vermittlungsversuches von Ökonomie und Kultur werden in ihrer grundsätzlichen Bedeutung an den letzten Arbeiten des theoretisch sicherlich fortgeschrittensten Vertreters des Anti-Autoritarismus, Hans Jürgen Krahl, deutlich. Diese treten auf der einen Seite in ausdrücklicher Kritik an den Beschränkungen der Kritischen Theoretiker für eine erneute Hinwendung zur Kritik der Politischen Ökonomie ein, skizzieren aber gleichzeitig eine Kritik der ökonomiekritischen Fundamente des Historischen Materialismus und der darauf aufbauenden Revolutionstheorie, die die Infragestellung der marxistischen Tradition in einer Form radikalisiert, die in ihrer Grundsätzlichkeit erst wieder Mitte der 70er Jahre erreicht wird.

70 Zum politischen Zerfallsprozeß des SDS und den daraus hervorgegangenen Organisationen siehe u. a. Bock 1976, S. 264ff., Kukuck 1977, S. 89ff., Fichter/Lönnendonker 1979 und Langguth 1976 u. 1983. - In diesen Organisationen treten die Positionen, die hier idealtypisch gegeneinander gesetzt sind, in verschiedenen Kombinationen auf. Eine Darstellung der "Entmischungsprodukte der APO" (Kraushaar 1978, S. 149) als Vereinseitigungen der heterogenen Momente der Studentenbewegung liegt bis heute leider nicht vor.

71 In noch relativ konziliánter Art und Weise formuliert Altvater 1970, S. 36 diesen Zusammenhang von politischer Relativierung der Studentenbewegung und theoretischer Wende zur Ökonomie: "Die Forderung nach der Klassenanalyse ist politisch also ein Ausdruck des Übergangs, des Entwicklungsprozesses der bisherigen Studenten- und Schülerbewegung. Sie wird in dem Maße zweitrangig, wie es für die revolutionäre Organisation der Arbeiterklasse darauf ankommt, Strategie und Taktik aus den Bewegungsgesetzen des Kapitals objektiv zu fundieren."

72 Neben das politische Scheitern der Studentenbewegung traten zu dieser Zeit tatsächlich Entwicklungen, die die Annahme einer Wiederbelebung dieser Hauptwidersprüche zuließen. Sowohl die Septemberstreiks 1969 wie die in der BRD mit großer Aufmerksamkeit verfolgten Klassenauseinandersetzungen in Italien (Siehe Kursbuch 1971, S. 72ff.) wurden im Sinne eines "Wiederaufflammens" proletarischer Klassenkämpfe interpretiert. Diesen Zusammenhang hat erneut Altvater a.a.O. hervorgehoben: "Die Borniertheit der These vom absoluten Charakter der anti-autoritären Revolte zeigt sich plötzlich und ihr zunächst unbegreiflich, als die Arbeiterklasse doch wieder in Bewegung geriet."

73 Daß die theoretische Basis des Anti-Autoritarismus in der Kritischen Theorie zu finden ist, war den Vertretern der orthodoxen Wende durchaus bewußt: Sie verstanden diese Wende als Kritik des bürgerlichen Charakters der Kritischen Theorie und zugleich als erneuten Übergang zum Historischen Materialismus. (Kukuck 1977, S. 72f.)

schen" Varianten der Marxorthodoxie erkauft, von denen sich der Anti-Autoritarismus in Anknüpfung an die Kritische Theorie abgegrenzt hatte.

Die von dieser "erneuerten Orthodoxie" (Wolf 1979, S. 32) eingeleitete ökonomiekritische Auseinandersetzung mit der Entwicklung fortgeschrittener kapitalistischer Gesellschaften läßt sich von daher als unmittelbarer Gegenpart der anti-autoritären Spätkapitalismustheorie begreifen: War für letztere eine umfassende Neuartigkeitsinterpretation der Dynamik solcher Gesellschaften charakteristisch, die gleichzeitig eine Verschiebung in den Determinationsbeziehungen sozialer Sphären umfaßte, so konzentriert sich die orthodoxe Theorie auf den Beleg der Kontinuitäten kapitalistischer Entwicklung und des auf dieser Basis weiterhin bestehenden Primats der ökonomischen Sphäre.

II. DIE THEORIE DES SPÄTKAPITALISMUS: WANDEL UND KONTINUITÄT FORTGESCHRITTENER KAPITALISTISCHER GESELLSCHAFTEN

Innerhalb der kapitalismustheoretischen Diskussion, die sich in den 70er Jahren in Abgrenzung von den bis zu diesem Zeitpunkt dominierenden modernisierungstheoretischen Ansätzen profiliert hat[1], traten eine Fülle verschiedenartiger Konzeptualisierungen der aktuellen Phase kapitalistischer Entwicklung hervor.[2]

Daß im folgenden die Analyse dieser Phase unter dem Titel "Spätkapitalismus" aus dem Gesamtzusammenhang von entsprechenden Versuchen hervorgehoben wird, bedarf genauso wie die grundsätzlichen begrifflichen und historischen Festlegungen, die mit einer solchen Konzeptualisierung verbunden sind, zumindest einer vorläufigen Begründung. Diese soll im Vorgriff auf die erst aus der Darstellung und Kritik selbst zu entwickelnden Spezifika, Vorzüge und Defizite der Spätkapitalismustheorie selbst, gleichzeitig die Stellung dieser Theorievariante innerhalb des Gesamtzusammenhangs marxistisch orientierter Zeitdiagnosen verdeutlichen.

Auch wenn die verschiedenartigen Fassungen der aktuellen Entwicklung kapitalistischer Gesellschaften sich jeweils bevorzugt bestimmten Momenten dieser Entwicklung zuwenden, läßt sich an ihnen nach der "phänomenologischen" Seite durchaus ein relativer Konsens feststellen.[3] Aus unterschiedlichen Perspektiven wird ein im wesentlichen nicht kontroverses Bild dieser Entwicklung in ihren verschiedenen Aspekten gezeichnet.

Als ökonomisches Kennzeichen für diese Phase gilt ein umfassender Expansionsprozeß der kapitalistischen Form von Vergesellschaftung. Ausdruck findet deren in weltweitem Maßstab zu beobachtende Expansion in der zunehmenden Internationalisierung des Kapitals, in der Herausbildung neuartiger Formen des Kolonialismus an der Peripherie des kapitalistischen Systems und einer verstärkten Durchdringung bisher traditionell organisierter Produktionsbereiche durch industriekapitalistische Prinzipien in den kapitalistischen Metropolen selbst.[4] Neben solche Industrialisierungsprozesse vor allem des primären tritt dabei eine zunehmende Bedeutung der produktionsvermittelnden Aktivitäten des tertiären Sektors.

---

1 Siehe dazu Ebbinghausen 1985, S. 84.

2 Fast ausnahmslos sind solche Konzepte nicht originär in dieser Diskussion entwickelt worden, sondern greifen zurück auf Begrifflichkeiten, die seit Beginn dieses Jahrhunderts eingeführt worden sind. Auch in dieser Beziehung lassen sich die Auseinandersetzungen der 70er Jahre als Wiederaufgreifen der verschiedenartigen Versuche zur Verortung der historischen Dynamik kapitalistischer Gesellschaften, wie sie in der Geschichte des Marxismus hervorgetreten sind, begreifen. Zu diesen "Konzepten des entwickelten Industriekapitalismus" und ihrer geschichtlichen Herkunft siehe Puhle 1984, S. 165 f.

3 Dies trifft sogar auf Positionen zu, die sich in ihrem theoretischen Bezugsrahmen explizit absetzen vom kapitalismustheoretischen Paradigma, vor allem für die verschiedenen Varianten der Postindustrialismustheorie. Auch in diesen werden im Großen und Ganzen dieselben empirischen Phänomene als Explananda gesellschaftstheoretischer Erklärungsversuche benannt. Siehe dazu Touraine 1972, S. 8 ff. und Bell 1984.

4 Siehe dazu u. a. Mandel 1972, S. 42 ff. und S. 344 ff sowie Lutz 1984, S. 210ff.

Begleitet werden diese Entwicklungen von einem gleichermaßen historisch einzigartigen Zuwachs der Planungs- und Rationalitätskapazitäten der kapitalistischen Produktionsweise, der gesamtwirtschaftlich in der Herausbildung von Aktiengesellschaften und Monopolen als Formen der Konzentration und Zentralisation des Kapitals zunehmend umfassendere Planungs- und Entscheidungseinheiten hervorbringt und gleichzeitig auf Basis einer neuartigen Integration der Resultate von Wissenschaft in den Arbeitsprozeß diese Produktionseinheiten auch in ihrer inneren Struktur einem bisher unerreichten Grad von Rationalisierung unterwirft. Als Kehrseite dieses Rationalisierungsprozesses werden dabei dessen in gleicher Intensität hervortretenden destruktiven Konsequenzen hervorgehoben: Neben der zentralen Bedeutung, die der Rüstungswirtschaft für die Stabilität fortgeschrittener kapitalistischer Gesellschaften zukommt, rücken seit Beginn der 70er Jahre zunehmend auch die ökologisch destruktiven Folgen der Intensivierung der Naturaneignung ins Blickfeld.[5]

Von diesen strukturellen Wandlungsprozessen der kapitalistischen Ökonomie ist gleichzeitig auch die soziale Zusammensetzung der sie konstituierenden Klassen betroffen: Innerhalb der Kapitalistenklasse ergeben sich mit der Trennung von Leitung und Eigentum Umstrukturierungen in der Entscheidungsstruktur sowie Verschiebungen in den Machtverhältnissen zwischen den Kapitalfraktionen in Richtung auf die Dominanz moderner, zugleich weltmarktorientierter wie technologisch fortgeschrittener Kapitalfraktionen. Die Arbeiterklasse wird von diesen Prozessen in mehrfachem Sinne betroffen: Sowohl durch die ökonomische Relativierung traditioneller sozialer Klassenzusammenhänge wie durch die Institutionalisierung der durch diesen Prozeß ausgelösten Konflikte unterliegt ihre Binnenstruktur zunehmend Veränderungen[6], während gleichzeitig neue Gruppen sozialer Akteure, sei es im Rahmen einer "neuen Arbeiterklasse" oder eines Bedeutungszuwachses der Mittelschichten, hervortreten.

Diese ökonomischen und sozialstrukturellen Verschiebungen werden begleitet von zentralen Veränderungen sowohl in der inneren Struktur des politischen Systems wie in dessen Beziehung zur ökonomischen Sphäre.[7] Der wachsenden Bürokratisierung der inneren Funktionsprinzipien staatlichen Handelns liegt die zunehmende Inanspruchnahme des Staates insgesamt für das Funktionieren des gesamtgesellschaftlichen Zusammenhangs - sowohl in seinen unmittelbar ökonomischen Interventionsmechanismen wie in seinen sozial- und rechtsstaatlichen Kompetenzen[8] - zugrunde. Diese zunehmende Bedeutung staatlichen Handelns für den Prozeß gesamtgesellschaftlicher Reproduktion wird dabei vorwiegend als komplementäre Unterstützung des gleichzeitig ablaufenden ökonomischen Vergesellschaftungs- und Zentralisationsprozesses bestimmt.

Der Konsens über die sozio-kulturellen Wandlungsprozesse, die die Herausbildung dieser neuartigen ökonomischen und politischen Strukturen begleitet, läßt sich vielleicht am ehesten mit dem Begriff "kulturelle Modernisierung" charakterisieren: Durch Auflösung traditioneller, nicht-kapitalistisch vermittelter Reproduktionsformen und die Anbindung der entsprechenden Gruppen an den

5 Zu beiden Gesichtspunkten siehe Mandel 1972, S. 255 ff. und S. 513.

6 Siehe dazu Clarke u. a. 1981, S. 69 ff., Hirsch/Roth 1986, S. 170 ff. und Touraine 1972, S. 40 ff.

7 Eine Skizze der verschiedenartigen Umstrukturierungen in der Beziehung zwischen ökonomischem und politischem System liefert Hirsch 1969.

8 Siehe dazu zusammenfassend Puhle 1984, S. 169.

Mechanismus der Lohnarbeit werden sowohl die entsprechenden (großfamiliären und nachbarschaftlichen) sozialen Strukturen wie ihre normative Basis in traditionalistischen Werten in wachsendem Maße in Frage gestellt und ersetzt durch konsumistisch orientierte Lebensformen auf der einen, massenmedial vermittelte kulturelle Nivellierungsprozesse auf der anderen Seite.[9]

Übereinstimmung besteht weiterhin darin, daß diese Wandlungsprozesse, die die innere Struktur sozialer Sphären betreffen, begleitet werden von einem Wandel auch der Beziehungen zwischen diesen Sphären: Der Expansionsprozeß der Funktionsprinzipien der kapitalistischen Ökonomie selbst führt zu einer Funktionalisierung aller gesellschaftlicher Bereiche für die ökonomische Sphäre, die ihren Ausdruck in einer ebenso sich verstärkenden Tendenz zu einer Verschmelzung sozialer Sphären findet.[10]

Bei der Hervorhebung der dieses komplexe Beziehungsgeflecht gesellschaftlicher Entwicklung bestimmenden - seine Einheit als originelle Phase der Entwicklung[11] kapitalistischer Gesellschaften ausmachenden - Dimensionen treten allerdings genauso wie bei der Frage der Erklärung dieser neuartigen Einheit aus den allgemeinen Prinzipien solcher Gesellschaften grundlegende Differenzen hervor.

Ihre Voraussetzung finden diese unterschiedlichen Fassungen der Dynamik fortgeschrittener Gesellschaften in unterschiedlichen Optionen bezüglich einer Reihe von Fragestellungen, deren Beantwortung die Entwicklung einer Phasentheorie des Kapitalismus überhaupt und deren Konkretisierung auf dessen gegenwärtiges Stadium ausrichtet.

Grundsätzlich ist mit einer solchen Phasentheorie[12] des Kapitalismus und den entsprechenden Prädikationen des Kapitalismusbegriffes logisch eine "Dialektik" zwischen "Identität" und "Differenz", historisch zwischen "Kontinuität" und "Wandel" gesetzt. Jede der verschiedenartigen Phasendefinitionen muß einerseits davon ausgehen, daß es sich bei der betrachteten historischen Formation weiterhin um "Kapitalismus" handelt, dessen allgemeine Merkmale also auch diese Formation übergreifen; gleichzeitig müssen an dem zur Diskussion stehenden historischen

9 Siehe dazu Schwarz 1981, S. 389 ff. und Preuss-Lausitz u. a. 1983.

10 Daß z. B. die Trennung zwischen "Ökonomie" und "Politik" zunehmend aufgehoben wird, hatte schon Hilferding als Merkmal des "organisierten Kapitalismus" hervorgehoben. Siehe dazu Homburg 1986, S. 469 und Vranicki 1983, S. 366. Touraine fomuliert die gleiche Annahme einer Verschmelzung sozialer Sphären als entscheidendes Argument für die Unangemessenheit einer kapitalismustheoretischen Begrifflichkeit bzgl. der Entwicklung gegenwärtiger Gesellschaften (Touraine 1972, S. 8 f.)

11 Puhle (1984, S. 176 f.) hat darauf hingewiesen, daß es bei dem Aufweis eines neuen Stadiums kapitalistischer Vergesellschaftung nicht so sehr um die Originalität einzelner Entwicklungen gehen kann (die als einzelne ausnahmslos auch in früheren Phasen dieser Gesellschaftsformation auffindbar sind), sondern um die "spezifische Verschränkung spezifischer Merkmale zu einem komplexen Beziehungsgeflecht ..., das charakteristisch geworden ist für eine bestimmte fortgeschrittene Phase des industriellen Kapitalismus ... ."

12 Daß die skizzierten Merkmale der gegenwärtigen Entwicklung des Kapitalismus tatsächlich Wandlungsprozesse darstellen, die darüber hinaus derart umfassend sind, daß sie ein neues Stadium des Kapitalismus anzeigen, wird in den entsprechenden Konzeptionen vorausgesetzt. Dobb (1973, S. 37) hat diese Voraussetzung mit der Frage, ob die "scheinbaren und tatsächlichen Wandlungen der letzten zwei oder drei Jahrzehnte gewichtig genug sind, um uns das Recht zu geben, von einem neuen Stadium des Kapitalismus zu sprechen", problematisiert. - Im folgenden soll die positive Beantwortung dieser Frage allerdings vorausgesetzt werden.

Zusammenhang Merkmale festmachbar sein, die den Charakter des Kapitalismus in einem nicht nur akzidentiellen Sinne modifizieren.[13]

Innerhalb der phasentheoretischen Auseinandersetzung mit den Spezifika des gegenwärtigen Stadiums des Kapitalismus nimmt diese Dialektik eine spezifische Form an. Aufgrund der Widersprüchlichkeit, die kapitalistische Gesellschaften grundsätzlich kennzeichnet, werden deren neuartige Formen nicht so sehr als bloß logische Spezifikationen statisch vorgegebener allgemeiner Prinzipien kapitalistischer Vergesellschaftung bestimmt, sondern als Verlaufsform einer tatsächlichen Relativierung von deren Prinzipien auf dem Boden dieser Prinzipien selbst. Die historische Entwicklung kapitalistischer Gesellschaften bringt unter dieser Voraussetzung in ihrer Verallgemeinerung und Zuspitzung selbst Merkmale postkapitalistischer Gesellschaften hervor, die gleichwohl noch in die Funktionsprinzipien der traditionellen Formation gebannt bleiben.[14]

Neben der Verschiedenartigkeit der inhaltlichen Füllung, die die unterschiedlichen Konzeptualisierungen jeweils den dominanten Dimensionen des Wandlungsprozesses kapitalistischer Gesellschaften gegeben haben[15], unterscheiden sich diese Entwürfe grundsätzlich durch die Gewichtung, die die Momente dieser Beziehung von "Kontinuität" und "Wandel" in ihnen erfahren. Je nach Akzentuierung eines dieser beiden Momente lassen sich auf der einen Seite Positionen identifizieren, die auch für die aktuelle Phase der Selbstaufhebung des Kapitalismus die weiterhin bestehende Wirksamkeit von dessen allgemeinen Gesetzmäßigkeiten betonen, während sich auf der anderen Seite theoretische Ansätze herausgebildet haben, die sich vor allem der Analyse der Originalität der aktuellen Entwicklungen kapitalistischer Gesellschaften widmen.

Kompliziert wird diese Typologisierung weiterhin dadurch, daß solche unterschiedlichen Herangehensweisen keineswegs die von Marx gelieferte Charakterisierung der allgemeinen Funktionsprinzipien kapitalistischer Gesellschaften ohne weiteres als unproblematischen Beurteilungsmaßstab für ihre Interpretationen gelten lassen. Im Gegenteil wird mit der Beantwortung der Frage, inwieweit empirisch gegebene Veränderungen kapitalistischer Gesellschaft in deren Grundstrukturen hineinreichen, gleichzeitig auch immer die Frage nach dem Inhalt dieser Grundstrukturen selbst und damit der Triftigkeit der Marxschen Kapitalismustheorie insgesamt aufgeworfen.

---

13 Auf diese doppelte Unterstellung einer Theorie des fortgeschrittenen Kapitalismus hat Offe (1972, S. 7 f. u. S. 18 f.) explizit hingewiesen. Eine entsprechende Reflexion begleitet in mehr oder weniger expliziter Form auch die meisten anderen Versuche der Entwicklung einer Theorie des gegenwärtigen Kapitalismus.

14 Die Konzeption der "Selbstaufhebung des Kapitals auf dem Boden des Kapitals", die wie gezeigt, schon für die Spätkapitalismustheorie der Studentenbewegung zentral war, hat Offe 1972, S. 27 ff. als Konkretion der angesprochenen "Dialektik von Wandel und Kontinuität" entwickelt. Schon Sombart 1987 (1932), S. 398, hatte die Einführung des Begriffes "Spätkapitalismus" damit begründet, daß die "Spätepoche eines Wirtschaftssystems dadurch bezeichnet wird, daß dieses seine Herrschaft mit neu aufkommenden Wirtschaftssystemen teilen muß und selbst in seiner Struktur Änderungen erfährt, die aus dem Geiste des zur Herrschaft drängenden Wirtschaftssystems entspringen." Ein ähnliches Motiv lag auch der von Hilferding entwickelten Konzeption des "organisierten Kapitalismus" als Übergangsform in den Sozialismus zugrunde. Siehe dazu Hilferding selbst (1973 (1910), S. 499ff.) und zusammenfassend Homburg 1986, S. 468. Zu den einzelnen Dimensionen der Konzeption des "Organisierten Kapitalismus" siehe Winkler 1974.

15 Jedes der gewählten Konzepte (ausgehend von der Theorie des Staatsmonopolistischen Kapitalismus über verschiedene Konzeptionen des politischen, kollektiven und organisierten Kapitalismus bis hin zum Korporatismusbegriff) hebt eines der oben skizzierten Merkmale des fortgeschrittenen Kapitalismus als bestimmendes hervor.

Die zwei angedeuteten Varianten der Anwendung der Marxschen Theorie auf die sich wandelnde Realität des Kapitalismus stellen aus diesem Grunde gleichzeitig jeweils auch mehr oder weniger explizit entwickelte Varianten einer Reformulierung des kapitalismus- und gesellschaftstheoretischen Modells der Marxschen Theorie dar.[16]

In der folgenden Auseinandersetzung mit diesen beiden Formen der Theoriebildung soll der damit erneut angesprochene Zusammenhang zwischen den anstehenden Erklärungsproblemen bezüglich der aktuellen Realität kapitalistischer Gesellschaften und dem jeweils zugrundegelegten kapitalismus- und gesellschaftstheoretischen Modell wiederum im Vordergrund stehen.

Um die Auseinandersetzung mit der Vielzahl verschiedener Ansätze der Analyse fortgeschrittener kapitalistischer Gesellschaften handhabbar zu machen, sind darüber hinaus weitere Ein- und damit Ausgrenzungen notwendig.

Die erste dieser Eingrenzungen ergibt sich anhand der Frage der zeitlichen und räumlichen Verortung der skizzierten Entwicklungen. Der weitaus größere Teil der einschlägigen Theorien bezieht - in konsequenter Anknüpfung an die jeweiligen theoriegeschichtlichen Zusammenhänge - die Konzeption des fortgeschrittenen Kapitalismus zumindest programmatisch auf einen historischen Zeitraum, der etwa mit dem Beginn des 1. Weltkrieges ansetzt. Die Entwicklungslinien dieser Phase werden dabei teilweise sogar bis in die zweite Hälfte des 19. Jahrhunderts zurückverlängert. (Puhle 1984, S. 179).

Die Frage nach dem Erklärungsgehalt[17] einer historisch derart übergreifenden Phaseneingrenzung wird in der materialen Durchführung dieser Theorien aber tatsächlich meist mit einer weitaus engeren Eingrenzung beantwortet: Überwiegend bezieht sich die Argumentation - wo sie den zeitlichen Bezug ihrer Argumente überhaupt deutlich macht - auf die Periode des Weltkapitalismus, die der Einschnitt des 2. Weltkrieges eingeleitet hat.[18]

Im Einklang mit dieser Begrenzung wird im folgenden davon ausgegangen, daß der oben skizzierte Merkmalskomplex - zumindest für Westeuropa[19] - erst-

---

16 Daß diese unterschiedlichen Varianten in den 70er Jahren erneut unter der Alternative von "Orthodoxie" und "Revisionismus" wahrgenommen werden, verweist insofern nicht nur auf einen historischen Zusammenhang. - Auch in diesem historischen Kontext waren allerdings die vorgenommenen Modifikationen der Marxschen Lehre schon immer motiviert von dem Versuch, letztere weiterhin nutzbar zu machen für die Erklärung aktueller Wandlungsprozesse des Kapitalismus. Siehe dazu in bezug auf den klassischen "Revisionismusstreit" Heimann 1986b, S. 519 ff., und Gangl 1987, S. 22 ff.

17 Die Schwierigkeiten einer Phasentheorie des fortgeschrittenen Kapitalismus, die nahezu das gesamte 20. Jahrhundert, damit zwei Weltkriege und die entsprechenden Verschiebungen in nationalen und internationalen Strukturen umgreift (und insofern von deren Besonderheit abstrahiert), sind ansatzweise schon an der Spätkapitalismustheorie der Studentenbewegung deutlich geworden.

18 Siehe dazu explizit Mandel 1972, S. 110 ff., und Touraine 1972, S. 89. - Die Legitimität einer solchen Eingrenzung unterliegt natürlich einem grundlegenden hermeneutischen Problem; eine Begrenzung des zu betrachtenden Zeitraumes und damit der einzubeziehenden Phänomene ist auf der einen Seite jeder Analyse vorauszusetzen; gleichzeitig können sich die damit vorausgesetzte Phaseneinteilung und die in ihr implizit enthaltenen theoretischen und historischen Annahmen nur im Resultat der Analyse selbst als angemessen ausweisen. Der hier vorgenommene Vorgriff stützt sich vor allem auf die "Fordismustheorie", die eine sowohl nach der zeitlichen wie regionalen Seite ausgearbeitete und m. E. überzeugende Eingrenzung der angesprochenen Phase geliefert hat.

19 Damit ist gleichzeitig die Frage der regionalen Zuordnung dieses Komplexes, die in unmittelbarem Zusammenhang zum Problem der zeitlichen Eingrenzung wie der jeweils hervorgeho-

mals in sich verallgemeinernder Form unter den weltökonomischen und -politischen Bedingungen der Zeit nach dem Zweiten Weltkrieg identifizierbar ist.[20]

Eine zweite Beschränkung der Vielfalt begrifflicher Optionen und theoretischer Positionen ergibt sich aus der Orientierung an der im wesentlichen für Westdeutschland bedeutsamen Diskussion zur "Theorie des Spätkapitalismus" und deren theoretischen Weiterungen.

Geprägt ist diese Auswahl von der Auffassung, daß diese Diskussion über ihren derart beschränkten Zusammenhang hinaus - trotz ihrer offensichtlichen Mängel - gegenüber anderen Positionen ein großes Potential an systematischen Anknüpfungsmöglichkeiten für die Entwicklung einer angemessenen Theorie fortgeschrittener kapitalistischer Gesellschaften bietet. Zum einen rückt sie schon in ihrer Selbststilisierung als "Theorie des Spätkapitalismus" - vielmehr aber noch in ihrer materialen Durchführung - die angesprochene Problematik einer Phasentheorie zwischen Kontinuität und Diskontinuität und deren gesellschafts- und kapitalismustheoretische Konsequenzen ins Zentrum der Aufmerksamkeit. Die in der "Krise des Marxismus" seit Mitte der 70er Jahre endgültig hervorgetretenen Risse der marxistischen Tradition werden aus diesem Grunde in der Auseinandersetzung der Antagonisten dieser Diskussion bereits in ausgepräger Form faßbar. Darüber hinaus hat dieser Diskussionszusammenhang, auch wenn er mit seinem Beharren auf der schon angedeuteten Niedergangsinterpretation der gegenwärtigen Phase des Kapitalismus der "Selbstaufhebungstheorie" eine spezifische und kaum haltbare[21] Fassung gibt, eine Fülle von systematischen Unterscheidungen und materialen Hinweisen geliefert, die für eine angemessenere Fassung einer Phasentheorie kapitalistischer Entwicklung von Nutzen sind.

Schon im Ausgangspunkt dieser Diskussion hat Habermas in der Formulierung der zentralen "Fragen, die eine Theorie des Spätkapitalismus versuchen muß, zu klären" (1973, S. 59) genau diejenigen Problemstellungen zusammengefaßt, die auch noch die aktuelle Diskussion um eine angemessene Reformulierung der Marxschen Gesellschafts- und Kapitalismustheorie ausrichtet:

- die Frage nach den ökonomischen Entwicklungsperspektiven fortgeschrittener kapitalistischer Gesellschaften zwischen Stabilisierung und Krise

- die Frage nach den Bedingungen der Transformation ökonomischer Krisenpotentiale in Krisendynamiken des politischen und sozio-kulturellen Systems fortgeschrittener kapitalistischer Gesellschaften

---

benen dominierenden Eigenschaft steht, angesprochen. Je nach gewähltem Zeitraum und als dominant bestimmter Dimensionen ergeben sich verschiedenartige regionale Zuordnungen. Für Puhle z. B. (1984, S. 179) folgt aus der Orientierung am Konzept des "organisierten Kapitalismus" und einer weiten Eingrenzung der entsprechenden Phase eine Vorreiterrolle Deutschlands in der Durchsetzung dieses neuen Stadiums, während z. B. die USA in dieser Beziehung erst ca. 40 Jahre später nachziehen. Wählt man dagegen den Ausgangspunkt von der Durchsetzung neuartiger Produktionstechnologien in den 20er Jahren dieses Jahrhunderts, wie dies sowohl die orthodoxe Spätkapitalismustheorie wie die Fordismustheorie tut, ergeben sich abweichende zeitliche Perspektiven und regionale Zuordnungen. Der oben aufgewiesene "hermeneutische Zirkel" tritt damit in seiner ganzen Konsequenz hervor.

20 Die vorangehende Periode seit der Beendigung des 1. Weltkrieges wird dementsprechend als Phase der Herausbildung dieses Komplexes - vor allem in den USA - begriffen, in der sich die Elemente dieses Beziehungsgeflechtes erstmals abzeichnen.

21 Die leicht zu führende Kritik an dem Präfix "spät", das für diese Theorie konstitutiv ist, kann genauso leicht für die Begründung einer Nicht-Auseinandersetzung mit ihren materialen Gehalten herhalten. Siehe dazu Puhle 1984, S. 170.

- und schließlich die Frage nach der Bedeutung, die dem Ineinandergreifen dieser verschiedenartigen Krisen- und Stabilitätspotentiale fortgeschrittener kapitalistischer Gesellschaften für die Konzeptualisierung des Zusammenhangs gesellschaftlicher Sphären überhaupt in kapitalismus- und gesellschaftstheoretischer Perspektive zukommt.

In der Formulierung und Bearbeitung dieser Fragestellungen hat die "Spätkapitalismustheorie" in systematischer Form die in der Kapitalismustheorie der Studentenbewegung hervorgetretenen Problemkreise weiter entfaltet und gleichzeitig - im positiven wie im negativen Sinne - das Fundament für die in der zweiten Hälfte der 70er Jahre einsetzende "Krise des Marxismus" gelegt.

1. Die orthodoxe Spätkapitalismustheorie

1.1 Die orthodoxe Wende: Kritik der Politischen Ökonomie und materialistische Staatstheorie

Wie gezeigt war die anti-autoritäre Theorie mit ihrem Versuch einer neuartigen Vermittlung von Ökonomie, Politik und Kultur angesichts des Mißerfolges der entsprechenden Strategie gescheitert. Im Gegenzug zu diesem Vermittlungsversuch, der sich vor allem an der Frage der Legitimation politischer Herrschaft und den Problemen sozio-kulturellen Wandels orientiert hatte, begann sich zunehmend eine orthodoxe Lesart des Marxismus zu etablieren, die dem Ausgangspunkt von den "emanzipatorischen Möglichkeiten", die auf dem Wege der Anwendung von "im wesentlichen idealistischen Begriffen" entfaltet wurden, die "kapitalistische Wirklichkeit" gegenüberstellte, die "aus den Bewegungsgesetzen des Kapitals selbst", aus deren "materieller Verankerung im Produktionsprozeß herzuleiten" (Altvater 1970, S. 33) sei.

Insbesondere hatte sich im Scheitern der Studentenbewegung - vor allem im Mißerfolg ihrer Mobilisierungsversuche gegen die Notstandsgesetze - die Unzulänglichkeit einer Staatstheorie gezeigt, die sich im wesentlichen auf die Spannung zwischen demokratischer Legitimation staatlicher Herrschaft auf der einen, gegenläufigen tatsächlichen Formierungsprozessen dieser Herrschaft auf der anderen Seite konzentrierte.[1] Die Verabschiedung der Notstandsgesetze, die schließlich auf formal-demokratischem Wege und zumindest ohne nennenswerten Widerstand der Masse der Bevölkerung vollzogen wurde[2], und damit das Scheitern der verfolgten Aufklärungsstrategie legten für einen Teil der Bewegung die Suche nach einem handfesteren Fundament der weiterhin bestehenden Loyalität der Bevölkerung gegenüber staatlichem Handeln nahe.[3]

Auch der unmittelbare politische Erfahrungshintergrund rückte damit die tatsächlichen Herrschaftsfunktionen staatlichen Handelns, "das *objektive* Moment der durch Verfügung über Machtmittel definierten Klassenspaltung" als "Kennzeichen einer Herrschaftsordnung" (Offe 1972, S. 109) erneut ins Blickfeld.[4]

Innerhalb der Thematisierung des ökonomischen Fundaments kapitalistischer Vergesellschaftung überhaupt wie deren politischer Vermittlung bildete zunächst ähnlich wie in der anti-autoritären Theorie die Frage der Bewältigung bzw. Verarbeitung ökonomischer Krisenprozesse den wesentlichen Bezugspunkt. Allerdings stand dabei - sowohl in Abgrenzung von den diesbezüglichen Stabilisierungsannahmen der anti-autoritären Theorie wie zur Grundlegung der eigenen

---

1 Daß sowohl der Handlungsspielraum der Studentenbewegung wie die ihn reflektierende Staatstheorie von dieser Spannung bestimmt war, hebt besonders die GRZ 1978, S. 9 ff. hervor.

2 Die Versuche des SDS, die Gewerkschaften zu einem Generalstreik zur Verhinderung der Notstandsgesetze zu bewegen, waren sämtlich gescheitert. Siehe dazu Fichter/Lönnendonker 1977, S. 131 ff. und Bauß 1977, S. 153 ff.

3 Zum politisch-strategischen Hintergrund der zu diesem Zeitpunkt anhebenden Staatsdiskussion siehe Kostede 1976, S. 150 ff.

4 In der Hervorhebung des Dualismus staatlicher Herrschaft zwischen tatsächlichen Machtverhältnissen und deren Legitimation greift Offe unmittelbar zurück auf die entsprechende Unterscheidung in der Weberschen Herrschaftssoziologie.

politischen Perspektiven[5] - die Frage im Zentrum, unter welchen Bedingungen ein erneutes Aufbrechen ökonomischer Krisenprozesse und entsprechender Klassenauseinandersetzungen zu erwarten seien, und in welchem Ausmaße staatliches Handeln im Sinne von "Krisenmanagement" (Altvater 1972, S. 3) Einfluß nehmen könne auf diese Bedingungen.

Die kritischen Motive, die der damit eingeläuteten Wende zur Ökonomie und dem entsprechenden Versuch der Begründung einer materialistischen Staatstheorie zugrundelagen, genauso wie die Richtung, die diese Diskussion in der Folgezeit eingeschlagen hat, werden in besonderem Maße an dem Beitrag, den Müller/Neusüß im Jahre 1970 zu dieser Debatte geleistet haben, deutlich.[6] Die doppelte Intention dieses Beitrages wird schon in dessen Titel "Die Sozialstaatsillusion und der Widerspruch von Lohnarbeit und Kapital" faßbar; sowohl die zu kritisierenden Gedankengänge wie die Richtung einer alternativen Lösung der angesprochenen Problemkreise werden benannt.

Nach der Seite der Kritik der "Sozialstaatsillusion" wird ein Bogen revisionistischer Positionen gespannt, der frühe Vertreter eines solchen Revisionismus wie Bernstein und Hilferding genauso umfaßt wie dessen aktuelle Varianten, als deren zentrale Repräsentanten Habermas und Offe identifiziert werden.[7]

Die wesentlichen Inhalte dieses Revisionismus fallen dabei nicht zufälligerweise[8] zusammen mit den Aktualisierungen, die der Anti-Autoritarismus in Anknüpfung an die Kritische Theorie dem Marxschen Denken zu Teil werden hat lassen. In dessen Reformulierung der Marxschen Theorie war unmittelbar eine Veränderung der Beziehung zwischen ökonomischer Sphäre und staatlichem Handeln behauptet worden; diese betraf nicht nur die Ausweitung der Staatsfunktionen und eine entsprechende Zunahme des Staatsanteils am gesellschaftli-

---

5 Auf die politischen Motive einer solchen Untersuchungsrichtung hat Altvater 1972, S. 3 hingewiesen.

6 Diesem Aufsatz kommt nicht nur unter systematischer Perspektive eine paradigmatische Bedeutung für die weitere Diskussion zu; er hat darüber hinaus auch tatsächlich eine solche Orientierungsfunktion übernommen. Sowohl in den Beiträgen Offes, die sich als kritische Auseinandersetzung mit einer orthodoxen Marxinterpretation begreifen lassen, wie in den weiteren Versuchen einer solchen Interpretation selbst stellt dieser Aufsatz immer wieder den Bezugspunkt dar. Siehe hierzu Offe 1972, S. 169 ff., Kostede 1976, S. 158 ff. und im Rückblick Altvater 1987, S. 163. Hinausgehend über seine Bedeutung für die Entwicklung einer materialistischen Staatstheorie macht er gleichzeitig grundlegende Charakteristika der nachfolgenden Diskussion um die Kritik der politischen Ökonomie als "Basis"theorie einer solchen Staatstheorie deutlich. Eine eingehendere Analyse dieser Diskussion - die hier nicht geleistet werden kann - würde auch in dieser Beziehung zeigen, daß deren enorme Ausdifferenzierung gegenüber der Grobschlächtigkeit der Müller/Neusüßschen Argumentation die grundlegenden Stärken und Schwächen der "orthodoxen Wende", wie sie schon in diesem Aufsatz zu Trage treten, unberührt gelassen hat. Auch insofern eignet sich die Argumentation von Müller/Neusüß daher zur Exemplifizierung dieser grundlegenden Merkmale. Insgesamt kann die folgende Argumentation nicht beanspruchen, ein vollständiges Bild der überaus komplexen politischen und theoretischen Szenerie, die sich im Rahmen der Hinwendung zu verschiedenartigen Varianten der Marxorthodoxie herausgebildet hat, zu liefern, sondern versucht auch hier in exemplarischer Form die wesentlichen Grundlinien und -probleme dieser Richtung aufzuzeigen.

7 Auch Altvater (1972, S. 25) bestimmt diese beiden Autoren als Vertreter einer Theorie des "spätkapitalistischen Wohlfahrtsstaates" und damit als negative Bezugspunkte seiner ökonomiekritisch orientierten Argumentation.

8 Zwar beziehen sich die Autoren nicht explizit auf die theoretisch-politischen Exponenten der Studentenbewegung selbst, sondern mit den Arbeiten von Offe und Habermas eher auf die Versuche einer Systematisierung und empirischen Einlösung der von diesen vertretenen Positionen. Daß dieser Beitrag aber tatsächlich Position bezieht in der politisch-strategischen Auseinandersetzung um die Überwindung der anti-autoritären Phase, ist allein aufgrund des Ortes seiner Verfassung kaum zu bezweifeln.

chen Gesamtprodukt, sondern auch grundlegende Aspekte der Determinationsbeziehungen zwischen beiden Sphären sozialen Handelns. Indem gemäß dieser Theorie "der kapitalistische Wohlfahrtsstaat in Zukunft keine Krisen mehr zulassen wird, da er ökonomische Krisen manipulieren kann" (Müller/Neusüß a.a.O., S. 27) und auch die Verteilung des gesellschaftlichen Reichtums nicht mehr "durch unveränderliche ökonomische Gesetze entschieden wird, sondern durch den politischen Kampf um den Einfluß auf die Wirtschaftspolitik der Regierung" (Sering 1946, S. 59, hier zitiert nach Müller/Neusüß a.a.O., S. 10), wird dem Staat "die Möglichkeit zu umfassender und bewußter Regulierung ökonomischer, gesellschaftlicher und politischer Prozesse" (Müller/Neusüß a.a.O, S. 9) zugestanden. Durch eine solche "politizistische"[9] Revision des klassischen Verhältnisses von Staat und Gesellschaft wird deren Determinationsbeziehung umgekehrt: "Der **Staat**" erscheint als "**Regulator**", "die **Gesellschaft** in ihren Lebensbereichen als bloßes **Objekt der Regulierung**" (Altvater 1972, S. 25).

Die Grundlage dieser Zurücknahme des fundierenden Charakters der "Produktion und der sie beherrschenden Gesetze" (Müller/Neusüß a.a.O., S. 9) bildet dabei die Infragestellung zentraler Annahmen der ökonomischen Theorie Marx' selbst. Indem sowohl der Verlauf des Konjunkturzyklus wie die Verteilung des gesellschaftlichen Reichtums überhaupt zentral angebunden wird an politische Regelungs- und Entscheidungsprozesse, werden wesentliche Elemente der Mehrwerttheorie als Zentrum der Kritik der Politischen Ökonomie relativiert: Nicht die Verteilung gesellschaftlichen Reichtums entlang des Ausbeutungsmechanismus und seiner widersprüchlichen, in Krisen hervorbrechenden Momente stellt den quasi-objektiven Bezugsrahmen sozialer Auseinandersetzungen dar, sondern diese werden als unmittelbarer Ausdruck von intersubjektiven Aushandlungsprozessen wesentlich innerhalb des politischen Systems der Gesellschaft begriffen. Ein solcher "Subjektivismus" stellt damit gleichzeitig den Anspruch der Marxschen Theorie auf eine Erklärung der kapitalistischen Wirklichkeit aus "ökonomischen Gesetzmäßigkeiten ..., die sich hinter dem Rücken der Individuen durchsetzen" (Müller/Neusüß a.a.O., S. 14), in Frage.

Auf Basis derart grundsätzlicher Revisionen verwickeln sich die entsprechenden Theorien allerdings - jenseits der Frage ihrer empirischen Gültigkeit - in ein grundsätzliches logisches Dilemma: Auf der einen Seite wird "in der revisionistischen Theorie im Anschluß an Marx noch von 'kapitalistischer' Organisation der Produktion" gesprochen, insofern auch für die gegenwärtige Phase gesellschaftlicher Entwicklung weiterhin an der Gültigkeit der Grundannahmen der Marxschen Kapitalismustheorie festgehalten, andererseits verfehlen diese Theorien aber gerade in ihren Revisionen das "Spezifikum kapitalistischer Produktionsweise: daß die Basis der ökonomischen Reproduktion der Gesellschaft der Kreislauf des Kapitals ist" (a.a.O., S. 13).[10] Als grundsätzliches Problem der revisionistischen Bearbeitung der Marxschen Theorie wird so schon auf logischer Ebene ein widersprüchlicher Bezug auf deren Grundannahmen identifiziert. Auch wenn eine solche Charakterisierung des Revisionismus relativ global bleibt - we-

9 Die Autoren bestimmen diesen "Politizismus" des Revisionismus ausdrücklich als "konträre Spielart" zum "Ökonomismus" der Leninschen Theorie. (a.a.O, S. 10)

10 Ausdruck findet dieser Widerspruch darin, daß solche Theorien zwar "verbal am Primat der Gesellschaft, der Antagonismen von Lohnarbeit und Kapital festhalten, aber die Fähigkeit des Staates zur Regulierung des gesellschaftlichen Widerspruchs behaupten, den Staat zum Subjekt erheben" (a.a.O., S. 53).

der dessen verschiedenen Varianten, noch deren Ausdifferenziertheit gerecht wird[11] - verweist ein solches Beharren auf den ökonomiekritischen Grundannahmen der Marxschen Theorie als Maßstab jeglicher konkret-historischen Aktualisierung tatsächlich auf ein grundsätzliches logisches und methodologisches Problem jeder Aktualisierung der Marxschen Theorie: Jede derartige Reformulierung sieht sich mit der Gefahr konfrontiert, in den vorgenommenen Modifikationen die oben angesprochene Dialektik von "Identität" und "Differenz", von "Kontinuität" und "Wandel" zu verletzen, sobald solche Modifikationen Merkmale berühren, die innerhalb dieser Theorie deren Gegenstand allererst als von anderen unterschiedenen definieren.[12]

Der damit erkannten Gefahr versuchen die Autoren in orthodoxer Anknüpfung an die Marxsche Theorie von vornherein zu entgehen: Nur auf dem Boden einer Rekonstruktion derjenigen Verlaufsgesetze, die nach Marx die kapitalistische Produktionsweise überhaupt kennzeichnen, lassen sich konkrete empirische Entwicklungen als Veränderungsprozesse innerhalb dieser Grundstrukturen theoretisch angehen.[13] Die tatsächlich zu beobachtenden Diskontinuitäten in der Geschichte des Kapitalismus sind dementsprechend zu analysieren auf dem Boden der Kontinuitätslinien dieser Formation, wie sie durch diese Grundstrukturen vorgezeichnet sind.

Innerhalb einer solchen "Realanalyse" (a.a.O., S. 4) als Vermittlung zwischen struktureller und historischer Theorie des Kapitalismus messen die Autoren ihrem Beitrag zunächst in aller Bescheidenheit eine nur beschränkte Bedeutung zu: Sein Ziel besteht auf struktureller Ebene darin, nach der quantitativen Seite die ökonomischen Schranken zu bestimmen, die staatlichem Handeln in der Verteilung des gesellschaftlichen Reichtums durch den Mehrwertmechanismus gesetzt sind, darüber hinaus auch qualitativ die Determinationsbeziehung zwischen Staat und Ökonomie in kapitalistischen Gesellschaften als widersprüchliches Verhältnis von formaler Autonomie und materialer Heteronomie zu bestimmen[14]; auf historischer Ebene sollen diese Charakteristika staatlichen Handelns an der von Marx dargestellten Auseinandersetzung um die Fabrikgesetzgebung veranschaulicht werden.

11 Auf diesen Mangel hat Offe 1972, S. 170 als einer der Betroffenen zu Recht hingewiesen.

12 Auf ein solches logisches Problem hatte schon Grossmann (1929, S. 610) in seiner Kritik an Hilferdings Konzeption einer "geregelten kapitalistischen Wirtschaft" als "contradictio in adjecto" hingewiesen. Erneuert hat Neumann 1942 (1981, S. 132) diesen Einwand in seiner Auseinandersetzung mit der Pollockschen Konzeption des "Staatskapitalismus". - Diese Problematik soll hier nicht vertieft werden, da sie im weiteren noch eingehender anzusprechen ist. Vorläufig verdeutlichen läßt sie sich allerdings ohne weiteres an dem angesprochenen grundlegenden Charakter des Mehrwertmechanismus. Da bei Marx dieser Mechanismus dasjenige Funktionsprinzip darstellt, das die kapitalistische Produktionsweise als solche charakterisiert, ist es aus logischen Gründen ausgeschlossen, die Wirkungsweise dieses Mechanismus in Frage zu stellen und gleichzeitig an der Marxschen Definition und Erklärung des Kapitalismus festzuhalten. An der Darstellung der "kritischen Spätkapitalismustheorie" wird deutlich werden, daß ein solches Beharren auf formallogischer Stimmigkeit, das vielleicht als Spitzfindigkeit erscheinen mag, seine Rechtfertigung in den materialen Widersprüchen dieser Theorie findet.

13 "Erst auf Basis dieser Vorüberlegungen kann der Versuch unternommen werden, die konkreten Erscheinungsformen der sozial- und wirtschaftspolitischen Staatstätigkeit in empirischen Untersuchungen auf den Kapitalverwertungsprozeß und seine widersprüchliche Entwicklung zu beziehen." (a.a.O., S. 4)

14 Als entscheidender Anknüpfungspunkt für das revisionistische Denken wird gerade die relative Autonomie der politischen Sphäre, die Existenz des Staates als "gesonderter Sphäre neben der Ökonomie" (a.a.O., S. 53), als "selbständige Institution", (a.a.O., S. 4) hervorgehoben.

Der Ertrag der Darstellung selbst in seinem Soll und Haben wird nun in entscheidender Art und Weise von dem tatsächlichen Umgang mit der zugrundegelegten methodologischen Unterscheidung zwischen beiden Aspekten und der Einordnung der Bedeutung der eigenen Überlegungen in das formulierte Vermittlungsprogramm einer Realanalyse bestimmt. Der gelieferten Rekonstruktion von Grundelementen der Marxschen Kritik der Politischen Ökonomie und deren Bedeutung für die Erklärung staatlichen Handelns kommt dabei zunächst - vor allem, wenn man die bisher entwickelte Einschätzung des Standes der (Nicht-) Auseinandersetzung mit diesen zentralen Bestandteilen der Marxschen Theorie bis zu diesem Zeitpunkt teilt - uneingeschränkt das Verdienst zu, überhaupt wieder materiale ökonomische Argumentationen in die gesellschaftstheoretische Diskussion eingebracht zu haben.[15] In der Explikation der Mehrwerttheorie als Kernstück der Marxschen Kapitalismustheorie wird dabei deutlich gemacht, wie dieser ökonomische Funktionsmechanismus, solange er selbst nicht in Frage gestellt wird, zur objektiven Schranke der Verteilung der gesellschaftlichen Reichtumsproduktion für "allgemeine" Zwecke im Rahmen staatlicher Wirtschafts- und Sozialpolitik wird (a.a.O., S. 29 ff.). Daß sich unter kapitalistischen Produktionsverhältnissen überhaupt erstmals eine eigenständige Institution herausbildet, die sich diesen allgemeinen Belangen im Unterschied zu den privaten Interessen der Individuen widmet, der Staat eine "besondere Existenz neben und außer der bürgerlichen Gesellschaft" (MEW 3, S. 62; hier zitiert nach Müller/Neusüß, S. 53) annimmt, wird darüber hinaus mit dem grundsätzlich widersprüchlichen Vergesellschaftungsmodus des Kapitalismus in Zusammenhang gebracht: Indem kapitalistische Gesellschaften den Vergesellschaftungsprozeß in welthistorisch einzigartiger Form vorantreiben, dies aber gleichzeitig in ungesellschaftlicher, privater Form tun, muß die Gesellschaftlichkeit dieses Prozesses eine eigenständige Institutionalisierung außerhalb der privat organisierten ökonomischen Sphäre erfahren.[16] In historischer Perspektive - so deuten die Autoren zumindest an (a.a.O., S. 55) - läßt sich auf diesem Boden der Zuwachs an staatlichen Eingriffen in den gesellschaftlichen Zusammenhang, der "wachsende bürokratische Zwangsapparat" (a.a.O.), den der Staat verkörpert, selbst noch begreifen als Verschärfung der Widersprüche der gesellschaftlichen Grundlage des Staates selbst.

Neben diesem Versuch, gegen eine wesentlich legitimationstheoretisch orientierte Konzeption staatlichen Handelns hervorzuheben, daß "die Staatsfunktionen aus den ökonomischen Widersprüchen der Gesellschaft ... zu ... analysieren und die grundlegende Befangenheit des Staates in diesen Widersprüchen aufzudecken" (Altvater 1972, S. 25) sei, tritt die Erinnerung daran, daß Marx selbst dem legitimatorischen Aspekt gesellschaftlicher und politischer Verhältnisse eine "reale Basis" zugrundegelegt hatte. Gegen die Ideologietheorie des Anti-Autoritarismus, die die Entstehung falschen Bewußtseins grundlegend an familiäre und mas-

15 Daß es sich dabei häufig nur um "simple Explikationen des Kapitalismusbegriffes" handelt, wie Offe (1972, S. 182) bemerkt, trifft zwar zu, spricht aber eher für die "Begriffslosigkeit" der zu diesem Zeitpunkt vorliegenden kapitalismustheoretischen Entwürfe als für den trivialen Charakter der Argumentationen der Autoren.

16 Indem die Besonderung des Staates unmittelbar in Zusammenhang mit dem Hervorgehen der allgemeinen Wertform aus den Widersprüchen der einfachen Wertform gebracht wird (a.a.O., S. 54), wird ansatzweise deutlich, daß die Ausdifferenzierung sozialer Sphären in kapitalistischen Gesellschaften einer ähnlichen Widerspruchslogik gehorcht wie deren Elementarform, die Ware. Zur grundlegenden Bedeutung der "Dialektik der Wertform" siehe Backhaus 1969.

senmediale, d. h. wesentlich psychologisch vermittelte Zusammenhänge gebunden hatte, wird eine "materialistische Begründung" (Müller/Neusüß a.a.O., S. 59) des Ideologiebegriffes angegangen. Die Illusionen, die die Individuen mit den Möglichkeiten staatlichen Handelns verbinden, sind aus den tatsächlichen ökonomischen und politischen Handlungszusammenhängen, in denen diese Individuen stehen, zu begreifen; ihre Erklärung hat die daraus entstehenden Formungen von Bewußtsein im wesentlichen interessentheoretisch abzuleiten (a.a.O., S. 59 ff.).

Mit dieser Reformulierung ökonomiekritischer, staatstheoretischer und ideologiekritischer Elemente der Marxschen Theorie ist der Innovationsgehalt dieses Beitrages allerdings weitgehend erschöpft. Auch wenn, wie angedeutet, einzelne Anläufe zur Konkretisierung der entsprechenden Argumentationen nicht zu übersehen sind[17], verbleibt der Beitrag insgesamt auf der Ebene der Explikation solcher grundlegenden Bestandteile der Marxschen Theorie. Eine kritische Diskussion dieser Bestandteile selbst und vor allem der Versuch, ihre Bedeutung hinausgehend über eine solche theorieimmanente Auseinandersetzung für die tatsächliche Entwicklung kapitalistischer Gesellschaften und staatlichen Handelns aufzuweisen, bleibt aus.[18] Durch die Art und Weise, in der dieses theoriekonstruktive Vorgehen die derart "begründeten" theoretischen Voraussetzungen einer Analyse aktueller Entwicklungen zum unmittelbaren Beurteilungsmaßstab der revisionistischen Ansätze macht, setzen sich die Autoren tatsächlich dem Vorwurf eines Dogmatismus aus[19], der in keinem unerheblichen Gegensatz zu den anfangs formulierten bescheidenen Ansprüchen auf Klärung der Voraussetzungen einer solchen Analyse steht.

Dieses Scheitern an einer orthodoxen Reformulierung der Marxschen Theorie in bezug auf die aktuellen Realitäten kapitalistischer Gesellschaften ließe sich nun ohne weiteres mit der Stellung dieses Beitrages am Anfang des entsprechenden Theorieprogrammes erklären, wäre nicht auch die weitere Fortsetzung des orthodoxen Programmes trotz seiner zunehmenden methodologischen und inhaltlichen Ausdifferenzierung im Resultat von ähnlichen Mängeln gekennzeichnet.

Die zu Beginn der 70er Jahre einsetzende Rekonstruktion der Marxschen Kritik der Politischen Ökonomie und die daran anknüpfende sogenannte westdeutsche Staatsableitungsdiskussion leitete dabei zunächst eine Auseinandersetzung

17 Auffällig ist dabei allerdings, daß das einzige historische Beispiel für die kapitaltheoretisch aufgewiesenen Schranken wie Spielräume staatlichen Handelns, das systematisch in die Argumentation einbezogen wird, mit der Marxschen Auseinandersetzung um die Fabrikgesetzgebung, selbst eigentümlich traditionalistisch anmutet. Offe (1972) hat dieses Charakteristikum einer "nicht-revisionistisch-orthodoxen Analyse" (S. 187) in den Vorwurf des "Anachronismus" (S. 177) überhöht.

18 Auch insofern ist der Kritik Offes zuzustimmen, daß in dem Beitrag von Müller/Neusüß gerade diejenigen Entwicklungen gegenwärtiger kapitalistischer Gesellschaften, die auch unter strategisch-politischem Gesichtspunkt von Bedeutung wären, "von der Diskussion *ausgespart* bleiben" (a.a.O., S. 187). Dort, wo die Autoren abschließend doch noch eine empirische Einschätzung der ökonomischen Perspektiven des Kapitalismus und der entsprechenden Dynamik staatlichen Handelns wagen, wird ihre Hilflosigkeit gegenüber diesen Fragen allzu deutlich: Auf Basis einer ökonomischen Verlagerung von der absoluten auf die relative Mehrwertproduktion wird eine "abnehmende Rolle des Staates beim Kampf zwischen Arbeit und Kapital" (a.a.O., S. 63) prognostiziert.

19 Ein wesentliches Element des "Revisionismus" besteht ja gerade darin, auch diejenigen grundsätzlichen Annahmen der Marxschen Theorie zu relativieren, die die Autoren als Maßstab für ihre Kritik an diesem Revisionismus ohne weiteres als gültig voraussetzen.

mit den methodologischen und inhaltlichen Problemen des Marxschen Spätwerkes ein, die von ihrer Intensität und Differenziertheit her in der Geschichte des Marxismus vielleicht ihresgleichen sucht.[20] Die bei Müller/Neusüß nur angerissenen Problemkreise wurden in dieser Auseinandersetzung detaillierten Untersuchungen unterzogen. Grundsätzliche Bedeutung kommt dabei der schon bei diesen Autoren angedeuteten methodologischen Unterscheidung verschiedener Analyseebenen der Kapitalismustheorie zu. Schon innerhalb der Kritik der Politischen Ökonomie als Darstellung der allgemeinen Gesetzmäßigkeiten des Kapitalismus werden in diesem Zusammenhang mit der Unterscheidung von "Kapital im Allgemeinen" und der "Konkurrenz der vielen Kapitalien" als der Oberfläche kapitalistischer Gesellschaften (AK 1974, S. 13) unterschiedliche Abstraktionsniveaus voneinander abgesetzt; dieser Gesamtkomplex, wie er im wesentlichen in den drei Bänden des "Kapitals" niedergelegt ist, wird in einem zweiten Schritt als "logische Struktur" des Kapitals unterschieden von den "historischen Erscheinungsformen des Kapitalismus" (Altvater 1972, S. 3). Eine angemessene Analyse dieser "konkreten historischen Verlaufsformen des Wesen einer Gesellschaft" bedarf dementsprechend eines "doppelgleisigen Vorgehens", das in einer "Realanalyse" beide Aspekte miteinander verbindet (a.a.O., S. 3). Vor allem die letztere Unterscheidung zwischen "Logik" und "Geschichte" des Kapitals dient dabei nicht nur der methodologischen Verortung des eigenen Forschungsprogrammes, sondern auch der Abgrenzung von den verschiedenen Versionen des Revisionismus, die nach dieser Sichtweise gerade auf einer Vermengung beider Ebenen in der Form einer unzulässigen Historisierung der "Logik des Kapitals" beruhen.[21] Indem in einer solchen Historisierung die Darstellung der "logischen Struktur kapitalistischer Produktionsweise" als - wenn auch abstrahierte - Nachzeichnung der Geschichte dieser Produktionsweise verstanden wird, gewinnen historische Veränderungen dieser Produktionsweise unmittelbar Bedeutung für die Gültigkeit von deren allgemeinen Gesetzmäßigkeiten, schlagen unmittelbar um in deren revisionistische Infragestellung. Gegen eine solche kurzschlüssige Verbindung von "Logik" und "Geschichte" wird eine scharfe Trennung beider Aspekte gesetzt. Erst unter dieser Voraussetzung ist in einem zweiten Schritt die Analyse konkret-historischer Entwicklungen des Kapitalismus als Vermittlung beider Aspekte angehbar. Das Festhalten an der im "Kapital" in gewisser Weise idealtypisch formulierten Grund-

20 Siehe dazu u. a. die Arbeiten von Reichelt 1970, die aus dem Projekt Klassenanalyse hervorgegangenen Arbeiten von Bischoff und der Projektgruppe Entwicklung des Marxschen Systems aus dem Jahr 1973, die "Resultate der Arbeitskonferenz" (AK) 1974 und 1975 und die Beiträge in der Zeitschrift "Probleme des Klassenkampfes" zur staatstheoretischen Diskussion siehe Kostede 1976, Hirsch 1976 und AK 1974. Die Rekonstruktion des "Kapitals" war allerdings vorbereitet worden durch den von Walter Euchner und Alfred Schmidt herausgegebenen Jubiläumsband "100 Jahre Kapital" (1968) und die umfangreiche Arbeit von Rosdolsky aus demselben Jahr.

21 Am Beispiel der Leninschen Phasentheorie des Kapitalismus als Grundlage der Identifikation des gegenwärtigen Stadiums des Kapitalismus als "staatsmonopolistisch" verdeutlicht dies die AK 1974, S. 50. - Daß diese Konzeptualisierung des fortgeschrittenen Kapitalismus in den 70er Jahren häufig als Spielart des "Revisionismus" charakterisiert worden ist, steht zum einen für die schon angesprochene relative Beliebigkeit der Zuordnung der Etiketten "orthodox" und "revisionistisch" in den *historischen* Auseinandersetzungen innerhalb des marxistischen Denkens. Diese Unentschiedenheit findet zum anderen aber auch ein *sachliches* Fundament darin, daß schon die Leninsche Imperialismustheorie - beispielsweise in der Art und Weise, in der sie die Bedeutung des Monopolisierungsprozesses bestimmt (Lenin 1930 (1917), S. 181f.) - tatsächlich "orthodoxe" und "revisionistische" Argumentationsfiguren, so wie sie im folgenden unterschieden werden, in sich vereint.

struktur kapitalistischer Produktionsweise stellt so überhaupt erst die Voraussetzungen für eine Identifikation tatsächlicher Entwicklungen als Abweichung bzw. Verwirklichung von diesen Grundstrukturen zur Verfügung.[22] Neben diesen Differenzierungen innerhalb des sozio-ökonomischen Fundaments kapitalistischer Gesellschaften wird - wenn auch nicht mit vergleichbarem begrifflichen Aufwand - die Frage der Ausdifferenzierung des gesamtgesellschaftlichen Zusammenhangs in verschiedenartige gesellschaftliche Bereiche - wie sie sich schon angesichts des Tatbestands der "Besonderung des Staates" gestellt hatte - in der Unterscheidung zwischen Produktionssphäre, Staat und Reproduktionsbereich einbezogen.[23] Innerhalb des durch diese Programmatik umrissenen Gesamtzusammenhangs geht diese Theorierichtung inhaltlich im wesentlichen die schon von Müller/Neusüß angesprochenen Problemkreise an: Auf der einen Seite widmet sie sich der Rekonstruktion der im "Kapital" formulierten "Logik" kapitalistischer Produktionsweise, auf der anderen Seite den aus dieser Logik zu entwickelnden Bedingungen der Existenz und Funktion des bürgerlichen Staates.

Ohne auf die Resultate dieser langjährigen theoretischen Bemühungen im einzelnen eingehen zu können, läßt sich kaum bestreiten, daß diese Diskussionen - neben der bloß exegetischen Leistung einer erneuten Vergegenwärtigung des Marxschen Spätwerkes - sowohl für die gesellschaftstheoretische Diskussion wie die empirische Forschung eine Bereicherung dargestellt haben.[24] Aufgrund der mit diesem Programm verknüpften allzu ehrgeizigen Ansprüche und der Ernüchterung, die in der "Krise des Marxismus" auf dem Fuße folgte, sind in der Folgezeit allerdings eher die Beschränkungen dieses theoretischen Projekts hervorgehoben worden. Tatsächlich gelang es diesem kaum, seiner anspruchsvollen Programmatik in der Durchführung gerecht zu werden: Hatten die methodologischen Unterscheidungen gegen den Revisionismus den Anspruch auf eine Vermittlung zwischen "Logik" und "Geschichte" des Kapitals (und damit auf den Aufweis einer grundlegenden Kontinuität kapitalistischer Produktionsweise in deren Wandlungsprozessen) formuliert, von der aus in einem weiteren Schritt auch die ökonomisch fundierte Entwicklung außerökonomischer Bereiche ins Auge gefaßt werden sollte, scheiterte die Durchführung dieses Programmes in beiderlei Beziehung. Die Auseinandersetzung mit den neuartigen ökonomischen Entwicklungen, die den Anlaß für die Herausbildung revisionistischer Positionen gebildet hatten, blieb zumeist darauf beschränkt, auf der einen Seite negativ aufzuzeigen, daß diese Entwicklungen keineswegs im Widerspruch zu den "logischen"

22 Die Unterscheidung zwischen einer "reinen, gleichsam idealtypischen kapitalistischen Gesellschaft", der die "analytische Seite" der Marxschen Theorie gewidmet ist, und den "deskriptiven" Aspekten der ökonomischen Theorie hat Gurland (einer der Vertreter der "orthodoxen" Fraktion innerhalb der Faschismusdiskussion der Kritischen Theorie) (1969, S. 50 f.) als fundamental für eine "Theorie der sozial-ökonomischen Entwicklung der gegenwärtigen Gesellschaft" (a.a.O., S. 48) benannt. Auf den produktiven Charakter einer solchen Unterscheidung für die Lösung des Kontinuitäts/Diskontinuitätsproblems innerhalb einer Phasentheorie kapitalistischer Entwicklung wird noch zurückzukommen sein.

23 Zu den verschiedenen Varianten, in denen die "historisch-materialistische Theorie" das Problem der funktionalen Differenzierung sozialer Sphären angegangen hat, siehe zusammenfassend Becker 1983, S. 38 ff.

24 Ein Beispiel für das Erklärungspotential, das diese Diskussion auch für thematisch weit abliegende Fragestellungen freigesetzt hat, stellt die Arbeit von Ahlheim u. a. 1971 dar, die die Widersprüche der "Fürsorgeerziehung im Kapitalismus" als konkrete Formen kapitalstrukturell verankerter Widersprüche innerhalb staatlichen Handelns - hervortretend als gegenläufige Staatsfunktionen - entwickelt.

Merkmalen kapitalistischer Gesellschaften stünden, auf der anderen Seite im positiven Sinn eine Vermittlung herzustellen, die schon mit ihrer Kennzeichnung als "Ableitung" ihre Problematik preisgibt. Entgegen der beanspruchten Doppelgleisigkeit[25] der Analyse konkret-historischer Prozesse tauchen in einem derart als logisch charakterisierten Verfahren diese Prozesse tatsächlich nur in den abstrakten Formen auf, die einem solchen "logischen" Verfahren zugänglich sind. Wird mit diesem Verfahren der Ableitung schließlich faktisch[26] der Anspruch auf eine Erklärung konkret-historischer Prozesse verbunden, bleibt als Resultat nurmehr eine Reduktion der historischen Wirklichkeit auf diese abstrakten Momente kapitalistischer Gesellschaft übrig, wird tatsächlich also vielmehr die Abstraktion von deren Geschichte als die angestrebte Vermittlung zwischen "Logik" und "Geschichte" betrieben.[27]

Bezieht man dies zurück auf das anfangs formulierte Adäquatheitskriterium einer Phasentheorie kapitalistischer Entwicklung, bedeutet ein solches Vorgehen eine Verletzung der dort skizzierten Kriterien in einem dem Verfahren des Revisionismus genau entgegengesetzten Sinne: Stand letzterer vor dem Problem, wie er in seiner Betonung der neuartigen Entwicklung des Kapitalismus weiterhin an dessen strukturellen Merkmalen festhalten kann, so geraten den orthodoxen Versuchen in der Hervorhebung der identitätsstiftenden Merkmale kapitalistischer Produktionsweise deren tatsächliche Entwicklungen und Veränderungen nahezu völlig aus dem Blickfeld.

Ähnlich komplementär zu den revisionistischen Lösungsversuchen verhält sich die "orthodoxe Wende" in der Bearbeitung des zweiten zentralen Problemkomplexes einer Theorie fortgeschrittener kapitalistischer Gesellschaften. Hatte der Anti-Autoritarismus als eine der Formen des Revisionismus sich auf Basis seiner grundlegenden Abstraktion von ökonomischen Zusammenhängen auch in der

25 Darauf, daß auch die Staatsdiskussion entgegen dieser Programmatik "die Vermittlung von 'logischer' und 'historischer' Analyse permanent als ungelöstes Problem vor sich herschiebt", hat Hirsch 1976, S. 102 verwiesen.

26 Für besonders ausgeprägte Varianten dieser "Ableitungstheorie" fallen sogar explizit die Analyse der wirklichen Bewegung kapitalistischer Gesellschaften, die "Erklärung der Empirie", mit der "wissenschaftlichen Ableitung" der "Oberfläche der bürgerlichen Gesellschaft" aus dem "Begriff des Kapitals" in Eins. Für Funken (1973, S. 98; hier zitiert nach AK 1974, S. 13) "erscheint der Staat im Marxschen System als eine Konkretionsstufe der Entfaltungen von Denkbestimmungen." - Um solche Positionen nicht unmittelbar als ökonomisch gewendeten Hegelianismus zu diskreditieren, muß man allerdings darauf hinweisen, daß die Marxsche Entfaltung des "Begriffs des Kapitals" nicht nur in dem ihr vorgeschalteten Forschungsprozeß, sondern auch in ihrem systematischen Gang an jedem Punkt auf Empirie zurückgreift; dies allerdings in einer dem jeweiligen Stand der begrifflichen Entwicklung entsprechenden abstrahierten Form. Schon der erste Satz des "Kapitals" stellt eine empirische Verankerung der folgenden Analyse des existierenden Gegenstandes der Ware dar (siehe dazu AK a.a.O., S. 77). Das eigentliche Problem eines solchen Ableitungsansatzes besteht vielmehr in der Frage, wie aus den solcherart gewonnenen allgemeinen Bestimmungen der Wirklichkeit kapitalistischer Gesellschaften ein selbst noch "logischer" Weg zu deren historischen Erscheinungsformen gefunden werden soll.

27 Einen Ausdruck dieses Reduktionismus stellen die geradezu scholastischen Gewißheitsansprüche, die mit den entsprechenden Erklärungsversuchen verbunden werden, dar. Indem die Erklärung historischer Wirklichkeit als logischen Prinzipien gehorchende deduktive Ableitung aus vorgegebenen Prämissen begriffen wird, kommt ihren Resultaten dieselbe Notwendigkeit zu, die solche deduktive Verfahren selbst kennzeichnet. Auch in dieser Beziehung hat die "Krise des Marxismus" eine heilsame Funktion übernommen. Für die Weiterentwicklung der entsprechenden Theoretiker ist in den meisten Fällen der Versuch einer Behebung dieses Defizits charakteristisch. Sowohl die Arbeiten des Projekts Klassenanalysen in der zweiten Hälfte der 70er Jahre wie die im Umkreis der Prokla erarbeiteten Analysen (siehe besonders Altvater u. a. 1980) haben versucht, die ökonomiekritische Wende in Richtung auf die angezielte Realanalyse voranzutreiben.

Analyse der politischen Herrschaftsformen kapitalistischer Gesellschaften auf deren legitimatorische Seite beschränkt und schließlich in das Zentrum seiner Analyse Probleme der "Reproduktionssphäre" gestellt, so vollzieht die Orthodoxie eine umgekehrte Vereinseitigung des Analysehorizontes. Wie schon dargestellt, konzentriert sie sich in der inhaltlichen Durchführung vor allem auf die ökonomische Seite des kapitalistischen Vergesellschaftungsprozesses; auch die umfangreichen staatstheoretischen Reflexionen gehen das politische System in der Bestimmung der Funktionen, die diesem für das ökonomische System zukommen, im wesentlichen unter einer derart beschränkten Perspektive an.[28] Innerhalb der benannten Staatsfunktionen taucht zwar weiterhin auch die Rolle auf, die der Staat in der Befestigung eines bestandsnotwendigen Bewußtseins der Bevölkerung spielt, aber auch diese ideologiekritischen Überlegungen bleiben zumeist auf das Festhalten allgemeiner bewußtseinsprägender Handlungszusammenhänge ökonomischer Art beschränkt.[29] Die Bedeutung, die für die Herausbildung funktionaler Bewußtseinsformen und -inhalte neben diesem interessentheoretisch erfaßbaren Bedingungsgefüge sozialpsychologischen Aspekten der normativen Integration und deren Vermittlung in Familie und Öffentlichkeit zukommen, bleibt dagegen weitgehend ausgeblendet. Aufgrund der mangelhaften Bestimmung des Ausdifferenzierungsprozesses sozialer Sphären überhaupt wie der damit verbundenen Vernachlässigung von deren spezifischer Funktionsprinzipien wird die oben festgehaltene Reduktion auf die allgemeinen Funktionsprinzipien kapitalistischer Vergesellschaftung potenziert[30] in einer nahezu ausschließlichen Thematisierung der ökonomischen Seite konkret-historischer Erscheinungen; der erhobene Vermittlungsanspruch zwischen "ökonomischer Determination" des gesellschaftlichen Prozesses in allen seinen Gestaltungen und der "relativen Autonomie" der verschiedenen Gestaltungsformen wird so in ähnlich kurzschlüssiger Form eingelöst wie das entsprechende Programm einer Vermittlung von "Logik" und "Geschichte" kapitalistischer Produktionsweise.[31] Der "orthodoxen Theorie" war so bei der Be-

---

28 Siehe dazu erneut Kostede 1976, dem es gelingt, die westdeutsche Staatsdiskussion (bis auf wenige Ausnahmen) entlang der jeweils als Bezugspunkt gewählten ökonomischen Kategorie zu systematisieren.

29 Hierbei handelt es sich um gleichermaßen grundlegende wie allgemeine Reflexionen der Art, daß "Freiheit" und "Gleichheit" als Normen des politischen Systems kapitalistischer Gesellschaften mit den Merkmalen, die das gesellschaftliche Aufeinandertreffen von Warenbesitzern in Austausch und Verteilungskonkurrenz charakterisieren, in Zusammenhang zu sehen sind.

30 Hirsch (1976, S. 99 ff.) hat darauf hingewiesen, daß in der Staatsdiskussion beide Mängel ineinandergreifen.

31 Dieser Mangel ist in der Folgezeit an der Analyse desjenigen Teils des "Reproduktionsbereiches", dem die Orthodoxie aus politisch-strategischen Grundsätzen (Becker 1976, S. 257) weiterhin besondere Aufmerksamkeit geschenkt hat, im Detail aufgewiesen worden. Der sogenannten "Politischen Ökonomie des Ausbildungssektors" wird in dieser Kritik zwar zugestanden, daß sie "überzeugend nachgewiesen hat, daß die Qualifizierungsfunktion, also die Produktion verwertbaren Arbeitsvermögens, zentrale Bedeutung besitzt" (Becker 1983, S. 50) gleichzeitig wird aber hervorgehoben, daß diese Herangehensweise nur um den Preis "heroischer Vereinfachungen" (a.a.O., S. 40) in der Lage ist, Aussagen über den komplexen Funktionszusammenhang des Bildungssystems in seiner Gesamtheit zu machen (Diese Kritik an einer ökonomistisch-technizistischen Interpretation der Grundlagen des Modernisierungsprozesses des Bildungssystems seit Mitte der 60er Jahre ist in der BRD erstmals 1974 in Anlehnung an die Arbeiten von Bourdieu von Keller/Vahrenkamp formuliert worden und hat inzwischen zu einer "kulturalistischen" Wende in der Bildungssoziologie geführt, die besonders die Funktion von Bildung für die Etablierung "kultureller Hegemonie" sozialer Klassen hervorhebt (siehe dazu Achinger u. a. 1980, Büchner 1984 und zusammenfassend Becker 1983, S. 50 ff.). Die derart konstatierte "Krise der Bildungsökonomie" (Becker/Wagner 1977, S. 58) wird darüber hinaus ausdrücklich auf die

antwortung der zentralen Fragen einer Theorie des fortgeschrittenen Kapitalismus zunächst genauso wenig Erfolg beschieden wie ihren anti-autoritären Vorgängern.

Dieses vorläufige Resümee der Erträge des orthodox orientierten Reformulierungsversuches der Marxschen Theorie läßt sich damit unmittelbar dem bisher gespannten theoriegeschichtlichen Bogen von den Entstehungsmotiven des "westlichen Marxismus" hin zur gegenwärtigen "Krise des Marxismus" zuordnen. Die Systematisierung, die die gesellschaftstheoretischen Aspekte dieser Krise in jüngster Vergangenheit durch die Arbeit von Hirsch und Roth (1986) gefunden hat, hält die beiden bezeichneten Reduktionen als wesentliche Dimensionen dieser Krise fest und verdeutlicht zugleich den theoriegeschichlichen Hintergrund dieses doppelten Reduktionismus: Mit dem Hinweis auf einen "Strukturalismus, der die historischen Veränderungen der kapitalistischen Gesellschaftsformation ... vernachlässigt" (a.a.O., S. 13) und einen "Ökonomismus" (a.a.O., S. 13), der an "den impliziten Reduktionismus des Marxschen Basis/Überbau-Schemas" anknüpft (a.a.O., S. 43) werden erneut die anti-orthodoxen Impulse, die schon die Ausarbeitung des "westlichen Marxismus" durch die Kritische Theorie und deren Aktualisierung in der Studentenbewegung[32] entscheidend bestimmt haben, aufgegriffen. Jenseits der damit angesprochenen kapitalismustheoretischen Reduktionismen wird diese Anknüpfung an die Traditionen des westlichen Marxismus besonders deutlich darin, daß in der aktuellen Auseinandersetzung mit der Marxorthodoxie auch die rationalitätstheoretische Fragestellung erneut in Formen thematisiert wird, die diesem historischen Zusammenhang verpflichtet sind: Erneut wird den orthodoxen Varianten der Marxrezeption nicht nur ihre theoretische Verkennung aktueller gesellschaftlicher Entwicklungen, sondern auch ihre Isolierung von den sich abzeichnenden praktischen Bemühungen um deren Veränderungen vorgerechnet. In ihrer eigentümlichen "Positivierung" und "Akademisierung", die erneut ihren Gegenstand bloß unter der Form des "Objekts" zu fassen weiß, wird wiederum sowohl die Vermittlung von "Theorie" und "Praxis" wie die von "gesellschaftlicher Objektivität" und deren "subjektiver Konstitution" verfehlt (Hirsch 1980, S. 136 ff.).[33]

angesprochenen allgemeinen Mängel dieser Form historisch-materialistischer Theoriebildung bezogen: Bisher ist es dieser nicht gelungen, eine angemessene Lösung sowohl des "Differenzierungsproblems" des sozialen Systems wie der Frage der sich herausbildenden "Relationen" zwischen den derart ausdifferenzierten sozialen Sub-Systemen zu entwickeln. (Becker 1983, S. 32) Die "Krise der Bildungsökonomie" stellt insofern nur eine konkrete Form der "Krise" historisch-materialistischer Gesellschaftstheorie überhaupt dar.

32 Krahl (1971, S. 250) hatte schon 1967 als zentrale Merkmale einer Orthodoxie, wie sie u. a. von Theoretikern wie Altvater und Mandel repräsentiert wird, einen "insgeheim dogmatischen 'Ökonomismus'" hervorgehoben, der darüber hinaus "Strukturveränderungen des Klassenantagonismus" auf Basis "einer faktisch als unverändert betrachteten Systemverfassung der Gesamtgesellschaft" ausschließt, und diese Orthodoxie abgrenzt von den Traditionen des "westlichen Marxismus".

33 Die Auseinandersetzung mit den objektivistischen Implikationen der orthodoxen Theorie hat dementsprechend seit Mitte der 70er Jahre eine intensive Diskussion um die Frage der Vermittlung systemtheoretisch rekonstruierbarer Kapitalstruktur und dem handlungstheoretisch zu rekonstruierenden unmittelbaren sozialen Zusammenhang von Subjekten ausgelöst (siehe dazu beispielsweise Ottomeyer 1974, Bader u. a. 1976 und erneut zusammenfassend Becker 1983, S. 34), die sich gleichzeitig unmittelbar bezog auf die entsprechenden neueren Versuche einer "kritischen Theorie des Subjekts", wie sie Habermas, Lorenzer 1972 und Horn 1972 zu entwickeln versucht hatten. In den gleichen Zusammenhang ist auch die schrittweise Öffnung marxistisch orientierter Theoretiker in Richtung auf "bürgerliche" Theorietraditionen wie den Interaktio-

Ließen sich die theoretischen Bemühungen der Marxorthodoxie derart als bloße Wiederbelebung einer schon seit einem halben Jahrhundert überholten rationalitäts- und kapitalismustheoretischen Konzeption begreifen, blieben allenfalls ihre Verdienste in der Rückbesinnung auf ökonomiekritische Argumentationszusammenhänge festzuhalten[34], während ihre Bedeutung für das Verständnis der tatsächlichen Entwicklung gegenwärtiger kapitalistischer Gesellschaften nur gering zu veranschlagen wäre. Erfolgversprechende Versuche, die sich an dieser Entwicklung entzündende "Krise des Marxismus" in einem für die marxistische Tradition produktiven Sinn anzugehen, könnten sich demnach kaum an diesen orthodoxen Versuchen orientieren. Schon innerhalb des vorgestellten "ableitungsorientierten" Stranges der Erneuerung der Marxorthodoxie sind allerdings durchaus einzelne Argumentationszusammenhänge entwickelt worden, denen ein Erklärungsgehalt auch für den angesprochenen konkret-historischen Prozeß zuzuschreiben ist. Neben solchen eher verstreuten und meist unmittelbar politisch orientierten Hinweisen ist in dieser Zeit vor allem eine Arbeit entstanden, die von Umfang wie Durchführung die hervorgehobenen grundsätzlichen Mängel der vorgestellten Konzeptionen innerhalb einer zugleich ökonomiekritisch wie kontinuitätstheoretisch orientierten Analyse des fortgeschrittenen Kapitalismus angegangen hat. Da die hier angesprochene Arbeit von Ernest Mandel aus dem Jahre 1972 - zumindest für den hier interessierenden Zeitraum - den einzigen Versuch einer solchen umfassenden Theorie des fortgeschrittenen Kapitalismus[35] darstellt, soll sie im folgenden zum Bezugspunkt der weiteren Auseinandersetzung mit dem gegenwartsanalytischen Erklärungsgehalt orthodoxer Theorien gemacht werden. Aktuelle Bedeutung kommt dieser Arbeit insofern zu, als sie in systematischem Zusammenhang eine Fülle derjenigen ökonomischen Argumentationen entwickelt hat, die in einer vermuteten "Rückkehr zur Ökonomie" (Hirsch/Roth 1986, S. 31) gegenwärtig wieder an Bedeutung zu gewinnen scheinen.

Im Vordergrund soll dabei die Frage stehen, welcher Status den bisher kritisierten Ausblendungen zentraler Bereiche einer Theorie des fortgeschrittenen Kapitalismus zukommt: Handelt es sich bei diesen um bloße Lücken der Argumentation, die prinzipiell ausfüllbar sind, oder liegen dem Scheitern des auch von Mandel erneut formulierten und angegangenen orthodoxen Vermittlungsprogrammes grundsätzliche Defizite im Verständnis des historischen Entwicklungsprozesses kapitalistischer Gesellschaften und der Dynamik der diese konstituierenden sozialen Bereiche zugrunde, die als solche gerade in dem Versuch einer Durchführung dieses Programmes greifbar werden müssen? Erst auf Basis der Beantwortung dieser Fragen wird umgekehrt zu beurteilen sein, welchen Beitrag die orthodoxe Theorie zum Verständnis aktueller gesellschaftlicher Ent-

nismus und die Handlungstheorie einzuordnen. Siehe dazu Hondrich 1976, S. 14 ff. in seinen einleitenden Bemerkungen zu dem 1974 auf dem Soziologentag in Kassel begonnenen Versuch einer Verständigung zwischen verschiedenartigen theoretischen Traditionen.

34 Was angesichts der "Begriffslosigkeit", die in dieser Beziehung mit der nachfolgenden "anti-orthodoxen" Wende wieder zu Tage getreten ist, möglicherweise nicht zu unterschätzen ist. Bis in die jüngste Vergangenheit wurde - als verständliche Reaktion auf die kapitalexegetischen Exzesse der 70er Jahre - bestenfalls noch mit Versatzstücken aus der Kritik der Politischen Ökonomie argumentiert.

35 Vergleichbar ist in dieser Beziehung am ehesten noch die schon erwähnte Arbeit von Baran/Sweezy aus dem Jahre 1966, die, wie angedeutet, allerdings nicht dem hier interessierenden Kontext "orthodoxer" Reformulierungsversuche der Kapitalismustheorie angehört, sich darüber hinaus aufgrund ihres "essayistischen" Charakters kaum an dem systematischen und umfassenden Zugriff der Mandelschen Analyse messen kann.

wicklungen zu liefern in der Lage ist und inwiefern sie dadurch nicht nur die negative Seite der "Krise des Marxismus" repräsentiert.

1.2 Die orthodoxe Spätkapitalismustheorie: Die Krise der kapitalistischen Produktionsverhältnisse

Ernest Mandel verortet seinen "Versuch einer marxistischen Erklärung" der "gegenwärtigen Ära" (Mandel 1972, S. 7) des Kapitalismus von vornherein im Rahmen der Fragestellungen, die die aus der westdeutschen Studentenbewegung hervorgegangene Wende zur Orthodoxie vorgegeben hat.[1] Dies bedeutet zunächst, daß auch für Mandel das grundsätzliche methodologische Problem einer Theorie der aktuellen Phase des Kapitalismus in der Beziehung zwischen "Bewegungsgesetzen" und "Geschichte des Kapitals"[2] zu sehen ist, ein angemessenes, nicht nur deskriptives Verständnis der "zeitgenössischen Geschichte des Kapitalismus" nur durch deren "Ableitung aus den immanenten Bewegungsgesetzen des Kapitals" zu gewährleisten ist. (a.a.O., S. 7) Nur aufgrund der Mißverständnisse, die bzgl. dieser Fragestellung die gesamte Geschichte der marxistischen Theorie durchziehen, wird erklärbar, "warum wir noch immer nicht über eine zufriedenstellende Geschichte des Kapitalismus als Funktion der inneren Bewegungsgesetze des Kapitals ... und noch viel weniger über eine zufriedenstellende Erklärung der neuen, seit dem Zweiten Weltkrieg offensichtlich einsetzenden Etappe in der Geschichte des Kapitalismus verfügen" (a.a.O., S. 22). Seine eigenen theoretischen Bemühungen sind dementsprechend der Behebung dieses Mangels gewidmet, dem Versuch, die gegenwärtige Phase kapitalistischer Entwicklung auf dem Hintergrund einer umfassenden Theorie der Funktionsprinzipien kapitalistischer Produktionsweise und deren historischer Entfaltung erklärbar zu machen.[3] Seine Arbeit ist damit ausdrücklich auch auf diejenigen Defizite der orthodoxen Wende der 70er Jahre gerichtet, die oben festgehalten worden sind; sie versucht in ihrer historischen Orientierung gerade deren bloß programmatisch gebliebene Vermittlung zwischen den allgemeinen Prinzipien kapitalistischer Vergesellschaftung und der tatsächlichen Entwicklung des Kapitalismus in Raum und Zeit material anzugehen.

Auch wenn diese Selbstverortung (und die entsprechenden terminologischen Bezüge) also nahelegen, die Mandelsche Arbeit gewissermaßen als Fortsetzung und Konkretisierung der aus der studentischen Orthodoxie hervorgegangenen Programmatik zu begreifen, wird schon in den methodologischen Überlegungen seiner Arbeit eine Akzentsetzung deutlich, die sie von der Herangehensweise dieser Variante von Orthodoxie absetzt. Galt der "westdeutschen Ableitungsdebatte" die "Logik des Kapitals" als eine die bisherige und möglicherweise auch die zu-

1 Dieses Aufgreifen einer bestimmten Variante der westdeutschen Marxismusrezeption ergibt sich nicht nur aus den sicherlich bestehenden theoretischen Affinitäten Mandels zu dieser Richtung, sondern auch aus dem unmittelbaren Zusammenhang, in dem seine Arbeit zum Spätkapitalismus entstanden ist: Eine Gastprofessur an der Freien Universität in Westberlin, die er auf Betreiben der Studenten- und Assistentenschaft des Fachbereichs "Politische Wissenschaften" im Wintersemester 1970/71 erhielt, ermöglichte ihm die Zusammenfassung vorher schon zu diesem Gegenstand entwickelter Gedankengänge. Siehe dazu Mandel selbst (a.a.O., S. 9) und das entsprechende Kapitel seiner Arbeit aus dem Jahre 1968 (1962).

2 Diese Problematik hatte Mandel schon in einem etwas früher verfaßten Aufsatz (1970a) angerissen.

3 Mandel stellt dabei eine unmittelbare Beziehung zum Marxschen Werk her, indem er die Gliederung seiner Arbeit entlang des ursprünglich von Marx verfolgten Aufbauplanes zum "Kapital" erläutert.

künftige Entwicklung kapitalistischer Gesellschaften überhöhende Idealisierung, deren immanenter Struktur vor jeglicher historischer Betrachtung eine intensive Analyse zuzukommen hat, ist Mandel eher geneigt, diese logische Struktur auf der einen, die historische Entwicklung kapitalistischer Gesellschaften auf der anderen Seite prinzipiell auf der identischen Realitätsebene anzusiedeln. Der Wirklichkeitsbezug der "Bewegungsgesetze" des Kapitalismus kann seiner Meinung nach nur dadurch garantiert werden, daß diese als "langfristige Entwicklungstendenzen" der realhistorischen Entwicklung kapitalistischer Gesellschaften, bereinigt von deren "kurz- und mittelfristigen Schwankungen" (a.a.O., S. 41), begriffen werden.[4] Eine Konsequenz dieser unterschiedlichen methodologischen Akzentsetzung besteht darin, daß Mandel in seiner Arbeit auch material dem Aufweis der systematischen Beziehung der verschiedenen Momente des kapitalistischen Produktionsprozesses, dem die "Ableitungsdebatte" vor allem ihre Aufmerksamkeit gewidmet hat, nur geringe Beachtung schenkt, sich dagegen umso intensiver um den historisch-empirischen Beleg dieser Momente, deren "Verifizierung durch die Tatsachen, (d. h. die reale historische Bewegung)" bemüht.[5]

Diese historische Orientierung hat ihrerseits zur Folge, daß Mandel die angezielte Vermittlung zwischen Bewegungsgesetzen und Geschichte des Kapitals von vornherein ausdrücklich und umfassend in Richtung auf eine historische Ausdifferenzierung der kapitalistischen Entwicklung in unterschiedliche Phasen der "Entfaltung der inneren Widersprüche der kapitalistischen Produktionsweise" (a.a.O., S. 41) angeht.[6] Im Rahmen einer solchen Phasentheorie des Kapitalismus stellt aus dem gleichen Grund die Annahme einer zumindest empirischen Originalität der Entwicklung gegenwärtiger kapitalistischer Gesellschaften eine selbstverständliche Voraussetzung dar, unterliegt Mandel schon im Ausgangspunkt seiner Analyse nicht der Gefahr, die historische Spezifität der zu erklärenden Phänomene durch Verfahren logischer und historischer Relativierung aus den Augen zu verlieren.[7] Vielmehr wird die historische Originalität der gegenwärtigen Phase

4 Ein Ausdruck dieser Historisierung der strukturellen Merkmale des Kapitalismus selbst ist die bereits angesprochene Berufung Mandels auf den ursprünglichen Aufbauplan des Marxschen "Kapitals", der offensichtlich eine systematische Entfaltung der verschiedenen Momente des kapitalistischen Vergesellschaftungsprozeß bis hin zu deren Zusammenfassung im Weltmarkt anzielte und kaum als Nachzeichnung der historischen Entfaltung dieser Momente mißzuverstehen ist. - Mandel meint allerdings nur auf dem Wege einer solchen Historisierung, einer "Art spekulativer sozialökonomischer Philosophie" (a.a.O., S. 18) entgehen zu können. Daß es sich bei der Unterscheidung zwischen einem nur vermittelten Bezug der Bewegungsgesetze des Kapitals auf dessen historische Entwicklung auf der einen, einer unmittelbaren Beziehung beider Momente auf der anderen Seite nicht nur um eine methodologische Spitzfindigkeit handelt, wird sich an der materialen Argumentation Mandels zeigen. Zu den verschiedenen Auffassungen des Verhältnisses von "Logik" und "Geschichte des Kapitals" siehe AK 1974, S. 47ff.

5 Im folgenden wird sich zeigen, daß von dieser Gewichtung sowohl die Stärken wie Schwächen der inhaltlichen Argumentation Mandels entscheidend bestimmt sind.

6 Mandels intensiven Bemühungen um den Entwurf einer ökonomisch fundierten Phasentheorie kapitalistischer Entwicklung stellen einen Anlaß dafür da, daß in der aktuellen Diskussion über die weiteren Entwicklungsperspektiven des Kapitalismus immer wieder auf Gedankengänge zurückgegriffen wird, die zwar nicht erstmals von ihm formuliert worden sind, aber in dieser Form durch ihn sicherlich ihre umfassendste Darstellung gefunden haben. Dies gilt besonders für die "neu entfachte Diskussion über die 'Theorie der Langen Wellen'" (Ebbighausen 1985, S. 94). Siehe dazu auch Wallerstein 1986, der auf Basis eben dieser Theorie eine Skizze des aktuell ablaufenden Übergangsprozesses in der kapitalistischen Weltökonomie liefert. - Mandel selbst hat diesen zentralen Bestandteil seiner Phasentheorie 1980 (1987) nochmals zusammengefaßt.

7 Solche Verfahren haben immer wieder den Bezug orthodoxer Theoretiker auf aktuelle Entwicklungen des Kapitalismus gekennzeichnet. Gegen den Revisionismus waren diese bemüht, nicht nur die Kontinuität des Kapitalismus in seinem Wandel aufzuzeigen, sondern darüber hin-

des Kapitalismus durch die Zuweisung des Etiketts "Spätkapitalismus" sogar noch in besonderer Form hervorgehoben. Dadurch, daß in Anknüpfung an die schon bekannte Unterscheidung zwischen Aufstiegs- und Niedergangsphase des Kapitalismus die "gegenwärtige Ära" als "Epoche des niedergehenden Kapitalismus" (a.a.O., S. 7) bestimmt wird, es sich bei ihr also nur um eine "späte" Form kapitalistischer Vergesellschaftung handeln kann, die als solche deren Übergang in andersartige Gesellschaftsformationen einleitet, wird gerade der spezifische weltgeschichtliche Charakter dieser Phase akzentuiert.

Im Gegenzug ist damit gemäß des formulierten Vermittlungsanspruches aber keineswegs eine grundlegende Diskontinuitätsinterpretation kapitalistischer Entwicklung verbunden. Daß sich der Spätkapitalismus durch eine "Diskontinuität mit dem traditionellen Kapitalismus" (a.a.O., S. 8) auszeichnet, verweist aus diesem Grunde nicht auf ein ""neues Wesen" des Kapitalismus, das in irgendeiner Weise die analytischen Resultate des Marxschen *Kapital* und des Leninschen *Imperialismus* als überholt erscheinen ließe" (a.a.O., S. 8).

Auf Basis eines solchen grundlegenden kontinuitätstheoretischen Ansatzes teilt Mandel mit den oben dargestellten orthodoxen Positionen auch deren kritische Stoßrichtung: Seine Arbeit läßt sich dementsprechend nicht nur als Versuch einer Erklärung realhistorischer Entwicklungen, sondern auch als Auseinandersetzung mit alternativen Erklärungsversuchen dieser Entwicklungen, wie sie die verschiedenartigen Varianten des Revisionismus angeboten haben, lesen. Gegen solche Revisionismen sowohl im Rahmen marxistischer Theoriebildung selbst wie in dessen Überschreitung in Richtung auf Theorien des Postindustrialismus versucht Mandel aufzuzeigen, daß auch die unbestreitbar neuartigen Entwicklungen in gegenwärtigen Gesellschaften mit privater Verfügung über die Produktionsmittel weiterhin und sogar in steigendem Ausmaße von den Widersprüchen, die mit dieser Organisationsform der gesellschaftlichen Produktion verbunden sind, bestimmt werden.

Hinausgehend über Mandels ausgeprägt historische Orientierung, die es ihm erlaubt, eine Fülle der Phänomene, die andere Varianten der Marxorthodoxie durch Nichtbeachtung dem Revisionismus überlassen haben, einzubeziehen, unterscheidet sich Mandel in einer weiteren wesentlichen Beziehung von diesen Varianten. Sowohl in ihren theoretischen Erklärungsversuchen wie ihrer strategischen Dimension darf sich seiner Meinung nach eine Theorie des Spätkapitalismus nicht auf den Aufweis von dessen ökonomischer Dynamik beschränken, sondern muß in die Analyse "des Klassenkampfes zwischen Kapital und Arbeit ... und die sich wandelnde Struktur des ... Weltmarktes" auch "die Rolle des bürgerlichen Staates und der spätkapitalistischen Ideologie ... miteinbauen" (a.a.O., S. 7). Dieses grundsätzliche Bekenntnis zur Notwendigkeit einer Theorie des "Spätkapitalismus in seiner Gesamtheit" (a.a.O., S. 459) und damit der Berücksichtigung der politischen und kulturellen Dynamik dieser Phase kapitalistischer Entwicklung kennzeichnet darüber hinaus auch den tatsächlichen Gang seiner Argumentation. Trotz der of-

aus sogar in Frage zu stellen, ob sich überhaupt ein solcher Wandel vollzogen habe. Siehe dazu exemplarisch den schon erwähnten Aufsatz von Dobb 1959 (1973) mit dem in dieser Beziehung bezeichnenden Titel "Scheinbare und tatsächliche Wandlungen". Insgesamt trennt die Diskussion um den "neuen Kapitalismus", der dieser Aufsatz angehört, nicht hinreichend die Frage der Möglichkeit verschiedener Phasen kapitalistischer Entwicklung von der damit nicht in Widerspruch stehenden Annahme einer Kontinuität grundlegender Mechanismen über diese Phasen hinweg. Siehe dazu auch Sweezy 1959 (1973).

fensichtlichen ökonomischen Schwerpunktsetzung seiner Arbeit erliegt Mandel nicht der an anderen Varianten der Orthodoxie beobachtbaren Tendenz, die These vom Primat der Ökonomie umzusetzen in eine Minimierung der tatsächlichen wie strategischen Bedeutung andersartiger gesellschaftlicher Entwicklungen und der daraus folgenden Konsequenz einer nahezu vollständigen Ausblendung solcher Entwicklungen. Aus demselben Grunde ist Mandel deshalb bemüht, erneut eine theoretisch wie strategisch positive Beziehung zu den neuartigen sozialen Bewegungen, die den Spätkapitalismus in seiner anhebenden Krise kennzeichnen, herzustellen, diese selbst als Moment des sich totalisierenden Charakters der Krise kapitalistischer Gesellschaften zu begreifen, welches durchaus - wenn auch in beschränkter Form - Perspektiven für deren Aufhebung in einer andersartigen, sozialistischen Gesellschaftsformation aufzeigen kann.

Auch in dieser Beziehung stellt die Mandelsche Arbeit also sowohl in ihrer Programmatik wie Durchführung eine entscheidende Horizonterweiterung gegenüber den Reduktionismen der dargestellten orthodoxen Ansätze dar. Seine Arbeit stellt insofern tatsächlich einen der wenigen Versuche innerhalb der Marxorthodoxie dar, die oben aufgewiesenen Vermittlungsprobleme, denen sich jede Theorie des fortgeschrittenen Kapitalismus stellen muß, in materialer Form anzugehen. Wie erfolgreich er allerdings bei einer solchen Vermittlung letztlich ist, kann nur die Nachzeichnung dieser materialen Gehalte beantwortbar machen.

Seine entsprechende Argumentation insgesamt gliedert Mandel in drei Teile: In einem ersten eher vorbereitenden Teil soll der allgemeine kapitalismustheoretische und -historische Bezugsrahmen für die im zweiten Teil im Zentrum der Arbeit stehende Analyse der Spezifika spätkapitalistischer Gesellschaften entwickelt werden. Der dritte Teil schließlich besitzt zusammenfassenden Charakter, indem er einerseits auf den Gesamtzusammenhang solcher Gesellschaften abzielt, diesen andererseits als Ausdruck und endgültige Zuspitzung der allgemeinen Widersprüchlichkeit kapitalistischer Vergesellschaftung und damit als realhistorisches Vorspiel zu deren Aufhebung zu begreifen sucht. (a.a.O., S. 8)

Mandels allgemeine kapitalismustheoretische Überlegungen bestimmen den Charakter dieser Produktionsweise zunächst im Rahmen einer grundlegenden rationalitätstheoretischen Verortung des Kapitalismus innerhalb der historischen Entwicklung überhaupt. Als historisch bisher fortgeschrittenste Organisationsform von Naturaneignung und Gesellschaftlichkeit ist der Kapitalismus in dieser Beziehung von einer grundlegenden Widersprüchlichkeit gekennzeichnet: Zwar setzt er sowohl nach der Seite der Naturaneignung im industriellen Produktionsprozeß wie zur Seite von deren Vergesellschaftung in weltweitem Maßstab ein bisher in der Gattungsgeschichte einzigartiges Potential von Rationalisierung und Universalisierung frei[8], gibt diesen Prozessen allerdings aufgrund der weiterhin privaten Organisationsform des zunehmend sich vergesellschaftenden Zusammenhangs prinzipielle Grenzen vor.[9] In ausdrücklicher Anknüpfung an die Marcusesche

8 "Erzeugung der Maschinerie, Entfaltung der materiellen Produktivkraft der Arbeit, Beschleunigung der objektiven Vergesellschaftung der Arbeit" machen "die historisch fortschrittliche Funktion der kapitalistischen Produktionsweise" aus. (a.a.O., S. 502f.)

9 "Denn der auf dem Boden sich verallgemeinernder Warenproduktion entstehende Druck zur genauen Kalkulation und Quantifizierung stößt auf die Schranke des kapitalistischen Privateigentums." (a.a.O., S. 453) - Die Betonung des Zusammenhangs zwischen Tausch als gesamtgesellschaftlicher Vermittlung von Produktion und Verteilung und der Rationalität des einzelnen Pro-

Konzeption der "technologischen Rationalität" und deren Ursprung in der Lukacsschen Reformulierung der Weberschen Rationalisierungstheorie kennzeichnet Mandel diesen Antagonismus als "widerspruchsvolle Kombination von Teilrationalität und Gesamtirrationalität" (a.a.O., S. 453)[10]

Diese grundlegende Widersprüchlichkeit kapitalistischer Gesellschaften transformiert sich in einem nächsten Konkretionsschritt in eine "dynamische Totalität" des Zusammenspiels einer Mehrzahl von "Entwicklungsgesetzen", die sich um die "Grundvariablen der kapitalistischen Produktionsweise"[11] gruppieren und gleichzeitig eine Mehrzahl von "Widersprüchen der bürgerlichen Ökonomie" mit entsprechenden krisenhaften Konsequenzen hervorbringen. (a.a.O., S. 36f.) Seine Zusammenfassung findet dieses "Zusammenspiel der Variablen" (a.a.O.) in den "Fluktuationen der Profitrate", die als komplexes "Resultat" dieses Zusammenspiels gleichzeitig auch das unmittelbare Rationalitätskriterium einer "auf Profit ... ausgerichteten Produktionsweise" (a.a.0.) darstellt. Daß auch die Realisierung dieses "letzten Zweckes" kapitalistischer Produktionsweise von grundsätzlichen Widersprüchen gekennzeichnet ist, findet seinen Ausdruck im wesentlichen in zwei konkreten Krisenmechanismen, die die Verwirklichung dieses Zweckes immer wieder beeinträchtigen: Nach der Seite der Produktion handelt es sich hierbei um das "Gesetz des tendenziellen Falls der Profitrate", das gerade dem von der Profitorientierung vorangetriebenen Rationalisierungsprozeß eine langfristig kontraproduktive Wirkung auf die Entwicklung der Profitrate zuweist; nach der Seite der Verteilung des gesellschaftlichen Reichtums stellt sich das Problem der Mehrwertrealisierung angesichts der mit dem Rationalisierungsprozeß verbundenen Erhöhung des Warenausstoßes und den systematisch beschränkten Aneignungsmöglichkeiten der Endkonsumenten.[12]

Bis zu diesem Punkt der Konkretisierung der Bewegungsgesetze des Kapitals läßt sich die Mandelsche Argumentation als Resümee wesentlicher Intentionen und Resultate der Marxschen Kritik der Politischen Ökonomie rekonstruieren. Den aufgrund einer solchen Anknüpfung naheliegenden Versuch einer *begrifflichen* Entfaltung der behaupteten Totalität krisenhaft ineinander verklammerter Momente kapitalistischer Entwicklung[13] unternimmt Mandel allerdings nicht. Wie

duktionsaktes verweist inhaltlich wie terminologisch auf die Fassung, die Weber der Beziehung zwischen Marktvergesellschaftung und formaler Rationalität (der Kapitalrechnung) gegeben hat. Siehe dazu Weber 1980, S. 44f. u. 94ff.

10 Dadurch, daß Mandel diese objektive Widersprüchlichkeit kapitalistischer Vergesellschaftung im Zusammenhang der Darstellung der "Ideologie des Kapitalismus" hervorhebt, wird deutlich, daß er die Widersprüche des entsprechenden Rationalitätstypus als sowohl die politischen Regulierungsmechanismen kapitalistischer Gesellschaften wie die diesen angemessenen Bewußtseinsformen übergreifende zu bestimmen versucht.

11 Als solche Variablen benennt Mandel die organische Zusammmensetzung des Kapitals, das Verhältnis zwischen fixem und zirkulierendem Kapital, die Entwicklung der Mehrwertrate, der Akkumulationsrate und der Umschlagszeit des Kapitals und schließlich die Austauschrelationen zwischen der Produktionsmittel- und Konsumgüterindustrie. (a.a.O., S. 37)

12 Eine ähnliche Bestimmung der grundlegenden Krisentendenzen des Kapitalismus als Selbstbeschränkung seiner eigenen Zwecke haben Roth/Kanzow 1971, S. 27 anhand eines quantitativ ausgearbeiteten Produktionsmodells entwickelt. Als treffende Zusammenfassung hierzu siehe auch Habermas 1973, S. 47, der zwischen dem "Aspekt der Akkumulation" und dem der "Realisierung des Kapitals" unterscheidet.

13 Die Marxsche Kritik der Politischen Ökonomie stellt im Prozeß ihres Aufsteigens von den abstrakten Momenten kapitalistischer Vergesellschaftung zu deren konkreter Totalität genau diesen Versuch dar. Daß es sich weder bei diesem theoretischen Prozeß selbst noch bei seinen Resultaten um eine Nachzeichnung der historischen Entwicklung des Kapitalismus handelt, hat Marx schon im Vorwort zum "Kapital" deutlich gemacht: "An und für sich handelt es sich nicht

sich die benannten Variablen kapitalistischer Produktionsweise zu einer widersprüchlichen Totalität zusammenschließen und auf diese Art und Weise einen notwendig krisenhaften Verlauf der Entwicklung der Profitrate und damit der gesellschaftlichen Reproduktion in ihrer Gesamtheit hervorbringen, wird keiner systematischen Analyse unterzogen, sondern unmittelbar der historischen Analyse zugeordnet. Die benannten einzelnen Momente des kapitalistischen Produktionsprozesses werden dabei tatsächlich als Variablen, d. h. als zunächst unabhängig voneinander variierende soziale Bedingungen behandelt, deren Zusammenhang erst in ihrer Anwendung auf die Geschichte des Kapitalismus zu finden ist.[14]

Für den weiteren Argumentationsgang seiner Arbeit gewinnt diese "Kontingentisierung" der "Logik" kapitalistischer Produktionsweise nun entscheidende Bedeutung. Zunächst rückt diese Auffassung in der angestrebten Vermittlung von Logik und Geschichte des Kapitalismus letztere ins Zentrum der Argumentation. Der Vermittlungsversuch reduziert sich dadurch auf den Entwurf einer Phasentheorie kapitalistischer Entwicklung und deren empirische Veranschaulichung, in der die in der "Logik" der kapitalistischen Produktionsweise festgehaltenen strukturellen Merkmale zunehmend in den Status eines Arsenals von einzelnen Argumenten, die jeweils anhand der historischen Entwicklung ad hoc integriert werden, geraten, die Vermittlung damit zunehmend eines ihrer Momente als selbständiges aufsaugt. Darüber hinaus betrifft dieses Vorgehen auch den Inhalt der formulierten Phasentheorie selbst. Zwar wird diese zunächst wieder angebunden an den grundlegenden Anspruch, die Geschichte des Kapitals als Entfaltung von dessen immanenten Gesetzmäßigkeiten zu begreifen. Auch dem Prozeß der Aufeinanderfolge verschiedener Phasen wird aus diesem Grunde eine spezifische Teleologie zugeordnet: Indem das Kapital sowohl in nationalem wie internationalem Maßstab dazu drängt, sich im Prozeß der formellen und reellen Subsumtion "die Erde untertan zu machen", umschließen die allgemeinen Funktionsprinzipien des Kapitalismus selbst die Tendenz zu ihrer historischen Totalisierung.[15]

---

um den höheren oder niedrigeren Entwicklungsgrad der gesellschaftlichen Antagonismen, welche aus den Naturgesetzen der kapitalistischen Produktionsweise entspringen. Es handelt sich um diese Gesetze selbst, um diese mit eherner Notwendigkeit wirkenden und sich durchsetzenden Tendenzen." (MEW 23, S. 12) Aus demselben Grunde gilt ihm, dort wo er im bezug auf die englischen Verhältnisse auf historisches Material zurückgreift, dieses Vorgehen als "Illustration seiner theoretischen Entwicklung" (a.a.O.). - Für Mandels Argumentation ist gerade das Mißverständnis dieses theoretischen Anspruches des "Kapitals" charakteristisch. Tatsächlich ist er dementsprechend der Meinung, die Analyse der Bewegung der "vielen Kapitalien", die die konkrete Totalität darstellt, die im dritten Band des Kapitals angezielt ist, sei identisch mit der "Rekonstruktion des wirklichen historischen Prozesses der Entwicklung der kapitalistischen Produktionsweise in ihren aufeinanderfolgenden Etappen" (a.a.O., S. 41). - Siehe hierzu auch die oben skizzierte Unterscheidung dreier Analyseebenen kapitalistischer Gesellschaften.

14 Mandel (a.a.O., S. 39) spricht dieses methodische Verständnis ausdrücklich an: "Es gilt, die Wirkungen dieser z. T. selbständigen Variablen in den konkreten historischen Rahmen zu stellen, um die aufeinanderfolgenden Phasen der Geschichte des Kapitalismus analysieren und erklären zu können." - Ein Ausdruck dieser Historisierung ist die Tatsache, daß Mandel in seiner gesamten Arbeit keinen Anlauf zur Entwicklung einer Krisentheorie im Sinne des Aufweises der Notwendigkeit des Auftretens solcher Krisen nimmt. Die tatsächlich gelieferte "Krisenerklärung" besteht erneut in der Benennung einzelner Momente der krisenhaften Entwicklung kapitalistischer Gesellschaften und deren Zusammenbindung in bezug auf den jeweils interessierenden konkret-historischen Krisenzusammenhang. Zu dieser "Kontingentisierung" der Krisentheorie siehe besonders das 1. Kapitel seiner Arbeit.

15 "Das Kapital drängt unaufhörlich vom Zentrum sowohl in jedem einzelnen Land als auch international, an die Peripherie. Es versucht, sich auszudehnen, neue Sektoren einfacher Warenproduktion in Bereiche kapitalistischer Warenproduktion zu verwandeln ... ." (a.a.O., S. 44)

Realhistorisch gebrochen wird diese "mit eherner Notwendigkeit ... sich durchsetzende Tendenz", auf deren Basis "das industriell entwickeltere Land dem minder entwickelten nur das Bild seiner eignen Zukunft zeigt" (MEW 23, S. 12), durch "die Hindernisse, die die innere Festigkeit und Gliederung vorkapitalistischer, nationaler Produktionsweisen der auflösenden Wirkung des Handels entgegensetzt" (MEW 25, S. 346; hier zitiert nach Mandel a.a.O., S. 42).

Das Auseinanderfallen zwischen "Begriff" und "Geschichte" des Kapitals in den bisherigen Phasen kapitalistischer Entwicklung wird auf diesem Wege von einer nur unvollständigen Realisierung der in den Bewegungsgesetzen des Kapitalismus angelegten Teleologie abhängig gemacht. Indem die bisherige Entwicklung des Kapitalismus auf dem Prinzip der "ungleichen Entwicklung" zwischen "relativ entwickelten" und "unterentwickelten" Regionen beruht (a.a.O., S. 70ff.), "stellt die kapitalistische Weltwirtschaft ein gegliedertes System kapitalistischer, halbkapitalistischer und vorkapitalistischer Produktionsverhältnisse" (a.a.O., S. 46) als bestimmte historische Stufe der Entfaltung dieser Teleologie dar. Gleichzeitig sind damit die Bedingungen benannt, unter denen die angesprochene Teleologie in Erreichung ihres Zieles zur Ruhe käme, Begriff und Geschichte des Kapitalismus realhistorisch zur Deckung kämen: "Genau so geht's mit dem Wertgesetz und der Verteilung des Mehrwertes durch die Profitrate. ... Beides kommt erst zur vollständig angenäherten Realisierung *unter der Voraussetzung, daß die kapitalistische Produktion überall vollständig durchgeführt* ... ist."[16]

Für den weiteren Gang der Mandelschen Argumentation ist dieses teleologische Modell einer Vermittlung von Logik und Geschichte, Notwendigkeit und Kontingenz allerdings - und dies nicht nur aufgrund methodologischer Voraussetzungen[17] - nur von geringer Bedeutung.[18] Trotz des immer wieder erhobenen Anspruches, die Phasen des Kapitalismus als Entfaltung seiner inneren Bewegungsgesetze zu begreifen und auf dieser Basis die Geschichte des Kapitalismus als schrittweise Zuspitzung der in diesen Gesetzmäßigkeiten enthaltenen Widersprüchlichkeiten und der entsprechenden Tendenz zur Überwindung dieser Formation darzustellen, bleibt die Darstellung sowohl der Binnenstruktur der einzelnen Phasen wie des Prozesses ihrer Ablösung vielmehr eine historisch orientierte Ad-Hoc-Integration der oben skizzierten Variablen als eine Systematisierung dieses historischen Prozesses entlang der postulierten Totalisierungsdynamik kapita-

16 Siehe MEW 39, S. 43; hier zitiert nach Mandel a.a.O., S. 42. Daß die Hervorhebungen von Mandel selbst stammen, verweist auf die grundlegende Bedeutung, die er diesem Argument zuschreibt.

17 Tatsächlich nimmt Mandel dieses Modell in seiner konkreten Darstellung der Entwicklung der Struktur des kapitalistischen Weltmarktes auch inhaltlich zurück. Indem er davon ausgeht, daß diese Entwicklung prinzipiell und auch in ihren langfristigen Perspektiven auf einer "Fixierung" unterschiedlicher Entwicklungsniveaus, einer fehlenden "Homogenität" im Rahmen "eines ... ganzen Systems von Entwicklung und Unterentwicklung" (a.a.O., S. 96) beruht, wird die in dem skizzierten Modell - jenseits aller historischen Brechungen - unterstellte Annahme einer Verallgemeinerungstendenz kapitalistischer Produktionsweise grundsätzlich in Frage gestellt. Mandel macht hierbei aber nicht deutlich, warum der von ihm für die Verallgemeinerung des jeweils historisch fortgeschrittensten Produktivitätsniveau verantwortlich gemachte Mechanismus des Ausgleichs der Profitrate (a.a.O., S. 86) gerade vor der Beziehung zwischen entwickelten und unterentwickelten Regionen aus prinzipiellen Gründen haltmachen sollte. Zu den tatsächlichen Brechungen des Wertgesetzes auf dem Weltmarkt siehe Busch 1974, S. 34ff.

18 In anderen etwa zum selben Zeitpunkt entwickelten orthodoxen Versuchen wird dieser Aspekt der Durchsetzung des Kapitals aufgrund einer sich totalisierenden Subsumtion gesellschaftlicher Bereiche und geographischer Regionen stärker hervorgehoben. Siehe dazu u. a. Roth/Kanzow 1971, S. 100ff., die die Phasen des Kapitalismus ausdrücklich als qualitative Einschnitte innerhalb eines übergreifenden Subsumtionsprozesses bestimmen.

listischer Gesellschaften, ohne daß damit allerdings die hochgesteckten Erklärungs- und Prognoseerwartungen an das formulierte Phasenmodell zurückgeschraubt werden.

Unabhängig von den grundsätzlichen Schwächen seiner Phasentheorie - z. T. sogar aufgrund des kritisierten historisierenden Vorgehens - liefert Mandel inhaltlich eine Darstellung der Grundstrukturen einer solchen Theorie, die sowohl von ihrer begrifflichen Differenziertheit wie der Fülle des einbezogenen empirischen Materials entscheidende Vorgaben für weitere Versuche in diese Richtung macht. Expliziert wird der Begriff eines qualitativen Einschnittes in der Geschichte des Kapitalismus und damit das Einsetzen einer neuen Phase in dessen Entwicklung mithilfe der "Theorie der Langen Wellen".[19] Diese langen Wellen, die in Mandels Argumentation gleichzeitig auch das unmittelbare Explikat für das Konzept der Phase selbst darstellen, bestehen in langfristigen, den einzelnen Konjunkturzyklus übergreifenden Bewegungen der Profitrate von einer ca. 50jährigen Dauer. Die Spezifik dieser Bewegungen wird dabei ausgemacht von einer charakteristischen Konstellation der Faktoren, die auf die Entwicklung der Profitrate grundsätzlich Einfluß nehmen. Die phasenspezifische Profitstrategie ist dementsprechend bestimmt sowohl von dem jeweiligen Stand der Produktivkräfte, wie er im gegebenen Niveau der technologischen Entwicklung und der gegebenen Verteilung von Arbeitskräften und Rohstoffen vorliegt, wie der Entwicklung der gesamtgesellschaftlichen Integration dieser Produktivkräfte in den jeweiligen Produktionsverhältnissen, wie sie durch die Struktur des Weltmarktes als Kombination verschiedenartiger Entwicklungsniveaus, die jeweils dominanten Organisationsformen des Kapitals selbst und schließlich durch die unmittelbaren sozialen Auseinandersetzungen zwischen Arbeiter- und Kapitalistenklasse um die Mehrwertrate vorgegeben sind.[20] Mit Hilfe dieser Dimensionen entwirft Mandel schon in bezug auf die dem Spätkapitalismus vorangehenden Langen Wellen ein Bild der entsprechenden Phasen, das deutlich macht, daß ein Verständnis der historischen Originalität dieser Phasen im Rahmen der skizzierten allgemeinen kapitalismustheoretischen Begrifflichkeit grundsätzlich erfolgversprechend ist. Trotz des hervorgehobenen Mangels an systematischer Integration der grundlegenden Dimensionen dieses Phasenmodells sowohl in synchroner wie diachroner Hinsicht wird dabei durchaus immer wieder faßbar, wie die Dynamik des jeweiligen historischen Abschnittes aus dem Ineinandergreifen allgemeiner Funktionsprinzipien und vorgegebener historischer Bedingungen erwächst. Vor allem in der Darstellung des Konkurrenzkapitalismus tritt dabei gegen die Spätkapitalismustheorie der Studentenbewegung hervor, daß diese Phase gerade aufgrund des relativ unentwickelten Grades an Internationalisierung der Produktion kaum als historische Repräsentanz eines Strukturmodells des Kapitalismus zu verstehen ist, sondern

19 Zur Ideengeschichte dieser Theorie, die ursprünglich dem russischen Ökonomen Kondratieff zugeschrieben wird, siehe ausführlich Mandel a.a.O., S. 115.

20 Anhand dieser Dimensionen, die im wesentlichen eine Konkretisierung der oben benannten Variablen darstellen, unterscheidet Mandel vier Lange Wellen, mithin vier Phasen in der Geschichte des Kapitalismus: die Entstehungsphase des Kapitalismus in der industriellen Revolution als ursprüngliche Akkumulation des Kapitals, den Konkurrenzkapitalismus (1848-1893), den Imperialismus (1894-1940) und schließlich den Spätkapitalismus, der im Verlaufe des Zweiten Weltkrieges anhebt (und nach der Theorie der Langen Wellen etwa zum gegenwärtigen Zeitpunkt sein Ende finden müßte).

vielmehr gerade von eklatanten Abweichungen von einem solchen Modell gekennzeichnet ist.

Genauso wie diese Argumentation aufzeigt, daß die oben angesprochenen Variablen erklärungsrelevant für die historischen Phasen des Kapitalismus insgesamt sind, läßt sich an Mandels Ausdifferenzierung der Binnenstruktur dieser Phasen in zwei Abschnitte und des daraus bestimmbaren Ablösungsmechanismus solcher Phasen der Erklärungsgehalt des entwickelten Widerspruchs- und Krisenmodells aufweisen. Der erste dieser Abschnitte, die aufsteigende Phase der entsprechenden Langen Welle, ist aufgrund der von den dominierenden Kapitalfraktionen und -nationen eingeleiteten technologischen Innovationen und der Eröffnung entsprechender Märkte von einem Ineinandergreifen sich wechselseitig in ihrem Einfluß auf die Profitrate stimulierender Faktoren gekennzeichnet: Weder die Entwicklung der Profitrate selbst noch die Realisierung der Profitmasse auf dem Markt gibt unter diesen Bedingungen Gründe ab für eine Beeinträchtigung kapitalistischer Produktion. Einher geht mit diesem Florieren des zentralen Mechanismus gesellschaftlicher Produktion eine Phase der Prosperität und der Stabilität des kapitalistischen Systems in seiner Gesamtheit. Mit der Verallgemeinerung der Basis dieser Aufschwungphase nutzen sich allerdings die entsprechenden Rationalisierungserfolge zunehmend ab: Die Verallgemeinerung des entsprechenden Akkumulationsmodells und seines technologischen Fundaments untergräbt gleichermaßen die aufgrund seiner anfänglichen Exklusivität realisierten Profitchancen wie sie die Märkte in Relation zum angestiegenen Produktionspotential zunehmend verengt. Mit diesem erneuten Hervortreten der grundlegenden Krisenmechanismen tritt die Lange Welle gleichzeitig in ihre absteigende Phase ein, in "eine Phase sich allmählich verlangsamender Akkumulation" (a.a.O., S. 114), konjunkturelle Krisenprozesse werden durch diesen übergreifenden Krisenzusammenhang entscheidend vertieft und zumindest die gegenwärtige Phase kapitalistischer Entwicklung gerät in eine epochale Krise. Soll sich diese Krise nicht radikalisieren zu einer Infragestellung der kapitalistischen Produktionsverhältnisse in ihrer Gesamtheit, bedarf es eines erneuten technologischen und ökonomischen Innovationsschubes, der aufgrund seiner Originalität erneut den Prozeß der Kapitalakkumulation zu stimulieren erlaubt und gleichzeitig eine neue Phase kapitalistischer Entwicklung einleitet.

Mit diesen Unterscheidungen hat Mandel das analytische Instrumentarium[21] entwickelt, mit dessen Hilfe die totalisierende Perspektive auf die Geschichte des Kapitalismus, die die anti-autoritäre Spätkapitalismustheorie in Anknüpfung an die Kritische Theorie kennzeichnet, aufgebrochen werden kann. Die entwickelte Phasentheorie macht nicht nur insgesamt verständlich, wie in den verschiedenen Phasen kapitalistischer Entwicklung die grundlegenden ökonomischen Funktionsprinzipien des Kapitalismus trotz der Mannigfaltigkeit konkreter wirtschaftlicher Organisationsformen keineswegs ihre bestimmende Bedeutung verlieren, sondern diese nur in jeweils spezifischer Form, die sich allerdings erst einer ins historische Material eindringenden Analyse erschließt, realisieren; die innere Differenzierung der Langen Wellen erlaubt es darüber hinaus, auch die (nicht nur) die anti-autoritäre Spätkapitalismustheorie kennzeichnende Unterscheidung zwischen Auf-

21 Daß Mandel die Möglichkeiten des von ihm entwickelten Phasenmodells nicht immer ausschöpft, sondern selbst letztlich auf die mit dessen Unterscheidungen relativierbaren Entgegensetzungen zurückfällt, wird im folgenden noch aufzuzeigen sein.

stiegs- und Niedergangsphasen kapitalistischer Gesellschaften jenseits der oben dargestellten globalen Fassung historisch differenziert zu reformulieren. Aufstiegsprozesse und damit auch die entsprechende Fortschrittsdynamik kapitalistischer Produktionsweise genauso wie deren Niedergangsmomente mit ihrer dominant destruktiven Dynamik können durch ihre Zuordnung zu den auf- bzw. absteigenden Phasen der Langen Wellen des Kapitalismus von einer solchen globalen Zuordnung zur Geschichte des Kapitalismus transformiert werden in Momente, die die Binnenstruktur jedes einzelnen Abschnittes dieser Geschichte kennzeichnen. Gleichzeitig ermöglicht diese Zuordnung eine widerspruchsfreie Verarbeitung der von der anti-autoritären Theorie nur aporetisch verknüpften Stabilisierungs- und Krisenpotentiale kapitalistischer Gesellschaften, indem sie durch historische Unterteilung der Phasen des Kapitalismus die Dominanz jeweils eines dieser Momente unterschiedlichen, wenn auch innerlich zusammenhängenden historischen Abschnitten innerhalb dieser Phasen selbst zuschreibt. Auf diesem Wege gelingt es Mandel tatsächlich, die innere Verklammerung integrativer wie desintegrativer Strukturmerkmale kapitalistischer Gesellschaften in der Historisierung dieses Zusammenhangs als Prozeß der wechselseitigen Ablösung relativ übergreifender Stabilitäts- und Krisenphasen zu entfalten.

Schon diese notwendigerweise skizzenhafte Darstellung der Mandelschen Phasentheorie macht ihre grundlegenden Vorzüge seiner historisch orientierten Herangehensweise für ein Verständnis der Geschichte kapitalistischer Gesellschaften und insbesondere von deren gegenwärtiger Phase deutlich. Daß es Mandel dessenungeachtet weder gelingt, dieses Vorgehen in die angezielte Vermittlung zu den Bewegungsgesetzen des Kapitals zu setzen noch auf dieser Basis sein historisches Vorgehen selbst durchzuhalten, deutet sich vor der Anwendung des skizzierten phasentheoretischen Modells auf die gegenwärtige Epoche des Kapitalismus schon in der Interpretation an, die Mandel abschließend der Theorie der Langen Wellen als dessen Kernstück gibt. Wie schon angedeutet, legt seine Darstellung sowohl der Aufeinanderfolge wie der Binnenstruktur der Phasen kapitalistischer Entwicklung ein starkes Gewicht auf die historische Kontingenz dieser Prozesse, werden die Charakteristika der verschiedenen Phasen - jenseits der tatsächlich nur als historische Voraussetzungen aufzugreifenden Momente - nicht entlang des sich historisch entfaltenden Gesamtprozesses kapitalistischer Produktionsweise entwickelt. Dieser Kontingentisierung entspricht zunächst auch Mandels in Anknüpfung an Trotzky geliefertes Verständnis des geschichtstheoretischen Status der Theorie der Langen Wellen: "As regards the large segments of the capitalist curve of developement (50 years) ... their character and duration is determined not by the internal interplay of capitalist forces but by those external conditions through whose channel capitalist developement flows. The acquisition by capitalism of new countries and continents ... such major facts ... as wars and revolutions." (Trotzky 1945, S. 112ff.; hier zitiert nach Mandel a.a.O., S. 121) Dieser Hinweis darauf, daß weder das Einsetzen noch die Qualität eines neuen Entwicklungsschubes kapitalistischer Gesellschaften aus dem "inneren Zusammenspiel kapitalistischer Kräfte" erklärt werden kann, sondern von einer Fülle historischer Voraussetzungen und menschlicher Entscheidungsprozesse abhängt[22], hält Mandel allerdings nicht davon ab, den Langen Wellen einen Status zuzuschreiben, der mit der Bezeichnung "geschichtsphilosophisch" kaum überbewertet ist. Im Gegenzug zu der oben kritisierten Unterbietung der teleologischen Ansprüche einer Durchsetzungstheorie des Kapitalismus schreibt er den Langen Wellen einen ähnlichen methodologischen Status wie dem Konjunkturzyklus selbst zu. Sowohl Länge, innere Differenzierung wie der Prozeß der Ablösung solcher Phasen lassen sich nicht nur aus dem Rückblick auf die tatsächliche Entwicklung kapitalistischer Gesellschaften empirisch konstatieren, sondern sind unmittelbarer Ausdruck einer zugrundeliegenden Gesetzmäßigkeit, die damit sowohl zur Erklärung der bisherigen wie zur Prognose der zukünftigen Entwicklung solcher Gesellschaften herangezogen werden kann.[23]

In dieser widersprüchlichen Bestimmung des methodologischen Status der gelieferten Phasentheorie tritt erstmals die ebenso widersprüchliche Dynamik der Mandelschen Argumentation insgesamt hervor: Aufgrund der anfangs problematisierten historisierenden Perspektive auf die angezielte Vermittlung von Logik und Geschichte präsentiert sich Mandels Argumentation in einem ersten Schritt jeweils als Kontingentisierung der geschichtlichen Entwicklung des Kapitalismus, die in einem zweiten Schritt aufgrund der dadurch entstehenden theoretischen wie strategischen Lücken in ihr unmittelbares Gegenteil, eine geschichtsphilosophische "Logifizierung" von Geschichte umschlägt und auf diesem Wege die festzuhaltenden Pole der Vermittlung diesmal mit umgekehrtem Vorzeichen unmittelbar zusammenfallen läßt.

Die angesprochene Auseinandersetzung über die grundsätzlich mit der Theorie der Langen Wellen verbundenen theoretischen Ansprüche macht darüber hinaus einen weiteren, schwerwiegenderen Mangel der Mandelschen Phasentheorie deutlich.

Hatte Mandel in seinen programmatischen Bemerkungen zumindest angedeutet, daß nicht nur die ökonomische Entwicklung kapitalistischer Gesellschaften als Entfaltung von deren immanenten Bewegungsgesetzen zu begreifen sei, sondern auch deren politische und ideologische Merkmale als historisch sich wandelnde Adaptionen an diese Bewegungsgesetze zu erklären seien, so trifft sein Hinweis auf "den Nachdruck, den Trotzki darauf legt, sich nicht auf 'rein' ökonomische Daten zu beschränken, sondern eine ganze Reihe gesellschaftlicher und politischer Entwicklungen in die Untersuchung zu integrieren," gleichzeitig den wunden Punkt der Realisierung dieses seines Anspruches: Die entwickelte Phasentheorie genauso wie ihre extensive empirische Veranschaulichung konzentrieren sich nahezu ausschließlich auf die ökonomische Entwicklung kapitalistischer Gesellschaften. Hinweise z. B. auf die Bedeutung, die staatlichem Handeln für die verschiedenen Dimensionen des Herausbildungs- wie Ablösungsprozesses der dargestellten

22 In diesselbe Richtung weist Mandels Hervorhebung, daß "die "lange Welle" sich nur als Ergebnis dieser zyklischen Fluktuationen (des Konjunkturzyklus; St.B.) und keineswegs als ihre quasi metaphysische Überlagerung konzipieren läßt." (a.a.O., S. 115)

23 Diese Umdeutung der Kombination systematischer Bezugspunkte und empirischer Befunde, auf die sich die "Theorie" der Langen Wellen tatsächlich beschränkt, in eine Theorie geschichtlicher Entwicklung im eigentlichen Sinne ist in der neueren Diskussion immer wieder problematisiert worden. Siehe dazu Altvater 1983, S. 219, Goldberg u. a. 1985, S. 4f. und Lutz 1984, S. 46f.

Phasen zukommt[24], finden sich so gut wie gar nicht, ganz zu schweigen von systematischen Bestimmungen der Rolle des politischen Systems kapitalistischer Gesellschaften und deren sich historisch wandelnder Funktionen.[25]

Gesellschaftliche Entwicklungen schließlich, die in ihrer Eigenart unmittelbar von kulturellen Definitionen abhängig sind, werden in Bezug auf den Klassenkampf um die Mehrwertrate als unmittelbarer sozialer Auseinandersetzung zwischen Arbeiterklasse und Kapitalisten zwar angedeutet: Indem das "Ringen um den Arbeitslohn" (a.a.O., S. 140f.) in entscheidender Form von den gesellschaftlich verbindlichen Vorstellungen bzgl. des gesellschaftlich gültigen Lebens- und Konsumniveaus abhängig gemacht wird, wird deutlich, daß den Resultaten dieser Auseinandersetzung durch solche, kurzfristig kaum anpassungsfähige kulturellen Definitionsprozesse Grenzen gesetzt sind, die jenseits der Determiniertheit durch ökonomische Gesetzmäßigkeiten liegen.[26] Darüber hinaus ist auch in der Thematisierung des Problems der Mehrwertrealisierung als eines der grundsätzlichen Funktionsprobleme kapitalistischer Gesellschaften angedeutet, daß Prozesse der Freisetzung und Beschränkung eines sich ausweitenden und ausdifferenzierenden Konsumtionsprozesses auch für die Entwicklung des kapitalistischen Produktionsprozesses von grundlegender Bedeutung sind. Welche Charakteristika auf dieser Basis dem "Reproduktionsbereich" insgesamt zukommen, welche Defizite wie Entwicklungsperspektiven er aufweist und wie diese sich in historischer Sicht entfalten, bleibt dagegen ausgeklammert.[27]

Bleibt das Urteil über Mandels Phasentheorie nach ihrer ökonomischen Seite ambivalent, so fällt aufgrund dieses offensichtlichen Mangels eine Beurteilung seiner Argumentation bzgl. des Aufweises der Dynamik kapitalistischer Gesellschaften als Ganzer umso leichter. Im Zentrum seiner Arbeit, der Analyse der gegenwärtigen Phase kapitalistischer Entwicklung bleibt zu überprüfen, welche weitere Bearbeitung insbesondere letzteres Defizit findet.

---

24 Das ist umso verblüffender, als sowohl der Prozeß technologischer Innovation wie die Internationalisierung des Kapitals grundsätzlich nicht ohne die Innen- bzw. Außenwirkungen des Nationalstaates denkbar sind. Andere orthodoxe Autoren haben diesen Gesichtspunkt (meist aufgrund der starken bildungsökonomischen Orientierung) stärker berücksichtigt. Siehe dazu vor allem Roth/Kanzow a.a.O., die den Prozeß der Integration wissenschaftlicher Resultate in den kapitalistischen Produktionsprozeß gleichzeitig als Prozeß der staatlichen und parastaatlichen Institutionalisierung von Wissenschaft selbst nachzeichnen.

25 Solche allgemeinen Hinweise sind zwar in der folgenden Analyse des Spätkapitalismus enthalten, finden aber gerade wegen dieser Anbindung an konkrete Entwicklungen keine systematische Einbindung in die dargestellte Phasentheorie kapitalistischer Gesellschaften.

26 Diesem Sachverhalt hat Marx durch den Hinweis auf das "historische oder gesellschaftliche Element, das in den Wert der Arbeitskraft eingeht" und seinen Ausdruck in "einem traditionellen Lebensstandard in jedem Land" findet, Rechnung getragen. Auf dieser Basis bewegen sich die tatsächlichen Resultate der Klassenauseinandersetzung innerhalb "einer unendlichen Stufenleiter von Variationen" zwischen Extremen, die ihrerseits allerdings ökonomisch bestimmbar sind. (MEW 16, S. 148)

27 Genausowenig wird die Vielzahl derjenigen Krisenprozesse, die später zum Bild einer Krise des "Spätkapitalismus in seiner Gesamtheit" verdichtet werden, innerhalb der grundsätzlichen kapitalismustheoretischen und -historischen Überlegungen angesprochen. Selbst die "ökologische" Problematik, die unmittelbar dem ökonomischen Bereich zuzuordnen wäre, bleibt unerwähnt. Die Frage nach dem widersprüchlichen Charakter des kapitalistischen Produktionsprozesses auch in seinem Modus der Naturaneignung und dessen Entfaltung in der Geschichte des Kapitalismus ist für Mandel augenscheinlich systematisch nicht integrierbar in die aufgewiesene "Dialektik kapitalistischer Rationalisierung".

Ziel der bisher dargestellten kapitalismustheoretischen und -historischen Überlegungen Mandels war die Entwicklung eines konzeptionellen Rahmens zur Einordnung der gegenwärtigen fortgeschrittenen Phase kapitalistischer Vergesellschaftung. Innerhalb dieses Bezugsrahmens wird der Spätkapitalismus in der Folge tatsächlich als eine der Langen Wellen identifiziert, die die historische Entwicklung des Kapitalismus insgesamt kennzeichnen. Die Lange Welle des Spätkapitalismus, deren Anheben Mandel noch innerhalb des Zweiten Weltkrieges verortet[28], wird in ihrer Kontinuität wie Originalität gegenüber vorangehenden langen Wellen des Kapitalismus als Verschärfung von dessen grundlegenden Widersprüchen bestimmt: Genauso wie in einer historisch einzigartigen "Beschleunigung der technologischen Erneuerung" (a.a.O., S. 230) die Rationalisierungsdynamik dieser Gesellschaften überhaupt forciert wird, wird diese rationelle Durchdringung der Welt im gleichermaßen vorangetriebenen Prozeß der Internationalisierung des Kapitals zunehmend universalisiert (a.a.O., S. 289ff.). Ihre Zusammenfassung finden diese fortschrittlichen Momente der Entwicklung des Kapitalismus in einer - wenn auch weiterhin disparitären[29] - Entfaltung des gesellschaftlichen Reichtums und einer entsprechenden Erhöhung des Lebensstandards auch der Arbeiterklasse, die vor allem nach den Verelendungsprozessen im Anschluß an den Zweiten Weltkrieg außerhalb des Bereiches der Vorstellung lag (a.a.O., S. 140ff.). Konterkariert wird die "Fortschrittlichkeit" auch der gegenwärtigen Phase kapitalistischer Entwicklung von einer Verschärfung destruktiver Prozesse, die kaum weniger bemerkenswert ist: von der erstmaligen Möglichkeit der kriegerischen wie "friedlichen" Selbstvernichtung der menschlichen Gattung[30] durch die Anwendung der "fortschrittlichen" Technologien, der partiellen Aktualisierung dieser Möglichkeiten im enormen Wachstum der Rüstungsproduktion (a.a.O., S.

28 Zur zeitlichen und nationalen Zuordnung der den Spätkapitalismus kennzeichnenden Entwicklungsprozesse siehe Mandel a.a.O., S. 138f. Mandel hebt hier die zeitliche Verschiebung, mit der sich diese Prozesse in den führenden kapitalistischen Nationen durchgesetzt haben, hervor; in Übereinstimmung mit der Fordismustheorie wird dabei den USA eine Vorreiterstellung eingeräumt (a.a.O., S. 139) - Insgesamt orientiert sich Mandels Argumentation trotz solcher Hinweise auf national unterschiedliche Verläufe der grundlegenden Prozesse des Spätkapitalismus insgesamt vorwiegend an der westeuropäischen Entwicklung, dabei besonders der westdeutschen. Diese Konfundierung übergreifender Charakteristika fortgeschrittener kapitalistischer Gesellschaften mit der Dynamik bestimmter Nationen kennzeichnet mehr oder weniger alle der bisher und im weiteren dargestellten Entwürfe. Ohne eine (vergleichende) Analyse der jeweils spezifischen Bedingungen der führenden kapitalistischen Staaten ist allerdings nicht abzusehen, wie eine solche Konfundierung aufzubrechen ist; die weitere Argumentation auch der vorliegenden Arbeit wird aus diesem Grunde von demselben Mangel gekennzeichnet sein. (Zur Logik und Methodologie des internationalen Vergleiches vor allem für Verallgemeinerungen auf der Ebene makrosozialer Strukturen siehe Scheuch 1967, S. 21ff. u. Berstecher 1970, S. 15ff.) - Dadurch, daß Mandel das Anheben der Langen Welle des Spätkapitalismus im Verlaufe des Zweiten Weltkrieges ansetzt, gelingt es ihm, auf der einen Seite der oben angesprochenen Ausweitung dieser Phase bis in die Anfänge des 20. Jahrhunderts zu entgehen, auf der anderen Seite aber auch einer Interpretation aus dem Wege zu gehen, die die Beendigung des Zweiten Weltkrieges als "Stunde Null" der Entwicklung der westdeutschen Gesellschaft zu begreifen sucht, ohne die bestehenden Kontinutäten sowohl zur präfaschistischen wie faschistischen Periode zu berücksichtigen. Siehe hierzu Grebing u. a. 1980, Bd.1, S. 4ff.

29 Mandel weist darauf hin, daß das erhebliche Ansteigen des Reallohns zumindest für die erste Phase der Entwicklung des Spätkapitalismus zusammenfiel mit einer Abnahme des relativen Anteils des Lohnes an der gesellschaftlichen Reichtumsproduktion, der Prozeß der absoluten Steigerung des Lebensstandards durchaus als "relative Verelendung" gemessen am Stand der gesellschaftlichen Reichtums- und Bedürfnisproduktion zu begreifen ist. (a.a.0., S. 145ff.)

30 "Der Widerspruch zwischen wachsender Vergesellschaftung der Arbeit und privater Aneignung führt ... im Zeitalter des Spätkapitalismus zu einer solchen Potenzierung dieser Gesamtirrationalität, daß sie nicht nur die bestehende Gesellschaftsform, sondern die menschliche Zivilisation mittelfristig bedroht." (a.a.O., S. 511)

255) und dem tatsächlichen Grad der Naturzerstörung (a.a.O., S. 513) bis hin zur Verschärfung internationaler Spannungen durch die Vertiefung des Prozesses ungleicher Entwicklung und dem Hervortreten ökonomischer Krisen auch in den Metropolen des kapitalistischen Weltsystems (a.a.O., S. 498).

Auf diese Verschärfung seiner Rationalisierungsdialektik und des ihr zugrundeliegenden Widerspruches zwischen zunehmender Vergesellschaftung und weiterhin privater Verfügung reagiert der Kapitalismus mit einem übergreifenden Prozeß der Organisierung der gesellschaftlichen Verhältnisse. Dieser Prozeß selbst ist von einer ähnlichen Ambivalenz wie seine auslösenden Bedingungen gekennzeichnet: Einerseits gelingt ihm zwar eine zumindest temporäre Kompensation der Defizite kapitalistischer Vergesellschaftung und damit deren Stabilisierung, andererseits stellt das Hervortreten solcher auf gesamtgesellschaftliche Planung gerichteter Stabilisierungsmechanismen nur einen weiteren Schritt zur Herausbildung systemfremder, postkapitalistischer Funktionsprinzipien dar, einen Meilenstein in "der Aufhebung der kapitalistischen Produktionsweise innerhalb der kapitalistischen Produktionsweise selbst ... einen bloßen Übergangspunkt zu einer neuen Produktionsform".[31] Diese Organisierung des privaten Vergesellschaftungsprozesses bleibt dabei nicht auf ökonomische Formen wie Zentralisation und Konzentration des Kapitals, die Herausbildung von Monopolen und Aktiengesellschaften beschränkt, sondern umfaßt neben den verschiedenen Formen des zunehmenden Staatsinterventionismus eine sich vervollständigende Organisation auch "der Erzeugung von Kulturgütern" (a.a.O., S. 510) gemäß den Funktionserfordernissen des kapitalistischen Verwertungsprozesses. Da aber auch der "organisierte Kapitalismus" weiterhin in die Schranken des Privateigentums an Produktionsmitteln gebannt bleibt, "mit verallgemeinerter Warenproduktion verkettet ist" (a.a.O., S.459), stellen diese Organisierungsprozesse sowohl in ihrer ökonomischen wie gesamtgesellschaftlichen Dimension erneut Elemente dar, die in Richtung auf eine Aufhebung des grundsätzlich anarchischen Charakters der kapitalistischen Warenproduktion weisen, schlagen selbst um in Bedingungen, die nicht nur die "Krise der kapitalistischen Produktionsverhältnisse", sondern auch deren Totalisierung hin zur Krise "des Spätkapitalismus in seiner Gesamtheit" einleiten.

Mandels Darstellung der einzelnen Momente des hier skizzierten Entwicklungsprozesses spätkapitalistischer Gesellschaften vollzieht sich entlang letzterer Unterscheidung: In einem ersten Schritt geht es ihm um den Aufweis der ökonomischen Krisendynamik spätkapitalistischer Gesellschaften, während der zweite Teil seiner Analyse dem Prozeß der Totalisierung dieser Dynamik in eine Krise des Gesamtprozesses auch des politischen und ideologischen Bereiches solcher Gesellschaften gewidmet ist. Vor einem Eingehen auf die Konkretisierung der Spezifika des Spätkapitalismus wird schon an den allgemeinen Einschätzungen dieser Charakteristika die anti-revisionistische Stoßrichtung der Mandelschen Argumentation deutlich: Die von Hilferding entwickelte Konzeption des "organisierten Kapitalismus", auf deren Kritik Mandels Argumente abzielen, verband als eine der klassischen Varianten des Revisionismus mit dem Hinweis auf die öko-

31 Siehe MEW 25, S. 454; hier zitiert nach Mandel a.a.O., S. 459. Daß schon Marx die Formen, in denen sich dieser Übergang zum "organisierten Kapitalismus" vollzieht, präsent waren, wird am selben Ort deutlich: "Er (der sich selbst aufhebende Widerspruch; St.B.) stellt in gewissen Sphären das Monopol her und fordert daher die Staatseinmischung heraus."

nomischen und staatlichen Regulierungsformen kapitalistischer Gesellschaften gerade eine prinzipielle Infragestellung des anarchischen Charakters dieser Produktionsweise und der daraus entspringenden Notwendigkeit von Krisen.[32]

Indem solche Positionen tendenziell "den Gang der Wirtschaft als von bewußten geplanten oder willkürlichen Entscheidungen der Monopole und des Staates bestimmt sehen" (a.a.O., S. 462f.), müssen sie davon ausgehen, daß "es der staatlichen Regulierung der Wirtschaft oder der "Macht der Monopole" ... gelingt, die Wirkung des Wertgesetzes" als Ausdruck des naturwüchsigen Vergesellschaftungsmechanismus der Privatproduktion "endgültig und auf die Dauer auszuschalten" (a.a.O.).[33]

Wie die oben gelieferte Skizze der Organisierungsprozesse des Kapitalismus zeigt, geht Mandel bei der Auseinandersetzung mit solchen Revisionismen, indem die Beschreibung der Phänomene, an denen sich die revisionistische Argumentation entzündet, durchaus ernst genommen werden und einer eingehenden empirischen Darstellung unterzogen werden, weitaus differenzierter vor, als dies in der entsprechenden Kritik der studentischen Orthodoxie der Fall war.[34] Im Versuch der Erklärung dieser Phänomene (hierbei vor allem des Prozesses der Monopolbildung) zeigt Mandel allerdings überzeugend auf, daß solche Organisationsformen der kapitalistischen Ökonomie, solange die freie Bewegung des Kapitals (und damit der Ausgleich der Profitrate als Mechanismus der Durchsetzung des Wertgesetzes) nicht weltweit und auf Dauer außer Kraft gesetzt werden kann, sowohl in ihrem Wirkungskreis wie in ihren zeitlichen Perspektiven nur beschränkte Bedeutung gewinnen können (a.a.O., S. 465). Zwar, so gesteht Mandel in diesem Zusammenhang zu, könne man diese Bedingung eines fortdauernden Wirkens des Wertgesetzes empirisch in Frage stellen, müsse in diesem Fall aber die Konsequenz, "daß die heutige Gesellschaft aufgehört hat, eine kapitalistische zu sein"

32 Mandel selbst (a.a.O., S. 30ff.) bezieht sich in seiner Diskussion der Krisentheorie ausdrücklich auf Hilferdings Infragestellung der Notwendigkeit von Krisen. Daß allerdings, wie angedeutet, auch Hilferding - zumindest was seine frühen Arbeiten betrifft - nicht ohne weiteres der Seite des "Revisionismus" zugeschlagen werden kann, macht beispielsweise die Art und Weise deutlich, in der er 1910 (1973, S. 456) die fortdauernde Dialektik von Organisation und Anarchie der Konkurrenz bestimmt hat: "Das Finanzkapital ... verabscheut die Anarchie der Konkurrenz und will die Organisation, freilich nur, um auf immer höherer Stufenleiter die Konkurrenz aufnehmen zu können." Daß Habermas (1973, S. 50), wie im weiteren zu sehen sein wird, den Begriff des "organisierten Kapitalismus" als Explikation von "Spätkapitalismus" verwendet, spricht allerdings dafür, daß mit der Fortentwicklung dieser Konzeption die "revisionistische" Vereinseitigung der damit angesprochenen Dialektik kapitalistischer Vergesellschaftungsformen zunehmend in den Vordergrund getreten ist. Siehe dazu Homburg 1986, S. 469. und Vranicki 1983, S. 365f.

33 Daß auch die neueren Versuche der Relativierung der Marxschen Kapitalismustheorie hierzu den Weg einer Problematisierung, wenn nicht gar eines Fallenlassens der Marxschen Werttheorie einschlagen, ergibt sich aus der grundlegenden Bedeutung, die dem Wertgesetz als Verlaufsform des Widerspruches zwischen Privatheit und Gesellschaftlichkeit der kapitalistischen Produktionsweise zukommt. Siehe dazu exemplarisch Habermas 1981b, S. 493ff. und in Anknüpfung daran Brunkhorst 1983, S. 50ff.

34 Weil Mandel derart die empirische Originalität aktueller Entwicklungsprozesse nicht in Frage stellt, greift er auch nicht zu dem - in bestimmten Grenzen durchaus legitimen - Verfahren einer historischen Relativierung dieser Phänomene. Tatsächlich läßt sich für jedes der aufgewiesenen Merkmale kapitalistischer Gesellschaften zeigen, daß sich dieses qualitativ auch in jeder der vorausgegangenen Phasen kapitalistischer Vergesellschaftung festmachen läßt. In diese Richtung argumentiert z. B. Sweezy 1973 (1959), S. 13ff. Für eine Phasentheorie kapitalistischer Entwicklung käme es aber gerade darauf an, hinausgehend über diese auch unmittelbar historischen Kontinuitäten jeweils den Umfang und die spezifische Bedeutung dieser Momente für die entsprechende historische Epoche deutlich zu machen.

(a.a.O., S. 462) in Kauf nehmen.[35] Neben dem Verweis auf diesen begrifflichen "Grundwiderspruch" revisionistischer Positionen geht es Mandel hinausgehend über andere orthodoxe Versuche darum, nicht nur auf grundsätzlicher Ebene gegenüber den verschiedenen Varianten der Infragestellung[36] der Grundannahmen der Marxschen Kapitalismustheorie auch im einzelnen aufzuzeigen, daß die von diesen Varianten thematisierten Entwicklungen gerade in ihrer empirischen Originalität nur begreifbar sind, wenn man ihre empirisch zu Tage tretenden Widersprüche rückbezieht auf die weiterhin bestehende strukturelle Widersprüchlichkeit kapitalistischer Gesellschaften.

Charakteristika fortgeschrittener kapitalistischer Gesellschaften wie die zunehmende Rolle von Wissenschaft und Technologie, die Trennung zwischen Kapitaleigentum und -verfügung in der "managerial revolution"[37] und das Wachstum des Dienstleistungssektors werden dabei in differenzierter Form aufgegriffen und in einem zweiten Schritt einer theoretischen Analyse unterzogen, der es jeweils gelingt die Unangemessenheit der revisionistischen Interpretationen[38] aufzuzeigen und im Gegenzug zu belegen, daß sich diese Prozesse durchaus als Ausdruck der fortdauernden Wirksamkeit der Bewegungsgesetze kapitalistischer Gesellschaften und deren *immanenter* Selbstaufhebungstendenzen begreifen lassen.[39]

Mandel möchte sich in seiner Arbeit allerdings nicht darauf beschränken in kritischer Abgrenzung vom Revisionismus aufzuzeigen, *daß* ein solches Verständnis aktueller Entwicklungen auf Basis der Bewegungsgesetze kapitalistischer Produktion möglich ist, sondern in seinem Anspruch auf die Erklärung solcher Entwicklungen auch die Frage beantworten, *wie* sich in den Spezifika des Spätkapitalismus diese in der Geschichte des Kapitalismus kontinuierlich wirksamen Gesetze entfalten.[40] Der damit endgültig angegangene Versuch der "Erklärung des Spätkapi-

---

35 Schon Marx hatte diese Konsequenz der Annahme einer Aufhebung der Naturwüchsigkeit kapitalistischer Gesellschaften durch umfassende Planung hervorgehoben: "Unter diesen Unterstellungen (contradictio in adjecto), wenn die kapitalistische Produktion absolut sozialistische Produktion wäre, könnte in der Tat keine Überproduktion stattfinden" (MEW 26.3, S. 115)

36 Als konkrete Formen eines solchen "Revisionismus" spricht Mandel die Postindustrialismustheorie, die "Kritische Spätkapitalismustheorie" und die "Theorie des staatsmonopolistischen Kapitalismus" an.

37 Zur orthodoxen Kritik der von Burnham entwickelten These, mit der Trennung von Eigentum und Leitung des Produktionsprozesses sei dessen Orientierung an partikularen Kapitalinteressen grundsätzlich berührt, siehe auch Sweezy 1973 (1959), S. 38f. und Gurland 1981 (1941), S. 263ff.

38 Wie Sweezy an einigen typischen Argumentationsmustern der "Theorie des Neuen Kapitalismus" aufzeigt, beschränken sich solche Interpretationen häufig darauf, auf Basis überzogener empirischer Verallgemeinerungen die Tatsache empirischer Veränderungen des Kapitalismus selbst schon als hinreichenden Beleg für entsprechende strukturelle Änderungen in der kapitalistischen Produktionsweise gelten zu lassen. (a.a.O., S. 14)

39 So gelingt es Mandel z. B. an der zunehmenden Rolle von Technik und Wissenschaft für den unmittelbaren Produktionsprozeß, der der "Kritischen Spätkapitalismustheorie" als eine derjenigen sozialen Entwicklungen gilt, die die Geltung der Mehrwerttheorie in Frage stellen (siehe dazu Adorno 1975, S. 163), aufzuzeigen, daß die systematische Integration von Wissenschaft und Technik in den Produktionsprozeß gerade aus der inneren Logik kapitalistischer Rationalisierung entspringt, sowohl ihrem Formprinzip der relativen Mehrwertproduktion wie dessen technologischer Basis in der Großen Industrie entspricht. (a.a.O., S. 230) Ähnlich siehe Roth/Kanzow a.a.O., S. 91ff., die auf Basis dieser Voraussetzung sowohl den Prozeß der Verwissenschaftlichung der Produktion selbst wie dessen Konsequenzen für die Institutionalisierung von Wissenschaft und Forschung historisch nachzeichnen.

40 Mandel möchte nicht nur zeigen, daß "sich die Wirtschaft der westlichen "Industriegesellschaft" weiterhin nach den von Marx entdeckten Entwicklungsgesetzen der kapitalistischen Produkti-

talismus" differenziert diese Phase kapitalistischer Entwicklung gemäß der Theorie der Langen Wellen ihrerseits in zwei Abschnitte. Der aufsteigende Abschnitt der langen Welle des Spätkapitalismus, der zusammenfällt mit der Zeit des "Wirtschaftswunders", hebt an schon unter den Bedingungen des von den Nationalsozialisten betriebenen technologischen und sozialen Formierungsprozesses und dessen stimulierenden Effekten auf die Entwicklung der Profitrate. Neben die durch die nationalsozialistische Zerschlagung der Arbeiterbewegung (und den Überschuß an Arbeitskräften in der Nachkriegszeit) ermöglichte außerordentliche Steigerung der Ausbeutung der Arbeiterklasse mit einem entsprechend "raschen und bedeutsamen Wachstum der Mehrwertrate (a.a.O., S. 149) tritt ein technologischer Innovationsschub, der die Herausbildung und Durchsetzung neuartiger Basistechnologien wie Petrochemie, Elektronik und Atomtechnik mit Umorganisationen des Produktionsprozesses in Richtung auf dessen Automatisierung zur "dritten technologischen Revolution" (a.a.O., S. 171ff.) verbindet.[41] Dieser technologische Schub, der allerdings in der in diesem Ausmaß für den Spätkapitalismus charakteristischen Ausweitung der Rüstungsproduktion von vornherein mit den destruktiven Momenten der kapitalistischen Technologie verklammert ist[42], wird gleichzeitig zur Basis der Herausbildung neuer Produktionssparten (a.a.O., S. 176f.): Von der industriellen Produktion von Rohstoffen über die Produktion dauerhafter Konsumgüter bis hin zur Herstellung technologisch hochentwickelter Investitionsgüter und eröffnet gleichzeitig entsprechende Absatzmärkte für diese neuen Produkte.

Ausschöpfbar werden diese neuartigen und umfangreichen Profitchancen durch einen mit dem Hervortreten einer neuen kapitalistischen Hegemonialmacht, den USA[43], verbundenen erneuten Schub im Internationalisierungsprozeß kapitalistischer Gesellschaften. Sowohl im Rahmen einer neuen Form der internationalen Arbeitsteilung als Umorganisation bestehender regionaler und nationaler Entwicklungsunterschiede (a.a.O., S. 65f.), einer (auf eine anfängliche Phase der Stagnation folgende) Ausweitung des Weltmarktes (a.a.O., S. 124f.) wie schließlich der Internationalisierung des Kapitalverhältnisses selbst in der Herausbildung multinationaler Konzerne (a.a.O., S. 294) treibt der Spätkapitalismus die "Internationalisierung der Produktivkräfte" (a.a.O., S. 525) voran.

Die rasante Beschleunigung des Expansions- und Intensivierungsprozesses kapitalistischer Vergesellschaftung in den ersten 20-25 Jahren des Spätkapitalismus und ihre Konsequenz einer fortdauernden Steigerung der Profitrate als Stimulus des Wirtschaftwachstums verdichtet sich in diesem Zeitraum - trotz der weiterhin

onsweise entfalten wird", sondern auch "*die Art und Weise, in der sich das Wertgesetz in seiner Gesamtheit im Spätkapitalismus durchsetzt, nachweisen.*" (a.a.O., S. 463)

41 Zu dieser Interpretation der Umstruktuierungen des Produktionsprozesses in der Nachkriegszeit siehe auch Roth/Kanzow 1971, S. 10ff. und S. 134ff. In ihrer detaillierten Analyse weisen sie allerdings daraufhin, daß bei diesem Rationalisierungsprozeß nicht unmittelbar eine Vollautomatisierung der Produktion ansteht, vielmehr Prozesse der Vollmechanisierung und Teilautomatisierung überwiegen.

42 "Die technische Möglichkeit der Automation entspringt aus der Rüstungswirtschaft." (a.a.O., S. 179)

43 Mit diesem Hinweis auf die Verklammerung der Entwicklung des Spätkapitalismus mit dem ökonomischen, politischen und ideologischen Modellcharakter der Vereinigten Staaten trifft sich Mandel erneut mit der Fordismustheorie.

bestehenden Wirksamkeit des Konjunkturzyklus[44] - zu einer Stabilität und Prosperität kapitalistischer Gesellschaften, die die grundlegenden Beschränkungen der Entwicklung der Profitrate aus dem Blick geraten und das Bild einer ebenso grundlegenden Krisenhaftigkeit solcher Gesellschaften verblassen läßt.

Seit Beginn der 60er Jahre beginnen sich aber Prozesse abzuzeichnen, die diesem Bild erneut Konturen verleihen[45]: Mit der militärischen, politischen, währungspolitischen und technologischen Relativierung der kapitalistischen Hegemonialmacht sowohl gegenüber ihren kapitalistischen Konkurrenten wie in der Konsolidierung des osteuropäischen Herrschaftssystems (a.a.O., S. 423ff.) und der zunehmenden Verallgemeinerung der neuen Produktionstechnologien in den Metropolen und zum Teil auch den Halbkolonien erschöpft sich zunehmend der Spielraum sowohl für die Produktion von Extraprofiten wie für deren Realisierung auf dem Weltmarkt. Aufgrund des weiterhin ansteigenden Produktionsausstoßes verschärft sich gleichzeitig die internationale Konkurrenz und treten in der wachsenden Verelendung der 3. Welt auch die Kosten des kapitalistischen Internationalisierungsprozesses mit den entsprechenden Versuchen einer Abkopplung dieser periferen Länder vom leitenden Hegemonialmodell zunehmend hervor. Indem die Arbeiterklasse der Metropolen des kapitalistischen Weltsystems auf Basis der Ende der 50er Jahre einsetzenden Vollbeschäftigung ihre Kampfposition entscheidend verbessern und tatsächlich nicht unbedeutende Reallohnsteigerungen durchsetzen kann, fallen darüber hinaus auch nach der Seite der Mehrwertrate entscheidende profitfördernde Bedingungen weg.[46]

Aufgrund dieser Selbstuntergrabung seiner Fortschrittsdynamik tritt die Lange Welle des Spätkapitalismus in der Mitte der 60er Jahre in ihre absteigende Phase ein, formiert sich über die Abwärtsbewegungen des Konjunkturzyklus eine strukturelle Krisentendenz, die sich seit der ersten Hälfte der 70er Jahre tatsächlich in ökonomischen Krisen innerhalb der kapitalistischen Metropolen und des kapitalistischen Weltsystems in seiner Gesamtheit niederschlägt.[47]

Daß diese Beschreibung grundlegender Entwicklungen der 70er Jahre zu Beginn dieser Jahre formuliert ist, verweist auf die Vorzüge der Mandelschen Arbeit: Nicht nur hat er in seinem Erklärungsversuch vergangener und gegenwärtiger Entwicklungen eine Fülle von systematisch zu berücksichtigenden Gesichtspunkten eingebracht und diese in extensiver Form empirisch veranschaulicht, darüber hinaus weist seine Arbeit auch in der Prognose zukünftiger Entwicklungen zunächst eine bemerkenswerte Qualität auf. War zu Beginn der 70er Jahre - ge-

44 Mandel weist daraufhin, daß es in der BRD auch vor der Rezession 1966/67 "Konjunkturschwankungen" gegeben hat, die allerdings von dem übergreifenden Wachstumstrend der aufsteigenden Phase der langen Welle überdeckt worden sind. (a.a.O., S. 403)

45 "Die Legende ist in diesen Jahren zusammengebrochen: jene der krisenfesten und einen steten Fortschritt des Lebensstandards gewährleistenden 'sozialen Marktwirtschaft'." (Mandel 1969, S. 5)

46 Eine Auseinandersetzung mit den benannten Momenten im Einzelnen ist hier nicht möglich. Wieweit sie tatsächlich bei einer Erklärung des Spätkapitalismus tragen, könnte nur im Zusammenhang einer materialen Analyse der historischen Entwicklung der kapitalistischen Gesellschaften geprüft werden. - Als Zusammenfassung dieser verschiedenen Momente anhand der "Wirkung des Wertgesetzes" siehe Mandel a.a.O., S. 495ff.

47 Neben einer erneuten "Vergrößerung des Produktivitäts-, Einkommens- und Wohlstandsgefälles zwischen den Einwohnern der Metropolen einerseits und denen der Kolonien und Halbkolonien andererseits" ist auf dieser Basis auch eine "Verschärfung der gesellschaftlichen Widersprüche und Spannungen in den Metropolen" zu erwarten. (a.a.O., S. 498)

rade unter den Bedingungen des anhebenden Reformprojekts der Sozialdemokratie - die langfristige, wenn nicht sogar prinzipielle Möglichkeit der Bewältigung ökonomischer Krisen auch unter marxistisch orientierten Theoretikern eine nahezu selbstverständliche Voraussetzung, so teilt Mandel mit anderen orthodoxen Varianten des Marxismus den Erfolg eines Beharrens auf einer scheinbar historisch überholten Diagnose kapitalistischer Gesellschaften. An diesen Vorzügen seines Erklärungsversuches der aktuellen Entwicklung kapitalistischer Gesellschaften zeigt sich darüber hinaus erneut die theoretische Aufschließungskraft, die der von ihm konzipierten Phasentheorie überhaupt - zumindest für die ökonomische Entwicklung solcher Gesellschaften - zukommt.

Trotz dieser unbestreitbaren Vorzüge bleibt aber auch Mandels "Versuch einer marxistischen Erklärung des Spätkapitalismus" unbefriedigend, wenn man sich erneut die mit diesem verbundenen Ansprüche vergegenwärtigt. Zwar ist es diesem Versuch gelungen, anhand der kapitalismustheoretischen Begrifflichkeit eine Fülle historischer Stabilisierungs- und Niedergangsmomente fortgeschrittener kapitalistischer Gesellschaften aufzuweisen; die nähere Betrachtung dieser komplexen Vielfalt von Entwicklungen zeigt aber, daß die Integration ihrer verschiedenartigen Momente erneut in einem doppelten Sinn nicht geleistet wird: Weder wird deutlich, wie sich in der Binnenstruktur des Spätkapitalismus Bewegungsgesetze und kontingente Prozesse zu einer spezifischen Totalität dieser Phase des Kapitalismus verschränken, geboten wird vielmehr eine ihrerseits kontingente Zusammenbindung der kapitalismustheoretischen Variablen auf der einen, empirisch aufgegriffener Entwicklungen auf der anderen Seite[48]. Genausowenig wie auf diesem Wege die innere Struktur des Spätkapitalismus als spezifische historische Form des Gesamtprozesses der kapitalistischen Ökonomie bestimmt wird, wird die Stellung dieser Phase kapitalistischer Entwicklung im Entfaltungsprozeß kapitalistischer Gesellschaften überhaupt deutlich. Die spezifische Verschärfung, die die spätkapitalistische Form der Durchsetzung des Wertgesetzes kennzeichnet, und die behauptete originelle Zuspitzung der Niedergangsdynamik solcher Gesellschaften in deren gegenwärtiger Entwicklungsphase bleibt auf diese Art und Weise unterbestimmt.[49]

Die oben hervorgehobenen Qualitäten der Mandelschen Analyse des Spätkapitalismus ergeben sich, wie sich schon in seinen methodologischen und kapitalismustheoretischen Vorüberlegungen angedeutet hat, also eher aus einer intensiven Auseinandersetzung mit den empirischen Erscheinungsformen dieser Entwicklungsphase als aus einer gelungenen Vermittlung zwischen "Logik" und "Ge-

48 Diese eklektizistische Zusammenfügung allgemeiner Charakteristika kapitalistischer Gesellschaften und konkret-historischer Entwicklungen ist auch bei anderen orthodoxen Theoretikern faßbar. Gelingt es diesen zwar meist aufzuzeigen, daß es eine Affinität zwischen beiden Momenten gibt, bleibt der Aufweis des bestimmten Charakters dieser Beziehung meist darauf beschränkt, auf die "zunehmende" Ausprägung und die "Verschärfung" allgemeiner Merkmale des Kapitalismus in dessen gegenwärtiger historischer Gestalt hinzuweisen. Siehe dazu erneut die Arbeit von Roth u. Kanzow (S. 134ff.), auch wenn diese in der Hervorhebung des Subsumtionsbegriffes die Möglichkeit einer qualitativen Vermittlung zwischen beiden Momenten andeutet.

49 Ablesbar wird dies gerade an dem oben erwähnten Versuch, den "Spätkapitalismus in seiner Gesamtheit" als spezifische Form der Durchsetzung des Wertgesetzes zu bestimmen. Die damit angezielte Zusammenfassung des Erklärungsversuches Mandels (a.a.O., S. 495ff.) liefert an keinem Punkt ein Mehr an Erklärungsgehalt gegenüber den vorher dargestellten einzelnen Entwicklungen. Indem sich diese Entwicklungen ihrerseits auf ganz unterschiedlichen Niveaus theoretischer Abstraktion bewegen, ohne daß die Beziehung dieser Niveaus weiter thematisiert wird, zeigt diese Zusammenfassung gleichzeitig, daß der entsprechende Erklärungsversuch kaum dem formulierten Anspruch auf eine Vermittlung von "Logik" und "Empirie" genügt.

schichte", "Notwendigkeit" und "Kontingenz" kapitalistischer Gesellschaften. Daß eine solche Historisierung spätkapitalistischer Gesellschaften, die zwar kurzfristige Prognosen bzgl. deren Entwicklung ermöglicht, eine welthistorische Interpretation solcher Entwicklungen aber kaum zuläßt, dem eigenen Anspruch auf eine Interpretation des Spätkapitalismus als historisch abschließender Phase kapitalistischer Vergesellschaftung nicht gerecht werden kann, bewegt Mandel in seinem zusammenfassenden Teil erneut dazu, den Rahmen dieser Historisierung zu sprengen, ihre Stärken wie Beschränkungen gleichermaßen über Bord zu werfen.

In dieser Zusammenfassung geht es Mandel ausdrücklich darum zu zeigen, "wie sehr die grundlegenden Bewegungsgesetze und immanenten Widersprüche des Kapitals im Spätkapitalismus nicht nur fortwirken, sondern auf die Spitze getrieben werden" (a.a.O., S. 8). Die bisher erfolgreich verfolgte Strategie des Aufweises einer *Verschärfung* der Widersprüche des Kapitalismus wird damit verlängert in eine teleologische Konzeption, die gleichzeitig den Spätkapitalismus als *Kulminationspunkt* dieser Teleologie kapitalistischer Gesellschaften zu bestimmen sucht, an dem die Überwindung dieser Entwicklungsform von Gesellschaft überhaupt ansteht. "Endgültig" (S. 517) nimmt der "Widerspruch zwischen dem Wachstum der Produktivkräfte und den veraltenden kapitalistischen Produktionsverhältnissen eine explosive Form an" (S. 499), werden die Gegensätze, "die in der Schonzeit des Kapitalismus nur ausnahmsweise, in Zeiten von Wirtschaftskrisen schlagartig ans Licht traten, im Zeitalter des Spätkapitalismus permanent" (S. 515) und "lösen eine sich verallgemeinernde Krise der kapitalistischen Produktionsverhältnisse aus" (S. 499).[50]

Der gleichermaßen permanente, umfassende und endgültige[51] Charakter der "Krise der kapitalistischen Produktionsverhältnisse", der eine Restabilisierung dieser Produktionsverhältnisse durch einen erneuten Innovations- und Expansionsschub gleichzeitig ausschließt, wird wiederum festgemacht an einer Fülle von empirischen Entwicklungen gegenwärtiger kapitalistischer Gesellschaften, angefangen von den ökologischen und militärischen Bedrohungen, die diese Gesellschaften kennzeichnen, bis hin zur "Krise der Unternehmerautorität" (a.a.O., S. 520) und des "bürgerlichen Nationalstaats" (S. 521). Ermangelte es allerdings schon Mandels Darstellung der bisherigen Entwicklung des Spätkapitalismus an Systematik, so spitzt sich auch dieser Mangel in der Darstellung der Zukunftsperspektiven des Kapitalismus endgültig zu: Neben Entwicklungen, deren empirisches Vorliegen durchaus zu bezweifeln ist[52], treten relativ beziehungslos Krisenphänomene, die zum Zeitpunkt der Verfassung der Mandelschen Arbeit tatsächlich vorlagen bzw. sich in der Folgezeit manifestiert haben. Die grundlegende Bedeutung, die diesen Krisenprozesssen zugeschrieben werden muß, sollen sie den behaupteten endgültigen Charakter besitzen, gelingt es Mandel durch Verfah-

50 Bei dieser "Krise sowohl der kapitalistischen Aneignungs-, Verwertungs- und Akkumulationsbedingungen wie auch ... der Warenproduktion, der kapitalistischen Arbeitsteilung, der kapitalistischen Betriebstruktur, des bürgerlichen Nationalstaates und der Subsumtion der Arbeit unter das Kapital ... handelt es sich ... nur um verschiedene Aspekte *einer* Wirklichkeit, d. h. einer gegebenen sozialökonomischen Totalität ... ." (a.a.O., S. 507)

51 Daß sich Mandels Begrifflichkeit hier in bemerkenswerter Form an die anti-autoritäre Spätkapitalismustheorie anlehnt, ist - wie sich zeigen wird - keineswegs zufällig.

52 Dies ist z. B. der Fall bei der angesprochenen "Krise der Unternehmerautorität und der Betriebsstruktur". Auch wenn in einzelnen kapitalistischen Nationen (zu denken wäre hier vor allem an Italien) Auseinandersetzungen um die Organisation des Arbeitsprozesses stattgefunden haben, läßt sich daraus kaum eine solche Krise ableiten.

ren der Selektion, Generalisierung und Fundamentalisierung abzuleiten, die die entsprechenden Methoden der Originalitätsschöpfung, wie sie Mandel am Revisionismus kritisiert hat[53], bei weitem in den Schatten stellen. Nicht nur werden die genauso zu beobachtenden Prozesse einer weiterhin bestehenden Stabilität kapitalistischer Gesellschaften völlig ausgeblendet und die angesprochenen Krisenphänomene empirisch als verallgemeinert unterstellt, sondern darüber hinaus werden sie zu Formen der vollständigen Realisierung der Grundwidersprüche kapitalistischer Produktionsweise fundamentalisiert, wird die historische Realität des Spätkapitalismus kurzgeschlossen mit der Logik kapitalistischer Produktionsweise. Daß "allgemeine Automation in der Großindustrie unter dem Spätkapitalismus unmöglich ist" (S. 507), da in diesem Falle mit dem Ausschluß der Arbeitskraft aus dem Produktionsprozeß die Mehrwertproduktion genauso wie die Mehrwertrealisierung (aufgrund mangelnder zahlungsfähiger Nachfrage) zum erliegen käme, wird ihm unter dieser Voraussetzung zum Argument für die endgültige Überlebtheit des Spätkapitalismus.[54]

Mandel hat auf diesem Wege sein Programm einer Vermittlung von Logik und Geschichte der kapitalistischen Produktionsweise in der gegenwärtigen Ära des Spätkapitalismus eingeholt, allerdings um den Preis einer unmittelbaren Identifizierung der zu vermittelnden Momente: Gegen nahezu alle Resultate seiner historisch orientierten Analyse des Spätkapitalismus[55] fällt er auf eine "logizistische" Reduktion der historischen Realität fortgeschrittener kapitalistischer Gesellschaften zurück, die die entsprechenden Reduktionismen der studentischen Orthodoxie noch überbietet. Daß er dabei in seiner empirisch gewendeten Zusammenbruchstheorie auch alle analytischen Unterscheidungen, die ihm seine Theorie der langen Wellen bzgl. der Dialektik von Stabilisierung und Krise zu treffen erlaubt hat, fallen läßt, ist, wie schon angedeutet, nicht nur politischen Gründen geschuldet[56], sondern beruht auch auf den aufgewiesenen methodologi-

53 Gegen Mallets These des Entstehens einer "neuen Arbeiterklasse" hatte Mandel (1970b, S. 127) eingewandt: "Er neigt zu vorschnellen Verallgemeinerungen und Extrapolationen. Eine embryonal vorhandene Tendenz wird bei ihm rasch zu einer abgeschlossenen, zu einer neuen Tendenz (schließlich kann sie immer noch Reaktionen auslösen, die sie zum größten Teil neutralisieren), ja zu einer vorherrschenden Tendenz."

54 Ähnlich verfährt Mandel mit der angedeuteten Radikalisierung der Irrationalität kapitalistischer Gesellschaften in der atomaren Bedrohung und dem Prozeß der Naturzerstörung. Tatsächlich handelt es sich bei diesen Entwicklungen wohl um historisch originelle Bedrohungen, weil erst der Spätkapitalismus die technologischen Voraussetzungen für diese Prozesse geschaffen hat. (Diese neuartige Möglichkeit des gattungsgeschichtlichen Selbstmords ist eines der Motive, das Beck 1986 zur Entwicklung seiner Konzeption der "Risikogesellschaft" bewegt hat.) Wie allerdings aus dieser Möglichkeit der Selbstzerstörung - jenseits des moralischen Postulats der Aufhebung der sozialen Bedingungen dieser Möglichkeit - die Endkrise des Spätkapitalismus folgen soll, ist keineswegs einsichtig.

55 Eine seiner zentralen Thesen in diesem Zusammenhang bestand gerade darin, daß auch spätkapitalistische Gesellschaften weder innerhalb der einzelnen kapitalistischen Nationen noch im Weltmaßstab diejenige soziale und technologische Homogenisierung aufweisen (a.a.O., S.96), die einen "durchgesetzten" Kapitalismus kennzeichnen würde. Die gängige Kritik an der Spätkapitalismustheorie hat aus diesem Grunde hervorgehoben, daß unter solchen Bedingungen der unvollständigen Durchsetzung der kapitalistischen Produktionsweise eher von "Mittelkapitalismus" als von "Spätkapitalismus" zu sprechen wäre. Siehe hierzu treffend Gurland 1969, S. 59.

56 Schon bei Marx und Engels ging die Annahme, der Kapitalismus ihrer Zeit habe aufgrund der Erfüllung seiner historischen Mission seinen Zenit überschritten und sei deshalb dem baldigen Untergang geweiht, eher auf politische Hoffnungen als auf theoretische Einsicht zurück. Guenther Roth (1987, S. 217ff.) hat allerdings aufgezeigt, daß Marx und Engels sich in anderen Zusammenhängen durchaus der enormen Entwicklungsperspektiven des Kapitalismus vor allem in der Neuen Welt, insbesondere Amerika, genauso wie deren politischer Konsequenzen bewußt waren: "Die schwierige question für uns ist die: auf dem Kontinent ist die Revolution imminent

schen und inhaltlichen Mißverständnissen der Mandelschen Kapitalismustheorie insgesamt. Innerhalb einer Konzeption, der es weder gelungen ist, die spezifische Existenzweise der Bewegungsgesetze der kapitalistischen Produktionsweise und der Geschichte dieser Vergesellschaftungsform voneinander abzuheben, noch eine angemessene Theorie der realhistorischen Vermittlung zwischen beiden Momenten zu entwickeln, stellt die letztendliche "Logifizierung" von Geschichte nur das gleichermaßen einseitige Komplement zu einer Auslieferung der Theorie kapitalistischer Produktionsweise an die Kontingenz historischer Entwicklungen dar. Obwohl Mandel gegen die aus der Studentenbewegung erwachsenen orthodoxen Ansätze die historische Dimension in produktiver Form eingebracht hat, resultiert seine Argumentation also in einem "Strukturalismus", der den Reduktionismus dieser Ansätze insofern noch in den Schatten stellt, als er die konkreten Entwicklungen kapitalistischer Gesellschaften gerade nicht ausblendet, sondern tatsächlich auf die grundsätzlichen Bewegungsgesetze solcher Gesellschaften zu reduzieren sucht.[57]

Für die weitere Bestimmung der Dynamik fortgeschrittener kapitalistischer Gesellschaften innerhalb einer Phasentheorie des Kapitalismus bleibt demgegenüber als Desiderat festzuhalten, das von Mandel angesprochene Programm einer Vermittlung von Logik und Geschichte im Rahmen einer Durchsetzungstheorie des Kapitalismus, die zunächst von der systematischen Unterscheidung beider Momente ausgeht, anzugehen. Nur auf diesem Wege sind die gleichermaßen unakzeptablen Alternativen der Mandelschen Argumentation zu umgehen.[58]

Ob es Mandel gelingt, in dem Versuch der Lösung des zweiten für eine Theorie des fortgeschrittenen Kapitalismus relevanten Problemkomplexes solche abstrakten Alternativen zu vermeiden und der zweiten Fußangel der Marxorthodoxie, ihrem Ökonomismus, zu entgehen, muß abschließend die Analyse seines Versuches, auch den Formierungsprozeß außerökonomischer Bereiche als Entfaltung der Bewegungsgesetze des Kapitalismus zu begreifen, zeigen.

Hatte Mandel in seinen früheren Arbeiten die außerökonomischen Konsequenzen der ökonomischen Dynamik des Spätkapitalismus nicht systematisch einbeziehen können[59], so zielt seine Analyse des Spätkapitalismus darauf ab, auch und gerade diese Entwicklungen als "tatsächliche Zusammenfassung sämtlicher Hauptwidersprüche der kapitalistischen Produktionsweise" (a.a.O., S. 367) zu begreifen. Gegen die Postindustrialismustheorie als grundsätzliche Infragestellung sowohl des industriegesellschaftlichen wie des kapitalismustheoretischen Modells gerichtet besteht sein Interesse darin, die von dieser zu Recht thematisierten neuartigen

und wird auch sofort einen sozialistischen Charakter annehmen. Wird sie in diesem kleinen Winkel nicht notwendig gecrusht werden, da auf viel größerem Terrain das movement der bürgerlichen Gesellschaft noch ascendant ist?" (MEW 7, S. 221)

57 Obwohl auch die studentische Orthodoxie davon ausging, daß mit dem Wiedereinsetzen des ökonomischen Krisenmechanismus gleichzeitig eine grundsätzliche Infragestellung kapitalistischer Vergesellschaftung zu erwarten sei, war sie u. a. aufgrund ihrer stärkeren Differenzierung zwischen Logik und Geschichte des Kapitals mit ihren Prognosen doch etwas zurückhaltender.

58 Auch an der "kritischen Spätkapitalismustheorie" wird sich zeigen, welche fatalen Konsequenzen die Nichtberücksichtigung dieser Anforderung an eine Phasentheorie kapitalistischer Vergesellschaftung zeitigt.

59 "Die traumatischen Ergebnisse ... der Wirtschaftsrezession der Jahre 1966 und 1967 ... auf psychologischem und ideologischem Gebiet können nur am Rande erfaßt werden ... ." (Mandel 1969, S. 5)

Merkmale gegenwärtiger Gesellschaften erneut als Ausdruck der zunehmenden Durchsetzung industriekapitalistischer Funktionsprinzipien zu bestimmen: "Weit davon entfernt, eine 'nachindustrielle Gesellschaft' zu sein, bildet der Spätkapitalismus erstmals in der Geschichte eine Gesellschaft *verallgemeinerter universeller Industrialisierung.* Mechanisierung, Standardisierung, Überspezialisierung und Parzellierung der Arbeit ... dringen nun in alle Bereiche des gesellschaftlichen Lebens ein. Für den Spätkapitalismus ist bezeichnend, daß Schritt für Schritt die Landwirtschaft genauso industrialisiert wird wie die Industrie, die Zirkulationssphäre genauso wie die Produktionssphäre, der Konsum ebenso wie die Erzeugung, die Freizeitgestaltung ebenso wie die Arbeitsorganisation. Die Industrialisierung der Reproduktionssphäre bildet den Gipfel der Entwicklung." (S. 353)[60]

Indem dieser Subsumtionsprozeß unter die kapitalistischen Produktionsverhältnisse sich aber nicht nur als unmittelbare Unterordnung unter diese vollzieht, sondern zugleich die Form fortschreitender "Trennung vorher vereinter ... Tätigkeiten" (S. 350) annimmt, muß dabei auch die "tendenzielle *Verselbständigung*" der gleichermaßen von der ökonomischen Sphäre bestimmten wie institutionell geschiedenen Momente des gesamtgesellschaftlichen Zusammenhangs berücksichtigt werden. Dieser Dialektik von "Subsumtion" und "Selbständigkeit"[61] versucht Mandel in der materialen Analyse der einzelnen Momente dieses Prozesses erneut dadurch gerecht zu werden, daß er sowohl die eigenständige Bedeutung dieser Momente, ihre relative Unterdeterminiertheit durch ökonomische Entwicklungen wie die Beschränkung, die sie letztlich doch an den objektiven Gesetzmäßigkeiten solcher Entwicklungen erfahren, hervorhebt.

Entsprechend des "letztendlichen" Primats der Ökonomie hebt diese Analyse an mit dem Aufweis der unmittelbar ökonomischen Bedingungen der benannten Phänomenen.

Die nicht nur von der Postindustrialismustheorie vertretene[62] These von einer grundlegenden Verschiebung innerhalb der Produktionssektoren vom sekundären in Richtung auf den tertiären Sektor wird dabei zunächst empirisch relativiert: Die reale Entwicklung spätkapitalistischer Gesellschaften ist vielmehr von einem radikalen Bedeutungsverlust des primären Sektors in Relation zum industriellen Sektor gekennzeichnet. Die Nachkriegsentwicklung zumindest der westeuropäischen Nationen ist von einem bisher einmaligen Schrumpfungsprozeß der Agrarproduktion und einer genauso umfassenden Industrialisierung und Kapitalisierung des

---

60 Dieses Vorhaben versteht Mandel ausdrücklich als Einlösung einer Programmatik, die Marx in seinen ökonomischen Schriften bewußt ausgesetzt hatte: "Es ist hier nicht der Ort, weiter nachzuweisen, wie sie (die gesellschaftliche Arbeitsteilung; St.B.) neben der ökonomischen jede andere Sphäre der Gesellschaft ergreift und überall die Grundlage zu jener Ausbildung des Fachwesens, der Spezialisierung, und einer Parzellierung des Menschen legt." (MEW 23, S. 375; hier zitiert nach Mandel a.a.O., S. 344) - Im gleichen Zusammenhang begreift Marx den Prozeß der "Differenzierung, Scheidung und gegenseitigen Verselbständigung" (S. 374) ausdrücklich als Folge der fortschreitenden Arbeitsteilung und ihrer gesellschaftlichen Organisation als Warenproduktion.

61 Diese unmittelbar widersprüchliche Bestimmung des Verhältnisses von Ökonomie und nichtökonomischen Bereichen steht im Zentrum der Postindustrialismustheorie Touraines, die allerdings nicht klären kann wie die zunehmende Subsumtion "aller Bereiche des sozialen Lebens ... unter das, was man früher die Produktivkräfte nennen konnte", dazu führt, "daß das wirtschaftliche Wachstum" als Zentrum, von dem dieser Subsumtionsprozeß ausgeht, "mehr durch einen politischen Prozeß als durch wirtschaftliche Mechanismen bestimmt wird" (1972, S. 10).

62 Die gleiche Intention verfolgt die Offesche These von einer Verlagerung des Schwergewichts gesellschaftlicher Produktion von "tauschwert-" hin zu "gebrauchswertorientierter" Produktion. (Offe 1972, S. 44f.)

verbleibenden Produktionspotentials begleitet.[63] Neben diesen dominanten Prozeß tritt zwar durchaus auch eine Expansion des Dienstleistungssektors, die auf Basis der "tendenziellen Verselbständigung" der entsprechenden Tätigkeiten zu einer "Ausweitung der unproduktiven Mittelschichten" führt.[64] Dieser Prozeß der Ausweitung von Tätigkeiten, die nicht unmittelbar in der Form kapitalistischer Warenproduktion organisiert sind, findet aber sowohl in funktionaler wie struktureller Hinsicht seine Bestimmumg und damit Begrenzung durch die Gesetzmäßigkeiten dieser Organisationsform gesellschaftlicher Arbeit[65]: Zum einen bleiben diese Tätigkeiten als "Vermittlerfunktionen" (S. 350), die eine nachträgliche und damit gleichzeitig nur kompensatorische Integration der atomistischen Tendenzen des kapitalistischen Produktionsprozesses zu leisten versuchen, auch in ihrer relativen Autonomisierung weiterhin von dessen Vergesellschaftungsdefiziten bestimmt. Die Tatsache des Anwachsens dieser Vermittlungstätigkeiten stellt demnach nur ein weiteres Moment der Verschärfung des Widerspruches zwischen zunehmender Vergesellschaftung des Produktionsprozesses und dessen privater Organisation dar (S. 348f.); zum anderen wird dieser Autonomisierungsprozeß durchaus auch relativiert durch Prozesse der unmittelbaren Subsumtion dieser Vermittlungstätigkeiten im "massiven Eintritt des Kapitals in die Zirkulations-, Dienstleistungs- und Reproduktionssphäre" (S. 354) zwecks Anlage des im industriellen Sektor überakkumulierten Kapitals.[66]

In dieser letztendlichen Akzentsetzung auf einen unmittelbar ökonomischen Subsumtionsprozeß - angesichts der Tatsache, daß ein weiter Teil der angesprochenen Vermittlungstätigkeiten weiterhin und sogar in steigendem Ausmaß vom

63 Tatsächlich zeigt sowohl die Entwicklung der Beschäftigtenzahlen wie des Anteils am Sozialprodukt des Agrarsektors, daß dieser Modernisierungsprozeß der Landwirtschaft gegenüber einer geringfügigen Ausweitung des industriellen Sektors und einer allerdings auffälligen Expansion des tertiären Sektors der dominierende Prozeß der Nachkriegsgeschichte bis in die jüngste Vergangenheit war. Siehe dazu Abelshauser 1983, S. 120f., der aus diesem Grunde im Zweifel ist, ob es sich bei dieser Entwicklung um den Weg vom "Agrarstaat" zum "Industriestaat" oder um den Übergang von der "Industrie-" in die "Dienstleistungsgesellschaft" handelt. - Die Bedeutung die diesem Modernisierungsprozeß der Landwirtschaft für die ökonomische und soziale Entwicklung kapitalistischer Gesellschaften nach dem Zweiten Weltkrieg zukommt, steht im Zentrum des Erklärungsansatzes, den Lutz 1984 für die Nachkriegszeit angeboten hat.

64 Zum Versuch, die Spezifität des tertiären Sektor und die ökonomische Stellung der in ihm Beschäftigten auf Basis der Unterscheidung zwischen produktiver und unproduktiver Arbeit zu bestimmen siehe unter vielen Roth/Kanzow a.a.O., S. 53ff.

65 "Deshalb sind der ... Ausdehnung gesellschaftlich-kultureller Dienstleistungen im Spätkapitalismus ähnlich enge Grenzen gezogen wie der Ausdehnung der Automation. Von einem gewissen Entwicklungsgrad an würden beide den Verwertungsprozeß ... sprengen." (S. 371)

66 "Die Logik des Kapitals geht also darauf aus, brachliegendes Kapital in Dienstleistungskapital umzusetzen und gleichzeitig Dienstleistungskapital durch produktives Kapital, d. h. Dienstleistungen durch Waren zu ersetzen." (S. 371) - Tatsächlich läßt sich eine solche Tendenz zur Kapitalisierung des tertiären Sektors nicht bestreiten. Was der Postindustrialismustheorie umstandslos als Relativierung industriekapitalistischer Organisationsprinzipien gilt, stellt häufig faktisch nicht mehr als die Unterordnung der entsprechenden Tätigkeiten unter diese Prinzipien dar. Siehe dazu neuerdings Hirsch/Roth 1986, S. 115, die aus diesem Grunde dem Modell der "Dienstleistungsgesellschaft" das der "Hyperindustrialisierung" entgegenstellen. Differenziert zu den verschiedenen Dimensionen, die im allzu globalen Konzept des Dienstleistungssektors zusammengebunden sind, siehe Kern 1984, S. 24ff. Obwohl Kern in dieser Differenzierung die tatsächliche Bedeutungszunahme von als Dienstleistungen ausgrenzbaren Tätigkeiten (vor allem im öffentlichen Sektor) hervorhebt, bleibt auch seine Gesamteinschätzung solcher Prozesse von der Annahme geleitet, daß diese "keineswegs aus dem strukturellen Rahmen der industriellen Gesellschaft herausfallen ... ." (S. 32)

politischen System übernommen wird[67] - deutet sich erneut die Zurücknahme des anfangs formulierten Vermittlungsmodells zwischen Ökonomie und andersartigen gesellschaftlichen Entwicklungen an: War schon bei der Darstellung des Modernisierungsprozesses der Landwirtschaft auffällig, daß Mandel den sozio-kulturellen Konsequenzen einer solchen Auflösung traditionaler Lebensformen keine Beachtung geschenkt hat[68], so wird derselbe Mangel auch in der Auseinandersetzung mit den nicht-ökonomischen Folgen der Ausweitung des Dienstleistungssektors und der entsprechenden Bevölkerungsgruppen dadurch noch vertieft, daß diesen Prozessen letztlich jenseits des Aufweises ihrer funktionalen Bezogenheit auf die Verwertungsbedürfnisse des kapitalistischen Produktionsprozesses wiederum eine unmittelbar ökonomische Bedeutung zugeschrieben wird.

Seine Fortsetzung findet dieses ökonomistische Vorgehen in der Bestimmung der sozialen Bedingungen derjenigen Krisen- und Protestpotentiale, die aus den angesprochenen sozialstrukturellen Verschiebungen erwachsen. Im Versuch der Bestimmung des "gesellschaftlich-ökonomischen Unterbaus der sich im Spätkapitalismus verallgemeinernden Studentenrevolte" (S. 244) richtet sich Mandels Augenmerk hierbei vor allem auf die Formierungs- und Krisenprozesse des Bildungssystems. Auf Basis der entwickelten These einer Intensivierung sowohl der Einbeziehung von Wissenschaft und Technologie in den unmittelbaren Produktionsprozeß wie der entsprechenden Institutionalisierung von Wissenschaft und Forschung selbst werden diese Prozesse als "Unterordnung der Ausbildung der geistigen Arbeiter ... unter die unmittelbaren Bedürfnisse der spätkapitalistischen Technologie" (S. 241) bestimmt. Auch wenn Mandel den zugrundeliegenden Rationalisierungsprozess auf "sämtliche Bereiche des Überbaus" (S. 245) ausgedehnt sieht[69] und die staatliche Vermittlung dieses Subsumtionsprozesses anspricht[70], entsteht "die Krise der klassisch-humanistischen Hochschule ... vor

67 Ein Tatbestand, den Mandel in anderem Zusammenhang ausdrücklich hervorhebt. Siehe dazu die folgenden Bemerkungen zur "Hypertrophie des bürgerlichen Staates" (a.a.O., S. 438)

68 Allenfalls erwähnt Mandel die ihrerseits ökonomischen Folgen dieses Schrumpfungs- und Rationalisierungsprozesses auf den Arbeitsmarkt. (S. 349) Welche Konsequenzen eine solch umfassende Auflösung traditioneller Reproduktionsformen und die entsprechende Anbindung an die Lohnform für Familienstruktur und Bewußtseinsformen der davon betroffenen Personen wie für die Selbstwahrnehmung der Gesellschaft insgesamt besitzen, wird dagegen an keinem Punkt auch nur angedeutet.

69 Dieser Verweis auf eine Totalisierung des Rationalisierungsprozesses auch über den technisch-ökonomischen Bereich hinaus kennzeichnet nahezu alle orthodoxen Erklärungsversuche der Bildungskrise und der an diese anknüpfenden Protestbewegungen. Argumentationsstrategisch ermöglicht es dieser Hinweis verständlich zu machen, daß von den Formierungsprozessen des Bildungssystem nicht nur die natur- und technikwissenschaftlichen, sondern auch die geistes- und gesellschaftswissenschaftlichen Fächer der Hochschule, aus denen sich die Protestbewegung vor allem rekrutiert hat, betroffen sind. Welche Form diese Rationalisierung des Überbaus und damit "die Technologisierung der Gesellschaftswissenschaften" (Roth/Kanzow 1971, S. 10) angenommen hat, wird allerdings nicht weiterverfolgt.

70 Daneben gibt es erneut ausgeprägte Tendenzen, die Subsumtion von Wissenschaft wie Bildung unter die Erfordernisse des Produktionsprozesses als Kapitalisierung beider Momente zu begreifen. (S. 230f.) Mandel kann hierbei durchaus an Argumente von Marx anknüpfen, der sich die Art und Weise, in der "sämtliche Wissenschaften in den Dienst des Kapitals gefangen genommen werden" selbst nur als deren Umwandlung in ein "Geschäft" vorzustellen weiß. (MEW 42, S. 600; hier zitiert nach Mandel a.a.O., S. 231) - Aus dem selben Grunde fassen Roth/Kanzow (a.a.O., S. 310) den Prozeß der Subsumtion des Bildungssystems, obwohl sie zunächst umfänglich dessen staatliche Vermittlung aufgewiesen haben, im Abschluß ihrer Arbeit erneut als "Ökonomisierung des Bildungswesens". Dieser Ökonomismus der Autoren schlägt sich selbst noch in einer eigentümlichen Begriffsverwirrung nieder: Die Begriffe "formelle" und "reelle Subsumtion", die bei Marx ausdrücklich als unterschiedliche Formen einer unmittelbaren Unterordnung der entsprechenden Bestandtteile des Produktionsprozesses unter dessen kapitalistischen

allem aus *direkt wirtschaftlichen*, dem Wesen der geistigen Arbeit im Spätkapitalismus eigentümlichen Gründen" (S. 241) und mündet dementsprechend in einen "fortschreitenden Proletarisierungsprozeß ... eines großen Teils der Intelligenz" (S. 244).

In diesem Rückfall auf traditionalistische Erklärungsmuster der Studentenbewegung wird erneut mit dem Aufweis ökonomisch-technologischer Rahmenbedingungen "in den Erfordernissen der beschleunigten technologischen Erneuerung unter kapitalistischen Bedingungen" (a.a.O.), die mit der Art der Problemformulierung gleichzeitig auch den Spielraum möglicher Problemverarbeitungen vorgeben, eine unmittelbar ökonomische Erklärung der sich in diesem Rahmen abwickelnden politischen und kulturellen Verarbeitungsprozesse verbunden[71], der Anspruch auf eine relative Autonomisierung solcher Prozesse zurückgenommen.

Innerhalb seiner Analyse ökonomischer Prozesse unter dem Gesichtspunkt ihrer gesamtgesellschaftlichen Bedeutung widmet Mandel schließlich einer der zentralen Fragen für die angezielte Vermittlung zwischen Produktions- und Reproduktionsbereich sein Augenmerk. Am Konzept der "Konsumgesellschaft" gelingt es ihm, in Anlehnung an die schon dargestellten kapitalismustheoretischen Annahmen aufzuzeigen, daß die Ausweitung und Ausdifferenzierung des Konsums auch auf seiten der Arbeiterklasse, wie sie in Westeuropa erstmals in der Nachkriegszeit allgemeine Bedeutung gewonnen hat, keineswegs in Widerspruch zu den allgemeinen Gesetzmäßigkeiten des Kapitalismus steht und damit dessen Überwindung anzeigt, sondern vielmehr nur eine Seite von dessen eigener Widersprüchlichkeit darstellt.[72] Die "gewaltige Expansion des Geldlohnes" beruht auf der Tatsache, daß "mit Ausnahme seiner eigenen Arbeiter, jedem Kapitalisten gegenüber die Gesamtmasse aller anderen Arbeiter nicht als Arbeiter, sondern als Konsumenten erscheint" (MEW 42, S. 332, hier zitiert nach Mandel a.a.O., S. 356), an deren zunehmender Konsumtionskraft er von daher interessiert ist, die "Akkumulation des Kapitals selbst eine nicht weniger gewaltige Ausdehnung des "inneren Marktes" für industrielle Konsumgüter" (a.a.O., S. 356) notwendig macht.[73]

In dieser systematischen Einbeziehung des Problems der Mehrwertrealisierung ist erneut eine Stärke der Mandelschen Argumentation gegenüber andersartigen orthodoxen Versuchen zu sehen: Auch wenn in der orthodoxen Krisendiskussion selbst dieses Problem als eine der grundlegenden Beschränkungen kapita-

Zweck bestimmt waren, werden ohne weiteres zur Charakterisierung der Beziehung des kapitalistischen Produktionsprozesses zu offensichtlich autonom organisierten Momenten des gesamtgesellschaftlichen Zusammenhangs wie z. B. dem Bildungssystem verwendet. Durch dieses Verfahren wird ein Erklärungsgehalt suggeriert, der mit den verwendeten Begriffen gerade nicht einzuholen ist.

71 Die Möglichkeit, daß zumindest Momente der Bildungskrise - jenseits vorhandener unmittelbar ökonomischer Motive - auf die Auseinandersetzung zwischen unterschiedlichen politischen und kulturellen Optionen innerhalb der betreffenden Gesellschaft zurückzuführen sind, die ihrerseits durchaus einer ökonomischen Erklärung zugänglich sind, liegt tatsächlich außerhalb des intellektuellen Horizonts eines solchen Ökonomismus. Tauchen entsprechende Gedankengänge doch auf, so besitzen sie meist nur einen politisch-strategischen Status.

72 "Diese tatsächliche Erweiterung der Bedürfnisse entspricht der notwendigen zivilisatorischen Funktion des Kapital." (S. 359)

73 Aus diesem Zusammenhang erklärt Mandel auch das sprunghafte Anwachsen der Ausgaben für "Reklame" und "Marktforschung". (a.a.O., S. 363)

listischer Produktionsweise angesprochen wird[74], wird aufgrund des Primats der Mehrwertproduktion in der konkreten Argumentation meist das Schwergewicht auf das Gesetz des tendenziellen Falls der Profitrate gelegt und damit der Charakter der kapitalistischen Produktionsweise als widersprüchlicher Gesamtzusammenhang von Wert- und Gebrauchswertproduktion vernachlässigt. Gelingt es Mandel, auf diesem Wege die systematische Bedeutung der Ausweitung von Konsumchancen für den Kapitalismus aufzuzeigen, so bestimmt er in einem zweiten Schritt auch die immanenten Grenzen, die einer solchen Ausweitung im Mechanismus der Mehrwertproduktion gesetzt sind: Da eine Erhöhung des Lohnes nur durch Abzug vom Profit möglich ist, stellt sie gleichzeitig eine Infragestellung des den Produktionsprozeß vorantreibenden Prinzips dar, muß sie, soll dieser Produktionsprozeß nicht zum Erliegen kommen, prinzipiell hinter dem Niveau gesellschaftlicher Reichtums- und Bedürfnisproduktion zurückbleiben.[75] Eine Möglichkeit, die Kluft zwischen der damit gesetzten Beschränkung der zahlungsfähigen Nachfrage und der Notwendigkeit der Marktausweitung, zwischen produzierten Ansprüchen und weiterhin beschränkten Realisierungsmöglichkeiten kurz- und mittelfristig zu schließen, besteht dabei in der Ausweitung des "Konsumentenkredits", allerdings um den Preis einer "riesigen Privatverschuldung" (a.a.O., S. 363).[76]

Mandel hat hiermit erneut einen kapitalismustheoretischen Bezugsrahmen entworfen, der es erlaubt, das vom Anti-Autoritarismus formulierte Konzept des "Konsumismus" einzuordnen, ohne diesen Bezugsrahmen selbst einer Revision unterziehen zu müssen und durchaus auch ökonomische Entwicklungen innerhalb des Spätkapitalismus aufgewiesen, die die Anwendbarkeit dieses Bezugsrahmens evident erscheinen lassen. Sowohl die Erklärung der Tatsache, daß innerhalb der aufgewiesenen Gegenläufigkeit von Mehrwertproduktion und -realisierung letzteres Moment für die Entwicklung des Spätkapitalismus dominierend wird, überhaupt erstmals in der angesprochenen Form auftritt, wie die Analyse der Konsequenzen, die dieser Prozeß für die Formierung des Reproduktionsbereiches, für Prozesse der Sozialisation und des Wertwandels besitzt, bleibt allerdings erneut aus.[77]

Auch in dieser Beziehung trägt Mandels Erklärungsversuch sozio-kultureller Entwicklungen innerhalb spätkapitalistischer Gesellschaften also bestenfalls bis zum Aufweis der ökonomischen Rahmenbedingungen solcher Entwicklungen. Wie innerhalb dieses Rahmens deren Widersprüche eine selbständige Form ge-

---

74 Zu den verschiedenen Momenten dieser Diskussion siehe zusammenfassend Berger 1979.

75 "Was die kapitalistische Produktionsweise trotz der beträchtlichen Erweiterung des Konsums des Proletariats der hochindustrialisierten Länder nicht vermag, ist, diesen Konsum gleichmäßig oder stärker zu steigern als die Produktivkraft der Arbeit." (a.a.O., S. 363)

76 Daß Mandel hier wiederum ein erhebliches Gespür für aktuelle und zukünftige Entwicklungen besitzt, zeigt die Bedeutung, die das Problem der Privatverschuldung tatsächlich gewonnen hat, seitdem unter Bedingungen wachsender Arbeitslosigkeit die Einlösung der derart "auf die Zukunft gezogenen Wechsel" eingefordert wird.

77 Unter dem Titel von "Hauptursachen" der angesprochenen Ausweitung des Konsums werden zwar eine Fülle von Prozessen benannt, die in diesen Zusammenhang der Erklärung wie der Folgenabschätzung des Konsumismus gehören. (a.a.O., S. 357ff.) In dieser Auflistung treten allerdings in willkürlicher Kombination Ursachen, Momente und Folgen des Konsumismus nebeneinander, ohne daß auch an diesen einzelnen "Hauptursachen" gezeigt wird, wie sie als historisch spezifischer Ausdruck des aufgewiesenen allgemeinen Dilemmas kapitalistischer Gesellschaften zu verstehen sind. Aus diesem Grunde kann Mandel auch - jenseits der allgemeinen Aussage über eine zukünftige Relativierung des Konsumismus, die in dieser allgemeinen Form selbst fragwürdig ist - wenig über die konkreten Entwicklungsperspektiven dieser Lebensform sagen.

winnen, z. B. zu widersprüchlichen Verhaltenserwartungen an die Individuen im Rahmen der konsumistischen Lebensform gerinnen, wird erneut in klassisch orthodoxer Manier ausgeblendet.

Ist so die Auseinandersetzung Mandels mit dem Zusammenhang ökonomischer und sozio-kultureller Prozesse insgesamt wechselweise von der Ausblendung bzw. ökonomistischen Reduzierung der Eigendynamik außerökonomischer Prozesse gekennzeichnet, scheint seine politische Theorie diesen Mangel endgültig beheben zu wollen. Ausgehend von der erneuten Hervorhebung des "Moments der Selbständigkeit"[78] des Staates als Zentrum des politischen Systems entwirft er zunächst eine grundsätzliche Konzeption staatlichen Handelns, die dessen relative Autonomie gegenüber dem kapitalistischen Verwertungsprozeß auch material abzuleiten erlaubt. Gleichzeitig hebt er als Inhalt dieser Autonomisierung neben der "technischen Funktion, ... die eine direkte Vermittlung zwischen Unterbau und Überbau schafft," (a.a.O., S. 433) mit der Repressions- und Integrationsfunktion ausdrücklich "diejenigen Überbaufunktionen, die dem staatlichen Bereich zugeordnet werden können" (a.a.O., S. 432) hervor.

Grundsätzlich wird die "wachsende Macht und wachsende Verselbständigung des bürgerlichen Staates" (S. 435) erneut aus der immanenten Widersprüchlichkeit des kapitalistischen Verwertungsprozesses zwischen zunehmender sozialer Integration und weiterhin bestehender privater Organisation abgeleitet; mit der Verschärfung dieses Widerspruches treten in zunehmendem Maße Funktionen hervor, die aufgrund ihres unmittelbar gesellschaftlichen, deshalb nicht kapitalisierbaren Inhaltes einer Organisation außerhalb des ökonomischen Systems bedürfen. Ähnlich wie die schon benannten ökonomischen Organisationsformen des Kapitals[79] stellt auch dieser staatliche Organisationsprozeß, indem er die Funktionsprinzipien privater Vergesellschaftung unmittelbar außer Kraft setzt, trotz seiner funktionalen Bezogenheit auf diese Funktionsprinzipien ein Moment des Selbstaufhebungsprozesses der kapitalistischen Produktionsweise auf dem Boden dieser Produktionsweise dar. Die Verschärfung dieser selbstnegatorischen Dynamik in einer zunehmenden Durchstaatlichung des gesamten Vergesellschaftungsprozesses[80] versteht Mandel dabei wiederum als einen originären Zuspitzungsprozeß dieser Dynamik in spätkapitalistischen Gesellschaften, der deren endgültigen Niedergang anzeigt.[81]

78 Die Vernachlässigung dieses Momentes und damit die "Identifizierung von Staat und Gesellschaft" hält Mandel (a.a.O., S. 432) anderen staatstheoretischen Bemühungen innerhalb des Marxismus kritisch vor.

79 "Was für die Versuche privater Wirtschaftsregulierung durch die Monopole gilt, gilt gleichfalls für die staatliche Regulierung." (a.a.O., S. 478)

80 Die Fülle von Funktionen, die Mandel hierbei dem spätkapitalistischen Staat als Ausdruck "des Zwangs zu wachsender Kontrolle sämtlicher Momente des Produktions- und Reproduktionsprozesses" (S. 437) zuschreibt, steht in einem eigentümlichen Mißverhältnis zu der oben behaupteten zunehmenden Ökonomisierung aller gesellschaftlichen Bereiche. Obwohl Mandel immer wieder eine Parallelität beider Prozesse suggeriert, wird nicht deutlich, wie Monetarisierung und Bürokratisierung als unmittelbar gegenläufige Vergesellschaftungsprinzipien in der Entwicklung spätkapitalistischer Gesellschaften ineinandergreifen.

81 "Der klassische Staat des expandierenden vorimperialistischen Kapitalismus ist der "schwache" Staat *par excellence*. ... Verändert sich dieser Tatbestand, so ist dies bereits ein Zeichen dafür, daß die Herrschaft des Kapitals ihren Höhepunkt überschritten hat. *Die wachsende Macht und wachsende Verselbständigung des bürgerlichen Staates entsprechen der erhöhten Schwierigkeit reibungsloser Kapitalverwertung*; sie spiegeln die zunehmende Unsicherheit des Kapitals, durch rein ökonomischen Automatismus seine Herrschaft weiter auszudehnen ... wider." (a.a.O., S. 435) - In dieser Betonung der unterschiedlichen Stellung des Staates im Konkurrenz- und im Spätkapita-

Auf dem Boden dieser allgemeinen Verortung des politischen Systems widmet sich Mandel vor allem den "unmittelbar ökonomischen Zusammenhängen", deren Bedeutung seiner Meinung nach in anderen marxistischen Entwürfen "unterschätzt" wird. (S. 439) Wie in bezug auf die ökonomischen Mechanismen einer partiellen Außerkraftsetzung der atomistischen Logik kapitalistischer Produktionsweise gelingt es ihm auch hier, sowohl in grundsätzlicher Beziehung wie an einzelnen Momenten des wirtschafts- und finanzpolitischen Instrumentariums des Staates zu zeigen, welche Möglichkeiten wie Beschränkungen mit einer solchen relativen Autonomisierung gegenüber den Bewegungsgesetzen des Kapitals verbunden sind: Die verschiedenen Formen des Staatsinterventionismus[82] können zwar "die Wirkungen des Wertgesetzes verzerren und zeitweise mildern" (a.a.O., S. 463); die damit verbundene Abfederung der krisenhaften Konsequenzen dieses Gesetzes unterliegt aber demselben Selbstuntergrabungsprozeß wie alle anderen Mechanismen einer kurz- und mittelfristigen Stabilisierung der Profitrate. Grundsätzlicher noch ist dem Einfluß staatlichen Handelns eine Grenze an der tatsächlichen Wirkungsweise des Wertgesetzes im Weltmaßstab gesetzt: Selbst wenn es dem Staat gelänge den nationalen Produktionsprozeß völlig seiner Regie zu unterstellen, wäre damit bei weiterhin kapitalistischer Organisation des Weltmarktes die Wirkung des Wertgesetzes nicht aufgehoben.[83]

Hat Mandel auf diesem Wege die revisionistischen Theorien, die von der prinzipiellen Aussetzung des Wertgesetzes und seiner krisenhaften Dynamik ausgehen, im Unterschied zur studentischen Orthodoxie einer nicht nur begriffsdogmatischen, sondern theoretisch und empirisch begründeten Kritik unterzogen, geht es ihm in einem zweiten Schritt erneut darum, nicht nur die *Tatsache* der Determination staatlichen Handels durch die ökonomische Entwicklung aufzuzeigen, sondern auch die *Art und Weise*, in der sich der kapitalistische Zweck dieser Entwicklung in den Binnenstrukturen des staatlichen Systems als dessen Klassencharakter niederschlägt. Auch wenn Mandel dabei der Meinung ist, "daß eine Definition der politischen Herrschaft des Großkapitals, die sich auf die unmittelbaren Kontrollhebel über den Staat beschränkt, unvollständig ist und den Marxismus verflacht", liefert er in der Folge eine Erklärung des Klassencharakters

---

lismus nähert sich Mandel stark an revisionistische Diskontinuitätsinterpretationen an. Seine Argumentation beginnt hier eine überraschende Wendung zu nehmen. Kritisch zu dieser einseitigen Verortung des Staates als bloßes Moment des Niedergangs kapitalistischer Gesellschaften siehe AK 1974, S. 146ff.

82 Mandel setzt sich hier in detaillierter Form mit den verschiedenartigen Formen eines solchen Interventionismus auseinander: von der Stimulierung der Produktion durch Schaffung öffentlicher Nachfrage, den indirekten und direkten Formen der Subventionierung von Unternehmen bis hin zur Verstaatlichung nicht-profitabler und gleichwohl gesamtgesellschaftlich unentbehrlicher Produktionszweige. Insbesondere am Prozeß der Stimulierung der Konjunktur durch "Kreditgeldexpansion" zeigt er auf, wie dieser Prozeß auf Basis einer "relativen Autonomie des Kreditzyklus" gegenüber dem "Industriezyklus" zeitweise durchaus antizyklische Wirkungen auf den Konjunkturzyklus zeitigen kann, daß sich diese Wirkungen aber aufgrund der inflationären Konsequenzen einer Ausweitung des Kreditvolumens langfristig in ihr Gegenteil verkehren müssen und dies in der zweiten Phase der Langen Welle des Spätkapitalismus tatsächlich getan haben. (S. 413ff.)

83 "Indem die Produktivkräfte dem Nationalstaat entwachsen, entwachsen sie allmählich auch der konjunktur- und wachstumsfördernden Rolle des Staates. *Je mehr sich die Monopole den Wirkungen des Wertgesetzes national zu entziehen glauben, desto mehr unterliegen sie ihnen international.*" (a.a.O., S. 498) Diese Argumentation ist immer wieder in der Kritik an revisionistischen Staatstheorien eingebracht worden. Hirsch 1980, S. 63f. entwickelt sie in ausdrücklicher Auseinandersetzung mit der Habermasschen und Offeschen Infragestellung des Vorliegens der Anwendungsbedingungen der Werttheorie unter den Verhältnissen des Staatsinterventionismus.

des Staates, die - mit ihrem Hinweis auf die "Klassenherkunft der Einzelmitglieder des Staatsapparates" und einen Selektionsprozeß entlang "der Konformität mit den allgemeinen Verhaltensformen des Bürgertums" (S. 440) - in der Herstellung einer unmittelbaren Beziehung zwischen ökonomisch bestimmter Klassenlage und den Funktionsmechanismen des politischen Systems nur wenig hinter der kritisierten instrumentalistischen Verflachung des Marxismus zurücksteht.[84]

Auf Basis einer solchen "Erklärung" der kapitalistischen Qualität staatlichen Handeln erübrigt sich darüber hinaus eine weitere Auseinandersetzung mit den internen Funktionsprinzipien dieses sozialen Subsystems. Weder die anfangs benannten Überbaufunktionen des Staates, die Art und Weise, wie sich im Interessenspluralismus des staatlichen Systems kapitalaffine Entscheidungen überhaupt herausbilden, noch die elementare Tatsache, daß die Existenz und Ausrichtung staatlichen Handelns in kapitalistischen Gesellschaften üblicherweise an den Mechanismus demokratischer Interessensartikulation und Legitimation gebunden ist, wird thematisiert und als spezifisch politische Verlaufsform der Logik kapitalistischer Gesellschaften bestimmt.[85]

Innerhalb seines Versuches einer "Erklärung der Rolle des bürgerlichen Staates aus der immanenten Bewegung des Kapitals" (S. 438) ist es Mandel also wiederum nicht gelungen, die spezifischen Funktionsprinzipien außerökonomischer Bereiche herauszuarbeiten; in bezug auf das politische System scheitert er dabei gerade an der Erklärung des legitimatorischen Aspekts politischer Herrschaft, dem die von ihm kritisierten Varianten des Revisionismus ihre Aufmerksamkeit geschenkt haben. Die tatsächlich gelieferte Erklärung solcher Prozesse beruht dabei auf einer ökonomistischen Reduktion, die in ihrer Undifferenziertheit noch hinter die entsprechenden Versuche der studentischen Orthodoxie zurückfällt.[86]

Daß damit aber entscheidende Momente des angezielten Gesamtzusammenhangs spätkapitalistischer Gesellschaften ausgeblendet sind, wird Mandel zum Anlaß, die Ideologie solcher Gesellschaften einer eigenständigen Analyse zu unterziehen. Wäre nun zu erwarten, daß Mandel in Anknüpfung an die von der studentischen Orthodoxie erneut ins Spiel gebrachte objektive Ideologietheorie Marx' die Bewußtseinsformen kapitalistischer Gesellschaft als "bewußtes Sein", d. h. als bewußtseinsmäßige Verarbeitung der in den realen Handlungszusammenhängen der Individuen enthaltenen Verkehrungen angeht, wählt Mandel tatsächlich ein eher entgegengesetztes Verfahren. Die objektiven Prozesse, die die "Rückzugsgefechte des niedergehenden Kapitalismus" (S. 445) kennzeichnen, und der aus die-

84 Siehe dazu kritisch AK 1974, S. 148f. Auffällig ist dabei, daß sich der Ökonomismus der Mandelschen Argumentation hier mit subjektivistischen Mustern zu paaren beginnt. Gesellschaftliche Entwicklungen, die zunächst aus den "objektiven Bewegungsgesetzen des Kapitals", die sich im Rücken der Individuen durchsetzen, abzuleiten waren, werden zunehmend persönlichen Merkmalen dieser Individuen zugeschrieben. Auch der "Durchschnittskapitalist" als Exekutor der Gesetze des Kapitals lebt auf dem Boden der "Aushöhlung der formalen Gleichheit der Warenbesitzer ... im 20. Jahrhundert mehr und mehr am Rande des Gesetzbruches, wenn nicht im Konflikt mit dem Gesetz" (a.a.O., S. 456), ist also in seinem Handeln nicht so sehr von den ihm vorgegebenen gesellschaftlich gültigen Verkehrsformen, sondern von einer individuell-schuldhaften Verletzung dieser geleitet.

85 Die Auseinandersetzung mit der tatsächlichen Demokratie beschränkt sich auf den Hinweis auf deren bloß "indirekten" Charakter, der einer direkten Machtausübung des Volkes entgegenstünde. (S. 443)

86 Dieser war es zumindest gelungen, allgemeine Charakteristika staatlichen Handelns und der mit diesem verbundenen demokratischen Legitimationsmuster aus den Grundmerkmalen des ökonomischen Vergesellschaftungsprozesses abzuleiten.

sen erwachsende "Zwang zur wachsenden staatlichen Intervention" besitzen zunächst gerade keine verschleiernde Funktion, sondern setzen sogar richtiges Bewußtsein frei, sind mit "der Möglichkeit der Erziehung der Arbeiterklasse zur Erkenntnis gesamtwirtschaftlicher und gesamtgesellschaftlicher Zusammenhänge verbunden" (S. 439). Die Funktion der Ideologie der "technologischen Rationalität", die nach Mandel den Spätkapitalismus auszeichnet, setzt an dieser "erheblichen Gefahr" für den Spätkapitalismus an und versucht, durch den "Mythos der technologisch begründeten allmächtigen Wirtschaft" (a.a.O.) diese Gefahr zu bannen. Hat auf diesem Wege die Ideologie ihre objektive Basis endgültig verloren, bemüht sich Mandel im weiteren auch nicht mehr darum, die Elemente dieser Ideologie als einseitige Formen der geistigen Verarbeitung einer solchen objektiven Basis zu begreifen, sondern beschränkt sich im Hinweis auf die weiter bestehende Irrationalität kapitalistischer Gesellschaften auf den Beleg der Falschheit der Ideologie der "technologischen Rationalität". Zwar gelingt es ihm hierbei wiederum, gegen entsprechende Argumentationen der Kritischen Theorie[87] aufzuzeigen, daß deren "eindimensionale" Wahrnehmung fortgeschrittener kapitalistischer Gesellschaften tatsächlich Momente der kapitalistischen Wirklichkeit verdinglicht und gegenüber anderen totalisiert; seine eigene Charakterisierung dieser Ideologie mündet aber - hinausgehend über die bloß manipulative Funktion, die er dieser auf Basis eines objektiv verfallenden Kapitalismus zugeschrieben hat, - auch material in eine Darstellung ein, die sich in bemerkenswerter Übereinstimmung mit der kritisierten Konzeption der Kritischen Theorie befindet: Auf Basis der tatsächlichen Infragestellung der "formalen Gleichheit von Vertragspartnern" (S. 456) geraten "einige der Hauptsäulen der bürgerlichen Ideologie" (S. 455) ins Wanken, reproduzieren sich "in diesen Wandlungen der klassisch bürgerlichen Ideologie" "Verhaltens-, Denk- und Moralformen, die typisch vor- oder frühkapitalistischer Natur sind" (S. 457f.). Indem Mandel im Unterschied zur studentischen Orthodoxie die Auseinandersetzung mit den konkreten Formen der Ideologie gesucht hat, er seinem Anspruch "die wesentlichsten Züge der spätkapitalistischen Ideologie aus den zentralen Merkmalen des spätkapitalistischen Unterbaus abzuleiten" (a.a.O.) dabei allerdings nicht gerecht werden kann[88], sieht er sich also gezwungen, auf theoretische Konzeptualisierungen zurückzugreifen, die selbst dem Zusammenhang des von ihm kritisierten Revisionismus entstammen.

Seinen Höhepunkt und Abschluß findet dieses Verfahren in dem Versuch, auch nach der Seite der politischen und soziokulturellen Entwicklung die "Gesamtkrise" des Spätkapitalismus aufzuweisen, um damit dem behaupteten "Kontestationsprozeß ... in der einsetzenden Phase der Epoche der sozialen Revolution" (S. 523) seine Basis zu geben. Wo zu diesem Zweck die erneute Totalisierung der tatsächlich aufgewiesenen Subsumtionsprozesses aller gesellschaftlichen Bereiche[89] und der erneute fundamentalistische Hinweis darauf, daß die

87 Mandel bezieht sich hierbei ausdrücklich auf Marcuse und Adorno.

88 Vielmehr spricht die tatsächlich aufgewiesene Affinität zwischen Auflösungsprozessen der Realstruktur und der Ideologie kapitalistischer Gesellschaften eher für die Unangemessenheit der *Spät*kapitalismustheorie in beiden Beziehungen. Auch wenn Momente psychologisch vermittelter Bewußtseinsformung sicherlich zunehmend an Bedeutung gewinnen, ist nicht absehbar, daß die aus dem tatsächlichen Vergesellschaftungszusammenhang hervorgehenden rechtlichen Normierungen und das entsprechende Bewußtsein endgültig abdanken. Ein entsprechendes Problem wird sich auch für die "Kritische Spätkapitalismustheorie" stellen.

89 "Nacheinander unterliegen das selbständige Handwerk, die Hausindustrie, der landwirtschaftliche Kleinbetrieb ..., der Kleinhandel, die Forschung, die privaten Dienstleistungen, die Erzeu-

Probleme, die aus diesem Prozeß entspringen, "unlösbar sind, solange die Verfügungsgewalt über die Produktivkräfte dem Kapital nicht entrissen wird" (S. 525), Mandel nicht ausreichend erscheinen, sieht er sich erneut zu einer Anlehnung an typisch anti-autoritäre Argumentationsmuster gedrängt. Neben der Bemühung nahezu aller vom Anti-Autoritarismus benannten Krisenphänomene[90] wird, da auch diese Fülle von desintegrierenden Entwicklungen offensichtlich noch nicht hinreichend ist, um die "soziale Revolution einsetzen" zu lassen, schließlich auch auf die "idealistische" Grundstruktur der anti-autoritären Theorie zurückgegriffen: "Angesichts des potentiellen Überschusses und der möglichen Entfaltung aller schöpferischen Kräfte des Individuums" werden die skizzierten Belastungen dieses Individuums "unerträglich" (S. 521f.) Auch bei Mandel wird auf diesem Wege die "Möglichkeit der Befreiung" zum entscheidenden Motiv zu ihrer Verwirklichung.[91]

Dieser Rückfall der Mandelschen Argumentation bezeichnet endgültig das Scheitern des angezielten Vermittlungsversuches zwischen ökonomischen und kulturellen, "objektiven" und "subjektiven" Prozessen. Auch Mandel ist es nicht gelungen, ein Instrumentarium zu entwickeln, daß es erlaubt, beide Dimensionen des gesellschaftlichen Prozesses in einem einheitlichen Zusammenhang zu bestimmen. Daß ihm die Bestimmung sozio-kultureller Prozesse und der daran anknüpfenden sozialen Auseinandersetzungen entweder zu deren ökonomistischer Reduktion oder, dort wo sie als eigenständige Phänomene ernstgenommen werden, zu einer ihrerseits "subjektivistischen" Überziehung der Eigendynamik solcher Prozesse gerät, stellt nur den Ausdruck dieser gescheiterten Vermittlung dar.

Jenseits dieses Schwankens zwischen sich wechselseitig ausschließenden Interpretationen schafft Mandel allerdings mit seinem "letzten Wort" abschließend Klarheit darüber, wo der feste Standpunkt jedes orthodoxen Marxisten zu finden sei, und leitet damit gleichzeitig zu der Krise dieser Variante des Marxismus über: "Die Ablösung der kapitalistischen Produktionsweise ist das Hauptziel der kommenden revolutionären Massenbewegung des lohnabhängigen Proletariats" (S. 526).

Indem dieser Abschluß erneut den praxistheoretischen Anspruch der Marxschen Theorie vergegenwärtigt, verdeutlicht er gleichzeitig die kurzschlüssige Form, in der die Marxorthodoxie diesen versucht einzulösen. In der Vision einer unmittelbar anstehenden revolutionären Umwälzung kapitalistischer Gesellschaft werden nach der Seite der ökonomischen Entwicklung die tatsächlichen Krisenprozesse in "strukturalistischer" Manier verlängert zu einer grundsätzlichen Infragestellung der ökonomischen Funktionsprinzipien des Kapitalismus; in einem zweiten Schritt wird in genauso "ökonomistischer" wie "objektivistischer" Manier diese ökonomische Krise unmittelbar umgesetzt in eine auch intentional glei-

gung von "Kulturgütern" dem "Geldmachen als organisiertes Geschäft". ... erreicht dieser Prozeß im Zeitalter des Spätkapitalismus seinen Abschluß durch verallgemeinerte Kommerzialisierung der Kunst, der Lehrtätigkeit, der wissenschaftlichen Forschung und der vorher individuell betriebenen "freien Berufe"." (a.a.O., S. 510)

90 Mandel schlägt hierbei den weiten Bogen von "der Ermüdung bei der sinnlosen Produktion von minderwertigen Gütern, der Vereinsamung in der Masse, der Irritation aufgrund der dauernden Differenzierung des Konsums" bis hin zur "Krise des Massentransports, des sozialen Wohnungsbaus und des zeitgenössischen Städtebaus" (S. 522), nahezu allesamt Entwicklungen, die in seiner bisherigen Analyse noch nicht einmal berührt worden sind.

91 "Während im Zeitalter des klassischen Kapitalismus die Spannung zwischen dem, was ist, und dem, was war, der Hauptanreiz der Arbeiterkämpfe war, ist es heute die Spannung zwischen dem, was ist, und dem, was möglich wäre." (S. 521)

chermaßen grundlegende Infragestellung der kapitalistischen Vergesellschaftungsform im Klassenhandeln der Arbeiter.[92]

Wie sich gezeigt hat, ist die theoretische Grundlage in dem Scheitern an zwei sowohl für die Kapitalismustheorie überhaupt wie die Theorie des fortgeschrittenen Kapitalismus wesentlichen Vermittlungsproblemen zu suchen: In dem Versuch der Vermittlung von "Logik" und "Geschichte" kapitalistischer Gesellschaften in ihrer ökonomischen Dimension hat die Marxorthodoxie zwar eine Fülle von methodologischen Hinweisen und konkreten Befunden bzgl. der gegenwärtigen Phase kapitalistischer Entwicklung geliefert, ist ihr die Integration dieser Argumentationszusammenhänge zum Bild des fortgeschrittenen Kapitalismus als bestimmter Stufe der Entfaltung der "Bewegungsgesetze des Kapitals" aber letztlich nicht gelungen; das Problem der strukturellen und funktionalen Ausdifferenzierung solcher Gesellschaften in verschiedenartige soziale Subsysteme und die Art der Beziehung zwischen diesen Teilbereichen hat sich die Marxorthodoxie bestenfalls gestellt, in der Durchführung hat sie sich dagegen als theoretisch hilflos erwiesen, ist es ihr weder gelungen, einen entsprechenden konzeptionellen Bezugsrahmen zu entwickeln noch eine materiale Erklärung solcher Prozesse in fortgeschrittenen kapitalistischen Gesellschaften anzugehen.

Bevor die Realentwicklung der kapitalistischen Gesellschaften den Vertretern einer solchen orthodoxen Lesart des Marxismus diese Mängel auf schmerzliche Art bewußt gemacht hat, die "Krise des Marxismus" hervorgetreten ist, hat sich zeitlich parallel und in inhaltlicher Auseinandersetzung mit der Marxorthodoxie der Versuch einer Systematisierung der aus der Kritischen Theorie entstammenden Theorie des Spätkapitalismus herausgebildet, der mit einer alternativen Konzeptualisierung der gleichermaßen als spätkapitalistisch identifizierten fortgeschrittenen kapitalistischen Gesellschaften auch eine grundlegende Reformulierung der Marxschen Theorie in ihren gesellschafts- und rationalitätstheoretischen Gehalten überhaupt verbindet. Wie sich aus diesem alternativen Lösungsversuch der zwei benannten Grundprobleme einer Analyse fortgeschrittener Gesellschaften und den trotzdem vorhandenen gemeinsamen Hintergrundannahmen eine Verarbeitung der "Krise des Marxismus" ergibt, die die Aporie der Kritischen Theorie in ihrem gleichzeitigen Festhalten an der marxistischen Denktradition und deren grundsätzlicher Infragestellung in spezifischer Form an den Rande ihrer Auflösung bringt, wird den Gegenstand des folgenden Kapitels bilden.

---

92 Diesen unmittelbaren Umschlag von ökonomischer Krise in politische Krisenprozesse hat Mandel an anderen Ort ausdrücklich ausgesprochen: "Mit dieser Legende (des Wirtschaftswunders; St.B.) ist auch die langfristige politische Stabilität der Bundesrepublik zum Tode verurteilt... ." (1969, S. 5)

2. Die Kritische Spätkapitalismustheorie

Obwohl die Herausbildung der Kritischen Spätkapitalismustheorie als Antipode zu der aus der Studentenbewegung neu erstandenen Marxorthodoxie nicht in gleichem Ausmaß unmittelbar aus den politischen Zusammenhängen dieser sozialen Bewegung hervorgegangen ist[1], läßt sich sowohl ihre Entstehung wie innere Dynamik aus dem "intellektuell-politischen Spannungsfeld", das "die Protestbewegung ... geschaffen hat" (Habermas 1979a, S. 13), begreifen. Die Protestbewegung stellte dabei nicht nur ein auf dem Boden der beanspruchten Einheit von Gesellschaftstheorie und Theorie sozialer Bewegung bevorzugtes Objekt der gesellschaftswissenschaftlichen Analyse dar, sondern hat auch als Subjekt der Theoriebildung mit ihrer Aktualisierung der Kritischen Theorie gleichzeitig die in diese eingelassenen gesellschaftstheoretischen und zeitdiagnostischen Themen für eine erneute Bearbeitung freigesetzt.

Dieser Zusammenhang wird trotz der bestehenden politisch-strategischen Differenzen[2] schon in den Arbeiten von Jürgen Habermas deutlich: Sowohl im Versuch der theoretischen und strategischen Verortung der Protestbewegung selbst im Rahmen eines legitimationstheoretischen und sozialpsychologischen Erklärungsansatzes[3], der gleichzeitig die zentralen Krisenpotentiale gegenwärtiger kapitalistischer Gesellschaften ins Auge zu fassen beanspruchte[4], wie in der Verankerung dieses Erklärungsansatzes in einem umfassenden Konzept gesellschaftlicher Rationalisierung, wie es Habermas 1968[5] in der Rückwendung auf Marcuses Auseinandersetzung mit der Weberschen Rationalisierungstheorie erstmals skizziert hat, tritt dieser problemgeschichtliche Hintergrund hervor.

Daß es sich hierbei nicht nur um ein individuell motiviertes Wiederaufgreifen der Programmatik des "westlichen Marxismus" handelt, zeigt die Thematik, die die westdeutschen Soziologen 1968 - sozusagen im Höhepunkt der Studentenbewe-

---

1 Für Claus Offe als einen der Mitbegründer dieser Theorievariante läßt sich sogar eine solche unmittelbare Zuordnung zum anti-autoritär aktionistischen Flügel der Studentenbewegung treffen. Siehe dazu GRZ 1978, S. 18 und Offe selbst (1968).

2 Zu der daraus erwachsenen Auseinandersetzung siehe Negt 1968.

3 Auf die Affinitäten zwischen dem kulturalistischen Selbstverständnis der Protestbewegung auf der einen, der Habermasschen Gesellschaftstheorie auf der anderen Seite hat die GRZ 1978, S. 10ff. u. S. 17 hingewiesen.

4 Siehe hierzu die Sammlung entsprechender Schriften von Habermas aus dem Jahre 1970. In diesem Zusammenhang hat Habermas schon die zwei zentralen gesellschaftstheoretischen Problemkomplexe einer marxistisch orientierten Analyse des Spätkapitalismus angesprochen: Weder sei geklärt, "daß der staatlich geregelte Kapitalismus vor grundsätzlich unlösbaren Problemen der Verwertung des Kapitals stehe", noch "bewiesen, daß der nach wie vor bestehende Gegensatz sozioökonomischer Klassen auch heute noch zu einem politischen Konflikt entfacht werden könne." (a.a.O., S. 194) Gleichzeitig ist Habermas schon zu diesem Zeitpunkt bewußt, daß die Beantwortung dieser Fragen grundsätzliche Annahmen der Marxschen Theorie wie die Arbeitswertlehre betrifft, "deren Geltung wir dahingestellt sein lassen müssen" (a.a.O.).

5 In dieser Arbeit sind sowohl von der Begrifflichkeit wie den theoretischen Annahmen her die Grundmotive der weiteren Arbeiten von Jürgen Habermas vorgezeichnet. Dies gilt sowohl für die Spätkapitalismustheorie wie - wenn auch in geringerem Maße - für seine Theorie des kommunikativen Handels und die auf dieser basierende Theorie der Moderne. - Mit dem dort entwickelten Begriff eines ambivalenten Rationalisierungsprozesses versucht Habermas zu diesem Zeitpunkt das gleichermaßen ambivalente "Janusgesicht des Protestes" (1970, S. 37) verständlich zu machen. Auch dieser Versuch einer Verankerung der neuen Protestpotentiale innerhalb der widersprüchlichen Rationalisierungsdynamik moderner Gesellschaften stellt eines der Motive dar, die Habermas bis in die Gegenwart hartnäckig weiterverfolgt hat.

gung - ihrem 16. "Tag" gegeben haben. Mit der Alternative "Spätkapitalismus oder Industriegesellschaft?" und dem gleichbetitelten Einleitungsvortrag Theodor W. Adornos wird ausdrücklich nochmals diejenige Aporetik, die in der "Dialektik der Aufklärung" den vorläufigen Endpunkt der Entwicklung der Kritischen Theorie bezeichnet hat, ins Blickfeld gerückt. Die Einsicht, daß das Verständnis gegenwärtiger kapitalistischer Gesellschaften einerseits die weitere Inanspruchnahme grundlegender Annahmen der Kapitalismustheorie erforderlich macht, die Unzulänglichkeit dieser Annahmen andererseits aber an den Merkmalen derselben Gesellschaft ablesbar ist, führt Adorno dabei zu einer "dialektischen" Wendung, die die geforderte "bündige Disjunktion" (Adorno 1975, S. 161) zwischen den beiden thematischen Alternativen selbst in Frage stellt, sich aber im Hinweis auf die Möglichkeit, "daß die gegenwärtige Gesellschaft einer kohärenten Theorie sich entwindet" (a.a.O., S. 163), durchaus der fatalen Konsequenzen einer solchen Dialektik bewußt ist.[6]

Die Rückwendung[7] auf die radikalisierte "Krise des Marxismus" wurde auf diesem Soziologentag allerdings begleitet von einer entsprechenden Wendung in die Zukunft. In ihrem Gemeinschaftsreferat zum Thema "Herrschaft, Klassenverhältnis und Schichten" ging es den Autoren J. Bergmann, G. Brandt, K. Körber, E. T. Mohl und C. Offe darum, die grundsätzlichen Linien eines Erklärungsmodells zu skizzieren, dem es gelingen sollte, den gleichermaßen einseitigen Konzeptualisierungen gesellschaftlicher Entwicklung, die dieser Krise zugrundelagen, aus dem Wege zu gehen und sowohl ein Verständnis der strukturellen Eigenschaften gegenwärtiger Gesellschaften wie der an diese anknüpfenden sozialen Konflikte zu ermöglichen.

Gegen die bis zu dem damaligen Zeitpunkt die politische Soziologie dominierenden "industriegesellschaftlichen Ansätze", die "die ... entwickelten Modelle politischer Herrschaft weitgehend von den materiellen Bedingungen der jeweiligen Sozial- und Wirtschaftstruktur abgelöst" haben, wird in Anknüpfung an die marxistische Tradition ein Modell politischen Handelns gesetzt, das "das politische Herrschaftssystem in seinem Zusammenhang mit der je gegebenen sozio-ökonomischen Struktur begreift" (Bergmann u. a. 1969, S. 67). Ein solches Modell der Rückbindung der Dynamik des politischen Systems an die Verfassung der Produktionsverhältnisse ist dabei aber abzuheben von einer ökonomistischen Bestimmung der Beziehung zwischen beiden sozialen Strukturen, die der relativen

---

6 Der logisch widersprüchliche Charakter der Argumentation Adornos, der nur schwerlich als "Widerspruch in der Sache" auszuweisen ist, tritt besonders im Bezug auf den Stellenwert der Marktvergesellschaftung als eines der Kernstücke der Marxschen Theorie hervor: dieser Mechanismus sozialer Integration, der für Adorno auf der einen Seite gerade die Basis einer Totalisierung des an den Warenfetischismus anknüpfenden "technokratischen Scheins" darstellt, wird im gleichen Atemzug mit der Behauptung eines aus der staatlichen Außerkraftsetzung des "Marktmechanismus" sich ergebenden Prozesses der Aushöhlung bürgerlicher Individuationsformen in seiner Gültigkeit in Frage gestellt. (a.a.O., S. 172f.) - Im weiteren wird sich zeigen, daß auch die Habermassche Weiterentwicklung der Spätkapitalismustheorie an einem solchen widersprüchlichen Bezug auf die Marxsche Theorie der Ware als "Elementarform kapitalistischen Reichtums" krankt.

7 Ein weiteres Indiz für den hier behaupteten problemgeschichtlichen Zusammenhang stellt die Tatsache dar, daß auf dem angesprochenen Soziologentag mit dem Vortrag A. Gurlands (1969) - eines Vertreters der "orthodoxen" Fraktion innerhalb der Faschismusdiskussion des Instituts - erneut der Versuch einer orthodoxen, kontinuitätstheoretischen Erklärung der "sozial-ökonomischen Entwicklung der gegenwärtigen Gesellschaft" unternommen wurde.

Autonomie und den daraus erwachsenden Spielräumen staatlichen Handels nicht gerecht werden kann.[8]

Die damit angezielte Gratwanderung zwischen "Politizismus" und "Ökonomismus" wird in einem zweiten Schritt in Richtung auf die spezifische Ausprägung des Verhältnisses zwischen Ökonomie und Politik in fortgeschrittenen kapitalistischen Gesellschaften konkretisiert: Auf Basis "der Aufhebung des sich selbst regulierenden Marktsystems im Zuge der Kapitalkonzentration und -zentralisation" (a.a.O., S. 71) und der damit verbundenen Herausbildung des "staatlich regulierten Kapitalismus" (S. 79) verschiebt sich das Gewicht innerhalb dieses Verhältnisses zunehmend in Richtung einer "Determinierung ... wichtiger Befriedigungschancen für Lebensbedürfnisse durch politische Entscheidungen" (S. 81), ohne daß damit aber die "restriktiven Bedingungen", mit denen sich das politische System "im Zwang zur Erhaltung privater Verfügungsgewalt über die Produktionsmittel" (S. 72) konfrontiert sieht, außer Kraft gesetzt sind.

Diese "nicht nur als relativ oberflächliche Modifikation des klassischen, von Marx analysierten Kapitalverhältnisses, sondern als neuer Strukturtypus der kapitalistischen Gesellschaft ernstzunehmende" (S. 79) Entwicklung verändert darüber hinaus auch die Bedingungen für soziale Auseinandersetzungen: Neben die traditionellerweise bedeutsamen vertikalen Ungleichheiten entlang einer hierarchisch organisierten Klassenstruktur treten zunehmend neuartige horizontale Disparitäten, Ungleichheiten zwischen Lebensbereichen[9]. Die Ursache der zugrundeliegenden Marginalisierung nicht im Zentrum des kapitalistischen Produktionsprozesses stehender Aufgabenbereiche und von diesen betroffener sozialer Gruppen ist dabei vor allem im selektiven Charakter staatlichen Handelns zu suchen. (a.a.O., S. 84) Resultat dieser "Überlagerung" alter durch neue Konflikte ist gleichzeitig auch eine Verschiebung auf der Ebene des "gesellschaftlichen Subjektes des historischen Wandels" (a.a.O., S. 86): Neben die klassischen Auseinandersetzungen zwischen sozialen Klassen treten zunehmend die Aktionen von "Situationsgruppen" (a.a.O.), die sich aus den marginalisierten Bereichen innerhalb der Infrastruktur kapitalistischer Gesellschaften rekrutieren.[10]

Wie allerdings die Beziehung zwischen den weiterhin fortbestehenden traditionellen Konfliktlinien und diesen neuartigen Problemzonen kapitalistischer Gesellschaften theoretisch zu fassen ist und welche politischen Konsequenzen diese zeitigt, bleibt für die Autoren offen, stellt gerade eines der zentralen Probleme der geforderten Weiterentwicklung des entworfenen Bezugsrahmens dar. (a.a.O., S 87) Allein dieser Entwurf macht aber schon hinreichend deutlich, daß dieser Bezugsrahmen sowohl unmittelbar anknüpft an die vom Anti-Autoritarismus gelieferte Selbstverständigung über die neuartigen Krisenpotentiale, die der

8 "Damit wird kein eindeutiges und einseitiges Abhängigkeitsverhältnis zwischen der Wirtschafts- und Sozialstruktur einerseits und der politischen Organisation andererseits unterstellt, wie ein allzu simples Unterbau-Überbau-Schema es nahelegen mag." (a.a.O., S. 68)

9 "Die unter dem Gesichtspunkt des sozialen Wandels dominante Form der Ungleichheit ist weniger in der vertikalen Dimension von Schichten und Klassen zu suchen als in der horizontalen Dimension der Disparität von Lebensbereichen, d. h. der ungleichgewichtigen Befriedigung der verschiedenen Lebensbedürfnisse." (a.a.O., S. 82)

10 "Das Personal der zurückbleibenden Institutionen des Bildungswesens, des Gesundheitswesens, der Stadtplanung und Architektur ... ist ... in der Lage, den Konflikt zwischen Wirklichkeit und Möglichkeit ... zu konkretisieren und so in einem politischen Bezugsrahmen systemtranszendierende Bedürfnisinterpretationen anzubieten ...." (a.a.O., S. 87)

Studentenbewegung zugrundelagen[11], wie einen Versuch darstellt, die dabei aufgeworfenen und nicht bewältigten Vermittlungsprobleme auf gesellschafts- und bewegungstheoretischer Ebene erneut und in weitaus systematischerer Form anzugehen.

Tatsächlich haben sich diese Erwartungen in der Folgezeit erfüllt: Initiiert durch die Arbeiten von Claus Offe und in umfassender Form von Jürgen Habermas ausgeführt, hat sich in den folgenden Jahren eine Theorievariante, eben die Kritische Spätkapitalismustheorie, herausgebildet, die zunächst in der Analyse der Entwicklung gegenwärtiger kapitalistischer Gesellschaften, dann aber in einem zunehmend grundsätzlicheren Sinne, die liegengebliebenen Aporien der Kritischen Theorie und damit die "Krise des Marxismus" einer erneuten Bearbeitung zugeführt hat.[12]

Nicht nur im Rückbezug auf die Entstehungsbedingungen der Kritischen Theorie im Rahmen des anti-orthodoxen Programms des "westlichen Marxismus", sondern auch auf Basis der aktuellen Entwicklungen in der Theoriebildung der Linken[13] läßt sich dieser Versuch bis in seine sublimsten methodologischen Unterscheidungen als Auseinandersetzung mit denjenigen Beschränkungen, die die Marxorthodoxie dieser Theoriebildung auferlegt, verstehen, ergeben sich seine Akzentsetzungen komplementär zu den aufgewiesenen Vereinseitigungen der orthodoxen Theorie. Dies wird schon an der Art und Weise deutlich, in der die oben skizzierte Grundspannung jeder Phasentheorie kapitalistischer Gesellschaften zwischen "Kontinuität" und "Wandel", "Logik" und "Geschichte" solcher Gesellschaften angegangen wird. Zwar liefert Offe in seiner Unterscheidung zwischen "Entwicklungslogik des Kapitals" und "Kontinuität des Widerspruchs" auf der einen, "Manifestationsform" und "Wandel der sozialstrukturellen Elemente" (1972, S. 18f.) auf der anderen Seite eine angemessene Formulierung dieser Problematik und bestimmt darüber hinaus den Prozeß der "Aufhebung der kapitalistischen Privatindustrie auf Grundlage des kapitalistischen Systems selbst" (MEW 25, S. 454; hier zitiert nach Offe 1972, S. 28) als die für kapitalistische Gesellschaften charakteristische Form der Vermittlung dieser Gegensätze; indem die materiale Argumentation sich auf dem Boden einer nur pauschal festgehaltenen Kontinuität über die Brüche kapitalistischer Entwicklung vor allem auf die Merkmale des jüngsten Wandlungsprozesses kapitalistischer Gesellschaften konzentriert[14] und dabei vor allem deren abweichenden Charakter gegenüber den Kontinuitätslinien

11 Nur unschwer sind in den vorgestellten Argumentationen die Problemverschiebungsthese und die aus ihr gefolgerte Randgruppentheorie wiederzuerkennen. Offe bezieht sich aus diesem Grunde später auch ausdrücklich auf entsprechende Argumente Marcuses. (1972, S. 185)

12 Im folgenden wird nicht nur davon ausgegangen, daß diese Theorierichtung "eine sehr viel strengere und nüchternere Begründung der Position der Frankfurter Schule" (Löwenthal 1979, S. 59) vollzieht, sondern tatsächlich in ihrem Reformulierungsversuch über deren Bearbeitung der "Krise des Marxismus" systematisch hinausgeht. Allein dies rechtfertigt die eigenständige Thematisierung dieser Theorievariante genauso wie die Notwendigkeit einer eingehenden Analyse ihrer Annahmen.

13 Die historischen Kontinuitäten, in denen der "neue Dogmatismus ... in linken Studentenzirkeln" stand, hat Habermas 1979a, S. 20 hervorgehoben.

14 Tatsächlich macht sich die inhaltliche Akzentsetzung innerhalb der Dialektik von Kontinuität und Wandel auch im Umfang der Behandlung des jeweils in den Vordergrund gestellten Momentes fest.

solcher Gesellschaften akzentuiert[15], bleibt die damit gleichzeitig angesteuerte Vermittlung zwischen Kapitalismustheorie und Geschichte des Kapitalismus aber eher im Hintergrund. Entsprechend dieser Schwerpunktsetzung nehmen auch die kapitalismustheoretischen Argumentationszusammenhänge selbst, die sozusagen das notwendige Fundament der Analyse der empirischen Gestaltungen kapitalistischer Gesellschaften zur Verfügung stellen, gegenüber der Auseinandersetzung mit solchen empirischen Prozessen und der Hervorhebung von deren prinzipiell kontingentem Charakter sowohl von Umfang wie Ausdifferenziertheit im Vergleich zu den entsprechenden orthodoxen Bemühungen nur geringen Raum ein.[16] Der theoretische Bezugsrahmen für die Verortung empirischer Phänomene wird dagegen vielmehr durch ein gesellschaftstheoretisches Instrumentarium gebildet, das in seinem Selbstverständnis als "Rekonstruktion des Historischen Materialismus"[17] gerade auf die Mängel der orthodoxen Theorie in bezug auf eine solche gesellschaftstheoretische Verankerung der Kapitalismustheorie hin konzipiert ist.

Ausgangspunkt der konzeptionellen Überlegungen zu einer Theorie des Spätkapitalismus bildet die zunächst nur formale[18] Unterscheidung zwischen zwei sich wechselseitig ausschließenden Typen von Vergesellschaftung. Dem "System" als Inbegriff objektiver und normfreier sozialer Integration, die sich entlang der Mechanismen von Selbstregulation und -referentialität vollzieht, wird die "Lebenswelt" als sprachabhängige, normativ geregelte Sphäre der Intersubjektivität sinnhaft handelnder Individuen gegenübergestellt.[19]

Daß mit dieser Unterscheidung ein analytischer Rahmen sowohl für die Bestimmung der Beziehung "ökonomischer" und "normativer" Momente des gesellschaftlichen Zusammenhangs wie allgemeiner noch für die Beziehung "objektiver" und "subjektiver" Prozesse angezielt ist, wird an den materialen Interpretationen dieser Begrifflichkeit deutlich. Neben der Explikation eines Krisenbegriffes, die dessen notwendige Auffächerung in die "objektiven" Probleme der Steuerung von Gesellschaften und deren "subjektive" Verarbeitung im Krisenbewußtsein von

15 Habermas radikalisiert schon im Ausgangspunkt seiner Analyse des Spätkapitalismus die Frage "Has Capitalism changed?" in Richtung auf die Möglichkeit einer "Überführung des Kapitalismus in eine nachkapitalistische Gesellschaftsformation". (Habermas 1973, S. 49)

16 Sowohl Offe wie auch Habermas sind immer wieder bemüht, ihr Vorgehen mit dem Hinweis auf die Existenz "kontingenter Faktoren" von dem Verfahren "einer Deduktion aus 'Gesetzen'" (Offe a.a.O., S. 183) abzugrenzen. Auf die theoriestrategische Bedeutung dieser Kontingentisierung wird noch einzugehen sein.

17 Siehe dazu die gleichnamige Arbeit von Habermas (1976a). Habermas verfolgt damit tatsächlich die von den Begründern des "westlichen Marxismus" angezielte umfassende Reformulierung marxistischen Denkens weiter, folgt diesem Projekt, wie sich zeigen wird, allerdings auch in seinen Vereinseitigungen.

18 Um eine formale Unterscheidung handelt es sich insofern, als mit den bezeichneten Vergesellschaftungsformen noch keine Aussage darüber getroffen ist, welche bestimmten sozialen Beziehungen gemäß ihrer Organisationsprinzipien geregelt sind. Daß die Mechanismen "systemischer" Vergesellschaftung offensichtlich an den Selbstregulierungsprozessen des Marktes, die der "Lebenswelt" am sprachlichen Verständigungsprozeß gewonnen sind, besagt zunächst wenig.

19 Zu dieser Unterscheidung siehe zusammenfassend Habermas 1973, S. 14. Die Arbeiten Habermas sind zumindest seit dem Positivismusstreit von dichotomischen Begriffsbildungen durchzogen, die immer wieder auf eine entsprechende Entgegensetzung abzielen: von der Unterscheidung zwischen "technischem" und "praktischem Erkenntnisinteresse", über die Abgrenzung von "Arbeit" und "Interaktion" (1968, S. 9ff.) hin zur Unterscheidung zwischen "zweckrationalem" und "kommunikativem Handeln" (a.a.O., S. 62f.).

Akteuren hervorhebt (Habermas 1973, S. 9ff.)[20], geht es dabei in einem ersten Schritt tatsächlich um die Reformulierung zentraler Elemente des Historischen Materialismus. Im Rahmen eines evolutionstheoretischen Modells wird der Herausbildungsprozeß der menschlichen Gattung als sukzessiver Lernprozeß konzipiert, der sich anhand zweier Dimensionen vollzieht: den "systemischen" Momenten, die sich im wesentlichen im Stand der Produktivkräfte niederschlagen, und den "lebensweltlichen" Momenten, deren Eigengewicht auf einer relativen Autonomie der "Entwicklungslogik von Weltbildern" (a.a.O., S. 19) beruht.

Obwohl Habermas die Bestimmung des Verhältnisses zwischen diesen Universalia gesellschaftlicher Entwicklung relativ offen läßt[21], fallen schon hier zwei Spezifika seiner Reformulierung des Historischen Materialismus ins Auge: Neben dem dualistischen Charakter dieses Modells, das offensichtlich den Zusammenhang "materieller" und "normativer" Dimensionen des gesellschaftlichen Prozesses nicht mehr als einheitlichen fassen will, frappiert vor allem die Tatsache, daß die Kategorie der "Produktionsverhältnisse", mit der "der das Ganze organisierende Nukleus auf einer Ebene angesetzt wird, wo sich die normativen Strukturen mit dem materiellen Substrat verschränken" - wie Habermas in anderem Zusammenhang selbst hervorhebt (a.a.O., S. 30) - in diesem Rekonstruktionsversuch ausgeblendet wird.[22] Daß Habermas die Berufung auf diese Kategorie als einheitsstiftende schließlich doch in Zusammenhang mit "einer engen ökonomistischen Auslegung" (a.a.O., S. 30) bringt, macht darüber hinaus deutlich, welche grundlegenden Umorientierungen er mit dieser Rekonstruktion verbindet, und wie er diese aus einer Abgrenzung zu einer ökonomistischen Lesart des Marxismus zu gewinnen gedenkt.

Eine weitere Konkretisierung findet die System/Lebensweltunterscheidung und damit die Bestimmung der beiden evolutionären Grunddimensionen in der Konzeptualisierung des Gesamtzusammenhangs kapitalistischer Gesellschaften als strukturell und funktional ausdifferenzierter Ganzheiten. Waren in vorkapitalistischen Gesellschaften die zentralen Funktionen der gesellschaftlichen Reproduktion im wesentlichen[23] in einem einheitlichen institutionellen Zusammenhang organisiert, so tritt dieser Zusammenhang im Übergang zu modernen kapitalistischen Gesellschaften auseinander in drei soziale Subsysteme, die jeweils nach spezifischen Funktionsprinzipien verfahren, auf der Steuerung durch spezifische Medien beruhen: das ökonomische System, spezialisiert auf die systemischen Aspekte der materiellen Reproduktion der Gesellschaft, konstituiert durch das Tauschverhältnis; das politische System, in dem vermittelt über das Medium der Macht in

---

20 Diese Zweidimensionalität verdeutlicht Habermas an der Lockwoodschen Unterscheidung zwischen "System-" und "Sozialintegration". Zur ursprünglich gegen den Funktionalismus und seine normativistische Reduktion des Sozialen gerichteten Intention dieser Unterscheidung siehe Brandt 1972, S. 9.

21 Indem er hervorhebt, daß die "Variation der Sollwerte von Gesellschaftssystemen ... durch eine Entwicklungslogik von Weltbildern beschränkt wird, auf die die Imperative der Systemintegration keinen Einfluß haben" (a.a.O., S. 19), ist aber schon zu diesem Zeitpunkt eine grundsätzliche Autonomie dieser Entwicklungslogik unterstellt.

22 Daß in den Habermasschen Dichotomien gerade diese Verhältnisse als Naturaneignung, Vergesellschaftung und Bewußtseinsformen übergreifende zwischen die Extreme dieser Dichotomien fällt, hatte schon die Kritik an seiner Unterscheidung zwischen "Arbeit" und "Interaktion" herausgestellt. Siehe dazu u. a. Ottomeyer 1974, S.22ff.

23 Habermas unterscheidet hier verschiedene Entwicklungsstufen vorkapitalistischer Gesellschaften nach dem Grade der Ausdifferenzierung dieser Funktionen in eigenständig institutionalisierte Bereiche. (a.a.O., S. 30ff.)

seinen Steuerungsfunktionen für das ökonomische System auf der einen, seinen Legitimationsfunktionen gegenüber normativen Ansprüchen auf der anderen Seite systemische und lebensweltliche Momente aufeinandertreffen und schließlich das sozio-kulturelle System, das in seiner Organisation der Prozesse "kultureller Überlieferung" dem lebensweltlichen Medium der Normen verpflichtet ist.[24]

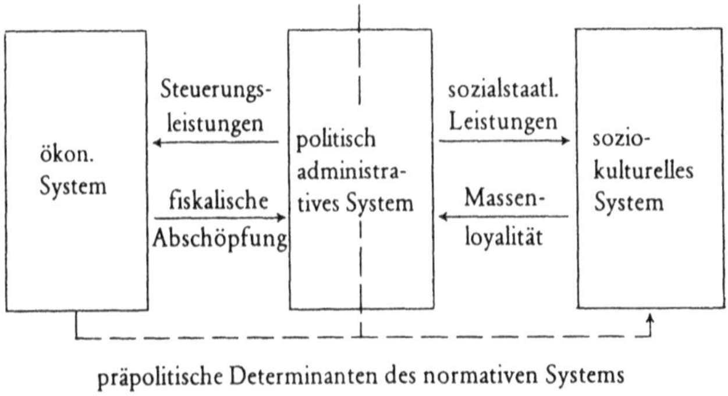

Mit diesem der funktionalistischen Theorie moderner Gesellschaften[25] entlehnten Modell ist offensichtlich erneut ein analytischer Rahmen angezielt, der das von der orthodoxen Theorie meist nur programmatisch angesprochene Problem der Eigendynamik sozialer Subsysteme[26] systematisch in die Analyse kapita-

24 Zu diesem Modell siehe Habermas 1973, S. 15f. - Zu seiner Genese siehe ausführlich Becker 1983, S. 35ff. Seine ursprüngliche Formulierung, wenn auch in etwas abweichender Form, hat ihm Offe gegeben.

25 Dieser Bezug auf den Strukturfunktionalismus vor allem Talcott Parsons wird bei Habermas schon frühzeitig deutlich. (Siehe dazu Habermas 1968, S. 60f.) Becker 1983, S. 41ff. hat die Entwicklung des hier skizzierten Systemmodells kapitalistischer Gesellschaften aus "Parsons' Differenzierung des 'sozialen Systems'" im einzelnen rekonstruiert und auf dieser Basis die von Offe und Habermas entwickelte Konzeption als "kritischen Funktionalismus" charakterisiert.

26 Obwohl diese Unterscheidung zunächst nicht viel mehr darstellt als eine systemtheoretische Reformulierung der klassischen Gliederung zwischen Wirtschaft, Staat und Kultur oder auch, wenn man sich auf die marxistische Tradition selbst bezieht, von Ökonomie, Staat und Reproduktionssphäre (Becker a.a.O., S. 41f.), ist sie angesichts der tatsächlichen Reduktionismen der Marxorthodoxie keineswegs trivial. Selbst Vertreter der Orthodoxie haben diese grundlegende Intention der "politischen Krisentheorien" gegen eine "ökonomistische Krisenanalyse des kapitalistischen Akkumulationsprozesses" (Hübner 1982, S. 38f.) gewürdigt, ohne sich dadurch aber in ihrem ausschließlichen Anknüpfen an das Gesetz des tendenziellen Falls der Profitrate und die ihm entgegenwirkenden Maßnahmen des politischen Systems weiter beirren zu lassen. - Die Vertreter der hier vorgestellten Theorievariante haben immer wieder gegen die Marxorthodoxie die Notwendigkeit einer systematischen Einbeziehung der legitimatorischen Aspekte des gesellschaflichen Systems hervorgehoben: genausowenig wie die Analyse der neuartigen Protestpotentiale als ein zentraler Bezugspunkt einer Theorie fortgeschrittener kapitalistischer Gesellschaften ohne Einbeziehung der Spezifika des kulturellen Systems solcher Gesellschaften möglich ist (Döbert/Nunner 1975, S. 14f.), kann die Dynamik ökonomischer Krisen selbst ohne einen systematischen bezug auf als "legitim verstandene Erwartungen" bzgl. "bestimmter Klassen von Entschädigungen" (a.a.O., S. 19) erklärt werden. Wie oben in Bezug auf die Berücksichtigung des historisch-gesellschaftlichen Elements in der Bildung des Werts der Arbeitskraft angedeutet worden ist, sprengt diese Argumentation allerdings den Rahmen einer ökonomiekritischen Rekonstruktion nicht ohne weiteres.

listischer Gesellschaften einzubeziehen erlaubt. Mit einem derart ausformulierten Systemmodell rücken erneut die zentralen Probleme einer Analyse des Gesamtzusammenhangs solcher Gesellschaften als *Einheit strukturell und funktional ausdifferenzierter institutioneller Bereiche*[27], denen sich schon die "alte" Kritische Theorie zu stellen gesucht hatte, ins Zentrum der Analyse. Gleichzeitig werden zumindest Ansätze einer materialen kapitalismustheoretischen Argumentation entwickelt, die sowohl die Notwendigkeit einer Ausdifferenzierung wie den weiterhin einheitsstiftenden Charakter zentraler ökonomischer Mechanismen des Kapitalismus entwickelt: mit der Herausbildung von Marktvergesellschaftung und des kapitalistischen Betriebes werden sowohl die politischen Funktionen wie die Reproduktion der Arbeitskraft aus dem privat organisierten ökonomischen Prozeß ausgegliedert (Habermas 1973, S. 36), müssen die entsprechenden Prozesse gesamtgesellschaftlicher Steuerung und normativer Integration außerhalb der ökonomischen Sphäre institutionalisiert werden. Das Vergesellschaftungs- und Rationalitätsdefizit des ökonomischen Systems, das auf dem "Mißverhältnis zwischen der unbewußten (intentionsfreien, bloß faktischen) Ausdehnung von Interdependenzbeziehungen im *Vergesellschaftungsprozeß* einerseits und dem Ausbleiben bewußter Organisation und Planung dieses Prozesses ... andererseits" (Offe 1972, S. 11)[28] beruht, führt auch in dieser Beziehung zur Herausbildung "*heteronomer* Strukturelemente" (a.a.O., S. 28), die in die entsprechenden "Funktionslücken einspringen" (a.a.O., S. 36) müssen. Dieser Mechanismus "funktionaler Dysfunktionalität", in dem sowohl die relative Autonomie der ausdifferenzierten Strukturen wie deren weiterhin bestehende funktionale Bezogenheit auf die Probleme des kapitalistischen Verwertungsprozesses vorausgesetzt ist, wird so in ausdrücklicher Analogie zum innerökonomischen Durchsetzungsprozeß des Kapitalismus als "Selbstaufhebung auf seinem eigenen Boden" begriffen.[29]

Die damit skizzierte Dialektik von "Funktionalisierung" und "Autonomisierung" außerökonomischer Strukturen als Ausdruck der widersprüchlichen Organisation ökonomischer Vergesellschaftung innerhalb des Kapitalismus wird allerdings innerhalb der Modellkonstruktion selbst nur in gebrochener Form aufgegriffen. Zwar wird das Problem der Reintegration der ausdifferenzierten Sub-Systeme in der Bestimmung von Austauschmechanismen zwischen diesen angesprochen[30], die Beantwortung der Frage nach dem übergreifenden Prinzip, von dem auch noch

27 Becker (a.a.O., S. 32) hat dieses Erklärungsproblem zerlegt in das "Differenzierungsproblem" auf der einen, das "Relationsproblem" auf der anderen Seite. Indem letzteres auf den Gesamtzusammenhang ausdifferenzierter Sub-Systeme abzielt, ist es aufs engste mit Annahmen über diejenigen "Prinzipien der Vergesellschaftung ..., die Einheit und Zusammenhalt einer Gesellschaft garantieren" (a.a.O.), verknüpft. Als alternative Konzeptualisierungen bieten sich hier solche Typisierungen wie "spätkapitalistisch", "moderne Industriegesellschaft" oder "post-industrielle Gesellschaft" (a.a.O.) an.

28 Für Offe stellen deshalb ""Irrationalität" und "Privatheit" nur alternative Bezeichnungen für das strukturelle Defizit an bewußter gesellschaftlicher Kontrolle des bloß *faktisch* vergesellschafteten Lebensprozesses" (a.a.O., S. 16) dar.

29 "Das politisch-administrative System entwickelter kapitalistischer Industriegesellschaften" soll "in Analogie zu jenem widersprüchlichen Prozeß, den Marx am Beispiel der Kooperativfabriken, der Aktiengesellschaft ... untersucht" (a.a.O., S. 29), gesetzt werden.

30 Wie das obige Schaubild zeigt, vollzieht sich der Austausch zwischen ökonomischem und politischem System entlang der Mechanismen von "Steuerungsleistung" und "fiskalischer Abschöpfung", zwischen politischem und sozio-kulturellem System über "sozialstaatliche Leistungen" und "Massenloyalität". (Habermas 1973, S. 15) Für die unmittelbare Beziehung zwischen ökonomischem und soziokulturellem Bereich bleibt überraschenderweise nur die Residualkategorie "präpolitische Determinanten des normativen Systems" übrig.

die Ausprägung dieser Wechselwirkungen zwischen den einzelnen Sub-Systemen gesteuert ist, bleibt aber widersprüchlich.[31] Den zu diesem Zweck konzipierten Begriff des "Organisationsprinzips, ... als hochabstrakter Regelung, die die Lernkapazität und damit das Entwicklungsniveau einer Gesellschaft ... festlegt" (Habermas 1973, S. 30), möchte Habermas gerade nicht im Sinne einer Beantwortung der Frage, "welches Teilsystem in einer Gesellschaft den funktionalen Primat übernehmen kann" (a.a.O.), interpretieren. Läßt sich aber eine solche Interpretation doch nicht vermeiden, so ist Habermas, obwohl er an anderer Stelle (a.a.O., S. 40) den Gegensatz von "Lohnarbeit und Kapital" als solches Organisationsprinzip kapitalistischer Gesellschaften benennt, abschließend eher der Meinung, daß "in differenzierten Gesellschaften das politische System ... gegenüber dem soziokulturellen und dem ökonomischen System eine übergeordnete Stellung einnimmt" (a.a.O., S. 15).[32]

Jenseits dieser hier erneut hervortretenden Unentschiedenheit zwischen Reformulierung, Problematisierung und Revision grundlegender Annahmen des Historischen Materialismus und der Kapitalismustheorie hat dieses Modell ein Wiederaufgreifen der schon von der frühen Kritischen Theorie angezielten Horizonterweiterung dieser Denktradition möglich gemacht, das in entscheidenden Momenten über diesen "ersten Anlauf" hinausgeht. Das betrifft sowohl die Qualität der materialen Argumentationen selbst, die sich im Rahmen dieses Modells in der Analyse der Mehrdimensionalität der Entwicklung gegenwärtiger kapitalistischer Gesellschaften herausgebildet haben, wie die Anknüpfungskraft gegenüber andersartigen theoretischen Traditionen, die sich auf dieser Basis in der Folgezeit herauskristallisiert hat. Neben der schon angesprochenen Beerbung des Funktionalismus im Versuch einer "Versöhnung zwischen Systemtheorie und historischem Materialismus" (Becker 1983, S. 40)[33] hat die sich neu formierende Kritische Theorie in Anknüpfung an das interdisziplinäre Programm der Gründungsphase vor allem solche Theorieansätze zu integrieren versucht, die sich den lebensweltlichen Aspekten von Vergesellschaftung widmen: von den verschiedenen Va-

31 Auf die mangelhafte Bearbeitung des "Relationsproblemes" im "kritischen Funktionalismus" hat erneut Becker a.a.O., S. 42 hingewiesen.

32 Dies findet seinen Ausdruck in der schon hervorgehobenen Tatsache, daß dem politischen System innerhalb des Sub-Systemmodells tatsächlich die zentralen Vermittlungsfunktionen zwischen ökonomischem und sozio-kulturellem System zugeschrieben werden. Der "Politizismus" und die entsprechende Reduktion der Erklärungskraft ökonomischer Annahmen ist hiermit gewissermaßen schon in die Modellannahmen der Kritischen Spätkapitalismustheorie eingelassen. Eine zusätzliche Vorentscheidung wird dadurch gefällt, daß dieses Modell ohne weiteres eine identische Extension des Zugriffsbereiches der drei Sub-Systeme unterstellt; tatsächlich sind aber in kapitalistischen Gesellschaften die Steuerungsmechanismen des ökonomischen Systems von vornherein auf einen internationalen Zusammenhang gerichtet, während das politische System ein solches Steuerungsniveau bestenfalls vermittelt über die Außenkontakte seiner nationalen Ausgestaltungen realisieren kann; eine Tatsache, die kaum für die "übergeordnete Stellung" des politischen Systems spricht.

33 Diese Beziehung ist besonders hervorzuheben, weil aus ihr Grundmotive sowohl der gesellschaftstheoretischen Fundierung wie der in der Folge entwickelten Theorie der Moderne hervorgegangen sind. Auf diesen Zusammenhang hat Brandt 1972 hingewiesen und dabei insbesondere die Bedeutung der aus der funktionalistischen Tradition erwachsenen Modernisierungstheorie hervorgehoben. In der Folgezeit ist der Bezug auf diese alternative Konzeptualisierung gesamtgesellschaftlicher Entwicklung in der Kritischen Spätkapitalismustheorie wie der marxistischen Diskussion überhaupt nur selten weiterverfolgt worden.

rianten der Handlungstheorie über Psychoanalyse und kognitive Psychologie bis hin zur Hermeneutik und zur Sprachphilosophie.[34]

Wie sich diese Reformulierung der "Ergänzungsstrategie" des interdisziplinären Materialismus und die mit ihr verknüpften Probleme in der Analyse der gegenwärtigen Phase kapitalistischer Entwicklung entfalten, soll im Zentrum der folgenden Darstellung stehen. Da die in diesem Versuch enthaltenen produktiven wie problematischen Aspekte vor allem für die angezielte Verständigung über die "Krise des Marxismus" und die Perspektiven ihrer Überwindung erst in der Weiterung dieser Analyse in eine nicht nur punktuelle, sondern systematische Rückwendung auf die rationalitäts- und gesellschaftstheoretischen Fundamente des Marxismus in voller Klarheit hervortreten, soll der entsprechende umfassende Versuch einer rationalitäts-, gesellschafts- und modernitätstheoretischen Reformulierung der Traditionen des "westlichen Marxismus" im Anschluß daran - wenn auch nur in durch diese Fragestellungen selektierter Form - einbezogen werden.

34 Ein interessantes Beispiel für eine phänomenorientierte Integration derart unterschiedlicher theoretischer Traditionen stellt die schon erwähnte Arbeit von Döbert/Nunner 1975 zur Erklärung der jugendlichen Protestbewegungen dar. - Den grundsätzlichen Anspruch auf die Einbeziehung der verschiedenen soziologischen Paradigmata im Rahmen einer "Theorie des kommunikativen Handelns" hat Habermas erstmals in akzentuierter Form in den Diskussionen des 17. Deutschen Soziologentages über die Perspektiven eines Theorievergleiches formuliert. Siehe dazu Eder/Habermas 1976, S. 37f. und Habermas 1976b, S. 78ff.

2.1 Die Kritische Spätkapitalismustheorie: Die Krise des kulturellen Systems kapitalistischer Gesellschaften

Trotz der angesprochenen Konzentration auf Fragen der gesellschaftstheoretischen Grundlegung hat die Kritische Spätkapitalismustheorie durchaus auch zumindest Fragmente eines kapitalismustheoretischen und -historischen Bezugsrahmens entwickelt, der die gegenwärtige Entwicklung des Kapitalismus innerhalb der festgehaltenen Spannung zwischen "Entwicklungslogik" des Kapitals und deren historischen "Manifestationsformen" (Offe 1972, S. 18) verortbar machen soll.[1]

Nach der Seite der "Logik" des Kapitals hebt die Argumentation zunächst in einer genauso differenzierten wie orthodoxen Art und Weise an[2]. Skizziert wird ein Bild des Gesamtzusammenhangs kapitalistischer Gesellschaften, das deren grundsätzliche Integration in den Spezifika des kapitalistischen Produktionsverhältnisses hervorhebt: Aufgrund der privaten Organisation des Produktionsprozesses überhaupt wie der gleichermaßen privaten Aneignung des geschaffenen Mehrproduktes wird dieses Produktionsverhältnis als partikulare soziale Beziehung im Sinne eines ungleichgewichtigen Verhältnissen von Akteuren, eines "Gewaltverhältnisses zwischen den Eigentümern der Produktionsmittel und den Lohnarbeitern" (Habermas 1973, S. 42) charakterisiert. Die Form, die auf dieser Basis die weiterhin notwendige gesamtgesellschaftliche Vermittlung der Bedürfnisbefriedigung auch der in diesem Verhältnis unterprivilegierten Gruppen annimmt, die Marktvergesellschaftung, läßt allerdings diesen partikularen Charakter des zugrundeliegenden Produktionsverhältnisses nicht zu Tage treten; sie erzeugt vielmehr mit den das Tauschverhältnis als "Äquivalententausch" (a.a.O., S. 41) kennzeichnenden universalistischen Beziehungsformen von Freiheit und Gleichheit der Warenbesitzer ein entsprechendes universalistisches Bewußtsein bzgl. des Charakters dieser Verhältnisse, das gleichzeitig das Grundelement des diese legitimierenden Wertekomplexes[3] darstellt. Die derart "in die Basis selbst einge-

1 Man muß hierbei sogar zugestehen, daß sich die entsprechenden Argumentationen von Umfang wie Intensität her von der Behandlung historisch-ökonomischer Fragen in der "alten" Kritischen Theorie deutlich positiv abheben. Löwenthal (1979, S. 59) hat dies in bezug auf Habermas betont: "Aus der Frankfurter Schule hervorgegangen, hat er ... deren fast ausschließliche Konzentration auf Kritik der "bürgerlichen Ideologien" und deren Abneigung vor jeder ernsthaften Beschäftigung mit ökonomischen Problemen überwunden und den Versuch gemacht, ökonomische Kritik, politische Kritik und Kulturkritik der "spätkapitalistischen" Gesellschaft in einem integrierten Zusammenhang darzustellen." Auch in dieser Beziehung läßt sich die Kritische Spätkapitalismustheorie als Versuch begreifen, die in der frühen Kritischen Theorie bloß programmatisch gebliebene Vermittlung des gesamtgesellschaftlichen Zusammenhangs material anzugehen.

2 Hierbei ist allerdings zwischen Offe und Habermas zu unterscheiden. Während Habermas ein, wenn auch abstrahiertes, so doch relativ vollständiges Bild der Strukturprinzipien des Kapitalismus entwirft, verfolgt Offe ausdrücklich eine "in gewissem Sinn abstrahierende Reduktion des Klassen- und Kapitalismusbegriffes" (Offe 1972, S. 20), aufgrund derer von diesen Begriffen kaum mehr als der oben schon festgehaltene Antagonismus zwischen "Privatheit" und "Vergesellschaftung" übrigbleibt. Dieser Unterschied hängt zusammen mit den noch anzusprechenden unterschiedlichen Strategien zur Bestimmung der Originalität der aktuellen Entwicklungsphase der kapitalistischen Gesellschaft.

3 "Die bürgerlichen Ideologien können eine universalistische Struktur annehmen ..., weil die Eigentumsordnung ... in ein Produktionsverhältnis überführt worden ist, das sich, wie es den Anschein hat, selber legitimieren kann: Die Institution des Marktes kann sich auf die dem Äquivalententausch innewohnende Gerechtigkeit stützen." (a.a.O., S. 38)

baute Ideologie" (a.a.O., S. 41) kann damit die bedrohlichen Konsequenzen der tatsächlichen Legitimitätsdefizite des kapitalistischen Produktionsprozesses zumindest zeitweilig aussetzen, genauso wie das politische System kapitalistischer Gesellschaften in seiner subsidiären Übernahme gesamtgesellschaftlicher Funktionen die tatsächlichen Vergesellschaftungsdefizite dieser partikular orientierten Produktionsweise auszugleichen versucht. (a.a.O., S. 36f.)

Daß eine solche Harmonisierung des widersprüchlichen Produktionsverhältnisses auf Dauer nicht gelingen kann, wird deutlich an regelmäßig auftretenden Funktionsstörungen, die den systemischen Regelungsmechanismus dieses Produktionsverhältnisses, die Verwertung des Kapitals selbst in Frage stellen: In einer sich "spiralenförmig" steigernden Krisendynamik sowohl des Verwertungsprozesses selbst auf Basis des tendenziellen Falls der Profitrate wie der Realisierung des geschaffenen Mehrwerts (a.a.O., S. 46f.), wird der tatsächliche Erfolg dieses systemischen Steuerungsmechanismus relativiert, genauso wie in den entsprechenden Konsequenzen für die Lebenssituation der Arbeiter der universalistische Schein des gerechten Tausches zerbricht[4], geht damit die Systemkrise unmittelbar über in die Legitimationskrise.

Hiermit hat Habermas zunächst in überraschener Prägnanz ein zugleich monistisches wie ökonomisch fundiertes Modell[5] gesamtgesellschaftlicher Integration im Kapitalismus entwickelt, das auch an der Legitimationsfrage deutlich macht, daß diese grundsätzlich verweist auf die vom ökonomischen System gelieferten Befriedigungsmöglichkeiten und die aus demselben System hervorgehenden Beschränkungen dieser Möglichkeiten.[6] Allerdings deuten sich schon im Rahmen der kapitalismustheoretischen Überlegungen erneut Relativierungen an: Entgegen der entwickelten These eines Aufbrechens der Rationalitätsdefizite der kapitalistischen Produktionsverhältnisse von innen wird schon im Rahmen dieser allgemeinen Reflexionen davon ausgegangen, daß "innerhalb der naturwüchsigen Bewegungsweise der ökonomischen Entwicklung das Organisationsprinzip der Produktivkraftentwicklung" gerade "keine Grenzen setzt", sein entscheidendes Defizit vielmehr darin besteht, daß es "unvereinbar ist mit einer kommunikativen Ethik, die ... einen diskursiv erzielten Konsens über die Verallgemeinerungsfähigkeit der normativ festgeschriebenen Interessen fordert". (a.a.O., S. 39) Zerfällt so wiederum die gesellschaftliche Entwicklung in eine als erfolgreich unterstellte Sy-

---

4 "Die ökonomische Krise setzt sich unmitttelbar in eine soziale Krise um, denn indem sie den Gegensatz der sozialen Klassen enthüllt, vollzieht sie praktische Ideologiekritik an der Selbstdarstellung einer nur zum Schein machtfreien Sphäre des gesellschaftlichen Verkehrs." (a.a.O., S. 47f.)

5 Eher könnte man Habermas hier eine zu starke Orientierung an der Marxorthodoxie vorwerfen. Tatsächlich ist der Zusammenhang zwischen ökonomischer und Legitimationskrise, wie auch die gegenwärtige Entwicklung des Kapitalismus zeigt, keineswegs derart unmittelbar, wie Habermas unterstellt. Dies vor allem deshalb, weil die ökonomische Krise keineswegs alle ökonomischen Bereiche und alle Gruppen der Arbeiterschaft in gleicher Weise betrifft; darüber hinaus die Interpretationen einer solchen Krise sich keineswegs unmittelbar aus ihren objektiven Gehalten ergeben. Ein solcher Ökonomismus in der Frage der "Politisierung der Krise" kennzeichnet die Kritische Spätkapitalismustheorie im Allgemeinen: Auch Bergmann/Offe u. a. (1969, S. 74) waren schon davon ausgegangen, daß "angesichts der Systemkonkurrenz zwischen kapitalistischen und sozialistischen Ländern die Existenz einer Reservearmee von Arbeitslosen die Legitimitätsbasis des politischen Systems aushöhlen würde."

6 An anderer Stelle (a.a.O., S. 84) spricht er einen solchen inneren Zusammenhang zwischen Ökonomie und Legitimation ausdrücklich an: "Legitimationsprobleme können nicht ohne Rücksicht auf die Befriedigung legitimer Bedürfnisse, d. h. die Verteilung von Gebrauchswerten gelöst werden."

stemdynamik und eine als problematisch bestimmte Dynamik der normativen Aspekte dieser Entwicklung, stellt sich die Frage, wie Habermas die Spannung dieses erneuten Aufgreifens eines dualistischen Modells zu der gelieferten monistischen Skizze der Strukturprinzipien des Kapitalismus zu bewältigen gedenkt.

Die angebotene Lösung dieses Problem besteht im Übergang von der Theorie des Kapitalismus zur Geschichte dieser Produktionsweise. Keineswegs bezeichnen die benannten Strukturprinzipien gleichzeitig auch historisch übergreifende Merkmale kapitalistischer Gesellschaften, vielmehr liegen "die Anwendungsbedingungen für die Politische Ökonomie in der Fassung, die ihr Marx ... gegeben hatte," nur "im Hinblick auf den liberalen Kapitalismus" (Habermas 1968, S. 74) vor. Mit den historischen Wandlungen, die sich seit dieser Phase unbezweifelbar ergeben haben, werden unter dieser Voraussetzung auch die skizzierten theoretischen Annahmen fragwürdig[7], läßt sich damit für eine Theorie des Spätkapitalismus in grundsätzlicher Form die Frage nach der Anwendbarkeit zentraler Annahmen der Marxschen Kapitalismustheorie stellen, ohne diese Annahmen selbst unmittelbar problematisieren zu müssen. Den Ausgangspunkt der Habermasschen Analyse des Spätkapitalismus bildet aus diesem Grunde die schon angedeutete Radikalisierung der revisionistischen Fragestellung: "Die immer noch nicht befriedigend beantwortete Frage: Has capitalism changed? möchte ich in folgender Form aufnehmen: Ist der Grundwiderspruch der kapitalistischen Gesellschaftsformation unter den Erscheinungsformen des organisierten Kapitalismus unverändert wirksam, oder hat sich die Logik der Krise geändert? Ist der Kapitalismus gar in eine nachkapitalistische Gesellschaftsformation überführt worden, die die krisenhafte Verlaufsform des ökonomischen Wachstums überwunden hat?" (Habermas 1973, S. 48)

Unabhängig davon, daß die orthodoxe Theorie in überzeugender Art und Weise aufgezeigt hat, daß die einer solchen Infragestellung der Strukturprinzipien des Kapitalismus zugrundeliegende Identifikation eines "Strukturmodells des reinen Kapitalismus" mit einem "empirisch gehaltvollen, deskriptiven Modell von Kapitalismus ... des 19. Jahrhunderts" (Funke 1978, S. 219) weder dem methodologischen Status der Marxschen Kapitalismustheorie noch der historischen Realität des Konkurrenzkapitalismus gerecht wird, bedürfte eine solche Identifikation inner-

7 In dieser ausdrücklichen Hervorgebung der Diskontinutät innerhalb der Geschichte des Kapitalismus und der daraus erwachsenden Konsequenzen für eine kapitalismustheoretische Konzeptualisierung der aktuellen Entwicklung liegt der oben angedeutete Unterschied zwischen der Habermasschen und der Offeschen Herangehensweise begründet. Während Habermas aufgrund seiner Identifizierung der Logik kapitalistischer Produktionsweise mit einer bestimmten Phase ihrer Entwicklung aktuellen Wandlungsprozessen eine unmittelbare Bedeutung bzgl. einer Modifikation auch dieser "Logik" zuschreibt, verfolgt Offe aufgrund einer strikten Trennung zwischen "Logik" und "Geschichte" des Kapitalismus zunächst eine Kontinuitätsinterpretation, versucht zunächst aufzuzeigen, wie sich neuartige Entwicklungen weiterhin als Ausdruck der grundlegenden Merkmale kapitalistischer Vergesellschaftung begreifen lassen. Die oben angesprochene Reduktion dieser grundlegenden Merkmale selbst erzeugt dabei allerdings für solche neuartigen Entwicklungen einen Kontingenzspielraum, der in Offes weiterer Argumentation nicht nur die in der Reduktion abgespaltenen Momente des Kapitalismusbegriffes (wie etwa zentrale Bestandteile der Klassentheorie und der Mehrwerttheorie (Offe 1972, S.19)) zunehmend relativiert, sondern schließlich unter der Hand selbst noch die damit verbleibende Rumpfbegrifflichkeit von kapitalistischer Vergesellschaftung in Frage stellt. Bahrdt (1969, S. 63) hat - erneut auf dem angesprochenen Soziologentag - auf die Gefahr, "den Begriff des Kapitalismus ... seiner inhaltlichen Bestimmtheit zu berauben" hingewiesen und nahegelegt, ob nicht vielmehr die Frage nach der "Zulässigkeit seiner Anwendung" auf die sich abzeichnenden "Strukturwandlungen" westlicher Gesellschaften zu stellen sei, eine Konsequenz, die die von der Kritischen Spätkapitalismustheorie vertretene Relativierung der Kapitalismustheorie nicht ziehen kann und will.

halb der Habermasschen Argumentation selbst einer historisch-materialen Begründung, soll sie nicht die Antworten auf die ausgesprochenen Fragen schon auf begrifflicher Ebene präjudizieren, indem sie empirische Veränderungen gegenüber dem liberalen Kapitalismus auf quasi logischem Wege überträgt in Abweichungen von und damit notwendige Modifikationen des Strukturmodelles selbst.

Wäre dies also der Zusammenhang, in dem die Kritische Spätkapitalismustheorie gehalten wäre, sowohl ein theoretisches Instrumentarium zur Analyse der verschiedenen Phasen kapitalistischer Vergesellschaftung zu entwickeln wie dessen Anwendbarkeit an dem angedeuteten Wandel dieser Formation inhaltlich aufzuzeigen, so bleibt sie tatsächlich in dieser Beziehung höchst zurückhaltend. Weder wird der angesprochene Wandlungsprozeß vom Konkurrenzkapitalismus zum Spätkapitalismus selbst zum Gegenstand der Analyse gemacht[8], noch wird letzterer überhaupt als empirisches Phänomen, d. h. in Raum und Zeit verortet: Welchen Nationen und - was in diesem Zusammenhang schwerer wiegt - welchem historischen Zeitabschnitt die neuartigen Phänomene zugeordnet werden, bleibt offen.[9]

Dieser Mangel einer historischen Verortung gegenwärtiger Entwicklungen schlägt sich darüber hinaus darin nieder, daß selbst der im Zentrum der Analyse stehende Begriff des Spätkapitalismus eher beiläufig eingeführt wird. Liefert Offe immerhin eine formale Bestimmung dieses Begriffes, die den "späten" Charakter des Kapitalismus nicht so sehr an der tatsächlichen Erschöpfung seiner Dynamik, sondern an der Ausschöpfung der Formen von Stabilisierungsmechanismen festmachen will, - in dieser Formalisierung aber weder die Unterscheidung dieser Phase gegenüber vorangegangenen noch die im Präfix "spät" gesetzten Perspektiven für die Zukunft entfalten kann[10] - hält Habermas eine Klärung dieses Be-

8 "Ich muß in unserem Zusammenhang den sehr komplexen Übergang vom liberalen zum organisierten Kapitalismus ... vernachlässigen." (Habermas 1973, S. 50) - Löwenthal (1979, S. 63ff.) hat auf diese Ausklammerung und die Problematik der sich hinter ihr verbergenden Annahmen hingewiesen.

9 Dieses "Datierungsproblem" der Spätkapitalismustheorie hat Funke 1978, S. 224f. angesprochen. - Tatsächlich hat Habermas in seinem ersten Versuch (1968, S. 74), die hier angesprochene Problematik anzugehen, eine solche historische Zuordnung der zentralen Entwicklungen, die die Anwendung der Kritik der Politischen Ökonomie in Frage stellen, vollzogen: "Staatsinterventionismus" wie "Verwissenschaftlichung der Technik" haben eingesetzt im letzten Viertel des 19. Jahrhunderts. Jenseits der Frage, ob eine solche Verortung, die immerhin dem Spätkapitalismus weit mehr als die Hälfte der Geschichte des Kapitalismus überhaupt zuschlägt, angemessen ist, haben weder Offe noch Habermas diese Ansätze zu einer historischen Betrachtung weitergeführt. Unterzieht man dagegen die faktisch angesprochenen Entwicklungen politischer wie sozio-kultureller Art tatsächlich einer solchen Betrachtung, so wird deutlich, daß sich ihre Theorie des Spätkapitalismus auf den relativ engen Zeitraum der auf den Zweiten Weltkrieg folgenden 25 Jahre stützt. Darüber hinaus ist die Orientierung an der Entwicklung der westdeutschen Gesellschaft kaum zu übersehen. Habermas (1976a, S. 310) deutet diesen Zusammenhang eher beiläufig an.

10 Offe (a.a.O., S. 24) möchte sich mit einer solchen Formalisierung von Visionen einer baldigen tatsächlichen Beendigung des Kapitalismus absetzen. Indem er den späten Charakter des Kapitalismus allerdings nur an den Formen der "Auffangmechanismen" für die Krisendynamik festmacht, ohne deren historische Ausprägungen zu spezifizieren, beraubt er diese Charakterisierung ihrer Trennschärfe sowohl in Richtung auf die Vergangenheit wie die Zukunft: Die benannten Auffangmechanismen (Organisation des Marktes durch Monopole und Oligopole, Staatsinterventionismus und Organisation des wissenschaftlich-technischen Fortschrittes) sind auf dem durch eine solche Formalisierung angesetzten Abstraktionsniveau tatsächlich schon seit Mitte des 19. Jahrhunderts zu beobachten. (Ansonsten hätte Marx sie - wie Offe selbst (a.a.O., S. 27ff.) hervorhebt - schwerlich benennen können.) In Richtung auf die Zukunft wird mit dieser Formalisierung genausowenig deutlich, an welchem Punkt sich der behauptete "Selbstaufhebungsprozeß des Kapitals", der sich unter anderem in den benannten Auffangmechanismen manifestiert, gemessenen an seiner materialen Zuspitzung befindet.

griffes offensichtlich überhaupt für unnötig, setzt dagegen in der Argumentation selbst einen durchaus materialen Begriff von Spätkapitalismus als Phase der endgültigen Infragestellung zentraler Bestandteile kapitalistischer Vergesellschaftung voraus.[11]

Auf dem Boden einer solchen Ausblendung des historischen Zusammenhangs der gegenwärtigen Phase kapitalistischer Entwicklung kann die Beurteilung der Spezifika dieser Phase und damit die Beantwortung des Habermasschen Fragenkomplexes sich nurmehr im Rahmen einer Gegenüberstellung zwischen den benannten Strukturprinzipien auf der einen, den Merkmalen gegenwärtiger kapitalistischer Gesellschaften auf der anderen Seite vollziehen.

Als struktuierendes Prinzip des tatsächlich in dieser Form angegangenen Vermittlungsversuches läßt sich jenseits der Differenziertheit der einzelnen Argumentationszusammenhänge von vornherein eine neue Variante des somit auf die nächste Argumentationsebene verschobenen Schwankens zwischen dem Festhalten an den grundsätzlichen Bestimmungen der Kapitalismustheorie auf der einen, der Infragestellung derselben Bestimmungen auf der anderen Seite identifizieren. Die von der Marxorthodoxie hervorgehobene logische Problematik eines "revisionistischen" Umgangs mit der Marxschen Theorie tritt damit tatsächlich zu Tage.[12]

Ausgangspunkt bildet dabei - gemäß dem Bemühen, an den grundsätzlichen kritischen und krisentheoretischen Annahmen der Marxschen Tradition festzuhalten - auch für den Spätkapitalismus wiederum die Hervorhebung grundlegender Kontinuitäten zu den bisherigen Gestaltungen des kapitalistischen Vergesellschaftungsprozesses[13]: Auch für diese Phase kapitalistischer Entwicklung bleibt die Steuerung des gesamtgesellschaftlichen Produktionsprozesses weiterhin von den Entscheidungen privater Wirtschaftssubjekte abhängig, entfaltet sich aufgrund der Vermittlung dieses Prozesses durch den Marktmechanismus der gesamtgesellschaftliche Zusammenhang weiterhin in naturwüchsiger, in seiner Gesamtheit nicht geplanter und planbarer Form.[14]

---

11 Löwenthal (1979, S. 83) hat auf die Affinität dieses Strangs der Habermasschen Argumentationen zu den - allerdings ökonomisch gewendeten - orthodoxen Beschwörungen eines baldigen Endes des Kapitalismus hingewiesen, dabei gleichzeitig auch hervorgehoben, daß "Habermas nirgends eine ebenso präzise Definition des Organisationsprinzips für den organisierten wie für den liberalen Kapitalismus geliefert hat." (a.a.O., S. 65)

12 Wie schon angedeutet, war die Marxorthodoxie in der Herausarbeitung der entsprechenden Defizite der Kritischen Spätkapitalismustheorie relativ erfolgreich; der Würdigung der Stärken dieses Ansatzes im Rahmen ihrer Rekonstruktion als widersprüchlicher Form der Weiterentwicklung marxistischer Annahmen hat sie weit weniger Aufmerksamkeit geschenkt. Indem sich - auf dem Hintergrund eines ähnlichen Verfahrens von seiten der Kritischen Spätkapitalismustheorie - beide Positionen jeweils nur auf die Schwächen ihres Kontrahenden konzentriert haben, haben in der Diskussion beide beständig gegeneinander Recht behalten.

13 Auf diese notwendige Orthodoxie einer Argumentation, die sich weiterhin innerhalb des marxistischen Denkmodells verortet, hat Löwenthal von einer in gewisser Weise konsequenter durchgeführten "revisionistischen" Position aus hingewiesen: "In der Tat ist die Auffassung, daß die Eigendynamik der Verwertung des Kapitals für den Gesamtprozeß der gesellschaftlichen Entwicklung grundlegend bleibt, die logische Antwort eines Marxisten auf die Frage nach den gemeinsamen Merkmalen aller Phasen des Kapitalismus." (a.a.O., S. 65)

14 "Die Ausbreitung oligopolistischer Marktstrukturen bedeutet zwar das Ende des Konkurrenzkapitalismus; wie immer aber die Unternehmen ihre Zeitperspektive erweitern und ihre Kontrolle über ihre Umgebung ausdehnen, der Steuerungsmechanismus des Marktes wird solange nicht außer Kraft gesetzt, wie die Investitionsentscheidungen noch nach Kriterien betriebswirtschaftlicher Rentabilität gefällt werden. ... eine politische Allokation knapper Resourcen tritt so lange nicht in Kraft, wie sich die gesamtgesellschaftlichen Prioritäten naturwüchsig, nämlich als Nebenfolgen privater Unternehmensstrategien, herausbilden." (Habermas 1973,

Im Rahmen der Verschärfung dieser grundsätzlich widersprüchlichen Entwicklungslogik kapitalistischer Gesellschaften sehen sich solche Gesellschaften allerdings in zunehmendem Maße genötigt, zwecks Vermeidung des Hervorbrechens der sich gleichermaßen vertiefenden ökonomischen Krisentendenzen inner- wie außerökonomische Auffangmechanismen in Anspruch zu nehmen (Offe a.a.0, S. 21f.), die allerdings - gerade weil sie die Funktionsdefizite der privat organisierten Ökonomie abzudecken suchen - in ihrer eigenen Funktionsweise "strukturell unverträglich ... mit der Logik privater Kapitalverwertung" (a.a.O., S. 27) sind. Innerhalb dieser Auffangmechanismen ist dabei besonders der Prozeß der "staatlichen Regulierung des kapitalistischen Gesamtsystems" (a.a.0., S. 22) hervorzuheben, der aus diesem Grunde auch im Zentrum der weiteren Analyse der Prozesse von Krisendämpfung und -verschiebung zu stehen hat. Entsprechend des weiterhin übergreifenden Charakters des Kapitalverwertungsprozesses - als desjenigen Prozesses, der die auftretenden Dysfunktionalitäten selbst noch am Grade ihrer Funktionalität für seine genuinen Zwecke bemißt - wird diesen Auffangmechanismen zunächst nur eine begrenzte Bedeutung zugeschrieben: Sie "dienen ... der zeitweiligen Lösung von Systemproblemen", ihre "entproblematisierende Funktion ist kurzfristig" und aus demselben Grund können in der Bezugnahme auf sie "keinerlei Spekulationen über die langfristige historische Überlebensfähigkeit ... kapitalistischer Systeme" unternommen werden. (a.a.O., S. 21)[15]

In einem dritten und entscheidenden Schritt nimmt allerdings die angesprochene widersprüchliche Dynamik der Argumentation ihren Lauf: Läßt sich zwar aus dem entwickelten Gedankengang möglicherweise folgern, daß "Produktion und Aneignung von Mehrwert statt allein vom Marktmechanismus abzuhängen, durch politische Machtbeziehungen begrenzt und modifiziert werden", so ist keineswegs mehr nachvollziehbar, warum diese Tatsache darüber hinaus den Charakter des "Tausches als dominantes Steuerungsmedium der gesellschaftlichen Beziehungen" selbst in Frage stellt. (Habermas 1973, S. 59) In unmittelbaren Widerspruch zu ihrem Ausgangspunkt tritt die Argumentation dann endgültig, wenn sie auch die Anwendungsbedingungen des Wertgesetzes als das die Marktvergesellschaftung regelnde Prinzip für den Spätkapitalismus außer Kraft gesetzt sieht[16], mit dem Verfall des Marktes nicht nur dessen Ersetzung durch unmittelbar politische Machtkonstellationen[17], sondern auch den endgültigen Zusammen-

---

S. 51) - Dieses Festhalten an der "antagonistischen Entwicklungslogik" (Offe 1972, S. 9f.) der privaten Organisation des gesamtgesellschaftlichen Zusammenhangs besitzt die grundlegende argumentationsstrategische Bedeutung, daß - zumindest innerhalb der marxistischen Denktradition - nur auf diesem Wege weiterhin auch von der "Irrationalität" dieser Organisationsform und der aus ihr entspringenden krisenhaften Konsequenzen ausgegangen werden kann.

15 Diese Argumentation deckt sich weitgehend mit der Mandelschen Analyse der "begrenzten Wirkungen" der profitstabilisierenden Mechanismen des "organisierten Kapitalismus". Insgesamt läßt sich bis zu diesem Punkt der Argumentation kaum ein Unterschied zu orthodoxen Ansätzen festmachen.

16 "Das Wertgesetz konnte" seine Funktion als Steuerungsmechanismus "eines sich selbst regelnden ökonomischen Systems ... nur unter der im Liberalkapitalismus annähernd erfüllten Bedingung, daß die Klassenherrschaft unpolitisch ausgeübt wird" (Habermas 1973, S. 76), wahrnehmen.

17 "In dem Maße, wie das Klassenverhältnis selbst repolitisiert worden ist, ... hängt es vielmehr von faktischen Machtkonstellationen ab, wo und wie die Erzeugung des relativen Mehrwerts ... gesichert wird." (a.a.O., S. 97) An anderem Orte (1976a, S. 309) spricht Habermas dementsprechend von "Machtpreisbildung. - Dieses Umschlagen in den "Politizismus" kennzeichnete schon den angesprochenen Vermittlungsversuch von "Ökonomie" und "Politik" von Bergmann u. a.: "Die

bruch der an die Warenform gebundenen universalistischen Ideologie diagnostiziert.[18]

Dieser materiale Umschlag in eine Revision zentraler Annahmen der Marxschen Kapitalismustheorie schlägt sich auch in der Auseinandersetzung mit dem Status der diese konstituierenden Gesetzesannahmen nieder: Waren die benannten Auffangmechanismen zunächst als entgegenwirkende Ursachen zu den Krisentendenzen der kapitalistischen Ökonomie bestimmt, denen deren vorübergehende Unterdrückung gelingen sollte (Offe 1972, S. 180), so wird dieser Prozeß der Zurückdrängung weiterhin wirksamer Gesetze zunächst in Richtung auf die Möglichkeit ihrer auch dauerhaften Außerkraftsetzung innerhalb des "staatlich regulierten Kapitalismus" verlängert (a.a.O., S. 188) und schließlich gar die Forderung nach einer "Neukonstitution" und "Revision ... der Gesetzmäßigkeiten ... der kapitalistischen Produktionsweise selbst" (a.a.O., S. 181) erhoben.[19]

Die widersprüchliche Dynamik, nach der sich der Versuch der Kritischen Spätkapitalismustheorie zur Bestimmung der historischen Spezifität der gegenwärtigen kapitalistischen Gesellschaft und der diese charakterisierenden neuartigen Beziehung sozialer Sphären entwickelt, ist damit benannt. Im folgenden wird es darauf ankommen, in der Darstellung der konkreten Verlaufsformen dieser Dynamik sowohl deren produktive und problematische Aspekte bzgl. einer angemessenen Konzeptualisierung des angesprochenen Zusammenhangs hervorzuheben, wie schrittweise die fehlerhaften Voraussetzungen dieser Dynamik herauszuarbeiten, um die Kritische Spätkapitalismustheorie damit gleichzeitig als ein nicht nur zufälliges Produkt der in die "Krise des Marxismus" eingelassenen Mißverständnisse zu begreifen.

Im Zentrum der Analyse der Spezifika spätkapitalistischer Gesellschaften steht entsprechend des von Habermas vorgegebenen Fragenkomplexes die Auseinandersetzung mit den diese Phase kapitalistischer Vergesellschaftung charakterisierenden Krisenphänomenen: Läßt sich weiterhin von der dominierenden Bedeutung ökonomischer Krisenprozesse ausgehen, treten solche ökonomischen Prozesse in Interaktion mit außerökonomischen Funktionsproblemen; wird dieser Typus von Krisenprozessen selbst im Spätkapitalismus in entscheidender Form modifiziert oder gar ersetzt durch die Verschiebung der ökonomischen Krise in andersartige Krisenphänomene?[20]

---

wichtigen Befriedigungschancen für Lebensbedürfnisse ... sind vielmehr vor allem durch politische Entscheidungen determiniert." (1969, S. 81)

18 "Mit den Funktionsschwächen des Marktes und den dysfunktionalen Nebenfolgen dieses Steuerungsmechanismus bricht auch die bürgerliche Basisideologie des gerechten Tauschs zusammen." (a.a.O., S. 54) - Dieses von der "alten" Kritischen Theorie übernommene Motiv wird in der Folge von entscheidender Bedeutung für die Habermassche Bestimmung der kulturellen Dynamik spätkapitalistischer Gesellschaften sein.

19 Wie Funke (1978, S. 221) hervorgehoben hat, stellt sich für die Kritische Spätkapitalismustheorie entsprechend dieses Revisionismus fortdauernd das Problem einer Abgrenzung von den verschiedenen Varianten der Postindustrialismustheorie. Darauf, daß Offe an entscheidenden Punkten seiner Einordnung neuartiger Entwicklungen immer wieder ausdrücklich auf diese Varianten zurückgreift, ist schon hingewiesen worden.

20 Zu diesen alternativen Konzeptualisierungen der den Spätkapitalismus kennzeichnenden Krisendynamik siehe Habermas 1973, S. 59f. Tatsächlich konzentriert sich Habermas allerdings in der Folge auf die Variante der Krisenverschiebung, wodurch die gerade für die heutige Situation interessante Perspektive einer Interaktion verschiedenartiger Krisenprozesse nicht weiter in Betracht gezogen wird.

Angegangen wird diese Konkretisierung der ursprünglich formulierten Fragestellungen in der Auseinandersetzung mit den *möglichen* Krisenformen spätkapitalistischer Gesellschaften und den entsprechenden krisentheoretischen Positionen, um von da aus zumindest die *Wahrscheinlichkeit* des Auftretens der jeweiligen Krisenprozesse abschätzen zu können. Nach der einleitenden Ausblendung einer Anzahl von "Folgeproblemen spätkapitalistischen Wachstums", die gleichwohl nicht der spezifischen Funktionslogik spätkapitalistischer Gesellschaften kausal zuzurechnen sind, sondern "unspezifisch für alle komplexen Gesellschaftssysteme gelten" (Habermas 1973, S. 63)[21], konzentriert sich Habermas dabei zunächst auf die Beschäftigung mit ökonomischen Krisentheorien. Er wird dabei in Auseinandersetzung mit denjenigen orthodoxen Theoretikern, die weiterhin an der grundlegenden Bedeutung der entsprechenden Krisenprozesse festhalten, von Umfang und Intensität her durchaus der zentralen Stellung, die diesem Komplex in der anstehenden Diskussion zukommt, gerecht.[22] Neben dem Aufweis einer Fülle empirisch signifikanter Entwicklungen des Spätkapitalismus sowohl in bezug auf die Organisationsstruktur des Kapitals selbst, Veränderungen des politischen Systems in seiner Steuerungs- und Legitimationsfunktion wie schließlich in bezug auf die Strukturen des Klassengegensatzes (a.a.O., S. 50ff.) - hervorgehoben werden hierbei die neuartigen Formen staatlicher Regulierung - tritt Habermas durchaus auch in den Versuch einer kapitaltheoretischen Verortung dieser empirischen Prozesse ein. In der Darstellung der strukturellen Bedeutung von Entwicklungen wie der zunehmenden Integration "reflexiver Arbeit" in den Prozeß der Mehrwertproduktion, der korporatistischen Überformung des Klassengegensatzes wie schließlich dem Hervortreten "neuer Staatsfunktionen, die weder mit Bezugnahme auf Bestandsvoraussetzungen der Produktionsweise erklärt noch aus der immanenten Bewegung des Kapitals abgeleitet werden können" (a.a.O., S. 77)[23], geht es Habermas um die Entwicklung von Kriterien zur Beantwortung der

21 Hierbei handelt es sich zunächst um die ökologische und militärische Bedrohung der materiellen Existenz der menschlichen Gattung, in einem zweiten Schritt um die Gefährdungen, die den bisherigen Modus der kulturellen Reproduktion über "sprachliche Intersubjektivität" und damit die "anthropologische Balance" (a.a.O., S. 63f.) betreffen. Zwar kann man zumindest bei den zuerst genannten Krisenpotentialen durchaus der Meinung sein, daß diese - jenseits ihrer empirischen Generalität - in ihren spezifischen Ausprägungen nicht den Charakteristika kapitalistischer Vergesellschaftung zuzuordnen sind, nimmt dabei aber eine nicht unbeträchtliche Schwächung des Erklärungsanspruches der Kapitalismustheorie (und die Infragestellung solcher zentralen Bestandteile wie der Imperialismustheorie) in Kauf. Dieser Preis ist Habermas aber allein deshalb nicht zu hoch, da es ihm durch eine solche Ausblendung gelingt, eine Fülle ganz handfester Bedrohungen des Spätkapitalismus als mögliche Kandidaten einer Krisentheorie zu externalisieren. Verblüffender noch ist allerdings die Tatsache, daß mit dem zuletzt benannten unspezifischen Krisenpotential genau dasjenige Problem angesprochen ist, daß im Ausgang der Habermasschen Argumentation gerade als das spätkapitalistische Gesellschaften charakterisierende Funktionsproblem bestimmt wird. Schon zu diesem Zeitpunkt deutet sich hiermit eine grundlegende Unentschiedenheit bzgl. des mit der Kapitalismustheorie verknüpften Erklärungsanspruches an.

22 Habermas bezieht sich hier (a.a.O., S. 74f.) ausdrücklich auf die oben einbezogenen Ansätze von Altvater, Mandel und Müller/Neusüß. - In dieser differenzierten Auseinandersetzung mit ökonomischen Argumentationszusammenhängen ist einer der oben angesprochenen "Fortschritte" der Habermasschen Konzeption gegenüber der pauschalen und beiläufigen Behandlung solcher Zusammenhänge in der "alten" Kritischen Theorie zu sehen. Verfolgt man allerdings die Habermasschen Arbeiten weiter, so muß die "Spätkapitalismusarbeit" gleichermaßen als Höhe- wie Endpunkt dieses Fortschreitens begriffen werden.

23 Auch hier unterscheidet sich Habermas von grobschlächtigeren Varianten des "Revisionismus", die den Gegensatz zwischen Konkurrenzkapitalismus und organisiertem Kapitalismus an der Tatsache der Staatsintervention überhaupt festzumachen versuchen. Auch im Liberalkapitalismus hat das ökonomische System keineswegs autonom funktioniert, sondern war immer schon

Frage, ob die vor allem vom politischen System bereitgestellten "Ersatzphänomene die erfolgreiche Beherrschung der ökonomischen Krise oder nur deren temporäre Verschiebung ins politische System anzeigen" (Habermas 1976a, S. 315).

Unabhängig von der in dieser Hervorhebung der Autonomie des politischen Systems erneut aufscheinenden politizistischen Verkehrung des ursprünglich unterstellten Begründungsverhältnisses zwischen Ökonomie und Politik[24] ist dabei von entscheidender Bedeutung, welche Rolle Habermas den neuen Funktionen des politischen Systems für die Beantwortung letzterer Frage und damit für die Beurteilung ökonomischer Krisentheorien zuschreibt. Zwar erlauben die aufgewiesenen Regulierungsformen spätkapitalistischer Gesellschaften seiner Meinung nach keine endgültige Absage an solche Krisentheorien, machen aber ihre Triftigkeit zu einer "empirischen Frage" (a.a.O., S. 315) und relativieren somit die Notwendigkeitsansprüche dieser Theorien.

Ohne hier auf die Argumentation im einzelnen eingehen zu können[25], sind an dieser ersten Antwort auf den formulierten Fragenkomplex zwei Defizite festzuhalten. Zum einen zeigt die materiale Argumentation selbst nicht hinreichend, inwiefern die aufgewiesenen Auffangmechanismen gegenüber den weiterhin als wirksam unterstellten Krisentendenzen zumindest eine gleichgewichtige Bedeutung gewinnen sollen. Eine solche Gleichgewichtsannahme, die allererst das Resultat des Aufeinandertreffens derart gegeneinander wirkender Tendenzen zu einem kontingenten machen würde, müßte an den diese Krisentendenzen konstituierenden Mechanismen des tendenziellen Falls der Profitrate und der relativen Beschränkung der zahlungsfähigen Nachfrage verdeutlichen, wie die "neue Form der Produktion von Mehrwert" (a.a.O., S. 82) ihrerseits Mechanismen zur Verfügung stellt, die den bezeichneten Krisentendenzen nicht nur unter eng umrissenen historischen Bedingungen Paroli bieten können.[26]

---

darauf angewiesen, daß bestimmte gesellschaftliche Funktionen politisch garantiert wurden. (a.a.O., S. 73f.) In der Unterscheidung zwischen "marktkomplementären" und "marktsubstituierenden" Staatsfunktionen möchte Habermas dementsprechend die neue Qualität des Staatsinterventionismus im Spätkapitalismus an dem bestimmten Charakter der wahrgenommenen Funktionen festmachen.

24 "Weil das ökonomische System gegenüber dem Staat seine funktionale Autonomie eingebüßt hat, haben auch die Krisenerscheinungen im Spätkapitalismus ihren naturwüchsigen Charakter verloren." (Habermas 1973, S. 129) - Daß im Resultat der Argumentationen der Kritischen Spätkapitalismustheorie tatsächlich die von der Orthodoxie kritisierte Verkehrung der Determinationsbeziehungen zwischen Ökonomie und Politik vollzogen wird, ließe sich trotz der entgegengesetzten Beteuerungen vor allem Offes an einer Fülle von einzelnen Argumentationen aufzeigen. Regelmäßig endet die Behauptung einer zunehmenden Funktionalisierung des politischen Systems für die Imperative des Verwertungsprozesses bei der Annahme der Ersetzung ökonomischer Steuerungsmechanismen durch politische Entscheidungen, einer "Politisierung des Verwertungsprozesses" (Offe 1972, S. 60).

25 Ähnlich wie schon in bezug auf die komplementären Versuche der Orthodoxie, auch an den konkreten Verlaufsformen des Staatsinterventionismus aufzuweisen, daß diese bestenfalls mittelfristig die ökonomische Krisendynamik zurückdrängen können, auf lange Sicht sogar einen Faktor ihrer Vertiefung darstellen, würde eine ins Detail gehende Auseinandersetzung mit den von Habermas benannten modifizierenden Faktoren den Rahmen der Darstellung sprengen.

26 Das Modell, das einer solchen Rekonstruktion der Krisentheorie zugrunde gelegt werden müßte, hat Habermas (a.a.O.) nur kurz angedeutet: In der Formulierung des Gesetzes des tendenziellen Falls der Profitrate und der Benennung "entgegenwirkender Ursachen" (MEW 25, S. 221ff.) ist die Möglichkeit einer zeitweiligen Aussetzung dieser Krisentendenz systematisch einbezogen, allerdings gleichzeitig unterstellt, daß die entgegenwirkenden Ursachen auf lange Sicht von dem Gesetz selbst in ihrer Wirkung unterminiert werden. Damit ist zwar der Zeitpunkt des Auftretens der entsprechenden Krisenprozesse tatsächlich kontingent gesetzt, die Tatsache ihres Auftretens bleibt davon aber in ihrer Notwendigkeit unberührt, eine Unterscheidung, durch deren Vernachlässigung Habermas sowohl der ökonomischen Krisentheorie einen zu starken Erklä-

Selbst wenn dieses Defizit behebbar wäre, hätte Habermas zum anderen mit der derart gelieferten Kontingenzinterpretation der ökonomischen Krise keineswegs eine hinreichend starke Argumentationsgrundlage für die von ihm selbst angezielte kulturelle Krisentheorie gelegt. Die letztendlich behauptete "Verschiebung ... der Störung des kapitalistischen Wachstums über das politische in das sozio-kulturelle System", beruht nämlich - hinausgehend über die bloße Kontingenz des Auftretens ökonomischer Krisen - auf der Annahme, "daß die ökonomische Krise auf Dauer abgefangen werden kann" (Habermas 1973, S. 60). Nur unter der sehr viel stärkeren Annahme, daß das Auftreten ökonomischer Krisenprozesse in spätkapitalistischen Gesellschaften zumindest höchst unwahrscheinlich ist, kann sich das gesamte Modell des Spätkapitalismus, wie es Habermas im weiteren in der Akzentsetzung auf einer gleichermaßen grundlegenden wie endgültigen Krise des kulturellen Systems als Ausdruck der angesprochenen Problemverschiebung[27] entwickelt, selbst der Infragestellung durch das in der Kontingenz der ökonomischen Krise als möglich gesetzte Wiederauftreten solcher Krisen entziehen.[28]

Stellt man beide Mängel der Kritischen Spätkapitalismustheorie in Rechnung, so ergibt sich schon hier ein nicht unbeträchtliches Auseinanderklaffen zwischen der empirischen Evidenz, die diese Theorie zum Zeitpunkt ihrer Formulierung mit der tatsächlichen Stabilität des ökonomischen Systems kapitalistischer Gesellschaften und den hervorgetretenen Legitimationsproblemen innerhalb des politischen und sozio-kulturellen Systems solcher Gesellschaften für sich in Anspruch nehmen kann, auf der einen und den auf dieser Basis verfolgten gesellschaftsanalytischen Ambitionen auf der anderen Seite.[29] Schon hier deutet sich an, daß es

---

rungsanspruch zuschreibt wie komplementär die Plausibilität seiner eigenen Kontingenzargumentation stützt. - Auf die Bedeutung dieses Modells für eine Phasentheorie kapitalistischer Vergesellschaftung wird noch zurückzukommen sein.

27 Auch Offe geht in seiner Auseinandersetzung mit der Orthodoxie davon aus, daß "das Instrumentarium wirtschafts-, struktur- und konjunkturpolitischer Intervention des Staatsapparats "Stabilität" in dem Sinne verbürgt, daß außer Kontrolle geratende und sich zuspitzende ökonomische Krisen vermieden werden können, ... die politisierte Ökonomie des fortgeschrittenen Kapitalismus die Erscheinungsform seiner Widersprüche aus der Sphäre der Produktion verdrängt und auf Bereiche des gesellschaftlichen Lebens verschoben hat, von denen aus sie nur mit Hilfe neuer Organisations- und Kampfformen gegen die kapitalistische Grundstruktur gewendet werden können." (1972, S. 188)

28 Diese Annahme einer dauerhaften Bewältigung der ökonomischen Krise wird Habermas bis zu seiner Diagnose der "Pathologien der Moderne" begleiten. Auch die Bestimmung dieser Pathologien geht davon aus, daß die weiterhin unterstellten ökonomischen Defizite des Kapitalismus nicht ihrerseits als bedeutend handfestere Pathologien hervortreten, die der "Kolonialisierung der Lebenswelt" in der Hierarchie der Krisenprozesse durchaus ihren Rang ablaufen könnten. Tatsächlich neigt Habermas auch schon zu diesem frühen Zeitpunkt dazu, dieses Problem dadurch zu lösen, daß er dem Kapitalismus pauschal einen Erfolg in der materiellen Reproduktion der Gesellschaft zugesteht, dagegen dessen Kapazitäten in der kulturellen Reproduktion in Frage stellt: Seiner Meinung nach "zeichnet sich die kapitalistische Gesellschaftsformation dadurch aus, daß sie das Problem des wirtschaftlichen Wachstums eindrucksvoll gelöst hat." (Habermas 1976a, S. 311) Auf diese Verlagerung von einer Kritik an den ökonomischen Funktionsprinzipien kapitalistischer Gesellschaften hin zur Kritik von deren Legitimationsmodus schon in den früheren Arbeiten von Habermas hat die GRZ (1978, S. 11f.) hingewiesen.

29 Auch in ihrer ersten Formulierung war die "Disparitätentheorie" schon von einer solchen Durststrecke zwischen den Faktizitäten, von denen sie ausgehen konnte, und den umfangreichen Konsequenzen, die aus diesen empirischen Evidenzen gezogen wurden, gekennzeichnet. Daß die Grenze des Erfolges des staatlichen Krisenmanagements gerade zwischen Zentrum und Peripherie des kapitalistischen Vergesellschaftungsprozesses zu ziehen ist, der Staatsinterventionismus also gerade noch zur Bewältigung ökonomischer Probleme in der Lage ist, seine Steuerungskapazität aber darüber hinaus unzureichend ist, wird aufgrund der nur pauschalen Beschäftigung mit den tatsächlichen Problemen, die sich im betrachteten Zeitraum für die ökonomische Entwicklung und den diese begleitenden Staatsinterventionismus gestellt haben, theore-

sich bei den als grundlegend neuartig behaupteten Qualitäten des Spätkapitalismus um Konstruktionen handelt, die weniger auf einer theoretischen Erklärung historischer Prozesse beruhen als auf der unmittelbaren Übertragung von Eigenschaften einer bestimmten, historisch relativ eng umrissenen Konstellation von Bedingungen in theoretische Annahmen mit weitaus kontextunabhängigeren Erklärungsansprüchen.[30] Erweist sich so die faktische Unterschwelligkeit ökonomischer Krisenprozesse bis zu Beginn der 70er Jahre als die entscheidende Evidenzbasis der entwickelten Annahmen über die Möglichkeit einer dauerhaften Aussetzung ökonomischer Krisenmechanismen und des auf dieser Voraussetzung aufruhenden Modells der Kritischen Spätkapitalismustheorie insgesamt, müßte von der Relativierung dieser Basis mit dem erneuten Manifestwerden ökonomischer Krisenprozesse im Verlaufe der 70er Jahre auch die theoretische Konstruktion grundsätzlich betroffen sein. Ob die Begründer dieser Theorietradition eine solche Konsequenz geteilt und ihr Modell dementsprechend modifiziert haben, wird zu einem späteren Zeitpunkt zu prüfen sein.[31]

Als Voraussetzung für den hier betrachteten Argumentationszusammenhang bleibt dagegen eine erneute Verlaufsform des mehrfach angesprochenen Widerspruches zwischen weiterer Orientierung an zentralen Annahmen der Kapitalismustheorie und deren gleichzeitiger Relativierung festzuhalten, die gleichzeitig diesen Widerspruch auf eine höhere Ebene hebt: Die Spannung zwischen weiterhin selbstnegatorischer Organisation der ökonomischen Vergesellschaftung und der dauerhaften Verhinderung eines Manifestwerdens dieses selbstdestruktiven Charakters kann ihrerseits ihre Manifestation nur außerhalb des ökonomischen Systems, in den Widersprüchen, in die sich das politische System eben bei dem Versuch der Bewältigung der ökonomischen Krisendynamik verwickelt sieht, finden.

Die Bestimmung der spezifischen Funktion des politischen Systems in spätkapitalistischen Gesellschaften nimmt erneut ihren Ausgangspunkt von einer allgemeinen Charakterisierung der Dynamik dieses Systems unter der ihm vorausgesetzten kapitalistischen Form der Vergesellschaftung, um in einem zweiten Schritt

tisch nicht begründet, sondern zusammen mit den faktischen Verlaufslinien sozialer Konflikte als evident unterstellt.

30 Hirsch/Roth (1986, S. 29ff.) haben darauf hingewiesen, daß die Kritische Spätkapitalismustheorie - neben ihrem prinzipiell "eurozentrischen Blickwinkel" - in ihren theoretischen Annahmen insbesondere von einer Fixierung an "der Entwicklung zum keynesianischen Wohlfahrtsstaat" gekennzeichnet ist, und auf dieser Basis mit dessen Krise "mit gesellschaftlichen Resultaten konfrontiert wurde, die sie selbst ausgeschlossen hatte".

31 Daß diese empirische Basis in den 70er Jahren weggefallen ist, hat Habermas angesichts unübersehbarer ökonomischer Krisenprozesse 1985, S. 148ff. zugestehen müssen: Die Aufhebung der "günstigen Konstellationen der Nachkriegs- und Wiederaufbauperiode" hat die Frage aufgeworfen, ob "der interventionistische Staat über genügend Macht verfügt, und effizient genug arbeiten kann, um das kapitalistische Wirtschaftswachstum im Sinne seiner Programmatik zu bändigen ... und Arbeitsplatzsicherheit als Bürgerrecht garantieren kann". Beiläufig verweist er in diesem Zusammenhang darauf, daß "sich der Nationalstaat von Anfang an als zu enger Rahmen erwiesen hat, um die keynesianischen Wirtschaftspolitiken nach außen, gegen die Imperative des Weltmarktes und die Investitionspolitik weltweit operierender Unternehmen hinreichend abzusichern" (a.a.O., S. 149), ein Sachverhalt, der - unterstellt man die intellektuelle Redlichkeit des Autors - diesem kaum "von Anfang an" bewußt gewesen sein kann, hätte er ihm sonst in bezug auf die behaupteten umfangreichen Möglichkeiten des Staatsinterventionismus Rechnung tragen müssen. Betrachtet man allerdings die Konsequenzen, die der Autor aus dem Wegfallen zentraler Anwendungsbedingungen seines theoretischen Modells zieht, so scheinen auch die Anwendungsbedingungen der zugrundegelegten Unterstellung in der zwischen 1973 und 1985 verflossenen Zeit "erodiert" zu sein.

die neuartigen Probleme, mit denen sich staatliches Handeln in der gegenwärtigen Epoche des Kapitalismus konfrontiert sieht, ins Auge zu fassen.

Die Grundstruktur der Beziehung zwischen ökonomischer und politischer Sphäre wird dabei im Rahmen der oben schon skizzierten Spannung zwischen Funktionalisierung und Autonomisierung des politischen in bezug auf das ökonomische System entfaltet: Aufgrund der Heterogenität der "Kapitalinteressen" selbst, ihrer Aufspaltung in eine Vielzahl von Einzelkapitalien und "vereinzelten Kapitalblöcken" ist das "objektive Gesamtinteresse des Kapitals" gerade innerhalb der ökonomischen Sphäre unmittelbar nicht repräsentiert; keines der einzelnen Kapitalien hat auf Basis seiner bloß partikularen Rationalitätskriterien ein unmittelbares Interesse an der Organisation derjenigen gesellschaftlichen Bedingungen, die die ihrerseits nicht privatisierbare Basis der Verwertung aller Kapitalien darstellen. Wegen dieser "prinzipiellen Beschränktheit des Kapitals" bedarf es eines "von der Warenform ausgenommenen "*besonderten*" staatlichen Bereiches", der gegenüber diesem Partikularismus der ökonomischen Sphäre eine auf die Organisation des gesamtgesellschaftlichen Prozesses gerichtete "Komplementärfunktion" übernimmt.[32] Von dieser notwendigen Besonderung des politischen Systems sind gleichzeitig die inneren Funktionsprinzipien dieses Systems selbst gekennzeichnet: Gegen die Orientierungen des ökonomischen Systems an einzelnen Kapitalinteressen wird mit der gleichermaßen rechtsstaatlichen wie demokratischen Organisation des politischen Systems "eine Gegenmacht institutionalisiert" (Offe 1972, S. 34). Innerhalb dieses "Komplementaritätsverhältnisses entgegengesetzter Funktionsprinzipien" (a.a.O., S. 32)[33] und der damit vom kapitalistischen Produktionsprozeß selbst gesetzten relativen Autonomie des politischen Systems stellen sich diesem im wesentlichen zwei Aufgaben: Zur Seite des ökonomischen Systems muß es die angesprochenen gesamtgesellschaftlichen Steuerungsfunktionen wahrnehmen, zur Seite des sozio-kulturellen Systems dem - wegen seiner Orientierung am wenn auch verallgemeinerten Kapitalinteresse weiterhin - partikularen Inhalt dieser ökonomischen Funktion Interpretationen unterlegen, die die entsprechenden Eingriffe in bezug auf die universalistischen Normen von Recht und Demokratie mit Legitimität versehen.[34] Sowohl in der Bewältigung dieser Aufgaben als solcher wie in ihrem wechselseitigen Bezug verwickelt sich das politische System aufgrund seiner Gebundenheit an die partikularen Voraussetzungen seines Handelns in grundlegende Widersprüche: Nach der Seite der Steuerung des ökonomischen Systems sieht es sich mit dem Problem einer Integration sowohl der Interessen verschiedener Kapitalfraktionen als auch in der Vermittlung verschiedener Staatsfunktionen genauso überfordert, wie es gleichzeitig nach der Seite der Legitimation das jeweils prekäre Resultat dieses Vermittlungsprozesses wegen seines weiterhin partikularen Inhalts nur unter Schwierigkeiten in Einklang mit

32 Siehe dazu Offe 1972, S. 31ff. Offe lehnt sich hier zunächst ausdrücklich an die entsprechende Argumentation der Marxorthodoxie, insbesondere an die oben angesprochene Arbeit von Altvater zum Staatsinterventionismus, an.

33 Auf dieses komplementäre Verhältnis von Partikularismus der ökonomischen und Universalismus der politischen Sphäre hatte schon Marx in seinen frühen Schriften hingewiesen. Siehe dazu u. a. MEW 1, S. 352ff.

34 Diese analytische Unterscheidung zwischen dem Macht- und dem Legitimitätsaspekt der politischen Herrschaftsordnung entwickelt Offe in ausdrücklicher Anlehnung an die Webersche Herrschaftssoziologie. (a.a.O., S. 108f.) Zu diesem Bezug der Kritischen Spätkapitalismustheorie auf die Webersche Unterscheidung zwischen "faktischen Befehlsgewalten" und deren normativem "Superadditum" siehe auch Brandt 1972, S. 10.

den Mechanismen demokratischer Legitimation und Konstitution der Staatsgewalt bringen kann.[35]

Auf Basis dieser "Strukturprobleme des kapitalistischen Staates" ergeben sich die zwei das politische System kennzeichnenden Krisenformen: In der "Rationalitätskrise" tritt hervor, daß auch das politische System den formulierten Ansprüchen einer rationalen Planung und Steuerung des gesellschaftlichen Prozesses nicht genügen kann, sich in seinen internen Widersprüchen die Integrationsprobleme des ökonomischen Systems nur auf höherer Ebene, auf einer "zweiten Stufe von Naturwüchsigkeit" (Habermas 1973, S. 92) reproduzieren[36]; in der "Legitimationskrise" wird das Auseinanderfallen zwischen allgemeinem Kapitalinteresse und dem Interesse aller Gruppen der Bevölkerung manifest in der Infragestellung der universalistischen Ansprüche des staatlichen Handelns.

Schon an diesen grundlegenden Bemerkungen zur spezifischen Dynamik des politischen Systems werden die Vorzüge der staatstheoretischen Bemühungen der Kritischen Spätkapitalismustheorie deutlich: Ausgehend von einer Bestimmung des Zusammenhangs zwischen ökonomischem und politischem System gelingt es ihr tatsächlich, in nicht-reduktionistischer Art und Weise die inneren Funktionsprinzipien des politischen Systems zu entwickeln.

Scheint hierbei zunächst auch der Aspekt demokratischer Legitimation des politischen Systems kapitalistischer Gesellschaften, dessen zentrale Bedeutung in der orthodoxen Theorie bestenfalls ideologiekritisch gewürdigt worden war, selbst noch als Verlaufsform der widersprüchlichen Basis staatlichen Handelns in der kapitalistischen Produktionsweise entfaltet zu sein, kommen Offe allerdings letztlich doch Zweifel an einem derartigen Aufweis des innereren Zusammenhangs zwischen Ökonomie und Politik und der entsprechenden Bestimmung der kapitalistischen Qualität des Staates. Die demokratischen Mechanismen der Willensbildung in kapitalistischen Gesellschaften, die die Autonomie des politischen Systems gegenüber dem unmittelbaren Zugriff des Kapitals garantieren[37], verbürgen seiner Meinung nach gerade nicht die Übereinstimmung der Resultate des politischen Prozesses mit den allgemeinen Erfordernissen des Verwertungsprozesses, sondern geben einer marxistischen Staatstheorie vielmehr das "Rätsel der Möglichkeit von Komplementarität" (Offe 1972, S. 32f.) beider Strukturen auf.[38] Ist

35 Offe hat besonders letzteres Dilemma des politischen Systems kapitalistischer Gesellschaften hervorgehoben: "Daraus resultiert als Strukturproblem des kapitalistischen Staates, daß er seinen Klassencharakter zugleich praktizieren und unsichtbar machen muß ... seine klassengebundenen Funktionen unter dem Vorwand der Klassenneutralität wahrnehmen und seiner partikularen Gewaltausübung das Alibi des Allgemeinen verschaffen" (a.a.O., S. 92) muß. In der Staatsableitungsdebatte firmierte dieser Widerspruch unter dem Titel "Klassenstaat" vs. "demokratischer Rechtsstaat". Siehe dazu Kostede 1976, S. 159f. und Bader u. a. 1976, S. 379ff.

36 Aufgrund dieser Strukturanalogie innerhalb der Verschiebung ökonomischer Probleme in das politische System hat Habermas hervorgehoben, daß "das Konzept der Rationalitätskrise dem Begriff der ökonomischen Krise nachgebildet ist". (a.a.O., S. 96)

37 Offe setzt sich hier ausdrücklich von Erklärungen des Zusammenstimmens staatlichen Handelns mit den Erfordernissen der Kapitalverwertung ab, die diese Vermittlung als unmittelbare Einflußnahme der Monopole auf den Staatsapparat konzipieren. (a.a.O., S. 66f.)

38 Ein Rätsel, das Offe selbst nicht nur faktisch ungelöst läßt, sondern nach der Darstellung verschiedener Verfahren zur Bestimmung der "Selektivität politischer Institutionen" - zumindest theoretisch - auch für unlösbar hält. Die systematische Bevorzugung von Kapitalinteressen innerhalb der Binnenstrukturen des politischen Systems tritt seiner Meinung nach nur hervor (und das nicht nur für die gesellschaftlichen Akteure, sondern auch für den Theoretiker), wenn sich der Staat in der politischen Auseinandersetzung selbst als repressiv gegenüber andersartigen Interessen erweist. (a.a.O., S. 90) - Diese Art einer Vermittlung von Theorie und Praxis und ihre aktionistischen Konsequenzen sind selbst für Habermas mit einer zu starken Kontingenti-

dies zunächst verblüffend angesichts der prinzipiell unterstellten Funktionalität auch der demokratischen Herrschaftsform für die Durchsetzung allgemeiner Kapitalinteressen, so verweist es vielmehr noch auf einen Mangel in der Bestimmung dieser Funktionalität selbst und darüber hinaus auf ein grundsätzliches Problem in der angesprochenen Beziehung zwischen Steuerungs- und Legitimationsfunktionen des politischen Systems. Daß die im demokratischen Prozeß formulierten Ansprüche das behauptete Gegengewicht gegen partikulare Kapitalinteressen darstellen und gerade dadurch zur Durchsetzungsform des allgemeinen Kapitalinteresses werden, ließe sich nur begründen, wenn zumindest eine partielle Konvergenz zwischen den von *allen Mitgliedern der Gesellschaft* verfolgten und an den Staat adressierten Interessen und dem *allgemeinen Interesse des Kapitals* vorausgesetzt werden könnte. Anderenfalls wäre das angesprochene "Rätsel der Entsprechung" tatsächlich nicht lösbar.[39] Dies würde gleichzeitig bedeuten, daß der Schnitt zwischen partikularen und universalistischen Momenten des Staates nicht zwischen seiner Steuerungs- und seiner Legitimationsfunktion verläuft, sondern Legitimationsfragen selbst einen Einflußfaktor innerhalb der Steuerungsfunktionen des Staates darstellen und sich umgekehrt an der bestimmten Form von deren Einlösung entzünden. Obwohl, wie schon hervorgehoben, die Kritische Spätkapitalismustheorie einen solchen inneren Zusammenhang von Steuerungs- und Legitimationsfunktion, ökonomischer und normativer Seite staatlichen Handelns - jenseits der unmittelbaren Verselbständigung dieser Momente - immer wieder behauptet hat[40], bleibt dieser Zusammenhang schon hier unbestimmt, wird in der Kontingentisierung der kapitalistischen Qualität des Staates seine Form demokratischer Legitimation und Konstitution von seinen ökonomischen Funktionen entkoppelt.[41]

Wie die Ablösung der Eigendynamik staatlichen Handelns von seinen ökonomischen Voraussetzungen auch im Rahmen der Bestimmung der Eigenfunktionen des politischen Systems in die Vereinseitigung der dieses charakterisierenden

sierung der Ansprüche einer Staatstheorie verbunden (Habermas 1973, S. 194); dies allerdings auf dem Hintergrund der Tatsache, daß Habermas im Unterschied zu Offe auf Basis seiner kommunikationstheoretischen Rationalitätskonzeption ein normatives Modell entwickelt hat, das zumindest die Tatsache des Abweichens staatlichen Handels von verallgemeinerungsfähigen Interessen theoretisch identifizierbar macht. Warum diese Abweichung sich allerdings selbst noch in universalistischer Form vollziehen kann, ist damit nicht beantwortet.

39 Daß dies so ist, ergibt sich daraus, daß - wie Habermas in seinem Strukturmodell des Kapitalismus aufgewiesen hat - der universalistische Schein des Staatshandeln seine reale Basis darin findet, daß dieses, solange der kapitalistische Verwertungsprozeß nicht in die Krise gerät, tatsächlich die Reproduktionsbedingungen aller Warenbesitzer absichert, wenn auch in disparitärer Form.

40 Habermas verweist immer wieder darauf, daß sowohl das Fundament von Legitimität wie deren Untergrabung in der partikularen Organisation der materiellen Produktion innerhalb des Kapitalismus zu suchen ist: Die "wie auch immer latent gehaltene Klassenstruktur ist in letzter Instanz Ursache des Legitimationsdefizit". (1973, S. 103)

41 Ein Ausdruck dieser mangelnden Vermittlung ist die Tatsache, daß die Kritische Spätkapitalismustheorie in anderem Zusammenhang die vorhandenen Einflußmöglichkeiten der Bevölkerung im Rahmen "formaler Demokratie" systematisch unterschätzt hat: Aufgrund der Ausblendung der materialen Interessensdimension erscheint das Verfahren der Wahlen nur noch als Mechanismus mit legitimatorischer Bedeutung, der keinen Einfluß mehr auf das reale Machtgefüge kapitalistischer Gesellschaften nehmen kann. (Offe 1972, S. 93f. u. Habermas 1973, S. 67) - Löwenthal (1979, S. 67f.) hat dagegen festgehalten, daß sowohl die Durchsetzung "formaler Demokratie" wie deren jeweilige Ausgestaltung durchaus Ausdruck der jeweiligen vorpolitischen Machtverhältnisse innerhalb einer Gesellschaft sind. Anderenfalls wäre das stete Engagement der Arbeiterbewegung für diese wenn auch beschränkte Form der Teilnahme der Bevölkerung an politischen Entscheidungsprozessen ausschließlich auf Illusionen über den Charakter dieser Herrschaftsform begründet.

Krisenprozesse überleitet, wird anhand der Interpretation der aktuellen Formen solcher Krisenprozesse deutlich. Zunächst wird dabei wiederum nicht viel mehr als eine Verschärfung dieser Prozesse diagnostiziert: Aufgrund der Zuspitzung der ökonomischen Widersprüchlichkeit des Kapitalismus ist der Staat in steigendem Maße gezwungen, weite Teile der gesamtgesellschaftlichen Reproduktion seiner Kontrolle zu unterwerfen. Resultat dieser zunehmenden Durchstaatlichung der Gesellschaft[42] ist die Zurückdrängung naturwüchsiger Funktionsprinzipien in einem doppelten Sinn: Sowohl weiterhin bestehende traditionale, vorkapitalistische Strukturen wie Prozesse, die bisher der unmittelbaren Organisation durch kapitalistische Formprinzipien unterlagen, werden durch ihre Einbindung in die Funktionsmechanismen des Staates einer zugleich formalisierten wie legitimationsbedürftigen Regelung unterworfen und damit ihrer selbstverständlichen Geltung beraubt.[43]

Bei der Bestimmung der aus diesem Prozeß erwachsenden Verschärfung der Krisendynamik wird - auf Basis der unterstellten Regulierbarkeit ökonomischer Krisenprozesse durch die Steuerungsfunktionen des Staates - von vornherein das Schwergewicht auf die hervortretenden Legitimationsprobleme gelegt.[44] Obwohl Habermas in seiner Analyse der "Beziehungsfalle, in die der spätkapitalistische Staat hineintappt" (a.a.O., S. 90) ausdrücklich darauf hinweist, daß "die Folgeprobleme einer staatsinterventionistisch beschleunigten Vergesellschaftung der Produktion ... die Anwendungsbedingungen für wichtige Instrumente der Staatsintervention selber zerstören" (a.a.O., S. 95) und dies material an den inneren Widersprüchen staatlicher Planung aufzeigt[45], ist er weiterhin der Meinung, daß sich auch eine Rationalitätskrise nicht mit "logisch zwingenden" Argumenten ableiten läßt, ihr Auftreten genauso wie die ökonomische Krise kontingent bleibt. (a.a.O., S. 92ff.)

Unabhängig von den Problemen, die mit einem derart starken Erklärungsanspruch an eine Krisentheorie verbunden sind[46], ist damit erneut ein Anwärter auf

42 Offe exemplifiziert diesen Sachverhalt an der Verschiebung zwischen den Anteilen, die jeweils dem politischen und dem ökonomischen System im Prozeß der Reproduktion der Arbeitskraft zukommen. (a.a.O., S. 153ff.) Tatsächlich läßt sich - zumindest für den betrachteten Zeitraum - eine solche Verschiebung beobachten. Ob diese allerdings die Vermittlung der Reproduktion der Arbeitskraft über den Lohnmechanismus grundsätzlich relativiert, ist zu bezweifeln. (Siehe dazu Funke, der hervorhebt, daß sich auch empirisch mit dem gleichen Recht Tendenzen zur "Herstellung von Warenförmigkeit von Sozialbeziehungen" (1978, S. 224) konstatieren lassen.) Darüber hinaus verweist Offe selbst auf sich abzeichnende Tendenzen einer "Reprivatisierung staatlicher Ordnungs- und Verteilungsfunktionen" (a.a.O., S. 101). Die in diese Richtung weisenden Realentwicklungen kapitalistischer Gesellschaften im letzten Jahrzehnt machen deutlich, daß sich das Verhältnis von "Monetarisierung" und "Bürokratisierung" nicht der einfachen Logik beugt, die Habermas und Offe anhand ihrer Orientierung am "keynesianischen Wohlfahrtsstaat" entwickelt haben.

43 Habermas (1973, S. 101) hat diesen Rationalisierungsprozeß anhand der Bildungsreform der 60er und 70er Jahre in einer Form verdeutlicht, die den unmittelbaren Brückenschlag zu seiner später entwickelten These der "Kolonialisierung der Lebenswelt" erlaubt.

44 "... eine zwingende Grenze könnte die Staatstätigkeit, wenn wir nicht auf ökonomische Krisentheoreme zurückgreifen wollen, doch nur an den verfügbaren Legitimationen finden." (a.a.O., S. 97)

45 Staatliches Handeln steht allein schon von seiner finanziellen Basis her vor den gleichermaßen kontraproduktiven Alternativen einer zunehmenden Abschöpfung privaten Reichtums in Form von auf Profit und Lohn erhobenen Steuern oder einer zunehmenden Verschuldung und der entsprechenden "Dauerkrise der öffentlichen Finanzen". (a.a.O., S. 88)

46 Indem Habermas hinausgehend über die aufgewiesene langfristige Unvereinbarkeit von Systemimperativen Voraussagen über Form und Zeitpunkt des tatsächlichen Hervortretens dieser Widersprüche für den "zwingenden" Charakter einer Krisenerklärung einfordert, unterstellt er

die Krisentendenz des Spätkapitalismus ausgeschieden. Gleichzeitig sind die hohen Ansprüche an den - zumindest innerhalb des politischen Systems - allein noch verbleibenden Aufweis von grundlegenden Legitimationsproblemen solcher Gesellschaften formuliert: Diese müssen nicht nur existent sein, sondern darüber hinaus in ihrer raum-zeitlichen Gegebenheit als notwendige aufgewiesen werden.

In dieser Hinsicht gelingt es der Kritischen Spätkapitalismustheorie zwar zunächst, im Rahmen der oben angesprochenen expansiven Dynamik des Staatsinterventionismus das Feld, auf dem sich solche Legitimationskrisen entfalten könnten, auszuweiten: Mit der Expansion des Bereichs staatlicher Steuerung wird gleichzeitig der Umkreis der in Bezug auf universalistische Normen explizit legitimationsbedürftigen Tatbestände ausgeweitet[47]. Daß eine solche Erhöhung des Legitimations*bedarfes* allerdings nicht durch eine proportionale Zunahme des Legitimations*outputs* des ökonomischen Systems wettgemacht werden kann, d. h. das politische System in seiner Legitimationsfunktion notwendig überfordert ist, bedürfte zusätzlicher Annahmen.[48] Da solche Annahmen aus einem übergreifenden Scheitern des Staates in seiner Steuerungsfunktion nicht ableitbar sind, weil man auf diesem Wege die Legitimationskrise wiederum auf entsprechend starke Annahmen über die Rationalitätskrise zurückführen müßte[49], sind einem Modell, das die Ursachen der Legitimitätskrise weiterhin im Zusammenhang der Widersprüche, die bei der Bewältigung ökonomischer Krisenprozesse durch den Staatsapparat auftreten, grundsätzliche Grenzen gezogen.

Wie schon für den Fall einer gelingenden Vermittlung von Steuerungs- und Legitimationsfunktionen nicht hinreichend deutlich geworden ist, auf welche Weise die universalistischen Geltungsansprüche des politischen Systems von der partikularen Ausrichtung der Steuerung des ökonomischen Prozesses gleichzeitig fundiert wie funktionalisiert werden, bleibt damit auch in der Analyse des krisenhaften Aufbrechens dieses Zusammenhangs unerklärt, wie das politische System im gleichen Maße, in dem es seine Steuerungsfunktionen perfektioniert, seine Legitimationsfunktionen untergräbt. Habermas hat die diesem Erklärungsdefizit entspringende Notwendigkeit einer Überschreitung des immanenten Zusammenhangs der Funktionen des politischen Systems allerdings erkannt: Eine grundsätzliche Infragestellung der Legitimität der politischen Ordnung ist nur ableitbar, wenn es gelingt, außerhalb der aufgewiesenen Dynamik des politischen Sy-

der Krisentheorie erneut Ansprüche, die man schlechterdings mit ihr nicht verbinden kann. Auch hier scheint er selbst noch den überzogenen Ansprüchen einer "geschichtsphilosophischen" Marxinterpretation aufzusitzen.

47 Offe hat diese Verschärfung eines der Strukturprobleme des kapitalistischen Staates am "politischen Dilemma der Technokratie" (a.a.O., S. 107ff.) verdeutlicht.

48 Habermas (a.a.O., S. 104) hat diese Schwäche der Offeschen Erklärung der Legitimationskrise deutlich erkannt: "Eine Legitimationskrise entsteht, sobald die Ansprüche auf systemkonforme Entschädigungen schneller steigen als die disponible Wertmasse, oder wenn Erwartungen entstehen, die mit systemkonformen Entschädigungen nicht befriedigt werden können. *Warum indessen sollten sich die Anspruchsniveaus nicht innerhalb der Operationsfähigkeit des politisch-ökonomischen Systems halten*?" (Hervorhebung St. B.)

49 Auf Basis des nur partiellen Erfolges staatlicher Regulierung und der entsprechenden Disparitäten in der Berücksichtigung gesellschaftlicher Bereiche sind zwar solche Legitimationskonflikte für den Randbereich der Gesellschaft ableitbar; zu fragen wäre allerdings zum ersten, ob die verinnerlichte Anerkennung staatlicher Herrschaft in den marginalisierten Bereichen der kapitalistischen Gesellschaft jemals besonders stark ausgeprägt war, zum anderen, wie den in Randgruppen hervortretenden Legitimationsproblemen eine Signalfunktion für solche Probleme in gesamtgesellschaftlicher Hinsicht zukommen soll, solange der Staat für das Zentrum der Gesellschaft seine Steuerungsfunktion erfolgreich wahrnimmt.

stems Bedingungen festzumachen, die eine Untergrabung von dessen Legitimationsbasis einleiten. Da es sich hierbei aufgrund der entwickelten Voraussetzungen um die "klassische" Übertragung der ökonomischen Systemkrise in die Legitimationskrise nicht mehr handeln kann, können solche Bedingungen nur innerhalb des noch verbleibenden sozio-kulturellen Systems verortet werden: Der Legitimationskrise "muß also eine Motivationskrise zugrunde liegen, d. h. eine Diskrepanz zwischen dem Bedarf an Motiven, die der Staat, das Ausbildungs- und Beschäftigungssystem anmelden, einerseits und dem Motivationsangebot von seiten des sozio-kulturellen Systems andererseits." (Habermas 1973, S. 105)[50] Zwar bleibt die Legitimationskrise diejenige Form, in der in spätkapitalistischen Gesellschaften Krisenprozesse unmittelbar bedrohliche Gestalt für deren "Identität" annehmen, die Grundlage einer derart bedrohlichen Zuspitzung der "Strukturprobleme des kapitalistischen Staates" ist allerdings in der Zuspitzung der Widersprüche, die das sozio-kulturelle System solcher Gesellschaft kennzeichnen, zu suchen.

Habermas ist es auf diese Art und Weise gelungen, die oben angedeutete Entkoppelung der Legitimationsfrage, der normativen Aspekte politischer Herrschaft, von der Steuerungsfrage, der ökonomischen Seite dieser Herrschaft, endgültig zu vollziehen, mithin die Krisendynamik spätkapitalistischer Gesellschaften mit der gleichen Konsequenz in das sozio-kulturelle System zu verschieben.

Mit dieser Verschiebung ist die Kritische Spätkapitalismustheorie gleichzeitig am Ende ihres Weges angelangt: In der Bestimmung der "Motivationskrise" als Krise des kulturellen System spätkapitalistischer Gesellschaften muß sich erweisen, wie - jenseits der bisher verfolgten Kontingentisierungsstrategie andersartiger Krisenprozesse - dieser Krisentypus nicht nur eine für spätkapitalistische Gesellschaften unausweichliche Infragestellung mit sich bringt, sondern auch, inwiefern diese Infragestellung innerhalb eines weiteren Anpassungsprozesses kapitalistischer Gesellschaften nicht ihrerseits abgefangen werden kann und aus diesem Grunde eine endgültige Gefährdung konstitutiver Funktionsprinzipien kapitalistischer Gesellschaften darstellt.

Indem Habermas derart am Endpunkt seiner Verschiebung der Krisendynamik kapitalistischer Gesellschaften vom ökonomischen über das politische in das sozio-kulturelle System angelangt ist, muß er sich gleichzeitig endgültig der anfangs formulierten Fragestellung nach dem Charakter der Wandlungsprozesse, die diese Krisendynamik in spätkapitalistischen Gesellschaften kennzeichnen, stellen: Inwieweit stehen die aufgewiesenen Veränderungen solcher Gesellschaften für eine Modifikation dieser Krisendynamik oder repräsentieren mit der Überwindung der "Logik der Krise" gar eine Aufhebung des "Grundwiderspruches der kapitalistischen Gesellschaftsformation" selbst und damit deren Überführung in "eine nachkapitalistische Gesellschaftsformation" (a.a.O., S. 49)?

---

50 Diesen grundlegenden Unterschied zwischen der Offeschen und der Habermasschen Argumentation hat Wagner 1976, S. 43ff. herausgearbeitet. Auf dieser Basis ist es eher mißverständlich, Habermas, wie dies meist getan wird, der "politischen Krisentheorie" zuzuordnen. Während Offe - trotz einzelner Hinweise auf die sozio-kulturelle Dynamik staatlicher Modernisierung (a.a.O., S. 113ff.) - tatsächlich die Krisendynamik spätkapitalistischer Gesellschaften an deren politischer Krisenhaftigkeit festzumachen versucht, stellt diese für Habermas zwar ein notwendiges, aber dennoch abgeleitetes Phänomen gegenüber den Erosionsprozessen des sozio-kulturellen Systems dar. Bei Habermas könnte man aus diesem Grunde viel eher von einer "kulturellen Krisentheorie" sprechen, eine Interpretation, die durch die weitere Entwicklung des Habermasschen Werkes gestützt wird.

Wie sich schon die bisherige Argumentation tatsächlich als Versuch der Ausdifferenzierung der vom Anti-Autoritarismus skizzierten Problemverschiebungsthese begreifen läßt, ist auch die Beantwortung dieser grundsätzlichen Fragestellung von einer ähnlichen Logik bestimmt wie der entsprechende Versuch der antiautoritären Theorie, die Optionen von Überwindung und bloßer Modifikation durch eine Übergangsinterpretation des Kapitalismus in seiner gegenwärtigen Phase vereinbar erscheinen zu lassen. Zwar wird weiterhin an der ökonomischen Irrationalität auch des Spätkapitalismus als Ursache einer weiterhin krisenhaften Entwicklung dieser Gesellschaft festgehalten, andererseits ist die unmittelbare Wirkung dieser Krisenpotentiale aufgrund der Außerkraftsetzung zentraler ökonomischer Mechanismen schon weitgehend ausgesetzt. Als unmittelbarer Restbestand der Krisenlogik kapitalistischer Gesellschaften verbleibt in einem derart als fortgeschritten konzipierten Selbstaufhebungsprozeß genauso wie im Anti-Autoritarismus nur noch die Krise des Wertesystems spätkapitalistischer Gesellschaften.

Diese spezifische Vermittlung zwischen einem Festhalten am kapitalismustheoretischen Paradigma und dessen Überwindung gibt damit auch die Ansprüche vor, denen die angezielte kulturelle Krisentheorie genügen muß. Dieser soll es gelingen, eine Untergrabung der normativen Fundamente kapitalistischer Gesellschaften aufzuzeigen, die, obwohl selbst von deren ökonomischer Dynamik angetrieben, für den Gesamtzusammenhang solcher Gesellschaften nicht nur die einzige mit Notwendigkeit aufzuweisende, sondern auch nur um den Preis eines Übergangs in andere Gesellschaftsformationen abzuwendende Bedrohung darstellt.

In einer auch inhaltlich an Motive des Anti-Autoritarismus in differenzierender Weise anknüpfenden Wertwandeltheorie[51] identifiziert Habermas drei Dimensionen, entlang derer sich dieser Selbstuntergrabungsprozeß der normativen Basis des Kapitalismus vollzieht. Neben den schon angedeutenden "Abbau des vorbürgerlichen Traditionsbestandes" (Habermas 1973, S. 111) im Prozeß staatlich betriebener Modernisierung tritt in einem zweiten Schritt die "Untergrabung auch der Kernbestandteile der bürgerlichen Ideologie", wie diese in "Besitzindividualismus" und "Leistungsorientierung" vorliegen. Die unterschiedlichen Ursachen dieses Prozesse, die Habermas innerhalb der ökonomischen Entwicklung selbst festzumachen versucht, finden sich erneut in der Tatsache zusammengefaßt, daß "der Markt als leistungsgerechter Mechanismus der Zuteilung von systemkonformen Lebenschancen seine Glaubwürdigkeit verliert" (a.a.O., S. 114). Vervollständigt wird diese Abnahme funktionaler Orientierungen durch das zunehmende Hervortreten universalistischer "normativer Orientierungen, die für die Reproduktion des staatsbürgerlichen und des familial-beruflichen Privatismus ungeeignet sind" (a.a.O., S.117).[52] Daß diese "in ihrer Wirkung dysfunktionalen Bestandteile der kulturellen Überlieferung, ... die Grundüberzeugungen der kommunikativen Ethik und die Erfahrungskomplexe der Gegenkulturen, in denen sich die nachauratische Kunst verkörpert, in einigen Staaten heute schon bestimmend sind, also motivbildende Kraft erlangt haben" (a.a.O., S. 125f.) wird darüber hinaus an dem

51 Seine erste Fassung einer Dialektik von "Wertuntergrabung" und "Wertfreisetzung" hatte Habermas in seinem Versuch einer "sozialpsychologischen Erklärung des Potentials, aus dem die Studenten- und Schülerbewegung hervorgeht" (1970, S. 192ff.), entwickelt.

52 Habermas nennt hier drei bedeutsame Entwicklungen: Szientismus, moderne Kunst und universalistische Moral (a.a.O., S. 117ff.), die er trotz ihrer Dysfunktionalität für die bürgerliche Gesellschaft zunächst als "Weltbildresiduen der bürgerlichen Kultur" (a.a.O., S. 111) identifiziert.

Hervortreten "systemkritischer Potentiale in der Gruppe der Jugendlichen" (a.a.O., S. 128) empirisch belegt.

Mit diesem Modell von Wertwandel hat Habermas ohne Zweifel nicht nur eine differenzierte Weiterentwicklung der oben skizzierten Wertwandeltheorie des Anti-Autoritarismus vorgelegt[53], sondern auch einen begrifflichen Rahmen für die Beschreibung und Erklärung kultureller Krisenprozesse und der an diese anknüpfenden Protestpotentiale entwickelt.[54] Daß solche derart als möglich und wirklich aufgewiesenen Krisenprozesse gegenüber andersartigen Krisenpotentialen kapitalistischer Gesellschaft den behaupteten notwendigen wie abschließenden Status besitzen, ist damit allerdings kaum belegt.[55] Vielmehr läßt sich zeigen, daß auch bei Habermas diese empirische Wendung einer diesmal kulturtheoretisch formulierten Zusammenbruchstheorie sich - ähnlich wie die entsprechenden Versuche der orthodoxen Spätkapitalismustheorie im Aufweis einer ökonomischen Endkrise - sowohl der fundamentalistischen Überziehung empirischer Entwicklungen wie grundlegender theoretischer Mißverständnisse verdankt.

Empirisch lassen sich zwar alle Elemente des behaupteten kulturellen Wandlungsprozesses auffinden, keineswegs ist aber auch nur für eines dieser Elemente selbst der Tendenz nach eine soziale Verallgemeinerung ohne weiteres abzusehen. Weder ist - was noch am naheliegensten wäre - einsichtig, warum der bisher fortdauernde Einfluß vormoderner Orientierungen in dem den Spätkapitalismus kennzeichnenden Modernisierungsschub endgültig aufgehoben wird, noch weniger ist abzusehen, daß die Infragestellung der benannten privatistischen Wertorientierungen und die komplementäre Aktivierung universalistischer Normen hinausgehend über begrenzte Gruppen der Gesellschaft an allgemeiner Bedeutung gewinnt.[56]

53 Besonders hervorzuheben ist die Tatsache, daß Habermas mit der Unterscheidung zwischen vorbürgerlichen und genuin kapitalistischen Werten das Augenmerk auf die fortdauernde Bedeutung traditionaler Orientierungen bis weit in die Geschichte der bürgerlichen Gesellschaft hinein lenkt.

54 Tatsächlich ist auch in der heutigen Wertwandeldiskussion kaum umstritten, daß sich der abgelaufene Wertwandelprozeß entlang der von Habermas entwickelten Dimensionen entfaltet hat, auch wenn inhaltliche Füllung und Gewichtung dieser Dimensionen durchaus strittig sind. Siehe dazu zusammenfassend Klages 1984, S. 17ff.

55 Löwenthal hat diesen Umschlag von einer "empirisch vorhandenen" in eine "entwicklungslogisch notwendige und irreversibele Motivationskrise" als zugleich entscheidende wie unhaltbare These der Habermasschen Spätkapitalismustheorie identifiziert. (1979, S. 72)

56 Die unterschiedlichen Verfahren einer solchen Fundamentalisierung der tatsächlichen Legitimationsprobleme gegenwärtiger kapitalistischer Gesellschaften und einer entsprechenden Überschätzung der an diese anknüpfenden Protestpotentiale werden in besonderer Prägnanz an dem von Döbert/Nunner (1975, S. 55ff.) unternommenen Versuch des Aufweises der "Auflösung des bürgerlichen Legitimationssystems" deutlich. Neben die Benennung von Legitimationsproblemen, mit denen die bürgerliche Gesellschaft von Anbeginn konfrontiert war, tritt der gleichfalls berechtigte Hinweis auf eine Verschärfung dieser Probleme, der schließlich im Aufgreifen existierender legitimitätskritischer Protestpotentiale zur angezielten Vision einer Endkrise des bürgerlichen Legitimationssystems verdichtet wird. Die Plausibilität einer solchen Fundamentalisierung wird dabei weiterhin durch eine gleichgerichtete Totalisierung dieser Protestpotentiale selbst suggeriert: Nicht nur bei Mittelschichtjugendlichen als den tatsächlichen Trägern des Protestes, sondern auch in der Unterschicht lassen sich in zunehmendem Maße die angesprochenen Legitimationsprobleme beobachten.(a.a.O.,S. 68) - Kaase 1981 hat sich im Gegenzug zu einer solchen Überziehung von Legitimationsproblemen berechtigterweise die Frage gestellt, ob es sich bei der behaupteten "Legitimitätskrise in westlichen demokratischen Industriegesellschaften" um "Mythos oder Realität" handelt. Die damit vollzogene Relativierung des tatsächlichen Ausmaßes der "Legitimationskrise" schießt allerdings über ihr Ziel hinaus, wenn sie mit dem Hinweis auf die sozialstrukturelle Beschränktheit der in dieser zusammengefaßten Prozesse das Vorliegen einer solchen Krise überhaupt in Frage stellt. Löwenthal argu-

Läßt sich derart schon an den empirischen Ausprägungen der Motivationskrise fortgeschrittener kapitalistischer Gesellschaften deren ausgezeichneter Status relativieren, so legt die historische Verortung, die Habermas selbst den vorwärtstreibenden Momenten dieser Krise gibt, die Frage nahe, inwiefern die in ihr hervortretenden Spannungen den Rahmen einer den Kapitalismus übergreifend kennzeichnenden Widersprüchlichkeit sprengen. Indem das Hervortreten der universalistischen Werte, das an dem endgültigen Auseinanderfallen zwischen gesellschaftlichen Funktionsprinzipien und normativer Struktur maßgeblich beteiligt sein soll, erstmals in der Pariser Boheme des 19. Jahrhunderts (a.a.O., S. 119) gesichtet wird - überhaupt zentrale Momente dieses universalistischen Wertekomplexes nur unschwer als Umformulierung der klassischen Werte der Aufklärung zu erkennen sind[57] -, stellt sich die Frage, worin die behauptete Einzigartigkeit der von diesen Werten ausgehenden Bedrohung begründet ist. Berücksichtigt man darüber hinaus, daß auch die Prozesse der Infragestellung der privatistischen Normen weder historisch einzigartig sind, noch den behaupteten umfassenden Charakter besitzt, liegt es viel näher, die vorliegenden Legitimationsprobleme als wenn auch spezifische Ausprägung einer allgemeinen Widersprüchlichkeit der normativen Struktur kapitalistischer Gesellschaften zu begreifen, - die sich genauso wie deren reale Organisation in der Spannung zwischen Partikularismus und Universalismus[58] bewegt - und nicht so sehr als Hervortreten einer neuen Problemstruktur, die gleichzeitig eine Infragestellung kapitalistischer Vergesellschaftung überhaupt anzeigt. Besinnt man sich weiterhin auf den Mechanismus zurück, von dessen Außerkraftsetzung Habermas die Originalität dieser Problematik abhängig gemacht hat, wird gleichzeitig deutlich, wo das einheitsstiftende Moment in der normativen Dialektik auch spätkapitalistischer Gesellschaften zu suchen ist: Der Markt als weiterhin dominierende Form der Vergesellschaftung impliziert sowohl die angesprochenen privatistischen Werte von "Besitz" und "Leistung" wie die diesen entgegengesetzten universalistischen Orientierungen von "Freiheit" und "Gleichheit" und entfaltet in historischer Dimension mit seinen inneren Widersprüchen als private Form der Vergesellschaftung in gleichgerichteter Form auch die Widersprüche zwischen diesen normativen Orientierungen.

Entkleidet man auf diese Art und Weise die Habermassche Wertwandeltheorie ihres ökonomischen Revisionismus wie der aus diesem erwachsenden fehlerhaften Konsequenzen auch für die Bestimmung kultureller Prozesse fortgeschrittener kapitalistischer Gesellschaften, erhält man also vielmehr das Modell einer sich historisch verschärfenden Dialektik der Kultur innerhalb kapitalistischer Ge-

mentiert in dieser Beziehung differenzierter, wenn er die tatsächliche Existenz einer "Kulturkrise" von der Frage ihrer Bedeutung für eine "entwicklungslogische Notwendigkeit der Endkrise des Kapitalismus" unterscheidet. (a.a.O., S. 83)

57 An anderem Ort gesteht die Kritische Spätkapitalismustheorie dies durchaus zu. Bei Döbert und Nunner-Winkler werden die angesprochenen universalistischen Werte schon in ihrer allgemeinen Charakterisierung des bürgerlichen Legitimationssystems als die "Fundamentalnormen, die in der Französischen Revolution zum ersten Mal explizit ... gefordert worden sind" (a.a.O., S. 48) bestimmt. Auch Habermas ist sich der Tatsache durchaus bewußt, daß seine Differenzierung zwischen den theoretischen, praktischen und ästhetischen Dimensionen des Hervortretens universalistischer Orientierungen genauso wie deren universalistische Inhalte selbst zurückverweisen zumindest bis zu den drei Kritiken Kants und den diesen zugrundeliegenden realhistorischen Prozessen der Herausbildung der Moderne. Siehe dazu Habermas 1981c, S. 452.

58 Diese immanente Widersprüchlichkeit der Entwicklung des kapitalistischen Wertesystems würde es darüber hinaus erlauben, auch die in der Kritischen Spätkapitalismustheorie immer wieder hervorgehobene Verklammerung partikularistischer und universalistischer Orientierungen innerhalb der neuen Protestpotentiale als spezifische Verschärfung dieser Spannung zu begreifen.

sellschaften als die behauptete endgültige Infragestellung solcher Gesellschaften durch die Dynamik des sozio-kulturellen Systems.

Tatsächlich kommen Habermas selbst Zweifel bzgl. der starken Erklärungsansprüche, die er mit seiner Theorie der Motivationskrise verbindet. In seiner abschließenden Einschätzung der Entwicklungsperspektiven spätkapitalistischer Gesellschaften wird der ausgezeichnete Status dieses Krisentypus insofern relativiert, als das Hervortreten seines systembedrohenden Charakters erneut rückgebunden wird an das ökonomische System[59]: Ob die zunehmende Reduzierung des Motivationspotentials in spätkapitalistischen Gesellschaften realiter zu deren Infragestellung führt, hängt davon ab, in welchem Ausmaße das ökonomische System mit Hilfe der "Ressource 'Wert' die knappe Ressource 'Sinn' substituieren" (a.a.O., S. 104), also eine genügende Entschädigungsmasse für den Verlust an normativer Orientierung zur Verfügung stellen kann.

Unabhängig davon, daß damit das bisher entwickelte Modell einer Problemverschiebung, die in der Notwendigkeit der Motivationskrise ihren Endpunkt findet, grundsätzlich in Frage gestellt ist - da die Notwendigkeit dieser Krise selbst wiederum an die behauptete Kontingenz der ökonomischen Entwicklung gebunden wird - liefert dieses zweidimensionale Modell eine interessante Konzeptualisierung des *empirischen* Ineinandergreifens ökonomischer und normativer Einflußfaktoren vor allem im Rahmen der konsumistischen Lebensform: Die Gesamtbilanz, die dieser spezifischen Vermittlung zwischen ökonomischem und sozio-kulturellem System kapitalistischer Gesellschaften in der gesellschaftlichen Auseinandersetzung aufgemacht wird, hängt tatsächlich wesentlich von dem Verhältnis zwischen lohnvermittelten Bedürfnisbefriedigungschancen auf der einen, den mit diesen verbundenen Beschränkungen andersartiger Befriedigungschancen auf der anderen Seite ab.[60]

Gesellschafts- und kapitalismustheoretisch ist Habermas mit diesem Modell aber in gewisser Weise wieder auf den Ausgangspunkt seiner Argumentation zurückgefallen. Trotz der Fülle entwickelter Hinweise zur Vermittlungsproblematik sozialer Sphären ergibt sich im Resultat nicht mehr als die Annahme einer in ihren Resultaten selbst kontingenten Wechselwirkung sub-systemspezifischer Beschränkungen kapitalistischer Produktionsweise "durch die Parameter einer Eigentumsordnung" auf der einen, "die eigensinnig entfalteten normativen Strukturen" auf der anderen Seite. (a.a.O., S. 183)

Welche Voraussetzungen diesem endgültigen Rückfall auf das anfangs schon angedeutete dualistische Modell gesellschaftlicher Entwicklung in der Kapitalismustheorie Habermas zugrundeliegen, wird an der oben skizzierten Konzeptualisierung des Ineinandergreifens ökonomischer und sozio-kultureller Prozesse als Gegeneinander von ökonomisch produziertem "Wert" und kulturell hervorgebrachtem "Sinn" faßbar. Indem Habermas diese empirisch durchaus plausible Entgegensetzung theoretisch unhinterfragt läßt, gar in ein dichotomes Modell gesellschaftlicher Entwicklung insgesamt überhöht, sitzt er selbst noch den ökonomistischen Reduktionen, die die Lohnform selbst erzeugt, auf, vernachlässigt, daß sich

59 Im Rückblick auf die oben angedeuteten Mängel des "Subsystemmodells" fällt auf, daß hier letztlich doch die in diesem ausgeblendete unmittelbare Beziehung zwischen ökonomischem und sozio-kulturellem System ins Zentrum der Betrachtung rückt.

60 Insofern wäre eine Theorie der gesamtgesellschaftlichen Krise, die auch den raum-zeitlichen Aspekt des tatsächlichen Auftretens von Krisenprozessen einbeziehen will, auf empirische Annahmen über die Entwicklung beider Dimensionen verwiesen.

hinter diesem Mechanismus ökonomischer Entschädigung sowohl für das Verhältnis von Arbeitszeit und Freizeit wie auch für den Produktionsprozeß selbst, der immerhin große Anteile von Lebenszeit umfaßt, unmittelbar ökonomische Abstraktionen an den normativen Dimensionen gesellschaftlicher Entwicklung vollziehen.[61] Indem Habermas derart den ökonomischen Prozeß genau in der abstrakten Form[62] aufgreift, die sich aus den realen Abstraktionen der Lohnform ergeben, kann er den wenn auch in dieser tatsächlich unterdrückten Zusammenhang von "Wert" und "Sinn" nicht mehr in den Blick bekommen, sondern muß die normativen Aspekte gesellschaftlicher Integration als Ausdruck einer eigenen von der ökonomischen Entwicklung grundsätzlich geschiedenen Dimension einbringen.[63]

Welche Akzente Habermas innerhalb dieses - in der bisherigen Argumentation konsequent durchgehaltenen - Dualismus letztlich setzen will, wird im abschließenden legitimationstheoretischen Teil seiner Arbeit deutlich. In der Abschätzung der Perspektiven, die mit dem Präfix "spät" für den möglichen Übergang zu einer "postmodernen Gesellschaft" (a.a.O., S. 182) verbunden sind, wird keineswegs das zunächst als zentral angesprochene Verhältnis von ökonomischen und normativen Ressourcen einer weiteren empirischen und systematischen Betrachtung unterzogen, sondern erneut die Entwicklung der normativen Dimensionen sozialer Integration in das Zentrum der Argumentation gerückt. Nicht das Verhältnis zwischen ökonomischen und sozio-kulturellen Krisentendenzen bestimmt demnach die Möglichkeiten der Verarbeitung oder gar Überwindung der Krisenhaftigkeit kapitalistischer Gesellschaften, sondern die Frage, inwiefern es gelingen kann, die ökonomischen Funktionsprinzipien solcher Gesellschaften überhaupt von ihrer Spannung zu den normativen Prinzipien dieser Gesellschaft zu befreien, indem erstere gänzlich von den Legitimationsansprüchen letzterer entkoppelt werden.[64] Gemäß dieser Fragestellung beschäftigt sich Habermas im

61 Möglicherweise läßt sich gerade das gestiegene Lohn- und Konsumniveau seit den 50er Jahren auf entsprechende Abstraktionen zurückführen: Die enorme Ausweitung absoluter Mehrwertproduktion durch lohnkompensierte Verlängerung des Arbeitstages wie die Intensivierung des Arbeitsprozesses beschränken in entscheidender Form die nicht konsumistisch vermittelten Befriedigungsmöglichkeiten außerhalb und innerhalb der Produktionssphäre.

62 Diese Abstraktionen am ökonomischen Prozeß gehen bei Habermas soweit, daß er sogar die Seite der Gebrauchswertproduktion, weil diese für den Verwertungsprozeß tatsächlich eine nur instrumentelle Bedeutung besitzt, von diesem Verwertungsprozeß insgesamt abtrennt und damit folgern kann, daß sich "die Legitimationsprobleme", die sich "in Rücksicht auf die Verteilung von Gebrauchswerten" stellen, nicht auf Kapitalverwertungsprobleme zurückführen lassen". (a.a.O., S. 84) - Dieses Verfahren der Reduktion der "Theorie der Ware", die sich in allen ihren Formen mit der spezifischen Widersprüchlichkeit von Wert- und Gebrauchswertbestimmungen befaßt - also die Ebene menschlicher Bedürfnisbefriedigung immer schon als notwendiges, wenn auch unterdrücktes Moment einbezieht - auf eine "Theorie des Wertes" ist in der Kritischen Theorie äußerst beliebt, erlaubt sie es doch ohne weiteres, die ökonomische Theorie durch eine Theorie der Subjektivität zu ergänzen. Auf diesen impliziten Ökonomismus wie Objektivismus wird noch zurückzukommen sein.

63 Mit dieser Kritik ist umgekehrt nicht behauptet, daß sich kulturelle Prozesse in ihren konkreten Gestaltungen aus einem noch so umfassend konzipierten Begriff von Ökonomie ableiten lassen, unterstellt die hier angedeutete Argumentation ja gerade die institutionelle Abspaltung solcher Prozesse von der ökonomischen Sphäre. Mit dieser Unterstellung ist allerdings auf der anderen Seite genauso festgehalten, daß die grundlegenden Probleme und inhaltlichen Dimensionen des sozio-kulturellem System von den angesprochenen Abstraktionen innerhalb des ökonomischen Systems bestimmt sind. Auf dieses Modell der Vermittlung sozialer Sphären wird noch zurückzukommen sein.

64 Indem Habermas mit einem solchen Modell der Überwindung der Krise eine Gesellschaft konzipiert, die nach ihren ökonomischen Funktionsprinzipien weiterhin kapitalistisch organisiert, durch eine Kombination mit einer neuartigen rechtfertigungsfreien Organisation des sozio-kulturellen Systems ihre Krisentendenzen aufhebbar macht, entkoppelt er seinerseits erneut die

weiteren mit den Perspektiven, die einer "Umstellung der Integration der inneren Natur überhaupt auf einen anderen Sozialisationsmodus", d. h. deren "Abkopplung von rechtfertigungsfähigen Normen" (a.a.O., S. 130) als Basis einer solchen Entkopplung von System und Lebenswelt beschieden sind. Diese Möglichkeit einer endgültigen Infragestellung der bisher die Gattungsgeschiche bestimmenden Merkmale von Individualität, Sozialität und Rationalität[65] wird dabei verortet zwischen empirisch zu beobachtenden Tendenzen in Richtung auf eine solche Entkopplung auf der einen, dem Beharrungsvermögen dieser letztlich in kommunikativer Rationalität fundierten gattungsgeschichtlichen Mechanismen gegenüber solchen Tendenzen auf der anderen Seite. (a.a.O., S. 168ff.)

Habermas hat damit - wenn auch noch in wenig systematischer Form - wieder den Anschluß an diejenigen rationalitätstheoretischen Probleme gewonnen, die sich auch schon für die "alte" Kritische Theorie als Konsequenz ihrer gesellschaftstheoretischen und zeitdiagnostischen Bemühungen gestellt hatten.[66] Wie sich allerdings schon zu diesem Zeitpunkt andeutet, ist das erneute Aufgreifen auch der rationalitätstheoretischen Dimension der "Krise des Marxismus" mit einer Akzentverschiebung verbunden. War die "Dialektik der Aufklärung" jenseits ihrer Aporien weiterhin bemüht, den widersprüchlichen Zusammenhang der modernen Gesellschaft in ihren materiellen wie normativen Dimensionen zu verfolgen, so zeichnet sich bei Habermas im Ausgang einer Arbeit, die genau mit diesem Vermittlungsanspruch angesetzt hatte, nicht nur ein dualistisches Modell der Beziehung beider Momente ab, sondern darüber hinaus eine grundsätzliche Verlagerung der Dynamik sozialer Prozesse in die normative Dimension von Gesellschaftlichkeit und eine neuartige Rationalitätskonzeption, die genau auf diese Dimension abstellt.[67]

Bevor abschließend verdeutlicht werden soll, daß die weitere Bearbeitung der "Krise des Marxismus" bei Habermas tatsächlich die hier angedeutete Richtung eingeschlagen hat und welche weitreichenden Konsequenzen dies für verschiedene Ausgänge aus dieser Krise besitzt, bleibt der unmittelbare Ertrag des bisher vorgestellten Erklärungsversuches fortgeschrittener kapitalistischer Gesellschaften bzgl. der anfangs formulierten Ansprüche zu resümieren.

Wie gezeigt, hat die Kritische Spätkapitalismustheorie nicht nur die zentralen Fragestellungen einer Theorie fortgeschrittener kapitalistischer Gesellschaften prägnant formuliert, sondern ihnen eine theoretische Bearbeitung zuteil werden

ökonomischen und kulturellen Strukturen der Gesellschaft. Zusätzlich wird dabei endgültig ein Kapitalismus unterstellt, der aufgrund seiner genuin ökonomischen Dynamik keinen grundsätzlichen Funktionsstörungen mehr unterliegt: hat sich die kapitalistische Produktionsweise einmal der für sie dysfunktional gewordenen Organisation des kulturellen Systems entledigt, sind solche Funktionsstörungen nicht mehr zu erwarten. Die Irrationalität kapitalistischer Gesellschaften hat sich damit genauso endgültig in die Funktionsstörungen des kulturellen Systems zusammengezogen.

65 Habermas setzt sich in diesem Zusammenhang besonders mit der Frage des "Ende des Individuums" auseinander. (a.a.O., S. 162ff.)

66 Habermas (a.a.O., S. 172) stellt diesen Bezug zu den rationalitätstheoretischen Endzeitvisionen der "Dialektik der Aufklärung" ausdrücklich her. In seinen früheren Arbeiten - vor allem der schon angesprochenen Auseinandersetzung mit Marcuses Konzeption "technologischer Rationalität" - deutet sich dieser Zusammenhang zwar an, wird aber noch nicht in der gleichen expliziten und intensiven Form bearbeitet wie in der Folgezeit.

67 Darauf, daß die ihrerseits normativ orientierte Analyse der "autonomen Eigenentwicklung in der sozio-kulturellen Sphäre" die wesentliche Intention der Habermasschen Theorie des Spätkapitalismus ausmacht, hat Löwenthal (1979, S. 70f.) hingewiesen.

lassen, die auch material über die entsprechenden Ansätze ihrer "Vorgängertheorien" in entscheidenden Gesichtspunkten hinausgeht. In bezug auf die Bestimmung der Spezifika solcher Gesellschaften - zunächst in ihrer ökonomischen Dynamik - ist sie erstmals eingetreten in eine Auseinandersetzung mit den systematischen und historischen Dimensionen der ökonomischen Sphäre kapitalistischer Gesellschaften und hat dabei den in der "alten" Kritischen Theorie und auch deren anti-autoritären Reformulierungsversuchen jeweils nur vorausgesetzten Annahmen über eine grundsätzliche Veränderung dieser Sphäre in spätkapitalistischen Gesellschaften eine explizite und systematische Form gegeben. Von grundlegenderer Bedeutung ist allerdings der vorgelegte Versuch der Konzeptualisierung des Gesamtzusammenhangs kapitalistischer Gesellschaften als Prozeß der Ausdifferenzierung und Reintegration sozialer Sphären. Sowohl in gesellschafts- wie kapitalismustheoretischer Hinsicht hat die Kritische Spätkapitalismustheorie dabei ein Modell entwickelt, das den Ambitionen nicht nur der frühen Kritischen Theorie, sondern auch des "westlichen Marxismus" insgesamt in Richtung auf eine entsprechende Erweiterung des Analysehorizontes der marxistischen Theorie weitgehend entgegenkommt. Entscheidend ist hierbei die Tatsache, daß die Kritische Spätkapitalismustheorie in einem solchen Versuch nicht bei einer bloß *punktuellen* Einbeziehung der kulturellen und politischen Dynamik kapitalistischer Gesellschaften stehenbleibt, wie dies für die marxistische Theorie weitgehend üblich ist[68], sondern diesen Gesamtzusammenhang in *systematischer* Form anzugehen versucht.[69] In formaler Hinsicht ist in diesem Zusammenhang insbesondere die Anknüpfung an die systemtheoretischen Bemühungen zur Entwicklung einer Theorie gesamtgesellschaftlicher Integration hervorzuheben; in materialer Hinsicht die durchaus vorhandenen Ansätze, die Beschränkungen dieser Bemühungen im Rahmen einer kapitalismustheoretischen Argumentation aufzuheben: Indem sowohl die funktionale Ausdifferenzierung sozialer Subsysteme wie deren weiterhin bestehende funktionale Bezogenheit auf das ökonomische System im Rahmen einer Dialektik von "Autonomisierung" und "Subsumtion" entfaltet wird, gelingt es,

---

68 Für diesen Umgang mit außerökonomischen Fragestellungen innerhalb der marxistischen Tradition ist vielleicht gerade die ästhetische Theorie, der vor allem in Anknüpfung an Lukacs erhebliche Aufmerksamkeit geschenkt worden ist, ein geeignetes Beispiel: Zwar haben die entsprechenden Bemühungen durchaus den gesellschaftlich-historischen Charakter ästhetischer Produkte herausgearbeitet, sind aber nicht in eine "Theorie der Kultur", die diese systematisch als ausdifferenzierten Bereich gesellschaftlicher Wirklichkeit begreift, eingemündet. - Eine ähnliche Beurteilung legt die Entwicklung der politischen Theorie innerhalb des Marxismus nahe. Jenseits der Fülle staatstheoretischer Argumente, wie sie beispielsweise Lenin und Trotzky (aber auch der Austromarxismus (siehe dazu Vranicki 1983, S. 358ff.)) formuliert haben, ist es der marxistischen Theorie nie gelungen, "eine systematische Darstellung der bürgerlichen Demokratie zu entwickeln" (Anderson 1978, S. 169). Wie Anderson (a.a.O.,S. 162) genauso gezeigt hat, verweist dieser Mangel erneut zurück auf entsprechende Defizite bei den Begründern dieser Theorie. Marx hatte zwar, wie noch zu sehen sein wird, in seinen Frühschriften durchaus wichtige Hinweise für eine solche systematische Analyse des politischen Systems moderner Gesellschaften geliefert, diese aber in seinem dominant ökonomiekritisch orientierten Spätwerk nicht weiterverfolgt.

69 Einen ähnlich gelagerten Vorzug besitzt die Kritische Spätkapitalismustheorie durch ihre systematischen Bemühungen um eine "Theorie der Intentionalität". Die Bedingungen normativer Integration kapitalistischer Gesellschaften, die im Zentrum der soziologischen Selbstverständigungsversuche der Moderne stehen, hat die marxistische Tradition zwar nicht nur in den Versuchen der frühen Kritischen Theorie immer wieder ins Auge gefaßt, ist dabei erneut aber nicht zu einem systematischen Verständnis dieser Bedingungen als Ausdruck versachlichter ökonomischer Verhältnisse vorgestoßen. Insofern ist Habermas durchaus in seiner These, daß es dieser Tradition einer "Theorie der Interaktion" ermangele, zuzustimmen. Wie gezeigt, ergibt sich aus der Gültigkeit einer solchen Diagnose allerdings keineswegs die weitergehende Annahme, eine solche Theorie sei nicht auf dem Boden einer "Theorie der Arbeit" zu entwickeln.

die spezifischen Funktionsprinzipien dieser Subsysteme genauso wie ihre Beschränkungen an der weiterhin dominierenden kapitalistischen Organisationsform der Gesellschaft aufzuzeigen.[70] Durch den Aufweis der aus diesen spezifischen Funktionsproblemen erwachsenden ebenso spezifischen Krisenpotentiale politischer und kultureller Art ist es dieser Theorievariante gleichzeitig möglich gewesen, auch für die aktuellen Formen, die solche Potentiale in den neu hervortretenden sozialen Bewegungen annehmen, einen konzeptuellen Bezugsrahmen und relevante Erklärungsansätze zu entwickeln. Insgesamt hat die Kritische Spätkapitalismustheorie derart die oben festgehaltenen Blickverengungen der Marxorthodoxie in entscheidenden Dimensionen aufgesprengt.[71]

Der Erfolg dieser Theorie relativiert sich allerdings dadurch, daß auch in ihrer Analyse die Realität fortgeschrittener kapitalistischer Gesellschaften letztlich wiederum nur in beschränkter Form ins Blickfeld kommt, den Borniertheiten der Marxorthodoxie eine gleichermaßen einseitige Sichtweise solcher Gesellschaften entgegengestellt wird.

Im Rahmen ihrer phasentheoretischen Bemühungen scheitert auch die Kritische Spätkapitalismustheorie am Problem der Vermittlung von "Logik" und "Geschichte", an dem sich schon die Marxorthodoxie mit fragwürdigem Erfolg abgearbeitet hatte. Indem dabei eine historisch relativ frühe und unterentwickelte Form kapitalistischer Vergesellschaftung zum "Strukturmodell" dieser Vergesellschaftungsform stilisiert wird, werden die Abweichungen, die die aktuelle Phase kapitalistischer Entwicklung gemessen an einem solchen Modell aufweist, ihrerseits sowohl in bezug auf deren Vergangenheit wie Zukunft in ihrer Bedeutung überzogen. Die Entwicklung der fortgeschrittenen kapitalistischen Gesellschaften im Vierteljahrhundert nach dem Zweiten Weltkrieg - und durchaus auch bestimmte nationale Charakteristika dieser Entwicklung - geraten dadurch nicht nur zu grundsätzlichen Modifikationen der Funktionsprinzipien des Kapitalismus, sondern werden gleichzeitig zu letztendlichen, innerhalb des Kapitalismus nicht mehr überholbaren Formen dieser Gesellschaft. Diese historische Fixierung und die damit verbundenen Revisionen der Kapitalismustheorie besitzen darüber hinaus entscheidenden Einfluß auf die Bestimmung der inneren Dynamik des derart von seinen konkreten historischen Bedingungen abgekoppelten fortgeschrittenen Kapitalismus. Indem die empirische Konstellation einer Latenz ökonomischer Krisenprozesse auf der einen, eines Hervortretens legitimatorischer und soziokultureller Krisen auf der anderen Seite theoretisch überzogen wird in die Annahme einer grundlegenden und andauernden Dominanz letzterer, gerät die anfangs angezielte Vermittlung zwischen traditionellen "vertikalen" und neuen "horizontalen" gesellschaften Konfliktherden zunehmend aus dem Blickfeld.[72] Aus der

70 Zu Recht hat Becker 1983, S. 40 den "Kritischen Funktionalismus" als einen entscheidenden Schritt in Richtung auf eine Verbindung der "formalen Systematisierungsleistungen der Systemtheorie und der inhaltlichen Erklärungskraft historisch-materialistischer Theorien" identifiziert.

71 Insofern ist Habermas genauso zuzustimmen, wenn er behauptet, daß mit diesen Krisenpotentialen eine "Ebene der Krisenanfälligkeit, die von der orthodoxen Position aus nicht wahrgenommen werden kann" (1973, S. 84), angesprochen ist, wie Döbert/Nunner-Winkler 1975, S. 14, wenn diese hervorheben, daß in "ökonomischen Krisentheorien ... die genannten abweichenden Verhaltenspotentiale (jugendlichen Protests) in der Regel erst gar nicht ins Blickfeld kommen."

72 Tatsächlich sucht man in den Arbeiten der Kritischen Spätkapitalismustheorie vergeblich nach Versuchen, die Beziehung zwischen "traditionellen" und "neuen" Konfliktlinien und damit die Bedingungen einer nicht nur auf minoritäre Gruppen beschränkten Politisierung zu bestimmen. Die Frage der Mobilisierung der Arbeiterklasse, die für den Anti-Autoritarismus zumindest

Identifikation *eines* - bisher nicht systematisch wahrgenommenen - Krisenpotentials wird auf diesem Wege die Behauptung, hiermit *das* Krisenpotential fortgeschrittener kapitalistischer Gesellschaften bestimmt zu haben.

In dieser Überziehung ihrer empirischen Evidenzbasis verschließt sich die Kritische Spätkapitalismustheorie nicht nur den neuartigen empirischen Evidenzen, die mit dem Wiederauftreten ökonomischer Krisenprozesse verbunden sind, sondern hat sich schon von der Seite ihrer zeitdiagnostischen Bemühungen den Zugang zu einem Krisenmodell, das ökonomische und normative Aspekte der Krise als zwar nicht unmittelbar aufeinander reduzierbare, aber keineswegs in einem Ausschließungsverhältnis stehender Momente eines übergreifenden Zusammenhanges faßt, versperrt.[73] Das gesellschaftstheoretische Fundament einer solchen empirischen Entgegensetzung ökonomischer und kultureller Krisenprozesse und die Fixierung an letzteren ist in der immer wieder vollzogenen Dualisierung des gesellschaftlichen Zusammenhangs, die schließlich in eine auch rationalitätstheoretische Konzentration auf normative Probleme einmündet, angelegt. Die Voraussetzungen einer solchen Aufspaltung der gesellschaftlichen Wirklichkeit sind ihrerseits in einem reduzierten Begriff von Ökonomie zu bestimmen, der sich von der entsprechenden Begrifflichkeit der Marxorthodoxie nur in seinen Konsequenzen unterscheidet: Hatte letztere immer wieder den Versuch unternommen, aus einem seiner kulturellen Implikationen entkleideten Begriff von Ökonomie auch die normativen Aspekte von Vergesellschaftung abzuleiten, so zieht die Kritische Spätkapitalismustheorie aus der Undurchführbarkeit eines solchen Verfahrens die Konsequenz, dem ökonomischen Prozeß seine abgespaltenen kulturellen Momente als eigenständige evolutionäre Dimension entgegenzustellen und dieser schließlich eine weitaus größere Bedeutung zuzuschreiben als den ursprünglich als fundierend unterstellten ökonomischen Verhältnissen.

In diesen gesellschaftshistorischen und -theoretischen Defiziten wird deutlich, daß auch dieser Reformulierungsversuch der Marxschen Theorie die schon von der frühen Kritischen Theorie festgehaltenen Vermittlungsprobleme keiner Lösung hat zuführen können. Vielmehr wird die Aporetik jenes ersten Vermittlungsversuches in dem aufwendigen Problemverschiebungsverfahren, das die Kritische Spätkapitalismustheorie entwickelt hat, tatsächlich auch lediglich innerhalb der verschiedenen Reflexionsebenen dieses Verfahrens weiterverschoben. Selbst wenn dabei zunehmend vermeintlicher "Ballast" der Marxistischen Denktradition abgeworfen wird, sich derart eine negative Lösung der "Krise des Marxismus" durch die Verabschiedung dieses rationalitäts-, gesellschafts- und kapitalismustheoretischen Modells andeutet, bleibt das Resultat dieses erneuten Reformulierungsversuches weiterhin ambivalent.

Die in dieser Ambivalenz der Kritischen Spätkapitalismustheorie enthaltenen Stärken wie Schwächen haben in der weiteren Entfaltung dieses Theorieprogramms im Rahmen einer als paradigmatisch verstandenen Umorientierung sowohl in der Gesellschafts- wie der Rationalitätstheorie ihre Zuspitzung erfahren. Da dabei in grundsätzlicher wie auch materialer Hinsicht entscheidende Momente

noch Anlaß des Nachdenkens war, ist nahezu vollständig ausgeblendet. Als Akteure tauchen in der Kritischen Spätkapitalismustheorie nur noch die legitimationskritischen Randgruppen auf.

73 Wie oben angedeutet, hatte Habermas ein solches Modell mit der Annahme einer möglichen Interaktion verschiedenartiger Krisenprozesse umrissen, hatte dies aber unmittelbar zugunsten seiner Problemverschiebungsthese wieder fallengelassen.

für die Lösung der "Krise des Marxismus" eine ähnliche Zuspitzung erfahren, sollen die entsprechenden Momente dieser Weiterentwicklung abschließend thematisiert werden.[74]

74 Wie schon angedeutet, kann es hierbei nicht um eine systematische Rekonstruktion dieser Weiterentwicklung gehen. Vielmehr sollen unter den hier interessierenden Gesichtspunkten einzelne Teile dieser Fundamentalisierung der bisher angesprochenen Fragestellungen aus ihrem Gesamtzusammenhang herausgebrochen werden.

2.2 Zur Theorie der Moderne: Die Pathologien der Moderne und der Weg in die Kommunikationsgesellschaft

Die vor allem im Rahmen der Entwicklung einer "Theorie des kommunikativen Handelns" (1981b) vorangetriebene Auseinandersetzung Habermas' mit dem Erklärungsgehalt marxistischer Theorieansätze verortet sich von Anfang an in dem oben angesprochenen theoriegeschichtlichen Zusammenhang des "westlichen Marxismus": Ihr zentrales Anliegen einer "kritischen Fortbildung marxistischer Grundannahmen" entspringt "aus dem Geist des westlichen Marxismus" (a.a.O., S. 448).[1] Der Rahmen der einzubeziehenden Fragestellungen ist dabei entsprechend der Anknüpfung an diese Tradition weit abgesteckt; erneut wird der Gesamtzusammenhang von Rationalitäts-, Gesellschaftstheorie und Theorie der gegenwärtigen Epoche der gesellschaftlichen Entwicklung ins Auge gefaßt.[2] Letztere - unter dem Titel einer "Theorie der Moderne" (Habermas 1981a, S. 135) - gibt das leitende Motiv für diesen Gesamtzusammenhang vor; die im Aufweis einer "Dialektik der gesellschaftlichen Rationalisierung" angezielte Erklärung der "sozial-pathologischen Phänomene" (a.a.O.) dieser Epoche bestimmt gleichzeitig auch die zu diesem Zweck neu einzuführende gesellschafts- und rationalitätstheoretische Begrifflichkeit. Wie schon diese Einordnung aktueller Entwicklungen andeutet, führt eine solche Konzeptualisierung der jüngeren Geschichte erneut in den von der "Dialektik der Aufklärung" angesprochenen Problemzusammenhang.[3] Ausdrücklich ist das damit verbundene Aufgreifen der "Aporien einer sich selbst verneinenden Philosophie" (a.a.O., S. 129), wie sie von diesem Werk repräsentiert sind, darüber hinaus sogar darauf gerichtet, mit einer "Rückkehr zu Marx" (1981b, S. 489) "hinter die Dialektik der Aufklärung zurückzugehen" (1981a, S. 129), um auf diesem Wege den aktuellen gesellschaftlichen Entwicklungen eine theoretisch stimmige und praktisch weniger verzweifelte Interpretation zu geben. In genauso ausdrücklicher Anknüpfung an das anti-orthodoxe Programm des "westlichen Marxismus" stehen innerhalb dieser Entwicklungen "die *klassenunspezifischen Nebenwirkungen* des Modernisierungsprozesses" (1981b, S. 489) im Zentrum der Analyse. Mit dieser Ausweitung des Analysehorizonts auch auf Verdinglichungsphänomene außerhalb der ökonomischen Sphäre sollen gleichzeitig auch mit "staatlichem Interventionismus, Massendemokratie und Wohlfahrtsstaat" diejenigen "Strukturen des Spätkapitalismus" (a.a.O., S. 512), an denen "die Marx-Orthodoxie sich ... in ihrer ökonomistisch verengten Interpretation ... mit einer plausiblen Erklärung schwertut" (a.a.O., S. 505) einer angemessenen Behandlung zugeführt werden.[4]

---

1 Siehe dazu auch Habermas 1981a, S. 127 und ders. 1985, S. 216f.

2 Zu dieser umfassenden Intention der Habermasschen Arbeit siehe Habermas selbst (1981a, S. 134ff.) und Weiß 1983, S. 110.

3 Siehe dazu a.a.O., S. 128. Damit wird im Rückblick auf die oben skizzierte Interpretation schon der "Dialektik der Aufklärung" als Theorie der Moderne vom vorläufigen Endpunkt der Entwicklung der Kritischen Theorie aus deutlich, daß eine solche Interpretation auch den Intentionen schon der Frühphase der Kritischen Theorie gerecht wird.

4 Gleichzeitig wird auch die "Ergänzungsstrategie" des "interdisziplinären Materialismus" der frühen Kritischen Theorie mit dem Hinweis darauf, daß "eine allein ökonomisch ansetzende Krisentheorie sich als unzureichend erweist" (1981b, S. 505), wiederbelebt. Tatsächlich präsentiert Habermas am Ende seiner Untersuchung ein Forschungsprogramm für eine zukünftige kritische

Wie schon angedeutet, vollzieht sich die erneute Auseinandersetzung mit den Pathologien fortgeschrittener kapitalistischer Gesellschaften im Rahmen einer neuen Konzeptualisierung solcher Gesellschaften. Mit der Bestimmung der "Moderne" als Analyseeinheit im Unterschied zu der bisher dominanten kapitalismustheoretischen Begrifflichkeit wird die schon in der Spätkapitalismustheorie vollzogene Ausrichtung auf den gesamtgesellschaftlichen Zusammenhang und seine funktionale wie strukturelle Differenzierung auch begrifflich eingeholt, ein Konzept entwickelt, das gleichermaßen der "eigensinnigen Entwicklung" (Habermas 1979a, S. 32) sozialer Sphären wie deren übergreifendem Zusammenhang gerechtzuwerden versucht.[5] Mit der Gradualisierung dieses Konzepts im Begriff der "Modernisierung" wird darüber hinaus auch eine historische Perspektive angeboten, in deren Rahmen der jeweilige Grad von Differenzierung und die entsprechenden Integrationsformen als Resultat sukzessiver Modernisierungsschübe zu begreifen sind.[6]

Obwohl oder vielleicht gerade weil es Habermas damit gelingt, nahezu die gesamte soziologische Tradition zu beerben[7], sind allerdings von vornherein Interferenzen zu einer kapitalismustheoretischen Konzeptualisierung des entsprechenden historischen Prozesses zu erwarten. Üblicherweise - und das nicht nur in bezug auf die funktionalistisch orientierte Modernisierungstheorie im engeren Sinne, sondern auch in bezug auf weberianisch orientierte Modernisierungskonzeptionen[8] - ist diese Charakterisierung der gesellschaftlichen Entwicklung der letzten zwei Jahrhunderte eher einem "industriegesellschaftlichen" Ansatz verpflichtet. Nicht nur mit der Kennzeichnung seines eigenen Entwurfes als "Theorie kapitalistischer Modernisierung" (1981b, S. 449ff.), sondern auch in ausdrücklicher Abgrenzung zu der Fassung, die vor allem Max Weber den "Pathologien der Moderne" gegeben hat, möchte Habermas von Anbeginn an solche Mißverständnisse ausschließen. Gerade die Webersche Rationalisierungstheorie krankt seiner Meinung nach genau an der mangelnden Berücksichtigung der "Selektivität des Musters der kapitalistischen Rationalisierung" (1981a, S. 140), an der "Gleichsetzung des kapitalistischen Musters der Modernisierung mit gesellschaftlicher Rationalisierung überhaupt" (1981b, S. 449)[9], die gleichzeitig keine Perspektiven einer Überwindung der aus dem Rationalisierungsprozeß entspringenden Pathologien

Gesellschaftstheorie, das unmittelbar an Inhalte und Programmatik der ersten Phase der Institutsentwicklung anknüpft. (a.a.O., S. 555ff.)

5 Auch Becker 1983, S. 43 hat angedeutet, daß diese neuere Entwicklung der Habermasschen Theorie möglicherweise dazu beitragen könnte, das Relationsproblem gesamtgesellschaftlicher Analysen zu lösen, d. h. die Frage nach dem übergreifenden Prinzip institutioneller Ausdifferenzierung innerhalb kapitalistischer Gesellschaften zu beantworten.

6 Habermas exemplifiziert diese Fruchtbarkeit für historische Fragestellungen anhand der europäischen Rechtsentwicklung seit dem Absolutismus. (1981b, S. 522ff.)

7 Hahn 1984, S. 185ff. hat darauf hingewiesen, daß die Betrachtung der "europäischen Modernität" unter dem Gesichtspunkt "der Ausdifferenzierung funktionaler Teilbereiche (oder Teilsysteme) ... einschlägiger Konsens der Soziologie ist." In die gleiche Richtung argumentiert Lepsius 1977, S. 10, wenn er die "heutigen Theoreme über die Modernisierung ... als jüngstes Glied" der Auseinandersetzung der Soziologie mit ihrem "zentralen Thema" begreift.

8 Hier wäre z. B. die Arbeit von Berger u. a. 1975 zu nennen.

9 Auch hier kann Habermas unmittelbar anknüpfen an die Weberkritik des "westlichen Marxismus" von Lukacs bis Marcuse. Siehe dazu Marcuse 1979 (1964) und in bezug auf Lukacs Gangl 1987, S. 263f.

aufzuzeigen erlaubt.[10] Seinerseits geht Habermas davon aus, daß diese Pathologien aus "den Funktionsnotwendigkeiten kapitalistischer Modernisierung" (1981a, S. 140) hervorgehen und demnach auch mit der Aufhebung dieser Funktionsnotwendigkeiten heilbar sein müßten. Auch in gesellschaftstheoretischer Hinsicht ist er weiterhin der Meinung, daß "Marx mit Recht einen evolutionären Primat der Wirtschaft behauptet hat: Es sind die Probleme dieses Subsystems, die den Entwicklungspfad der Gesellschaft im ganzen bestimmen." (1981b, S. 504)

Hält Habermas auf diese Art und Weise erneut an den kritischen Ansprüchen der Kapitalismustheorie fest, so zeigt die weitere Argumentation, daß die oben angedeuteten paradigmatischen Interferenzen dessenungeachtet nicht zu vermeiden sind.

Zunächst wird dies faßbar an der erneuten Auseinandersetzung Habermas' mit der Werttheorie als desjenigen Bestandteils der Marxschen Theorie, der es dem westlichen Marxismus erlaubt hat, mit der Unterscheidung zwischen materialem Inhalt und gesellschaftlicher Form des Rationalisierungsprozesses in dessen kapitalistischer Formbestimmtheit gerade seine Selektivität festzumachen.[11] Da auch Habermas ein entsprechendes Kriterium zur Unterscheidung zwischen vermeidbaren und unvermeidbaren Kosten des Rationalisierungsprozesses benötigt, bleibt auch für ihn diese Theorie weiterhin ein Bezugspunkt, der zumindest nicht ohne weiteres fallengelassen werden kann. Ausgehend von einer Skizze dieser Theorie, die deutlich werden läßt, wie Marx in ihr die Vermittlung zwischen systemischen und lebensweltlichen Momenten des Vergesellschaftungsprozesses als aus der Warenform hervorgehenden Verdinglichungszusammenhang begreift, der in der Verdinglichung des Menschen selbst zur Ware Arbeitskraft seinen Kulminationspunkt findet (1981b, S. 493ff.), wird allerdings erneut die Relativierung dieser "ökonomisch ansetzenden" (a.a.O., S. 512) Theorie mit dem Hinweis auf ihre "ökonomistischen Verkürzungen" (a.a.O., S. 504) betrieben. An der Art und Weise dieser Relativierung "der werttheoretischen Grundannahmen als ... Kern einer verschwiegenen Orthodoxie" (a.a.O., S. 491) wird schließlich nochmals deutlich, aufgrund welcher ihrerseits ökonomistischen Annahmen die Habermassche Argumentation einen solchen Übergang von der Kritik an einer "ökonomistischen Verkürzung" zur Kritik an der "ökonomisch ansetzenden Marxschen Theorie" bewerkstelligt. Die Unterstellung, daß der Werttheorie letztlich die beanspruchte Vermittlung zwischen System- und Lebensweltaspekten der gesellschaftlichen Entwicklung nicht gelingt und sie auf dieser Basis auch gegenüber "den Realitäten des ... entwickelten Kapitalismus blind" (a.a.O., S. 491) ist, ergibt sich bei Habermas aus einem Prozeß komplementärer Reduktion wie Überziehung des Anspruchs dieser Theorie.[12] Nicht nur, daß schon in der Akzentuierung einer Theorie des Wertes gegenüber der tatsächlich von Marx gelieferten Theorie

10 Gangl (a.a.O., S. 244) hat von daher die "Dialektik der Aufklärung" als "Festschreibung der Weberschen Prognose einer unumkehrbaren und totalisierenden gesellschaftlichen Rationalisierung" interpretiert. Insofern ist das Wiederaufgreifen der Lukacsschen Kritik an Weber tatsächlich als Versuch des Zurückgehens hinter die totalisierenden Perspektiven der "Dialektik der Aufklärung" zu verstehen.

11 Gangl hat darauf hingewiesen, daß Habermas in der Werttheorie den Mechanismus bestimmt hat, mit dessen Hilfe Lukacs die Totalisierung der Weberschen Rationalisierungstheorie aufbrechen konnte. (a.a.O., S. 263)

12 In eine Auseinandersetzung mit den materialen Gehalten der Werttheorie tritt Habermas zu diesem Zeitpunkt nicht mehr ein. Seine Kritik läuft hier nur noch entlang der Mängel dieser Theorie gemessen an den Ansprüchen, die er an sie heranträgt.

der Ware die Gebrauchswertseite der Produktion wiederum ausgeklammert wird - insofern die grundsätzliche Möglichkeit, innerhalb dieser Theorie den Gegensatz von Intentionalität und systemischer Reproduktion zu fassen ausgeblendet wird - werden der Analyse dieser Elementarform der Vergesellschaftung Ansprüche zugeschrieben, denen sie als solche schwerlich gerecht werden kann: Neben den außerökonomischen Verdinglichungsprozessen überhaupt[13] soll sie auch die spezifischen Ausprägungen, die diese in der Geschichte des Kapitalismus annehmen, einer befriedigenden Klärung zuführen.[14] Die einzige Berechtigung der unter diesen Voraussetzungen festgehaltenen Unzulänglichkeiten der Werttheorie ist wiederum darin zu finden, daß in orthodoxen Ansätzen eine solche doppelt ökonomistische Fassung der Werttheorie durchaus anzutreffen ist; daß davon die Geltung der Werttheorie selbst betroffen ist, folgt aus der Kritik an einer solchen Fassung allerdings nicht.

Dieser ambivalente Bezug auf die Fundamente der Kapitalismustheorie[15] setzt sich fort in der Art und Weise, in der der weiterhin unterstellte Geltungsanspruch dieser Theorie in Beziehung gesetzt wird zu den entsprechenden Ansprüchen der angezielten Theorie der Moderne. Legt die bisherige Rekonstruktion der Kritischen Spätkapitalismustheorie eine systematische Verkopplung beider Begrifflichkeiten derart nahe, daß sich "Kapitalismus" auf die ökonomischen Grundlage der jeweiligen Gesellschaft bezieht, "Moderne" den sich auf dieser Grundlage erhebenden Gesamtzusammenhang bezeichnet, so ist die Argumentation tatsächlich von einer systematischen Entkopplung beider Konzeptualisierungen sowohl in extensionaler wie intensionaler Hinsicht gekennzeichnet.[16] Nicht nur wird auch der "bürokratische Sozialismus" als "Entwicklungspfad der Modernisierung" (a.a.O., S. 563f.) identifiziert, mithin auch von der Existenz nicht-kapitalistischer Formen der Moderne ausgegangen, sondern auch in inhaltlicher Hinsicht muß die Kapitalismustheorie in ihren Erklärungs- wie Kritikansprüchen eine Fülle von Merkmalen an die Theorie der Moderne abtreten, erweist sich der Terminus "kapitalistische Modernisierung" tatsächlich als Spezifizierung eines Subjekts allgemeineren Inhaltes. Sowohl die Tatsache der funktionalen wie institutionellen Dif-

---

13 Die diesbezügliche Beschränkung der Werttheorie versucht Habermas mit dem Hinweis darauf, "daß Prozesse der Verdinglichung nicht notwendigerweise nur in der Sphäre auftreten, in der sie verursacht werden - in der Arbeitswelt" (a.a.O., S. 503) zu belegen. Insofern, als eine gegenteilige Behauptung selbst bei den rigidesten Vertretern der Marxorthoxie kaum aufzufinden ist, hat Habermas tatsächlich den Gipfelpunkt "hermeneutischer Brutalität" (1981a, S. 154) erklommen.

14 Brunkhorst 1983, S. 52 unterstellt in seiner Reformulierung der Habermasschen Kritik an der Werttheorie, daß "die Werttheorie in einem dialektischen Handstreich alle Probleme *in einem* lösen soll" und geht gemäß dieser Annahme genauso davon aus, daß die Probleme, die sich der Theorie des Klassenbewußtseins stellen, *unmittelbar* zusammenhängen mit dem werttheoretischen Fundament der Kritik der Politischen Ökonomie. Hat man den Gegenstand der Kritik einmal so entdifferenziert, fällt die Kritik nicht mehr schwer.

15 Brunkhorst (a.a.O., S. 51ff.) hat versucht, dieser Ambivalenz in bezug auf die Werttheorie eine stimmige Interpretation zu geben, und gleichzeitig deutlich gemacht, aus welchen Gründen ein Festhalten an der Werttheorie überhaupt noch opportun ist: Allein, indem diese Theorie auf dem Boden der paradigmatischen Wende zum System-Lebensweltparadigma weiterhin als Spezialfall dieser neuen gesellschaftstheoretischen Konzeptualisierung begriffen wird, kann es vermieden werden, "die Gesellschaftstheorie auf eine 'Mikrophysik der Macht' zu reduzieren und den Kapitalismus ganz zu vergessen"(a.a.O., S. 56).

16 Angedeutet hatte sich diese Entkoppelung schon in der oben angesprochenen Annahme "unspezifischer Krisenpotentiale komplexer Gesellschaften" und der Typologisierung von Gesellschaftsformationen, die Habermas zu diesem Zeitpunkt angeboten hatte: Neben kapitalistischen Formen der Moderne werden dabei auch postkapitalistische konzipiert. (1973, S. 31)

ferenzierung von Ökonomie, Politik und Kultur selbst wie die diese Bereiche dominierenden Medien von Geld, Macht und Sinn sind nicht mehr aus der spezifisch kapitalistischen Organisationsform der Produktion abzuleiten und werden auch unter diagnostischem Gesichtspunkt als "normale Bestandteile des Modernisierungsprozesses" (a.a.O., S. 471) begriffen, die als solche sinnvollerweise nicht zum Gegenstand der Kritik und praktischen Veränderung gemacht werden können. Wird auf diese Art und Weise in einem ersten Schritt die angezielte "Dialektik der Moderne" sowohl in Erklärungsbereich wie in kritischem Anspruch eingeschränkt - bezieht sich die Zerrissenheit der modernenen Gesellschaft augenscheinlich nicht auf ihren Gesamtzusammenhang - und als Aufhebung dieser Dialektik die "Versöhnung der mit sich selber zerfallenden Moderne" (1981a, S. 151) in ihrer "Vollendung" (1981c)[17] angeboten, schlägt diese Partialisierung der Ansprüche der Kapitalismustheorie in einem zweiten Schritt auf diese selbst zurück. Dadurch, daß entscheidende Momente kapitalistischer Vergesellschaftung wie die Vermittlung durch das Medium Geld den normalen Bestandteilen moderner Vergesellschaftung zugeschlagen werden, gerät die ökonomische Struktur des Kapitalismus selbst zunehmend aus dem Bereich des theoretischen Erklärungs- und des praktischen Veränderungsinteresses.[18] Zwar findet man immerhin noch den "Hinweis auf eine ökonomische Klassenherrschaft, die sich in die anonyme Eigendynamik eines von Gebrauchswertorientierungen entkoppelten Verwertungsprozesses zurückzieht" (a.a.O., S. 485)[19]; der Stellenwert dieses Hinweises reduziert sich aber auf seine argumentationsstrategische Restfunktion bzgl. des oben formulierten Anspruches auf den Aufweis des selektiven Charakters des kapitalistischen Modernisierungsprozesses. Keineswegs werden mit ihm noch Ansprüche auf eine Erklärung des ökonomischen und politischen Systems kapitalistischer Gesellschaften selbst und der diese unmittelbar kennzeichnenden Pathologien verbunden, sondern vielmehr dient dieser kapitalismustheoretische Restbestand lediglich dazu, die im Zentrum der Habermasschen Argumentation stehenden andersartigen Pathologien des gegenwärtigen Entwicklungsabschnittes der Moderne ableitbar zu machen. Die Ableitung dieser Pathologien selbst voll-

17 Habermas selbst (1981a, S. 137) ist aufgefallen, daß eine solche Aufhebung der Dialektik der Moderne ohne eine Aufhebung der Moderne gemessen an den Ansprüchen der "Dialektik der Aufklärung" vielleicht "zu affirmativ" ist. Daß eine Überschreitung der Moderne als Ganzer sinnvollerweise nicht ins Auge zu fassen ist, versucht Habermas immer wieder mit dem Hinweis auf die unbestreitbaren Vorteile dieser Epoche plausibel zu machen. (Siehe dazu z. B. 1981a, S. 135 u. 1981c, S. 452ff.) Da aber sicherlich auch die feudale Ordnung ihre Vorteile hatte, ließe sich unter diesen Voraussetzungen auch ihre Ablösung durch die Moderne kaum als sinnvoller Prozeß konzipieren. Keineswegs schließt also das Festhalten an den Vorteilen einer Gesellschaftsformation die Notwendigkeit ein, an ihr als Ganzer festzuhalten.

18 Habermas (1981a, S. 143) regt an, man solle "seinem marxistischen Herzen einen Stoß geben" und eingestehen, daß "er ganz erfolgreich war, der Kapitalismus, wenigstens im Bereich der materiellen Reproduktion". Soll man dies nicht als Zynismus gegenüber den ganz handfesten Zerstörungen, die zumindest historisch mit der kapitalistischen Gesellschaftsform einhergegangen sind und dies weiterhin tun, verstehen, muß man davon ausgehen, daß Habermas den Versuch, diese in einen systematischen Zusammenhang zu den Charakteristika dieser Formation zu stellen, endgültig aufgegeben hat. Habermas wäre dann insofern tatsächlich hinter die frühe kritische Theorie zurückgegangen, als es ihm in diesem Fall möglich geworden wäre, vom "Faschismus zu reden und vom Kapitalismus zu schweigen".

19 Allerdings ist sich Habermas an anderem Ort durchaus im Zweifel, ob selbst diese letzte Bastion der Kapitalismustheorie und -kritik nicht auch der nicht nur unabweisbaren, sondern auch vernünftigen Logik moderner Gesellschaften überhaupt entspringt. Er fragt sich, ob das "in der Moderne erreichte höhere Niveau der Systemdifferenzierung nur um den Preis irgendeiner Form von Klassenherrschaft zu haben ist." (Habermas 1979b, S. 93f.; hier zitiert nach Gangl 1987, S. 272)

zieht Habermas in einer entsprechend reduzierten Skizze seiner Spätkapitalismustheorie, die die Pathologien der Moderne in doppelter Art und Weise beschränkt: Durch die endgültige Ausblendung der genuin ökonomischen und politischen Pathologien dieser Epoche wird das Einsetzen pathologischer Prozesse überhaupt erst in dem Augenblick identifiziert, in dem die für Aufgaben der "materiellen Reproduktion" angemessenen Funktionsprinzipien des ökonomischen und politischen Systems übergreifen auf "die Aufgaben der kulturellen Reproduktion" (1981a, S. 140), die Systemimperative beginnen, die Lebenswelt zu kolonialisieren. Die in der Spätkapitalismustheorie zumindest noch als latent unterstellten ökonomischen und politischen Defizite des Kapitalismus sind damit endgültig aus der Argumentation herausgefallen.[20] Diese Beschränkung der "Dialektik der Moderne" wird - wiederum in Radikalisierung der schon in der Spätkapitalismustheorie vorgezeichneten Tendenzen - auch in historischer Hinsicht vorangetrieben: In der Unterscheidung zwischen einer "normalen" und einer "pathologischen" Phase der Entwicklung der Moderne[21] wird das Hervortreten der aufgewiesenen Pathologien festgemacht am Einsetzen der Problemverschiebungsdynamik des Spätkapitalismus[22] und der dieser entspringenden "Kolonialisierung der Lebenswelt".

Habermas ist es auf diesem Wege tatsächlich gelungen, die totalisierende Perspektive der "Dialektik der Aufklärung" aufzubrechen, allerdings um den Preis ei-

20 Auf diese allzu offensichtliche Reduzierung der Pathologien gegenwärtiger Gesellschaften ist nicht nur von marxistischer Seite hingewiesen worden. Weiß 1983, S. 120 hat hervorgehoben, daß eine solche Beschränkung der Pathologien der Moderne auf den lebensweltlichen Bereich auch dem aus weberianischer Perspektive wahrnehmbaren Kreis von Pathologien kaum gerecht werden kann. - Gegenüber dem Einwand Honneths (1981, S. 143), seine Bestimmung der Konfliktlinien der gegenwärtigen Gesellschaft greife zu kurz, gesteht Habermas interessanterweise zu, daß eine angemessene Erklärung dieser Konfliktlagen auf eine Kombination von Klassentheorie und Subkulturanalyse zurückgreifen müsse. Wo er diesen schon im Ausgangspunkt der Kritischen Spätkapitalismustheorie erhobenen Anspruch auf eine Vermittlung zwischen horizontalen und vertikalen Problemlagen in dieser ihrer jüngsten Fassung allerdings noch unterbringen will, bleibt sein Geheimnis. Selbst in bezug auf die "Neuen sozialen Bewegungen", für die Habermas in besonderem Maße einen Erklärungsgehalt seiner Theorie in Anspruch nimmt (1981a, S. 135 u. 1981b, S. 575ff.), erweist sich unmittelbar der beschränkte Charakter seiner Krisendiagnose: Daß die ökologischen und pazifistischen, genauso wie die auf alternative Arbeitsformen abzielenden Motive dieser Bewegungen an den "Nahtstellen zwischen System und Lebenswelt" (a.a.O., S. 581) entstehen, sich als Reaktionen auf die "Kolonialisierung der Lebenswelt" begreifen lassen, ist keineswegs einsichtig. Plausibilität erzeugt Habermas auch hier wieder durch die Konstruktion falscher Alternativen: Indem er die systemischen "Verteilungsprobleme" den lebensweltlichen Fragen der "Grammatik von Lebensformen" gegenüberstellt (a.a.O., S. 576), hat er nicht nur erneut die angesprochene Dichotomie von Ökonomie und Kultur aufgebaut, sondern kann auch suggerieren, daß sich innerhalb einer solchen Dichotomie die neuen Protestpotentiale ausschließlich an Fragen der kulturellen Reproduktion entzünden, da sie mit Verteilungsproblemen tatsächlich kaum befaßt sind.

21 Nur unschwer ist hier die alte Unterscheidung zwischen "Aufstiegs-" und "Niedergangsphase" des Kapitalismus wiederzuerkennen. Habermas verdeutlicht diese Unterscheidung material an der oben schon angesprochenen historischen Entwicklung des modernen Staates: Während die ersten drei Stufen seiner Entwicklung vom bürgerlichen über den Rechtsstaat zum demokratischen Rechtsstaat "unzweideutig freiheitsverbürgend" waren, tritt mit dem "demokratischen und sozialen Rechtsstaat" die "dilemmatische Struktur" von Verrechtlichung in der Gefahr eines Übergriffes dieses systemischen Regulationsmechanismus auf die Lebenswelt hervor.

22 Hier wird nicht nur deutlich, daß für Habermas die Pathologien der kapitalistischen Moderne erst in deren Spätphase hervortreten, sondern auch, daß, wie oben schon angedeutet, sein gesellschaftstheoretisches genauso wie sein rationalitätstheoretisches Modell insgesamt auf den Annahmen der Spätkapitalismustheorie beruhen. Die Exklusivität der in der Kolonialisierungsthese hervorgehobenen sozio-kulturellen Pathologien genauso wie die anhand ihrer vollzogene paradigmatische Umorientierung stehen und fallen mit der nur empirisch beurteilbaren Gültigkeit der Problemverschiebungsthese.

ner Verengung dieser Dialektik, die nicht nur die ökonomische und politische Dynamik moderner Gesellschaften, sondern auch weite Teile ihrer Geschichte aus dieser Dialektik ausblendet.[23]

Hat Habermas auf diesem Wege in seiner Gegenwartsdiagnose erneut mit seinem berechtigten Beharren auf der Bedeutung außerökonomischer Verdinglichungsprozesse die Annahme von deren Exklusivität verbunden, signalisiert dies darüber hinaus grundsätzliche Umorientierungen in der Verdinglichungstheorie selbst. Dadurch, daß in kapitalismustheoretischer Hinsicht die systemischen Funktionsprinzipien der Moderne als solche entproblematisiert werden, gesellschaftstheoretisch "System" und "Lebenswelt" als eigenständige, grundsätzlich nicht aufeinander zurückführbare Strukturen des Vergesellschaftungsprozesse bestimmt werden (1981a, S. 141), grenzt Habermas zentrale Bereiche dieses Prozesses aus den Geltungsansprüchen der Verdinglichungstheorie und -kritik aus. Während Marx "den Systemzusammenhang der Selbstverwertung des Kapitals ... als fetischistische Totalität begriffen hatte" und dementsprechend versucht hatte, "alles, was korrekterweise unter eine systemtheoretische Beschreibung zu bringen ist, zugleich als einen Prozeß der Verdinglichung lebendiger Arbeit zu dechiffrieren", ist Habermas dagegen der Meinung, daß "dieser weitgehende Anspruch aber entfällt, wenn wir im kapitalistischen Wirtschaftssystem nicht nur eine Formierung von Klassenverhältnissen, sondern ein fortgeschrittenes Niveau der Systemdifferenzierung eigenen Rechts erkennen." (1981b, S. 548)

Ist die systemische Organisation der materiellen Reproduktion derart zu einem mit den fortschrittlichen Perspektiven von gesellschaftlicher Entwicklung überhaupt verknüpften Prozeß[24] geworden, bleibt als Feld der Verdinglichungstheorie und ihrer kritischen Ansprüche erneut nur die dem unmittelbaren Zugriff

23 Hatten Adorno/Horkheimer in ihrer Totalisierung eine Schreckensvision der Aufklärung in ihrer Gesamtheit entworfen, so neigt Habermas eher zu einer Idyllisierung sowohl ihrer ökonomischen und politischen Momente wie ihrer historischen Entwicklung. Auf Basis seiner Fixierung an den sozio-kulturellen Pathologien der Moderne erscheinen ihm alle anderen Zerstörungen, die diese mit sich gebracht haben, von untergeordneter Bedeutung, werden zumindest durch die "fortschrittlichen Momente", deren Preis sie darstellen, "gut"gemacht. (Habermas 1981a, S. 140) Habermas radikalisiert so in gewisser Weise denjenigen affirmativen Bezug auf die Aufklärung, der als eine Dimension schon die erste Phase der Entwicklung der Kritischen Theorie bestimmt hatte, in der "Dialektik der Aufklärung" aber endgültig gebrochen wurde.

24 Die Annahme einer entwicklungslogischen und normativen Notwendigkeit systemischer Organisationsprinzipien beruht in ihrer Plausibilität darauf, daß Habermas den Systembegriff in zweideutiger Form verwendet: zunächst in einer relativ unspezifischen Interpretation, für die funktionale und strukturelle Differenzierung auf der einen, Systemcharakter auf der anderen Seite zusammenfallen; dann aber in einem viel engeren und dementsprechend folgenreicheren Sinn als selbstregulative, intentionsfreie Organisationsform von gesellschaftlicher Integration, die als solche prinzipiell vom Handeln und den Motiven der Akteure entkoppelt ist. - Entgegen der Habermasschen Unterstellung (1981b, S. 501) hat gerade Marx ein Modell entwickelt, daß es ermöglicht, beide Aspekte voneinander zu unterscheiden, d. h. die Differenzierungsfortschritte, die die kapitalistische Vergesellschaftung mit sich bringt, von den Verdinglichungsprozessen, die deren spezifische und zugleich pathologische Form ausmachen, abzuheben. Nicht die Tatsache der Arbeitsteilung an sich, sondern ihre Organisation in der Privatarbeit ist die Ursache der Verselbständigung des gesellschaftlichen Zusammenhangs; sowohl die realen Entfremdungsprozesse wie die Verdinglichungen des Bewußtseins entspringen dieser widersprüchlichen Form gesellschaftlicher Integration in kapitalistischen Gesellschaften. (Siehe dazu MEW 23, S. 85ff.) In der Zweideutigkeit seines Systembegriffes sitzt Habermas so selbst dem objektivistischen Schein des Warenfetischs auf, wird ihm die Versachlichung sozialer Verhältnisse in der kapitalistischen Warenproduktion zur letztendlichen und gleichermaßen vernünftigen Form gesellschaftlicher Organisation.

von Intentionalität zugängliche Lebenswelt übrig.[25] Nicht nur, daß mit einer solchen Beschränkung des Verdinglichungskonzeptes erneut der Prozeß des Übergreifens der Systemimperative auf die Lebenswelt als einziger Bezugspunkt einer verändernden Perspektive festgehalten bleibt[26]; darüber hinaus sind mit einer solchen dichotomischen Konzeption von gesellschaftlicher Wirklichkeit wesentliche Teile der in den Feuerbachthesen formulierten Marxschen Gesellschafts- und Rationalitätstheorie zurückgenommen. Was auch bei Habermas ursprünglich als Vermittlungsversuch von gesellschaftlicher Objektivität und Subjektivität konzipiert war, endet in einer unüberwindlichen Entgegensetzung beider Momente, die sich, indem sie weite Teile der gesellschaftlichen Wirklichkeit nicht mehr als "menschlich sinnliche Tätigkeit, Praxis ... subjektiv" fassen kann, gegenüber dieser erneut nur noch "unter der Form des *Objekts* oder der *Anschauung*" verhalten kann.

Daß mit einer derart objektivistischen Fassung der ökonomischen und politischen Momente gesellschaftlicher Praxis der Weg für eine genauso subjektivistische Bestimmung der verbleibenden und damit für Handlungsperspektiven allein bedeutsamen Bestandteile dieser Praxis geebnet ist, zeigt schließlich die paradigmatische Wende, die Habermas mit seiner Theorie des kommunikativen Handelns einleiten möchte. War seine Argumentation bis zu diesem Zeitpunkt sowohl in theoretischer wie normativer Hinsicht noch ambivalent, versuchte noch gleichermaßen an den Paradigmata von Arbeit und Interaktion festzuhalten, rückt aufgrund der nun endgültig vollzogenen Marginalisierung der materiellen Aspekte von Vergesellschaftung der Bereich des kommunikativen Handelns in das Zentrum der Rationalitätstheorie.[27] War für den "westlichen Marxismus" weiterhin die gesellschaftliche Arbeit dasjenige Apriori, das die Basis sowohl für die Erklärung wie die normative Beurteilung gesellschaftlicher Verhältnisse zur Verfügung

25 Zu den Konsequenzen eines solchen Kapitulierens vor den objektivistischen Ansprüchen der Systemtheorie siehe erneut Weiß 1983, S. 118: "Die derart festgehaltene und sogar bekräftigte Separierung von System und Lebenswelt bedeutet, daß weite und wichtige gesellschaftliche Handlungsbereiche als unaufhebbar "entfremdet" hingenommen werden müssen, weil sie weder in explanatorischer noch in kritisch praktischer Absicht als *Handlungs*zusammenhänge verstanden werden können." Ähnlich Gangl 1987, S. 271f. und Honneth 1981, S. 142.

26 Tatsächlich besteht die einzige strategische Perspektive, die Habermas auf dem Boden seiner Theorie anzubieten hat, in der "Bewahrung" lebensweltlich organisierter Prozesse vor "den Systemimperativen der eigendynamisch wachsenden Subsysteme Wirtschaft und Verwaltung" (1981b, S. 547). Diese Orientierung bringt Habermas interessanterweise - jenseits bestimmter politischer Inhalte - in die Nähe von Modernisierungstheorien, die aus dem neokonservativen Lager formuliert worden sind: Auch für Berger u. a. 1975, S. 193 besteht das entscheidende praktische Problem einer Bewältigung der Ambivalenzen der Moderne darin, daß zwischen wirtschaftlichem und politischem System auf der einen, kulturellem System auf der anderen Seite Mechanismen der "Blockierung" eingebaut werden, die letzteres vor den anomischen Konsequenzen eines Übergriffes ersterer bewahren. - Neben dem bloß defensiven Charakter einer solchen strategischen Orientierung (siehe dazu Weiß 1983, S. 118) ist zu fragen, wie selbst diese defensive Strategie mit Erfolgsaussichten verbunden sein soll, solange sie die Ursachen für den Kolonialisierungsprozeß, die Habermas weiterhin *innerhalb* des Systems verortet hat - dies unterscheidet ihn immerhin noch von neokonservativen Positionen -, nicht angehen kann, für die Infragestellung des Mechanismus ökonomischer Klassenherrschaft als letzter Ursache dieses Prozesses keine Perspektiven aufweisen kann.

27 An anderem Ort hat sich Habermas deshalb gefragt, ob nicht "die eigentlich produktiven Kräfte, die vernünftigen Potentiale, eher in den Verständigungs- als den Arbeitsverhältnissen angelegt sind" (1981d, S. 425; hier zitiert nach Brunkhorst 1983, S. 50)

stellte, so tritt bei Habermas an diese Stelle das Apriori der Kommunikationsverhältnisse.[28]

Jenseits der umfassenden theoriegeschichtlichen Untersuchungen, in denen Habermas aufzuweisen sucht, daß eine solche Reformulierung des "normativen Fundaments" der Kritischen Theorie vonnöten ist, um die entsprechenden Defizite der früheren Varianten dieser Theorie und der Gesellschaftstheorie überhaupt zu beheben (1981a, S. 130f.), greift er dabei - wenn auch in formaler Art und Weise - das umfassende Programm der Marxschen Rationalitätskonzeption auf, um auf diesem Wege den Bogen zurück zu seinen zeitdiagnostischen Überlegungen schlagen zu können. Ähnlich wie schon Marx (MEW 13, S. 634f.) die "praktische Wahrheit" der Schlüsselkategorie menschliche Arbeit an den realhistorischen Prozeß der tatsächlichen Verallgemeinerung dieser Abstraktion gebunden hat, begründet sich auch die paradigmatische Umorientierung auf die Abstraktion Kommunikation in einem analogen realhistorischen Abstraktionsprozeß. Mit der diagnostizierten Problematisierung der Grundstrukturen kultureller Reproduktion durch die "Kolonialisierung der Lebenswelt" treten die praktischen Bedingungen einer Theorie des kommunikativen Handelns selbst erst hervor und werden als solche Grundstrukturen des Konstitutionsprozesses der Gattung damit auch für den Theoretiker, der sich auf der Höhe seiner Zeit findet, zugänglich.[29]

Am Ende der Habermasschen "Theorie des kommunikativen Handelns" wird derart deutlich, wie deren Konstruktion in ihrer Gesamtheit rückverweist auf diejenigen zeitdiagnostischen Endzeitvisionen, die sich schon im Ausgang der Spätkapitalismustheorie angedeutet hatten. Daß Habermas an den starken empirischen Annahmen, die diesen Diagnosen zugrundelagen, festgehalten hat, wird an den zeitdiagnostischen Kommentaren, die er auf Basis des entwickelten theoretischen Instrumentariums der aktuellen gesellschaftlichen Entwicklung zu Teil hat werden lassen, faßbar.

Da diese Gesamtkonstruktion, wie gezeigt, an die Annahme des gleichermaßen exklusiven wie endgültigen[30] Charakters der aufgewiesenen kulturellen Patho-

28 Auf die Entwicklung vor allem der normativen Theorie Habermas' kann hier nicht eingegangen werden. Eine nähere Betrachtung ihrer Argumentationsweise würde zeigen, daß seine Hervorhebung von sprachlicher Kommunikation als desjenigen Bereichs, in dem sich die Rationalität gesellschaftlicher Verhältnisse zusammenzieht, ähnlich wie seine gesellschaftstheoretische Argumentation sich erneut den an alternativen Konzeptionen vollzogenen Abstraktionen verdankt. Weder ist einzusehen, wie Habermas immer wieder unterstellt, daß dem Arbeitsbegriff genauso wie der Bewußtseinsphilosophie die intersubjektive Dimension, der jede universalistische Ethik bedarf, prinzipiell unzugänglich ist, noch, daß unter den verbleibenden Verhältnissen zwischen Menschen keine andersartigen sittlichen Beziehungen aufzufinden sind. Schon Habermas' frühere Arbeiten zu diesem Thema (1971 u. 1975) hatten zwar im Rahmen einer quasi-transzendentalen Argumentation die sittlichen Implikationen des Faktums der Kommunikation aufgewiesen, aber umgekehrt nicht begründet, warum eine Theorie der Sittlichkeit als existierender Normativität ausschließlich auf dieses Moment intersubjektiver Zusammenhänge zurückgreifen müsse. Aufgrund dieser Fixierung an den Prozessen sprachlicher Kommunikation hat Habermas selbst die Psychoanalyse, die den Prozeß der Konstitution von Subjektivität als gesellschaftliche Formierung der sinnlichen Natur des Menschen versteht, einer kommunikationstheoretischen Reinigung unterziehen müssen. Siehe dazu kritisch Ottomeyer 1974, S. 33ff.

29 In Habermas' "letztem Wort" wird dieser umfassende Anspruch seiner Rationalitätstheorie deutlich: "Vielleicht kann diese provokative Bedrohung, eine Herausforderung, die die symbolischen Strukturen der Lebenswelt *im ganzen* in Frage stellt, plausibel machen, warum diese *für uns* zugänglich geworden sind." (1981b, S. 593)

30 Verblüffenderweise relativiert Habermas sein Szenario einer endgültigen Subsumtion des soziokulturellen Systems unter die Imperative von Ökonomie und Politik in der Analyse aktueller sozio-kultureller Entwicklungen selbst: Sowohl in der Darstellung der gegenwärtig dominierenden

logien gebunden ist, sieht sich die Kritische Spätkapitalismustheorie in ihrem Bezug auf die zunehmend hervortretenden materiellen Pathologien der Moderne, vor allem angesichts des Phänomens dauerhafter Massenarbeitslosigkeit in den fortgeschrittenen kapitalistischen Gesellschaften, mit nicht unbedeutenden Schwierigkeiten konfrontiert. Meist versucht die Kritische Spätkapitalismustheorie solche Anomalien durch Nichtbeachtung zu lösen.[31] Läßt sich ein Bezug auf das Phänomen der ökonomischen Krise als eine dieser Anomalien nicht vermeiden, bleibt dieser der theoretischen Argumentation selbst äußerlich: Weder wird die mit diesem Phänomen gesetzte Relativierung des theoretischen Modells zum Gegenstand der Reflexion gemacht, noch die naheliegende Konsequenz des Entwurfes eines mehrdimensionalen Modells der Pathologien der Moderne überhaupt wahrgenommen.[32] Wird schließlich doch noch eine Beziehung zwischen den materiellen und normativen Dimensionen gesellschaftlicher Entwicklung hergestellt[33], weiß Habermas allerdings genau, wie die Gewichte zu verteilen sind: Auf Basis der Tatsache, daß "die abstrakte Arbeit" ihre "strukturbildende und gesellschaftsformierende Kraft" (1985, S. 146) verloren hat, verliert nicht nur die entsprechende "Utopie ihren Bezugspunkt in der Realität", sondern vollzieht sich ein "Paradigmenwechsel von der Arbeits- zur Kommunikationsgesellschaft" (a.a.O., S. 160).[34]

Tendenzen in familialer Sozialisation wie in der massenmedialen Formierung von Öffentlichkeit macht er deutlich, daß die aufgewiesenen Tendenzen einer Kolonialisierung durchaus konterkariert werden von gleichermaßen ausgeprägten Tendenzen einer Autonomisierung dieser Bereiche kultureller Reproduktion. (1981b, S. 568ff.) Dieser Restbestand der in der Spätkapitalismustheorie aufgewiesenen freisetzenden Momente des gegenwärtig ablaufenden Modernisierungsschubes ist allerdings aufgrund der Habermasschen Fixierung an dessen Bedrohungspotentialen systematisch nicht mehr integrierbar, womit der Weg zu einer offensiven Wendung der Argumentation erneut verstellt bleibt. Genausowenig wie Habermas an den vorangegangenen Epochen des Kapitalismus deren pathologischen Momenten gerecht werden kann, gelingt es ihm, die weiterhin auch für den kulturellen Bereich produktiven Elemente der gegenwärtigen Phase kapitalistischer Vergesellschaftung systematisch einzubeziehen.

31 Brunkhorst meint noch 1983 (S. 47) der Werttheorie vorwerfen zu müssen, sie könne u. a. die "ökonomische Stabilität des Kapitalismus" nicht erklären.

32 Siehe dazu Habermas 1981a, S. 144f. Auf den Hinweis Honneths, daß gegenwärtig "Konflikte, die doch sehr viel bestandsgefährdender sind und die mit Hilfe einer Krisentheorie von System und Lebenswelt sich kaum erklären lassen" erneut sichtbar werden, muß Habermas, nachdem er sich zunächst bzgl. des "Haltens des sozialen Netzes" überzeugt zeigt, schließlich doch zugestehen, daß "irgendeine Variante der traditionellen Konflikte" zu erwarten ist, wenn "sich die Wachstumsdynamik nicht aufrechterhalten läßt". Dies hindert ihn aber keineswegs daran, sowohl in seinen theoretischen wie politischen Arbeiten nahezu ausschließlich sein Steckenpferd der "Kolonialisierung der Lebenswelt" zu reiten.

33 Eine besonders aparte Vermittlung zwischen sozio-kultureller und ökonomischer Entwicklung hat Kitschelt 1985 mit seinem der Kritischen Spätkapitalismustheorie entlehnten Konzept der "materialen Politisierung der Produktion" entworfen. Während bei Habermas die Beziehungslosigkeit beider Dimensionen vorherrscht, sieht Kitschelt durchaus die Notwendigkeit einer zusammenhängenden Interpretation beider Krisenpotentiale und bietet zur Lösung eine Überbau/Basistheorie an: Nicht nur, daß die kulturellen Wertwandelprozesse ihren Anteil haben am krisenhaften Verlauf der ökonomischen Entwicklung, sondern darüber hinaus ist dieser Einfluß gegenüber genuin ökonomischen Einflußfaktoren wie etwa Verschiebungen innerhalb der Weltwirtschaft derart ausgeprägt, daß tatsächlich von einer Umkehrung des im Historischen Materialismus unterstellten Fundierungsverhältnisses zwischen ökonomischen und kulturellen Prozessen auszugehen ist.

34 Wie weit Habermas sich hier inzwischen von seinem früheren differenzierten Bemühen, den Vermittlungen zwischen verschiedenen Ebenen von Vergesellschaftung nachzuspüren, entfernt hat, zeigt die Tatsache, daß er in demselben Zusammenhang, in dem er diesen Übergang zur Kommunikationsgesellschaft anvisiert, aufzeigt, wie die ökonomische Dynamik fortgeschrittener kapitalistischer Gesellschaften gerade im Begriffe ist, ihre Züglung durch den Sozialstaat abzustreifen. Habermas scheint damit ein erneuter Rückgang hinter die "Dialektik der Aufklärung" gelungen: von der selbstbewußt festgehaltenen Aporetik der "alten" Kritischen Theorie zu einer

Hat Habermas auf diese Art und Weise angedeutet, wie die realhistorischen Bedingungen der "praktischen Wahrheit" seiner Gesellschaftstheorie vorzustellen sind, wird gleichzeitig deutlich, daß auch seine Reformulierung der Marxschen Tradition in ihrem Endpunkt mit Perspektiven bzgl. der zukünftigen Entwicklung kapitalistischer Gesellschaften verbunden werden muß, die sicherlich kaum realistischer sind als das von der Marxorthodoxie entworfene Szenario der anstehenden Weltrevolution.

Nicht nur an der derart angegangenen empirischen Verankerung des "Zurückgehens auf Marx im Geiste des westlichen Marxismus" ist in der gelieferten Skizze der Fortentwicklung der Kritischen Spätkapitalismustheorie ihr weitertreibender Charakter bzgl. der Aporien der marxistischen Denktradition deutlich geworden. Zwar hat diese Theorie mit der Konzeptualisierung der Entwicklung kapitalistischer Gesellschaften innerhalb einer "Theorie der Moderne" durchaus einen weiteren und nicht unbedeutenden Schritt in Richtung auf eine umfassende Analyse dieser Entwicklung getan; die materiale Interpretation, die sie einer solchen modernitätstheoretischen Fassung kapitalistischer Gesellschaften dabei gegeben hat, hat allerdings nahezu alle Bestandteile dieser Denktradition in Frage gestellt.[35] *Daß* sich dessenungeachtet auch diese Theorievariante weiterhin noch im Rahmen der "Krise des Marxismus" begreifen läßt, mit ihr die marxistische Denktradition nur an den Rand ihrer Auflösung gerät, beruht darauf, daß auch innerhalb dieser grundlegenden Revisionen weiterhin noch an dem selektiven Charakter des Modernisierungsprozesses, dessen Fundierung in den Beschränkungen kapitalistischer Produktionsweise und damit den grundlegenden Kritik- und Veränderungsansprüchen dieser Tradition festgehalten wird. *Ob und wie* die als Ausweg aus der "Krise des Marxismus" entworfene neuartige Konzeptualisierung kapitalistischer Entwicklung fruchtbar gemacht werden kann, ohne solche umfassenden Revisionen vornehmen zu müssen, wird später zu beantworten sein.

---

bewußtlos vollzogenen Zusammenfügung entgegengesetzter Annahmen in ihrer "modernsten" Variante.

35 Weiß ist insofern zuzustimmen, wenn er die zunehmende Ablösung Habermas' von bestimmten Denktraditionen, insbesondere von denen des Historischen Materialismus, hervorhebt. Tatsächlich wird Habermas in seinem "Unternehmen einer Theorie des kommunikativen Handelns weit über den thematischen und konzeptionellen Rahmen einer historisch-materialistischen Gesellschaftstheorie hinausgetrieben" (a.a.O., S. 114). Stärker zu akzentuieren ist dagegen aber, daß die Originalität der Habermasschen Theorie sowohl in ihrer Programmatik wie Durchführung weiterhin auf der Inanspruchnahme dieses Rahmens beruht. (Zu dieser Verortung Habermas' innerhalb der marxistischen Denktradition siehe Brunkhorst 1983, S. 46f.) Habermas hat den aporetischen Bezug auf den Historischen Materialismus, wie er schon an der "alten" Kritischen Theorie deutlich geworden ist, zwar auf eine neue Stufe gehoben, aber zumindest bisher in keiner endgültig "negativen" Lösung der "Krise des Marxismus" überwunden.

3. Die Theorie des Spätkapitalismus und die "Krise des Marxismus"

Die Darstellung der beiden während der ersten Hälfte der 70er Jahre die westdeutsche Diskussion dominierenden marxistisch orientierten Theorieansätze gibt insgesamt Anlaß zu einer ambivalenten Beurteilung. Zwar sind beide Varianten das von der Studentenbewegung erneut auf die Tagesordnung gesetzte Programm einer Reformulierung der Marxschen Theorie in bezug auf die aktuelle Entwicklung kapitalistischer Gesellschaften in umfassender Form angegangen und haben dabei nicht nur die grundlegenden Dimensionen eines solchen Programms freigelegt, sondern auch eine Fülle von inhaltlichen Argumentationszusammenhängen entwickelt, die den Traditionsbestand marxistischer Theoriebildung innovativ überschritten haben; andererseits waren aber die Mängel in derselben Beziehung nicht zu übersehen: Eine Behebung der in diese Traditionsbestände eingelassenen Defizite in einer sowohl umfassenden wie stimmigen Erklärung der Entwicklung fortgeschrittener kapitalistischer Gesellschaften ist ihnen letztendlich versagt geblieben.

Die spezifischen argumentativen Schwächen wie Stärken, die dieser Ambivalenz zugrundeliegen, lassen sich dabei entlang der theoretischen Entgegensetzung beider Varianten ordnen. Ist es der orthodoxen Theorie aufgrund ihrer relativ entfalteten phasentheoretischen Argumentation und den ihr zugrundegelegten kapitalismustheoretischen Unterscheidungen gelungen, wesentliche Hinweise zum Verständnis der ökonomischen Entwicklung kapitalistischer Gesellschaften überhaupt und ihrer gegenwärtigen Gestalt zu geben, ist die Stärke der Kritischen Spätkapitalismustheorie dagegen in der Entwicklung und Konkretisierung von Konzeptionen zu sehen, die sich mit den außerökononomischen Mechanismen sozialer Integration innerhalb solcher Gesellschaften befassen. Die jeweils vollzogenen Ausgrenzungen innerhalb des Territoriums einer Theorie fortgeschrittener kapitalistischer Gesellschaften ergeben sich komplementär zu den derart besetzten Feldern der Argumentation. Die orthodoxe Position hat sich in ihrer Konzentration auf den Aufweis der weiterhin bestehenden Bedeutung "alter" - im wesentlichen unmittelbar ökonomisch motivierter - Konfliktlinien sowohl in der Erklärung der konkreten Formen, die diese Konfliktlinien in gegenwärtigen kapitalistischen Gesellschaften annehmen genauso wie in der Einbeziehung der relativ neuartigen Krisen- und Protestpotentiale, die in den 60er Jahren im politischen und kulturellen Bereich solcher Gesellschaften hervorgetreten sind, als hilflos erwiesen. Die Kritische Spätkapitalismustheorie hat sich dagegen gerade in ihrer Konzentration auf diese neuartigen Konfliktlinien gegenüber den weiterhin bestehenden ökonomischen Krisenpotentialen blind gemacht.

Lassen sich diese komplementären Erklärungsdefizite schon an den theoretischen Konstruktionen beider Positionen festmachen, so sind sie mit dem massiven Hervortreten der jeweils ausgeblendeten empirischen Entwicklungen seit Mitte der 70er Jahre ihrerseits empirisch evident geworden.[1] Mit der seit diesem

1 Die erste Hälfte der 70er Jahre, die in der BRD mit der ersten Reformphase der sozialliberalen Koalition zusammenfiel (siehe dazu Schmidt 1978), bot mit der relativen Latenz sowohl der angesprochenen kulturellen wie ökonomischen Krisenprozesse noch einen gewissen Plausibilitätsspielraum für die angesprochenen Vereinseitigungen. Erst mit dem geballten Hervortreten der Neuen sozialen Bewegungen in der Anti-Atomkraftbewegung (Siehe dazu Brand u. a. 1983, S.

Zeitpunkt unübersehbar zunehmenden Bedeutung neuartiger Protestpotentiale und dem nahezu zeitgleichen Einsetzen ökonomischer Wachstumsprobleme in weltweitem Maßstab werden die Vereinseitigungen sowohl der ökonomistischen wie der kulturalistischen Variante der Spätkapitalismustheorie endgültig als solche manifest. Die durch diese Anomalien eingeleitete "Krise des Marxismus" führt zumindest bei Teilen dieser Tradition zu einer zugleich fundamentaler ansetzenden wie kritischeren Auseinandersetzung mit den grundlegenden Annahmen der marxistischen Theorie.

Mit dieser Bestimmung des theoriegeschichtlichen Hintergrundes der erneut einsetzenden "Krise des Marxismus" wird der Bezugsrahmen dieser Krise gegenüber ihrer gängigen Verortung allerdings erweitert und damit mit einer grundsätzlicheren Bedeutung versehen: Im Unterschied zu der üblichen Zuordnung der "Krise des Marxismus" zu den orthodoxen Varianten dieser Tradition wird davon ausgegangen, daß auch die in Anknüpfung an die antiorthodoxen Entwürfe des "westlichen Marxismus" entwickelten Reformulierungsversuche - genauso wie diese Entwürfe selbst - ein Moment der krisenhaften Entwicklung des Marxismus darstellen.[2] Ihre inhaltliche Berechtigung findet eine solche Ausweitung des Geltungsbereiches der "Krise des Marxismus" darin, daß sich, wie gezeigt, auch die Theoriedynamik der Kritischen Spätkapitalismustheorie - jenseits ihrer unmittelbaren Entgegensetzung zu den orthodoxen Positionen - denselben kapitalismustheoretischen Voraussetzungen eines "Strukturalismus" und "Ökonomismus" verdankt, die oben als theoretischer Kern der Erklärungsdefizite der Marxorthodoxie bestimmt worden sind.

Mit dieser theoriegeschichtlichen und systematischen Ausweitung der aktuellen "Krise des Marxismus" wird darüber hinaus die behauptete Repräsentativität der dargestellten Kontroverse für die Geschichte des Marxismus in seiner Gesamtheit plausibel[3]: Nicht nur läßt sich die Auseinandersetzung zwischen Marxorthodoxie und Kritischer Theorie des Spätkapitalismus als das erneute Hervortreten der zwei dominanten Traditionslinien des Marxismus begreifen, sondern darüber hinaus verweisen auch die vorgestellten Argumentationszusammenhänge selbst darauf, daß die Opponenten in ihren Stärken und Schwächen sich auch sy-

---

94) und dem Bewußtsein, daß die "Ölkrise" des Jahres 1973 möglicherweise doch keine Ölkrise war, ließ sich eine Auseinandersetzung mit diesen Krisenprozessen nicht mehr vermeiden. - Wie oben schon hervorgehoben, ist das Einsetzen der "Krise des Marxismus" selbstverständlich nicht ausschließlich auf die hier ins Zentrum gestellten theoretischen Defizite zurückzuführen; im Gegenteil müßten diese, wollte man den Gesamtzusammenhang dieser Krise ins Auge fassen, ihrerseits als Ausdruck einer strategischen und politischen Krise des Marxismus begriffen werden.

2 Die Tatsache, daß die Kritische Spätkapitalismustheorie normalerweise in die Krisendiagnose des Marxismus nicht einbezogen wird, mag verschiedene Ursachen haben. Zunächst ist die "Krise des Marxismus" tatsächlich von orthodoxen Vertretern ausgerufen und weiterverfolgt worden, während die Kritische Spätkapitalismustheorie sich keineswegs ähnlich selbstkritisch auf ihre Anomalien bezogen hat wie die "dogmatischen" Varianten der Marxinterpretation. Darüber hinaus mag für diese Blickverengung die Tatsache verantwortlich sein, daß für die Marxorthodoxie die Kritische Theorie von vornherein unter dem Gesichtspunkt ihres Revisionismus aus dem Bereich marxistischer Theoriebildung ausgegrenzt worden ist und von daher von einer Krise dieser Theorie nicht betroffen sein konnte.

3 Wie schon angedeutet, ließe sich die Unterstellung, daß sich die vielfältigen Varianten der Marxinterpretation, die aus der Geschichte des Marxismus hervorgegangen sind, der verwendeten Dichotomie von "orthodoxen" und "revisionistischen" Argumentationsmustern fügen und darüber hinaus die Argumente der vorgestellten Vertreter diese jeweils in angemessener Form repräsentieren, nur in einer weiterausgreifenden theoriegeschichtlichen Untersuchung endgültig belegen.

stematisch als Repräsentanten der widersprüchlichen Momente dieser Tradition verstehen lassen.

Tatsächlich hat sich dabei gezeigt, daß die vorgestellten Varianten der Marxinterpretation diesen widersprüchlichen Zusammenhang von Voraussetzungen in dialektischer Form gegeneinander entfalten: Während die Marxorthodoxie sowohl in historischer wie logischer Hinsicht mit ihren strukturalistischen und ökonomistischen Reduktionen die Position innerhalb einer solchen Dialektik vertritt, läßt sich die Kritische Spätkapitalismustheorie in ihrer Anknüpfung an den westlichen Marxismus als zweiter Schritt des dialektischen Schemas begreifen, als Negation, die in ihrer Abstraktheit allerdings selbst noch den Voraussetzungen der Position verhaftet bleibt.[4] Innerhalb dieser logischen Struktur hat sich die Auseinandersetzung dieser Theorievarianten in beiden zentralen Problembereichen einer Theorie des fortgeschrittenen Kapitalismus als Ineinandergreifen von fehlerhaften gemeinsamen Voraussetzungen und auf diesem Boden genauso fehlerhaften Entgegensetzungen ergeben.[5]

In der Bestimmung der ökonomischen Spezifika der gegenwärtigen Phase des Kapitalismus ist dieser Zusammenhang zunächst wiederum in der Form gegensätzlicher Charakterisierungen hervorgetreten: Während die orthodoxe Theorie diese Phase als tendenziell vollendete Angleichung von Logik und Geschichte der kapitalistischen Produktionsweise konzeptualisiert hat und damit die Kontinuitätslinien dieser Produktionsweise auch für die Gegenwart akzentuiert, hat die Kritische Spätkapitalismustheorie ihr Augenmerk auf die neuartigen Entwicklungen des fortgeschrittenen Kapitalismus gelenkt und diese gleichzeitig auch theoretisch als Ausdruck einer zunehmenden, in Teilen durchaus schon vollzogenen Aufhebung struktureller Merkmale kapitalistischer Vergesellschaftung identifiziert.[6] Resultat dieser entgegengesetzten Akzentuierungen ist auf seiten der Orthodoxie eine logizistische Reduktion der Empirie gegenwärtiger kapitalistischer Gesellschaften, der die Kritische Spätkapitalismustheorie erneut nur ihren abstrakten Gegenpart in einer empiristischen Relativierung der Strukturprinzipien kapitalistischer Gesellschaften entgegenzusetzen weiß.[7]

---

4 Zu diesem dialektischen Schema siehe ursprünglich Hegel 1969 (1812), S. 116ff. Als dritten Schritt, der in der Form der Vermittlung eine derart abstrakte Entgegensetzung überwindet, hat Hegel in diesem Zusammenhang das Prinzip der Negation der Negation benannt. Eine anschaulichere Form hat diesem Denkmodell in jüngster Vergangenheit Ardigò (1985, S. 166ff.) mit dem Bild der Pendelbewegung gegeben: An dem Gegeneinander systemtheoretischer und lebensweltlicher Orientierungen zeigt er die Unentrinnbarkeit einer Bewegung zwischen beiden Polen, solange die Fixierung des Pendels selbst nicht gelockert wird, auf.

5 Zu dieser dialektischen Struktur gehört auch das festgehaltene Umschlagen der jeweiligen Theorie in ihren unmittelbaren Gegenpart: Immer dann, wenn die aufgrund der vollzogenen Abstraktionen systematisch ausgeblendeten Dimensionen letztlich doch - wegen ihrer empirischen Prägnanz - nicht vernachlässigt werden konnten, war auch die unmittelbare Inanspruchnahme von Argumentationen der Gegenseite zu beobachten.

6 Nach Funke (1978, S. 219) geht die Kritische Spätkapitalismustheorie demnach grundsätzlich zwar von einem "noch immer" des Kapitalismus aus, konzentriert sich darüber hinaus aber auf das "immer weniger" des Vorliegens der strukturellen Merkmale dieser Produktionsweise. Der orthodoxen Position wäre entsprechend eine Interpretation nicht nur des "immer mehr", sondern stärker noch des "jetzt endgültig" Kapitalismus zuzuordnen.

7 Hierbei handelt es sich erneut nur um die dominanten Momente der angesprochenen Dialektik. Wie sich gezeigt hat, nehmen beide Positionen auch in dieser Hinsicht die Verfahren ihres Opponenten als untergeordnete Strategie in Anspruch. Je nach Bedarf hat sowohl die orthodoxe Theorie ihrerseits zu Relativierungen der strukturellen Merkmale des Kapitalismus gegriffen, genauso wie die Kritische Theorie nicht vor logizistischen Überziehungen solcher Merkmale in

Daß in dieser Form Logik und Geschichte solcher Gesellschaften gegeneinander ausgespielt werden, verweist auf eine der von beiden Positionen geteilten Voraussetzungen: Indem beide in ihrer *unmittelbar* historischen Interpretation eines Strukturmodells des Kapitalismus Logik und Geschichte dieser Produktionsweise zu einer voreiligen Integration bringen, gelingt es nicht, diese Momente zunächst in ihrer Eigenbedeutung auszuschöpfen, um von da aus ihren vermittelten Zusammenhang ins Auge zu fassen.

Eine Konsequenz dieser mangelnden Trennung von Analyseebenen besteht darin, daß mit diesem Vermittlungszusammenhang das Fundament einer Phasentheorie des Kapitalismus selbst nur in unzureichender und wiederum einseitiger Form ins Blickfeld gerät. Beide Positionen haben zwar angedeutet, wie im historischen Durchsetzungsprozeß kapitalistischer Produktionsweise mit der Aufsaugung traditioneller Lebensformen und Wertorientierungen die Realdialektik von Totalisierung und Selbstaufhebung, von Stabilisierung und Krise der Funktionsprinzipien dieser Produktionsweise zunehmend freigesetzt wird; keiner von beiden ist dabei allerdings in der materialen Argumentation eine Berücksichtigung beider Momente dieses widersprüchlichen Mechanismus der Durchsetzung kapitalistischer Vergesellschaftungsprinzipien gelungen.

Auf Basis dieses Mangels der phasentheoretischen Begrifflichkeit war es beiden genausowenig möglich, die gegenwärtige Phase kapitalistischer Vergesellschaftung tatsächlich als historisches Phänomen zu begreifen, in seinem historischen Charakter gerade als raumzeitlichen Abschnitt innerhalb des Durchsetzungsprozesses des Kapitalismus sowohl in Bezug auf die Vergangenheit wie die Zukunft durch eine spezifische Verschärfung der angesprochenen Dialektik zu kennzeichnen. Einer historisch relativierenden Betrachtung des fortgeschrittenen Charakters gegenwärtiger kapitalistischer Gesellschaften haben beide deren Interpretation als Zuspitzung einer enthistorisierten Niedergangsdynamik des Kapitalismus entgegengestellt und sich damit in ihrer Konzeptualisierung der gegenwärtigen Phase als Spätkapitalismus verblüffenderweise in einer gemeinsamen Verabsolutierung der Krisendynamik dieser Vergesellschaftungsform wiedergefunden.[8]

Richtung auf die Empirie gegenwärtiger kapitalistischer Gesellschaften zurückgeschreckt ist. Die jeweiligen "Mischungsverhältnisse" der hier idealtypisch gegeneinander gesetzten Argumentationsfiguren in der Geschichte des Marxismus ließen sich möglicherweise im Rahmen dieses "Wechselseitigen-Ineinanderumschlagens" der Pole einer solchen Dialektik rekonstruieren.

8 Auf die Kontinuität dieser Niedergangs- und Endzeitvision sowohl in den "orthodoxen" wie "revisionistischen" Lesarten der Marxschen Theorie hat Funke (a.a.O., S. 222) hingewiesen. Daß derart unterschiedliche Theoretiker wie Lenin und Hilferding einem solchen Mißverständnis aufgesessen sind, kann gerade wegen der unterschiedlichen politischen Optionen und Erwartungen, die mit einer solchen Interpretation verbunden waren, nicht ausschließlich auf das politische Motiv der Hoffnung eines baldigen Endes des Kapitalismus zurückgeführt werden. Vielmehr scheinen dabei die angesprochenen Defizite in den theoretischen Voraussetzungen ausschlaggebend zu sein. Selbst marxistische Theoretiker, denen das theoretische Instrumentarium für eine Infragestellung solcher kurzschlüssigen historischen Prognosen grundsätzlich zur Verfügung stand, waren immer wieder geneigt, das ihnen jeweils vor Augen stehende Stadium kapitalistischer Entwicklung als deren "Schlußphase" mißzuverstehen: Auch Rosa Luxemburg beispielsweise war der Meinung, der Kapitalismus als Imperialismus strebe auf Basis der ihn kennzeichnenden Kumulation "politischer und sozialer Katastrophen" unmittelbar seinem "Endpunkt" zu. (Luxemburg 1912 (1970), S. 361 u. 379f.) - Wie ausgeprägt der Einfluß der benannten theoretischen Voraussetzungen auf die konkrete Analyse ist, wird darüber hinaus auch an der Argumentation Funkes selbst deutlich. Obwohl er ausdrücklich die Konzeption eines "sich durchsetzenden Kapitalismus" vertritt, die eine Aufhebung dieser Defizite ermöglichen soll, endet auch seine Argumentation material in der Annahme, daß mit der *endgültigen* Emanzipation des Kapitalismus von einer "nach anderen Organisationsprinzipien geschaffenen Infrastruktur"

Daß sich ihre materiale Interpretation der Binnenstruktur dieser Endphase des Kapitalismus letztlich doch wieder grundsätzlich unterscheidet, hängt mit der unterschiedlichen Gestalt, die beide Positionen den benannten gemeinsamen Voraussetzungen gegeben haben, zusammen. Indem die orthodoxe Theorie diese Phase als Übereinstimmung von Logik und Geschichte des Kapitalismus faßt, stellt sie sowohl das Moment der Totalisierung der Prinzipien dieser Produktionsweise wie den ökonomischen Inhalt dieses Prozesses in den Vordergrund. Auch bezogen auf die Frage des Verhältnisses solcher ökonomischer Entwicklungen zum Prozeß gesamtgesellschaftlicher Reproduktion wird dementsprechend der Mechanismus der Subsumtion dieses gesamtgesellschaftlichen Zusammenhangs unter die Imperative des ökonomischen Systems akzentuiert. Die Kritische Spätkapitalismustheorie konzentriert sich umgekehrt auf Basis ihrer Verlegung der Übereinstimmung von Historie und Strukturmodell in das 19. Jahrhundert auf die Selbstaufhebungstendenzen, die die gegenwärtige Epoche des Kapitalismus kennzeichnen. Tatsächlich gilt ihr dabei die Dynamik dieser Formation in zentralen gesellschaftlichen Bereichen schon als überschritten, ziehen sich deren strukturelle Defizite im Prozeß der Autonomisierung von Politik und Kultur zunehmend aus der ökonomischen Sphäre in diese Bereiche zurück.

Ergibt sich aus dieser unterschiedlichen phasentheoretischen Verortung der ökonomischen Entwicklung des gegenwärtigen Kapitalismus auf der einen Seite ein ökonomisches, auf der anderen Seite ein kulturelles Krisenszenario, wird damit gleichzeitig deutlich, daß beide Fragenkomplexe einer Theorie fortgeschrittener kapitalistischer Gesellschaften ineinander verklammert sind und darüber hinaus unmittelbar verweisen auf grundsätzliche Fragen der Kapitalismustheorie selbst: Von der Art und Weise, in der der ökonomische Durchsetzungsprozeß des Kapitalismus konzeptualisiert wird, hängt nicht nur die Bestimmung des Verhältnisses der Beziehung sozialer Subsysteme im historischen Sinne ab[9], sondern auch die Art und Weise, in der die Beziehung zwischen ökonomischer Sphäre auf der einen, politischen und sozio-kulturellen Prozessen auf der anderen Seite innerhalb einer Dialektik von Subsumtion und Autonomisierung als strukturellem Charakteristikum kapitalistischer Gesellschaften gefaßt wird.

Daß beide Positionen auch in diesem Vermittlungsproblem trotz bester Vorsätze wiederum nicht über die Formulierung der falschen Alternativen einer ökonomistischen Reduktion politischer und kultureller Prozesse auf der einen, deren Abkopplung von der ökonomischen Dynamik kapitalistischer Gesellschaften auf der anderen Seite hinausgekommen sind, hat sich dabei als Konsequenz des zweiten grundsätzlichen Mißverständnisses, das die marxistische Tradition durchzieht, ergeben. Wird die ökonomische Sphäre selbst in einer reduktionistischen Form gefaßt, die bis auf wenige Hinweise die unterdrückten kulturellen Dimen-

(a.a.O., S. 228) gleichzeitig "die Anwendungsbedingungen der Marxschen Krisentheorie, die gerade in der Vergangenheit nur unvollkommen gegeben waren, ... vielleicht erst heute zunehmend real werden" (a.a.O., S. 227). Daß die hiermit beabsichtigte Absetzung von der Kritischen Spätkapitalismustheorie in die Nähe der orthodoxen Variante dieser Theorie führt, ist kaum zu übersehen.

9 Diese historische Dimension der Entwicklung des Prozesses sozialer Differenzierung und Reintegration insgesamt ist in beiden Varianten der Spätkapitalismustheorie aufgrund ihrer jeweiligen Mängel zu kurz gekommen. Der orthodoxen Theorie ermangelt es eines theoretischen Instrumentariums zur Einbeziehung dieser Dimension einer Phasentheorie, die Kritische Theorie dagegen beraubt ihre theoretischen Modelle weitgehend der historischen Dimension. Siehe dazu aus der Perspektive eines kulturell orientierten Marxismus Widmann 1981, S. 150f.

sionen in ihrem ökonomistisch-technizistischen Verständnis ausblendet, und die Beziehung einer derart abstrahierten Ökonomie zu politischen und kulturellen Prozessen darüber hinaus als unmittelbare Determination konzipiert, verbleibt als positiver Bezug auf dieses doppelte Mißverständnis nur eine ökonomistische Variante von Marxismus, der politische und kulturelle Auseinandersetzungen als bloße Epiphänomene objektiver Entwicklungsgesetze der kapitalistischen Ökonomie gelten. Verbindet man mit der Einsicht der Unhaltbarkeit dieser Konsequenzen aber nicht die Kritik an deren Voraussetzungen, steht nurmehr der Weg zu einem negativen Ökonomismus offen, einer politizistischen und kulturalistischen Entkopplung des gesamtgesellschaftlichen Zusammenhangs von seinen ökonomischen Fundamenten, in der umgekehrt der Marxismus selbst zunehmend zur bloßen Erscheinungsform andersartiger Konzeptionen wird.

Die komplementären empirischen Ausblendungen, die die "Krise des Marxismus" als Krise beider Varianten der Marxinterpretation eingeleitet haben, verweisen damit zurück auf grundlegende Probleme[10], die sich einer solchen Interpretation stellen: Auf dem Boden einer bestenfalls in Ansätzen entwickelten Durchsetzungstheorie des Kapitalismus als ökonomischer Organsationsform und einer genauso unzureichenden Konzeptualisierung des gesamtgesellschaftlichen Zusammenhangs solcher Gesellschaften sind tatsächlich die in den 70er Jahren hervorgetretene Verklammerung von ökonomischen, politischen und sozio-kulturellen Krisenprozessen und die jenseits dieser krisenhaften Entwicklungen weiterhin bestehenden Stabilitätspotentiale fortgeschrittener kapitalistischer Gesellschaften nicht in einem einheitlichen Zusammenhang erklärbar. Die Anomalien, an denen die Erklärungsdefizite der westdeutschen Marxrezeption der ersten Hälfte der 70er Jahre zu Tage getreten sind, repräsentieren insofern tatsächlich Problematisierungen des Marxschen Paradigmas, die bis in dessen Grundstruktur hinabreichen.

Das Eingeständnis dieses Tatbestandes in der erneut ausgerufenenen "Krise des Marxismus" ließ die überzogenen Gewißheits- und Totalitätsansprüche zumindest von Teilen dieser Tradition in die Brüche gehen, führte aber zunächst in einer genauso überzogenen Relativierung dieser Ansprüche zu einer Zerstreuung sowohl der gesellschafts und kapitalismustheoretischen Bemühungen wie der zeitdiagno-

10 Als dritter in gewisser Weise übergreifender Problemkomplex wäre die Frage des Objektivismus der Marxschen Theorie anzusprechen. Auch hier hat sich anhand der im Zusammenhang der Spätkapitalismustheorie nur beiläufigen Behandlung dieser Frage eine ähnliche Problemstruktur ergeben. Die von beiden Positionen - erneut mit wechselnden Vorzeichen - vollzogene Entgegensetzung zwischen "objektiven" und "subjektiven" Prozessen ergibt sich wiederum aus einer reduktionistischen Fassung des ökonomischen Prozesses, die übersieht, daß jenseits der Verdinglichungen, denen dieser Prozeß in kapitalistischen Gesellschaften unterliegt, er letztlich - an sich trivialerweise - aus der bestimmten Form des Handelns von Subjekten hervorgeht und mit dieser prinzipiell veränderbar ist. Genauso wie die orthodoxe Theorie den realen Schein der Selbstbewegung des Kapitals in eine subjektunabhängige Objektivität stilisiert, verlagert die Kritische Theorie erneut die subjektiven Momente aus der Ökonomie in die Eigendynamik der Entwicklung kultureller Muster. Wie gezeigt, sind diese Vereinseitigungen allerdings erneut mit einem Umschlag in das jeweils entgegengesetzte Extrem erkauft: Genauso wie die orthodoxe Theorie, sobald sie kulturelle Prozesse ins Auge zu fassen gesucht hat, auf subjektivistische Argumentationen zurückgreifen muß, hat sich bei der Kritischen Theorie in ihrer Fassung der ökonomischen Entwicklung moderner Gesellschaften ein Objektivismus herauskristallisiert, der die entsprechenden Verdinglichungen der Orthodoxie weit hinter sich läßt.

stischen Ambitionen dieser Tradition.[11] Neben grundsätzlichen Distanzierungen bestand das dominierende Verfahren dabei in einem Rückzug in eine eher einzelwissenschaftlich betriebene Forschung[12], die solche umfassenden Umorientierungen nicht erforderlich machte, aber gleichzeitig die weitere Auseinandersetzung mit den entsprechenden Fragen vermeidbar erscheinen ließ. Die Versuche, durch Einführung neuartiger Konzepte oder Rückgriff auf bisher randständige Theoretiker eine Neuorientierung zu gewinnen, wie sie vor allem im Rahmen einer kulturalistischen Wende des Marxismus betrieben wurden[13], haben zwar im Rahmen von Einzeluntersuchungen den problematisch gebliebenen Zusammenhang zwischen ökonomischer Entwicklung und Prozessen kultureller Definition erneut anzugehen versucht, dies aber nicht mehr mit den umfassenden gesellschaftstheoretischen und zeitdiagnostischen Ansprüchen der beginnenden 70er Jahre verbinden können.[14]

Die damit skizzierte Verfassung marxistisch orientierter Theoriebildung nach dem Einsetzen der "Krise des Marxismus" ist seit dem Übergang in die 80er Jahre von einer Theorievariante zum Ausgangspunkt ihrer Bemühungen gemacht worden, die sich ausdrücklich in Bezug setzt zu diesem ein Jahrzehnt früher formulierten Programm und den Defiziten in dessen Durchführung. Mit der Fordismustheorie ist seit diesem Zeitpunkt - und mit besonderem Nachdruck in der jüngsten Vergangenheit - nicht nur erneut der Zusammenhang zu den Traditionen des westlichen Marxismus hergestellt, sondern seinerseits ein Programm formuliert, das mit der Auseinandersetzung mit den aufgewiesenen theoretischen Dimensionen der "Krise des Marxismus" erneut einen Rückgang auf die umfassenden Ansprüche dieser Traditionen verbindet.

Auf Basis des Versuches einer Behebung der entsprechenden grundsätzlichen Defizite marxistischer Theoriebildung ist dabei wiederum eine Theorie des historischen Verlaufs gegenwärtiger kapitalistischer Gesellschaften angezielt, die gleichzeitig den Rahmen für eine theoretische und strategische Verortung der aktuellen Potentiale sozialer Veränderung zur Verfügung stellen soll.

Die damit erneut formulierten Vermittlungsansprüche in Bezug auf die der "Krise des Marxismus" zugrundeliegenden Aporien und die vorhandenen materia-

---

11 In einer umfassenden Darstellung der "Krise des Marxismus" müßten erneut die politischen Positionsverluste der Linken seit Mitte der 70er Jahre als Basis dieses auch theoretischen Rückzuges berücksichtigt werden.

12 Abzulesen ist dies wiederum an der Entwicklung der Bildungsforschung: War diese aus verständlichen politischen Gründen zunächst unmittelbar eingebunden in umfassende gesellschaftstheoretische wie -kritische Bemühungen, so gewinnt sie in der Folgezeit - aufgrund genauso einsichtiger politischer Gründe - zwar an empirischer und theoretischer Solidität, bezahlt dies allerdings mit einem Verlust an einheitsstiftenden theoretischen Perspektiven. Auf diese Gegenbewegung zu einem vorschnell totalisierenden gesellschaftstheoretischen Zugriff auf die Bildungsforschung hat Becker schon 1976 hingewiesen. Betrachtet man die weitere Entwicklung dieser Disziplin, so hat sich seine Diagnose wohl bestätigt. In bezug auf den "Forschungsgegenstand Hochschule" siehe dazu beispielsweise Goldschmidt u. a. 1984 und Encyclopädie Erziehungswissenschaft Bd. 10, 1983. Als Überblick über die Entwicklung der Bildungssoziologie und -forschung insgesamt siehe Goldschmidt/Schöfthaler 1979.

13 Siehe dazu vor allem die Arbeiten von Bourdieu (u. a. 1973 u. 1982) und die aus dem Zusammenhang des Centre for Contemporary Cultural Studies hervorgegangenen Studien (beispielsweise Clarke u. a. 1981). Als Überblick über diese verschiedenartigen Versuche siehe Becker, U. 1986, S. 46ff.; Becker, E. 1983, S. 50ff. und Scherr 1984.

14 Diese Problematik von zugleich theoretisch umfassenden wie politisch bedeutsamen Zeitdiagnosen hat Habermas 1979a formuliert. Ein Moment der seit Mitte der 70er Jahre zu beobachtenden Zerstreuung wie Zurückhaltung der Gesellschaftswissenschaften in dieser Hinsicht stellt die von ihm 1985 konstatierte "neue Unübersichtlichkeit" dar.

len Versuche zu deren Einlösung sollen im folgenden zum Ausgangspunkt des Aufweises der Perspektiven für eine Aufhebung dieser Aporien, wie sie sich aus der bisherigen Darstellung ergeben haben, gemacht werden.

III. KAPITALISMUS UND MODERNE: ZUR THEORIE FORDISTISCHER MODERNISIERUNG

In der bisherigen Darstellung ist deutlich geworden, daß sich die Dynamik der vorgestellten Reformulierungsversuche der Marxschen Theorie jeweils aus dem wechselseitigen Voraussetzungsverhältnis zwischen übergreifenden gesellschafts- und kapitalismustheoretischen Argumentationen auf der einen, der mit diesen angezielten Verständigung über den Charakter der gegenwärtigen "fortgeschrittenen" kapitalistischen Gesellschaften auf der anderen Seite speist. Resultat der Darstellung war weiterhin der Aufweis des in der "Krise des Marxismus" zu Tage getretenen Scheiterns der vorgestellten Entwürfe an einer zugleich umfassenden wie widerspruchsfreien Formulierung dieses Zusammenhangs. An diese Problemsituation soll in der Folge mit der Skizzierung einer "Theorie fordistischer Modernisierung" angeknüpft werden, die schon terminologisch den bezeichneten Zusammenhang von zeitdiagnostischen Fragestellungen und Konzeptualisierungen der Entwicklungslogik kapitalistischer Gesellschaften in ihrer Gesamtheit anspricht.

Um die Art und Weise, in der mit einer solchen Konzeption an die dargestellten Ansätze und vor allem die Fordismustheorie selbst angeknüpft wird, verständlich zu machen, bedarf es zunächst einer Vorabklärung der Stellung dieser Konzeption in bezug auf die bisher verfolgten theoriegeschichtlichen Linien. Dies ist vor allem auch deshalb notwendig, weil eine solche "Theorie fordistischer Modernisierung" zunächst quer liegt sowohl zu den oben skizzierten Versuchen einer Reformulierung der marxistischen Tradition im Rahmen einer "Theorie der Moderne"[1] wie den von der Fordismustheorie selbst (zumindest explizit) formulierten Intentionen.[2] Dieser Sachverhalt hängt dabei nicht nur von den aufgewiesenen und aufzuweisenden systematischen Blickverengungen beider Theorievarianten ab, sondern diese selbst entspringen einer mangelnden Sensibilität gegenüber den theoriegeschichtlichen Zusammenhängen, aus denen sie hervorgegangen sind. Hatte schon Horkheimer das von Henry Ford symbolisierte Rationalisierungsprojekt und damit die Realität des amerikanischen Kapitalismus in den 30er und 40er Jahren als Kulminationspunkt eines übergreifenden von der protestantischen Ethik gestützten Rationalisierungsprozesses moderner Gesellschaften bestimmt (Horkheimer 1967 (1941/42), S. 96f.), so steht die weltgeschichtliche Bedeutung der von der Fordismuskonzeption hervorgehobenen gesellschaftlichen Entwicklungen bei deren Begründer Antonio Gramsci[3] ausdrücklich im Zentrum der Ar-

1 Der eher "sozialphilosophisch" als "historisch-empirisch" orientierten Skizze des Modernisierungsprozesses bei Habermas sind die historischen und nationalen Differenzierungen, auf die das Prädikat "fordistisch" abstellt, prinzipiell nicht zugänglich.

2 Zwar taucht der Begriff "fordistische Modernisierung" in der Fordismustheorie immer wieder auf (Siehe z. B. Hirsch/Roth 1986, S. 74); welche eigenständige Dynamik dabei mit dem derart als übergreifendem logischen Subjekt verstandenen Konzept der Modernisierung verbunden ist, wird aber keiner weiteren Betrachtung unterzogen. Insgesamt wird dieser Begriff bei den Fordismustheoretikern nur beiläufig und unexpliziert verwendet.

3 Die Fordismustheorie verdankt Gramsci nicht nur ihre Identität bzgl. der Konzeptualisierung der historischen Entwicklung des Kapitalismus; darüber hinaus finden sich bei Gramsci die grundsätzlichen anti-orthodoxen Intentionen, die die Fordismustheorie verfolgt, vorformuliert. Neben der Kritik an einer strukturalistischen Reduktion des "Konjunkturellen" auf das "Organische" (Gramsci 1967, S. 323f.) setzt sich Gramsci ab von "dem primitiven Infantilismus ... des Anspruchs (als wesentliches Postulat des historischen Materialismus), jede Fluktuation der Poli-

gumentation. Die in den USA aufgrund der nur in geringem Maße vorhandenen Widerstände einer traditional verfaßten Sozialstruktur erstmals und in prägnanter Form hervortretenden Merkmale der fordistischen Phase kapitalistischer Vergesellschaftung gelten ihm von vornherein als historisch bestimmter Ausdruck einer widersprüchlichen Rationalisierungsdynamik, die das industriekapitalistische Projekt von Anfang an kennzeichnet.[4] In der forciert vorangetriebenen Ablösung der gesellschaftlichen Organisation gegenüber den überkommenen ökonomischen, sozialen und ideologischen Restbeständen der feudalen Ordnung tritt dabei mit den inneren Widersprüchen kapitalististischer Gesellschaften innerhalb der fordistischen Formation[5] auch deren genauso immanente Tendenz zur Selbstaufhebung in postkapitalistische Vergesellschaftungsformen hervor.[6]

Einer solchen Einordnung des Fordismus als fortgeschrittene Form des "Projekts der Moderne"[7] und dessen widersprüchlicher Rationalisierungsdynamik hat sich allerdings das erneute Aufgreifen dieser Konzeption anläßlich der Krise ihres Gegenstandes[8] seit Mitte der 70er Jahre weitgehend enthalten. Zwar scheint in einzelnen Zusammenhängen das von Gramsci skizzierte Argumentationsmuster durch, legen andere Elemente dieser Aktualisierung der Fordismustheorie eine entsprechende "modernitätstheoretische" Rekonstruktion unmittelbar nahe; insgesamt wird die Entwicklung einer solchen umfassenden Ausrichtung der Analyse der jüngsten Phase kapitalistischer Vergesellschaftung aber nicht angegangen.

tik und Ideologie als unmittelbaren Ausdruck der Basis aufzufassen" (a.a.O., S. 199f.). Die Orientierungsfunktion, die Gramscis heterodoxer Marxismus für die westdeutsche Linke in ihrer Krise seit Mitte der 70er Jahre übernommen hat, skizziert Altvater 1987.

4 "In Wirklichkeit handelt es sich nicht um Neuheiten, sondern nur um die jüngste Phase eines langen Prozesses, der mit dem Entstehen des Industrialismus selbst begann, eine Phase, die lediglich intensiver als die vorhergehenden ist und sich in brutaleren Formen äußert." (Gramsci a.a.O., S. 393) Als entscheidende Merkmale dieser Intensivierung des Rationalisierungsprozesses nennt Gramsci neben der zugrundeliegenden "Rationalisierung der Produktion und Arbeit" (a.a.O., S. 392) und einer entsprechenden "Rationalisierung der demographischen Struktur" (S. 378) nahezu alle Merkmale, die üblicherweise mit dem Übergang von der ständischen in die moderne Gesellschaft verbunden werden; bis hin zu einer spezifischen Disziplinierung der Sexualität zum Zwecke der Herausbildung eines "neuen Menschentyps" (S. 389).

5 Im Verweis auf die von Taylor als Verwandlung der Arbeiter in "abgerichtete Gorillas" konzipierte Unterordnung des Arbeiters unter die Erfordernisse des großindustrialistischen Produktionsprozesses hebt Gramsci die entmenschlichende Seite des Fordismus hervor (a.a.O., S. 393), arbeitet aber gleichzeitig auch - vor allem in Beziehung zu traditionellen Sozialstrukturen - die emanzipatorischen Momente dieser Formation hervor.

6 "Allgemein läßt sich sagen, daß Amerikanismus und Fordismus sich aus der unmittelbaren Notwendigkeit der Organisation einer Planwirtschaft ergeben ... den Übergang vom alten ökonomischen Individualismus zur geplanten Ökonomie markieren." (a.a.O., S. 377) - Zum Zeitpunkt der Verfassung der Notizen zu "Amerikanismus und Fordismus" während der 20er Jahre wurden innerhalb der Arbeiterbewegung - und auch von Gramsci selbst - diese "sozialistischen" Implikationen des Fordismus sogar häufig in den Vordergrund gestellt, was seinen Ausdruck in der tatsächlichen Verwendung fordistischer Produktionsmethoden innerhalb des sowjetischen Industrialisierungsprozesses fand. Siehe dazu die Herausgebernotiz in Gramsci 1967, S. 376 und Roth 1987, S. 19.

7 Die folgende Charakterisierung der Realität und der Selbstinterpretation des Fordismus wird deutlich machen, daß beide tatsächlich eine "modernisierte" Fassung sowohl derjenigen sozialen Bedingungen wie der mit ihnen verknüpften Visionen darstellen, die erstmals mit der modernen Organisation der Gesellschaft und deren geistiger Überhöhung im Aufklärungsdenken hervorgetreten sind.

8 Die Renaissance der Fordismuskonzeption zunächst in der französischen "Regulationsschule" seit Mitte der 70er Jahre war ausdrücklich mit dem Anspruch angetreten, die "Große Krise" der 70er Jahre auf dem Hintergrund der Erklärung der bis zu diesem Zeitpunkt stabilen Entwicklung des Fordismus verständlich zu machen. Siehe dazu Lipietz 1985, S. 109.

Eine "Theorie fordistischer Modernisierung", die sich gerade diesem Anliegen widmen soll, gerät aus diesem Grunde zu den aktuellen Varianten der Fordismustheorie in ein eigentümliches Spannungsverhältnis. Auf der einen Seite geht sie davon aus, daß die Vielzahl der in deren Rahmen gelieferten Erklärungsansätze zur gegenwärtigen Entwicklung kapitalistischer Gesellschaften grundsätzlich innerhalb einer derart übergreifenden Perspektive rekonstruierbar ist; auf der anderen Seite zielt sie darauf ab, die kapitalismustheoretischen genauso wie die zeitdiagnostischen Defizite dieser Theorierichtung auf einen Mangel in der Entfaltung ihres nur impliziten konzeptionellen Rahmens zurückzuführen. Der daraus entspringenden Notwendigkeit eines zugleich immanenten wie transzendierenden Bezuges auf die Fordismustheorie versucht die folgende Auseinandersetzung mit dieser Theorie durch ihr Gliederungsprinzip gerecht zu werden: Zunächst sollen in der Darstellung der Fordismustheorie selbst die Gesichtspunkte, die ihre Rekonstruktion im Rahmen einer "Theorie fordistischer Modernisierung" nahelegen, und die Bedeutung, die ihr auf diesem Hintergrund für die Entwicklung einer Theorie des fortgeschrittenen Kapitalismus zukommt, herausgearbeitet werden. Indem in einer solchen Darstellung allerdings auch deutlich werden wird, aus welchen Gründen die "positive Heuristik" des fordismustheoretischen Forschungsprogrammes nicht voll ausgeschöpft wird, gerät das angedeutete Defizit in der gesellschafts- und kapitalismustheoretischen Grundlegung dieses Programmes ins Blickfeld. Dieses Defizit soll im zweiten Kapitel zum Anlaß der Skizzierung eines entsprechenden zugleich kapitalismus- wie modernitätstheoretisch orientierten konzeptionellen Rahmens gemacht werden. Daß die damit verbundene modernitätstheoretische Fundierung der Fordismustheorie deren Erklärungspotential bzgl. der Entwicklung fortgeschrittener kapitalistischer Gesellschaften gerecht wird, wird dabei nicht nur im Rückblick auf die bisher skizzierten Erklärungsprobleme, sondern auch in dem allerdings nur exemplarisch vollziehbaren Aufweis der produktiven Perspektiven der angezielten "Theorie fordistischer Modernisierung" als "Theorie des fortgeschrittenen Kapitalismus" zu zeigen sein.

Innerhalb dieser Rekonstruktion der Fordismustheorie wird aus unterschiedlichen Gründen das Schwergewicht vor allem auf die westdeutschen Vertreter[9] dieser Theorie gelegt werden.[10] Zwar ist diese Konzeption vor allem in den Arbeiten der französischen "Regulationsschule" seit Mitte der 70er Jahre wiederaufgegriffen worden[11], hat allerdings bei dieser Theorierichtung hauptsächlich eine ökonomi-

9 Hierbei handelt es sich vor allem um Joachim Hirsch und Roland Roth, die für die BRD im Übergang zu den 80er Jahren die Auseinandersetzung mit dieser Theoriekonzeption eingeleitet haben. (Siehe dazu Hirsch/Roth 1980) Diese Anregung ist zwar in der Folgezeit vereinzelt aufgegriffen worden, eine systematische Auseinandersetzung mit dieser Konzeption deutet sich aber erst in Anknüpfung an deren umfassende Ausarbeitung durch die genannten Autoren aus dem Jahre 1986 an. Bis zu diesem Zeitpunkt war selbst die oberflächliche Kenntnis dieses Theorieprogramms relativ beschränkt.

10 Soweit möglich, wird im Bezug auf andere Varianten der Fordismustheorie deutlich gemacht werden, inwiefern die angesprochenen Vorzüge wie Defizite repräsentativ sind für diese Theorie in ihrer Gesamtheit. Ein Problem einer solchen synthetischen Darstellung dieser Theorie beruht allerdings selbst auf einem dieser Defizite: Bisher stellt die Fordismuskonzeption tatsächlich viel mehr ein Forschungsprogramm mit einer Fülle empirischer Referenzen dar als im eigentlichen Sinne eine Theorie. Ob dieser Mangel, der allerdings vorerst alle derart anspruchsvollen gesellschaftstheoretischen Entwürfe mehr oder weniger kennzeichnet, ausschließlich ihrer "Jugend" geschuldet ist, wird im weiteren zu beantworten sein.

11 Bahnbrechend war hierbei die Arbeit Agliettas über die Entwicklung des amerikanischen Kapitalismus aus dem Jahre 1976. Zur Literaturlage und den Grundzügen der an diese Arbeit an-

sche Ausarbeitung gefunden, auch wenn diese von Anfang an mit einer anti-ökonomistischen Programmatik verknüpft worden ist. Den Arbeiten von Hirsch und Roth als Hauptvertretern dieser Konzeption in der westdeutschen Diskussion kommt demgegenüber das Verdienst zu, diese Beschränkung überschritten zu haben in Richtung auf eine Analyse des Gesamtzusammenhangs fordistischer Vergesellschaftung[12] und dies zu verbinden mit Erklärungsversuchen, die auf die konkrete Gestalt dieses Zusammenhangs in der BRD gerichtet sind. Neben diesen materialen Vorzügen ist für den gegebenen Zusammenhang die Tatsache, daß sich diese Autoren in ihrem Reformulierungs- und Aktualisierungsversuch der Marxschen Theorie ausdrücklich in Beziehung setzen zu den bisher dargestellten theoretischen Auseinandersetzungen, nicht von geringer Bedeutung, erlaubt sie doch ohne Schwierigkeiten ein Verständnis ihrer Arbeiten als Vermittlungsversuch zwischen den Polen der dargestellten Theoriedialektik.

knüpfenden Diskussion siehe Scherr 1984, S. 81ff. und Lipietz 1985 aus der Perspektive eines der Beteiligten.

12 Insofern, als in der Fordismusdiskussion auch Varianten aufgetreten sind, die sich nahezu ausschließlich auf die kulturelle Dynamik fordistischer Vergesellschaftung konzentrieren, kommt den Arbeiten von Hirsch und Roth schon in dieser Beziehung eine Vermittlungsfunktion zu. In besonders ausgeprägter Form hat Lüscher 1986 und 1987 eine solche kulturalistische Version der Fordismustheorie verfolgt.

1. Die Fordismustheorie: Der fortgeschrittene Kapitalismus als Gesamtformation

Wie schon die gelegentliche Inanspruchnahme der von Hirsch/Roth formulierten Variante der Fordismustheorie in der bisherigen Argumentation angedeutet hat, deckt sich deren Sichtweise der "Krise des Marxismus" in wesentlichen Aspekten mit der hier gelieferten Diagnose dieses Zustandes der marxistischen Theoriebildung. Diese Gemeinsamkeit hebt an mit der Bestimmung der unmittelbaren politischen wie sozialen Bedingungen des Hervortretens der "Krise des Marxismus" und läßt sich über die Eingrenzung der zugrundeliegenden theoretischen Probleme und die theoriegeschichtlichen Linien ihrer Entfaltung verlängern bis hin zu den aus einer solchen Diagnose entwickelten Vermittlungsansprüchen.

Ausgehend von der eigentümlichen Verschränkung "traditioneller" und "neuartiger" Krisenpotentiale und Konfliktlinien in den 70er Jahren, an deren mangelhaftem Verständnis die "Krise des Marxismus" aufgebrochen ist[1], werden die gesellschafts- und kapitalismustheoretischen Annahmen, die diesem Defizit zugrundeliegen, herausgearbeitet. Neben dem schon aufgewiesenen "strukturalistischen" und "ökonomistischen" Reduktionismus dieser theoretischen Tradition wird besonders ihr genauso reduktionistischer Umgang mit der Beziehung zwischen "Systemstrukturen" und "handelnden Subjekten" (Hirsch/Roth 1986, S. 43)[2] hervorgehoben, dessen Objektivismus gerade der Dynamik der sozialen Auseinandersetzungen um die spezifischen Formen, die die strukturelle Logik kapitalistischer Gesellschaften unter bestimmten historischen Bedingungen annimmt, nicht gerecht werden kann.

Die aus diesen theoretischen Voraussetzungen erwachsende Unzulänglichkeit in der Erklärung sowohl der strukturellen Seite der Entwicklung gegenwärtiger kapitalistischer Gesellschaften wie der an diese anknüpfenden Formen und Akteure sozialer Auseinandersetzung wird darüber hinaus ausdrücklich in der Spannung zwischen den bisher angesprochenen Theorievarianten verortet: Weder die vorwiegend an ökonomischen Fragestellungen und der Entwicklung des Klassenhandelns von Arbeitern ausgerichteten orthodoxen Ansätze, noch die verschiedenen Formen des "Revisionismus", die im Verzicht auf einen "systematischen Rückgriff auf die Akkumulations- und Verwertungsbedingungen des Kapitals mit den sich darauf beziehenden Klassenauseinandersetzungen" (a.a.O., S. 30) grundlegende Annahmen der marxistischen Tradition in Frage stellen, erlauben ein angemessenes Verständnis aktueller gesellschaftlicher Entwicklungen.[3]

---

1 Siehe dazu Hirsch/Roth 1986, S. 10ff. Die Autoren liefern hier eine gelungene "Aporetik" derjenigen Probleme, mit denen sich die marxistische Tradition angesichts des Ineinandergreifens von Kontinuität und Bruch in der gesellschaftlichen Entwicklung des letzten Jahrzehnts konfrontiert gesehen hat.

2 Ausführlicher zu diesem Problem siehe die schon erwähnten Passagen in Hirsch 1980, S. 137ff.

3 Genausowenig wie sich die empirischen Prognosen der Marxorthodoxie als erfolgreich erwiesen haben: "In den fortgeschrittenen kapitalistischen Ländern hat die Entwicklung der Produktivkräfte und die 'objektive' Polarisierung des Klassengegensatzes weder zu einem Zusammenbruch des Systems noch zu seiner revolutionären Überwindung durch die Arbeiterklasse geführt" (Hirsch/Roth 1986, S, 41), haben sich die Annahmen der "revisionistischen" Reformulierungsversuche an der Realität fortgeschrittener kapitalistischer Gesellschaften bewährt: "Die verschiedenen Varianten der 'Postindustrialismus'-, 'Spätkapitalismus'- und 'Modernitäts'-Theorien wurden mit gesellschaftlichen Realitäten konfrontiert, die sie selbst ausgeschlossen

Von dem Ziel der "Überwindung der Defizite und Sackgassen sowohl der skizzierten Ansätze (Spätkapitalismus-, Postindustrialismustheorie und Theorie der Moderne) als auch 'orthodox-marxistischer' Herangehensweisen" und deren jeweiligen "politizistischen" und "ökonomistischen" (a.a.O., S. 41) Mißverständnissen[4] sind in der Folge auch die Ansprüche, die Hirsch und Roth mit ihren eigenen theoretischen Bemühungen um eine "Aktualisierung und Reformulierung ... der Marxschen Theorie" (a.a.O., S. 8) verbinden, bestimmt: Diese zielen ab auf "eine kritische Revision und eine an Gramsci orientierte Weiterentwicklung der Marxschen Theorie" in der Form einer "konzeptionellen Ausarbeitung und empirischen Konkretisierung einer Theorie kapitalistischer Entwicklung" (a.a.O.,S. 41).[5] In Anknüpfung an die Traditionen des "westlichen Marxismus" wird diese grundlegende Intention umgesetzt in ein Vermittlungsprogramm, das erneut den Gesamtkomplex der von dieser Tradition aufgeworfenen gesellschafts- und kapitalismustheoretischen, zeitdiagnostischen wie bewegungstheoretischen und -strategischen Fragestellungen material anzugehen versucht.[6] Neben einer historisch ori-

hatten." (a.a.O., S. 30f.) - Diese Darstellung der komplementären Erklärungsdefizite beider Theorievarianten wird von den Autoren allerdings nicht - wie dies oben getan worden ist - in den Aufweis gemeinsamer theoretischer Grundlagen dieser Defizite verlängert. Die identifizierten Mängel der marxistischen Tradition werden in dieser Beziehung dominant der orthodoxen Linie zugeordnet. Ob es sich bei der daraus resultierenden Tatsache einer vorwiegend empirisch orientierten Kritik an der Kritischen Spätkapitalismustheorie um eine eher zufällige Beschränkung der Argumentation handelt, wird im folgenden noch zu betrachten sein.

4 Tatsächlich lassen sich schon die früheren Arbeiten Joachim Hirschs als beständiges Bemühen um Vermittlungen zwischen diesen beiden Positionen begreifen. Sowohl in seinen staatstheoretischen Arbeiten (1969, 1976 u. 1977) wie seinen empirischen Untersuchungen zu einzelnen Feldern staatlichen Handelns (1970 u. 1974) hat Hirsch auf die Notwendigkeit einer Aufhebung der von diesen Positionen aufgebauten fehlerhaften Alternativen hingewiesen: eine Theorie der gegenwärtigen Entwicklung kapitalistischer Gesellschaften bedarf demnach sowohl einer differenzierten Analyse des Zusammenhangs der weiterhin bestehenden ökonomischen Krisentendenzen zu den "politischen Krisenmomenten entwickelter kapitalistischer Gesellschaften" (1974, S. 12), zum anderen eines zweigleisigen Verfahrens der "theoretisch-kategorialen Klärung der den Akkumulations- und Krisenprozeß des Kapitals bestimmenden Gesetzmäßigkeiten" auf der einen, der "Klärung des historischen Verlaufs dieses Prozesses auf dem Weltmarkt" (a.a.O., S. 8)auf der anderen Seite. - Obwohl Hirsch in diesen Arbeiten das von Offe/Bergmann skizzierte Vermittlungsprogramm in seinen Ansprüchen weitaus ernster nimmt als diese Autoren selbst in der Folgezeit, sind allerdings auch bei ihm ähnliche "revisionistische" Tendenzen nicht zu übersehen. In den ersten Schriften - vor allem der Arbeit aus dem Jahre 1969 - wird dies allein schon an der gewählten Terminologie deutlich. Unter dem Einfluß der "Rekonstruktion der Kritik der Politischen Ökonomie" seit Beginn der 70er Jahre hat sich diese Akzentsetzung innerhalb der angezielten Vermittlung zwar verschoben; ob Hirsch in seinen neueren Versuchen in einer gelungenen Vermittlung ohne eine derartige Vereinseitigung der Argumentation auskommt, wird einer der Bezugspunkte der folgenden Darstellung und Kritik dieser Versuche sein.

5 An anderem Ort (1980, S. 135) hat Hirsch dieses Anliegen mit der einfachen, aber treffenden Frage "Was eigentlich sagt uns Marx heute noch?" umrissen.

6 Dieser umfassende Anspruch der Arbeiten von Hirsch und Roth ist von der Kritik - vor allem angesichts des offensichtlichen Mangels an "Theorieentwürfen ... in der bundesrepublikanischen Debatte, die sich um eine Gesamtinterpretation der in ökonomische und gesellschaftspolitische Kontextbedingungen eingeordneten Veränderungen der Produktions- und Reproduktionsbedingungen ...im Anschluß an die Marxsche Theorie ... bemühen" (Wagner/Stahn 1987, S. 29) - immer wieder positiv hervorgehoben worden. Die gleiche Kritik, die diesen Vorzug gegenüber der Fülle an Arbeiten zu einzelnen Problemen der Entwicklung des gegenwärtigen Kapitalismus festhält, beschränkt sich in ihrer Durchführung dann aber doch meist auf ein - wenn auch häufig als solches berechtigtes - "Herummäkeln" an einzelnen Bestandteilen dieses umfassenden Entwurfes und wird damit den Schwierigkeiten, die sich einer solchen Synthese aus prinzipiellen Gründen stellen, und dem trotz seiner Lücken und Widersprüche insgesamt innovativen Charakter dieses Versuches nicht gerecht. In dieser Beziehung scheinen sich besonders Theoretiker aus der "orthodoxen Ecke" hervorzutun, die jenseits ihrer Detailkritik selbst erneut nicht viel mehr anzubieten haben als eine Neuauflage der oben dargestellten Argumente einer orthodoxen Theorie des Spätkapitalismus. Siehe dazu neben dem zitierten Aufsatz von Wagner/Stahn, der ausdrücklich Bezug nimmt auf die Konzeptualisierung der gegenwärtigen Entwicklung als "Spät-

entierten Theorie, die sich der falschen Alternative von Kontingentisierung und Logifizierung geschichtlicher Abläufe entzieht[7], wird eine "materialistisch fundierte gesamtgesellschaftliche Theorie" (a.a.O., S. 43) angezielt, die mit der Unterscheidung zwischen "ökonomischen, politischen und ideologischen ... Ebenen oder 'Stockwerken' (Gramsci) der Gesellschaftformation" sowohl der "Eigendynamik" dieser Prozesse wie der "Relativität" dieser ihrer Unabhängigkeit (a.a.O.) gerecht zu werden erlaubt. Auf Basis einer "Verknüpfung von Struktur- und Handlungstheorie" im Rahmen "eines ... weiterentwickelten kapitalismustheoretischen Konzepts, ... das auf grundlegende Elemente der Marxschen Kritik der Politischen Ökonomie nicht zu verzichten braucht" (a.a.O., S. 41), soll es darüber hinaus gelingen, jenseits der "strukturanalytischen" (a.a.O., S. 9) Ambitionen der Fordismustheorie auch die sozialen Auseinandersetzungen über den bestimmten Verlauf strukturell anstehender Wandlungsprozesse, wie sie sich vor allen in der Dynamik sozialer Bewegungen abspielen[8], sowohl in ihren Entstehungsbedingungen wie strategischen Perspektiven einzubeziehen.

Die damit gleichzeitig angestrebte Reformulierung auch der praxistheoretischen Ansprüche des Historischen Materialismus[9] wird in einem zweiten Schritt in der Rückwendung auf diejenigen Anomalien innerhalb gegenwärtiger kapitalistischer Gesellschaften, die den unmittelbaren Anlaß für eine derart grundsätzliche Auseinandersetzung mit den Annahmen dieser theoretischen Tradition gebildet haben, einer gegenwartsanalytischen Konkretisierung unterzogen. Im Rahmen der Konzeptualisierung des Gesamtzusammenhanges der jüngsten Phase der Entwicklung kapitalistischer Gesellschaften als Fordismus wird dabei nicht nur der Prozeß der Herausbildung und Verallgemeinerung der diese Phase kennzeichnenden Funktionsprinzipien nachgezeichnet, sondern mit dem Aufweis des Eintritts dieser Prinzipien in die Krise das Szenario eines "neuen Gesichtes des Kapitalismus" entworfen, dem es gelingen könnte, in einem erneuten Entwicklungsschub kapitalistischer Vergesellschaftung diese Krise zu überwinden. (a.a.O. S. 10f.) Gemäß des formulierten praxistheoretischen Programms kommt in der Beurteilung der Perspektiven einer solchen innerkapitalistischen Krisenbewältigung der Analyse der sozialen Auseinandersetzungen und Bewegungen, die

---

kapitalismus" (S. 38), die Arbeit von Hübner 1987. Daß auch aus "orthodoxer" Perspektive ein differenziertes Anknüpfen an die Fordismustheorie möglich ist, zeigt dagegen der Aufsatz von Bünnig u. a. aus dem Jahre 1984.

7 "Eine materialistisch fundierte gesamtgesellschaftliche Theorie ... darf den historischen Prozeß weder als kontingente Abfolge zufälliger Ereignisse noch als 'logische' Selbstentfaltung eines Prinzips (Rationalisierung, systematische Ausdifferenzierung) oder einer Struktur (Produktivkräfte/Produktionsverhältnisse) begreifen." (Hirsch/Roth 1986, S. 43)

8 "Der kapitalistische Entwicklungspfad ist weder systemfunktional gesichert noch kausalanalytisch prognostizierbar. Er beruht auf sozialen Konflikten und Klassenauseinandersetzungen, die in objektive Strukturen eingebettet sind und diese zugleich fortlaufend verändern." (a.a.O., S. 42)

9 Daß dieser Reformulierungsversuch den Unterschied zwischen Theorie und Praxis, Erklärung und Strategie übergreifen soll, insofern ausdrücklich als Absage an die anderenorts diagnostizierte "Akademisierung" des Marxismus (Hirsch 1980, S. 140) zu verstehen ist, lassen die Autoren von vornherein deutlich werden: "Wir können hoffentlich damit zeigen, daß konsequente Arbeit mit historisch-materialistischer Theorie eher als 'postmoderner' Eklektizismus zu brauchbaren Ergebnissen führt - nicht allein in wissenschaftlicher Hinsicht, sondern als Orientierungshilfe für alle, die in vielen Zusammmenhängen für eine bessere und menschlichere Gesellschaft kämpfen." (Hirsch/Roth 1986, S. 8) Gleichzeitig wird damit sichtbar, welche grundsätzliche Bedeutung die Autoren einem systematischen Zugriff auf gesellschaftliche Zusammenhänge in ihrer Gesamtheit zuschreiben gegenüber einer Theorie, die aus der Not einer womöglich gar nicht so "neuen Unübersichtlichkeit" allzuschnell eine Tugend gemacht hat.

sich an dieser Krise und ihren Bewältigungsversuchen entzünden, eine zentrale Bedeutung zu. (a.a.O., S. 12ff.)

Wie weit dieses anspruchsvolle Programm in der Durchführung trägt, soll im folgenden entlang der zwei Schritte, die die bisher gelieferte Skizze des Gesamtzusammenhangs dieses Programms selbst nahelegt[10], einer Beurteilung zugeführt werden: zunächst in der Darstellung der gesellschafts- und kapitalismustheoretischen Grundlagen der Fordismustheorie, danach in der Nachzeichnung der Gehalte dieser Theorie selbst als Konzeptualisierung der Entwicklung des fortgeschrittenen Kapitalismus in seiner Gesamtheit und der mit dieser gesetzten Perspektiven sowohl für die strukturellen Wandlungsprozesse, die sich aktuell abzeichnen, wie für den Stellenwert der in ihnen hervorgetretenen sozialen Bewegungen.

10 Daß es sich hierbei um eine notwendige Differenzierung innerhalb des üblicherweise global verwendeten Begriffes "Fordismustheorie" handelt, wird bei den Autoren selbst nicht immer deutlich. Die gesellschafts- und kapitalismustheoretischen Voraussetzungen einer Analyse einzelner Phasen der historischen Entwicklung des Kapitalismus auf der einen, der Versuch einer solchen Analyse für dessen gegenwärtiges Stadium auf der anderen Seite werden auch bei ihnen unter dem Etikett "Fordismus-Theorie" nicht hinreichend voneinander geschieden; tatsächlich werden diese beiden Analyseebenen in der Argumentation selbst sogar des öfteren vermengt. (Siehe dazu beispielsweise Hirsch/Roth 1986, S. 44) Die französischen Fordismustheoretiker haben dagegen die Unterscheidung zwischen dem "Stoff zur *allgemeinen* Untersuchung einer Produktionsweise, ihrer Widersprüche und auch der logischen Erfordernisse ihrer Stabilisierung" von dem "Material zur *besonderen* Untersuchung von Lösungen, die die Geschichte diesen Widersprüchen zuführt," (Lipietz 1985, S. 114) methodologisch und inhaltlich hervorgehoben. Daß sie sich gemäß ihres umfassenden, d. h. nicht nur kapitalismushistorischen Anspruches primär als "Regulationstheoretiker" und erst in zweiter Linie als "Fordismustheoretiker" verstehen, mag mit dem Bewußtsein der Bedeutung dieser Unterscheidung zusammenhängen.

1.1 Die kapitalismustheoretischen Grundlagen der Fordismustheorie: Einheit und Differenzierung kapitalistischer Gesellschaften

Der zeitdiagnostische Bezugspunkt der Fordismustheorie ist, wie gezeigt, durch den historischen Einschnitt zwischen einer Phase relativer ökonomischer, sozialer und politischer Stabilität fortgeschrittener kapitalistischer Gesellschaften auf der einen, dem erneuten Hervortreten krisenhafter Prozesse auf allen Ebenen der Entwicklung dieser Gesellschaften auf der anderen Seite vorgegeben. Im Zentrum des gesellschaftstheoretischen Versuches, diesen Einschnitt weiterhin im Rahmen einer ökonomisch fundierten Analyse verständlich zu machen[1], steht dabei erneut die Auseinandersetzung mit der "Reichweite ökonomischer Krisentheorien" (Hirsch/Roth 1986, S. 31) in einem doppelten Sinne: Zunächst ist zu fragen, wie der konstatierte Zusammenhang von Stabilität und Krise nach seiner ökonomischen Seite auf Basis der weiterhin unterstellten krisenhaften Verlaufsdynamik kapitalistischer Gesellschaften erklärbar ist; in einem zweiten Schritt bleibt zu beantworten, inwieweit diese ökonomische Krisenlogik und -wirklichkeit sich niederschlägt in und in Interaktion tritt mit Krisenprozessen, die außerhalb der ökonomischen Sphäre angesiedelt sind, d. h. wie sich fortgeschrittene kapitalistische Gesellschaften als Gesamtformationen von Vergesellschaftung präsentieren.

Befindet man sich auf diesem Wege erneut im Zentrum der bisher verfolgten zweifachen Fragestellung einer Theorie fortgeschrittener kapitalistischer Gesellschaften, formuliert die Fordismustheorie darüber hinaus einen Vermittlungsanspruch, der diese Unterscheidung selbst übergreift[2]. Im Rahmen eines einheitlichen Modells sollen sowohl die Beziehungen zwischen "Notwendigkeit" und "Kontingenz", "Kontinuität" und "Wandel" innerhalb der ökonomischen Entwicklung kapitalistischer Gesellschaften auf der einen, wie die Transformation und Brechung dieser Entwicklung in der sozialen, politischen und ideologischen Dynamik solcher Gesellschaften auf der anderen Seite ins Auge gefaßt werden. Material handelt es sich bei diesem Modell um eine Reformulierung des schon von Marx hervorgehobenen Verhältnisses zwischen dem "Gesetz des tendenziellen Falls der Profitrate"[3] als Zentrum der Krisendynamik kapitalistischer Gesellschaften und

---

1 Zu dem Anspruch, die jüngste Phase kapitalistischer Entwicklung und ihren Eintritt in die Krise "im systematischen Bezug auf die Analyse der Wertbewegung begreifen zu können", siehe Scherr 1984, S. 81. Hirsch und Roth formulieren diesen Anspruch einer werttheoretischen Erklärung auch des "interventionsstaatlichen Kapitalismus" (1986, S. 30) in ausdrücklicher Abgrenzung von den diesbezüglichen Revisionismen der Argumentation von Habermas und Offe. Siehe dazu auch Hirsch 1980, S. 63f.

2 Dies läßt sich zumindest für die Hirsch/Rothsche Variante belegen. In den Arbeiten der französischen Fordismustheoretiker ist der Anspruch auf eine Erklärung sowohl der historischen wie der funktionalen Differenzierung kapitalistischer Gesellschaften in *einem* Zusammenhang nicht derart explizit, was vor allem auf ihre Konzentration auf ökonomische Fragestellungen zurückzuführen ist.

3 "Der Motor dieses Prozesses (der kapitalistischen Entwicklung; St. B.) ist die objektive Akkumulations- und Krisendynamik des Kapitals, die Marx im 'Gesetz vom tendenziellen Fall der Profitrate' zusammengefaßt hat." (Hirsch 1980, S. 57) Die zentrale Bedeutung dieses Gesetzes zur Bestimmung des "Akkumulations- und Krisenprozesses des Kapitals" hat Hirsch schon 1974, S. 29ff. u. S. 82ff. herausgearbeitet.

den diesem Gesetz "entgegenwirkenden Ursachen" als Faktoren der Begrenzung dieser Dynamik.[4]

Nach der Seite der ökonomischen Entwicklung erlaubt es diese Reformulierung zunächst, die zu vermittelnden Momente von "Notwendigkeit" und "Kontingenz", "struktureller Identität" und "sich wandelnden Verhältnissen ... im historischen Verlauf" (Hirsch 1980, S. 55f.)[5], "Stabilisierung" und "Krisenhaftigkeit" den Seiten dieses Verhältnisses zuzuordnen und sie damit als sowohl unterschiedene wie notwendig aufeinander bezogene zu begreifen. Repräsentiert die im "Gesetz" formulierte Tendenz zu einer Steigerung der organischen Zusammensetzung des Kapitals mit deren krisenhaften Konsequenzen für die Entwicklung der Profitrate und der Beschäftigungslage das zugleich notwendige, wie über die verschiedenen Phasen kapitalistischer Entwicklung identitätsstiftende Moment dieses Verhältnisses, stehen die "entgegenwirkenden Ursachen" für zunächst kontingente historische Bedingungen, die die Spezifität des jeweiligen historischen Standes kapitalistischer Entwicklung und das entsprechende Stabilitätsniveau dieses Entwicklungsstandes ausmachen.[6]

Für jede Phase kapitalistischer Vergesellschaftung ist gemäß dem damit entwickelten Modell das jeweils historische - begriffslogisch prinzipiell nicht einholbare - Verhältnis der Momente dieses Zusammenhangs zu bestimmen, können nur auf dem Boden der Einbeziehung einer Fülle historisch kontingenter Prozesse deren Entwicklungs- und Verfallspotentiale beurteilt werden.[7] Ob diese Phase (oder gar die kapitalistische Organisationsform der Produktion selbst) ihre Fortschrittsdynamik erschöpft hat, ihre Krise strukturell[8] wird und sie damit zum Untergang verurteilt ist, bleibt damit in gleicher Weise von nur empirisch zu bestimmenden Bedingungen abhängig.[9]

4 Die entscheidende Bedeutung, die diesem Verhältnis für die Erklärung der historischen Entwicklung des Kapitalismus zukommt, hat erneut schon Gramsci (1967, S. 378) hervorgehoben: "der Fordismus als letzter Punkt der einander ablösenden Versuche der Industrie, das Gesetz vom tendenziellen Fall der Profitrate zu überwinden".

5 Hirsch bezieht sich hier ausdrücklich auf die "westdeutsche 'Staatsableitungs'-Debatte" und hebt deren Mangel in der Vermittlung zwischen "strukturanalytischer Ebene einer 'allgemeinen' Bestimmung des bürgerlichen Staates mit der Untersuchung historisch-konkreter politischer Prozesse und Wandlungen innerhalb der Staatsapparatur" hervor. (1980, S. 54f.) Auffällig an den Konsequenzen, die er aus diesem Mangel zieht, ist allerdings die Tatsache, daß auch ihm, obwohl er die Berechtigung und Resultate einer kategorialen Formanalyse des Staates unbestritten läßt, der Hinweis auf die historischen Veränderungen im Verhältnis von Staat und Gesellschaft zu einer "grundlegenden" Infragestellung der in einer solchen kategorialen Analyse festgehaltenen allgemeinen Charakteristika "des Verhältnisses von 'Politik' und 'Ökonomie', von 'Basis' und 'Überbau'" (a.a.O., S. 57) gerät.

6 Die französische Regulationsschule, die sich nicht mit der gleichen Ausschließlichkeit auf das bei Hirsch und Roth in den Vordergrund gestellte Moment der kapitalistischen Ökonomie bezogen hat, hat besonders das Verhältnis von Stabilität und Krisenhaftigkeit mit Hilfe des "Begriffspaars *Regulation* ... und *Krise*" zum Gegenstand einer umfassenderen Analyse gemacht. Die tatsächliche Gewichtung innerhalb dieses Verhältnisses wird dabei davon abhängig gemacht, mit Hilfe welcher verschiedenartigen "Regulationsformen" eine Institutionalisierung der unter kapitalistischen Bedingungen grundsätzlich "konfliktorischen und widersprüchlichen ... sozialen Verhältnisse" (Lipietz 1985, S. 109) gelingt.

7 "Jede historische Formation des Kapitalismus hat ihre eigenen Krisenprozesse". (Hirsch/Roth 1986, S. 44)

8 Wenn im folgenden von "Krise" die Rede ist, dann sind damit immer solche "strukturellen", d. h. den einzelnen Konjunkturzyklus übergreifenden Prozesse angesprochen. Die Regulationsschule hat diesen Unterschied mit der Unterscheidung zwischen "kleiner Krise *innerhalb* der Regulation" und "großer Krise *der* Regulation" (Lipietz 1985, S. 113) expliziert.

9 "Insofern die Krise aus einem widersprüchlichen Zusammenspiel von Tendenz und Gegentendenz erklärt wird, bleibt ihre Aussage zunächst einmal unbestimmt ..., erfordert die Be-

Ist damit die Entwicklungs- und Krisendynamik kapitalistischer Gesellschaften in entscheidenden Gesichtspunkten an die Kontingenz historischer Prozesse verwiesen, lassen sich dessenungeachtet innerhalb der Geschichte der kapitalistischen Produktionsweise systematische Unterscheidungen treffen, Verlaufsprinzipien identifizieren, die jenseits der historischen Analyse festgehalten werden können[10]: Auch wenn "die Formulierung eines 'allgemeinen' Gesetzes der kapitalistischen Entwicklung auf der Ebene konkreter historischer Verläufe ausgeschlossen ist" (Hirsch/Roth 1986, S. 44), gliedert sich diese Entwicklung in voneinander abgrenzbare Phasen, die in ausdrücklicher Anknüpfung an die "Theorie der Langen Wellen" als "in der Regel mehrere Jahrzehnte dauernde Wellen kapitalistischer Entwicklung" (a.a.O., S. 34) bestimmt werden. Die Binnenstruktur dieser Phasen ist auf Basis der für sie spezifischen Mobilisierung "entgegenwirkender" Ursachen zunächst von einem Rationalisierungs- und Stabilisierungsschub gekennzeichnet, der in einem zweiten Schritt aufgrund der Erschöpfung dieser produktiven Potentiale umschlägt in eine epochale Krise des jeweiligen Akkumulationsmodells[11] und damit "einen verwertungsnotwendigen 'Umbau der Gesellschaft'" (a.a.O., S. 36) erforderlich macht.

Indem derart sowohl an den notwendigen wie kontingenten Momenten der historischen Entwicklung kapitalistischer Gesellschaften festgehalten und diesem Spannungsverhältnis darüber hinaus eine materiale kapitalismustheoretische Interpretation gegeben wird, ist offensichtlich ein entscheidender Schritt in Richtung auf eine nicht-reduktionistische Fassung der Beziehung von "Logik" und "Geschichte" des Kapitalismus und der an diese anknüpfenden Folgeprobleme getan.[12] Nimmt man den in Anknüpfung an die "Theorie der Langen Wellen" formulierten Anspruch dieses Modells auf den Aufweis einer notwendigen Zyklizität kapitalistischer Entwicklung in ihren langfristigen Perspektiven allerdings beim Wort, wird deutlich, daß beide Pole dieses Spannungsverhältnisses eine Durststrecke trennt, die diesen Erfolg zumindest relativiert. Nicht nur wird auf der Ebene der Krisenlogik des Kapitals ausschließlich das "Gesetz des tendenziellen Falls der Profitrate" berücksichtigt[13], sondern bleibt auch - was in diesem Zusammenhang schwerer

---

stimmung des Eintritts und der Erscheinungsform konkreter Krisen ... eine Aussage über die Bedingungen der Wirksamkeit 'entgegenwirkender Tendenzen'." (a.a.O., S. 37) - Diese Öffnung der Perspektiven des Kapitalismus in die Geschichte, d. h. auch die Zukunft, ist in der Fordismustheorie von vornherein ausdrücklich gegen die verschiedenartigen "Fäulnis-" (Bühler 1981, S. 146) und "Zusammenbruchstheorien" (Hirsch/Roth 1986, S. 41) - denen genauso wie "den verschiedenen Varianten der Spätkapitalismusthese ... die Möglichkeit eines qualitativ neuen kapitalistischen Vergesellschaftungsmodells schon begrifflich versperrt war" (Roth 1987, S. 18) - gerichtet.

10 "Das bedeutet, daß lange Wellen und säkulare Krisen unvermeidlich und innerhalb der kapitalistischen Gesellschaft unaufheblich sind." (Hirsch/Roth 1986, S. 37)

11 Siehe dazu Hirsch/Roth a.a.O., S. 35f. Der von den Autoren verwendete Begriff des "Akkumulationsmodells" ist in Anlehnung an das von der Regulationsschule eingeführte Konzept des "Akkumulationsregimes" (Lipietz 1985, S. 109) formuliert.

12 Die Originalität dieser Argumentation beruht dabei nicht so sehr auf der materialen Inanspruchnahme des in diesem Modell hervorgehobenen Zusammenhangs, dem, wie oben gesehen, nahezu in allen orthodoxen Ansätzen eine mehr oder weniger große Bedeutung zugeschrieben wird, sondern vielmehr in dem Aufweis der Fruchtbarkeit dieses Modells für die Lösung der angesprochenen Vermittlungsprobleme. Tatsächlich fällt die Art und Weise der materialen Inanspruchnahme der Spannung zwischen "Gesetz des tendenziellen Falls der Profitrate" und "entgegenwirkenden Ursachen" in theoretischer wie empirischer Hinsicht hinter die entsprechenden Versuche der Orthodoxie zurück.

13 Wie oben schon angedeutet, handelt es sich bei diesem Gesetz zwar um einen entscheidenden Einflußfaktor auf die Profitrate als Zusammenfassung und Regelmechanismus der kapitalisti-

wiegt - der Raum zwischen dieser auf werttheoretischem Abstraktionsniveau verorteten Gesetzmäßigkeit auf der einen, den empirisch aufzugreifenden historischen Bedingungen auf der anderen Seite gänzlich unbestimmt.[14] Die Frage, *wie* sich diese Gesetzmäßigkeit in der geschichtlichen Entwicklung entfaltet, unter welchen Bedingungen eine Mobilisierung entgegenwirkender Ursachen möglich und vor allem aus welchen Gründen sich die Effekte einer solchen Stabilisierung als Folge der Wirkung des Gesetzes selbst mit Notwendigkeit abnutzen[15], ist aufgrund dieser Lücke innerhalb des ökonomiekritischen Instrumentariums der Autoren nicht zu beantworten. Indem solche Fragen letztlich der historischen Analyse *allein* zugeordnet werden, wird - ähnlich wie in der schon von Mandel betriebenen Kontingentisierungsstrategie - der Weg zu einem Verständnis der Einheit der jeweiligen historischen Phase kapitalistischer Vergesellschaftung sowohl nach ihrer Binnenstruktur wie in ihrer Abgrenzung gegenüber vorangegangenen und nachfolgenden Abschnitten dieser Gesellschaftsformation versperrt, kann eine Phasen*theorie* im eigentlichen Sinne nicht entwickelt werden.

Zwar deuten die Autoren mit dem Prozeß der fortschreitenden "Durchkapitalisierung der Gesellschaft, d. h. der reellen Subsumtion von Produktion und Reproduktion unter das Kapitalverhältnis ... den roten Faden, der die durch sä-

---

schen Produktion, aber keineswegs um den einzigen. Eine angemessene Theorie der Krise müßte demgegenüber gerade den Gesamtzusammenhang, der sich in der Bewegung der Profitrate zusammenschließt, ins Auge fassen. (Zu den Schwierigkeiten einer solchen synthetischen Krisentheorie siehe Cogoy 1979b.) Auf diesen Mangel wird in anderem Zusammenhang noch zurückzukommen sein. - Insgesamt bleibt der Bezug auf ökonomische Zusammenhänge bei Hirsch und Roth im Vergleich zu dem hochdifferenzierten Variablenmodell, das die französische Fordismustheorie entwickelt hat (siehe dazu Lipietz 1985 und Hübner 1987, S. 39f.), höchst programmatisch und selektiv. Selbst in der Darstellung der Vorzüge eines Anknüpfens an das Gesetz des tendenziellen Falls der Profitrate gegenüber anderen aktuellen Versuchen der Krisenerklärung wird häufig die Behauptung, diesem Gesetz gelänge eine Integration der Stärken dieser Erklärungen unter Ausschluß ihrer Schwächen, für ihren Beleg genommen.

14 Besinnt man sich auf die von der studentischen Orthodoxie vollzogene Unterscheidung von Analyseebenen, so wird in der Hirsch/Rothschen Phasentheorie ausschließlich auf zwei dieser Ebenen argumentiert: zum einen in Begriffen des "Kapitals im Allgemeinen", auf der anderen Seite in Bezug auf die konkreten historischen Gestaltungen der kapitalistischen Produktionsweise. Die "Oberfläche des Kapitals" als "Konkurrenz der vielen Kapitalien", in der sich gerade über den Mechanismus des Ausgleichs der Profitrate die Vermittlung zwischen unmittelbar profitstabilisierender Mobilisierung entgegenwirkender Ursachen und der langfristigen Tendenz zur Senkung der Profitrate vollzieht, wird bei den Autoren systematisch ausgeklammert. (Auf dieses "Ausblenden der Beziehung zwischen Einzelkapital und gesellschaftlichem Reproduktionsprozeß" haben Wagner/Stahn 1987, S. 32 hingewiesen.) Auf die Art und Weise, in der im Ausgleich der Profitrate unmittelbar profitstabilisierende Bedingungen in ihrer Verallgemeinerung einen genau entgegengesetzten Effekt ausüben, hatte erneut schon Gramsci 1967, S. 399 hingewiesen. Auf die in diesem Zusammenhang skizzierte Ausnahmesituation, der sich das Florieren des Fordismus seiner Meinung nach verdankt, wird noch zurückzukommen sein.

15 Ohne Annahmen, die einen solchen inneren Zusammenhang zwischen "Gesetz" und seinen "Gegentendenzen" unter Dominanz des "Gesetzes" begründen, gelangt man - wie oben an der Kritischen Spätkapitalismustheorie gezeigt - tatsächlich sogar zu einer Infragestellung der Notwendigkeit der Krise selbst: Aus welchen Gründen sollte ohne einen solchen Zusammenhang eine notwendige Abnutzung der entgegenwirkenden Tendenzen stattfinden? Zur Auseinandersetzung um dieses grundlegende Problem der Marxschen Profittheorie siehe Cogoy 1979a und Rolshausen 1970. - Schon Grossmann (1932, S. 83) hatte in seinen krisentheoretischen Überlegungen im Anschluß an Marx die Notwendigkeit der Berücksichtigung der "notwendigen Mittelglieder", die die Marxsche "Lehre von der Bildung der allgemeinen Profitrate sowie von der Verwandlung der Werte in Produktionspreise" zur Verfügung stellt, hervorgehoben. Tatsächlich hat Aglietta im zweiten Teil seiner grundlegenden Arbeit zum Fordismus (1976, S. 187ff.) ein differenziertes Modell der Art und Weise, in der sich das Wertgesetz auf der Ebene der Konkurrenz durchsetzt, entwickelt. Daß zumindest in der deutschen Diskussion bisher nur deren erster Teil, der sich mit den Veränderungen des "unmittelbaren Produktionsprozesses des Kapitals" befaßt, rezipiert worden ist, beruht wohl nicht zuletzt auf der Tatsache, daß bis heute keine deutschsprachige Übersetzung dieser Arbeit vorliegt.

kulare Krisen und gesellschaftliche Brüche geprägte Entwicklung des Kapitalismus seit seiner Entstehung durchzieht" (Hirsch/Roth 1986, S. 105), an und begreifen dieses "auf den Begriff kommen ... der kapitalistischen Gesellschaft" (a.a.O., S. 63) als zunehmende Aufsaugung traditioneller Vergesellschaftungsformen, in der mit dem "reinen" Hervortreten der spezifischen Widersprüchlichkeit kapitalistischer Gesellschaften gleichzeitig die Notwendigkeit der Inanspruchnahme neuartiger nicht-kapitalistischer Organisationsprinzipien zur Gewährleistung sozialer Integration unabweisbar wird[16]; welchen Mechanismen diese widersprüchliche Teleologie von Durchsetzung und Selbstaufhebung kapitalistischer Vergesellschaftung gehorcht und wie aufgrund dieser Mechanismen deren Phasen als bestimmte Abschnitte dieser Dynamik zu begreifen sind, wird nicht weiterverfolgt.[17] Gegen eine solche einheitsstiftende Konzeption kapitalistischer Entwicklung wird vielmehr - in ausdrücklicher Absetzung von Konzeptionen, die in Anknüpfung an die universalgeschichtlichen Intentionen der Weberschen Rationalisierungstheorie[18] auf die übergreifenden Tendenzen des kapitalistischen Modernisierungsprozesses verwiesen haben - erneut die Diskontinuität und Singularität historischer Entwicklungen ins Feld geführt. (a.a.O., S. 30)

An dieser letztendlichen Hervorhebung des Moments der Kontingenz innerhalb des angezielten Vermittlungszusammenhangs deuten sich gleichzeitig auch die Probleme und Vereinseitigungen an, die sich aus der mangelnden Berücksichtigung zentraler ökonomiekritischer Vermittlungsargumente ergeben. Legt diese Lücke in der Vermittlung zunächst ein Hin- und Herpendeln zwischen den gleichermaßen als notwendig behaupteten Momenten nahe, die in der Argumentation der Autoren tatsächlich in einer fortdauernden Beanspruchung einer "Einerseits-Andererseits-Beziehung" ihren Ausdruck findet[19], so zeichnet sich darüber hinaus

16 "Indem also die kapitalistische Gesellschaft im Prozeß ihrer historischen Entwicklung sozusagen auf ihren Begriff kommt, desto mehr offenbart sich ihre Unfähigkeit, sich auf ihren eigenen Grundlagen - Privatproduktion und Tausch - zu regulieren und umso deutlicher zeigt sich, daß die genuin kapitalistische ... Form der Vergesellschaftung den Zusammenhalt und die Entwicklung der Gesellschaft nicht zu gewährleisten vermag." (Hirsch/Roth 1986, S. 63f.) Die Autoren beziehen sich hier ausdrücklich auf die von Funke 1978 skizzierte "Theorie der Durchsetzung". - Daß sie eine solche Dialektik von "Durchsetzung" und "Selbstauflösung und -zerstörung" (Hirsch 1980, S. 61) allerdings ausschließlich im Rahmen des Aufweises der sozio-kulturellen Brüchigkeit der fordistischen Vergesellschaftungsform ansprechen, ist, wie sich zeigen wird, allerdings erneut nicht zufällig.

17 Scherr (1984, S. 82f.) hat den Versuch unternommen, die Integration der Fordismustheorie in "das Paradigma 'sich durchsetzender Kapitalismus' " voranzutreiben, und kann dabei tatsächlich an einzelne Argumentationszusammenhänge dieser Theorie anknüpfen. Insgesamt repräsentiert die Fordismustheorie aber auch in ihren französischen Varianten vielmehr eine Absage an eine derart übergreifende und mit dem Geruch der "Geschichtsphilosophie" behaftete Konzeption. Auch die französischen Theoretiker kennen nur die abstrakten Momente des kapitalistischen Vergesellschaftungsprozesses - die ihrerseits ähnlich wie bei Mandel als unabhängige Variablen behandelt werden - auf der einen, deren bloß kontingente Integration in den "geschichtlichen Fundsachen" auf der anderen Seite (Lipietz 1985, S. 114).

18 Die hier angedeutete Sichtweise von Webers Rationalisierungstheorie vereinseitigt diese in spezifischer Art und Weise, indem sie davon absieht, daß eines der zentralen Anliegen der "historisch-vergleichenden Soziologie" Webers darin bestand, den bestimmten historischen und nationalen Formen, die der Prozeß der Rationalisierung annimmt, nachzuspüren. (Siehe dazu Kalberg 1989.) Davon unberührt bleibt die Tatsache, daß Weber innerhalb dieses räumlich und zeitlich ausdifferenzierten Prozesses durchaus an übergreifenden, wenn auch vielleicht nicht unausweichlichen Entwicklungslinien festhalten wollte. - Schon hier neigen die Autoren dazu, "Notwendigkeit" und "Kontingenz" in unproduktiver Art und Weise gegeneinander auszuspielen.

19 An den drei oben angesprochenen Komplexen der Beziehung zwischen Kontingenz und Notwendigkeit, Wandel und Kontinuität und Stabilität und Krise wird dies deutlich: Immer wieder wird behauptet und auch durchaus belegt, *daß* nur die Berücksichtigung beider Seiten dieser

schon hier eine bestimmte Akzentsetzung innerhalb des Vermittlungsprogramms ab. Mit der Abgrenzung von den "objektivistischen" und "strukturalistischen" Orientierungen vor allem der orthodoxen Varianten der Spätkapitalismustheorie, sowohl in deren zusammenbruchstheoretischen Visionen wie deren überzogenen Notwendigkeitsinterpretationen überhaupt, wird die historische Entwicklungsdynamik mit der Ausblendung der in solchen Interpretationen allerdings überzogenen Dialektik von Durchsetzung und Selbstaufhebung im Gegenzug tendenziell der Beliebigkeit historisch-konkreter Prozesse überantwortet und damit letztlich auch das Verhältnis von Stabilität und Krise nicht nur in seinen konkreten Ausgestaltungen als kontingentes konzipiert.[20]

Welche Bedeutung diese nur mehr oder weniger impliziten Schwerpunktsetzungen innerhalb der Argumentation für die Analyse der konkreten Gestalt des Zusammenhangs von Krise und Stabilität in den gegenwärtigen kapitalistischen Gesellschaften übernehmen, wird in deren Darstellung weiterzuverfolgen sein; hier läßt sich zumindest festhalten, daß das von den Autoren gelieferte Instrumentarium zur Verständigung über den Zusammenhang von "Einheit" und "Differenzierung" kapitalistischer Gesellschaften in historischer Hinsicht zwar ein grundlegendes Modell dieser Beziehung skizziert hat, in dessen mangelhafter Konkretisierung aber letztlich doch hinter die differenzierten phasentheoretischen Bemühungen von Teilen der orthodoxen Tradition zurückgefallen ist.[21] Bevor auf die Konkretisierung dieser Mängel im Rahmen der Darstellung einer bestimmten Phase kapitalistischer Vergesellschaftung eingegangen werden soll, bleibt zu fragen, ob die entsprechenden Versuche, Einheit wie Differenzierung kapitalistischer Gesellschaften in synchroner Hinsicht zu bestimmen, das Reflexionsniveau der

Beziehung erfolgsversprechend ist. *Wie* ein solches Postulat zu erfüllen ist, wird dagegen in den seltensten Fällen auch nur angedeutet. - Daß in den Versuchen der Erklärung der fordistischen Formation selbst solche Hinweise durchaus geliefert werden, aber gerade nicht in ihrer Konsequenz entfaltet werden können, spricht nicht nur nicht gegen die hier gelieferte Darstellung der kapitalismustheoretischen Fundamente dieser Gegenwartsanalyse, sondern bestätigt vielmehr die einleitend angesprochene Halbherzigkeit der aktuellen Varianten der Fordismustheorie.

20 Faßbar wird dies unter anderem an der selektiven Form, in der die Marxsche Krisentheorie aufgegriffen wird, und den Konsequenzen, die sich daraus für die Einschätzung der "Zusammenbruchstheorie" ergeben: Die Tatsache, daß die krisenhaften Störungen der ökonomischen Reproduktion nicht nur notwendig auftreten, sondern ihre Lösung in einem erneuten Zustand des relativen Gleichgewichts die Ursachen dieser Störungen *auf erweiterter Stufenleiter* reproduziert, die Zyklizität dieses Prozesses also eine spiralenförmige Gestalt annimmt, (siehe dazu beispielsweise MEW 25, S. 260) wird genauso ausgeblendet, wie die daraus entspringende Tendenz zu einer Vertiefung der entsprechenden partiellen Zusammenbrüche der gesellschaftlichen Produktion. Während Hirsch 1974 noch an einer solchen "allgemeinen Zusammenbruchstendenz des Kapitalismus" (S. 83) festgehalten hatte, ist ihm in seinen neueren Arbeiten die Tatsache, daß Ausprägung und Intensität dieser Tendenz nur empirisch zu bestimmen sind, Anlaß, von solchen Argumentationen gänzlich Abstand zu nehmen. Auf dem Hintergrund dieser Vernachlässigung scheint bei den Autoren tatsächlich immer wieder die Annahme einer nicht nur vorübergehenden ökonomischen Stabilisierbarkeit kapitalistischer Vergesellschaftung durch. Mit der "*Endgültigkeitsinterpretation*" der Spätkapitalismustheorie haben sie gleichzeitig auch deren "*Verschärfungsinterpretation*" fallengelassen. Zu dieser gerade für eine angemessene Reformulierung der "Zusammenbruchstheorie" fundamentalen Unterscheidung siehe Sweezy 1976 (1942), S. 234ff. - Diese Hintergrundannahmen hat die orthodox orientierte Kritik durchaus erspürt, ihnen allerdings erneut nur die These entgegenzusetzen gewußt, daß eine solche Stabilisierung auch in der gegenwärtigen realhistorischen Situation nicht mehr möglich, die Krise des Kapitalismus mithin nun endgültig "endgültig" sei. Siehe dazu Wagner/Stahn 1987, S. 38.

21 Dies findet seinen Ausdruck unter anderem in der Tatsache, daß in der Darstellung der Autoren die dem Fordismus vorangegangenen Phasen kapitalistischer Entwicklung nahezu keinerlei empirisch-historische Berücksichtigung finden; eine Tatsache, die einer angemessenen Verortung dieser Phase innerhalb des historischen Gesamtzusammenhangs dieser Entwicklung nicht zuträglich ist.

Kritischen Spätkapitalismustheorie einholen, ohne deren Vereinseitigungen zu erliegen.

Mit den seit Mitte der 70er Jahre erneut hervorgetretenen Defiziten einer ausschließlich ökonomisch orientierten Analyse kapitalistischer Gesellschaften hat sich innerhalb der marxistischen Theoriebildung - und dies gilt auch für die Mehrzahl der Theoretiker, die weiterhin an ihrer "orthodoxen" Orientierung festgehalten haben[22] - ein breiter Konsens bzgl. der Notwendigkeit einer *systematischen* Einbeziehung der Dynamik kapitalistischer Gesellschaften als Gesamtheit ökonomischer, politischer und ideologischer Strukturen herausgebildet.[23] Unter der Voraussetzung des Festhaltens an der Produktivität einer solchen ökonomisch orientierten Analyse überhaupt mußte dieser Bezug auf die Mehrdimensionalität gesellschaftlicher Entwicklung allerdings in spezifischer Form hergestellt werden: Soll weiterhin von einer Dominanz des ökonomischen Sektors innerhalb dieses Prozesses der Ausdifferenzierung gesellschaftlicher Strukturen ausgegangen werden[24], muß das Verhältnis der verschiedenen Ebenen des Vergesellschaftungsprozesses zu diesem Sektor innerhalb der Spannung zwischen "Strukturabhängigkeit" und "relativer Selbständigkeit" (Scherr 1984, S. 100)[25] verortet werden.

Diesem zunächst nur programmatischen Wiederaufgreifen einer Dialektik von "Funktionalisierung" und "Autonomisierung", wie sie schon im Zentrum der Spätkapitalismustheorie stand, haben Hirsch/Roth in erneuter Anknüpfung an Gramsci eine inhaltliche Fassung zu geben versucht. Im Rahmen des Konzeptes des "historischen Blockes"[26], das für die übergreifende Einheit der jeweiligen Phase kapitalistischer Vergesellschaftung steht, unterscheiden sie verschiedene Ebenen bzw. Dimensionen dieser Einheit: Neben den "Akkumulationsmodus" als jeweilige Form ökonomischer Vergesellschaftung treten "Hegemonialstrukturen" und "Regulationsweisen" (Hirsch/Roth 1986, S. 38 u. 44), die die Integration des wider-

---

22 Siehe dazu beispielsweise Altvater 1983 und Bünnig u. a. 1984.

23 Siehe dazu Wagner/Stahn 1987, S. 30. Entscheidenden Einfluß auf diese Entwicklung haben erneut die Arbeiten von Gramsci genommen. Nicht nur in seiner Kritik am Ökonomismus, sondern auch in seinen eigenständigen Versuchen der Erklärung konkret-historischer Entwicklungen hat er immer wieder die Notwendigkeit einer solchen einheitlichen Perspektive hervorgehoben: "Die neuen Arbeitsmethoden (des Fordismus; St. B.) sind mit einer bestimmten Weise des Lebens, des Denkens und des Lebensgefühls unlöslich verbunden." (1967, S. 392)

24 Daß die Kritik an den ökonomistischen Beschränkungen der Marxorthodoxie mit einem Festhalten an einer Gewichtung innerhalb der Pluralisierung von Strukturen zu verbinden ist, hat erneut schon Gramsci formuliert: "Die Hegemonie geht von der Fabrik aus und bedarf zu ihrer Ausübung nur einer geringen Zahl von professionellen Vermittlern der Politik und Ideologie." (a.a.O., S. 382) - Diese Seite der Argumentation Gramscis fällt in der heute inzwischen inflationären Anknüpfung an seine Hegemoniekonzeption allerdings häufig unter den Tisch; auch wenn der Vermittlungsprozeß "kultureller Hegemonie" heute eine enorme Ausweitung gefunden hat, bleibt weiterhin an seinem bloß vermittelnden Charakter festzuhalten. Wie sich zeigen wird, ist auch die Argumentation von Hirsch und Roth von einem entsprechend einseitigen Bezug auf Gramsci gekennzeichnet.

25 Scherr hat in diesem Zusammenhang aufgewiesen, daß eines der zentralen Anliegen, an dem sich die Fordismustheorie herausgebildet hat, in der Entwicklung eines solchen mehrdimensionalen und zugleich ökonomisch fundierten Modells kapitalistischer Vergesellschaftung bestand. (S. 88ff.) Zu dem entsprechenden Programm einer nicht-reduktionistischen ökonomischen Erklärung gesamtgesellschaftlicher Entwicklungen siehe auch Lüscher 1986, S. 20 und Bühler 1981, S. 146f.

26 "Historische Blocks" stellen "integrale, kohärente und in ihrer Struktur verfestigte gesellschaftliche Formationen" (Hirsch/Roth 1986, S. 38) dar.

sprüchlichen Gesamtzusammenhangs kapitalistischer Gesellschaften in institutioneller und ideologischer Hinsicht gewährleisten.[27]

Sind derart die "Stockwerke" des Gesellschaftsgebäudes identifiziert, treten allerdings schon bei ihrer begrifflichen Abgrenzung erste Probleme auf: Indem nicht hinreichend geklärt wird, welcher Status dieser Dimensionierung des gesamtgesellschaftlichen Zusammenhangs zukommt - handelt es sich um die Unterscheidung ausdifferenzierter sozialer Strukturen im Sinne sozialer Subsysteme oder um analytisch voneinander abzuhebende Aspekte von Vergesellschaftung, die in verschiedenen Subsystemen wirksam sind?[28] - wird die Zuordnung einzelner gesellschaftlicher Entwicklungen zu diesem konzeptionellen Rahmen zumindest schwierig. Dominiert in der materialen Argumentation zwar ersteres Verständnis, indem die gesellschaftliche Entwicklung entlang struktureller ökonomischer, sozio-kultureller und politischer Entwicklung auf der einen, deren ideologischer Stützung durch ein entsprechendes "Hegemonieprojekt" (a.a.O., S. 74) auf der anderen Seite geordnet wird, so erleichtert diese Ersetzung des ursprünglich dreidimensionalen durch ein vierdimensionales Modell die Einsicht in das zugrundeliegende klassifikatorische Ordnungsprinzip kaum.

Diesem Mangel an analytischer Differenzierung des komplexen Zusammenhangs verschiedener Ebenen/Stockwerke des gesellschaftlichen Prozesses entspricht leider auch die Art und Weise, in der dasjenige Erklärungsmodell entfaltet wird, das die innere Einheit dieses Zusammenhangs und seine Steuerung durch dessen dominantes Prinzip verständlich machen soll. Indem die konkreten Prozesse, die sich in den verschiedenen Dimensionen der gesellschaftlichen Entwicklung vollziehen, als "Ausdruck eines historisch spezifischen Gefüges gesellschaftlicher, technologischer, politisch-instituioneller und ideologischer ... Bedingungen" (a.a.O., S. 37) erneut als "Gegentendenzen" zum "Gesetz des tendenziellen Fall der Profitrate" bestimmt werden, wird zwar in mehrfachen Sinn eine solche vereinheitlichende Perspektive entworfen: Nicht nur wird angedeutet, wie der hier thematisierte Prozeß der funktionalen Differenzierung kapitalistischer Gesellschaften als ein Moment derselben Dialektik zu begreifen ist, die schon deren historischer Differenzierung zugrundegelegt war, sondern darüber hinaus werden mit dem Festhalten an der wesentlich ökonomisch bestimmten Dynamik des Gesetzes und der in entscheidenden Momenten außerökonomisch determinierten Mobilisierung entgegenwirkender Ursachen sowohl die "letztliche" Dominanz ökonomischer Entwicklungen wie die spezifische Eigenwirkung außerökonomischer Prozesse konzipierbar. Erkauft wird diese zunächst frappierende Integrati-

27 In dem Entwurf eines solchen konzeptionellen Rahmens ist - zunächst auf kapitalismustheoretischer Ebene - ein entscheidender Vorteil der Hirsch/Rothschen Argumentation gegenüber den entsprechenden Bemühungen der französischen Regulationsschule zu sehen, bei denen die Einbeziehung außerökonomischer Entwicklungen in den meisten Fällen ad hoc und punktuell vollzogen wird.

28 Hübner (1987, S. 40) hat dieses Problem am Begriff der "Regulationsweise" verdeutlicht. Während dieses Konzept in der französischen Schule zunächst die relativ formale Struktur der Regelung konfliktorischer Verhältnisse meint, die als solche unterschiedlichste institutionelle (in der Regulationsschule vor allem ökonomische) und normative Mechanismen einbezieht (Lipietz 1985, S. 121), liefern die Autoren zwar zunächst eine ähnlich formale Fassung dieses Begriffes (Hirsch /Roth 1986, S. 44), um ihn in der Argumentation selbst jedoch dominant als Explikation der spezifischen Funktionsweise des politischen Systems zu verwenden. Ähnliche Interferenzen zwischen einer relativ formalen funktionalen Fassung und einer relativ eingeschränkten strukturellen Zuordnung ließen sich auch am Begriff der Hegemonie aufzeigen. Zur Verwendung dieses Begriffes bei den französischen Theoretikern siehe Lipietz a.a.O., S. 111.

onskraft des "Gesetz-Gegenwirkungsmodells" allerdings durch eine sich potenzierende Abstraktion von den spezifischen Mechanismen der tatsächlichen Vermittlung einer derart als möglich aufgewiesenen Vermittlung. Nach der Seite der ökonomischen Entwicklung selbst macht sich dies geltend in der oben schon angedeuteten abstrakten Fassung der Entwicklungs- und Krisendynamik kapitalistischer Gesellschaften: Dadurch, daß diese ausschließlich unter ihrer Verwertungsproblematik, wie sie im "Gesetz des tendenziellen Falls der Profitrate" formuliert ist, betrachtet wird, werden mit der "Realisierungsproblematik" gerade entscheidende Momente des ökonomischen Zusammenhangs, die eine unmittelbare Beziehung zu außerökonomischen Bereichen (insbesondere der Reproduktionssphäre) herzustellen erlauben, aus dem Vermittlungsversuch ausgeblendet.[29]

In der Beziehung zwischen diesem ökonomischen Zusammenhang und den außerökonomischen Mechanismen der Regulation und Hegemoniebildung wird schließlich das oben schon angesprochene Problem der Äußerlichkeit von "Gesetz" und "entgegenwirkenden Ursachen" tatsächlich noch vertieft. Lag bei den ökonomischen Ausprägungen letzterer Ursachen noch mehr oder weniger auf der Hand, wie sie grundsätzlich als fördernde bzw. in der Folge beschränkende Bedingungen der Entwicklung der Profitrate zu verstehen sind, wird bei diesen außerökonomischen Mechanismen noch nicht einmal auf grundsätzlicher Ebene deutlich, wie sie sich überhaupt in Beziehung setzen sollen zu den Verwertungsproblemen des Kapitals, unter welchen Bedingungen sie deren partielle Bewältigung oder Verschärfung zur Folge haben.[30]

Aufgrund dieser weit aufklaffenden Lücke innerhalb der kapitalismustheoretischen Argumentation kann - zumindest auf dieser Ebene - der angezielte Aufweis der Bedingungen der ursprünglich konzipierten Dialektik von Funktionalisierung und Autonomisierung grundsätzlich nicht gelingen. Indem die Autoren in ihrer Zusammenfassung dieses Problemkomplexes tatsächlich zurückfallen auf dasselbe Faktum der Eigendynamik ausdifferenzierter sozialer Strukturen und der Komplexität ihres Zusammenhangs[31], das den Ausgangspunkt ihrer Vermittlungsbemühungen dargestellt hat, bleibt genau diese Dialektik systematisch uneinge-

29 Diese Ausklammerung des Zusammenhangs von Verwertung und Realisierung im Rahmen der kapitalismustheoretischen Argumentation ist aus verschiedenen Gründen zunächst überraschend: Zum einen steht dieser Zusammenhang gerade im Zentrum sowohl der kapitalismus- wie fordismustheoretischen Bemühungen der Regulationsschule und wird in dieser bis hin zur Analyse der Beziehung der beiden entsprechenden Abteilungen des Reproduktionsprozesses der kapitalistischen Ökonomie konkretisiert (siehe hierzu Bühler 1981, S. 146ff.; Lipietz 1985, S. 118 u. Scherr 1984, s. 86f. in Anknüpfung an Aglietta); zum anderen werden auch Hirsch/Roth in ihrer Fordismuskonzeption im engeren Sinn zumindest den Konsequenzen dieser Beziehung besondere Aufmerksamkeit schenken. - Erklärbar ist diese Ausblendung erneut nur als besonders ausgeprägte Form des Ineinandergreifens von mangelnder Entfaltung des gesellschafts- und kapitalismustheoretischen Bezugsrahmens auf der einen, der Ad-hoc-Inanspruchnahme einzelner Elemente dieses Rahmens in der gegenwartsanalytischen Argumentation auf der anderen Seite.

30 Auch hier ist erneut hervorzuheben, daß die Autoren sowohl in der weiteren Argumentation wie auch in vorbereitenden Arbeiten eine Fülle von Gedankengängen entwickelt haben, die gerade der Schließung dieser Lücke theoretisch und empirisch dienlich sein könnten. (Hier sind vor allem die staatstheoretischen Arbeiten Hirschs zu nennen. (z. B. 1977)) Eine Systematisierung dieser einzelnen Argumente im Rahmen einer *Theorie der Sphärendynamik* ist ihnen dessenungeachtet nicht gelungen. - Auch hierin findet die Schwäche der gesellschafts- und kapitalismustheoretischen Grundlegung der Fordismustheorie ihren Ausdruck.

31 "Die gesellschaftliche Formation" ist "als eine komplex gegliederte Einheit zu begreifen", in der "in sich und gegeneinander widersprüchliche 'ökonomische', 'politische' und 'ideologische' Strukturen und Prozesse mit je spezifischer Eigendynamik aufeinander bezogen" (Hirsch/Roth 1986, S. 43) sind.

holt. Vielmehr werden mit der - trotz des hoch angesetzten Vereinheitlichungsanspruch des formulierten ökonomiekritischen Modells - letztlich dominierenden Kontingentisierung auch dieses Zusammenhangs faktisch sogar die spezifischen Erklärungsansprüche, die mit dieser Konzeptualisierung der Sphärendynamik kapitalistischer Gesellschaften verbunden waren, relativiert.[32] Zum einen wird damit fragwürdig, inwiefern die beanspruchte Vermittlung zwischen "Ökonomismus" und "Politizismus" gelungen ist, zum anderen verdeutlicht dieser Rückfall der Autoren auf ihren Ausgangspunkt, daß sie in ihrer Bestimmung des Zusammenhangs der verschiedenen Dimensionen des Vergesellschaftungsprozesses sowohl in begrifflicher wie theoretischer Hinsicht hinter den diesbezüglichen Bemühungen der Spätkapitalismustheorie zurückbleiben: Weder liefern sie eine dem Reflexionsniveau der orthodoxen Theorie entsprechende Charakterisierung der ökonomischen Voraussetzungen einer solchen Vermittlung noch realisieren sie das von der Kritischen Spätkapitalismustheorie vorgegebene Niveau der Konzeptualisierung des sich unter diesen Voraussetzungen entfaltenden Sphärenzusammenhanges.

Daß es den Autoren in ihren Vermittlungsbemühungen bestenfalls gelingt, die formulierte Problematik auf eine höhere Ebene zu heben, meist aber nicht viel mehr als eine terminologische Reformulierung der identischen Problematik anzubieten, wird in besonders drastischer Form an dem dritten von ihnen benannten Problemkomplex deutlich. Sollte die "Marxsche Theorie vom tendenziellen Fall der Profitrate" auch die Frage des Ineinandergreifens von "Struktur" und "Handlung" im Vergesellschaftungsprozeß einer Beantwortung zuführen (a.a.O., S. 40f.), so ersparen sich die Autoren in dieser Beziehung jeglichen Hinweis darauf, worauf diese erneute theoretische Vereinheitlichungleistung[33] beruhen soll. Festgehalten wird zwar erneut die Spannung, in der Einheit zu schaffen wäre: Auf der einen Seite "sind es ... das Kapital selbst und die von ihm 'objektiv', hinter dem Rücken der Akteure gesetzten Strukturen, welche entscheidende Bedingungen von Klassenkämpfen und Krisenprozessen setzen" (a.a.O., S. 37), auf der anderen Seite bleibt zu berücksichtigen, daß "der Prozeß des Klassenhandelns und des

32 Schon hier deutet sich ein eigentümliches Schwanken zwischen einer eher überzogenen Inanspruchnahme ökonomischer Modellannahmen im Ausgangspunkt der Argumentation und einer letztlichen Entkopplung außerökonomischer Entwicklungen von der Dynamik der ökonomischen Sphäre an. Diese unentschiedene Stellung zu grundsätzlichen Annahmen der Marxschen Theorie, die hier noch mehr oder weniger implizit bleibt, indem sie sich die Form des Offenlassens der entsprechenden Fragen gibt, tritt an anderem Ort deutlicher hervor. 1980 hat Hirsch ausdrücklich "nach einer Revision des traditionellen Basis-Überbau-Schemas verlangt" (S. 63), ohne dabei allerdings deutlich zu machen, ob er mit der Kennzeichnung als "traditionell" nur eine bestimmte Variante der Annahme des "Primats der Ökonomie" oder dessen grundlegende Infragestellung im Auge hat. Auch Hirsch gelingt es in diesem Zusammenhang nicht, die ökonomistischen Bestandteile der Marxschen Theorie selbst und die davon zu unterscheidende Annahme des "funktionalen Primats der Ökonomie" voneinander abzuheben.

33 Man gewinnt hier tatsächlich zunehmend den Eindruck, die Autoren wären der Meinung, in diesem einzelnen, wenn auch bedeutsamen Moment des kapitalistischen Wirtschaftsprozesses sozusagen den Universalschlüssel für alle gesellschafts- und kapitalismustheoretischen Fragen gefunden zu haben. Daß sie aufgrund einer solchen inhaltlich beschränkten Inanspruchnahme ökonomischer Bewegungsgesetze die konkret-historische Entwicklung kapitalistischer Gesellschaften im Gegenzug zunehmend dann doch gleichermaßen kontingenten wie außerökonomischen Prozessen zuschreiben müssen, überrascht nicht. - Schon Offe hatte dieses Verfahren der wechselseitigen Abstraktion der ökonomischen Inhalte der Kapitalismustheorie und der Auffüllung der dadurch entstehenden Leerstellen durch Inhalte, die anderen Kontexten entstammen, verfolgt.

Klassenkampfs ..., der zwar durch objektive Strukturen bestimmt ist, diese nicht nur reproduziert, sondern auch fortlaufend verändert" (a.a.O., S. 43). Wie aber diese Dialektik von "Subjektivität" und "Objektivität", "Handlung" und "Struktur" verständlich zu machen ist, wird allein mit dem Hinweis darauf, daß die "Marxsche Krisentheorie eine dezidiert *politisch-ökonomische*, nicht ökonomistische und nicht objektivistische Theorie ist" (a.a.O., S. 43) allerdings kaum hinreichend verdeutlicht[34]; geschweige denn ersetzt dieser Hinweis die Entwicklung des angezielten konzeptionellen Bezugsrahmens für die Verortung sozialer Bewegungen innerhalb dieser Dialektik.[35]

Charakterisiert dieses unmittelbare Zusammenfallen von Problemformulierung und angebotener Lösung, wie gezeigt, keineswegs die Vermittlungsbemühungen der Autoren in ihrer Gesamtheit, so läßt es sich resümierend doch als Indiz für eine grundlegende Schwierigkeit dieser Versuche begreifen. Durchweg sind diese zwar jeweils durch das konsequente Festhalten an den zu vermittelnden Momenten gekennzeichnet, fallen aber auch mit derselben Regelmäßigkeit auf die unmittelbar gegensätzliche Beziehung, in der diese zueinander stehen, zurück. Verortet man die Pole dieser Beziehungskomplexe theoriegeschichtlich zwischen den als Bezugspunkt gewählten "orthodoxen" und "revisionistischen" Positionen, so ist auch der in dieser Hinsicht angezielte Brückenschlag zwischen beiden gleichermaßen einseitigen kapitalismustheoretischen Konzeptionen von der identischen Schwierigkeit bestimmt: Auch hier wird die relative Berechtigung der jeweils in den Vordergrund gestellten Momente hervorgehoben, diese selbst werden aber nicht einer Reformulierung unterzogen, die ihr bloßes Gegeneinander aufhebbar machen würde. Vielmehr hat sich sogar gezeigt, daß es der Argumentation der Autoren nicht immer gelingt, das Erklärungspotential, das diese Positionen in ihren jeweiligen "starken" Seiten enthalten, auszuschöpfen. An den wenigen Gelegenheiten, in denen in ihrer Argumentation jenseits des Festhaltens an den zu vermittelnden Perspektiven schließlich doch eine Schwerpunktsetzung zu erspüren ist, geht diese - trotz der Beschwörung des einheitsstiftenden Charakters gesetzmäßig verfaßter ökonomischer Entwicklungen und wegen der nur einseitigen Entfaltung dieser Entwicklungen - in Richtung auf den von der Kritischen Spätka-

34 Im Rahmen einer Auseinandersetzung mit dem Zusammenhang von Wissensformen und Gegenstandskonstitution hat Hirsch (1980, S. 139f.) diese Dialektik einer genaueren Betrachtung unterzogen und dabei erneut ihre beiden Pole festgehalten: Zwar ist gegen die postmoderne Infragestellung des "wissenschaftlichen" Anspruches von Gesellschaftstheorie festzuhalten, daß "der 'Objektivismus' der Marxschen Theorie ein Reflex auf den Objektivitätsüberhang der bürgerlichen Gesellschaft ist", auf der anderen Seite bleibt aber zu berücksichtigen, "daß die Individuen in der Objektivität der Strukturen und Verhältnisse eben *nicht* aufgehen", also "immer zugleich Produkt und Produzenten gesellschaftlicher Verhältnisse sind". Wie aber die Vermittlung zwischen begrifflich nicht reduzierbarer Singularität von Individuen und den tatsächlichen Abstraktionen, die der kapitalistische Vergesellschaftungsprozeß an ihnen vollzieht, auszusehen hätte, wird auch in diesem Zusammenhang nicht deutlich; vielmehr wird mit der Hervorhebung des produktiven Charakters der in den neuen Protestbewegungen hervorgetretenen Subjektivitätsformen, der sich gerade "gegen eine theoretische Systematisierung so beharrlich sperrt" (a.a.O., S. 153), sichtbar, wo der Autor die Schwergewichte in der Beziehung zwischen "Objektivismus" und "Subjektivismus" zu setzen gedenkt.

35 Die französische Regulationsschule hat dieses Verhältnis zwischen "strukturellen Bedingungen" und "Kampf von Klassen und Gruppen" im Rahmen ihres Konzeptes der "Ent- und Re-Institutionalisierung von Konflikten" (Lipietz 1985, S. 114) zwar einer weiteren Bestimmung zugeführt, aber genausowenig das zugrundeliegende kapitalismustheoretische Modell der Vermittlung zwischen gesellschaftlicher Objektivität und Subjektivität, wie es der westliche Marxismus in Anknüpfung an die Marxschen Frühschriften entwickelt hat, entfaltet.

pitalismustheorie repräsentierten revisionistischen Umgang mit der Marxschen Theorie.

Für die Entwicklung eines gesellschafts- und kapitalismustheoretischen Rahmens der Analyse gegenwärtiger gesellschaftlicher Entwicklungen bedeutet dieses Resultat, daß der Argumentation in entscheidenden Punkten der beanspruchte Aufweis der Einheit kapitalistischer Vergesellschaftung in ihrer historischen und funktionalen Differenzierung nicht gelungen ist, sich das einleitend behauptete Defizit der aktuellen Varianten der Fordismustheorie an einem solchen übergreifenden theoretischen Bezugsrahmen zumindest in dieser Hinsicht bestätigt hat.[36]

Zu fragen wäre allerdings, ob der Identifizierung dieses Sachverhaltes als Defizit nicht Maßstäbe zugrundeliegen, die die kritisierten Theorien aufgrund ihrer "anti-strukturalistischen" Orientierung selbst nicht teilen würden. Möglicherweise ist mit den bisher vorgestellten kapitalismustheoretischen Annahmen ein solcher übergreifender Bezugsrahmen überhaupt nicht angestrebt, stellen diese vielmehr einen Kanon heuristischer Prinzipien dar, der erst in der Anwendung auf konkrethistorische Gestalten kapitalistischer Vergesellschaftung seine Produktivität erweisen kann. Daß dem nicht so ist - selbst wenn die Autoren ein entsprechendes Selbstverständnis besäßen[37] - wird an dieser Anwendung selbst in doppelter Hinsicht zu zeigen sein: zum einen, indem anhand der gegenwartsanalytischen Argumentation herausgearbeitet wird, wie in dieser die *systematische* Beanspruchung eines solchen Bezugsrahmens weder vermeidbar ist noch vermieden wird, zum anderen, indem die Defizite in der historischen Verortung gesellschaftlicher Entwicklungen selbst noch als Ausdruck der mangelhaften Entfaltung dieses Bezugsrahmens identifiziert werden.

---

36 Wie sich gezeigt hat, wäre dieses Urteil in einzelnen Aspekten in bezug auf die französischen Varianten der Fordismustheorie zu differenzieren. Jenseits der unterschiedlichen Akzentsetzung innerhalb dieser Varianten ist aber dessenungeachtet deutlich geworden, daß auch sie keinen konzeptionellen Rahmen für die hier angesprochenen kapitalismustheoretischen Fragen entwickelt haben.

37 Ein solches Selbstverständnis deutet sich zumindest in den Arbeiten der französischen Regulationsschule durchaus an. Siehe dazu Hübners Darstellung der Intentionen dieser Schule (1987, S. 40).

1.2 Zur Theorie des fortgeschrittenen Kapitalismus: Aufstieg und Krise des Fordismus

Genauso wie ein erster Blick auf die Fordismustheorie deutlich werden läßt, daß diese sich demselben Umschlag einer grandiosen Beschleunigung der Fortschrittsdynamik kapitalistischer Gesellschaften[1] in eine umfassende Krise dieser Dynamik innerhalb der jüngsten "fortgeschrittenen" Phase solcher Gesellschaften widmet, der auch den Bezugspunkt der Spätkapitalismustheorie gebildet hatte, treten schon vor einer eingehenden Auseinandersetzung mit dieser Analyse ihre grundlegenden Vorteile gegenüber den bisher vorgestellten Ansätzen hervor. Deutet sie schon durch ihr zentrales Konzept[2] einen weitaus größeren Konkretionsgrad als die Spätkapitalismustheorie an, erweist sich dies an ihrem inhaltlichen Zugriff auf die Realität fortgeschrittener kapitalistischer Gesellschaften tatsächlich. Nicht nur vermeidet sie in ihrer umfassenden Darstellung dieser Realitäten die an den verschiedenen Varianten der Spätkapitalismustheorie festgehaltenen empirischen Vereinseitigungen des Gesamtprozesses kapitalistischer Vergesellschaftung[3], sondern liefert vor allem auch eine raum-zeitliche Verortung von deren aktueller Phase, die die verschiedenartigen historischen Verdinglichungen der Spätkapitalismustheorie aufhebbar macht. Indem sie die Prozesse der erstmaligen Herausbildung und Durchsetzung der fordistischen Organisationsweise von Gesellschaft in nationaler und zeitlicher Dimension voneinander abhebt - ihr erstes Auftreten in den USA der 30er Jahre festmacht, ihren Ausbreitungsprozeß in Westeuropa in der Zeit nach dem Zweiten Weltkrieg verortet[4] - und darüber hinaus beide Prozesse über das Hervortreten der USA als weltmilitärischer, -ökonomischer, -politischer und -kultureller Hegemonialmacht zusammenbindet, entgeht sie den historischen Abstraktionen der Spätkapitalismustheorie sowohl in Richtung auf Vergangenheit, Gegenwart wie Zukunft.[5] Bezogen auf die bisherige Entwicklung kapitalistischer Gesellschaften eröffnet sie mit einer solchen Diffe-

---

1 Im Rahmen der Konzipierung eines "goldenen Zeitalters" (Lipietz 1985, S. 124) des Kapitalismus versucht die Fordismustheorie tatsächlich ein einheitliches zeitdiagnostisches Bild all derjenigen sozialen Entwicklungen nach dem Zweiten Weltkrieg zu entwerfen, die Anlaß zu den verschiedenartigsten ideologischen Überhöhungen dieser Phase geboten haben: von den Annahmen der Herausbildung einer "Konsum- und Wohlstandsgesellschaft" und der endgültigen Durchsetzung der "modernen Industriegesellschaft" basierend auf "sozialer Marktwirtschaft" und "politischer Technokratie" bis hin zur These einer Egalisierung der Sozialstruktur im Rahmen einer "nivellierten Mittelstandsgesellschaft".

2 Gegenüber der Charakterisierung der jüngsten Phase kapitalistischer Entwicklung mit derart formalen Prädikaten wie "spät", "fortgeschritten" oder auch "entwickelt" sind mit der Konzeptualisierung dieser Phase als "Fordismus" augenscheinlich viel spezifischere inhaltliche Ansprüche verknüpft. Selbst im Vergleich zu solchen Kennzeichnungen wie "organisierter Kapitalismus" bewegt sich diese Konzeption auf einer weitaus höheren Konkretionsebene.

3 Gerade den Vorwurf der Unvollständigkeit kann man der Hirsch/Rothschen Variante dieser Theorie kaum machen. Es fiele tatsächlich ausgesprochen schwer, ein relevantes Moment (und dementsprechend eine relevante Theorie) der gesellschaftlichen Entwicklung auszumachen, das nicht in irgendeiner Form in die Argumentation einbezogen ist. Von der Vollständigkeit zur Synthese ist allerdings noch ein weiter Schritt.

4 Zu dieser raumzeitlichen Einordnung des Herausbildungs- und Durchsetzungsprozesses des Fordismus siehe Hirsch/Roth 1986, S. 46 und Bünnig u. a. 1984, S. 288.

5 Zu dieser "methodologischen" Problematik phasentheoretischer Bemühungen und den skizzierten Lösungsperspektiven siehe besonders Hirsch/Roth 1986, S. 46ff., Roth 1987, S. 18f. und Bühler 1981, S. 153f.

renzierung die Möglichkeit, sowohl die heroischen Abstraktionen über geschichtliche Zeiträume und nationale Unterschiede wie die umgekehrte Fixierung an zeitlich eng umrissenen nationalen Entwicklungen aufzulösen in die realhistorische Ungleichzeitigkeit solcher Entwicklungen[6], innerhalb derer sich dessenungeachtet aufgrund genauso realer historischer Dominanzbeziehungen gemeinsame Merkmale und Strukturen ausmachen lassen.[7]

Werden damit durch eine begrenzte Historisierung der phasentheoretischen Argumentation die bisher festgehaltenen komplementären Überziehungen wie Unterbietungen der Ansprüche einer solchen Argumentation vermeidbar[8], öffnet der gleiche Konkretisierungsprozeß die Geschichte des Kapitalismus auch in seine Zukunft: Indem die Vergesellschaftungsdynamik des Fordismus an bestimmten historischen Bedingungen festgemacht wird, deren Relativierung offensichtlich nicht notwendig mit einer Infragestellung der kapitalistischen Gesellschaftsform überhaupt verknüpft ist, wird gleichzeitig die Frage der weiteren Entwicklung kapitalistischer Gesellschaften zu einer allein empirisch zu beantwortenden, ein erneuter Entwicklungsschub solcher Gesellschaften über die Krise des Fordismus hinaus prinzipiell konzipierbar.

Die Fordismustheorie präsentiert sich derart sowohl von ihrem umfassenden materialen Zugriff auf die Entwicklung fortgeschrittener kapitalistischer Gesellschaften wie deren Ordnung in Raum und Zeit mit entscheidenden Vorzügen gegenüber den bisher vorgestellten Ansätzen. Zu überprüfen bleibt allerdings - vor allem auf dem Hintergrund der oben aufgewiesenen Defizite in ihren kapitalismustheoretischen Synthesebemühungen -, inwieweit beide Momente in der Argumentation tatsächlich in dem Entwurf eines einheitlichen Bildes der gegenwärtigen Phase kapitalistischer Vergesellschaftung zusammengebunden werden, der Anspruch auf "einen theoretischen Begriff der kapitalistischen Formation" (Hirsch/Roth 1986, S. 48) des Fordismus im Begreifen sowohl der inneren Ein-

---

6 Von einer solchen Unterscheidung aus läßt sich auch das schon in der Beziehung zwischen früher Kritischer Theorie und Studentenbewegung angesprochene Problem der zeitlichen Verortung des Spätkapitalismus reinterpretieren: Daß die Kritische Theorie schon in ihren Arbeiten aus den 30er Jahren zentrale Merkmale fortgeschrittener kapitalistischer Gesellschaften in den Blick gefaßt hat und die dabei entwickelten Konzeptionen bis in die Gegenwart nicht an Bedeutung verloren haben, wäre unter dieser Perspektive Ausdruck der Tatsache, daß den Kritischen Theoretikern in der Entwicklung der USA der 30er und 40er Jahre sozusagen die Zukunft Westeuropas vor Augen stand und sie in ihrer eigenen raum-zeitlichen Bewegung dem raumzeitlichen Expansionsprozeß fordistischer Vergesellschaftung nachgefolgt sind.

7 Diese Dialektik von Einheit und Differenz in zeitlicher wie nationaler Perspektive haben Hirsch/Roth a.a.O., S. 47 herausgearbeitet: "Der Fordismus ist eine globale Formation, die ihre allgemeinen Strukturmerkmale gerade durch die Wechselwirkung national ungleicher und ungleichzeitiger Entwicklungen hindurch ausprägt. ... Die Einheit der fordistischen Formation über die nationalen Besonderheiten hinweg resultiert aus der Dynamik eines hegemonial struktuierten Weltmarktes, der die nationalen Gesellschaften spezifischen und in der Tendenz gleichgerichteten strukturellen Anpassungsmechanismen unterwirft." Dieser sozusagen realhistorisch fundierte Aufweis der Legitimität der in der Fordismustheorie vollzogenen Abstraktionen enthebt diese phasentheoretische Konzeption von vornherein einer Kritik, die allein mit dem Hinweis auf mangelnde empirische Generalität oder Unschärfen in der zeitlichen Verortung der entsprechenden Phänomene den Erklärungsgehalt dieser phasentheoretischen Konzeptualisierung zu stellen versucht. Siehe dazu beispielsweise erneut die Kritik von Wagner/Stahn (1987, S.33 ff). Bünnig u. a. (1984, S. 288) haben dagegen darauf beharrt, daß eine Beurteilung der Angemessenheit der in der Fordismustheorie vollzogenen Generalisierungen nur in bezug auf die Frage der jeweils "dominierenden" gesellschaftlichen Organisationsprinzipien getroffen werden kann.

8 Tatsächlich hatte Mandel schon ein ganz ähnliches historisch orientiertes Modell angedeutet, dieses allerdings in seiner "geschichtsphilosophischen" Wende zur Spätkapitalismusthese zurückgenommen.

heit dieser Phase wie ihrer äußeren Differenz gegenüber vorangegangenen und zukünftigen Abschnitten kapitalistischer Entwicklung eingelöst wird.[9]

Realhistorisch begründet wie zu einer umfassenden Vision von gesellschaftlichem "Fordschritt" (Tucholsky; hier zitiert nach Roth 1987, S. 19) formuliert wurden die fordistischen Organisationsprinzipien von Ökonomie, Politik und Kultur von ihrem Namensgeber Henry Ford.[10] Streng materialistisch bestand die Basis dieses Projektes dabei in einer bestimmten Organisation des ökonomischen Sektors von Vergesellschaftung sowohl in seinen produktiven wie konsumtiven Aspekten: Neben eine durch die Entwicklung der wissenschaftlichen Betriebsführung im Rahmen des Taylorismus historisch einmalige Rationalisierung und Standardisierung trat eine Anhebung der Löhne der unmittelbaren Produzenten, die gleichzeitig den Absatzmarkt für den auf dieser Basis rapide expandierenden Output der Produktion schuf.[11] Ausgehend von dieser Einheit von Massenproduktion und -konsumtion sollte es nun gelingen, die Probleme, die sich der kapitalistischen Ökonomie in beiden Beziehungen bisher immer wieder gestellt hatten, endgültig zu lösen[12]. Indem davon ausgegangen wurde, daß die Rationalisierung des Produktionsprozesses fortdauernd hohe Profite zu realisieren erlaubt, sollten auf deren Basis auch das Problem des Absatzes des geschaffenen Produktes mit Hilfe der dadurch ermöglichten Lohnsteigerungen lösbar und die sozialen Spannungen, die sich bisher an Arbeitslosigkeit und Verelendung herausgebildet hatten, entschärfbar sein. Das gleichermaßen universalistische wie harmonistische Modell, das die bürgerliche Gesellschaft seit ihrem Entstehen begleitet hat, sollte auf diesem Wege tatsächlich einer Realisierung zugeführt werden: Auf Basis einer sich perfektionierenden wissenschaftlichen Kontrolle natürlicher und sozialer Zusammenhänge schienen sich steigender Wohlstand für alle, Demokratisierung und sozialer Frieden abzuzeichnen.[13]

Gehörte zu dieser Vision die Bereinigung der Moderne von all denjenigen Schattenseiten, auf denen vor allem die marxistische Kritik immer wieder beharrt

9 Entsprechend des einleitend skizzierten doppelten Zugehens auf die Fordismustheorie wird es dabei zunächst nicht so sehr darum gehen, die oft verstreuten und unverbundenen, manchmal auch gegenläufigen Ansätze zu einer Realisierung dieses Anspruches im Rahmen einer Rekonstruktion einer umfassenden Würdigung zu unterziehen, sondern vielmehr darum, diejenigen Lücken und Defizite in der Argumentation aufzudecken, die einen systematischen Stellenwert für die oben festgehaltenen kapitalismustheoretischen Mängel besitzen.

10 Zu diesem Programm siehe die Arbeiten von Ford selbst aus den Jahren 1922 und 1930. Zur tatsächlichen Entwicklung des Lebenswerks Henry Fords siehe kritisch und differenziert den Reportageroman von Upton Sinclair aus dem Jahre 1937 (1985)

11 Daß sich dieser Zusammenhang gerade an der Produktion und Konsumtion einer bestimmten Ware, des Automobils, in epochemachender Form ausgebildet hat, ist kaum zufällig. Das technologisch hochentwickelte Gebrauchsgut Auto und seine Demokratisierung, wie sie Henry Ford mit der Produktion eines einheitlichen Billigmodells eingeleitet hat (Sinclair a.a.O., S. 46), wurde und blieb mit seiner immanenten Orientierung an einer individualistisch verstandenen Mobilität Verkörperung und Symbol der Fortschrittsdynamik des Fordismus in ökonomischer wie kultureller Hinsicht.

12 Zu diesem "Traum" Henry Fords siehe Lüscher 1986, S. 20. Lüscher hebt in diesem Zusammenhang (S. 37f.) allerdings hervor, daß zentrale Motive einer solchen Vision die Theoretiker der bürgerlichen Gesellschaft schon seit Adam Smith beschäftigt haben.

13 Lüscher hat dieses Programm "einer Gesellschaft, die allein wissenschaftlich ausgewiesenen, klassenneutralen, universellen Wohlfahrtszielen dient" in Anknüpfung an die Modernisierungstheorie hervorgehoben. (a.a.O., S. 38) Bünnig u. a. 1984, S. 287ff. haben den Fordismus als "Epoche der befriedeten Klassengesellschaft" gekennzeichnet.

hatte[14] - war in diesem Fortschrittsszenario das aus deren Perspektive unvereinbare als vereinbar gedacht - so gab auch die Realität des Fordismus zunächst durchaus Anlaß dazu, die Möglichkeit einer Verwirklichung dieses Traumes ins Auge zu fassen. Zumindest in der Phase des geographischen Siegeszuges der fordistischen Vergesellschaftungsform nach dem Zweiten Weltkrieg schien es tatsächlich möglich, eine entsprechende Erfolgsbilanz aufzumachen: "Verwertung" und "Konsum" florierten zumindest in den Metropolen kapitalistischer Vergesellschaftung gleichermaßen, die weiterhin bestehenden Ungleichheiten und sozialen Friktionen in nationalem und internationalem Maßstab ließen sich dabei ohne weiteres als mittelfristig zu überwindende Widerstände vor allem traditioneller Herkunft identifizieren.[15]

Wie oben schon angedeutet, haben sich die theoretischen Ambitionen der Fordismustheorie an diesem gleichermaßen realen wie ideologischen Projekt und dessen schließlicher Krise entzündet: Angesichts dessen Relativierung durch die tatsächliche gesellschaftliche Entwicklung besteht das Anliegen dieses Ansatzes darin, diejenigen *bestimmten* sozialen Bedingungen zu identifizieren, die hinter der bloßen Faktizität der Aufeinanderfolge einer langandauernden Erfolgsphase fordistischer Vergesellschaftung und deren aktueller Krise verborgen sind.

Gemäß dieses umfassenden Erklärungsanspruches setzt die Fordismustheorie entsprechend grundsätzlich an. Um den spezifischen Charakter des erfolgreichen Ineinandergreifens produktiver und konsumtiver Aspekte innerhalb des Fordismus verständlich zu machen, wird zunächst ein kapitalismustheoretischer Bezugsrahmen skizziert, der sich der Beziehung beider Momente des ökonomischen Zusammenhangs, wie sie sich aus den allgemeinen Strukturen der kapitalistischen Ökonomie ergibt, widmet.[16] In erneuter Anknüpfung an das "Gesetz - Gegenwirkungsmodell" und mit der Hervorhebung des Mechanismus relativer Mehrwertproduktion als eine der "entgegenwirkenden Ursachen" wird verdeutlicht, wie dieser Mechanismus nicht nur eine enorme Steigerung der Arbeitsproduktivität in der Produktion von Lebensmittel voraussetzt, sondern mit der entsprechenden Ausweitung und Umgestaltung der Konsumgüterindustrie deren Unterordnung unter kapitalistische Organisationsprinzipien erforderlich macht. Zugleich wird dabei hervorgehoben, daß sich die kapitalistische Ökonomie als Konsequenz dieser ihrer Eigendynamik mit dem Folgeproblem der Schaffung eines Marktes für

---

14 Diesen Zusammenhang haben die Vertreter der Modernisierungstheorie als die heutigen Ideologen fordistischer Modernisierung durchaus hergestellt. Zapf (1975, S. 213) z. B. als einer der deutschen Vertreter dieser Theorie hat sich mit dem Hinweis auf die relative empirische Konstanz der Profitrate nahezu während des gesamten 20. Jahrhunderts ausdrücklich vom "Gesetz des tendenziellen Falles der Profitrate" abgegrenzt.

15 Auch insofern, als die Modernisierungstheorie diese Perspektive eines prinzipiellen Gleichgewichtszustand, der nur noch durch im Modernisierungsprozeß der jeweiligen Strukturen bzw. Gesellschaften in naher Zukunft aufhebbare traditionelle Organisasationsformen relativiert wird, läßt sich diese Theorie als "ideologische Begleitmusik" des tatsächlichen Modernisierungsprozesses begreifen. Siehe dazu beispielsweise Bendix 1979 (1966) und kritisch Berger u. a. 1975, S. 12. - Wenn im folgenden ohne weitere Spezifizierung von "Modernisierungstheorie" die Rede ist, so ist diese Theorie "im engeren Sinne" (Zapf 1975, S. 212), wie sie vor allem aus dem Zusammenhang des amerikanischen Funktionalismus hervorgegangen ist, angesprochen.

16 Wie oben schon dargestellt, gilt dies nur für die französischen Varianten der Fordismustheorie. Eine eigenständige kapitalismustheoretische Verständigung über den Zusammenhang von Produktion und Reproduktion ist bei Hirsch und Roth nicht aufzufinden. Nicht nur in dieser Hinsicht greifen diese Autoren häufig nur die Resultate der ökonomiekritischen Argumentation der "Regulationsschule" auf, ohne ihren Begründungszusammenhängen nachzugehen.

das derart ausgeweitete Warenangebot konfrontiert sieht, damit zwecks Vermeidung von Unterkonsumtionskrisen gezwungen ist, jenseits des grundlegenden Gegensatzes von "Verwertungsinteresse" und "Lohninteresse" zumindest partielle Zugeständnisse an die Konsumtionskraft auch der Arbeiterklasse zu machen.[17]

Wird so anhand des Mechanismus relativer Mehrwertproduktion grundsätzlich plausibel gemacht, wie eine nicht nur gegenläufige Beziehung zwischen Produktion und Reproduktion, Verwertung und Konsum zu konzipieren ist, ist damit gleichzeitig der Zusammenhang benannt, in dem die fordistische Phase kapitalistischer Vergesellschaftung als gegenüber vorangegangenen Phasen spezifische Verlaufsform der strukturellen Widersprüche dieser Gesellschaftsform zu verorten ist. Während für den vorfordistischen Kapitalismus eine "extensive Akkumulationsstrategie" mit vorwiegend quantitativer Ausweitung der Produktion auf Basis absoluter Mehrwertproduktion, bloß formeller Subsumtion der Arbeitskraft unter das Kapital und im wesentlichen vorkapitalistischer Organisationsform des Reproduktionssektors kennzeichnend war, beruht die "intensive Akkumulationsstrategie" des Fordismus gerade zentral auf dem Mechanismus relativer Mehrwertproduktion, der mit der qualitativen Umwälzung der technologischen Struktur der Produktion nicht nur zur reellen Subsumtion der Arbeitskraft unter diesen Prozeß, sondern auch zur Unterordnung des Reproduktionsbereiches insgesamt unter kapitalistische Organisationsprinzipien führt.[18]

Ist damit eine Skizze der Funktionsprinzipien der fordistischen Ökonomie geliefert, die den phänomenal festgehaltenen Zusammenhang zwischen Massenproduktion und -konsumtion im Rahmen einer kapitaltheoretischen Begrifflichkeit plausibel macht, deutet sich gleichzeitig eine Verortung dieses Zusammenhangs innerhalb der übergreifenden Entwicklungs- und Durchsetzungsdynamik kapitalistischer Gesellschaften an: Mit der im Taylorismus betriebenen kapitaladäquaten Verwissenschaftlichung der Produktion, der Subsumtion großer Teile der Bevölkerung unter den kapitalistischen Reproduktionsmechanismus des Lohnes und der Aufhebung entsprechender traditioneller Produktions- und Reproduktionsformen[19] hat der Fordismus einen entscheidenden Schritt in Richtung auf die historische Realisierung der spezifisch kapitalistischen Produktions- und Konsumtionsweise getan.[20]

---

17 Zu dieser Argumentation siehe Aglietta 1976, S. 44ff. und die Erläuterungen von Scherr 1984, S. 85ff. - Auf die Frage, ob es den an diese Argumentation anknüpfenden krisentheoretischen Reflexionen tatsächlich gelingt, den systematischen Bezugsrahmen sowohl für die Herausbildung eines relativen Gleichgewichtes gesamtgesellschaftlicher Reproduktion wie dessen notwendiger Untergrabung zu entwickeln, kann hier nicht eingegangen werden. Daß trotz der Ausdifferenziertheit der entsprechenden Überlegungen auch auf dieser Ebene der "Logik des Kapitals" die Beziehung der zu vermittelnden Momente nicht hinreichend analysiert ist, wird anhand der Probleme, die sich diesen Überlegungen innerhalb der Erklärung der ökonomischen Entwicklung des Fordismus stellen, deutlich werden. Bezogen auf die Arbeit Agliettas ist allerdings schon hier festzuhalten, daß sie in ihrem zweiten Teil in ihrer ausdrücklichen und elaborierten Bezugnahme auf die Ebene der "Konkurrenz der Kapitalien" und den Mechanismus des "Ausgleichs der Profitrate" einen Erklärungsansatz entwickelt hat, der kategorial weitaus differenzierter ansetzt als das hier skizzierte - und üblicherweise als zentrales Theorem der Fordismustheorie vorgestellte - Erklärungsmodell.

18 Zu dieser Unterscheidung siehe Aglietta 1976, S. 60 und in Anknüpfung daran Lipietz 1985, S. 119; Scherr 1984, S. 89ff. und Hirsch 1980, S. 57ff.

19 Zu den Konsequenzen dieses Enttraditionalisierungsprozesses besonders für die Formen individueller Reproduktion siehe Scherr 1984, S. 101ff.

20 Tatsächlich läßt sich die Darstellung, die Hirsch (1980, S. 54 - 73) den fordistischen Organisationsprinzipien gibt, ohne Schwierigkeiten auf diejenige Beschreibung, die Marx schon 1848 im Kommunistischen Manifest (MEW 4, S. 464f.) der "revolutionären Rolle der Bour-

Indem auf diese Art und Weise sowohl das innere Band, das die empirisch festgehaltenen Merkmale des fortgeschrittenen Kapitalismus zusammenhält, wie dessen Ort innerhalb des historischen Kontinuums der Entwicklung kapitalistischer Gesellschaften insgesamt sichtbar wird, scheint die Fordismustheorie in ihrer Charakterisierung fortgeschrittener kapitalistischer Gesellschaften den bisher entwikkelten Anforderungen an eine Erklärung dieser Phase kapitalistischer Vergesellschaftung in entscheidenden Aspekten nachzukommen. Ob ihr Erklärungsversuch dieser Gesellschaften letztlich aber zugleich den Ansprüchen einer phänomenunabhängigen Formulierung der Erklärungsargumente wie deren schlüssiger Überführung auf die phänomenale Ebene genügt, bleibt bei einer näheren Betrachtung sowohl der phasentheoretischen Verortung wie der kapitaltheoretischen Erklärung des Fordismus zumindest fragwürdig.[21]

In historischer Hinsicht muß in Zweifel gezogen werden, daß die angebotene Dichotomie von "intensiver" und "extensiver" Akkumulation - gerade weil sie in allzu enger Anlehnung an systematische Unterscheidungen der Kritik der Politischen Ökonomie formuliert ist[22] - eine ausreichende Trennschärfe für die Unterscheidung von Phasen kapitalistischer Vergesellschaftung besitzt. Gerade weil die benannten Charakteristika von wissenschaftlicher Organisation des Produktionsprozesses, Expansivität seiner kapitalistischen Funktionsprinzipien in alle Bereiche gesellschaftlicher Produktion und damit Verallgemeinerung der Lohnform in der Struktur kapitalistischer Produktionsweise überhaupt angelegt sind, erweist sich ihre pauschale Zuordnung zu einem einzelnen historischen Abschnitt der Entwicklung dieser Produktionsweise auch als empirisch zu grobschlächtig. Genauso wie der Prozeß der Integration wissenschaftlicher Erkenntnis in den Produktionsprozeß mit der industriellen Revolution eingesetzt hat[23], läßt sich die Geschichte des Kapitalismus nicht ohne weiteres entlang der Dichotomie "vorkapitalistische Organisation der Konsumgüterproduktion" und "traditionalistische Re-

---

geoisie" gegeben hat, abbilden: Vom Prozeß sich beschleunigender technologischer Umwälzung aufgrund sich totalisierender Herrschaft über die Natur über die Verallgemeinerung des Geldverhältnisses zur dominanten Form gesellschaftlicher Beziehung bis hin zur Internationalisierung von Produktion und Konsumtion.

21 Schon die Lektüre gängiger Zusammenfassungen der Fordismustheorie legt in bezug auf die Realisierung eines angemessenen Verhältnisses von Erklärung und Beschreibung Zweifel nahe. In den meisten Fällen reduzieren sich solche zusammenfassenden Darstellungen des Fordismus auf dessen mehr oder weniger synthetische Beschreibung in kapitaltheoretischer Terminologie. Siehe dazu beispielsweise Bünnig u. a. 1984, S. 290ff. und Simonis 1982 (hier nach: Scherr 1984, S. 83f.).

22 Es scheint schon aus grundsätzlichen Überlegungen heraus kaum sinnvoll, Phasen des Kapitalismus durch die *unmittelbare* Zuordnung einzelner Kategorien der Kritik der Politischen Ökonomie zu unterscheiden, da deren "idealtypischer" Status, wie oben angedeutet, auf methodologischer Ebene prinzipiell quer liegt zu einer historischen Betrachtung kapitalistischer Gesellschaften.

23 Inhaltlich siehe dazu Mandel 1972, S. 109, der seit der industriellen Revolution drei weitere "technologische Revolutionen" unterscheidet, die jeweils auf einem bestimmten Stand wissenschaftlicher Erkenntnis und ihrer Umsetzung in Produktionstechnologie beruhten. Ähnlich Roth/Kanzow (1971, S. S. 91ff.), die diese verschiedenen Stufen technologischer Innovation ausdrücklich als Schübe der Subsumtion der Wissenschaft unter das Kapital begreifen, und darüber hinaus empirisch differenziert verdeutlichen, daß sich sogar der Prozeß der Institutionalisierung des Zusammenhangs zwischen wissenschaftlicher Forschung und Technologieentwicklung bis weit in das 19. Jahrhundert zurückverfolgen läßt. (a.a.O., S. 112ff.) Klär (1986, S. 439ff.) hat den Taylorismus explizit als *einen* derjenigen "Modernisierungsschübe" kapitalistischer Gesellschaften gekennzeichnet, die seit den "Anfängen der Industrialisierung" mit der jeweiligen Produktionstechnologie einen entsprechenden "Formwandel der arbeitenden Klassen" zur Folge gehabt haben.

produktionsformen" auf der einen, "Subsumtion dieser Bereiche unter spezifisch kapitalistische Formen" auf der anderen Seite ordnen.[24]

Mit einer solchen Kritik soll nun umgekehrt nicht geleugnet werden, daß sich innerhalb der Geschichte des Kapitalismus und insbesondere mit dem Übergang in den Fordismus Verschiebungen und Verschärfungen vollzogen haben, zu deren Verortung die entwickelte Begrifflichkeit einen Beitrag leisten kann. Vielmehr soll darauf hingewiesen werden, daß deren dichotome Struktur[25] gerade eine Identifizierung des spezifischen Charakters solcher Intensivierungsprozesse kapitalistischer Vergesellschaftung nicht zuläßt. Wie die fordistische Phase als bestimmter Ausdruck der behaupteten Durchsetzungsdynamik kapitalistischer Vergesellschaftung, als spezifische Verschärfung übergreifender Widersprüche dieser Vergesellschaftungsform zu begreifen ist, bleibt damit gleichzeitig unbeantwortet. Die in einer solchen Durchsetzungsdynamik gesetzte Dialektik von Kontinuität und Wandel bricht unter der Voraussetzung einer derartigen Entgegensetzung innerhalb der Geschichte des Kapitalismus erneut auseinander in eine nur noch abstrakt festgehaltene Steuerung kapitalistischer Entwicklung in ihrer Gesamtheit durch die "objektive Akkumulations- und Krisendynamik des Kapitals, die Marx im Gesetz vom tendenziellen Fall der Profitrate zusammengefaßt hat" (Hirsch 1980, S. 57) auf der einen, die Hervorhebung der historischen Einzigartigkeit der gegenwärtigen Phase dieser Entwicklung auf der anderen Seite.

Daß eine solche Vermittlung von Strukturgesetzen und historischer Realität des Kapitalismus nicht gelingt, wird nicht nur an dieser undifferenzierten historischen Verortung der Funktionsprinzipien des Fordismus, sondern auch an einer genaueren Betrachtung des entsprechenden kapital*theoretischen* Erklärungsversuches der Merkmale dieser Formation deutlich. Geht man dem für einen solchen Versuch zentralen Zusammenhang zwischen "Gesetz des tendenziellen Falls der Profitrate" und "Produktion des relativen Mehrwerts als entgegenwirkender Ursache" zunächst auf der Ebene des Gesamtkapitals nach, bleibt unerklärlich, wie die Mobilisierung relativer Mehrwertproduktion der Entwicklung der Profitrate sowohl nach ihrer Verwertungs- wie Realisierungsseite das konstatierte "goldene Zeitalter" bereiten soll. Nach der Seite der Verwertung des Kapitals bedeutet die mit der Produktion des relativen Mehrwertes verbundene technische Umwälzung der Produktion von Konsumgütern gerade auch eine Steigerung der organischen Zusammensetzung des Kapitals und damit eine Senkung der Profitrate. Bleibt in

24 Jenseits einer ins historische Detail gehenden Kritik ist aus der Perspektive der entwickelten Phasenunterscheidung allein schon die Tatsache verblüffend, daß mit der Textilindustrie ein Industriezweig die erste Phase kapitalistischer Entwicklung dominiert hat, der nur schwerlich der Produktionsmittelindustrie zuzuordnen ist. Genausowenig wird unter dieser dichotomischen Unterscheidung die Tatsache begreiflich, daß die kapitalistische Entwicklung seit der mit der "ursprünglichen Akkumulation des Kapitals" verbundenen massenhaften Zerstörung traditioneller Reproduktionsformen von mehr oder weniger drastischen Schüben der Durchsetzung der Lohnform gekennzeichnet ist.

25 Sowohl Lipietz (1985, S. 123) wie Hirsch/Roth (1986, S. 51) deuten zwar Graduierungen innerhalb dieser Dichotomie an, fallen in ihrer inhaltlichen Argumentation aber dessenungeachtet beständig auf historisch undifferenzierte Entgegensetzungen zurück. Besonders deutlich wird dies an der im weiteren folgenreichen Entgegensetzung von traditionellen und kapitalistischen Vergesellschaftungsformen. Wird damit erneut eine idealtypische Unterscheidung von grundlegender Bedeutung getroffen, führt die unmittelbar empirische Wendung dieser Unterscheidung zu der offensichtlich überzogenen Annahme, "der vor-fordistische Kapitalismus sei bis in das 20. Jahrhundert hinein dadurch gekennzeichnet gewesen, daß er traditionelle vorkapitalistische Formen der Arbeitskräfte, also die noch stark agrarisch geprägten Sozialbeziehungen, Konsumgewohnheiten und Lebensformen, relativ unberührt ließ." (Hirsch/Roth 1986, S. 48)

dieser Beziehung das Verhältnis von positiven und negativen Effekten der Produktion des relativen Mehrwertes auf die Profitrate unbestimmt, ist in bezug auf die Realisierung des geschaffenen Mehrwertes gänzlich unbegreiflich, wie dieser Mechanismus, der per definitionem mit einer Senkung des relativen Anteils des Lohnes am Gesamtprodukt verbunden ist, auf Seiten der Arbeiterklasse ein der Produktivitätssteigerung entsprechendes Potential zahlungsfähiger Nachfrage hervorbringen soll.[26]

Verbleibt man auf dieser Ebene der Argumentation, ergibt sich also vielmehr ein widersprüchlicher Zusammenhang zwischen Verwertung des Kapitals und Realisierung des Mehrwerts als das für den Fordismus konstatierte produktive Ineinandergreifen beider Momente: Eine Intensivierung der relativen Mehrwertproduktion würde zwar unter bestimmten Bedingungen positiv auf den Verwertungsaspekt der Profitproduktion wirken, aber nur um den Preis der Gefährdung von deren Realisierungsperspektiven; eine Steigerung des Konsumtionsniveaus der Arbeiterklasse in Proportionalität zur Produktivitäts- und Outputsteigerung der Produktion würde dagegen gerade die Mehrwertrate konstant halten und so das "Gesetz des tendenziellen Falls der Profitrate" seinen für die Profitproduktion verhängnisvollen Lauf gehen lassen.[27]

Erlaubt diese Argumentation, den vom Standpunkt der Marxschen Kapitalismustheorie paradoxen Charakter der tatsächlichen Außerkraftsetzung dieses widersprüchlichen Zusammenhangs in der Erfolgsphase des Fordismus kapitaltheoretisch zu reformulieren, ist umso verblüffender, daß sich die Fordismustheorie der Auflösung dieses Paradoxes letztlich nicht stellt. Geht sie häufig wie selbstverständlich davon aus, daß der technologische Entwicklungsschub fordistischer Vergesellschaftung in Verbindung mit der Kapitalisierung des Reproduktionsbereiches aus sich heraus schon das enorme Florieren von Verwertung und Konsumtion erklärt[28], wird auch in differenzierteren Versuchen letztlich das Faktum dieses prosperierenden Zusammenhangs für seine Erklärung genommen, in-

26 Daß die Kapitalisierung des Reproduktionssektors, die mit der Produktion des relativen Mehrwertes verbunden ist, als ein Moment der konsumistischen Reproduktionsform keineswegs notwendig mit der quantitativen Steigerung des Konsumniveaus, wie es den Konsumismus bisher tatsächlich gekennzeichnet hat, zusammenfällt, ist den Fordismustheoretikern aufgrund der mangelhaften Berücksichtigung dieses Zusammenhangs meist nicht präsent. Genausowenig erklärt allein die Tatsache, *daß* ein Absatz des gesteigerten Produktionsausstoßes für das Funktionieren kapitalistischer Produktionsweise unabdingbar ist, *unter welchen Bedingungen* dieser Notwendigkeit Genüge getan werden kann.

27 Zumindest den französischen Fordismustheoretikern ist diese grundsätzlich gegenläufige Dynamik zwischen Verwertung und Realisierung "als grundlegendes Problem der Regulation des Lohnverhältnisses" (Lipietz 1985, S. 118) durchaus bewußt, wird allerdings bei der Erklärung des Fordismus und seiner Krise nicht entsprechend berücksichtigt.

28 Diese Strategie dominiert bei Hirsch und Roth (1986, S. 52f.) z. T. derart, daß ihnen das Bewußtsein für den paradoxen Charakter dieses Prosperierens aller Momente kapitalistischer Vergesellschaftung verloren geht. Dies gilt trotz der Tatsache, daß den Autoren in anderem Zusammenhang (a.a.O., S. 34ff.) durchaus bewußt ist, daß steigende Löhne grundsätzlich viel mehr eine Relativierung der Profitproduktion als deren Beförderung darstellen. - In der kulturalistischen Fassung, die Lüscher der Fordismustheorie gegeben hat, werden schließlich die ökonomischen Widersprüche des Fordismus, die sich aus dem Gegeneinander von Profitinteresse und Lebensinteresse der Produzenten des Profits ergeben, ausdrücklich als aufgehoben unterstellt: "Man könnte hier vielleicht einwerfen, im Schema fehle das, worumwillen das kapitalistische Wirtschaftssystem betrieben werde, nämlich der Unternehmerprofit. ... Das Privateigentum an Produktionsmitteln erscheint unter den Prämissen dieses Modells ... der Interessensgemeinschaft von Unternehmern und Unternommenen ... abgeblasst: die Ankoppelung des Betriebs an den Konsumgütermarkt entwertet die Frage nach dem Profit und 'vergesellschaftet' ihn ... ." (1986, S. 38)

dem die spezifischen Bedingungen, unter denen die bezeichneten Entwicklungen gerade eine krisenvermeidende Funktion übernehmen können, nicht bestimmt werden.[29]

Daß die Fordismustheorie auf diese Art und Weise an ihrem Erklärungsanspruch scheitert und zurückfällt auf die Faktizität des zu erklärenden, hängt erneut zusammen mit einer mangelhaften Entfaltung ihrer sowohl in Programmatik wie Einzelargumentation durchaus präsenten Durchsetzungstheorie. Ist oben der paradoxe Charakter der spezifischen Konstellation des Fordismus ausdrücklich auf der Ebene des Gesamtkapitals verortet worden, hat die Fordismustheorie mit ihrer programmatischen Hervorhebung des in sich differenzierten Weltmarktes als höchster Einheit der kapitalistischen Produktionsweise sich selbst den Schlüssel zur Überschreitung dieses abstrakten Bezugsrahmens und damit zur Lösung dieser Paradoxie in die Hand gegeben, ohne ihn allerdings in das dazugehörige Schloß zu stecken. Liegt es nahe, den Erfolg des Fordismus sowohl nach der Seite der Profite wie der Märkte in Zusammenhang zu bringen mit der technologisch ausgezeichneten Position der fordistischen Nationen innerhalb des Prozesses der weltweiten Durchsetzung des Wertgesetzes durch den Mechanismus des Ausgleichs der Profitrate und die in diesen notwendig einbeschlossenen Ungleichheiten und Ungleichzeitigkeiten.[30], so wird dieses Modell zur Erklärung des Fordismus - und in der Folge seiner Krise[31] - gerade nicht herangezogen.[32] Der mit Hilfe eines solchen Modells konzipierbare, zugleich kapitalismustheoretische wie -historische Erklärungszusammenhang für den einzigartigen Erfolg der fordistischen Phase kapitalistischer Vergesellschaftung geht auf diese Art und Weise erneut in der Lücke zwischen einer zu allgemein gehaltenen kapitaltheoretischen Begrifflichkeit und der bloßen Faktizität historischer Entwicklungen verloren; was die Fordismustheorie unter diesen Voraussetzungen anzubieten hat, sind bestenfalls

29 Lipietz (1985, S. 124) arbeitet zwar heraus, *daß* das "ideale Regime intensiver Akkumulation", das der Fordismus repräsentiert, nur möglich geworden ist auf Basis der Begrenzung der Steigerung der organischen Zusammensetzung und der "Schwächung der Tendenzen zu Unterkonsumtionskrise"; *unter welchen Bedingungen* beides aber gelingen konnte, wird nicht deutlich.

30 Auch in dieser Beziehung war Gramsci weitsichtiger als seine Nachfolger: "In Wirklichkeit beutet die amerikanische Industrie mit hohen Löhnen noch ein Monopol aus, das sich aus der ursprünglichen Initiative der neuen Methoden ergibt. Den Monopolprofiten entsprechen Monopollöhne. Aber das Monopol wird durch die Verbreitung der neuen Methoden notwendigerweise erst eingeschränkt und dann zerstört werden." (1967, S. 399) - Als heutige Variante einer solchen weltmarktorientierten Erklärung des Aufstiegs und der Krise des Fordismus siehe Altvater u. a. 1980, Bd. 1, S. 31ff.

31 Dieser Mangel der Argumentation, der sich hier nur der Rekonstruktion erschließt, wird an dem Versuch, die Beendigung der spezifischen Erfolgskonstellation des Fordismus zu erklären, evident werden.

32 Hübner (1987, S. 41) hat auf diese mangelnde Einbeziehung des Zusammenhangs von innerer und äußerer Kolonialisierung hingewiesen. Tatsächlich wird der internationale Rahmen der Entwicklung des Fordismus in der Argumentation Hirsch/Roths z. T. gänzlich ausgeblendet (siehe dazu Hirsch 1985, S. 167) oder bestenfalls als ein abgeleitetes Moment gegenüber den benannten den Fordismus dominierenden Entwicklungen bestimmt. (Siehe dazu Hirsch/Roth 1986, S. 84.) - Besonders verblüffend ist dieser Mangel nicht nur deshalb, weil die Fordismustheorie sich von vornherein als "Internationalisierungstheorie" formiert hat (siehe dazu Bühler 1981), sondern vor allem deshalb, weil Hirsch an anderem Ort (1980, S. 12ff. u. S. 36) in bezug auf die BRD und in Anknüpfung an die "Modell-Deutschland-Diskussion" eine solche weltmarktorientierte Erklärung des fortdauernden Erfolges der westdeutschen Wirtschaft angeboten hat.

Ad-hoc-Integrationen beider Momente, Beschreibungen der historischen Entwicklung des Kapitalismus in kapitaltheoretischer Terminologie.[33].

Das oben angedeutete Defizit an einer zugleich übergreifenden wie ausdifferenzierten kapitalismustheoretischen und -historischen Argumentation hat sich damit auch in den gegenwartsanalytischen Bemühungen der Fordismustheorie fortgesetzt: Weder ist es ihr gelungen, die Außengrenzen der jüngsten Phase kapitalistischer Vergesellschaftung hinreichend zu bestimmen, noch die Binnenstruktur dieser Phase als spezifischen Ausdruck der allgemeinen Dynamik kapitalistischer Gesellschaften zu begreifen. Bevor die schrittweise Verschärfung dieses Mangels an den entsprechenden Versuchen, die Krise dieser Struktur und die aus ihr erwachsenden Zukunftsperspektiven einer Klärung zuzuführen, verdeutlicht werden soll, ist die Darstellung, die die Fordismustheorie dem fortgeschrittenen Kapitalismus in seiner synchronen Einheit und Differenzierung gegeben hat, auf ihren Erklärungsgehalt zu prüfen.

Wie schon angedeutet, hat vor allem Joachim Hirsch in seinen staatstheoretischen Arbeiten schon seit den frühen 70er Jahren den Versuch unternommen, das politische System kapitalistischer Gesellschaften sowohl von seinen jeweils vorgegebenen gesellschaftlichen Bedingungen wie seiner Binnenstruktur einer zugleich kategorial angeleiteten wie empirisch gehaltvollen Bestimmung zuzuführen und damit sowohl den ökonomiekritischen Ansprüchen der Marxorthodoxie wie den politik- und legitimationstheoretischen Argumentationsmustern der Kritischen Spätkapitalismustheorie gerecht zu werden.[34]

Resultat dieser Bemühungen war dabei zunächst die Hervorhebung des grundsätzlichen Zusammenhangs zwischen der weiterhin staatlichem Handeln vorausgesetzten Wertgesetzlichkeit und den Problemen, mit denen sich dieses Handeln konfrontiert sieht; in einem zweiten Schritt wurde diese Determinationsbeziehung allerdings nicht nur programmatisch als Formveränderung der zugrundeliegenden ökonomischen Widersprüchlichkeit begriffen, sondern der "Vermittlungszusammenhang von Klassenbewegungen, Klassenkämpfen und Prozessen im politisch-administrativen System" (Hirsch 1977, S. 161) in der Ausdifferenzierung dieses Systems in verschiedene zugleich aufeinander bezogene wie gegenläufige Funktionen auch in materialer Form ins Auge gefaßt.[35]

33 Deutlich wird dies an der Zusammenfassung, die Hirsch/Roth (1986, S. 52f.) den "ökonomischen Grundlagen der Prosperität" geben: Zwar tauchen wiederum alle relevanten Merkmale des Fordismus auf; wie sie sich aber aufgrund ihrer spezifischen Ausprägung und ihres spezifischen Zusammenhangs wechselseitig verstärkend zu eben diesem Prosperieren kapitalistischer Vergesellschaftung verdichten, wird erneut nicht faßbar.

34 Ähnlich wie Offe unterscheidet Hirsch aus diesem Grunde ausdrücklich zwischen den "realen" und den "ideologischen" Momenten politischer Herrschaft: "Bürgerliche Herrschaft ist daher immer eine *widersprüchliche Einheit von gewaltmäßiger Unterdrückung und ideologischer Integration*, die durch Verbreitung bürgerlicher Ideologie und eine beschränkte Berücksichtigung der materiellen Interessen der Ausgebeuteten, durch bestimmte materielle Zugeständnisse also, abgesichert werden muß." (1977, S. 165)

35 In Anknüpfung an Poulantzas und Althusser unterscheidet Hirsch hierbei zwischen repressiven, ideologischen und massenintegrativen Apparaten (a.a.O., S. 168f.) und analysiert den widersprüchlichen Zusammenhang dieser verschiedenen Funktionskomplexe staatlichen Handelns. In der Entwicklung einer derart entfalteten staatstheoretischen Argumentation ist eine Ursache dafür zu sehen, daß die entsprechenden Bestandteile der Darstellung fordistischer Vergesellschaftung in ihrer Differenziertheit den erhobenen Vermittlungsansprüchen am weitesten entgegenkommen.

Die fordismustheoretischen Arbeiten von Hirsch und Roth zielen nun darauf ab, den derart konzipierten Zusammenhang von "Staat" und "Gesellschaft", "Politik" und "Ökonomie" gemäß der Forderung einer empirischen Wendung kategorialer Analysen unter den bestimmten historischen Bedingungen, die mit der fordistischen Entwicklungsstufe kapitalistischer Gesellschaften gesetzt sind, zu konkretisieren. Auch wenn, wie oben angedeutet, in diesem Zusammenhang der in den früheren Arbeiten entwickelte konzeptionelle Rahmen eher in den Hintergrund tritt[36], lassen sich die hervorgehobenen Spezifika des fordistischen Staates zunächst durchaus innerhalb dieses Bezugsrahmens verorten: Sowohl die Verschärfung der strukturellen Widersprüche des kapitalistischen Staates innerhalb des Fordismus, wie die Akzentsetzung innerhalb dieses widersprüchlichen Zusammenhangs stellen nicht mehr und nicht weniger dar als eine bestimmten gesellschaftlichen Bedingungen geschuldete Ausprägung der übergreifenden Merkmale des politischen Systems kapitalistischer Gesellschaften.

Indem nach der ökonomischen Seite das Wertgesetz mit dem rapide beschleunigten Internationalisierungsprozeß sich in seiner Realität zunehmend seinem Begriff annähert, treten komplementär die Vergesellschaftungsdefizite dieses ökonomischen Steuerungsmechanismus immer deutlicher hervor, bedarf die soziale Integration immer mehr unmittelbar gesellschaftlicher Organisation, die unter weiterhin privatkapitalistischen Verhältnissen nur staatliche Form annehmen kann.[37] Dieser komplementäre Zusammenhang von Durchsetzung des Wertgesetzes und Durchstaatlichung[38] setzt durch seine eigene Dynamik darüber hinaus auch von seiten des sozio-kulturellen Systems einen zunehmenden Integrationsbedarf frei, der das politische System erneut mit steigenden Steuerungs- und Legitimationsanforderungen konfrontiert. Indem der ökonomisch fundierte wie politisch flankierte Umwälzungsprozeß traditioneller Reproduktionsformen die mit diesen verbundenen sozialen wie normativen Formen gesellschaftlicher Integration untergräbt, bedarf es zunehmend sowohl sozialstaatlicher wie repressiver Kontrolle der aus diesen Desintegrationsprozessen entspringenden Potentiale abweichenden Verhaltens.[39]

---

36 Die Arbeit von Hirsch aus dem Jahre 1980 stellt in dieser Beziehung eine Zwischenstufe dar, indem sie den fordismustheoretischen Bezugsrahmen in ausdrücklicher Auseinandersetzung mit der "Staatsableitungsdiskussion" entfaltet. Die argumentativen Brüche, die diese Überschreitung einer bloß kategorialen Analyse staatlichen Handelns kennzeichnen, werden dementsprechend in dieser Arbeit deutlicher als in der eher zusammenfassenden Darstellung der politischen Dynamik des Fordismus in den späteren Arbeiten.

37 "Die Unfähigkeit des Kapitals, sich allein auf der Basis von Privatproduktion und Warentausch zu reproduzieren, muß mit wachsender Durchsetzung kapitalistischer Verhältnisse ... die fortschreitende 'Durchstaatlichung' zur Folge haben." (Hirsch 1980, S. 61)

38 Mit dem Hinweis darauf, daß sich beide Momente komplementär und nicht konträr zueinander verhalten, setzen Hirsch und Roth sich erneut von Habermas und Offe ab. Siehe dazu die oben angeführten Textstellen.

39 "Es sind gesellschaftliche Desintegrationsimpulse zu verzeichnen, die wesentlich staatsadministrativ kompensiert werden müssen, während der kapitalistische Entwicklungsprozeß gleichzeitig gesellschaftliche Potentiale, Bedürfnisse und Bewußtseinsstrukturen entstehen läßt, die mit den Verkehrsformen und Produktionsbedingungen der bürgerlichen Gesellschaft in Widerspruch stehen und durch neue institutionelle Formen und Strategien von Herrschaftssicherung integrativ eingefangen, kompensiert und zurechtgebogen werden müssen." (a.a.O., S. 70f.) - Die neuartigen repressiven Formen sozialer Kontrolle hat Hirsch im Konzept des "Sicherheitsstaates" zusammenzufassen versucht. (a.a.O., S. 98ff.)

Diese "Strukturprobleme des kapitalistischen Staates" finden ihre Verlaufsform in der Binnenstruktur dieses Staates selbst[40]: Sollen die Ansprüche, die vom sozio-kulturellen System ausgehen, diesen nicht überwältigen, sich vielmehr im Resultat der komplizierten internen Aushandlungsprozesse innerhalb des politischen Systems die ökonomische Steuerungsfunktion als dominante, weil letztlich über die Überlebensfähigkeit dieses Systems entscheidende, durchsetzen, bedarf es einer zunehmenden Entkopplung dieser Aushandlungsprozesse von der Interessensartikulation der Bevölkerung. Ihren Ausdruck findet diese Notwendigkeit in den tatsächlich zu beobachtenden Prozessen der "Bürokratisierung des Staates" und der "Etatisierung der Parteien"[41]. Ihre Grenze finden diese Prozesse der Entkopplung des politischen vom sozio-kulturellen System allerdings weiterhin an der Notwendigkeit der Legitimationszufuhr von letzterem in ersteres. (Hirsch 1980, S. 125ff.)

Auf diese Art und Weise ist das Bild eines Durchstaatlichungsprozesses fordistischer Gesellschaften entworfen, der sich selbst noch der Verschärfung der inneren Widersprüche von Produktion und Reproduktion wie der Spannung zwischen beiden Momenten verdankt. Daß sich das politische System an diesen widersprüchlichen Anforderungen zumindest in der Aufstiegsphase des Fordismus nicht aufreibt, wird darüber hinaus an der bestimmten ökonomischen Konstellation dieser Phase festgemacht. Die beispiellosen Wachstumsraten, die diese Aufstiegsphase kennzeichnen, ermöglichen eine wechselseitige Entlastung wie Stützung von "Staat" und "Gesellschaft", die es erlaubt, die angesprochenen Widersprüche zumindest für weite Bereiche des gesellschaftlichen Zusammenhangs in einem Zustand relativen Gleichgewichts zu halten: Läßt sich unter diesen Bedingungen auf der einen Seite ein ausgeglichenes Verhältnis zwischen den aus diesem Wachstum abgeschöpften finanziellen Ressourcen und den Aufgaben des politischen Systems herstellen, stellt dieser Wachstumsprozeß auf der anderen Seite auch unmittelbar eine ausreichende monetäre Entschädigungsmasse zur Abfederung sozio-kultureller Zerstörungsprozesse zur Verfügung.[42] Trotz weiterhin bestehender sozialer Disparitäten und Ausgrenzungen [43] gelingt es auf dieser Basis dem Fordismus darüber hinaus, einer solchen realhistorischen Stabilisierung im "keynesianischen Hegemonieprojekt" eine ideologische Überhöhung mit "*universalistischem* Status" zu geben, in deren Rahmen "die früheren Antinomien zwischen den *spezifischen*

40 Tatsächlich hatten schon Bergmann u. a. (1969, S. 70f.) einen solchen Zusammenhang zwischen zunehmender externer Beanspruchung des Staates und Wandel seiner inneren Organisationsprinzipien hergestellt.

41 Siehe dazu Hirsch/Roth 1986, S. 68. Die Autoren entwickeln in diesem Zusammenhang im Anschluß an die Korporatismusdiskussion eine ähnliche Argumentation in bezug auf die Gewerkschaften: Deren Einschwörung auf die gemeinsamen (sprich: nationalen) Wachstumsziele bedarf einer analogen Abkopplung von den "partikularen" Interessen ihrer sozialen Basis. (a.a.O., S. 72)

42 "Immerhin konnten aber diese Konflikte solange eingedämmt und neutralisiert werden, als in der Prosperitätsphase des fordistischen Zyklus ausreichende materielle Konzessionsspielräume zur Verfügung standen." (Hirsch/Roth 1986, S. 74)

43 Auch in der Erfolgsphase des Fordismus beruht dieser Gleichgewichtszustand selbst noch in bezug auf die innere Struktur der fordistischen Gesellschaften auf einer disparitären Berücksichtigung sozialer Gruppen, Institutionen und Bedürfnisse. Hirsch hat diesen weiterhin partikularen Charakter des Fordismus unter dem Titel "Selektive Massenintegration und korporativistisch abgestützte Spaltung der Gesellschaft" (1980, S. 103) herausgearbeitet.

Interessen der Arbeiter und denen der nationalen Wirtschaftsentwicklung" (Hirsch/Roth 1986, S. 75) als überwunden gelten.[44]

Mit dieser Verankerung von Realität wie Ideologie des politischen Systems fortgeschrittener kapitalistischer Gesellschaften in einer historisch bestimmten ökonomischen Konstellation ist ein Modell skizziert, daß den erhobenen Vermittlungsansprüchen in wesentlichen Belangen entgegenkommt. Auf dem Boden einer zugleich kategorial orientierten wie ökonomisch fundierten Analyse des Verhältnisses von "Gesellschaft" und "Staat" werden die historischen Formen dieses Verhältnisses als bestimmter Ausdruck der derart festgehaltenen strukturellen Merkmale kapitalistischer Vergesellschaftung verortet; die Argumentation entgeht dadurch tatsächlich den Fußangeln der Orthodoxie, vermeidet sowohl deren "Ökonomismus" wie deren "Strukturalismus", ohne sich dabei zu den komplementären Revisionen der Kritischen Spätkapitalismustheorie gedrängt zu sehen.

Daß die Autoren dieses Vermittlungsprojekt aber letztlich nicht durchhalten können, wird sowohl an einzelnen Bestandteilen der fordismustheoretischen Argumentation selbst, vielmehr allerdings noch an der kapitalismustheoretischen Verortung der gelieferten Bestimmung von "Staat" und "Gesellschaft" deutlich. Betrachtet man den anhand der Darstellung des Fordismus skizzierten Versuch der Vermittlung von "Ökonomismus" und "Politizismus" näher, tritt dessen zugleich origineller wie letztlich unbefriedigender Charakter hervor. Das Festhalten an der Komplementarität von Ökonomisierung und Politisierung gelingt zwar zunächst dadurch, daß beide Momente unterschiedlichen Zusammenhängen zugeordnet werden: Während der internationale Zusammenhang der *unmittelbaren* Steuerung durch das Wertgesetz unterliegt, macht sich diese ökonomische Gesetzmäßigkeit für die Binnenstruktur der fordistischen Nationen zunehmend nur noch *vermittelt* geltend, wird umgekehrt die politische Steuerung zur dominanten Form sozialer Integration in nationalem Maßstab. Unabhängig davon, daß eine solche Zuordnung der Wirkungsweise des Wertgesetzes auch unter Bedingungen des Staatsinterventionismus kaum gerecht wird - auch unter diesen Bedingungen liegt die Entscheidungsautonomie des Kapitals weiterhin quer zur nationalstaatlichen Organisation[45] -, ergibt sich aber bei den Autoren aus einer solchen Aufteilung der zu vermittelnden Momente immer wieder eine spezifisch politizistische

44 Daß die Autoren sich in diesem Zusammenhang beständig in den Wirklichkeitsmodus begeben ("Die Arbeiterklasse wird in die politische Ordnung des bürgerlichen Staates eingegliedert ... 'Arbeiterinteressen' und 'nationale Interessen' werden miteinander versöhnt" (a.a.O.)), deutet allerdings schon hier an, daß es ihnen nicht immer gelingt, die realen und ideologischen Momente, die jedes Hegemonieprojekt als zu unterscheidende Dimensionen enthält, genügend voneinander abzuheben. - Die Verknüpfung von "fortschreitender Durchstaatlichung der Volkswirtschaft" auf der einen, des "Zusammenfallens des Schicksals des Proletariats eines Landes mit dem Schicksal des Staates" (Renner 1918 (1917), S. 379) auf der anderen Seite besitzt eine lange Tradition vor allem in den sozialdemokratischen Lesarten des Marxismus und bildete in diesen häufig eine Grundlage ihrer sowohl reformistisch wie national ausgerichteten strategischen Orientierungen.

45 Will man bezogen auf die Struktur des nationalen Kapitals das Verhältnis von "Ökonomisierung" und "Durchstaatlichung" nicht in einer Verschmelzungskonzeption von Monopolen und Staat verständlich machen, käme es darauf an, die tatsächlich in eine solche Richtung gehenden Entwicklungen ihrerseits als ein Moment der auch für die Binnenstruktur kapitalistischer Nationen weiterhin bestehenden Spannung zwischen zunehmender staatlicher Flankierung und Stützung des Produktionsprozesses auf der einen, der Autonomie der Einzelkapitale gegenüber solchen Staatsinterventionen auf der anderen Seite zu verorten. Gerade die für den Fordismus als charakteristisch behauptete Durchsetzung multinationaler Organisationsformen des Kapitals (Bühler 1981, S. 143) treibt diese Spannung auf die Spitze.

Überziehung der internen Funktionsprinzipien der fordistischen Nationen[46], während die ökonomische Entwicklung komplementär dazu nur noch als äußere Randbedingung der derart verselbständigten Eigendynamik des politischen Systems herangezogen wird.

Daß es sich bei dieser eigentümlichen Vermittlungsstrategie nicht nur um eine eher bedeutungslose Abirrung vom Pfade einer insgesamt stimmigen Argumentation handelt, lassen schließlich die kapitalismustheoretischen und -historischen Überlegungen, in deren Rahmen Hirsch diese "erheblich modifizierte Stellung des Nationalstaats" (Hirsch/Roth 1986, S. 64) zu bestimmen versucht, zur Gewißheit werden. War die fortschreitende Durchstaatlichung des gesellschaftlichen Zusammenhangs zunächst als "historischer Schritt in der Entfaltung" (a.a.O.) der übergreifenden Widersprüche der kapitalistischen Warenproduktion konzipiert, so wird dieser historische Verschärfungsprozeß schließlich doch als Infragestellung "einer sich durchhaltenden strukturellen Identität der kapitalistischen Gesellschaftsformation" (Hirsch 1980, S. 55)[47] begriffen, die gleichzeitig den "Reproduktionszusammenhang der Gesellschaft und das Verhältnis von 'Politik' und 'Ökonomie', von 'Basis' und 'Überbau' grundlegend tangiert" (a.a.O., S. 57).[48]

Auch wenn (oder gerade weil) Hirsch der Meinung ist, eine solche "entscheidende Wandlung" (a.a.O., S. 145) verbleibe weiterhin "*innerhalb* der kapitalistischen Gesellschaftsformation" (a.a.O., S. 57), werden an dieser Argumentation die grundlegenden Probleme der Hirsch/Rothschen Konzeptualisierung sowohl des historischen wie des Sphärenzusammenhanges kapitalistischer Gesellschaften deutlich.[49] Da es dieser Konzeptualisierung auch in diesem Zusammenhang nicht

---

46 Mit der "Notwendigkeit, das Wertgesetz zunehmend *politisch* durchzusetzen" (Hirsch 1980, S. 64), gewinnt der "Staat nicht nur *real* ein Moment von gesellschaftlicher Allgemeinheit" (a.a.O., S. 62), sondern nimmt "staatliche Interventionstätigkeit tendenziell ... die Züge einer systematischen 'Gesellschaftspolitik' an" (Hirsch/ Roth 1986, S. 65). - In gewisser Weise wird der Staat damit zumindest in seiner Wirkungsweise nach innen eine Art "*reeller* Gesamtkapitalist". Auf diese "Staatszentriertheit" der Hirsch/Rothschen Analyse und ihre Konsequenzen hat Hübner (1987, S. 40) hingewiesen. Tatsächlich tauchen in dieser Analyse trotz der immer wieder hervorgehobenen Brüche mit der gleichen Regelmäßigkeit Argumentationsmuster auf, die in ihrer Eindimensionalität kaum hinter den entsprechenden Überziehungen des Antiautoritarismus zurückstehen. Gerade in der Konzeption des Sicherheitsstaates und der These der Bürokratisierung staatlicher und gewerkschaftlicher Organisationen scheint immer wieder die abstrakte Institutionenkritik des Anti-Autoritarismus durch.

47 An dem Zusammenhang, in der diese gegen die "Staatsableitungsdebatte" gerichtete Bemerkung steht, wird faßbar, daß sich der unmittelbare Widerspruch, die historische Entwicklung des Kapitalismus zugleich als Durchsetzung seiner strukturellen Merkmale wie deren Infragestellung zu begreifen, nicht nur dem Mangel der Entwicklung einer Durchsetzungs-/Aufhebungskonzeption verdankt, sondern schon auf einer mangelhaften Unterscheidung zwischen kategorialer und historischer Ebene beruht. Das Festhalten an im kategorialen Sinn allgemeinen Bestimmungen staatlichen Handelns innerhalb kapitalistischer Gesellschaften bedeutet ja gerade nicht die Annahme einer übergreifenden historischen Kontinuität von dessen Merkmalen.

48 Daß Hirsch im Zusammenhang seiner historischen Relativierung der Marxschen Theorie (a.a.O., S. 145f.) gerade Breuer als denjenigen Theoretiker in Anspruch nimmt, der mit der "Krise der Revolutionstheorie" zugleich das "zweidimensionale" Modell des Marxismus insgesamt verabschiedet hat, ist auf dem Hintergrund dieser Argumentation kaum zufällig.

49 Daß die Autoren diese Schwierigkeiten mit anderen Varianten der Fordismustheorie teilen, belegt die Argumentation Scherrs (1984, S. 95): "Zentral für das Theorem des Fordismus ist nun die Annahme, daß für die Analyse des aktuellen Entwicklungsstandes kapitalistischer Gesellschaften diese Bestimmung von Vergesellschaftung in bezug auf die Struktur der Wertbewegung, die auf der Ebene des Kapitals im allgemeinen formuliert ist, *nicht mehr* zureichend ist." (Hervorhebung St. B.) Warum sich mit der behaupteten Durchsetzung des Wertgesetzes gerade der Sprung zur *erstmaligen* Bedeutung außerökonomischer Momente von Vergesellschaftung ergeben soll, ist nur als Ausdruck der oben schon angesprochenen Dichotomisierung der Geschichte kapitalistischer Vergesellschaftung begreiflich.

gelingt, das kapitalismustheoretische Instrumentarium zur Entfaltung der in einem solchen argumentativen Widerspruch sich andeutenden Realdialektik von Durchsetzung und Selbstaufhebung kapitalistischer Vergesellschaftung zu entwikkeln, geraten die tatsächlichen historischen Wandlungsprozesse des Kapitalismus, die zunächst ausdrücklich als Folge der Durchsetzung der Logik dieser Produktionsweise identifiziert worden sind, zunehmend zu grundsätzlichen Relativierungen dieser Logik. Dies bedeutet, daß - ähnlich wie in den "revisionistischen" Argumentationen der Kritischen Spätkapitalismustheorie - diejenigen selbstnegatorischen Tendenzen, die den Kapitalismus als soziales Organisationsprinzip ausmachen und in seiner historischen Dynamik vorantreiben, zunehmend externalisiert werden und als formallogische Negation des Prädikats "kapitalistisch" auftreten.[50] Daß auch die grundlegende Bestimmung des Zusammenhangs von politischem und ökonomischem System kapitalistischer Gesellschaften trotz erfolgversprechender Ansätze ausgehend von dem Bekenntnis zu den ökonomiekritischen Ansprüchen des Historischen Materialismus immer wieder in einer zunehmenden Hervorhebung der politischen Dynamik solcher Gesellschaften und einer entsprechend grundsätzlichen Infragestellung dieser Ansprüche resultiert[51], hängt von einem ähnlichen Mangel in der Bestimmung der Durchsetzungsdynamik kapitalistischer Organisationsprinzipien in synchroner Hinsicht ab: Indem es ihnen nicht gelingt, diesen Durchsetzungsprozeß als Selbstaufhebung der das ökonomische System regelnden Organisationsprinzipien innerhalb des politischen Systems auf dem Boden der Widersprüchlichkeit dieser ökonomischen Prinzipien selbst zu begreifen, können Hirsch und Roth erneut nur wechselweise den Standpunkt der Subsumtion unter die Ökonomie oder den unmittelbar entgegengesetzten Standpunkt der Autonomie des politischen Systems einnehmen. Wie sich dieses erneute Schwanken zwischen gleichermaßen inakzeptablen Alternativen und die sich letztlich andeutende Schwerpunktsetzung innerhalb dieser Alternative fortsetzt, wird an der Art und Weise der Behandlung der sozio-kulturellen Dynamik des Fordismus zu betrachten sein.[52]

Die Fordismustheorie hatte in ihrer Hervorhebung sowohl des systematischen Stellenwerts, der dem konsumtiven Aspekt kapitalistischer Vergesellschaftung zukommt, wie in der historischen Verortung von dessen zunehmender Bedeutung dasjenige ökonomische Fundament der konsumistischen Lebensform angezielt, das weder die anti-autoritäre Theorie noch die Kritische Spätkapitalismustheorie

50 Hirsch hat dementsprechend die Möglichkeit, daß die gegenwärtige gesellschaftliche Entwicklung die Anwendung dieses Prädikates insgesamt letztlich doch in Frage stellt, durchaus ins Auge gefaßt: "Darüber hinaus wäre zu erwägen, ob nicht vielleicht der Kapitalismus, mit dem Marx zu tun hatte, sich heute in einer solch einschneidenden Transformation befindet, daß eine qualtitativ neue Gesellschaftsformation sich herauszubilden beginnt, ..." (1980, S. 141)

51 Dieser Widerspruch, der die Arbeiten von Hirsch und Roth insgesamt durchzieht, findet seinen Ausdruck u. a. im tatsächlichen Umgang mit beiden Argumentationsformen. Je konkreter die Argumentation wird, desto mehr konzentriert sie sich auf die politische und kulturelle Eigendynamik kapitalistischer Gesellschaften, während das Eingedenken der fundierenden Rolle der ökonomischen Verhältnisse zunehmend nur noch in abschließenden Lippenbekenntnissen zum einheitsstiftenden Charakter von "Kapitalverwertung" und "Akkumulationsstrategie" formuliert wird. Siehe dazu beispielsweise Hirsch/Roth 1986, S. 102.

52 Ob die Tatsache, daß diese Dynamik unter dem Titel "Fordistische Vergesellschaftung" (Hirsch/Roth 1986, S. 53) abgehandelt wird, zu besagen hat, daß es sich bei den vorher entwikkelten ökonomischen Zusammenhängen um keine gesellschaftlichen Prozesse handelt, sei zunächst dahingestellt.

zu entwickeln in der Lage gewesen waren. Gleichzeitig hat sie sich dabei aber nicht - wie die orthodoxe Theorie - auf den Aufweis dieser ökonomischen Voraussetzungen der spezifischen Verfassung des sozio-kulturellen Systems kapitalistischer Gesellschaften beschränkt, sondern sich darüber hinaus auch in differenzierter Form den sozialen und normativen Widersprüchen zugewendet, die unter diesen Voraussetzungen die Eigenlogik des sozio-kulturellen System ausmachen.[53]

Den Rahmen für diese Bemühungen gibt dabei erneut das seinerseits widersprüchlich struktuierte Verhältnis zwischen ökonomischer und sozio-kultureller Sphäre ab, innerhalb dessen der funktionale Bezug letzterer auf erstere nur um den Preis institutioneller Autonomisierung der materiellen und normativen Reproduktionsfunktionen herstellbar ist.[54] Die Verschärfung dieses Autonomisierungsprozesses, wie sie unter dem Fordismus mit der Durchsetzung der Lohnform gesetzt ist, bildet dabei zunächst den Anlaß einer historisch einzigartigen Freisetzung der Eigendynamik dieser Funktionen[55] vor allem gegenüber den "Bornierungen, Beschränkungen und Unterdrückungszusammenhängen" innerhalb "traditioneller Vergesellschaftungsformen" (Hirsch/Roth 1986, S. 63).[56] Dieser Prozeß der "kulturellen Freisetzung" (a.a.O.) setzt allerdings gleichzeitig die widersprüchliche Logik der spezifisch kapitalistischen Organisation des sozio-kulturellen Systems genauso frei: Neben den Prozeß der Ausdifferenzierung und "Individualisierung" von Lebensstilen[57] treten aufgrund der "Funktionalisierung durch den tayloristischen Produktions-Reproduktionszusammenhang" (a.a.O., S. 60) Prozesse der "Normierung" und "manipulativen Kolonialisierung der Subjekte" (a.a.O., S. 63),

53 Dies gilt zumindest für die Argumentation von Hirsch/Roth und für die Arbeit von Lüscher, die sich nahezu ausschließlich mit dieser Fragestellung beschäftigt. Entsprechend ihrer dominant ökonomischen Orientierung haben es die französischen Vertreter der Fordismustheorie weitgehend dabei belassen, die Notwendigkeit und tatsächliche Existenz ökonomisch funktionaler "Konsumnormen" hervorzuheben, ohne die Art und Weise ihres Zusammenhangs mit der Ökonomie und die sich daraus ergebenden inneren Widersprüche dieser Normen selbst zum Gegenstand weiterführender Betrachtungen zu machen. Siehe dazu Aglietta 1976, S. 131ff. und Bühler 1981, S. 147.

54 "Es bedarf und bedurfte ... zur Reproduktion der Arbeitskraft ... immer schon eines *relativ* außerhalb der Warenverhältnisse angesiedelten 'Reproduktionsbereichs'." (Hirsch 1980, S. 73) Daß die Unterordnung der Reproduktion der Arbeitskraft unter den Produktionsprozeß dadurch einen "realparadoxen" Charakter annimmt, haben Hirsch und Roth 1986 (S. 57) benannt: "Produktion und Reproduktion traten räumlich-sozial umso klarer auseinander, je mehr sie sich ökonomisch verflochten."

55 Dieses Moment des Modernisierungsprozesses, das schon Habermas als einen entscheidenden Aspekt der Fortschrittlichkeit moderner Gesellschaften hervorgehoben hat, entwickelt Lüscher (1986, S. 31) anhand der Entkopplung von "Arbeit" und "Motivation". Durch die "Verortung der Wünsche nach Selbstverwirklichung/Befriedigung in der Reproduktionssphäre" werden "die Wünsche der Produzenten erst richtig frei", wird eine differenzierte Entfaltung von Bedürfnissen erst möglich.

56 Gemäß der Unterscheidung zwischen extensiver und intensiver Akkumulation zielen Hirsch und Roth dabei vor allem auf vorkapitalistische Organisationsformen agrarischen und handwerklichen Charakters ab. (Hirsch/Roth 1986, S. 63.)

57 Die Fordismustheoretiker haben in diesem Zusammenhang vor allem die Stadt als sozialen Ort dieser Pluralisierung von Lebensstilen bestimmt. (Siehe beispielsweise Bühler 1981, S. 148) Insgesamt verweist die Darstellung dieser freisetzenden Seite des Fordismus auf diejenigen Veränderungen sozialer und normativer Strukturen, die Lerner 1979 (1958) unter dem Titel "Modernisierung des Lebensstils" als allgemeine Charakteristika des Modernisierungsprozesses zusammengefaßt hat.

die diese Subjekte in ihrer unmittelbaren Handlungsautonomie nur umso erfolgreicher den von außen gesetzten Zwängen der Ökonomie unterordnen können.[58]

Sind derart die sozialen Widersprüche der konsumistischen Lebensform bestimmt, werden in einem zweiten Schritt auch die genauso widersprüchlich verfaßten Wandlungsprozesse ins Auge gefaßt, die die Herausbildung dieser Lebensform auf der Ebene der Wertorientierungen begleiten. Mit der durch die fordistische Organisation des ökonomischen Sektors gesetzten Notwendigkeit der Ausweitung und Ausdifferenzierung der Bedürfnisproduktion und -befriedigung werden die traditionellen "'protestantischen' Tugenden ...der Entsagung, von Selbstdisziplin und Verantwortung" zunehmend dysfunktional, müssen ersetzt werden durch "hedonistische" Orientierungen, die warenvermittelte "Selbstverwirklichungsansprüche" (a.a.O., S. 61) an deren Stelle treten lassen. Ein solcher "Wertwandel" bricht sich allerdings erneut nicht nur an den quasi-logischen Widersprüchen solcher Orientierungen[59], sondern sieht sich aufgrund seiner Beschränkung auf den Reproduktionbereich durch die den Produktionsbereich weiterhin - und mit dem Taylorismus in gesteigertem Maße (a.a.O., S. 50) - beherrschenden Prozesse der Selbst- und Fremddisziplinierung, die eine Totalisierung dieses Wandels grundsätzlich ausschließen, relativiert.[60]

Daß dieser widersprüchliche soziale und normative Zusammenhang zunächst nicht aufbricht in der Krise des sozio-kulturellen Systems, wird wiederum im Rückgriff auf die ökonomischen Prosperitätsbedingungen des Fordismus verständlich. Solange diese die Verfügbarkeit eines angemessenen Entschädigungspotentials in Warenform garantieren, können die anomischen Konsequenzen solcher widersprüchlichen Handlungszusammenhänge und -orientierungen zumindest für die Kernbereiche der fordistischen Gesellschaft abgefangen werden.[61]

Erneut ist mit dieser Darstellung der inneren Widersprüche der konsumistischen Lebensform und ihrer Rückbindung an die ökonomischen Funktionsprinzipien eines historisch eingegrenzten Abschnittes kapitalistischer Entwicklung ein wesentlicher Schritt in Richtung auf die angezielte Vermittlung getan: Nicht nur wird deutlich, daß diese Widersprüche gerade als Ausdruck der zunehmenden Durchsetzung der spezifisch kapitalistischen Organisation des Reproduktionsbe-

58 Diese "hochgradige Ambivalenz des fordistischen 'Individualisierungsschubes'" (a.a.O., S. 60) zwischen "emanzipativen Werteveränderungen" (a.a.O., S. 63) und "warenkonsumvermittelter sozialer Isolierung, Normierung und Verhaltensstandardisierung" (a.a.O., S. 60) haben Hirsch und Roth (a.a.O., S. 56 u. Hirsch 1980, S. 90ff.) an der Familie als zentraler Institution der Reproduktionssphäre herausgearbeitet. Auch diese Institution befindet sich mit dem Prozeß ihrer Ausgliederung aus übergreifenden sozialen Zusammenhängen gleichzeitig von deren Zwängen freigesetzt, gerät aber aufgrund desselben Prozesses zunehmend unter den Anpassungsdruck des ökonomischen Systems. Differenziert zu den Widersprüchen, die die fordistische Organisation des Reproduktionsbereiches für die Konstitution des Subjekts und den familiären Zusammenhang, indem sich diese zunächst vollzieht, siehe erneut Lüscher 1986.

59 Hirsch/Roth (1986, S. 89) knüpfen hier an die "klassische" Kritik am Hedonismus als Lebensform an, indem sie die in diesem gesetzte prinzipielle Unendlichkeit der Bedürfnisproduktion mit der genauso grundsätzlichen Endlichkeit der Möglichkeiten der Bedürfnisbefriedigung konfrontieren. Zur Aktualisierung dieser klassischen Kritik im Rahmen der Kritischen Theorie siehe Marcuse 1938.

60 "Der disziplinierte Arbeiter und der genußfähige Konsument sind gleichermaßen gefordert und im Rahmen einer normalisierenden Arbeits- und Konsumdisziplin nicht ohne weiteres miteinander zu versöhnen." (Hirsch/Roth 1986, S. 61)

61 Siehe dazu Hirsch 1980, S. 80f. und insbesondere Lüscher 1986, S. 36: "Gegeben ein einigermassen krisenfreies Funktionieren des fordistischen Kreislaufs, wird dieses Konsistenzdefizit nicht als Problem kenntlich, und die globale Loyalität der fordisierten (Re)produzenten zersetzt sich nicht."

reiches zu bestimmen sind, sondern darüber hinaus wird faßbar, wie die konkreten Verlaufsformen dieser widersprüchlichen Verfassung des sozio-kulturellen Systems zurückverweisen auf historisch identifizierbare Konstellationen des ökonomischen Systems. Daß der Fordismustheorie aber auch in dieser Beziehung keine konsequente Durchführung dieses Programms gelungen ist, tritt erneut an den Ausblendungen und Akzentuierungen, die die Argumentation in ihren Voraussetzungen und Konsequenzen kennzeichnet, hervor. War den Autoren schon in ihren ökonomischen Reflexionen der prinzipielle Gegensatz von Entwicklung der Profitrate und Entwicklung des Konsumniveaus der Lohnarbeiter aus den Augen geraten, so bleibt der Aufweis dieses inneren Zusammenhangs zwischen Produktion und Reproduktion in der Analyse der Widersprüche des Konsumismus vollends unberücksichtigt. Die Tatsache, daß mit dem aus diesem Gegensatz entspringenden Auseinanderfallen von Bedürfnisproduktion und den zu ihrer Befriedigung zur Verfügung stehenden Mitteln in den kapitalistischen Produktionsverhältnissen selbst der klassische Fall von Anomie institutionalisiert ist, wird dadurch nur noch als äußerliche Beziehung zwischen Lohnentwicklung und der in der hedonistischen Orientierung des Konsumismus gesetzten Unendlichkeit der Bedürfnisse[62] thematisierbar und damit festgemacht an einer in dieser Form nur zufälligen Beziehung zwischen ökonomischer Entwicklung und Eigendynamik des kulturellen Systems.[63]

Daß mit der Orientierung an der Verteilungskategorie Lohn, wie schon angedeutet, gerade von dem inneren Zusammenhang zwischen ökonomischer Ausbeutung und kulturellen Prozessen abstrahiert wird und damit dieser Zusammenhang nur an der Höhe der Entschädigungsmasse festmachbar ist, macht auch die Bestimmung der unmittelbaren Bedingungen des Wertwandelprozesses selbst deutlich: Zwar wird die Verschärfung des Enteignungsprozesses von Subjektivität innerhalb des unmittelbaren Produktionsprozesses, wie sie den Taylorismus kennzeichnet, durchaus gesehen; in der Bestimmung des Inhalts der Wertwandelprozesse wird aber dieser Sachverhalt erneut nur als beschränkende Randbedingung der Eigendynamik des kulturellen Systems thematisiert. Welchen spezifischen Einfluß die sozialen Beziehungen innerhalb des Arbeitsprozesses sowohl als identitätsstiftende wie -zerstörende Bedingungen annehmen, und wie sie sich auf dieser Basis in ein Verhältnis zu den persönlichkeitsformierenden Prozessen in der Reproduktionssphäre setzen, bleibt dementsprechend gegenüber der differenzierten Auseinandersetzung mit letzteren Prozessen weitgehend ausgeklammert.[64]

---

62 Tatsächlich ergibt sich der anomische Charakter der konsumistischen Orientierung nicht so sehr aus der oben angedeuteten grundsätzlichen Widersprüchlichkeit des Hedonismus, sondern aus der Tatsache, daß die gesellschaftlich legitimen Mittel zur Bedürfnisbefriedigung in kapitalistischen Gesellschaften gegenüber den *auf einer bestimmten historischen Stufe* kulturell definierten Zielen zurückbleiben.

63 Den Höhepunkt dieser Veräußerlichung des Zusammenhangs von Ökonomie und Kultur stellt erneut die Argumentation Lüschers dar. Die zwei Weltwirtschaftskrisen, die der Kapitalismus in seiner Geschichte hervorgebracht hat, gelten ihm nur noch als "große Stockungen", die den "geregelten Weltumgang ... des inkonsistenten, verführbaren, unverlässlichen fordisierten Subjekts" in Frage stellen und es derart in eine "Sinnkrise" (1986, S. 36) treiben. In einer solchen Interpretation ist der innere Zusammenhang zwischen ökonomischen und kulturellen Pathologien kapitalistischer Vergesellschaftung endgültig aufgelöst.

64 Wie oben schon angedeutet, hatte gerade Gramsci darauf beharrt, daß auch unter den Bedingungen des Fordismus die gesellschaftliche Hegemonie weiterhin von der Fabrik ausgeht. Neuerdings haben Bünnig u. a. (1984, S. 285f.) darauf hingewiesen, daß, solange der Betrieb die einheitsstiftende Institution gesellschaftlicher Produktion darstellt, eine Auseinandersetzung auch mit "im weitesten Sinn kulturellen Sachverhalten" ansetzen muß an den kulturellen Enteig-

Wie sich die Dynamiken von Produktions- und Reproduktionsbereich in ein Geflecht widersprüchlicher Handlungsorientierungen und Werte zusammenschließen, wird damit letztlich nicht bestimmbar; geschweige denn wird die weiterhin festgehaltene Annahme, daß auch innerhalb dieses normativen Geflechts die vom ökonomischen Prozeß gesetzten Anforderungen das dominierende Moment darstellen, einholbar.

Deuten sich in diesen Akzentuierungen der Argumentation schon Abstraktionen desjenigen Typus an, wie er schon an der Kritischen Spätkapitalismustheorie hervorgehoben worden ist, wird auch in der Bestimmung der zentralen Konfliktfelder des Fordismus in seiner Gesamtheit eine entsprechende Verschiebung des Analyseschwerpunktes auf die sozio-kulturelle Dynamik kapitalistischer Gesellschaften und deren Flankierung durch das politische System faßbar. Nicht nur nehmen die entsprechenden Analysen auch in den strukturanalytischen Teilen der Argumentation von Umfang und Differenzierung her ein erheblich größeres Gewicht ein als die Darstellung der ökonomischen Dynamik des Fordismus[65], sondern werden auch immer dann, wenn es um die Herausarbeitung der Widersprüchlichkeit dieser Formation und der mit ihr verbundenen Veränderungsperspektiven geht, diese Problemfelder in den Vordergrund gestellt.[66]

Daß diese Relativierung zentraler Annahmen der marxistischen Tradition auch die historische Einordnung sozio-kultureller Entwicklungen betrifft, wird schließlich an der Art und Weise faßbar, in der die aus dem sich wandelnden Verhältnis von Produktion und Reproduktion hervorgehenden Lohnarbeiterkulturen bestimmt werden. Legt die oben skizzierte Durchsetzungsargumentation nahe, die sozialen Beziehungsmuster und Wertorientierungen der Arbeiterklasse im Fordismus als Annäherung an deren spezifisch kapitalistische Form - allerdings unter historisch bestimmten Bedingungen - zu begreifen[67], so geben die Autoren diesem Wandlungsprozeß tatsächlich eine Diskontinuitätsinterpretation, die in ihrer Grundsätzlichkeit kaum mit einem solchen Verständnis vereinbar ist. Ausgehend von der inzwischen wohl unbestreitbaren Tatsache, daß sich die Organisationsformen und Wertorientierungen der Arbeiterkultur bis weit in das 20. Jahrhundert neben der sich herausbildenden spezifisch proletarischen Lebenslage auch weiterhin einflußreichen traditionellen, d. h. vorkapitalistischen Elementen verdanken (Hirsch/Roth 1986, S. 53), wird gemäß der Unterscheidung zwischen den Phasen

---

nungsprozessen des kapitalistischen Produktionsprozesses und den Formen des Widerstands, die sich an diesen herausbilden. - Tatsächlich stellt sich hier die Frage, ob die Autoren nicht selbst den Abstraktionen des ökonomischen Prozesses, der seinen spezifisch gesellschaftlichen Charakter zu dementieren sucht, aufsitzen, ihnen Gesellschaftlichkeit dementsprechend erst im Rahmen des Reproduktionsbereiches zum Thema wird.

65 Siehe dazu besonders Hirsch 1980, S. 65ff.

66 Darauf, daß die Durchsetzungs-/Aufhebungslogik kapitalistischer Gesellschaften nahezu ausschließlich in bezug auf die kulturelle Widerspruchsdynamik kapitalistischer Gesellschaften thematisiert wird, ist schon hingewiesen worden. Daß dies keineswegs zufällig ist und welchen Alternativen sich diese "Problemverschiebung" verdankt, hat Hirsch an anderem Ort (1980, S. 151) vor Augen geführt: "Die kapitalistische Gesellschaft ... schafft zwar zunächst einmal (möglicherweise massenhaft) subjektive Potentiale, einen 'Subjektivitätsüberhang' im Sinne von Utopien, Hoffnungen, Rebellion (Marcuse), aber keine mit ihr unvereinbaren materiellen Strukturen."

67 Neben den Konsequenzen, die der ökonomische Erfolg des Fordismus für eine bestimmte Verlaufsform der widersprüchlichen Verfassung des sozio-kulturellen Systems kapitalistischer Gesellschaften besitzt, heben die Autoren selbst den seinerseits historisch einzigartigen und nationalspezifischen Prozeß der Zerschlagung der Arbeiterbewegung durch den Faschismus hervor. (1986, S. 74)

extensiver und intensiver Akkumulation zunächst ein Schnitt innerhalb der Geschichte dieser klassenspezifischen Kultur gelegt, auf dessen einer Seite noch vorwiegend traditionell orientierte Vergesellschaftungsprinzipien den modernen Formen, wie sie der Fordismus hervorgebracht hat, auf der anderen Seite gegenüberstehen. Das spezifische der an eine solche Trennung geknüpften Konsequenzen besteht nun nicht so sehr darin, daß damit, wie schon in der zugrundegelegten ökonomischen Phasenunterscheidung selbst, die historischen Kontinuitäten innerhalb der Entwicklung von Arbeiterkultur ausgeblendet werden, sondern vielmehr darin, daß dieser Wandlungsprozeß als Aufsprengung dieses Kontinuums überhaupt begriffen wird: Hinausgehend über die erneut unbezweifelbare Aushöhlung traditioneller proletarischer Milieus und Wertorientierungen und den damit verbundenen Untergang einer bestimmten Form proletarischer Kultur[68] wird dieser Prozeß als "Abschied von der Proletarität" (a.a.O., S. 53) überhaupt identifiziert, der eine "weitgehend homogenisierte und individualisierte Massengesellschaft entstehen" (a.a.O., S. 56) läßt.[69]

Jenseits der Folgen einer solchen Diagnose für bewegungstheoretische und strategische Fragen wird an dieser theoretischen Überziehung konkret-historischer Entwicklungen deutlich, daß der zunächst eingeschlagene Weg eines differenzierten In-Beziehung-Setzens zwischen strukturellen Merkmalen kapitalistischer Vergesellschaftung und den bestimmten historischen Akzentuierungen, die diese im Durchsetzungsprozeß erfahren, erneut nicht weiterverfolgt wird. Wiederum werden ohne weiteres bestimmte historisch vergangene Entwicklungsformen des Kapitalismus unmittelbar mit der Logik dieser Produktionsweise identifiziert[70] und - ähnlich wie in der Kritischen Spätkapitalismustheorie - komplementär die spezifische Konfundierung beider Momente innerhalb des Fordismus zu einem grundsätzlichen Bruch mit der übergreifenden Kontinuität kapitalistischer Gesellschaften stilisiert.

Nicht nur diese letzte Wendung der Analyse der fordistischen Vergesellschaftungsform zeigt, daß sich auch im Versuch der historischen Einlösung der kapitalismustheoretischen Programmatik der Fordismustheorie die spezifischen Vorzüge und Mängel, die schon diese Programmatik gekennzeichnet haben, geltend machen. Zwar hat die Fordismustheorie sowohl in ihren ökonomiekritischen wie gesamtgesellschaftlich orientierten Bemühungen entscheidende Hinweise darauf geliefert, wie sich der Erfolg fordistischer Vergesellschaftung aus einer historisch spezifischen Verfassung der ökonomischen Sphäre und deren genauso einzigartiger Verschränkung mit der politischen und sozio-kulturellen Dynamik kapitalistischer Gesellschaften erklären läßt. Hat diese Theorievariante damit in wesentlichen Gesichtspunkten die von den bisher dargestellten Ansätzen repräsentierten fehlerhaften Alternativen relativiert (und muß aus diesem Grunde als diejenige Konzeption angesehen werden, an die in einer marxistisch orientierten

68 Darauf, daß die Auflösung "*einer* epochalen Form von Arbeiterkultur" keineswegs mit deren Untergang überhaupt zu identifizieren ist, haben Bünnig u. a. (1984, S. 286) hingewiesen: "Nicht *eine* Arbeiterkultur hat das Proletariat, sondern *viele* spezifische."

69 Daß sich in einer solchen Argumentation die eigentümliche Konstruktion eines "Kapitalismus *ohne* Klassen" (Beck 1987, S. 140) andeutet, wird noch anzusprechen sein.

70 In ähnlicher Form neigen die Autoren dazu, diejenige "religiös begründete" Arbeits- und Verzichtsethik, die gerade für die Entstehungsphase des Kapitalismus von zentraler Bedeutung war (und möglicherweise unter den spezifischen Bedingungen einer Nachkriegsgesellschaft sich als besonders resistent erwiesen hat) mit "bürgerlichen Werthaltungen" überhaupt zu identifizieren, ein Verfahren, das schon die frühe Kritische Theorie gepflegt hatte. (a.a.O., S. 61)

Gegenwartsanalyse anzuknüpfen ist), war allerdings die Halbherzigkeit dieser Relativierungen und damit des entwickelten Vermittlungsversuches genausowenig zu übersehen. Nicht nur in einzelnen Argumentationszusammenhängen, sondern vor allem in den letztlich angebotenen kapitalismustheoretischen Interpretationen dieser Zusammenhänge hat sich der oben angedeutete Mangel konkretisiert: Aufgrund der unzulänglichen Entfaltung eines theoretischen Instrumentariums zur Bestimmung der jeweiligen historischen Realität kapitalistischer Gesellschaften als Ausdruck einer ihr eigenen widersprüchlichen Dynamik von Durchsetzung und Selbstaufhebung ist es nur in gebrochener Form möglich gewesen, die historischen Etappen kapitalistischer Vergesellschaftung und die sie kennzeichnende Transformierung ökonomischer Funktionsprobleme in die Eigendynamik des politischen und sozio-kulturellen Systems als Verlaufsform der übergreifenden Strukturmerkmale dieser Gesellschaftsformation zu begreifen. Seinen Ausdruck fand dieser Bruch innerhalb der Vermittlungsbemühungen darin, daß die Argumentation auch in ihrer Stellung zu den zu vermittelnden theoretischen Positionen schwankend geblieben ist: Sowohl in phasen- wie sphärentheoretischer Hinsicht lehnt sie sich viel mehr wechselweise an die von "Orthodoxie" und "Revisionismus" formulierten Entgegensetzungen von "Kontinuität" und "Wandel", von "Ökonomismus" und "Politizismus" an, als daß sie diese Entgegensetzungen in einer eigenständigen Synthese aufzuheben weiß.

Diese Ambivalenz genauso wie die schon angedeutete Akzentsetzung innerhalb einer solchen Unentschiedenheit treten nun in den im engeren Sinne zeitdiagnostischen Bemühungen der Fordismustheorie allein schon wegen der prinzipiellen Schwierigkeit, die sich für auf die unmittelbare Gegenwart und ihre Entwicklungsperspektiven gerichtete Analysen aus der Gleichzeitigkeit von Theorieformulierung und Gegenstandsentwicklung ergeben, zunehmend hervor. Ohne diesen Bemühungen um die aktuelle "Krise des Fordismus", den Perspektiven von deren Überwindung in einer postfordistischen Formation und dem Einfluß, den soziale Auseinandersetzungen vor allem in der Form sozialer Bewegungen auf diesen Prozeß nehmen, im Detail nachgehen zu können[71], soll es im folgenden vor allem darum gehen, die Verschärfung der hier hervorgehobenen systematischen Defizite anhand der Grundlinien dieser zeitdiagnostischen und bewegungstheoretischen Reflexionen herauszuarbeiten.

Gegenstand dieser Reflexionen sind zunächst die strukturellen Merkmale der gegenwärtigen Entwicklung fordistischer Gesellschaften, die in ihrer pathologischen Charakteristik Anlaß zu einer Krisendiagnose geben, die sich in ihrem umfassenden und grundsätzlichen Charakter genau komplementär zu der die Aufstiegsphase des Fordismus begleitenden Stabilitätsinterpretation verhält.[72]

---

71 Eine solche Nachzeichnung der Argumentation im einzelnen müßte sich vielmehr noch als in bezug auf die relativ geschlossene, systematisierte Darstellung, die die Fordismustheorie der Aufstiegsphase des Fordismus gegeben hat, in die Rekonstruktion des in diesem Zusammenhang zunehmend in disparater Form präsentierten historisch-empirischen Materials begeben.

72 Den Übergang zwischen beiden Abschnitten der fordistischen Phase hat Hirsch historisch in demjenigen "entscheidenden Bruch in der ökonomisch-politischen Geschichte", den die "Krise von 1966/67" darstellte, verortet. Obwohl die Autoren nicht immer an dieser Zuordnung festhalten und der Prozeß des Dominantwerdens krisenhafter Entwicklungen durchaus einer weiteren Differenzierung bedürfte, hat sich diese Verortung (trotz der "Erneuerung", die der Fordismus vor allem in der BRD durch das sozialliberale Modell zunächst erfahren hat) im Rückblick als angemessen erwiesen.

Dadurch, daß sich die derart identifizierte Krise schrittweise über den gesellschaftlichen Zusammenhang verallgemeinert, ökonomische, politische und soziokulturelle Dynamik sich nunmehr zunehmend negativ ineinander verschränken, gewinnt dieser Krisenzusammenhang epochalen Charakter: Indem er nicht mehr zu beschränken ist auf einzelne Problembereiche "*innerhalb* der Regulation", sondern sich auswächst zur "Krise *der* Regulation", verdichten sich die vorübergehenden Störungen der sozialen Integration, wie sie kapitalistische Gesellschaften in Form "kleiner Krisen" beständig begleiten, zur "Großen Krise". (Lipietz 1985, S. 113)[73] des geltenden Akkumulationsmodells und der ihm entsprechenden Regulierungsformen und Hegemonialstrukturen.

Ursache wie einheitsstiftendes Prinzip dieses epochalen Charakters der Krise stellt gemäß der materialistischen Programmatik der Fordismustheorie erneut die Krisendynamik des ökonomischen Systems[74], wie sie im "Gesetz des tendenziellen Falls der Profitrate" ihren Ausdruck findet, dar. Dieselben Prozesse, die im Rahmen des Aufstiegs des Fordismus Bedingungen der Entwicklung der Profitrate darstellten, geraten in der Folge zunehmend zu Schranken der Verwertung des Kapitals, schlagen von "entgegenwirkenden Ursachen" um in Faktoren, die die Tendenz des Falls der Profitrate zur Wirklichkeit werden lassen.[75] Gegen die "eklektizistische Logik vieler aktueller Krisentheorien", die den übergreifenden Charakter der Krise nur in einem zufälligen Ineinandergreifen verschiedenartiger gesellschaftlicher Entwicklungen auszumachen weiß, ist damit gleichzeitig das innere Band benannt, das die Zerstörung des Gleichgewichts innerhalb und zwischen sozialen Sphären zur Infragestellung des "historischen Blocks" der Aufstiegsphase des Fordismus verdichtet. (Hirsch/Roth 1986, S. 78)

Genauso wie in einer solchen Formulierung der Ansprüche an die Erklärung der "Krise des Fordismus" nochmals das kapitalismustheoretische Erklärungsprogramm der Fordismustheorie ins Gedächtnis gerufen ist, werden allerdings an der Durchführung Mängel deutlich, die sich als unmittelbare Fortsetzung der entsprechenden Defizite in der Erklärung der Prosperitätsphase des Fordismus begreifen lassen. Stand im Zentrum dieser Erklärung der technologische Innovationsschub, den die tayloristische Organisation des Produktionsprozesses darstellte, muß die Krise des Fordismus zunächst als "Krise der tayloristischen Arbeitsorganisation" (Hirsch 1985, S. 169) bestimmt werden: Indem "die in der tayloristischen Arbeitsorganisation liegenden Produktivitätsreserven und damit die Möglichkeit zur kontinuierlichen Erhöhung der relativen Mehrwertrate sich mehr und mehr erschöpft

---

73 Hirsch/Roth (1986, S. 10f.) haben diesen zugleich umfassenden wie grundsätzlichen Charakter der gegenwärtigen Krise an den Bedingungen ihrer Aufhebung hervorgehoben: "Viel mehr spricht für die Vermutung, daß die kapitalistische Prosperität nur um den Preis einer gründlichen, von tiefgreifenden gesellschaftlichen Umwälzungsprozessen begleiteten Re-Formierung der ökonomisch-technischen, der politischen und ideologischen Strukturen wiederzugewinnen sein wird."

74 "Die historische Krise der fordistischen Formation wurzelt grundlegend darin, daß der Kapitalprofit strukturell und nachhaltig beeinträchtigt ist. Daher bleibt ihr entscheidender Angelpunkt die Art der Mehrwertproduktion und die Form der Ausbeutung der lebendigen Arbeit. Insofern behält das materialistische Basis-Überbau-Theorem seine Gültigkeit." (Hirsch/Roth 1986, S. 78)

75 "Ursache der aktuellen Krise ist, daß eben diese fordistische Akkumulations- und Hegemonialstruktur begonnen hat, zur *Schranke* der Kapitalverwertung zu werden. War ihre Durchsetzung zunächst Bedingung einer langfristigen Stabilisierung des Kapitalprofits und einer anhaltenden kapitalistischen Prosperität, so verwandeln sich die mit ihr verbundenen ökonomischen und gesellschaftlichen Strukturen und Mechanismen nun selbst zu einem Krisenfaktor. ... Dadurch wird der Fall der Profitrate von einer widersprüchlichen Tendenz zur empirischen Realität." (Hirsch 1985, S. 168f.)

hatten" (Hirsch/Roth 1986, S. 79)[76], gerät der für die Aufstiegsphase des Fordismus diagnostizierte produktive Zusammenhang zwischen technologischer Entwicklung, Massenkonsum und Entwicklung der Profitrate zunächst durch die erlahmende Dynamik des Produktionsprozesses selbst zunehmend unter Druck. Damit deutet sich einerseits zwar eine kapitaltheoretische Erklärung der "Krise des Fordismus" an; andererseits läßt die Art und Weise, wie die Fordismustheoretiker die Gültigkeit dieser Erklärung nahezu ausschließlich mit dem Verweis auf die entsprechende Empirie der Produktivitätsentwicklung und Kapitalintensität zu belegen suchen[77], erneut Zweifel an dem Erfolg dieser theoretischen Bemühungen aufkommen. Weder wird deutlich, wie dieser Innovationsverlust des Taylorismus aus der Selbstuntergrabungsdynamik des kapitalistischen Produktionsprozesses hervorgeht[78], noch kann der formulierte Zusammenhang von Produktivitätssteigerung und relativer Mehrwertrate, wie oben gezeigt, überhaupt in eine unmittelbare - in diesem Fall negative - Beziehung zur Entwicklung der Profitrate gesetzt werden.[79] Auf diese Art und Weise bleibt die Erklärung der "Krise des Fordismus" auf das empirische Aufgreifen einer letztlich technologisch motivierten Erschöpfung der Fortschrittsdynamik des Fordismus beschränkt; diejenigen internationalen Prozesse, die auf der Ebene der Durchsetzung des Wertgesetzes gerade den systematischen Zusammenhang zwischen Niveauunterschieden in der technologischen Entwicklung, Markterschließung und Entwicklung der Profitrate herzustellen erlauben, werden dementsprechend zum letzten Glied der "Krise des Taylorismus": "Die Krise des fordistischen Reproduktionszusammenhangs bewirkt schließlich Veränderungen des kapitalistischen Systems im Weltmaßstab und eine Umwälzung der internationalen Arbeitsteilung." (Hirsch/Roth 1986, S. 84)

Der schließlich doch unternommene Versuch, der Erlahmung der produktiven Dynamik der tayloristischen Arbeitsorganisation mit der Herausbildung von "Widerstandsformen" gegen "Arbeitsintensivierung, Dequalifikation, Monotonie" (a.a.O., S. 80) ein soziales Fundament zu unterlegen[80], liegt allerdings eigentümlich quer zu den bisher entwickelten Annahmen über den tendenziellen Auflösungsprozeß proletarischer Lebensformen: Wie die Arbeiterklasse als ein "Klassensubjekt, das quasi in dem etatistischen, sozialdemokratisch vermittelten Vergesellschaftungszusammenhang aufgegangen ist" (a.a.O., S. 76) wenig später (a.a.O., S. 80) als "tayloristischer Massenarbeiter durch eine neue und umfassende Krise der Produktivität ... eine späte Revanche" für seine eigene Auflösung nehmen kann, ist nur schwerlich einzusehen. In einem ähnlich widersprüchlichen Verhältnis zu den in der Analyse der Aufstiegsphase des Fordismus formulierten Annahmen steht auch die zweite Form, in der eine an "Stärke gewachsene Arbeiter-

76 Diese Diagnose der ökonomischen Krise lehnt sich unmittelbar an die entsprechende Argumentation bei Lipietz (1985, S. 126f.) an.

77 Siehe dazu Hirsch/Roth 1986, S. 79 und Lipietz a.a.O.

78 Wie oben angedeutet, ließe sich nur mit Hilfe einer solchen Erklärung die von der Fordismustheorie unterstellte Notwendigkeit des Umschlags krisendämpfender in krisenbeschleunigende Faktoren erklären.

79 Diese Schwierigkeiten der angebotenen Erklärung der "Krise des Fordismus" hat Hübner (1987, S. 42) herausgearbeitet. Nicht nur ist die empirische Annahme einer sinkenden Produktivität durchaus zu bezweifeln, sondern ist, selbst wenn man diese Zweifel ausklammert, erneut grundsätzlicher in Frage zu stellen, inwiefern überhaupt eine direkte Verbindung zwischen diesen auf der Ebene des unmittelbaren Produktionsprozesses angesiedelten Prozessen und der "Akkumulations- und Profitkrise" herstellbar ist.

80 Zu dieser These siehe auch Lipietz 1985, S. 127 und kritisch Hübner 1987, S. 43.

klasse" (a.a.O., S. 81) die Profitrate unter Druck setzt: Warum die auf dieser Basis durchgesetzten nicht unerheblichen Reallohnsteigerungen - in der Erklärung des Erfolges des Fordismus gerade unter dem Realisierungsaspekt als stabilisierende Bedingung hervorgehoben - umschlagen in einen krisenbeschleunigenden Faktor, bleibt im Rahmen der Hirsch/Rothschen Argumentation genauso unbeantwortet[81] wie die Frage, warum auch die vielfältigen andersartigen Prozesse, denen eine krisenvertiefende Bedeutung zugeschrieben wird, diese gerade zum angesprochenen Zeitpunkt gewinnen, während ihnen vorher gerade ein entgegengesetzter Effekt zugekommen ist.[82] Konkretisiert sich in diesem mangelhaften Verständnis[83] der Mechanismen des Umschlags der Prosperitäts- in die Krisenphase des Fordismus wiederum das Defizit an einer Theorie, die Durchsetzungs- und Selbstuntergrabungsaspekte kapitalistischer Entwicklung systematisch integrierbar macht, kann für die Darstellung der außerökonomischen Dimensionen der "Krise des Fordismus" zunächst vom Faktum dieses Umschlags ausgegangen werden und der Einfluß der faktischen ökonomischen Krise auf die Funktionsprinzipien des politischen und kulturellen Systems ins Auge gefaßt werden.

Vor allem in bezug auf die Krise der "keynesianischen" Form politischer Regulation wird dabei zunächst erneut in differenzierter Art und Weise herausgearbeitet, wie die internen Dilemmata staatlichen Handels in einer Situation, in der die ökonomische Krise zugleich die zur Verfügung stehenden Ressourcen verknappt wie eine intensivierte Stützung des ökonomischen Prozesses durch das politische System erforderlich macht, eine grundsätzliche Verschärfung erfahren. Genauso wie die den Fordismus zunächst kennzeichnende Ausbalancierung der entsprechenden staatlichen Funktionen[84] geraten durch diesen Prozeß auch die sozialen und politischen Kompromißstrukturen, die es erlaubten, zumindest große Teile auch der Arbeiterklasse materiell und ideologisch in das korporatistische

81 Eine besondere Pointe gewinnt diese Bezugnahme auf eine Entwicklung, die gerade mit einer erneuten Ausweitung des Massenkonsum der Realisierung des Mehrwerts neue ungeahnte Möglichkeiten bieten müßte, dadurch, daß als weiteres krisenvertiefendes Moment der restriktive Kurs des politischen Systems benannt wird, der durch Kürzung sozialstaatlicher Leistungen und Steuererhöhung gerade "eine weitere tragende Säule des fordistischen Akkumulationsmodells unterminiert: den expandierenden Massenkonsum." (Hirsch/Roth 1986, S. 82)

82 Ein Beispiel hierfür stellt die ökologische Problematik dar, die genauso wie die darüber hinaus benannten Entwicklungen unbezweifelbar ein Moment der Krise des Fordismus darstellt, aber erneut bestenfalls als Ausdruck einer allgemeinen Tendenz kapitalistischer Gesellschaften, auch ihr natürliches Fundament zu untergraben, bestimmt wird, ohne Hinweise auf die bestimmte Form zu geben, in der diese Tatsache im Übergang von der Prosperitäts- zur Krisenphase des Fordismus eine spezifische Verschärfung erfährt.

83 Seinen Höhepunkt findet dieses Scheitern an einer ökonomiekritischen Erklärung der "Krise des Fordismus" allerdings nicht in der Argumentation von Hirsch und Roth, sondern im Rahmen der französischen Variante der Fordismustheorie. Mit der Einsicht, daß die unterstellten Produktivitätsverluste des Taylorismus alleine noch nicht den gleichermaßen grundlegenden wie resistenten Charakter der "Großen Krise" erklären können, wird eine ergänzende Erklärung angeboten, die die epochale Bedeutung dieser Prozesse schlichtweg zu einer "unnötigen Katastrophe" umdeutet, indem sie die Weltwirtschaftskrise seit Beginn der 80er Jahre unmittelbar der verfehlten Wirtschaftspolitik der in den USA und Großbritannien in die Zentren der Macht eingetretenen "monetaristischen Koalitionen" zuordnet. (Lipietz 1985, S. 129) Eine ähnlich politizistische Erklärung hat die Fordismustheorie schon für die erste Weltwirtschaftskrise angedeutet. Siehe dazu Hirsch/Roth 1986, S. 49.

84 "Dies wiederum verengt den staatlichen Finanzspielraum für technologische Modernisierungsstrategien oder sozialpolitische Kompensationsmaßnahmen ..., um so schwieriger ist der Widerspruch zwischen Massenintegration und kapitalistischer Modernisierung zu lösen." (a.a.O., S. 97)

Modell einzubinden, unter Druck und tritt dessen weiterhin selektiver Charakter in der drastischen Ausweitung von sozialer Marginalisierung hervor.

Obwohl damit zunächst wiederum eine Interpretation angeboten ist, die die Verschärfung der inneren Spannungen als neuartige Schwerpunktsetzung *innerhalb* der fordistischen Regulationsweise zu fassen versucht und auf dieser Ebene auch die neuartigen empirischen Verlaufsformen dieses Verlagerungsprozesses differenziert angegangen werden[85], wird gleichzeitig erneut eine Sichtweise nahegelegt, die diesen Entwicklungen weitaus tiefergehende Konsequenzen zuordnet. Nicht nur bedeutet diese "Krise" des politischen Systems des Fordismus das "Zerbrechen des 'keynesianischen' Staates" (Hirsch/Roth 1986, S. 94)[86], sondern steht darüber hinaus für "eine erneute Verschiebung des Verhältnisses von 'Staat' und 'Gesellschaft' mit durchaus ungewissen Konsequenzen für die westlichen Demokratien" (a.a.O., S. 101).

Sind auf diese Art und Weise auch die differenzierten staatstheoretischen Bemühungen der Autoren letztlich durch das Schwanken zwischen entgegengesetzten Interpretationsmustern gekennzeichnet, so bricht die Argumenation in der Analyse derjenigen Entwicklungen, denen bisher und vielmehr noch im weiteren *die* zentrale Bedeutung für gesellschaftliche Veränderungsprozesse zugeschrieben wird[87], nahezu völlig auseinander. Zwar wird im Ausgangspunkt der Darstellung der Krise der "fordistischen Vergesellschaftungsform" erneut der Anspruch auf die Vermittlung zwischen deren "eigener Begründung und Dynamik" auf der einen, dem "akzentuierenden und formenden" Charakter der "Manifestationen der ökonomischen Krise" auf der anderen Seite festgehalten (a.a.O., S. 89); die Bestimmung des Einflusses ökonomischer Entwicklungen auf die Eigendynamik des sozio-kulturellen Systems beschränkt sich dabei aber auf die Hervorhebung der Tatsache, daß die konsumistische Lebensform "dann prekär wird, wenn die Endlichkeit des kapitalistischen Wachstums zur historischen Tatsache wird, die realen Masseneinkommen stagnieren oder zurückgehen" (a.a.O., S. 90), während der Aufweis dieser Eigendynamik selbst durch eine impressionistisch anmutende Skizze verschiedenartiger konkreter Verarbeitungsformen der aus diesem Wandel ökonomischer Randbedingungen entspringenden Spannungen "eingelöst" werden soll.[88] Das "Fazit, daß die sozialen Konflikte, deren Inhalte, Träger,

---

85 In weitaus detaillierterer Form hat Hirsch diesen Verschärfungsprozeß an anderem Ort (1980, S. 98ff.) in seinem Konzept des "Sicherheitsstaates" aufgewiesen. Auf Basis der zunehmenden Restriktivität der ökonomischen Rahmenbedingungen des keynesianischen Staates ergibt sich innerhalb dessen Zweidimensionalität von "Wohlfahrts-" und "Überwachungsstaat" eine Verlagerung von sozialstaatlichen hin zu repressiven Mitteln der Kontrolle des gleichzeitig anwachsenden Potentials an "abweichendem Verhalten". Allerdings driftet Hirsch auch hier - selbst wenn er immer wieder auf die inneren Widersprüche auch des Sicherheitsstaates hinweist - immer wieder in eindimensionale Visionen Orwellschen Ausmaßes ab. (a.a.O., S. 112ff.)

86 Diese starke These können die Autoren nur dadurch plausibel machen, daß sie - obwohl sie immer wieder auch die übergreifenden Kontinuitätslinien staatlichen Handelns hervorheben - letztlich doch zu einer Identifizierung von fordistischer Regulationsweise und deren sozialdemokratischer Variante neigen.

87 Nicht zufällig beschließen die Autoren ihre Darstellung der "Bruchstellen der (fordistischen; St. B.) Vergesellschaftung" (a.a.O., S. 89) mit der wegweisenden These: "Die Analyse der 'neuen sozialen Bewegungen' als die für den entwickelten Fordismus bestimmende demokratische Politikform hat nicht zuletzt hier anzusetzen." (a.a.O., S. 94)

88 Zwischen "Revolte und Anpassung" liefern die Autoren hier einen Streifzug, der von der "neuen Sinnlichkeit" Marcuses und ihren "kulturrevolutionären" Implikaten über das "minimal self" Laschs hin zu Nihilismus, Geschichtslosigkeit und Sozialdarwinismus führt. Daß es sich hierbei nur um eine "sehr oberflächliche Beschreibung subjektiver Prägungen" handelt, ist den Autoren allerdings selbst bewußt. (a.a. O., S. 91f.)

Anlässe und Austragungsebenen außerordentlich vielfältig, heterogen und damit sozusagen auch unberechenbarerer geworden sind" (a.a.O., S. 93), stellt schließlich das Eingeständnis dar, daß die angezielte Vermittlung auch in der Sicht der Autoren mit einem derartigen Verfahren tatsächlich nicht einlösbar ist.

Daß die Autoren damit ihrerseits von der "Neuen Unübersichtlichkeit" eingeholt werden und immer mehr Zuflucht zu einem Verfahren nehmen, das kaum hinter dem eingangs kritisierten "postmodernen Eklektizismus" (a.a.O., S. 8) zurücksteht, stellt allerdings als solches solange noch keinen grundlegenden Einwand gegen ihre Argumentation dar, wie es auch anderen Theorien nicht gelungen ist, ein Mehr an Ordnungsleistung bzgl. der Komplexität gegenwärtiger Entwicklungen anzubieten. Schwerwiegender ist dagegen die Tatsache, daß auch die Autoren in ihrem abschließenden Versuch, den übergreifenden und damit einheitsstiftenden Charakter der "Krise des Fordismus" letzlich doch noch einer Bestimmung zuzuführen, nicht der Gefahr entgehen, Defizite, die zunächst als Mangel in der Entfaltung der theoretischen Aneignung von Wirklichkeit zu identifizieren wären, in weltgeschichtliche Brüche innerhalb dieser Wirklichkeit selbst umzudeuten. In der Art und Weise dieser Überziehung konkreter Argumentationszusammenhänge wird überdies sichtbar, daß sich die aufgewiesenen Defizite in diesen konkreten Vermittlungsbemühungen eben nicht nur einer bisher ungenügenden Entfaltung des fordismustheoretischen Programms in der historisch-empirischen Analyse verdanken, sondern erneut zurückverweisen auf die festgehaltenen systematischen Defizite kapitalismustheoretischen Ursprungs. Nicht nur ist mit der "Krise des Fordismus" erneut das traditionelle[89] Verhältnis von "ökonomischen, politischen und 'Legitimationskrisen' ... gebrochen" (a.a.O., S. 102), sondern wird diese Veränderung unter dem Titel "Das Veralten der Moderne" (a.a.O., S. 101)[90] auch in historischer Dimension als Indiz eines sich abzeichnenden weltgeschichtlichen Kontinuitätsbruches begriffen. Zwar wird mit einer solchen Zuordnung der oben eingeforderte Zusammenhang zwischen "Moderne" und "Fordismus" erstmals in expliziter und systematischer Form hergestellt und dabei herausgearbeitet, daß das vom Fordismus repräsentierte Hegemonialprojekt tatsächlich zurückverweist auf das Projekt der Moderne überhaupt[91]; durch die Identifikation von "keynesianischem Hegemonieprojekt" und "Moderne" wird allerdings genau derjenige Zusammenhang von Kontinuität und Wandel, der es erlauben würde, die fordistische Phase von Vergesellschaftung sowohl in Richtung auf die Vergangenheit wie die Zukunft als bestimmte Form moderner Vergesellschaftung zu begreifen[92], in der Fixierung an aktuellen gesellschaftlichen Entwicklungen aufs Neue entdifferenziert. Gleichzeitig werden damit diese Ent-

89 Daran, daß die Autoren davon ausgehen, daß dieses "traditionelle" Verhältnis von einem "unmittelbaren Zusammmenhang von ökonomischer Krise, politischen Legitimationsverfall und Revolte" (a.a.O., S. 92) gekennzeichnet war, wird deutlich, daß sich auch ihre Neuerungen einem durch den Einfluß der Orthodoxie verzerrten Blick auf die Vergangenheit verdanken.

90 Auch in dieser terminologischen Umschreibung des sich abzeichnenden Epochenbruches, wird allerdings selbst noch in der Terminologie das "Lavieren" der Autoren zwischen einer eher zurückhaltenden Beurteilung der Originalität gegenwärtiger gesellschaftlicher Entwicklungen und deren modischer Überziehung deutlich.

91 Aus diesem Grunde ist es naheliegend, die "Krise des Fordismus" in ihren realen wie ideologischen Momenten gleichzeitig als "Krise der Moderne" zu identifizieren.

92 Aus diesem Grunde wäre die "Krise des Fordismus" als *eine* "Krise der Moderne" zu identifizieren.

wicklungen selbst umgekehrt in ähnlicher Art und Weise fundamentalisiert, wie das schon die Kritische Spätkapitalismustheorie praktiziert hatte.[93]

Auch in bezug auf die gegenwärtige krisenhafte Zuspitzung der fordistischen Vergesellschaftungsdynamik ist der Versuch der Fordismustheorie, die Vielzahl der aufgewiesenen empirischen Entwicklungen ökonomischer, politischer und soziokultureller Art in einer phasentheoretischen Verortung dieser Dynamik zusammenzuschließen, also nur von begrenztem Erfolg gekrönt. Mit dem Eintritt in den Entwurf eines Szenariums für zukünftige Entwicklungen, wie er mit der Konzipierung einer sich abzeichnenden "'postfordistischen' kapitalistischen Gesellschaftsformation" (Hirsch/Roth 1986, S. 104) angezielt ist, potenzieren sich nun von vornherein die Schwierigkeiten, die mit einem solchen theoretischen Umgang mit historischen Entwicklungen grundsätzlich verbunden sind. Während die theoretische Synthese vergangener und gegenwärtiger gesellschaftlicher Prozesse ihre Plausibilität noch mit Hilfe einer Konfundierung theoretischer Gehalte mit schon gemachten Erfahrungen abstützen kann, sehen sich ihre theoretischen Ansprüche in dem Versuch der Entwicklung von Prognosen zumindest der Grundzüge und -linien zukünftiger Entwicklungen auf sich alleine gestellt, müssen aufgrund ihrer eigenen Erklärungskraft neue Erfahrungen vorwegnehmen.[94] Gerade weil damit die umfassenden Ansprüche, die an eine theoretische Verarbeitung von Empirie *grundsätzlich* zu stellen sind, selbst sozusagen empirisch hervortreten, müssen allerdings die *konkreten* Erklärungsansprüche, die mit einer gegebenen Theorie zu verbinden sind, relativiert werden. Aufgrund der in Prognosen zu treffenden Unterstellungen bzgl. nicht nur kontingenter, sondern ihrerseits empirisch noch nicht realisierter Bedingungen ist ein Zusammenstimmen von Theorie und zukünftiger Erfahrung selbst bei "ausgezeichneten" Theorien eher unwahrscheinlich, kann bestenfalls die Skizzierung von Möglichkeitsspielräumen, in denen sich solche Erfahrung bewegen wird, gelingen.[95]

Dieser zugleich riskante wie beschränkte Charakter historischer Prognosen bildet den selbstbewußten Ausgangspunkt der entsprechenden Versuche der Fordismustheorie. Mit der Verortung ihres Entwurfes einer neuen Phase kapitalistischer Vergesellschaftung entlang des "roten Fadens ... der Durchkapitalisierung der Gesellschaft, d. h. der reellen Subsumtion von Produktion und Reproduktion unter das Kapitalverhältnis" (a.a.O., S. 105), wird ausdrücklich der Anspruch verbunden, die zukünftige Entwicklung als spezifische Überschreitung der Merkmale fordistischer Vergesellschaftung zu begreifen. Auch wenn gerade aufgrund der Kontinuitätslinien der Durchsetzungsdynamik kapitalistischer Gesellschaften eine "fundamentale Kontinuität" (a.a.O., S. 104) zu diesen gegebenen Merkmalen zu erwarten ist, werden mit der Postfordismusthese starke theoretische Annahmen

93 Daß die Autoren in diesem Zusammenhang den "Tod des Sozialen" an die Wand malen, ist kaum ein Zufall.

94 Daß sich der über eine bloße Ad-hoc-Integration schon gegebener Empirie hinausgehende Erklärungsanspruch theoretischer Konstruktionen gerade an dem Ausmaß festmacht, in dem diese Voraussagen über neuartige Empirie erlauben und sich dabei bewähren, hat besonders die im Anschluß an Popper entwickelte "Theorie des Erkenntnisfortschrittes" herausgearbeitet. Siehe dazu Lakatos 1974.

95 Zu den methodologischen Problemen der "Prognose ... nachfolgender Entwicklungen" siehe Kern 1984, S. 12ff. in bezug auf die Postindustrialismusthese.

bzgl. der Neuartigkeit zukünftiger Entwicklungen verbunden.[96] Ihre Beschränkung finden diese hochgeschraubten Ansprüche an der Einsicht, daß die Möglichkeiten ihrer Einlösung beschränkt bleiben auf das Aufzeigen "widersprüchlicher Tendenzen" (a.a.O., S. 105)[97], deren spezifische Akzentuierung in der wirklichen Geschichte von einer Vielzahl in ihrem Verlauf ungewisser Prozesse abhängt.

Hebt die Argumentation der Autoren derart schon in ihrem Ausgangspunkt die grundlegenden Schwierigkeiten einer phasentheoretischen Verortung zukünftiger Entwicklungen zwischen "Kontinuität" und "Wandel", "Notwendigkeit" und "Kontingenz" hervor, ist ihr Szenario des "Postfordismus" allerdings in einer Form von diesen Schwierigkeiten bestimmt, die über deren grundsätzlichen Charakter hinausgeht. In einer nahezu alle gesellschaftlichen Bereiche übergreifenden Darstellung zukunftsträchtiger Entwicklungen wird mit erheblichem zeitdiagnostischem Gespür und vor allem einer oft beindruckenden synthetischen Kraft gegenüber einer Vielzahl von Resultaten einzelwissenschaftlicher Forschung verdeutlicht, daß der gesellschaftliche Zusammenhang in allen seinen Dimensionen in Bewegung geraten ist, sich weitgehende Umstruktuierungen andeuten: Ausgehend von der Relativierung der tayloristischen Arbeitsorganisation durch die Mikroelektronik über die daraus erwachsenden Verschiebungen in der Kapital- und Sozialstruktur zeichnet sich in dieser Verflüssigung fordistischer Organisationsprinzipien gleichzeitig auch ein "neues Konsummodell" und ein neues "Hegemonialprojekt zwischen Korporatismus und Populismus" ab. (a.a.O., S. 106ff.) Auch wenn die Autoren diese Umstruktuierungen durchaus unter der Perspektive eines Kontinuitätsbruchs interpretieren[98], beschreiten sie hierbei zunächst nicht den beliebten Pfad einer vorschnellen Totalisierung und Fundamentalisierung der aufgewiesenen Entwicklungstendenzen[99], sondern liefern im einzelnen eine Darstellung dieser Tendenzen, die deren Kontinuitäten zur fordistischen Phase hervorhebt. Nicht nur "spricht einiges dafür, daß die 'nachtayloristische' Organisation nicht das abrupte Ende des Taylorismus bedeutet, sondern im gesellschaftlichen Durchschnitt eher in eine neue Mischung von tayloristischen, nachtayloristischen und 'hypertayloristischen' Arbeitsformen münden wird" (a.a.O., S. 113), sondern läßt sich auch die festgehaltene "Veränderung des Verhältnisses von 'Staat' und 'Gesellschaft'" als "Fortschreibung und Erweiterung ... der fordistischen Durchstaatlichungstendenz" (a.a.O., S. 148) begreifen.[100] Gerade aufgrund

96 Immerhin wird mit dieser These ein Bruch mit der Entwicklungslogik des Kapitalismus der letzten 50 Jahre, wenn nicht sogar, wie angedeutet, mit zentralen Bestandteilen der Epoche der Moderne überhaupt behauptet. Die französische Variante der Fordismustheorie hat diese harte These mit der Konzipierung eines "Neo-Fordismus" (Bühler 1981, S. 149) zumindest relativiert.

97 "Ob, wie und in welcher Form aus der gegenwärtigen Krise eine neue und stabile, 'postfordistische' kapitalistische Gesellschaftsformation hervorgehen wird, läßt sich nur schwer prognostizieren. Indessen ist es möglich, ... sich andeutende *mögliche* Konturen einer neuen Akkumulationsstrategie und einer neuen hegemonialen Struktur zu skizzieren." (a.a.O., S. 104)

98 Genauso wie "die Einführung der Mikroelektronik einen entscheidenden Einschnitt in der Geschichte des Kapitalismus markiert" (a.a.O., S. 114) zeichnet sich mit der "Modifikation der fordistischen Strukturen und der keynesianisch-korporativen Regulierungsformen eine ... folgenreiche *Veränderung des Verhältnisses von 'Staat' und 'Gesellschaft'*" (a.a.O., S. 142) ab.

99 Z. B. wird die von Kern und Schumann in die Welt gesetzte These vom "Ende der Arbeitsteilung" gerade mit dem Hinweis auf ihre bloß sektorale und gruppenspezifische Gültigkeit relativiert. Darauf, daß die Autoren mit der Verwendung des Konzepts der "Hyperindustrialisierung" auch der These einer Beendigung des "industriellen Zeitalters" entgegentreten, ist schon hingewiesen worden.

100 Auf dem Boden einer solchen Kontinuität ist entsprechend keine "radikal monetaristische Strategie ... in der Sozialpolitik", sondern vielmehr "eine weitere und selektivere Ausdifferenzierung

eines solchen differenzierten Vorgehens drängt sich allerdings sofort die Frage auf, wie es den Autoren gelingt, derartige Kontinuitäten zur fordistischen Phase von Vergesellschaftung in Einklang zu bringen mit der jenseits aller Relativierungen[101] letztlich doch formulierten harten These eines sich abzeichnenden Epochenbruches. Liefert die Darstellung der einzelnen Entwicklungen bzgl. des Problems der Phasenunterscheidung tatsächlich keine befriedigende Antwort auf diese Frage[102], so ist grundsätzlicher noch zu kritisieren, daß die Behandlung dieses Problems, indem sie weitgehend auf der empirischen Ebene verbleibt[103], den theoretischen Ansprüchen, die mit einer solchen Unterscheidung verbunden sind, prinzipiell nicht gerecht werden kann. Wie sich die aufgewiesenen empirischen Prozesse anhand des ursprünglich formulierten phasentheoretischen Basismodells von "Gesetz des tendenziellen Falls der Profitrate" und "entgegenwirkenden Ursachen" in spezifischer Form verdichten sollen zu einer neuen Phase kapitalistischer Vergesellschaftung als Ausdruck einer neuartigen Konstellation von ökonomischen und gesamtgesellschaftlichen Funktionsprinzipien bleibt nicht nur unbeantwortet, sondern meist sogar unthematisiert. Weder wird deutlich, in welcher Form sich der mit der massenhaften Einführung von Mikroelektronik verbundene *technologische* Innovationsschub umsetzen soll in ein *ökonomisches* Gefüge der erneuten Stabilisierung der Profitratenentwicklung[104], noch wie sich auf dieser Basis die aufgewiesenen gesamtgesellschaftlichen Entwicklungstendenzen zu einem für eine solche Stabilisierung funktionalen neuen "historischen Block" von "Kon-

des Sozialstaates" (a.a.O., S. 145) und "der weitere Ausbau des Überwachungsstaates" zu erwarten. Auch in bezug auf die Linien sozialer und politischer Auseinandersetzung ist dabei kein radikaler Bruch, sondern "eine modernisierte, nachkeynesianische Neuauflage des ... 'Modell Deutschland'" (a.a.O., S. 157) abzusehen, die dessen "korporatistische Strukturen" nicht grundsätzlich in Frage stellt, sondern "neuarrangiert" (a.a.O., S. 153). Und auch der Wechsel der Regierungsparteien, der diese Prozesse in der BRD begleitet hat, stellt viel mehr eine "Korrekturwende" als einen "politischen Bruch" (a.a.O., S. 142) dar.

101 Diese Relativierungen finden ihren Ausdruck stilistisch darin, daß der Begriff "postfordistisch" meist mit Anführungszeichen versehen wird und auch in der Kapitelüberschrift der "Weg zum Postfordismus" nur in der Frageform beschritten wird. Umgekehrt hindert dies die Autoren aber nicht daran, sowohl im Buchtitel wie in einzelnen Formulierungen das "neue Gesicht des Kapitalismus" schon für eine ausgemachte Sache auszugeben.

102 Mit der hier formulierten Kritik soll umgekehrt weder behauptet werden, die gegenwärtigen Umstruktuierungen kapitalistischer Gesellschaften gäben keinen Anlaß zur Annahme eines Phasenbruches, noch, daß ein solcher Bruch nicht als Kumulation von Veränderungen, die selbst noch von der Logik des Fordismus bestimmt sind, zu begreifen wäre. Vielmehr zielt die Kritik auf die Tatsache, daß es den Autoren faktisch nicht gelingt eine solche immanente Selbstaufhebung des Fordismus aufzuweisen und ihnen dies aufgrund ihres theoretischen Instrumentariums auch grundsätzlich kaum möglich ist. Darüber, daß es sich bei den gegenwärtigen Wandlungsprozessen um einen Bruch mit dem bisherigen Modell kapitalistischer Entwicklung handelt, besteht weitgehend Einigkeit in der marxistisch orientierten Theoriebildung. Siehe dazu beispielsweise Wallerstein 1986, S. 27ff., Altvater 1983 und Bünnig u. a. 1984, S. 290ff.

103 In politischen Konkretismus schlägt diese empirische Orientierung bei den Autoren z. B. dann um, wenn sie den Eindruck erwecken, ihre umfängliche Darstellung der westdeutschen Parteienlandschaft (Hirsch/Roth 1986, S. 149-166) könne wesentliche Einsichten bzgl. der "Regulationsformen" und des "Hegemonialprojektes" des "Postfordismus" erbringen.

104 Daß es den prognostischen Bemühungen der Fordismustheorie noch nicht einmal gelingt, theoretisch begründete Szenarien einer solchen Restabilisierung aufzuweisen, zeigt auch die entsprechende Argumentation von Lipietz (1985, S. 130ff.). Wie die "Produktivitätsgewinne durch die informatisierte Produktion" transformierbar sind in eine neuartige stabile Konstellation von Mehrwertproduktion und -realisierung, bleibt auch bei ihm völlig offen. Siehe dazu ähnlich Bühler 1981, S. 149f.

summodell", "politischer Regulationsweise" und "Hegemonialstrukturen" zusammenfügen könnten.[105]

Könnte man diese Unzulänglichkeit in der phasentheoretischen Verarbeitung empirischer Trends zunächst den oben angedeuteten prinzipiellen Schwierigkeiten von Zukunftsentwürfen und der "Jugend" des fordistischen Forschungsprogrammes zuschreiben[106], liegt allerdings aufgrund der bisher gelieferten Darstellung erneut eine weitergehende Interpretation dieser Defizite nahe. Verschärft durch die spezifische Problematik der Prognose zukünftiger Entwicklung treten hier nur diejenigen Momente, die schon in der Erklärung des Fordismus und seiner Krise keiner hinreichenden Vermittlung zugeführt worden sind, dort allerdings noch eine Ad-hoc-Integration erfahren konnten, sichtbar auseinander, wird die festgehaltene Kluft zwischen kapitalismustheoretischem Modell und Empirie sozialer Entwicklungen offenkundig. Weil den Autoren entscheidende konzeptionelle und theoretische Elemente zu einer Überbrückung dieser Kluft nicht zur Verfügung stehen, muß ihre zeitdiagnostische Argumentation gerade in ihren prognostischen Aspekten zurückfallen auf eine ihrerseits eklektizistische Darstellung sozialer Entwicklungen. Der behauptete Phasenbruch zwischen Fordismus und "Postfordismus" genauso wie dessen Verortung innerhalb des übergreifenden Rahmens der Durchsetzung kapitalistischer Vergesellschaftungsprinzipien kann auf diesem Hintergrund aus systematischen Gründen nicht eingeholt werden.

Auch wenn die Fordismustheorie in ihren umfangreichen Bemühungen um die Erklärung der strukturellen Dynamik gegenwärtiger kapitalistischer Gesellschaften Lösungsperspektiven für eine Vielzahl von Problemen einer solchen Erklärung aufgewiesen hat, zeigt sich damit gerade im Höhe- und Endpunkt dieser Bemühungen, daß die anfangs formulierten Vermittlungsansprüche nur mangelhaft eingelöst werden können. Dies bedeutet gleichzeitig, daß auch der Anspruch einer "kritischen Reformulierung" des Marxismus mit dem Ziel, die Anomalien, die die gegenwärtige Epoche kapitalistischer Vergesellschaftung für diese Denktradition formuliert, im Rahmen von deren Grundannahmen einer Aufhebung zuzuführen, nur in beschränkter Form eingeholt ist. Ob es der Fordismustheorie gelingt, in dieser Hinsicht in der Analyse des gerade im Zentrum dieser Krise stehenden Praktischwerdens der Theorie innerhalb der aktuellen Dynamik sozialer Bewegungen Boden gut zu machen, zu verdeutlichen, wie deren aus der Perspektive des Marxismus paradoxe Konstellationen selbst noch als Ausdruck der Durchsetzungsdynamik kapitalistischer Gesellschaften zu begreifen sind, bleibt abschließend zu betrachten.

105 Die entsprechenden Hinweise beschränken sich meist darauf hervorzuheben, *daß* der weitere Verlauf gesellschaftlicher Entwicklungen entscheidend davon abhängt, ob es gelingt eine solchen Restabilisierungsprozeß einzuleiten.

106 Besonders wenn man vergleichbare Zukunftszenarien heranzieht, ist man geneigt, der Fordismustheorie diese beiden Bedingungen der festgehaltenen Defizite zu Gute zu halten. Siehe dazu beispielsweise Wallerstein (1986), der sich auf dem Hintergrund des "Endes der ruhmreichen Jahre der USA" (S. 25) in der Skizzierung der daraus erwachsenden Zukunftsperspektiven zu der doch etwas gewagten Hypothese "eines losen Bündnisses von Westeuropa und der UDSSR" auf der einen, "den USA, Japan und China" (S. 28) auf der anderen Seite verleiten läßt.

1.3 Die "Neuen Sozialen Bewegungen" und die "Krise des Marxismus"

Ohne Zweifel stellt die Fordismustheorie in ihren Bemühungen um eine Theorie des fortgeschrittenen Kapitalismus also ein differenziertes Wiederaufgreifen der Ansprüche an "eine Theorie des historischen Verlaufs der gegenwärtigen Epoche" (Horkheimer 1932, S. III) dar, die schon der "westliche Marxismus" formuliert hatte. In dessen Programmatik war allerdings hinausgehend über eine solche bloß theoretische Verständigung über gesellschaftliche Wirklichkeit, der diese nur unter der Form des Objekts gegeben ist, ein praktisch-kritisches Verhältnis zu dieser Wirklichkeit in einem doppelten Sinn eingelassen. Zum einen sollte der reale Schein, unter dem sich das gesamtgesellschaftliche Zusammenwirken der Individuen als objektiver, sie bestimmender Zusammenhang präsentiert, in der theoretischen Kritik dechiffriert werden als Resultat des Handelns dieser Individuen selbst; zum anderen sollte der Aufweis dieser selbstnegatorischen Struktur gesellschaftlicher Subjektivität Perspektiven zur tatsächlichen Veränderung der sie konstituierenden Vergesellschaftungsform aufweisen.

Nachdem Hirsch und Roth diese grundsätzliche Bedeutung von Subjektivität sowohl in erklärender wie strategischer Hinsicht zunächst aus methodischen Gründen von ihren "strukturanalytischen" Bemühungen um die Charakteristika gegenwärtiger kapitalistischer Gesellschaften ausgeklammert hatten, ist der letzte Abschnitt ihrer Arbeit dem Versuch gewidmet, diese methodische Beschränkung aufzuheben. Gemäß der ausgezeichneten Rolle, die soziale Bewegungen innerhalb von Theorie und Realität sozialer Veränderungen zukommt, beschäftigt sich dieser Versuch der Vermittlung von "Struktur" und "Handlung" besonders mit dem Zusammenhang zwischen strukturellen Merkmalen der "heraufziehenden neuen Phase kapitalistischer Vergesellschaftung" und "den politischen Auseinandersetzungen" um dieses "neue Gesicht", wie sie sich "im Umfeld sozialer Bewegungen" (a.a.O., S. 168) vollziehen. Dem dialektischen Verhältnis beider Momente ist dabei insofern Rechnung zu tragen, als diese Bewegungen zunächst als Ausdruck jeweils historisch vorausgesetzter gesellschaftlicher Verhältnisse begriffen werden, in einem zweiten Schritt die Art und Weise zu bestimmen ist, in der sie selbst Einfluß auf die Veränderung dieser Verhältnisse nehmen können.

Entsprechend der in den strukturanalytischen Bemühungen immer wieder hervorgehobenen zentralen Bedeutung der ökonomischen Dynamik kapitalistischer Gesellschaften, wie sie ihrerseits ihr Zentrum im Mehrwertmechanismus findet, wäre nun zu erwarten, daß sowohl die systematischen wie zeitdiagnostischen Analysen des Zusammenhangs von "Struktur" und "Handlung" an den Charakteristika des Handeln derjenigen Klasse von Individuen ansetzen, die in der Produktion des Kapitals gerade durch ihre eigene Tätigkeit eine "gesellschaftliche Objektivität" hervorbringen, die sich selbst zum bestimmenden Moment des sie konstituierenden Handlungszuammenhangs aufwirft.[1] Tatsächlich nehmen die Autoren

1 Einen solchen Zusammenhang zwischen "Mehrwert-" und "Klassentheorie" hatten die Autoren anfangs in Abgrenzung von Habermas ausdrücklich festgehalten: "... es ist nicht zu sehen, wie sie (soziale Konfliktstrukturen und Handlungsbedingungen; St. B.) ohne systematischen theoretischen Rückgriff auf die Akkumulations- und Verwertungsbedingungen des Kapitals mit den sich darauf beziehenden Klassenauseinandersetzungen erklärt werden können. Der Klassenkonflikt ist im interventionsstaatlichen Kapitalismus nicht 'stillgelegt', sondern formverändert." (Hirsch/Roth 1986, S. 30)

schon im Ausgangspunkt ihrer Argumentation eine andersartige Schwerpunktsetzung vor. Obwohl sie in ihrer ökonomiekritischen Programmatik und auch deren inhaltlicher Durchführung der Analyse der ökonomischen und politischen Institutionen des Fordismus einen großen Raum gegeben haben, "konzentriert sich die Analyse" der anstehenden sozialen Auseinandersetzungen "auf die 'neuen sozialen Bewegungen'" (a.a.O., S. 168). Gerade wenn die Autoren in der Erläuterung dieser Blickverengung durchaus eingestehen, daß den in diesen Bewegungen repräsentierten Akteuren nur ein geringer Einfluß auf das institutionelle Gefüge von Ökonomie und Politik zukommt[2], bedeutet eine solche Eingrenzung der Analyse eine Ausgrenzung der Mehrzahl derjenigen Prozesse, denen die strukturanalytischen Darstellungen die prägende Bedeutung für vergangene, gegenwärtige und zukünftige gesellschaftliche Entwicklungen zugeschrieben hatten.[3]

Daß die ursprünglich behauptete methodische Trennung zwischen "Struktur" und "Handlung" auf diese Art und Weise tendenziell in einen inhaltlichen Bruch zwischen einer "Strukturanalyse ohne Bewegung" auf der einen, eine "Bewegungsanalyse ohne Struktur" auf der anderen Seite einmündet[4], versuchen die Autoren allerdings selbst noch aus den Veränderungsprozessen, die der Fordismus für die Arbeiterbewegung und die Erklärung kollektiven Handelns überhaupt eingeleitet hat, verständlich zu machen. Auf dem Hintergrund der oben schon angedeuteten theoretischen und strategischen Überhöhung[5] der die erste Hälfte dieses Jahrhunderts kennzeichnenden traditionellen Organisationsformen und kul-

2 "Sind die neuen sozialen Bewegungen die zentrale gestaltende Kraft auf dem Wege in eine nachfordistische Gesellschaft? Unsere Krisenanalyse verbannt solche hoffungsvollen Fragen in den Bereich politischer Wunschträume. Die Krise des fordistischen Akkumulationsmodells hat zwar Risse im institutionellen Gefüge der Bundesrepublik aufbrechen lassen, aber weder ... die erstaunliche Stabilität des Systems der industriellen Beziehungen noch die des Verbände- und Parteiensystems wurde nachhaltig erschüttert." (a.a.O., S. 169)

3 Besonders deutlich wird dies wiederum an der eigentümlichen (Nicht-)Berücksichtigung internationaler Zusammenhänge. Hatte die strukturanalytische Argumentation jenseits aller Relativierungen immer wieder hervorgehoben, daß der weitere Verlauf gesellschaftlicher Entwicklungen in entscheidendem Maße von der ökonomischen Dynamik der internationalen Konkurrenz bestimmt ist, beschränken sich die Autoren mit der vollzogenen Eingrenzung auf den tatsächlich etwas "provinziellen" (Hübner 1987, S. 44) Horizont einer BRD-zentrierten Analyse der "neuen sozialen Bewegungen".

4 Dieser hier zunächst nur an der wechselseitigen thematischen Ausgrenzung faßbare Bruch hat schon auf dieser thematischen Ebene zur Konsequenz, daß die sozialen Auseinandersetzungen, die um das strukturelle Zentrum kapitalistischer Vergesellschaftung, den Ausbeutungsmechanismus, geführt werden, weitgehend ausgeklammert werden, während die Auseinandersetzungen um die kulturellen und politschen Weiterungen dieses Zentrums zentral werden. - Die triviale Tatsache, daß - will man ein Minimum an Konsistenz des theoretischen Bezugsrahmens wahren - von Mehrwertproduktion gerade unter dem Gesichtspunkt der Vermittlung von "Struktur" und "Handlung" kaum sinnvoll zu reden ist, wenn man über die Akteure, die diesen strukturellen Mechanismus in Gang halten, keine Aussagen trifft (oder gar deren Existenz in Frage stellen möchte), kann den Autoren nur wegen des oben schon angedeuteten grundsätzlichen Defizits in der Bestimmung von "Struktur" und "Handlung" entgehen. Daß die Autoren von Anfang an allerdings eine solche Entkopplung "struktureller" und "handlungstheoretischer" Bestandteile der marxistischen Tradition im Auge hatten, deutet schon ihre Unterscheidung zwischen einer ihrer Meinung nach durchaus zu erwägenden Verabschiedung des Proletariats und eines keineswegs anstehenden Abschieds von der Marxschen Theorie an. (a.a.O., S. 8)

5 Daß die Autoren ein idealisiertes Bild von der Homogenität und den kollektiven Handlungspotentialen der traditionellen Arbeiterbewegung besitzen, das als solches kaum deren tatsächlicher Uneinheitlichkeit und Differenzierung entspricht, haben sie schon im Zusammenhang ihrer strukturtheoretischen Darstellung zu verstehen gegeben: "Je mehr sich das kapitalistische Lohnverhältnis verallgemeinert, d. h. der Kapitalismus erst zu seiner vollen Entwicklung kam, desto weniger war es möglich, von *der* Arbeiterklasse und *dem* Proletariat als einem eigenständigen historischen Subjekt zu sprechen." (a.a.O., S. 76) Zu dieser Idealisierung siehe kritisch Wagner/Stahn 1987, S. 37.

turellen Orientierungen der Arbeiterklasse wird im Gegenzug ein Bild der Arbeiterbewegung unter dem Fordismus gezeichnet, das in komplementärer Unterbietung des aktuellen Stands dieser Bewegung[6] nur noch den "langen Abschied" (a.a.O., S. 170) von ihr einläuten kann:. In der zunehmenden Heterogenisierung und Individualisierung von Lebenslagen und -orientierungen, wie sie die Prosperitätsphase des Fordismus hervorbringt, zerbricht der einheitsstiftende Zusammenhang, wie er sich in den traditionellen "proletarischen Milieus und Institutionen" ausgeprägt fand, zusehends und gehen gleichzeitig die entsprechenden kollektiven Handlungsperspektiven verloren. (a.a.O., S. 174)[7]

Ist mit dieser Argumentation immerhin der Blick auf tatsächliche Dissoziationsprozesse innerhalb der arbeitenden Klasse gelenkt, verbinden die Autoren mit ihrer Kritik an traditionalistischen Mustern der Bestimmung des Zusammenhangs von Lebenslagen, Handlungsformen und Bewußtseinsstrukturen dieser Klasse allerdings weitergehende Ansprüche bzgl. "eines zentralen Problems strukturtheoretischer Interpretationen der Marxschen Theorie: der Schwierigkeit, den Ort und die Bedeutung von Klassenkämpfen und sozialen Bewegungen theoretisch angemessen auszuweisen." (a.a.O., S. 179) In der Verständigung über dieses fundamentale Problem der angezielten Vermittlung zwischen "Struktur" und "Handeln", "gesellschaftlicher Objektivität" und "Subjektivität" wird zunächst in der Auseinandersetzung mit entsprechenden orthodoxen Versuchen aufgewiesen, daß diese sich eines begriffsdogmatischen Kurzschlusses zwischen den verschiedenen Ebenen, die eine solche Vermittlung zu differenzieren hätte, schuldig gemacht haben: Wie die wirkliche Geschichte der Krise des Fordismus gezeigt hat, hat die Verschärfung des strukturellen Drucks auf die Lebenssituation der Arbeiterklasse keineswegs zu einer Remobilisierung der Arbeiterbewegung und der Herausbildung entsprechender Formen von Klassenbewußtsein geführt, ist der Zusammenhang zwischen den verschiedenen Stockwerken der Konstitution von Klassenbewegungen weitaus komplexer zu konzipieren. Vermeidbar ist eine solche strukturalistische Reduktion dieses Zusammenhangs zwischen vorgegebenen formativen Lebensbedingungen und deren Verarbeitung in Handlung und Bewußtsein nach den Autoren nur durch "ein empirisches Verhältnis zu Klassenhandeln, Klassenaktionen, sozialen Bewegungen" (a.a.O., S. 193).

Wäre gemäß dieser Kritik zu erwarten, daß die Autoren zumindest die Grundzüge einer solchen empirisch orientierten Vermittlung der verschiedenen Ebenen der Herausbildung oder auch Nicht-Herausbildung von Klassenhandeln skizzieren, nimmt die Argumentation allerdings die schon bekannte Wende des Um-

6 Trotz des Hinweises auf eine selbst für die BRD (mit deren Entwicklung sich die Autoren hier ausschließlich befassen) bis in die Gegenwart fortbestehende Kontinuität von proletarischem Streikverhalten - z. T. sogar in Form "wilder Streiks" (a.a.O., S. 176) gegen die institutionalisierte Interessenvertretung der Arbeiterklasse - gelingt es den Autoren, eine Form von Interessenvertretung zu konzipieren, die sich von jeglicher Mobilisierung außerinstitutioneller Formen von Widerstand entkoppelt hat: "Interessenvertretung *ohne* soziale Bewegung" (a.a.O., S. 175), und dessenungeachtet erhebliche Erfolge in der Verbesserung der Lebenslage von Arbeitern gezeitigt hat.

7 Welche Probleme zumindest Hirsch mit einer solchen vereinseitigenden Perspektive auf den Wandel der Arbeiterbewegung hat, wird dann deutlich, wenn er zur Erklärung der tatsächlichen Erfolge dieser Bewegung im Fordismus diametral entgegengesetzte Argumentationsmuster heranziehen muß: "In gewissem Sinne ist es eben die tayloristische Ausdehnung, Homogenisierung und Nivellierung der Arbeiterklasse, die "die objektiven Bedingungen für die Möglichkeit einer einheitlichen und massenhaften Interessenvertretung und eines einheitlichen und massenhaften Kampfes der Arbeiter auf einem bisher nicht dagewesenen Niveau" (Coriat 1984: 47) geschaffen hat." (Hirsch 1985, S. 170)

schlagens in das abstrakte Gegenteil der kritisierten orthodoxen Position. Aufgrund derselben mangelhaften Differenzierung zwischen diesen Stockwerken, die den Gegenstand der Kritik gebildet hatte, werden die oben angesprochenen faktischen Dissoziationsprozesse der Arbeiterbewegung unmittelbar rückbezogen auf die theoretischen Ansprüche der Klassentheorie in ihrer Gesamtheit. Die beobachtbare "Pluralisierung von Konflikten, Lebensstilen und Ungleichheiten" gibt nicht nur Anlaß zu einer differenzierenden Reformulierung einer von sozialstrukturell vorgegebenen Lebenslagen *ausgehenden* Erklärung von Handlung und Bewußtsein, sondern stellt die "Orientierungsfähigkeit von Klassen- und Schichtkonzepten" (a.a.O., S. 190) überhaupt in Frage.[8]

Durch diese Relativierung sowohl der konkreten Form sozialer Bewegung, die es erlaubt hätte, den Zusammenhang zwischen der strukturellen Dynamik kapitalistischer Gesellschaften und den sozialen Auseinandersetzungen um deren Verlaufsformen herzustellen, wie der Begrifflichkeit einer solchen Vermittlung von Struktur und Handlung überhaupt haben Hirsch und Roth das theoretische Fundament für den oben konstatierten Bruch in ihrer Darstellung geliefert. Daß sie im Anschluß an die formulierte Forderung nach einem empirischen Bezug auf dieses Vermittlungsproblem unmittelbar übergehen zur Analyse derjenigen "neuen Konflikte und Akteure" (a.a.O., S. 193), die von ihrem Charakter tatsächlich einer klassentheoretischen Erklärung nur schwerlich zugänglich sind, da sie in keinem unmittelbaren Zusammenhang zum ökonomisch definierten Klassenmechanismus stehen[9], ist unter diesen Voraussetzungen nur konsequent.

Hirsch und Roth können in dieser Verschiebung des Zentrums sozialer Auseinandersetzungen zunächst in produktiver Form an ihre intensiven Bemühungen um die Herausarbeitung der kulturellen und politischen Dynamik der fordistischen Vergesellschaftungsform anknüpfen. Von ihren Inhalten wie sozialen Trägern lassen sich die neuen sozialen Bewegungen genau in dem gesellschaftlichen Bereich verorten, der mit der den Fordismus kennzeichnenden Kapitalisierung der Reproduktionsfunktionen gegenüber früheren Phasen kapitalistischer Vergesellschaftung zunehmend an Bedeutung gewonnen hat. Herausgebildet haben sich

---

8 Hirsch und Roth beziehen sich hier ausdrücklich auf die entsprechende Argumentation von Beck, der mit seiner Konzeption eines Kapitalismus "jenseits von Stand und Klasse" den Bruch zwischen struktureller Ebene und Handlungsebene zum Programm erhoben hat. Zwar deuten die Autoren an, daß auch in einer derart individualisierten Gesellschaft Klassenbildung möglich ist, allerdings nur in der Form "bewußter Selbsterzeugung", die die "Gesellschaft erst erzeugt" (a.a.O., S. 191); daß damit aber das ursprünglich unterstellte Fundierungsverhältnis von "Struktur" und "Handeln", wie es sich aus der realen Übermächtigkeit des kapitalistischen Weltmarktes ergibt, in sein direktes Gegenteil verkehrt wird, geht in der Faszination, die das Becksche Szenario eines tatsächlich bis zum Individuum durchgesetzten Individualisierungsprozesses auslöst, völlig unter. Daß die Autoren im gleichen Zusammenhang (a.a.O., S. 189) auch die These des "Endes der Arbeitsgesellschaft" kritiklos vorstellen, ist unter diesem Gesichtspunkt kaum zufällig. Zwar werden auch in diesem Zusammenhang solche "revisionistischen" Argumentationen immer wieder relativiert; daß das Schwergewicht hier endgültig auf einer positiven Inanspruchnahme dieser Argumente beruht, ist gleichzeitig aber unverkennbar.

9 Die Sackgassen des Versuches von unmittelbaren und "eindeutigen Zuordnungen" zu "sozialen Klasseninteressen" im Falle der "neuen sozialen Bewegungen" hat Roth (1987, S. 17) aufgewiesen. Allerdings ist ihm dieser Aufweis (in gewisser Weise eine Rekapitulation der anti-autoritären Kritik an den traditionalistischen Erklärungsversuchen der Studentenbewegung) zugleich Anlaß zu der Frage, ob die Analyse der aktuellen sozialen Bewegungen angesichts von deren Komplexität und Heterogenität überhaupt sinnvollerweise auf Phasentheorien gesellschaftlicher Entwicklung zurückgreifen sollte. (a.a.O., S. 16) Auch an anderem Ort (Hirsch/Roth 1986, S. 212) ist den Autoren der Zweifel gekommen, ob nicht vielleicht ihre Zuordnung zwischen fordistischer Vergesellschaftungsform und neuen sozialen Bewegungen selbst noch "allzu strikt 'strukturalistisch' " ist.

die Protestbewegungen in denjenigen Gruppen, die sozialstrukturell innerhalb des Reproduktionsbereiches angesiedelt sind; in ihren inhaltlichen Motiven sind sie im wesentlichen bestimmt von der Auseinandersetzung mit den Problemen der konsumistischen Lebensform.[10] Daß sich der zunehmende Widerstand gegen diese Lebensform von vornherein in außerparlamentarischer Form organisiert, wird darüber hinaus verständlich aus den aufgewiesenen Abschottungsprozessen der institutionellen Kanäle des politischen Systems gegenüber Prozessen der Willensartikulation der Bevölkerung. (a.a.O., S. 215ff.)

Neben die - hier nur in extremer Verkürzung wiedergebbaren - umfassenden historischen und analytischen Bemühungen um die gesellschaftlichen Entstehungsbedingungen der neuen sozialen Bewegungen tritt der Aufweis derjenigen Art und Weise, in der diese Bewegungen ihrerseits Einfluß auf die gesellschaftliche Entwicklung nehmen können: Indem sie in ihren abweichenden Wertorientierungen und Handlungsformen die "erste Infragestellung der kulturellen Verbindlichkeit des fordistischen Arrangements von disziplinierter Arbeit, familialer Lebensform und Konsumorientierung" (a.a.O., S. 213) darstellen und es ihnen gelingt, diese Kritik als festen Bestandteil der politischen Kultur zu etablieren (a.a.O., S. 220), werden sie selbst zu einem nicht unbedeutsamen Faktor der Herausbildung und Vertiefung der sozio-kulturellen Krise des Fordismus, der weit über ihre unmittelbaren Trägergruppen hinaus Ausstrahlung gewinnt.[11]

Sind damit entscheidende Hinweise auf die Verankerung der Entstehungs- und Wirkungsbedingungen der neuen sozialen Bewegungen innerhalb der politischen und sozio-kulturellen Funktionsprinzipien des Fordismus geliefert[12], rächt sich allerdings die schon in den strukturanalytischen Überlegungen vollzogene Konzentration auf diese Bereiche fordistischer Vergesellschaftung gerade an dem Punkt, an dem der Stellenwert dieses Ausstrahlungsprozesses für zukünftige gesellschaftliche Entwicklungen zu bestimmen ist. In der Verortung des Einflusses der neuen sozialen Bewegungen zwischen "Marginalität und Gesellschaftsgestaltung" (a.a.O., S. 211) sind sich die Autoren erneut bewußt, daß sie mit der Konzentration auf diese Bewegungen ihre Aufmerksamkeit einem Einflußfaktor gewidmet haben, der als solcher gegenüber den Zentren der tatsächlich gesellschaftsgestaltenden Verhältnisse eher dem Pol der Marginalität zuzuordnen ist.[13] Nur wenn es diesen

10 Hirsch/Roth (a.a.O., S. 211) charakterisieren die Protestbewegung aus diesem Grunde unter anderem als "Revolte des Reproduktionsbereiches".

11 Hirsch hat diese horizonterweiternde Funktion der Protestbewegungen auch für andere soziale Gruppen anhand der utopischen Gehalte der Alternativbewegung herausgearbeitet. (1980, S. 161) - Eine ähnliche Interpretation haben Clarke u. a. (1981, S. 110ff.) den "Gegenkulturen der Mittelschicht" gegeben, indem diese als "Bruch mit der dominanten Kultur" verstanden werden.

12 Darin, daß es den Autoren gelingt, die Dynamik der neuen sozialen Bewegungen in differenzierter Form auf die politische und kulturelle Logik des Fordismus zurückzubeziehen, ist wiederum ein entscheidender Vorteil ihrer Argumentation auch gegenüber aktuellen Varianten der Marxorthodoxie zu sehen. Auch wenn solche orthodoxen Positionen inzwischen nicht mehr umhin können die Tatsache anzuerkennen, *daß* diese Bewegungen sowohl von ihrer Entstehung wie Wirkung einen wesentlichen Faktor gesellschaftlicher Entwicklung darstellen, bleibt es meist dabei, während die Frage nach *der Art und Weise* der Beziehung zwischen gesamtgesellschaftlicher Entwicklung und Protestbewegungen weitgehend unbestimmt bleibt. Siehe dazu beispielsweise Bünnig u. a. 1984, S. 294.

13 "Die programmatischen Initiativen können jedoch nicht darüber hinwegtäuschen, daß der Einfluß der neuen sozialen Bewegungen bislang vor allem in Form von marginaler und punktueller Gegenwehr und starken Vetopositionen (etwa gegen die Nutzung von Kernenergie) zur Geltung kam." (Hirsch/Roth 1986, S. 229) Der tatsächliche Verlauf der Auseinandersetzung um die "Nutzung von Kernenergie" nach Tschernobyl läßt allerdings selbst an dieser bescheidenen Einschätzung des Einflusses der Protestbewegungen Zweifel aufkommen.

Bewegungen gelingt, aus der Marginalität "sozialer und ideologischer Abkapselungen und Ghettoisolierungen" (Hirsch 1980, S. 162) auszubrechen in Richtung auf die Zentren gesellschaftlicher Entscheidungsfindung, die weiterhin im Bereich der Auseinandersetzungen um den Produktionsbereich zu suchen sind, können sie umfassenden Einfluß auf gesellschaftliche Entwicklungen gewinnen.[14] Wie das derart erneut festgehaltene strukturelle Zentrum kapitalistischer Vergesellschaftung letztlich von den peripheren sozialen Auseinandersetzungen in einem seinerseits nicht nur peripheren Sinn berührt werden soll, wie ein solches "Zur-materiellen-Gewalt-werden" der von den neuen sozialen Bewegungen aus der Perspektive des sozio-kulturellen Systems formulierten Motive denkbar sein soll angesichts der Tatsache, daß dem grundlegenden Gewaltverhältnis kapitalistischer Gesellschaften seine Gegenbewegung verloren gegangen ist, bleibt für Hirsch und Roth - genauso wie schon für die antiautoritäre Theorie - unbeantwortbar.[15] Auch der Versuch, ihrerseits aus der Not der "Verwaisung des negatorischen Zentrums" (Hirsch/Roth 1986, S. 16) die Tugend eines Polyzentrismus sozialer Konfliktzonen[16] zu machen, kann dieses Dilemma nur auflösen, indem er erneut die einheitsstiftenden Ansprüche einer ökonomiekritischen Erklärung gesellschaftlicher Entwicklungen der Vervielfältigung und Gleichrangigkeit der Anknüpfungspunkte sozialer Veränderung opfert.

Die Fordismustheorie endet damit nicht nur bei der gleichen Unübersichtlichkeit von sozialen Konfliktzonen[17], die ihren Ausgangspunkt gebildet hat, sondern offenbart mit diesem ihrem Kapitulieren vor den formulierten praxistheoretischen Ansprüchen auch in einem grundlegenderen Sinn, daß sie weiterhin in den theoretischen Aporien befangen bleibt, zu deren Aufhebung sie in der Auseinandersetzung mit der "Krise des Marxismus" angetreten war. Zwar hat sie durch alle ihre argumentativen Stufen an derjenigen spezifischen Konstellation von "nur ob-

14 "Gesellschaftliche Sprengkraft wird dies allerdings erst dann erlangen, wenn der Bereich der marginalen Zonen und Inseln überschritten, die gesellschaftliche Kernstruktur - was vor allem heißt: die Arbeiterklasse - berührt wird. Hier liegt immer noch die wesentliche Beschränkung für alle neueren sozialen Bewegungen." (Hirsch 1980, S. 166)

15 Mit der Hervorhebung eines "subjektiven Potentials ... von Utopien, Hoffnungen, Rebellion" (Hirsch 1980, S. 151), "dem kein materielles Substrat in den gesellschaftlichen Produktions- und Verkehrsformen entspricht" (a.a.O., S. 146) endet die Fordismustheorie tatsächlich in derselben Aporie der Befreiung, an der schon der Anti-Autoritarismus zerbrochen war. An dieser strategischen Problematik wird endgültig sichtbar, daß die vielfältigen Verweise auf die Argumentation Herbert Marcuses durchaus für systematische Affinitäten zu dessen Theorie stehen. Bestätigt wird diese Annahme nicht zuletzt durch die schon angesprochene ausführliche Auseinandersetzung Roland Roths mit dem Werk Marcuses aus dem Jahre 1985.

16 "Wenn unsere Zeitdiagnose stimmt und wir Zeugen und Akteure in einer Phase des Übergangs zu einem neuen Akkumulationsmodell sind, dann gibt es keinen privilegierten Kampfort, keinen Zentralkonflikt, an dem sich alles entschiede. Es geht mit der Suche nach neuen Akkumulationsmodellen auch um entsprechende Lebensweisen, soziale Formen, geschlechtsspezifische Balancen in den verschiedenen Arbeitssphären, um neue Konsumgewohnheiten und ideologische Muster." (a.a.O., S. 239) Allerdings ist den Autoren weiterhin bewußt, daß es einer "Synthese" der in der Auseinandersetzung um diese verschiedenen Dimensionen sozialen Wandels formulierten "Alternativvorstellungen" (a.a.O.) bedarf.

17 Auch bzgl. der Möglichkeit der "Rettung des Zusammenhangs von Gesellschaftsanalyse, Zeitdiagnose und sozialer Bewegung" sind sich Hirsch und Roth angesichts der "vielfältigen individualisierenden und individualisierten Machtverhältnisse sowie heterogener gesellschaftlicher Konflikte, die nicht sinnvoll großen Kollektivsubjekten zugeordnet werden können" (a.a.O., S.227), aus diesem Grunde im Zweifel. Gleichzeitig wird hieran erneut deutlich, welchen Idealisierungen der Vergangenheit sich ihre radikale Neuartigkeitsinterpretation gegenwärtiger Entwicklungen verdankt.

jektiver" ökonomischer Krise und "nur subjektiven" sozio-kulturellen Protestformen, an der diese Krise erneut aufgebrochen ist, festgehalten; wie sich beide Seiten allerdings in einer kapitalismustheoretischen Synthese zusammenschließen lassen, die den Alternativen von "Strukturalismus" und "Historismus", "Ökonomismus" und "Kulturalismus" und schließlich von "Objektivismus" und "Subjektivismus" entgeht, hat ihre Argumentation nicht deutlich werden lassen. Vielmehr hat diese Argumentation in ihrem Fortschreiten trotz der umfangreichen Vermittlungsbemühungen den Bruch zwischen den Momenten dieser Alternativen immer prägnanter hervortreten lassen, um schließlich in den praxistheoretischen Reflexionen endgültig den Weg einer grundsätzlichen Relativierung dieses theoretischen Bezugsrahmens einzuschlagen.

Gerade wenn man die These vertritt, daß die Fordismustheorie gegenwärtig den erfolgversprechensten Versuch der Bearbeitung der Aporien dieses Bezugsrahmens darstellt, muß man sich angesichts ihres tatsächlich nur beschränkten Erfolges allerdings die Frage stellen, ob die sich derart andeutende Konsequenz nicht viel naheliegender ist als erneute Bemühungen um eine Reformulierung der Grundannahmen der marxistischen Theorietradition, ob die festgehaltenen Aporien nicht soweit in diese Grundannahmen hinabreichen, daß die Suche nach einem konsistenten Kern innerhalb dieser Annahmen schlichtweg aussichtslos ist.

Auch wenn die bisher unterstellte theoriegeschichtliche Allgegenwärtigkeit der Aporien des Marxismus einer solchen radikalen Konsequenz zusätzliche Evidenz verleiht, hat die vorangegangene Argumentation genauso aufgezeigt, daß sich diese Aporien einem Zusammenhang fehlerhafter Voraussetzungen gesellschafts- und kapitalismustheoretischer Herkunft verdanken, der nicht ohne weiteres dekkungsgleich ist mit dem theoretischen Potential der marxistischen Denktradition in seiner Gesamtheit. Darüber hinaus ist in der Herausarbeitung dieser Voraussetzungen jeweils der Versuch unternommen worden, die Richtung anzugeben, in der die Aufhebung dieser Voraussetzungen in einer konsistenteren Interpretation zu suchen ist und sind diesbezüglich gerade die entsprechenden Stärken der Fordismustheorie hervorgehoben worden. Um diese allerdings nur beschränkte Aussagekraft eines dominant theorierekonstruktiven Verfahrens zu stützen, soll im abschließenden Kapitel dieser Arbeit der Versuch unternommen werden, in der Weiterführung der modernisierungstheoretischen Implikationen nicht nur der Fordismustheorie Grundzüge eines kapitalismustheoretischen Modells zu skizzieren, das die im Zentrum der angesprochenen Aporien stehenden Vermittlungsprobleme von "Geschichte" und "Logik", "Ökonomie" und "Gesamtgesellschaft" und schließlich "Struktur" und "sozialer Bewegung" einer stimmigeren Bearbeitung zuführen könnte.

2. Kapitalismus und Moderne

Die bisherige Darstellung hat die "Krise des Marxismus" innerhalb der Spannung zwischen den kapitalismustheoretischen Voraussetzungen dieser Tradition auf der einen, den Problemen, mit denen diese in der Erklärung der jüngsten Vergangenheit und der Gegenwart kapitalistischer Gesellschaften konfrontiert ist, auf der anderen Seite verortet. In kritischer Intention ist damit ein besonderes Augenmerk auf die Art und Weise gerichtet worden, in der die Defizite in den gegenwartsanalytischen Bemühungen dieser Theorie zurückverweisen auf eine mangelhafte Konzeptualisierung des Gesamtzusammenhangs kapitalistischer Gesellschaften sowohl in historischer wie synchroner Hinsicht. Der Versuch der Überschreitung der Ebene einer solchen kritischen Rekonstruktion kann sich nun nicht das Ziel setzen, diesen Zusammenhang selbst einer materialen Klärung zuzuführen: Eine Theorie des fortgeschrittenen Kapitalismus, die ausgehend von einer Reformulierung der kapitalismustheoretischen Fundamente der marxistischen Theorie die positive Heuristik des fordistischen Forschungsprogrammes in Richtung auf eine einheitlichere Verständigung über gegenwärtige gesellschaftliche Entwicklungen vorantreibt - und damit die "Krise des Marxismus" tatsächlich einer "positiven" Lösung nahebringen würde -, kann hier noch nicht einmal in Grundzügen skizziert werden.[1] Vielmehr soll das Schwergewicht im folgenden auf den ersten Schritt in die Richtung auf eine solche Vermittlung von Kapitalismustheorie und Gegenwartsanalyse gelegt werden. In Anknüpfung an die entsprechenden Implikate der vorgestellten Theorieansätze sollen ein konzeptioneller Bezugsrahmen und ein theoretisches Modell skizziert werden, die die aufgewiesenen fehlerhaften Voraussetzungen in den kapitalismustheoretischen Fundamenten der marxistischen Theorietradition zu relativieren erlauben, ohne dabei die zentralen Intentionen dieser Tradition fallen zu lassen. Jenseits der Evidenz, die eine solche Skizze aufgrund ihrer inneren Stimmigkeit beanspruchen kann, wird dabei dem oben angesprochenen Zusammenhang insofern Rechnung zu tragen sein, als in exemplarischer Rückwendung auf die aufgewiesenen Probleme der zeitdiagnostischen Bemühungen der marxistischen Theorie zu zeigen ist, wie diese Reformulierung kapitalismustheoretischer Annahmen zumindest die *Möglichkeit* eines nichtaporetischen Umgangs mit diesen Problemen und damit einer Lösung der "Krise des Marxismus" eröffnet.

1 Gerade die umfangreichen Bemühungen der Fordismustheorie und die an diesen aufgewiesenen theoretischen und empirischen Defizite haben - genauso wie die Schwierigkeiten, die sich schon der frühen Kritischen Theorie in der Durchführung ihres Programmes eines "interdisziplinären Materialismus" gestellt haben - gezeigt, welcher theoretische und empirische Aufwand mit dem Entwurf einer solchen Theorie der gegenwärtigen Epoche kapitalistischer Vergesellschaftung zu verbinden wäre.

2.1 Der konzeptionelle Rahmen: Die Kapitalismustheorie und die Theorie der Moderne

Schon die Nachzeichnung des theoriegeschichtlichen Hintergrundes der jüngeren marxistischen Diskussion in Westdeutschland hat gezeigt, daß sich zentrale Intentionen dieses theoriegeschichtlichen Bezugsrahmens als Versuch charakterisieren lassen, die Realität fortgeschrittener kapitalistischer Gesellschaft als spezifische Verschärfung der widersprüchlichen Entwicklungslogik der modernen Epoche von Vergesellschaftung insgesamt zu bestimmen. Angedeutet hatte sich dies bereits in Gramscis Hervorhebung der die fordistische Phase kapitalistischer Gesellschaften übergreifenden Industrialisierungs- und Rationalisierungsdynamik; ihre Radikalisierung fand die entsprechende Intention schließlich in den frühen Arbeiten des Instituts für Sozialforschung, die sich zumindest nach ihren inhaltlichen Motiven als grundsätzliche und umfassende Auseinandersetzung mit den Fortschritts- und Regressionspotentialen dieser Epoche, wie sie in der Entwicklung des fortgeschrittenen Kapitalismus zunehmend hervorgetreten sind, begreifen lassen.

Entsprechend des seinerseits nur vorscheinenden Charakters der Vertiefung der Dialektik der Moderne, wie sie mit der Herausbildung der fordistischen Phase verbunden war, hat sich diese Thematisierung der Entwicklungslogik moderner Gesellschaften zunächst allerdings noch eher implizit vollzogen.[1] Hervorgetreten ist eine entsprechende modernitätstheoretische Konzeptualisierung gesellschaftlicher Entwicklungen erst in dem Augenblick, als sich nach der vorerst größten "Krise der Moderne" in Weltkrieg und Faschismus mit der schrittweisen Durchsetzung des Fordismus nun endgültig mit der sich andeutenden Vollendung dieser Epoche auch ihre Verheißungen zu erfüllen schienen. Erst unter diesen geschichtlichen Bedingungen der Nachkriegszeit[2] wurde der Epochenzusammenhang selbst theoretisch verfügbar und fand eine entsprechende terminologische Verarbeitung.[3] Als Ausdruck dieser zunehmenden realhistorischen und begrifflichen Autonomisierung der "Moderne" entwickelte sich das Bewußtsein von diesem epochalen Zusammenhang der gegenwärtigen gesellschaftlichen Entwicklung seinerseits zunehmend zu derjenigen übergreifenden Folie, auf der nicht nur von der sozialwissenschaftlichen Reflexion, sondern auch im Alltagsbewußtsein sozialer

1 Marcuse selbst hat 1964 im Rückblick auf die Arbeiten des Instituts aus den 30er Jahren diesen Zusammenhang zwischen der nur unvollständig hervorgetretenen Modernisierungsdynamik kapitalistischer Gesellschaften und den entsprechenden Beschränkungen in der Theoriebildung hervorgehoben: "Damals war es noch nicht eindeutig, daß die militärische und administrative Bewältigung des Faschismus die gesellschaftlichen Strukturen, aus denen er hervorgegangen war, modernisieren und leistungsfähiger machen ... würde. ... die alte modernisierte Gesellschaft hatte noch nicht ihre ganze Gewalt und ihre ganze Vernunft enthüllt .... (Marcuse 1965, S. 7)

2 Darauf, daß "Modernisierung" ein "Modebegriff der westlichen Nachkriegssoziologie und -politologie" ist, haben neben Spinner (1985, S. 825) auch Bendix (1979 (1966), S. 505) und Lepsius (1977, S. 10) hingewiesen.

3 Tatsächlich taucht in den meisten "klassischen" Arbeiten, die sich an den Entwicklungsprinzipien der Moderne abarbeiten, diese Epochenkennzeichnung ausschließlich als Prädikat andersartiger logischer Subjekte auf. Dies läßt sich verfolgen von Marx' "moderner bürgerlicher Gesellschaft" über Sombarts "modernen Kapitalismus" bis hin zu Webers "moderner Rationalität". Weder im Stichwortregister des Marxschen "Kapital" noch dem von Webers "Wirtschaft und Gesellschaft" sind dementsprechend der Terminus "Moderne" und seine Ableitungen einer Erwähnung für Wert befunden worden.

Akteure die einzelnen Dimensionen gesellschaftlicher Entwicklungen verortet wurden.[4]

Unter den Prosperitätsbedingungen des Fordismus fand die sich damit intensivierende theoretische Inanspruchnahme des Epochenzusammenhangs der Moderne allerdings eine Vereinseitigung, die in der theoretischen und normativen Überhöhung dieses Zusammenhangs unmittelbar zurückverweist auf die realen Hegemoniebeziehungen, unter denen sich dieser erneute Fortschrittsschub der Moderne vollzogen hat. Vor allem in den USA hat sich eine "Theorie der Modernisierung" herausgebildet, die nicht nur die Verwendung dieses Begriffes selbst mehr oder weniger monopolisiert hat[5], sondern den Merkmalen der amerikanischen Gesellschaft als Komplement ihres tatsächlichen Siegeszuges eine universalgeschichtliche Weihe sowohl als Höhepunkt der Moderne wie als End- und Zielpunkt der Geschichte überhaupt erteilt hat.[6]

Trotz dieser ideologischen Überhöhung der spezifischen Bedingungen des Zentrums der fordistischen Prosperität und der daraus entspringenden theoretischen Annahmen über Einheitlichkeit, Widerspruchsfreiheit und Zielgerichtetheit des Modernisierungsprozesses hat diese Modernisierungstheorie allerdings ein theoretisches Instrumentarium für die Analyse dieses Prozesses entwickelt und in einer Fülle empirischer Untersuchungen angewendet, das wesentliche Ansatzpunkte für eine Verständigung über die moderne Epoche von Vergesellschaftung vorgibt.

Sie hat nicht nur den übergreifenden zeitlichen Rahmen abgesteckt, in dem die jüngste Phase gesellschaftlicher Entwicklung zu verorten ist[7], sondern darüber hinaus mit der Dynamisierung des Terminus "Moderne" zu "Modernisierung" ex-

4 Berger u. a. (1975, S. 10f.) haben in ihren wissenschaftssoziologischen Reflexionen den Status des "Hintergrundbegriffes" "Moderne" herausgearbeitet. Mit einem solchen Hintergrundbegriff verbindet sich neben seinem synthetischen Charakter auch eine Implizitheit, die in konkreten Kontexten eine wechselnde Thematisierung zuläßt und somit den Begriff dem Versuch einer eindeutigen Bestimmung entzieht. Mit dieser "Vagheit" ist der "Begriff Modernisierung" (Bendix 1979 (1966), S. 505) trotz der umfangreichen Bemühungen zu seiner Klärung allerdings bis heute behaftet geblieben.

5 Aufgrund dieses "Begriffsimperialismus" ist man bei der Rede von "Modernisierungstheorie" beständig zu Spezifikationen genötigt. Neben der "Modernisierungstheorie" im engeren Sinne, die sich vor allem in den theoretischen Traditionen des Strukturfunktionalismus Talcott Parsons bewegt, lassen sich entlang zweier weiterer "Klassiker" der Gesellschaftstheorie zumindest zwei alternative Varianten von Modernisierungstheorie identifizieren, die nach dem Bruch mit der Hegemonie der "Modernisierungstheorie" auch tatsächlich zunehmend hervorgetreten sind, ihre theoretischen Potentiale in gewisser Weise sogar in der Kritik dieser Hegemonie regeneriert haben. Neben der aus der Weberschen Tradition entstammenden Auseinandersetzung mit den "Pathologien der Moderne" handelt es sich gerade um diejenigen Versuche, aus der Perspektive der Marxschen Theorie die Dialektik der Moderne ins Auge zu fassen, an die im folgenden angeknüpft werden soll.

6 Lepsius hat aufgewiesen, wie sich in den "inhaltlichen Bestimmungen der Moderne" selbst, wie sie die Modernisierungstheorie geliefert hat, der Bezug auf die "konkrete Konfiguration sozialer Strukturmerkmale der amerikanischen Gesellschaft der 50er Jahre" (1977, S. 13) mit dem Verständnis von "Modernisierung als einem irreversiblen Prozeß universeller Evolution" (a.a.O., S. 19) verbindet. Das Sendungsbewußtsein einer solchen "Anglo-Amerikanisierung" (a.a.O., S. 13) wird in Unterscheidungen wie der zwischen "Pionier-" und "Nachzüglergesellschaften" (Bendix 1979 (1966), S. 510) nur allzu deutlich faßbar. Zur Kritik der begriffsimperialistischen Züge der Modernisierungstheorie siehe auch Berger u. a. 1975, S. 9ff.

7 Als Marksteine der Entstehung der Moderne hat Bendix (a.a.O., S. 505) mit der "industriellen Revolution" in England und dem Demokratisierungsprozeß, den die französische Revolution eingeleitet hat, Entwicklungen benannt, die sich im Übergang vom 18. zum 19. Jahrhundert vollzogen haben. Zu dieser raumzeitlichen Verortung des erstmaligen Dominantwerdens moderner Organisationsprinzipien siehe auch Zimmermann 1986, S. 92.

plizit den graduellen Charakter desjenigen historischen Durchsetzungsprozesses moderner Organisationsprinzipien hervorgehoben, der diesen zeitlichen Rahmen ausfüllt.[8] Insbesondere hat sie sich dabei nicht nur dem Problem der Einheit und Differenzierung moderner Gesellschaften in historischer Hinsicht gestellt, sondern sich gleichzeitig erneut denjenigen Fragen zugewandt, denen sich die Soziologie von Anbeginn bzgl. der Möglichkeiten gesamtgesellschaftlicher Integration angesichts fortschreitender struktureller und funktionaler Differenzierung moderner Gesellschaften gewidmet hatte.[9] In Anknüpfung an die entsprechenden Versuche Talcott Parsons, diesen Zusammenhang von Differenzierung und sozialer Integration einer Klärung zuzuführen, hat die Modernisierungstheorie ein theoretisch wie historisch ausdifferenziertes Modell der Herausbildung sozialer Subsysteme und der Mechanismen ihrer Vermittlung entwickelt[10], an dem sich auch alle gegenwärtigen Versuche einer Konzeptualisierung des Gesamtzusammenhangs moderner Gesellschaften zu messen haben.[11]

Bevor allerdings diese theoretischen Potentiale der Modernisierungstheorie freigesetzt werden konnten, bedurfte es zunächst einer erneuten Vertiefung der Selbstreflexion der Moderne, die mit der Unbefragtheit, in der die Modernisierungstheorie zentrale Merkmale dieser Epoche belassen hatte, zu brechen in der Lage war. Erst in dem Augenblick, in dem diese Merkmale realhistorisch problematisch wurden, mit der "Krise des Fordismus" auch die "Moderne" selbst in die Krise geriet, trat die widersprüchliche Dynamik dieses Epochenzusammenhangs endgültig aus dem Hintergrund des gesellschaftlichen Bewußtseins hervor und wurde in ihrer Gesamtheit zum Gegenstand der Selbstreflexion dieser Epoche.[12] Seinen Ausdruck fand diese Entwicklung dabei nicht zuletzt in einer Vervielfältigung und Intensivierung der sozialwissenschaftlichen Bemühungen zur Entwick-

8 Mit dem Begriff der "partiellen Modernisierung" (Rüschemeyer 1979) hat die Modernisierungstheorie gerade diejenigen "'Mischformen' von ... traditionalen und modernen Eigenschaften" (Lepsius a.a.O., S. 18), die sich auf den verschiedenen Stufen dieses Durchsetzungsprozesses herausbilden, angezielt. Bendix (a.a.O., S. 506) hat schon frühzeitig auch den methodologischen Hintergrund einer solchen Durchsetzungstheorie angedeutet: Während die "Moderne" als "wissenschaftliche Konstruktion" zu begreifen ist, bezeichnet "Modernisierung" die "tatsächliche Entwicklung", in der die Dimensionen dieses "Idealtypus" historische Realität gewinnen. Ähnlich siehe Zapf 1975, S. 223f.

9 Daß "die heutigen Theoreme über die Modernisierung das jüngste Glied einer wissenschaftsgeschichtlichen Entwicklung" darstellen, die sich zurückverfolgen läßt bis zu den "ältesten Motiven der Soziologie", haben Lepsius (a.a.O., S. 10) und Brandt (1972, S. 6) hervorgehoben. Flora (1974, S. 23) hat im einzelnen herausgearbeitet, wie sich die aktuelle Modernisierungsforschung als - im wesentlichen über die Parsonsche Theorie vermittelter - Versuch einer zugleich theoretisch differenzierenden wie empirisch gehaltvollen Anknüpfung an die soziologischen Klassiker begreifen läßt.

10 Zu diesem Modell und seiner Herkunft aus der Parsonschen Theorie siehe beispielsweise Zapf 1979, S. 23 und Immerfall 1987, S. 60. Ziel der auf diesem Modell basierenden "Modernisierungsforschung" ist nach Brandt (a.a.O., S. 6) "eine systematische Analyse und darüber hinaus eine empirisch gerichtete Theorie gesamtgesellschaftlicher Entwicklungsprozesse."

11 Daß gerade die marxistische Theorie aufgrund ihrer Defizite in dieser Hinsicht auf eine Auseinandersetzung mit den "funktionalistischen Lösungen des Differenzierungs- und Relationsproblems" verwiesen ist, hat Becker (1983, S. 37) herausgearbeitet.

12 Beck (1986, S. 14) hat diesen Prozeß der radikalisierten Selbstreflexion der Moderne als "reflexive Modernisierung" bezeichnet: "Heute, an der Wende ins 21. Jahrhundert ... trifft Modernisierung nun auf sich selbst... ." Im Unterschied zu Positionen, denen eine solche Thematisierung der Moderne in ihrer Gesamtheit als Indiz für die baldige Beendigung dieser Epoche gilt, ist Beck allerdings der Meinung, daß auch die als derart grundsätzlich identifizierte "Krise der Moderne" durchaus überwindbar ist im Rahmen einer neuen Stufe von Modernität selbst. - Möglicherweise signalisiert der Flug der "Eulen der Minerva" nicht unbedingt die heraufziehende Nacht, sondern setzt schon bei einer Verdüsterung des Horizontes an.

lung einer angemessenen Konzeptualisierung der diagnostizierten Umbruchsituation im Rahmen einer "Theorie der Moderne".

Daß diese Konsequenzen in der marxistischen Diskussion nur mit erheblicher Verzögerung gezogen wurden[13], mag damit zusammenhängen, daß sich das zunächst wachsende Selbstbewußtsein dieser Tradition gerade in Abgrenzung von den harmonistischen Implikationen derjenigen Position herausgebildet hat[14], die bis zu diesem Zeitpunkt weitgehend das Monopol auf eine modernisierungstheoretische Konzeptualisierung gesellschaftlicher Entwicklung innehatte, "Modernisierungstheorie" und "Kapitalismustheorie" so gerade als sich wechselseitig ausschließende Paradigmata wahrgenommen wurden.[15] Erst mit dem Bruch, den die "Krise des Marxismus" diesem Selbstbewußtsein bereitete, indem sich erwies, daß auch die marxistischen Krisentheoreme nicht in der Lage waren, die gegenwärtige gesellschaftliche Krise angemessen zu begreifen, eröffneten sich Perspektiven eines nicht nur kritischen Bezuges auf eine modernitätstheoretische Verständigung über gesellschaftliche Entwicklungen.[16]

---

13 Die modernitätsanalytische Arbeit z. B. von Berger u. a., die sich aus Weberianischer Perspektive sowohl mit den Beschränkungen der Modernisierungstheorie wie der Moderne selbst befaßt, ist immerhin ursprünglich im Jahre 1973 erschienen.

14 Tatsächlich bereitete das realhistorische Hervortreten der Krisendynamik moderner Gesellschaften auch der "Modernisierungstheorie" eine schwere Krise. Nicht nur ihre normative Überhöhung des Modernisierungsprozesses, sondern auch die theoretischen Vereinseitigungen dieses Prozesses in einer unilinearen Evolutionskonzeption gerieten ins Kreuzfeuer der Kritik. Zu dieser "Krise der Modernisierungstheorie" siehe u. a. Zimmermann 1986, S. 91ff.; Spinner 1985, S. 827 und aus der Perspektive der Modernisierungstheorie selbst Zapf 1975, S. 220f. Letzterer hat interessanterweise hervorgehoben, daß den in diesem Zusammenhang thematisierten Defiziten der Modernisierungstheorie durchaus analoge Mängel in der marxistischen Theorie entsprechen.

15 Ebbighausen (1985, S. 84f.) hat auf diesen theoriegeschichtlichen Zusammenhang, der zunächst "Modernisierungsforschung" und "marxistische Krisenanalyse" in einen unüberbrückbaren Gegensatz setzte, hingewiesen. Selbst der von Bergmann u. a. 1969 angezielte Versuch einer Vermittlung verschiedener theoretischer Optionen war noch dominiert vom Motiv der Abgrenzung von der "modernisierungstheoretischen" Orientierung der politischen Soziologie. Nicht zuletzt hatte sich auch der Soziologentag, in dessen Zusammenhang die Arbeit von Bergmann, Offe u. a. entstanden ist, mit seiner thematischen Alternative "Spätkapitalismus" - "Industriegesellschaft" an einer solchen Entgegensetzung orientiert. Eine frühe Ausnahme stellt in dieser Beziehung die Arbeit eines der Koautoren dieses Vermittlungsversuches, Gerhard Brandt, aus dem Jahre 1972 dar, die als Resultat der Auseinandersetzung mit den komplementären Mängeln und Vorzügen beider Theorietraditionen eine "Kombination ... der von der Modernisierungsforschung und der marxistischen Entwicklungstheorie hervorgehobenen Dimensionen" (a.a.O., S. 10) ins Auge faßt. - In gewisser Weise verblüffend (und tatsächlich wohl nur aus den skizzierten theoriegeschichtlichen Zusammenhängen erklärlich) ist diese Entgegensetzung von modernitäts- und kapitalismustheoretischer Konzeptualisierung gesellschaftlicher Entwicklung angesichts der Tatsache, daß Marx selbst immer wieder (wenn auch in der schon angedeuteten beiläufigen Form) das Prädikat "modern" zur Kennzeichnung desjenigen gesamtgesellschaftlichen Zusammenhangs verwendet hat, der auf der kapitalistischen Organisation der Produktionssphäre aufruht: "Der Endzweck dieses Werkes (des Kapitals; St. B.) ist es, das ökonomische Bewegungsgesetz der modernen ... auf der kapitalistischen Produktionsweise beruhenden ... Gesellschaft zu enthüllen." (MEW 23, S. 15 u. MEW 25, S. 892) Ähnlich siehe auch MEW 13, S. 628 u. 634. Tatsächlich spricht vieles dafür, die verschiedenen Versuche einer Verständigung über gesamtgesellschaftliche Entwicklungen seit dem 19. Jahrhundert, wie sie sowohl in der soziologischen wie der marxistischen Tradition hervorgetreten sind, als verschiedene Varianten einer "Theorie der Modernisierung" zu begreifen. Eine solche Interpretation sowohl der einheitlichen Intention wie deren unterschiedlicher Durchführung in beiden Traditionen haben Zapf 1975 und Bornschier 1988, S. 320f. vertreten.

16 Gleichzeitig hatte mit der nunmehr (und nicht nur von marxistischer Seite) vollzogenen Kritik an der "Modernisierungstheorie" eine Ablösung modernisierungstheoretischer Argumentationen von den harmonistischen Implikationen dieser Theorie stattgefunden und war damit auch der Widerpart in dieser paradigmatischen Alternative entmystifiziert worden.

Eingeleitet durch die Arbeiten von Jürgen Habermas aus den 70er Jahren und vor allem durch seine im Rahmen der "Theorie des kommunikativen Handelns" skizzierte "Theorie der Moderne" läßt sich auf diesem Hintergrund eine zunehmende Inanspruchnahme modernisierungstheoretischer Annahmen auch innerhalb marxistisch orientierter Ansätze beobachten. Neben Versuchen, die Beziehung beider Denktraditionen in theoriestrategischer und gesellschaftstheoretischer Hinsicht einer Klärung näherzubringen[17], sind in der jüngeren Vergangenheit eine Fülle von eher empirisch orientierten Studien entstanden, die aktuelle Entwicklungen kapitalistischer Gesellschaften als Ausdruck einer - wenn auch häufig nicht hinreichend explizierten - Modernisierungsdynamik solcher Gesellschaften zu begreifen suchen.[18] Selbst von Autoren, die weiterhin der Marxorthodoxie zuzurechnen sind, werden unter diesen veränderten Bedingungen Bestandteile einer modernitätstheoretischen Konzeptualisierung gegenwärtiger gesellschaftlicher Entwicklungen zunehmend in Anspruch genommen.[19]

Wie aber schon an dem Versuch von Jürgen Habermas, die modernitätstheoretischen Implikationen der frühen Kritischen Theorie weiterzuverfolgen, deutlich geworden ist, stellt sich für einen solchen Reformulierungsversuch der Grundannahmen der marxistischen Theorie die Frage, inwieweit die mit ihm unbezweifelbar vollzogene Ausweitung des theoretischen Bezugsrahmens tatsächlich nicht die Horizonte dieser Theorietradition aufsprengt. Wie sich eine modernitätstheoretische Konzeptualisierung gesamtgesellschaftlicher Entwicklungen in Einklang bringen läßt mit den Ansprüchen der marxistischen Theorie, solche Entwicklungen weiterhin als Ausdruck der spezifisch kapitalistischen Verfaßtheit der ökonomischen Sphäre von Vergesellschaftung zu begreifen[20], ob sich die theoriegeschichtlichen Opponenten[21] tatsächlich in ein Verhältnis wechselseitiger Befruchtung bringen lassen, ist in der bisherigen Auseinandersetzung wenn nicht gar ausgeblendet[22], so doch zumindest unzureichend geklärt. Zwar hat sich innerhalb der

17 Zu den entsprechenden Versuchen zählen neben den schon angesprochenen eher programmatischen Arbeiten von Brandt (1972) und Ebbighausen (1985) die Arbeiten von Bornschier (1986 u. 1988) und Kitschelt (1985), denen es darüber hinaus um den Aufweis von Vermittlungsperspektiven auch in gegenwartsanalytischer Hinsicht geht.

18 Zu nennen sind hier beispielsweise die Arbeiten von Achinger u. a. (1980) und von Preuss-Lausitz u. a. (1983) in bezug auf sozialisationsgeschichtliche und bildungssoziologische Fragestellungen, während z. B. Brand u. a. (1983) in Konkretisierung und Modifikation entsprechender Annahmen von Habermas den Versuch unternommen haben, die Herausbildung der neuen sozialen Bewegungen als Ausdruck einer umfassenden "Krise der Modernität" zu bestimmen.

19 Siehe dazu beispielsweise Herkommer 1985.

20 Bezogen auf die mit einer solchen Reformulierung verknüpften Ansprüche auf eine angemessene Erklärung aktueller sozialer Differenzierungsprozesse hat Herkommer aus orthodoxer Perspektive dieses Problem formuliert: "Eine auf dem Marxismus basierende und damit am Primat der Ökonomie festhaltende Erklärung der Entwicklungstendenzen der modernen kapitalistischen Gesellschaften ... gilt vielen als ähnlich unlösbare Aufgabe wie die Quadratur des Kreises." (a.a.O., S. 29)

21 Das Konkurrenzverhältnis, in dem beide Versuche der Verständigung über gesamtgesellschaftliche Entwicklungen in historischer Perspektive zueinander stehen, hat Zapf (1975, S. 218) nochmals vom Boden der Modernisierungstheorie aus hervorgehoben.

22 Wird bei Habermas dieses Problem noch thematisch - wenn auch keiner eindeutigen Klärung zugeführt -, so belassen es die meisten neueren Versuche, beide theoretischen Paradigmata zu beerben, meist dabei, dies tatsächlich zu tun, ohne die Frage der gesellschaftstheoretischen Legitimität einer solchen Verbindung unterschiedlicher Theorietraditionen weiterzuverfolgen. Dies gilt zum Beispiel auch für die sowohl in gesellschaftstheoretischer wie zeitdiagnostischer Hinsicht in ihren Vermittlungsbemühungen fortgeschrittene Arbeit von Bornschier (1986). Auch wenn die von ihm hervorgehobenen Merkmale der "modernen Sozialstruktur" beständig in Argumentationszusammenhängen, die eine Rekonstruktion im Rahmen marxistischer Theoriebil-

marxistischen Tradition mit der Fordismustheorie eine Variante herausgebildet, die in materialer Hinsicht durchaus Hinweise darauf liefert, wie eine solche Beziehung im Rahmen dieser Tradition zu konzipieren wäre; die Defizite dieser Theorie sind aber dabei nicht zuletzt auf ihren Mangel an einer übergreifenden Konzeption zurückgeführt worden, die es erlaubt hätte, die vollzogene Ausweitung der Fragestellungen einzubinden in eine weiterhin konsequent betriebene kapitalismustheoretische Grundlegung der Gesellschaftstheorie.

An diesen bisher unbefriedigenden Zustand der Versuche einer modernitätstheoretischen Reformulierung der Marxschen Kapitalismustheorie soll im folgenden angeknüpft werden. Nicht nur sollen dabei die produktiven Perspektiven solcher Versuche überhaupt umrissen werden, sondern insbesondere ist zu verdeutlichen, wie eine solche Vermittlung zwischen "Theorie der Moderne" und "Theorie des Kapitalismus" zu einer Relativierung der in der bisherigen Darstellung herausgearbeiteten Defizite der marxistischen Theorie beitragen könnte. Ist damit unterstellt, daß die Kapitalismustheorie auf der einen Seite einer Weiterführung und Ergänzung bedarf, muß auf der anderen Seite im Blick auf die angezielte "positive" Lösung der "Krise des Marxismus" der bewahrende Charakter einer modernitätstheoretischen Reformulierung hervorgehoben werden. Gegen die angedeutete "revisionistische" Entkoppelung von "Moderne" und "Kapitalismus" bedeutet dies gerade eine Verkopplung der beide kennzeichnenden Organisationsprinzipien in zweifacher Hinsicht: Zum einen wird im folgenden davon ausgegangen, daß beide Subjekte im historischen Sinne deckungsgleich sind, d. h. der Zusammenhang von Merkmalen, der üblicherweise unter dem Konzept "Moderne" zusammengefaßt wird, faktisch nur in Gesellschaften mit kapitalistischer Produktionsweise aufzufinden ist[23]; daß es sich hierbei nicht nur um ein Verhältnis

dung zulassen, expliziert werden, bleiben die unterstellten gesellschaftstheoretischen Annahmen über die Beziehung von "Kapitalismus" und "Moderne" implizit. (In seinem Versuch, die dort skizzierte Programmatik material einzulösen, hat Bornschier in dieser Hinsicht allerdings deutlicher Stellung bezogen. Siehe dazu ders. 1988, S. 11f. u. S. 319f.) Diese Zurückhaltung mag unter anderem damit zusammenhängen, daß die inflationäre Inanspruchnahme des Begriffes "Kapitalismus" während der 70er Jahre inzwischen selbst bei Autoren, die inhaltlich weiterhin auf die Dimensionen dieser Begrifflichkeit zurückgreifen, einer genauso ausgeprägten Scheu bzgl. der Verwendung einer kapitalismustheoretischen Terminologie gewichen ist.

23 Die nicht-marxistische Modernisierungstheorie (und die entsprechenden Revisionismen innerhalb marxistisch orientierter Ansätze) unterstellen ein solches Deckungsverhältnis zwar für die Entstehung von "Moderne" und "Kapitalismus", indem sie davon ausgehen, daß sich die spezifisch modernen Funktionsprinzipien historisch herausgebildet haben mit der Durchsetzung des "modernen Industriekapitalismus"; für die weitere Entwicklung moderner Gesellschaften wird in der Annahme der Existenz auch sozialistischer Formen von Modernität aber davon ausgegangen, daß solche Gesellschaften eine Dynamik entfalten, "die nicht mehr unbedingt mit den besonderen ökonomischen Anordnungen des Kapitalismus verknüpft ist." (Berger u. a. 1975, S. 90 in Anlehnung an Max Weber) - In historisch-vergleichender Hinsicht stellt das unbezweifelbare Auftreten "moderner" Merkmale (hier wäre vor allem an Prozesse der Bürokratisierung zu denken) auch in nicht-kapitalistischen, vor allem "realsozialistischen" Ländern tatsächlich eine Infragestellung des hier behaupteten Deckungsverhältnisses von "Moderne" und "Kapitalismus" dar. Betrachtet man allerdings den *Gesamt*komplex der üblicherweise der Moderne zugeordneten ökonomischen, politischen und sozio-kulturellen Organisationsprinzipien (Siehe dazu beispielsweise Spinner 1985, S. 823ff., Berger u. a. 1975, S. 14ff. und Kitschelt 1985, S. 190), scheinen doch eher Zweifel an der Annahme eines "sozialistischen Entwicklungspfades der Modernisierung" (Habermas 1981b, S. 563) angebracht. Sowohl von Art und Ausmaß institutioneller Differenzierung, der Beziehung zwischen ausdifferenzierten Sub-Systemen wie schließlich der diese definierenden Funktionsprinzipien und Medien unterscheiden sich realsozialistische allzu deutlich von kapitalistischen Gesellschaften (mit privater Organisation der Produktion, demokratischer Verfassung der politischen Sphäre und einem autonomisierten und individualisierten sozio-kulturellem Subsystem), als daß man von einem gemeinsamen Grundbestand moderner Merkmale ausgehen kann. Selbst der von Habermas (a.a.O.) unternommene Versuch, auch die Pathologien der sozialistischen Länder als Ausdruck der pathogenen Grundstruktur moderner

empirischer Kongruenz handelt, ergibt sich daraus, daß zum anderen dieses Verhältnis als notwendige Beziehung unterstellt wird, der Gesamtzusammenhang moderner Merkmale als Ausdruck der bestimmten Organisationsform der ökonomischen Sphäre kapitalistischer Gesellschaften begriffen werden soll.[24]

Das in diese Annahmen eingelassene Verständnis von "Moderne" als desjenigen Gesamtkomplexes ökonomischer, politischer und sozio-kultureller Funktionsprinzipien, der sich auf dem Boden der spezifisch kapitalistischen Verfaßtheit des ökonomischen Moments des gesellschaftlichen Zusammenhangs entwickelt, soll in zwei Schritten plausibel gemacht werden. In einer zugleich statischen wie idealtypischen Darstellung dieser Funktionsprinzipien und ihres Ineinandergreifens soll zunächst verdeutlicht werden, wie die Spezifika der zugrundeliegenden Differenzierungs- und Reintegrationsprozesse aus der widersprüchlichen Logik kapitalistischer Produktionsweise hervorgehen. In einem zweiten Schritt soll dieses Modell dynamisiert werden in Richtung auf die Mechanismen der tatsächlichen Entwicklung moderner kapitalistischer Gesellschaften, des Prozesses der Durchsetzung jenes zunächst nur theoretisch fixierbaren Funktionszusammenhanges. Daß hierbei das Schwergewicht auf Entwicklungs*mechanismen* gelegt wird, bedeutet gleichzeitig, daß mit dieser Dynamisierung keine Hinwendung zur wirklichen Geschichte kapitalistischer Gesellschaften beabsichtigt ist. Der Versuch, in der Rückwendung auf die bisher festgehaltenen realhistorischen Merkmale fortgeschrittener kapitalistischer Gesellschaften aufzuzeigen, daß auf Basis des entwickelten kapitalismus*theoretischen* Instrumentariums eine Erklärung solcher Merkmale und damit eine Behebung der Anomalien bisheriger Erklärungsversuche im Rahmen marxistischer Theoriebildung möglich ist, kann aus diesem Grunde nur exemplarische Bedeutung besitzen.

Die abschließende Verlängerung dieses modernisierungstheoretischen Modells in Richtung auf diejenigen Formen, die die strukturelle Dynamik moderner kapitalistischer Gesellschaften im Handeln der sie tragenden Individuen und sozialen Gruppen annimmt, dient im Versuch des Aufweises, daß auch solche Handlungszusammenhänge im Rahmen der skizzierten Reformulierung von Grundannahmen der marxistischen Theorie nicht-aporetisch zu konzipieren sind, dem selben Zweck.

Gesellschaften zu fassen, zeigt noch, daß diese Gesellschaften offensichtlich von andersartigen Krankheiten heimgesucht werden als westlich-kapitalistische Gesellschaften. - Der Frage, ob sich hinter diesen empirischen Unterschieden nicht vielleicht doch ein Prozeß langandauernder Konvergenz hin zu allumfassenden modernen Funktionsprinzipien verbirgt, in dem die gegenwärtige Realität sozialistischer Staaten nur ein Durchgangsstadium darstellt, oder ob diese Realität nicht vielmehr eine eigenständige Synthese traditionaler, moderner und postmoderner Funktionsprinzipien im Rahmen eines kapitalistisch dominierten Weltmarktes darstellt, kann hier allerdings nicht nachgegangen werden. *Daß* die Sowjetunion und China diejenigen "großen abweichenden Fälle" sind, deren theoretische Integration der Modernisierungstheorie bisher nicht gelungen ist, hat Lepsius (1977, S. 14) hervorgehoben. Zu den neueren Versuchen einer Einbeziehung dieser eigenständigen historischen Entwicklungspfade siehe zusammenfassend Zimmermann 1986, S. 116ff.

24 Auch entlang dieses Anspruches ergibt sich eine grundsätzliche Grenzziehung zu nicht-marxistischen Verständigungsversuchen über die Prinzipien gesamtgesellschaftlicher Einheitsstiftung. Zapf (1975, S. 220) hat aus diesem Grunde "das Basis-Überbau-Theorem, d. h. die Behauptung, die Bereiche der Produktion, Ökonomie, Industrialisierung hätten eine größere Dignität ...als die übrigen Entwicklungsdimensionen" als entscheidende Ursache für "die bleibende Kluft zwischen marxistischer und nicht-marxistischer Theorie" identifiziert. Genauso hatten Bergmann u. a. (1969, S. 67) - allerdings mit umgekehrter Bewertung - das Festhalten am funktionalen Primat der ökonomischen Sphäre als Abgrenzungskriterium gegenüber dem "normativ-subjektivistischen Vorurteil ... der Modernisierungsforschung" (Brandt 1972, S. 7) bestimmt.

2.2 Die Struktur moderner Gesellschaften und die Widersprüche der kapitalistischen Produktionsweise

Die bisherige Darstellung der Bemühungen der marxistischen Theorie, die gegenwärtige Phase kapitalistischer Vergesellschaftung als bestimmten Ausdruck einer übergreifenden strukturellen Logik dieser Gesellschaftsformation zu begreifen, hat gezeigt, daß sich die verschiedenen Varianten eines solchen Versuches auf Basis einer vorschnellen Zusammenbindung der damit angezielten unterschiedlichen Analyseebenen in der fehlerhaften Alternative einer logizistischen Reduktion der Geschichte kapitalistischer Gesellschaften auf der einen, einer historizistischen Relativierung von deren strukturellen Merkmalen auf der anderen Seite verfangen haben.[1]

Mit dieser Diagnose der Mängel der Verortung gegenwärtiger Entwicklungen innerhalb einer Dialektik von Kontinuität und Wandel kapitalistischer Gesellschaften ist gleichzeitig auch der erste Schritt in die Richtung angegeben, in der eine Lösung des entsprechenden Vermittlungsproblemes zu suchen ist: Nur dadurch, daß beide Momente dieses Vermittlungszusammenhanges zunächst entkoppelt werden, wird es möglich, den spezifischen Ansprüchen, die mit einer gesellschafts*theoretischen* Analyse der Funktionsprinzipien kapitalistischer Gesellschaften verbunden sind, in gleicher Weise gerecht zu werden wie den genauso spezifischen Erkenntnisintentionen, die eine gesellschafts*historische* Betrachtung gegenwärtiger kapitalistischer Gesellschaften verfolgt. Erstere kann unter diesen Voraussetzungen in ihren systematischen Ansprüchen von dem Ballast der Kontingenz und Vielfalt historischer Prozesse befreit werden, genauso wie sich umgekehrt für letztere die Möglichkeit eröffnet, solche Prozesse gerade in diesen ihren Charakteristika ins Auge zu fassen, ohne dabei unmittelbar zu umfassenden theoretischen Synthesen gedrängt zu sein.

Den Status, der in dieser Unterscheidung einem "Strukturmodell eines reinen Kapitalismus" (Funke 1978, S. 224) gegenüber einer historisch-empirisch orientierten Analyse der kapitalistischen Gesellschaftsformation zukommt, haben die Begründer der marxistischen Tradition - wenn auch häufig nur in beiläufiger

1 Dieser "Kurzschluß" zwischen allgemeinen Charakteristika kapitalistischer Gesellschaften und deren jeweiliger historischer Realität läßt sich zurückverfolgen bis zu Marx und Engels selbst. Das "Kommunistische Manifest", das in gewisser Weise ihre prägnanteste Skizze der Grundprinzipien der modernen bürgerlichen Gesellschaft darstellt, krankt in seinen theoretischen und politischen Fehleinschätzungen der weiteren Entwicklungsperspektiven kapitalistischer Gesellschaften gerade an der Unterstellung, in den Merkmalen des Kapitalismus der Mitte des 19. Jahrhunderts hätten diese Grundprinzipien schon im umfassenden Sinne historische Realität gewonnen. Wie oben angedeutet, zieht die in der marxistischen Theorie seit Entstehung des Kapitalismus mit Regelmäßigkeit reaktivierte These eines endgültigen Niedergangs dieser Formation ihre Plausibilität aus einer solchen Verkennung von deren jeweiligem historischen Entwicklungsstand. Besonders deutlich wird dies an der Leninschen Kennzeichnung des Imperialismus als *höchsten* Stadiums des Kapitalismus: Zum einen werden damit die tatsächlichen Veränderungsprozesse sowohl in der Kapitalstruktur wie in den Funktionen des modernen Staates umstandslos abgebildet auf einen Zustand endgültiger Durchsetzung kapitalistischer Vergesellschaftungsprinzipien; zum anderen werden die mit solchen Veränderungen verbundenen Krisenprozesse umgekehrt zum Indiz einer genauso endgültigen "Zersetzung" und "Fäulnis" dieser Prinzipien gemacht, dergegenüber den weiterhin unterstellten Entwicklungsperspektiven des Kapitalismus nur eine untergeordnete Bedeutung zugeschrieben werden kann. Siehe dazu Lenin 1930 (1917), S. 207.

Form[2] - zumindest für die ökonomische Basis dieser Gesellschaften umrissen. Indem sich die Analyse des "ökonomischen Bewegungsgesetzes der modernen bürgerlichen Gesellschaft" (MEW 23, S. 14) in Anlehnung an die Logik des naturwissenschaftlichen "Experiments" auf "den reinen ... von störenden Einflüssen mindest getrübten ... Vorgang des Prozesses" (a.a.O., S. 12) richtet, finden sich in einem solchen Strukturmodell die "wirklichen Verhältnisse nur dargestellt, soweit sie ... ihrem Begriff entsprechen, oder was dasselbe ..., soweit sie ihren eignen allgemeinen Typus ausdrücken" (MEW 25, S. 152), der "durch zahllos verschiedne empirische Umstände, Naturbedingungen, Racenverhältnisse, von außen wirkende geschichtliche Einflüsse usw., unendliche Variationen und Abstufungen in der Erscheinung zeigen kann, die nur durch die Analyse dieser empirisch gegebnen Umstände zu begreifen sind" (a.a.O., S. 800). Die Bestandteile eines Modells der "reinen Struktur" (Pohlmann 1987, S. 5) der kapitalistischen Produktionsweise sind damit als zunächst nur "gedanklich erfaßbare Ordnungsmuster" (a.a.O., S. 20) bestimmt, als Resultate einer theoretischen Idealisierung historischer Wirklichkeit, die als solche gerade von deren konkreter Vielfältigkeit zu abstrahieren gezwungen ist und gerade dadurch nicht in eine *unmittelbare* Beziehung zu dieser Komplexität zu setzen ist.[3]

Soll eine solche Entkopplung von "Theorie" und "Geschichte" sich allerdings nicht zu einer Kluft vertiefen, die beide Momente gleichermaßen der Beliebigkeit überantwortet, bedarf es der Benennung von Prinzipien, die jenseits ihrer unmittelbaren Inkommensurabilität eine Verbindung dieser Analyseebenen herzustellen erlauben. Wie schon angedeutet, haben die Begründer des Marxismus auch in dieser Beziehung entscheidende inhaltliche und methodologische Hinweise geliefert: Indem der Fluchtpunkt der Annäherung von "Begriff" und "Wirklichkeit" kapitalistischer Gesellschaften mit dem Zustand vollständiger, d. h. weltweiter Verallgemeinerung kapitalistischer Organisationsprinzipien bestimmt wird, und der historische Entwicklungsprozeß kapitalistischer Gesellschaften selbst im Rahmen einer auf einen solchen Fluchtpunkt gerichteten Teleologie konzipiert wird, kann der Beziehung zwischen "Strukturmodell" und "Geschichte" des Kapitalismus ihrerseits

2 Marx hat sich hinausgehend über seine Bemerkungen zur "Methode der Politischen Ökonomie" (MEW 13, S. 631ff.) im Rahmen der Einleitung zur Kritik der politischen Ökonomie kaum zusammenhängend zum methodologischen Status seines Spätwerkes geäußert. Die entscheidenden Hinweise sind meist in konkrete Argumentationszusammenhänge eingebettet.

3 Darauf, daß dieses idealtypische (oder auch modelltheoretische) Vorgehen das Charakteristikum einer gesellschafts*theoretischen* gegenüber einer gesellschafts*historischen* Herangehensweise an soziale Wirklichkeit ausmacht, hat aus der Perspektive der Modernisierungstheorie Zapf (1975, S. 223f.) hingewiesen. Gerade gegen die historizistische Kritik einer "nomothetischen" Betrachtungsweise historischer Entwicklungen müsse dabei weiterhin - wenn auch in differenzierender Form - an den generalisierenden Ansprüchen, die mit diesem Vorgehen verbunden sind, festgehalten werden. Ähnlich siehe Kitschelt 1985, S. 189. - Aus marxistischer Perspektive hat Gurland (1969, S. 50ff.) in Anlehnung an eine entsprechende Passage von Marx selbst (MEW 25, S. 184) diesen methodologischen Status eines kapitalismustheoretischen Modells treffend umrissen: "Die Marxsche "Kritik der politischen Ökonomie gilt nicht den empirischen Einzelausprägungen der kapitalistischen Gesellschaft, die allesamt mit den Residua der voraufgehenden Phasen der menschlichen Entwicklung behaftet sind. Sie analysiert eine reine, gleichsam idealtypische kapitalistische Gesellschaft ohne vorkapitalistische Residua und ohne den notwendigen Austausch mit außerkapitalistischen Räumen." Die damit vollzogene Unterscheidung zwischen "Strukturgesetz" und "Empirie" (Adorno 1975, S. 160) verbietet es gleichzeitig auch, zwischen "statistischem Material" auf der einen, "theoretischem Modell" (Gurland a.a.O.) auf der anderen Seite eine unmittelbare Beziehung - sei es zum Zwecke der Bestätigung oder Widerlegung theoretischer Annahmen - herzustellen.

eine empirische Interpretation gegeben werden.[4] Dadurch, daß die Abstraktionen des theoretischen Vorgehens "praktisch wahr erscheinen als Kategorien der modernsten Gesellschaft"[5], gewinnen die formulierten "Idealtypen" in solchen Gesellschaften zunehmend realen Charakter.

Ein solches realgeschichtliches Modell der Beziehung von "Struktur" und "Geschichte" kapitalistischer Vergesellschaftung gibt gleichzeitig den grundsätzlichen[6] Bezugsrahmen auch für die methodologische Bestimmung des Verhältnisses von "Theorie" und "Empirie" dieser Vergesellschaftungsform vor. Nicht nur ist damit ein unauflösbarer Zusammenhang zwischen den sachlichen Problemen gesellschaftswissenschaftlicher Erkenntnis und deren methodologischer Verortung behauptet[7], sondern auch der Beziehung zwischen den beiden Polen des Zugangs zu gesellschaftlicher Wirklichkeit eine "erkenntnisrealistische" Interpretation gegeben.[8] Dies verweist zunächst in einem ausschließlich methodischen Sinn darauf, daß die Konzepte der Marxschen Strukturtheorie kapitalistischer Vergesellschaftung, wie sie in der Kritik der Politischen Ökonomie vorliegen[9], über einen ihrer

4 Weitergeführt worden ist eine solche Konzeption der Vermittlung von "Struktur" und "Geschichte" kapitalistischer Produktionsweise vor allem von Rosa Luxemburg in ihrer Arbeit zur "Akkumulation des Kapitals" (1912). Indem diese zentrale Merkmale des Imperialismus als eine der historischen Gestalten dieser Produktionsweise an die Fortexistenz nicht-kapitalistischer Wirtschaftsformen als deren "Milieu" und "Nährboden" (a.a.O., S. 380) bindet, wird gerade der selbst noch historische Charakter einer solchen Vermittlung hervorgehoben. Wie angedeutet, haben diese Einsichten aber auch Luxemburg nicht davon abgehalten, mit der Annahme einer baldigen historischen Annäherung von "Struktur" und "Geschichte" des Kapitalismus die Erwartung von dessen genauso absehbarer Endkrise und damit Überwindung zu verbinden. Siehe dazu a.a.O., S. 396.

5 Siehe MEW 13, S. 635. Von Interesse ist in diesem Zusammenhang, daß schon für Marx die Vereinigten Staaten diese "modernste Daseinsform der bürgerlichen Gesellschaften" (a.a.O.) verkörperten.

6 Weder in der hier angezielten grundsätzlichen Charakterisierung des Verhältnisses von "Strukturtheorie" und "empirischer Forschung" noch in deren nachfolgender Konkretisierung in Richtung auf die Methodologie eines Forschungsprogramms "fordistische Modernisierung" kann es dabei um eine erschöpfende methodologische oder gar erkenntnistheoretische Auseinandersetzung mit diesem Verhältnis gehen. Vielmehr stehen - neben Hinweisen auf die mit einer solchen Auseinandersetzung zu verbindenden Fragestellungen - hier wie auch im folgenden die forschungspragmatischen Konsequenzen für das angezielte Forschungsprogramm im Vordergrund.

7 Diesen Zusammenhang hatte Adorno innerhalb des "Positivismusstreits" gegen die in der analytischen Wissenschaftstheorie vollzogene Abtrennung von "materialen" und "methodologischen" Problemen der Sozialwissenschaften besonders hervorgehoben. (1972, S. 7ff.)

8 In einer solchen "realistischen" Interpretation des Status idealtypischer Konstruktionen unterscheidet sich das Marxsche Verständnis grundsätzlich von den methodologischen Charakterisierungen, die Max Weber diesem zentralen Instrument der Theoriebildung gegeben hat. Dabei geht es nicht so sehr um die Tatsache, daß auch solche "wirklichkeitsfremden" Konstruktionen selbst noch gebildet werden aus dem historischen Interesse an historisch bestimmten Realitäten (gerade Weber war von der Historizität auch der idealtypischen Begriffsbildung überzeugt), sondern um die Bestimmung des Status solcher Konstruktionen in bezug auf die sie orientierende historische Wirklichkeit in ihrer empirischen Vielfalt. Im Gegensatz zu Weber stellen für Marx theoretische Abstraktionen nicht nur methodische Konstrukte des Theoretikers zwecks Ordnung dieser disparaten Vielfalt dar, sondern methodisch vollzogene Vereinseitigungen realwirkender Tendenzen, die - als solche nicht nur subjektiven Einheitsbedürfnissen geschuldete - durchaus empirisch festmachbar sind. Weber selbst (1968, S. 204f.) hat sich mit dem Hinweis auf die bloß "heuristische Bedeutung" idealtypischer Konstruktionen entsprechend von deren "metaphysischen" Überhöhungen zu realen Tendenzen innerhalb der marxistischen Tradition abgegrenzt. Zur grundsätzlichen Bedeutung und den Dimensionen des idealtypischen Verfahrens bei Weber siehe Weiß 1975, S. 65ff.; zu der angesprochenen Unterscheidung zwischen einem "realistischen" und einem "idealistischen" Verständnis des Status idealtypischer Konstruktionen siehe Outhwaite 1987, S. 19ff.

9 Allein diesem Teil der Marxschen Theorie wird damit ein *systematischer* Status bezogen auf die historische Wirklichkeit zugeschrieben, während beispielsweise der Begrifflichkeit des Histori-

systematischen Darstellung vorangehenden Forschungsprozeß das Resultat der Analyse konkret-historischer Prozesse darstellen.[10] Von weitaus größerer Bedeutung ist in diesem Zusammenhang allerdings der Vermittlungsprozeß zwischen "Theorie" und "Empirie", wie er sich aus der angedeuteten Dynamik des realhistorischen Durchsetzungsprozeß kapitalistischer Vergesellschaftung ergibt. Mit dem Fortschreiten dieser Dynamik erfahren die die Komplexität historischer Entwicklung vereinseitigenden methodischen Abstraktionen des Strukturmodells eine zunehmende Entfaltung in dieser Entwicklung selbst, werden aus solchen weiterhin mit der Willkürlichkeit des ordnenden Zugriffs des Forschers behafteten Abstraktionen zunehmend "Realabstraktionen" der geschichtlichen Verhältnisse.[11] Ist damit die Beziehung zwischen "Theorie" und "Geschichte" kapitalistischer Gesellschaften grundsätzlich als zunehmende Konvergenz in der historischen Entwicklung dieser Gesellschaften konzipiert, bedeutet dies allerdings genauso, daß Ausmaß wie Charakter einer solchen Konvergenz selbst noch historisch zu differenzieren sind als Ausdruck des jeweiligen Standes der Durchsetzung kapitalistischer Vergesellschaftung.

Für das Verhältnis von "theoretischen" und "empirischen" Zugängen zu gesellschaftlicher Wirklichkeit bedeutet diese "Dialektik von Einheit und Differenz" nach der Seite der Einheit zunächst, daß jedes der Momente der Marxschen Strukturtheorie - und dies gilt auch für relativ unentwickelte Phasen des Durchsetzungsprozesses - unmittelbar empirische Bezugspunkte besitzt[12], mithin kei-

schen Materialismus tatsächlich kaum mehr als eine *heuristische* Funktion für die Verarbeitung dieser Wirklichkeit zukommt. Auf die ausgezeichnete Rolle der Kapitalismustheorie innerhalb der Marxschen Theorie wird noch zurückzukommen sein.

10 Zu dieser methodischen Unterscheidung zwischen "Forschungs-" und "Darstellungsprozeß" siehe Marx selbst (MEW 23, S. 27 u. MEW 13, S. 631ff.) Im Zusammenhang der letzteren Arbeit hat Marx eine ausschließlich methodische Interpretation dieser Unterscheidung in Richtung auf die angesprochene Realdialektik zwischen "Abstraktion" und "Empirie" überschritten. - Jay (1982, S. 67) hat darauf hingewiesen, daß auch die interdisziplinäre Programmatik der Frühen Kritischen Theorie sich als Reformulierung dieser Unterscheidung zwischen "Forschung" und "Darstellung" verstand; wie sich gezeigt hat und im weiteren noch bestätigen wird, allerdings verbunden mit erheblichen Mißverständnissen der von Marx verfolgten Intentionen.

11 Wie oben schon angedeutet, hat Habermas (1981b, S. 591) zur empirischen Verankerung seiner gesellschaftstheoretischen Begrifflichkeit genau dieses von Marx an der Werttheorie entwickelte Modell einer realhistorischen Vermittlung von "Theorie" und "Empirie" in Anspruch genommen. Genauso wie in bezug auf eine Vielzahl anderer Fragen verblüfft hierbei aber wiederum die Ambivalenz einer solchen Anknüpfung an Marx. Warum angesichts des zunächst festgehaltenen realabstraktiven Charakters der Werttheorie dieser in einem zweiten Schritt eine ausschließlich "semantische" Funktion für die "Übersetzung von Theoriesprachen" zugeschrieben wird - wodurch gleichzeitig eine grundsätzliche Vergewisserung ihres Wirklichkeitsbezug im Rahmen einer "empirischen Überprüfung" erforderlich wird - wird wiederum nur aus dem unentschiedenen Bezug Habermas' in diesem Fall auf die methodologischen Aspekte des Marxschen Theorieprogramms verständlich.

12 Marx selbst hat immer wieder den Erfahrungsbezug selbst noch der abstraktesten Kategorien der Kritik der Politischen Ökonomie hervorgehoben: "Die einfachste Kategorie, sage z. B. Tauschwert ... kann nie existieren außer als abstrakte, *einseitige* Beziehung eines schon gegebnen konkreten, lebendigen Ganzen." (MEW 13, S. 632) Genauso hat er verdeutlicht, daß das Kategoriengerüst des "Kapitals" keineswegs ein in seiner Geltung erfahrungsunabhängiges hypothetisch-deduktives System darstellt, dessen empirische Interpretation und Überprüfung erst in einem zweiten Schritt anzugehen ist: "Die Bewegung der Kategorien ... ist keineswegs aber ... ein Produkt des außer oder über der Anschauung und Vorstellung denkenden und sich selbst gebärenden Begriffs, sondern der Verarbeitung von Anschauung und Vorstellung in Begriffe." (a.a.O.) Der Tatsache, daß schon die allgemeinsten Gegenstände des Marxschen Kapitals "Ware" und "Geld" existierende Gegenstände repräsentieren, haben, wie schon angedeutet, vor allem die Bemühungen um die Rekonstruktion der Kritik der Politischen Ökonomie zu Beginn der 70er Jahre besondere Aufmerksamkeit geschenkt, wie überhaupt diese Bemühungen nicht

neswegs von einer grundsätzlichen Inkongruenz der Realitätsbezüge und Geltungsansprüche von "Gesellschaftheorie" und "empirischer Forschung" auszugehen ist.[13]

Nach der Seite der Differenz zwischen theoretischem und empirischem Zugriff auf gesellschaftliche Entwicklungen bedeutet ein solches realistisches Verständnis des angezielten Strukturmodells moderner Vergesellschaftung allerdings umgekehrt die Notwendigkeit einer beständigen Relativierung von dessen Bestimmungen an den Resultaten historischer Forschung. Selbst wenn man die Gültigkeit der Marxschen Kapitalismustheorie in bezug auf übergreifende Merkmale kapitalistischer Gesellschaften voraussetzt[14], bleiben sowohl die Erklärung konkret-historischer Gestalten der gesellschaftlichen Entwicklung durch diese Theorie genauso wie deren damit verbundene Überprüfung an solchen historischen Gestalten auf Leistungen verwiesen, die nur die historische Forschung erbringen kann. Ob und in welchem Ausmaß die jüngste Geschichte moderner Gesellschaften sich tatsächlich als Ausdruck einer zunehmenden Konvergenz von "Struktur" und "Geschichte" kapitalistischer Vergesellschaftung begreifen läßt, ob und in welchem Ausmaß damit die empirischen Anwendungsbedingungen der Marxschen Kapitalismustheorie weiterhin und in zunehmendem Maße vorliegen - in der Beantwortung dieser Fragen besteht das zentrale Anliegen einer historisch orientierten Theorie des gegenwärtigen Kapitalismus.[15]

Bevor der damit ins Auge gefaßte realhistorische Annäherungsprozeß von "Struktur" und "Geschichte" und die hier angedeuteten methodologischen Konsequenzen näher bestimmt werden können, bedarf es allerdings - gerade wegen der in einer solchen Konzeption unterstellten *unmittelbaren* Differenz beider Pole dieses Verhältnisses - zunächst einer Skizze des Inhalt der in diesem Prozeß hervortretenden Realabstraktionen selbst. Indem dabei zunächst die moderne Gesellschaft als "ruhendes Gebilde" (Pohlmann 1987, S. 28) ins Auge gefaßt wird, muß gleichzeitig aber auch deutlich werden, wie in der Statik der Funktionsprinzipien dieser Gesellschaft die notwendige Überschreitung in die behauptete Dynamik ihrer historischen Entwicklung einbeschlossen ist. Die Begrenzung auf die ökonomischen Dimensionen des zu skizzierenden Strukturmodells moderner Gesellschaften, die schon die entsprechenden Bemühungen der Begründer des Marxis-

unbeträchtlich zu einem besseren Verständnis des methodologischen Status der Kritik der Politischen Ökonomie beigetragen haben.

13 Daß auch schon die frühe Kritische Theorie in ihrer Konzeptualisierung dieser Beziehung als Wechselspiel zwischen theoretisch orientierender "Sozialphilosophie" und empirisch ausgerichteter "einzelwissenschaftlicher Forschung" eine solche Inkongruenz voraussetzt, wird nicht zuletzt daran faßbar, daß Horkheimer der Gesellschaftstheorie ausschließlich den Geltungsanspruch "vorwissenschaftlicher Erfahrung", der einer "disziplinären Überprüfung" bedarf, zugestehen will. Siehe dazu Bonß/Schindler 1982, S. 51 in Anknüpfung an Horkheimer 1931 (1981), S. 38ff.

14 Kritik wie Rekonstruktion der Kritik der Politischen Ökonomie hätten in ihren genuin *theoretischen* Ansprüchen genau diese Voraussetzung zu hinterfragen: Inwieweit liefert die Marxsche Kapitalismustheorie eine konsistente Erklärung ihrer grundlegenden empirischen Referenzen; d. h. beispielsweise eine angemessene Theorie des Marktes und des Kapitals. Wie angedeutet, wird diese Fragestellung allerdings in den meisten Fällen nicht hinreichend unterschieden von der *historischen* Frage, ob diese empirischen Referenzen weiterhin vorliegen.

15 Könnte das Resultat eines *theoretischen* Umgangs mit der Kritik der Politischen Ökonomie in einer Infragestellung ihrer Erklärungskraft bzgl. ihrer empirischen Referenzen bestehen, könnte eine solche Relativierung in *historischer* Hinsicht zu dem Resultat kommen, daß die grundlegenden Züge der gesellschaftlichen Verhältnisse, mit denen sich Marx befaßt hat, heute tatsächlich nicht mehr oder in abnehmendem Maße für die gesellschaftliche Entwicklung bestimmend sind. Die Marxsche Theorie verlöre damit zwar nicht an Gültigkeit, bezöge sich aber auf einen tendenziell überholten gesellschaftlichen Zustand.

mus kennzeichnet, ist dabei in Richtung auf eine Skizzierung der "Logik der Moderne"[16] in einem umfassenden Sinne zu überschreiten.

Die Darstellung der neueren Versuche, diese Beschränkung auf die ökonomische Struktur moderner Gesellschaften[17] zu überwinden, hat gezeigt, daß diese Bemühungen eher von geringerem Erfolg gekrönt waren als die entsprechende Verständigung über die historische Dynamik kapitalistischer Gesellschaften.[18] Keiner der vorgestellten Varianten ist es gelungen, jenseits des Aufweises äußerer Wechselbeziehungen sozialer Subsysteme deren innere Einheit begreifbar zu machen und auf dieser Basis die Art und Weise zu konkretisieren, in der sich gemäß der marxistischen Programmatik das ökonomische System zum bestimmenden Moment dieser Einheit aufwirft. Resultat dieses mangelhaften Verständnisses der Prozesse sozialer Differenzierung und Integration waren dabei auf der einen Seite "reduktionistische" Positionen, denen in in ihrer unmittelbaren Unterordnung des gesamtgesellschaftlichen Zusammenhangs unter die Funktionsprinzipien des ökonomischen Systems gerade die Eigenart des vorausgesetzten Differenzierungsprozesses verschlossen geblieben ist; auf der anderen Seite "autonomistische" Positionen, die nicht nur das weiterhin unterstellte "Primat der Ökonomie" zunehmend aus den Augen verloren haben, sondern denen auch der einheitliche Charakter des gesellschaftlichen Zusammenhangs jenseits seiner Differenzierung überhaupt zum Rätsel wird.

Trotz der vorgestellten Ansätze zur Überwindung einer solchen Entgegensetzung sowohl innerhalb dieser Positionen selbst wie vor allem im Rahmen der Fordismustheorie sind die entsprechenden Bemühungen letztlich doch beständig auf die programmatische Hervorhebung der zu vermittelnden Momente zurückgefallen, ohne darüber hinaus Mechanismen, anhand derer eine Vermittlung angehbar wäre, angeben zu können. Der daher gerade in dieser Beziehung besonders unbefriedigende Zustand marxistischer Theoriebildung soll im folgenden zwar den Anlaß zur Überschreitung einer bloß programmatischen Auseinander-

16 Als fortgeschrittener Versuch, aus weberianischer Perspektive eine solche "Logik" des Gesamtzusammenhangs moderner Vergesellschaftung zu entwickeln, läßt sich die schon genannte Arbeit von Berger u. a. (1975) verstehen.

17 Daß Marx vor allem in seinem Spätwerk den außerökonomischen Stockwerken des Gesellschaftsprozesses nur wenig Aufmerksamkeit geschenkt hat, haben diese Reformulierungsversuche sowohl am "Fehlen jeder im eigentlichen Sinne politischen Theorie beim späten Marx" (Anderson 1978, S. 164) wie an der "eher peripheren ... Behandlung ... der Reproduktion der Arbeitskraft" (Becker 1983, S. 38) festgemacht. Tatsächlich zeigen auch die wenigen Bemerkungen, die Marx selbst im Rahmen seiner Einleitung zur Kritik der Politischen Ökonomie (MEW 13, S. 639) zu "Staats- und Bewußtseinsformen, ... Rechtsverhältnissen und Familienverhältnissen" gemacht hat, in ihrer Kürze und ihrem offensichtlichen Verlust an Systematik, daß er zu diesem Zeitpunkt nur noch wenig zu solchen "Überbauformen" zu sagen wußte. Daß sich die entsprechenden Reformulierungsversuche schon des "westlichen Marxismus" vor allem auf das Marxsche Frühwerk bezogen haben, ist von daher kaum ein Zufall.

18 Dieser unterschiedliche Bearbeitungsgrad der beiden hier hervorgehobenen Problemkomplexe in der Geschichte des Marxismus wird im weiteren ein unterschiedliches Verfahren der Anknüpfung an diese Geschichte zur Folge haben: Während die gelieferte Skizze der ökonomischen Durchsetzungsmechanismen des Kapitalismus im wesentlichen als Systematisierung vorhandener Argumentationszusammenhänge marxistischer Provenienz zu verstehen ist - um von da aus den Konsequenzen solcher Argumentationen eine stringentere Formulierung zu geben -, finden die nachfolgenden Versuche, auch den Gesamtzusammenhang kapitalistischer Gesellschaften in eine solche Durchsetzungskonzeption einzubeziehen, nur in geringerem Maße solche Bezugspunkte in dieser Theorietradition. Die faktische Einbeziehung von Argumentationsmustern aus außermarxistischen Ansätzen zu einer Theorie der Moderne steht daher auch für ein systematisches Defizit dieser Tradition.

setzung mit der Sphärendynamik moderner Gesellschaften darstellen, beschränkt die entsprechenden Hinweise aber gleichzeitig darauf, nicht mehr als Perspektiven einer solchen Überschreitung aufreißen zu können.[19]

Der Versuch der Reformulierung desjenigen "Gliederungsprinzips für die gesellschaftliche Totalität" (Becker 1983, S. 38), wie es die marxistische Theorie vor allem im Rahmen des "Basis-Überbautheorems" konzeptualisiert hat, bedarf innerhalb des gegebenen Zusammenhangs darüber hinaus einer weiteren Einschränkung: Es kann hier nicht um die Auseinandersetzung mit den geschichtsübergreifenden Ansprüchen, die üblicherweise im Rahmen des Historischen Materialismus mit diesem Theorem verknüpft werden, gehen; vielmehr muß sich die Argumentation auf dasjenige Verhältnis sozialer Strukturen, das sich mit der modernen kapitalistischen Gesellschaft herausgebildet hat, konzentrieren. Auch wenn durchaus strittig ist, ob die Anprüche jenes Theorems nicht tatsächlich auf die Realität dieser Gesellschaften zu beschränken sind[20], ist kaum zu bezweifeln, daß mit der Heraufkunft dieser Gesellschaft die realhistorischen Bedingungen für die Anwendung dieses Theorems eine spezifische Ausprägung erfahren. Erst dadurch, daß moderne Gesellschaften den verschiedenen Momenten des gesamtgesellschaftlichen Prozesses eine gegeneinander eigenständige institutionelle Gestalt geben, tritt das Problem der Beziehung dieser Momente und damit auch die Frage ihrer relativen Gewichtigkeit als solche hervor.[21]

Damit ist unterstellt, daß sich die Beziehungen sozialer Sphären nicht in abstracto, d. h. in Absehung von der spezifischen Prägung, die sie vor allem durch die kapitalistische Verfassung der ökonomischen Sphäre moderner Gesellschaften erfahren, bestimmen lassen. Dessenungeachtet ermöglicht schon eine Vergegenwärtigung der empirischen Charakteristika solcher Beziehungen innerhalb moderner Gesellschaften jenseits ihrer kapitalismustheoretischen Verortung eine wenn auch relativ formale Verständigung über die Probleme dieser spezifischen Form von gesellschaftlicher Synthese.

Auf dieser phänomenalen Ebene besteht zwischen den verschiedenen Varianten einer "Theorie der Moderne" zunächst weitgehend Einigkeit darüber, daß sich die Aufgliederung des Gesamtzusammenhangs gesellschaftlich notwendiger Funk-

---

19 Gemäß dieser Diagnose des Standes marxistischer Theoriebildung müßte gerade dieser Problemkreis im Zentrum von deren weiteren theoretischen Bemühungen stehen.

20 Eine solche Position hat in jüngster Vergangenheit Pohlmann (1987, S. 13) bezogen: "Marx selbst hat die volle Berechtigung seines Satzes von der Dominanz des ökonomischen Systems an eine spezifisch moderne Gestaltung der Gesellschaftsstruktur geknüpft." - Daß mit dieser Interpretation offensichtlich die weitaus anspruchsvolleren geschichtstheoretischen Ambitionen, die Marx immer wieder mit dem "Basis-Überbau-Theorem" verbunden hat (siehe dazu beispielsweise das berühmt-berüchtigte Vorwort zur Kritik der Politischen Ökonomie in MEW 13, S. 7ff.), unterschätzt werden, verweist dabei nicht nur auf ein Mißverständnis dieses Autors alleine, sondern auf eine wohl grundlegende Unklarheit in der Marxschen Argumentation selbst. Während Marx einerseits solche geschichtstheoretischen Ansprüche ausdrücklich formuliert hat, hat er andererseits durchaus mit derselben Deutlichkeit immer wieder die bloß heuristische Funktion der Abstraktionen des Historischen Materialismus hervorgehoben und insofern tatsächlich die Geltung seiner theoretischen Aussagen auf den Kontext einer empirisch orientierten Analyse bestimmter Gesellschaftsformationen beschränkt. Siehe dazu die entsprechenden Bemerkungen in der Deutschen Ideologie (MEW 3, S. 27) und in der Einleitung zur Kritik der Politischen Ökonomie (MEW 13, S. 616ff.).

21 Pohlmann hat die spezifisch moderne Bedeutung der These vom "Primat der Ökonomie" ensprechend erläutert: "Grundvoraussetzung dafür, daß das Wirtschaftssystem etwa die politische Sphäre 'bestimmen' kann, ist die strukturelle Differenzierung von politischem und wirtschaftlichem Bereich, die Etablierung der 'Wirtschaft' als eines eigenständigen Systems." (a.a.O., S. 13)

tionen durch einen hohen Grad an institutioneller Ausdifferenzierung sozialer Lebensbereiche von den relativ einheitlichen Institutionalisierungsformen solcher Funktionen in traditionalen Gesellschaften abhebt.[22] Im Rahmen dieses Differenzierungsprozesses bilden sich unmittelbar getrennte soziale Zusammenhänge heraus, denen - auf Basis spezifischer Medien und professionell getragen von unterschiedlichen sozialen Gruppen - die Zuständigkeit für die Erfüllung eines spezifischen Auschnittes gesellschaftlicher Funktionen und damit auch eine entsprechend spezialisierte Problemlösungskapazität zukommt; komplementär zu dieser Herausbildung "institutioneller Unabhängigkeit und ... Funktionsspezialisierung" (Hahn 1984, S. 187) wird der darüber hinausgehende Problembestand zunächst systematisch ausgliedert und an andere institutionelle Zusammenhänge verwiesen.

Das Charakteristikum moderner Vergesellschaftung besteht nun allerdings nicht nur in diesem Prozeß "institutioneller Autonomisierung ... einzelner Lebensbereiche" (Lepsius 1977, S. 24), sondern darüber hinaus darin, daß der derart betriebenen Dezentralisation sozialer Strukturen kein zentrale Instanz übergeordnet ist, die eine unmittelbare Abstimmung solcher ausdifferenzierter Strukturen erlaubt und insofern ihrerseits in institutionalisierter Form die notwendige Einheit jenseits sozialer Differenzierung repräsentiert.

Es sind gerade diese Spezifika[23] moderner Vergesellschaftung, von denen aus die Bedingungen für eine angemessene Konzeptualisierung der Sphärenbeziehungen innerhalb moderner Gesellschaften weiter präzisiert werden können. Ausgeschlossen wird von diesen Charakteristika erneut eine "reduktionistische" oder "instrumentalistische" Fassung dieser Beziehungen: Gerade aufgrund des Prozesses institutioneller Autonomisierung kann der *unmittelbare* Zugriff von Subsystemen auf die Binnenstruktur anderer Subsysteme nicht den typischen Fall der Abstimmung zwischen gesellschaftlichen Lebensbereichen darstellen.[24] Vielmehr muß, solange die Autonomie des jeweiligen Systems grundsätzlich gewahrt bleibt, jede an dieses Teilsystem gerichtete Anforderung dessen spezifische Bearbeitungsprozeduren durchlaufen, gewinnt die Art und Weise, in der solchen Anforderungen als Resultat dieser Prozeduren schließlich entsprochen wird, gleichzeitig eine eigenständige Qualität. In der theoretischen Problematik "autonomistischer" Positionen reflektiert sich dagegen umgekehrt die tatsächliche Problematik einer derartigen Organisationsform des gesamtgesellschaftlichen Zusammenhangs: Soll dessen institutionelle Differenzierung nicht fortschreiten zu

---

22 Berger u. a. (1975, S. 59f.) haben dieses Spezifikum moderner Vergesellschaftung unter den Titeln "Pluralisierung der sozialen Lebenswelten" und "institutionelle Segmentierung" herausgearbeitet: "Wir behaupten, daß eines der in Frage stehenden spezifischen Merkmale die *Pluralität der Lebenswelten* ist, in der der Mensch in einer modernen Gesellschaft typischerweise lebt. ... die meisten früheren Gesellschaften zeigten im Vergleich zu den modernen Gesellschaften einen hohen Integrationsgrad."

23 Daß es sich bei der skizzierten Form funktionaler und struktureller Differenzierung um eine spezifische Ausprägung der Aufgliederung eines komplexen Funktionszusammenhanges handelt, zeigt allein schon die Existenz andersartiger Formen einer solchen Aufgliederung. Der moderne Betrieb als in seiner Binnenstrukturr seinerseits zunehmend funktional oder gar räumlich ausdifferenzierte Institution stellt in dieser Beziehung ein Beispiel für ein Muster sozialer Differenzierung und Integration dar, das von vornherein von einem institutionellen Zentrum aus gesteuert wird. Auf gesamtgesellschaftlicher Ebene stehen für solche alternative Organisationsformen - jenseits der Frage ihres Erfolges - die Bemühungen sozialistischer Gesellschaften, komplexe soziale Entwicklungen einer übergreifenden Planung zu unterwerfen. - Marx selbst (MEW 23, S. 90ff.) hat an einer Vielzahl von ähnlich gelagerten Beispielen die spezifische Problematik sozialer Integration in bürgerlichen Gesellschaften zu verdeutlichen versucht.

24 Dies schließt selbstverständlich die Existenz solcher "Übergriffe" nicht aus.

einer Beziehungslosigkeit der ausdifferenzierten Strukturen, einer bloßen "Teilung des Systems" (Lepsius 1977, S. 24), bedarf es der Bestimmung von Mechanismen, die trotz der Nichtexistenz einer vermittelnden Zentralstruktur den Zusammenhalt des Systems gewährleisten.[25] Zwar hat die Kritische Spätkapitalismustheorie in Anknüpfung an das funktionalistische Modell nicht nur versucht, in der Bestimmung der spezifischen Funktionsprinzipien sozialer Subsysteme der Bedeutung des Differenzierungsprozesses gerecht zu werden, sondern darüber hinaus auch die empirisch vorfindbaren Kanäle der Interaktion zwischen solchen Subsystemen benannt; wie aber diese Prozesse äußerer Abstimmung zwischen Subsystemen auf dem Boden der Einheitlichkeit des gesellschaftlichen Prozesses selbst noch ihr Fundament innerhalb der Binnenstruktur dieser Subsysteme finden und warum der Abstimmungsprozeß tatsächlich nicht nur kontingente Resultate erbringt[26], hat diese Theorie aufgrund ihrer schließlichen Entkopplung der Funktionsprinzipien sozialer Subsysteme letztlich nicht beantworten können. In einer solchen Entkopplung hat sie dabei gleichzeitig die durchaus vorhandenen Hinweise auf die Art und Weise, wie die Prozesse der Ausdifferenzierung und Reintegration sozialer Strukturen aus den Charakteristika des ökonomischen Systems moderner Gesellschaften hervorgehen, nicht weiterverfolgt.

In beiden Beziehungen hat die Kritik dieser Defizite angedeutet, in welcher Richtung die theoretischen Mittel zu deren Behebung zu suchen sind. In einem ersten Schritt läßt sich die für moderne Vergesellschaftung charakteristische Dialektik von "Autonomie" und "Einheit" sozialer Subsysteme möglicherweise dadurch einer Klärung zuführen, daß der Binnenstruktur dieser Subsysteme selbst eine "dialektische" Interpretation gegeben wird. Wie sich gezeigt hat, bedeutet die funktionale Spezialisierung gesellschaftlicher Teilbereiche auf die Lösung spezifischer Probleme - und damit die Ausgrenzung andersartiger Problemlagen und deren Verweisung an andere Teilbereiche - zwar eine dominante Orientierung an diesen spezifischen Funktionen: Deren Erfüllung steuert die Abläufe innerhalb des betreffenden Subsystem und stellt gleichzeitig das Kriterium für die Beurteilung der Resultate der subsystemspezifischen Aktivitäten dar. Dies besagt aber umgekehrt nicht, daß die komplementär zu der jeweiligen Funktionsspezialisierung unthematisch gewordenen Probleme gänzlich aus dem betreffenden Subsystem ausgrenzbar sind und dementsprechend keinen Einfluß auf dessen Binnenstruktur nehmen.[27] Vielmehr bleiben die entsprechenden Funktionsprobleme als

25 Die Analogie zu dem von Parsons unter dem Titel des "Hobbesschen Problems" als Grundfrage der Soziologie hervorgehobenen prekären Charakter "sozialer Integration" angesichts "atomistischer" Handlungsorientierungen der Individuen ist hier offensichtlich. Zu diesem Zusammenhang zu den Grundfragen der soziologischen Tradition siehe Lepsius 1977, S. 24f.

26 Daß eine Lösung des "Relationsproblemes" mehr erfordert als die Benennung von Mechanismen der Wechselwirkung zwischen unmittelbar voneinander unabhängigen Bestandteilen der gesellschaftlichen Wirklichkeit, hat Becker (1983, S. 33) betont: "Eine Gesellschaftstheorie, in der die Bedeutung einzelner Tätigkeiten und Bereiche nicht systematisch auf den gesellschaftlichen Kreislauf als ganzen bezogen bleibt, begreift Gesellschaft nicht als System, sondern als eine Ansammlung verschiedener Strukturen und Tätigkeiten, zwischen denen äußerliche Beziehungen bestehen."

27 Ein solcher Zustand vollständiger Ausgrenzung systemfremder Funktionen wäre nicht nur gleichbedeutend mit der oben angedeuten "Teilung" der Gesellschaft, sondern hätte zur Konsequenz auch eine entsprechende "Teilung" der Individuen, insofern als diese in ihren subsystemspezifischen Aktivitäten jeweils als gänzlich unterschiedene auftreten müßten, ihre Identität als diese Aktivitäten übergreifende selbst in widersprüchlicher Form nicht mehr geltend machen könnten. Eine solche Verbindung zwischen identitätstheoretischen Aspekten des sozialen Systems auf der einen, des Persönlichkeitssystems auf der anderen Seite hat Habermas

latente, untergeordnete Dimensionen weiterhin gegenwärtig und bringen in der Begrenzung und Relativierung der Eigenfunktionen des Subsystems diesen gegenüber den unmittelbar neutralisierten Zusammenhang zum Gesamtprozeß von Vergesellschaftung zur Geltung. Diese Neutralisierung selbst und damit der hegemoniale Charakter der jeweils dominanten Funktion bedarf auf Basis einer solchen inneren Spannung sozialer Subsysteme einer beständigen Bestärkung von deren spezifischen Funktionsprinzipien gegenüber Übergriffen andersartiger Orientierungen.[28]

Die damit angedeutete Dialektik des Prozesses sozialer Differenzierung auch nach der Seite der Binnenstruktur sozialer Subsysteme läßt sich unabhängig von der Nachzeichnung ihrer materialen Gehalte schon an den das jeweilige Teilsystem charakterisierenden Handlungstypen verdeutlichen: Die Dominanz zweckrationaler Orientierungen innerhalb des ökonomischen Systems beispielsweise schließt keineswegs die Existenz und Wirksamkeit andersartiger, d. h. "wertrationaler" und "affektiver" Handlungsorientierungen aus; umgekehrt wären die Zwecke dieses Systems gerade ohne eine zumindest partielle Inanspruchnahme solcher Orientierungen gar nicht realisierbar.[29] Die Hegemonialstruktur innerhalb dieser "Funktionalisierung des Dysfunktionalen" tritt allerdings dann hervor, wenn das prekäre Gleichgewicht dieser Struktur im tatsächlichen Konfliktfall aufbricht und sich die zweckrationalen Handlungsorientierungen praktisch als bestimmend erweisen. Zwar ist ein andersartiger Ausgang eines solchen Konfliktes denkbar, stellt aber mit der Eigenfunktion des ökonomischen Systems gleichzeitig den institutionellen Differenzierungsprozeß moderner Gesellschaften insgesamt in Frage.

Ist damit ein zunächst formaler Bezugsrahmen für das Verständnis sozialer Differenzierung und Integration als Ineinandergreifen von Exklusion und Einbeziehung der verschiedenen Funktionsprobleme moderner Gesellschaften skizziert[30], von dem aus auch der Status der Mechanismen äußerer Wechselwirkung

(Ders./Henrich 1974, S. 25ff.) in seiner Frage nach den Identitätsbedingungen komplexer Gesellschaften angedeutet.

28 Auf diesen prekären Charakter des Differenzierungsprozesses und damit der Binnenstruktur der ausdifferenzierten sozialen Strukturen haben Habermas und Offe in Beziehung auf das Verhältnis von System und Lebenswelt hingewiesen: "Beständig ist das System infolgedessen mit dem Dilemma konfrontiert, daß es von den normativen Regeln des Handelns und den Sinnbezügen der Subjekte abstrahieren muß und doch nicht absehen kann. Die politische Neutralisierung der Sphäre von Arbeit, Produktion und Verteilung wird gleichzeitig bekräftigt und widerrufen." (Offe 1979, S. 315; hier zitiert nach Habermas 1981b, S. 508) Die Konsequenzen einer solchen Argumentation für eine Vermittlung nicht nur zwischen System und Lebenswelt, sondern auch zwischen den von den entsprechenden Organisationsprinzipien dominierten sozialen Subsystemen haben beide aber letztlich nicht gezogen. Weiterhin sind sie "bei einem Dualismus von System und Lebenswelt verblieben", auf dessen Basis "die Einbettung lebensweltlicher Aspekte in systemische Zusammenhänge ... und umgekehrt ... nicht angemessen rekonstruiert werden kann." (Rucht 1985, S. 2)

29 Die Organisationssoziologie hat letzteren Tatbestand an der Unabdingbarkeit auch "informeller" sozialer Beziehungen zur Aufrechterhaltung der "formellen" Struktur von Organisationen und der Realisierung der organisationsspezifischen Zwecke festgemacht. In bezug auf diese Argumentation hat Habermas (1981b, S. 458ff.) mit dem Hinweis darauf, daß unterschiedliche Handlungsbereiche nicht durch die Ausschließlichkeit des Vorliegens bestimmter Vergesellschaftungsprinzipien, sondern durch deren spezifische Gewichtung voneinander abzuheben sind, erneut seine Entgegensetzung von "System" und "Lebenswelt" relativiert.

30 Marx selbst (MEW 13, S. 622ff.) hat ein solches Modell des Prozesses von "Differenzierung" und "Einheitsstiftung" am innerökonomischen Zusammenhang von "Produktion, Austausch, Distribution und Konsumtion" entwickelt. Die Einheit dieser unmittelbar zu unterscheidenden Momente beruht auch hier darauf, daß jedes dieser Momente jenseits seiner spezifischen Charakteristika auch die Bestimmungen aller anderen Momente an sich trägt. Auf die Bedeutung dieses

sozialer Subsysteme (beispielsweise der Lohnform) als unmittelbare Zusammenbindung der jeweils dominanten Funktionsprinzipien erst ins Auge zu fassen wäre[31], läßt ein solches Modell die Dominanzbeziehungen *zwischen* diesen Funktionsprinzipien offen. Daß der Zusammenhang sozialer Subsysteme keineswegs ein "Gefüge gleichgewichtiger Teile" (Pohlmann 1987, S. 17) darstellt, der "Differenzierungs-Reintegrationsprozeß" keineswegs "symmetrisch" (Lepsius 1977, S. 25) verläuft, sondern als "Dominantverhältnis" (Pohlmann a.a.O.) ausgehend von einem dieser Subsysteme, ist damit noch nicht entwickelt.[32]

Als Folge der unbefriedigenden Lösung sowohl des "Differenzierungs-" wie des "Relationsproblemes" bleibt innerhalb der marxistischen Tradition auch der Aufweis des übergreifenden und damit einheitsstiftenden Charakters der ökonomischen Sphäre meist bei der programmatischen Beschwörung einer solchen Dominanz stehen. Die darüber hinausgehenden Versuche, diesen Zusammenhang zu konkretisieren, beschränken sich bis auf Ausnahmen darauf aufzuzeigen, *daß* die ökonomische Sphäre, solange ihre kapitalistische Verfaßtheit selbst nicht in Frage gestellt wird, der Dynamik außerökonomischer Teilsysteme quasi-objektiv vorgelagert ist und "ihr Gepräge, d. h. ihre wichtigsten Funktionen und inneren Strukturmerkmale gibt" (Pohlmann a.a.O., S. 12).[33] Die Frage, *worauf* diese Vorausgesetztheit der ökonomischen Sphäre beispielsweise gegenüber den Mechanismen politischer Intervention beruht, bleibt in solchen Argumentationen allerdings häufig ausgeklammert.

Will man bei der Beantwortung dieser Frage nicht auf "naturalistische" Begründungsversuche zurückgreifen, die den gleichermaßen objektiven wie determinierenden Charakter ökonomischer Verhältnisse an deren materiellem Moment festmachen[34], bleibt erneut nur der Rückgriff auf die historischen Charakteristika der gesellschaftlichen Organisation sozialer Subsysteme innerhalb moderner Gesellschaften.

In dieser Beziehung hat vor allem die Kritik an der revisionistischen Infragestellung des Primats der Ökonomie Hinweise geliefert, ohne diese allerdings in ihrer gesamten Tragweite für das anstehende gesellschaftstheoretische Problem

---

Modells auch für eine Bestimmung des "Gliederungsprinzips für die gesellschaftliche Totalität" hat Becker (1983, S. 38) hingewiesen.

31 Auch in dieser Beziehung hat Marx (a.a.O., S. 630f.) mit dem Hinweis darauf, daß die "Wechselwirkung zwischen den verschiednen Momenten ... eines organischen Ganzen" erst begreifbar wird, wenn letztere zunächst als "Glieder einer Totalität ..., Unterschiede innerhalb einer Einheit" begriffen sind, Lösungsperspektiven angedeutet.

32 Innerhalb des von Marx entwickelten Modells fällt die Beantwortung dieser Frage mit dem Aufweis des "übergreifenden" Charakters "der Produktion sowohl über sich in der gegensätzlichen Bestimmung der Produktion als über die anderen Momente ... einer Totalität" zusammen. (a.a.O., S. 630)

33 Die entsprechenden Argumentationen von Mandel in bezug auf politische und sozio-kulturelle Prozesse sind oben schon vorgestellt worden; neuerdings hat Herkommer (1985) in ähnlicher Form aufgewiesen, auf welche Art und Weise sowohl die Entwicklung des "modernen Sozialstaats" wie der "modernen Individualität" in ihren inneren Beschränkungen von den ihnen vorgegebenen ökonomischen Voraussetzungen bestimmt sind.

34 Mit der Ablehnung solcher Argumentationsmuster soll umgekehrt nicht behauptet werden, daß dem unaufhebbaren Naturbezug ökonomischer Verhältnisse keinerlei Bedeutung für die hier anstehende Problematik zukommt. Für die moderne Entwicklungsstufe der Ökonomie ist allerdings gerade wegen der zunehmenden realen Vermittlung von Natur durch gesellschaftliche Verhältnisse in besonderem Maße an der Durkheimschen Maxime, daß gesellschaftliche Tatbestände nur aus gesellschaftlichen Tatbeständen zu erklären sind, festzuhalten.

ausgeschöpft zu haben.[35] In dem Verweis auf den internationalen Charakter ökonomischer Zusammenhänge hat sie angedeutet, daß die Dominanz solcher Zusammenhänge in entscheidendem Maße von ihrer auch räumlich übergreifenden Bedeutung abhängt. Führt man diesen Hinweis erneut auf relativ formaler Ebene weiter, liegt es generell nahe, die "Mächtigkeit" sozialer Subsysteme an ihren unmittelbaren Zugriffsmöglichkeiten auf die für sie relevanten gesellschaftlichen Bedingungen zu bemessen. In dem Grade, indem es dem jeweiligen Teilbereich gelingt, den Bereich von ihm selbst unmittelbar beeinflußbarer Bedingungen gegenüber dem Bereich der ihm vorausgesetzten Bedingungen auszuweiten, gewinnt er hinausgehend über seine formale Autonomie tatsächlich auch zunehmend inhaltlich an Autonomie, lassen sich die Resultate seiner Problembearbeitung als Ausdruck seiner genuinen Funktionsprinzipien begreifen. Umgekehrt gibt ein solcher materialer Autonomisierungsprozeß einer sozialen Sphäre den anderen sozialen Subsystemen eine Fülle von Voraussetzungen vor, bedeutet eine Beschränkung ihrer unmittelbaren Zugriffsmöglichkeiten auf den gesamtgesellschaftlichen Zusammenhang und damit ihre zunehmende materiale Heteronomisierung bei weiterhin bestehender formaler Autonomie.

Der Rückbezug einer solchen systemtheoretischen Reflexion auf die Realität moderner Gesellschaften macht nun unmittelbar deutlich, daß sich die für diese charakteristischen Subsysteme tatsächlich anhand des skizzierten Kriteriums ordnen lassen. Indem die Funktionsprinzipien des ökonomischen Systems solcher Gesellschaften - zumindest in ihrer idealisierten Form - unmittelbar auf der umfassendsten Ebene gesellschaftlicher Integration, der internationalen Ebene, angesiedelt sind, haben sie gleichzeitig den umfassendsten Zugriff auf diesen weltübergreifenden Zusammenhang. Die Resultate des ökonomischen Systems, die aus einer solchen "weltgeschichtlichen Macht" hervorgehen, nehmen auf dieser Basis gegenüber Subsystemen geringerer geographischer und damit sozialer Extension den Charakter von quasi-objektiven Voraussetzungen an, auf die bestenfalls vermittelt Einfluß genommen werden kann.[36] Weder den national organisierten politischen Systemen moderner Gesellschaften noch viel weniger den an weitaus begrenzteren sozialen Zusammenhängen orientierten sozio-kulturellen Teilsystemen kann es gelingen, ihre Orientierungen gegenüber ökonomischen Imperativen in einem grundsätzlichen Sinn durchzusetzen.[37]

---

35 Die entsprechenden historischen Merkmale moderner Vergesellschaftung werden zwar in der konkreten Argumentation durchaus für den Beleg des übergreifenden Charakters der ökonomischen Sphäre in Anspruch genommen, in den Versuchen der gesellschaftstheoretischen Konzeptualisierung dieses Charakters aber nur unzureichend berücksichtigt. Siehe dazu beispielsweise die Argumentation von Becker (1983), die in letzterer Beziehung sicherlich einen der fortgeschrittensten Versuche innerhalb der marxistischen Tradition darstellt, der allerdings aufgrund ihrer ausgeprägt formalen Orientierung der spezifische historische Hintergrund der analysierten Probleme häufig aus dem Blick gerät.

36 Daß dieser Tatbestand auch für das Verständnis desjenigen "realen Objektivismus", der der "objektiven" Orientierung der Marxschen Theorie zugrundeliegt, von zentraler Bedeutung ist, liegt auf der Hand.

37 Zu dieser Explikation der These des "Primats der Ökonomie" siehe Bornschier 1986, S. 176f.: "Der *Weltmarkt* ist durch die wichtige Tatsache gekennzeichnet, daß kein einzelner Staatsapparat die gesamte Arena des wirtschaftlichen und wirtschaftlich motivierten Wettbewerbs überspannt. ... Der Wettbewerb auf dem Weltmarkt erzwingt nachhaltig eine Prioritätensetzung bei der wirtschaftlichen Effizienz. ... Nicht nur den Wirtschaftsunternehmen, sondern auch den Staaten als Teilnehmern des Weltgeschehens wird dadurch eine Verhaltenslogik aufgezwungen, die den möglichen Verhaltensspielraum einschränkt." - Dies bedeutet selbst für "realsozialistische" Länder, daß auch in ihnen - jenseits interner Funktionsprobleme - das Primat politischer Planung beständig gebrochen wird durch diejenigen ökonomischen Voraussetzungen, die von seiten des

Lassen sich auf diese Art und Weise grundlegende Merkmale der Sphärendynamik moderner Vergesellschaftung unmittelbar aus deren empirischen Gestalten erschließen, macht sowohl eine Erklärung wie Konkretisierung dieser Merkmale die Überschreitung der bisher verfolgten formalen Betrachtungsweise in Richtung auf die Bestimmung derjenigen materialen Vergesellschaftungsprinzipien notwendig, die der Tatsache institutioneller Differenzierung überhaupt genauso wie deren inhaltlicher Ausgestaltung zugrundeliegen.

Auch wenn Marx in seinem Spätwerk die systematische Analyse der "modernen bürgerlichen Gesellschaft" faktisch auf die Herausarbeitung von deren "ökonomischem Bewegungsgesetz" beschränkt hat, zeigen seine Frühschriften, daß sein Werk ursprünglich durchaus daran orientiert war, den sich auf dieser Basis erhebenden institutionellen Differenzierungsprozeß und die daraus entspringenden Charakteristika der politischen und kulturellen Vergesellschaftungsformen der Moderne zu bestimmen.[38] Auch im Kommunistischen Manifest, in dem der die Frühschriften kennzeichnende Selbstverständigungsprozeß des Denkens von Marx und Engels in gewisser Weise seinen Abschluß und seine Überleitung zur "positiven" Analyse des Spätwerkes findet, ist die Intention, moderne Vergesellschaftung in einem umfassenden Sinn als widersprüchliche Entwicklungsform von Vergesellschaftung zu begreifen, unübersehbar. Als Modernisierungsleistungen der "modernen Bourgeoisie" (MEW 4, S. 464) werden nicht nur ihre "revolutionäre Rolle" (a.a.O.) bzgl. der Entwicklung der Produktivkräfte und Produktionsverhältnisse, sondern auch die "zivilisatorische Tendenz des Kapitals" (Herkommer 1985, S. 31) für die Entfaltung fortgeschrittener politischer und sozio-kultureller Organisations- und Lebensformen hervorgehoben[39], genauso wie als Kehrseite einer solchen Fortschrittsdynamik die grundsätzliche Beschränktheit dieser weiterhin an die Interessen einer bestimmten sozialen Klasse gebundenen Form gesellschaftlicher Entwicklung in allen ihren Dimensionen festgehalten wird.[40]

Weltmarktes in solche Versuche einer Aufhebung der Eigendynamik des ökonomischen Prozesses hineinragen.

38 Ein glänzendes Beispiel dafür stellt die in kritischer Auseinandersetzung mit der Hegelschen Rechtsphilosophie entwickelte Bestimmung des Verhältnisses von Voraussetzung und Ausgrenzung sozialer Funktionen innerhalb der modernen Verselbständigung von "Staat" und "bürgerlicher Gesellschaft" dar. (MEW 1, S. 201ff.) Wie sich zeigen wird, hat Marx diese Denkfigur allerdings in seinem Spätwerk nur noch in bezug auf innerökonomische Differenzierungsprozesse weiterverfolgt.

39 Nicht nur "war jede ... Entwicklungsstufe der Bourgeoisie begleitet von einem entsprechenden politischen Fortschritt" in Richtung auf die "moderne Staatsgewalt, ... den modernen Repräsentativstaat" (a.a.O., S. 464), sondern unterlag auch die "geistige Produktion" einem Universalisierungs- und Rationalisierungsprozeß, der ihre feudale "Einseitigkeit und Borniertheit" (a.a.O., S. 466) aufsprengte.

40 Zwar arbeitet Marx zunächst die Freisetzungsaspekte eines kulturellen Entzauberungsprozesses, der "dem heiligen Schauer der frommen Schwärmerei, ... der spießbürgerlichen Wehmut" ihren Boden entzieht, heraus, weist dabei aber sofort auf die Beschränkung dieses Prozesses durch die Ersetzung der entsprechenden "patriarchalischen, idyllischen Verhältnisse" durch "das nackte Interesse, ... die gefühllose 'bare Zahlung'" (a.a.O., S. 464) hin. Weiterverfolgt hat Marx diese inneren Brüche des modernen Rationalisierungsprozesses (erneut im Kommunistischen Manifest) im Aufweis der Art und Weise, in der dieser Prozeß in den Lebensbedingungen der Arbeiterklasse die von ihm in Gang gesetzten sozio-kulturellen Fortschritte gleichzeitig untergräbt. Die Auseinandersetzung mit den "Kosten der Modernisierung" (Herkommer 1985, S. 33) in diesem übergreifenden Sinn war für Marx also von vornherein ein wesentliches Anliegen. Genauso ließe sich aber auch in dieser Beziehung zeigen, daß ein solches Motiv in den weiteren Arbeiten von Marx (genauso wie bei seinen Nachfolgern) nicht die seiner Bedeutung entsprechende Behandlung erfahren hat.

Den "Grund" der auf diese Art und Weise angesteuerten übergreifenden Dialektik des modernen Universalisierungs- und Rationalisierungsprozesses[41] bildet für Marx allerdings die spezifisch kapitalistische Form der Organisation der ökonomischen Sphäre moderner Gesellschaften. Zwar leitet diese Organisationsform in der systematischen Einbindung von Technik und Wissenschaft in den Produktionsprozeß einen historisch einzigartigen Rationalisierungsprozeß von Naturaneignung ein, der einhergeht mit einem genauso originellen gesellschaftlichen Universalisierungsprozeß in der Herstellung eines weltumgreifenden Zusammenhangs von Produktion, Verteilung und Konsumtion. Werden diese realhistorischen Erfolge der kapitalistischen Ökonomie gleichzeitig auch zur Basis der "materiellen" Visionen der Moderne von einem Leben, das auf Basis einer technisch möglichen Minimierung von Arbeit und der mit dieser verbundenen Leiden eine Ausweitung wie Ausdifferenzierung von Bedürfnisbefriedigung für alle Mitglieder der Gesellschaft umfaßt, finden Realität und Ideologie einer solchen Moderne ihre Relativierung aber in den Funktionsprinzipien dieser Ökonomie selbst. Nicht nur wird auf Basis der Zersplitterung von deren Gesamtzusammenhang im Rahmen der Warenproduktion die Steuerungsebene, auf der ein solcher sich totalisierender gesellschaftlicher Zusammenhang anzugehen wäre, systematisch unterboten, vollzieht sich damit der Universalisierungsprozeß in unmittelbar ungeplanter, irrationaler Form[42]. Seine Zuspitzung erfährt dieser Partikularismus kapitalistischer Produktion darin, daß mit der Abtrennung der unmittelbaren Produzenten von ihren Produktionsmitteln der Produktionsprozeß den Interessen derjenigen minoritären Gruppe untergeordnet wird, die sich komplementär diese objektiven Voraussetzungen der Produktion angeeignet hat.[43] Indem sich das Profitinteresse auf dieser Basis zum bestimmenden Moment des Produktionsprozesses aufwirft, findet sich die Fortschrittsdynamik moderner Vergesellschaftung in einem grundlegenden Sinne konterkariert: Nicht nur werden technischer Fortschritt und Ausweitung der Produktion von Gegenständen der Bedürfnisbefriedigung zu bloßen Mitteln dieses partikularen Zweckes verkehrt, sondern ist mit der Optimierung dieser Steuergröße des Produktionsprozesses - zumindest für den Großteil der Bevölkerung - gerade eine intensivierte Verausgabung von Arbeitskraft und eine gemessen am gesellschaftlichen Reichtum unterprivilegierte Aneignung an Gebrauchsgütern verbunden. Daß unter kapitalistischen Verhältnissen zentrale ge-

---

41 Betrachtet man die Intention der Marxschen Theorie unter einer solchen Perspektive, läßt sich das von Habermas angegangene Projekt einer "Theorie der Moderne" tatsächlich als Rückgang zumindest auf diese Intentionen begreifen.

42 Diese Brechung des modernen Vergesellschaftungs- und Rationalisierungsprozesses durch die unmittelbar private Ausrichtung der Produktion hatte schon Engels an dem Gegensatz "zwischen der Organisation der Produktion in der einzelnen Fabrik und der Anarchie der Produktion in der ganzen Gesellschaft" (MEW 19, S. 216) hervorgehoben. In soziologischer Terminologie hat Pohlmann (1987, S. 8) dieses Dilemma als Ausdruck des "unauflöslichen Zusammenhangs von Systemirrationalität und formaler Handlungsrationalität" reformuliert. In ähnlicher Form hat Becker (1983, S. 379) die zunehmenden Schwierigkeiten "sozialer Integration" als Konsequenz jener Paradoxie moderner Vergesellschaftung identifiziert, die Marx mit deren Kennzeichnung als gesellschaftlichen Zusammmenhangs "vereinzelter Einzelner" (MEW 13, S. 616) schon benannt hatte.

43 Diese strukturelle Partikularität moderner Gesellschaften wird nicht nur von deren modernisierungstheoretischen Apologeten übersehen. Auch "Kritische Spätkapitalismustheoretiker" wie Döbert/Nunner (1973, S. 314ff.) übersehen, daß sich hinter solchen universalistischen Kriterien der Zuschreibung sozialer Positionen wie "Leistung" und "Bildung" als letzter Bestimmungsgrund ein besitzorientierter Partikularismus verbirgt, der dem Universalisierungsprozeß in allen seinen Dimensionen grundsätzliche Schranken setzt.

sellschaftliche Funktionen innerhalb ihrer unmittelbar privaten Form nur noch als unterdrückte Momente Berücksichtigung finden[44], erweist sich damit jenseits der oben gelieferten formalen Charakterisierung dieses Zusammenhangs als Ausdruck eines realen Gewaltverhältnisses von Lohnarbeit und Kapital[45], wie es das ökonomische Subsystem moderner Gesellschaften kennzeichnet.[46]

Der selbstnegatorische Charakter der ökonomischen Basis moderner Vergesellschaftung und die innerhalb ihrer Dominanzstruktur unterdrückten universalistischen Momente[47] treten hervor in ökonomischen Krisenprozessen als tatsächlichen Bedrohungen der Identität dieser Form sozialer Integration. In der Infragestellung der Profitrate als Steuergröße des ökonomischen Systems durch das "Gesetz des tendenziellen Falls der Profitrate" und durch das Problem der Mehrwertrealisierung wird die kapitalistische Organisationsform von Naturaneignung ihrer strukturellen Defizite eingeständig: Indem derselbe Prozeß technologischer Rationalisierung, der auf der einen Seite das Lebenselexier dieser Produktionsweise ausmacht, auf der anderen Seite im Fall der Profitrate gerade durch die Verrringerung des Anteils lebendiger Arbeit an der Produktion deren kapitalistischen Zweck in Frage stellt, wird deutlich, daß diese Organisationsform grundsätzlich einer solchen Minimierung von Arbeit durch technologischen Fortschritt entgegensteht; an der Selbstbeschränkung der kapitalistischen Ökonomie durch die Schwierigkeiten, für den beständig gesteigerten Output der Produktion eine entsprechende zahlungsfähige Nachfrage zu finden, wird faßbar, daß auch der Ausweitung und Ausdifferenzierung der Bedürfnisbefriedigung, wie sie beständig durch die innere Dynamik der kapitalistischen Ökonomie vorangetrieben wird, durch den Mehrwertmechanismus und das für ihn konstitutive Ausbeutungsverhältnis grundsätzliche Schranken gesetzt sind.[48]

Die krisenhafte Dynamik des ökomischen Systems moderner Gesellschaften erweist sich derart als Ausdruck eines Defizits an Rationalisierung und Universalisierung, sogar einer systematischen Unterdrückung der entsprechenden Gesichtspunkte im Rahmen seiner dominanten privaten Orientierung. Soll aber diese unmittelbare Negation von Gesellschaftlichkeit nicht dauerhaft die soziale Integration gefährden, bedürfen die innerhalb des ökonomischen System untergeord-

---

44 Marx hat dieses notwendige "Mitschleifen" unmittelbar nicht thematischer Zwecke am Verhältnis von Gebrauchswert und Wert verdeutlicht. Zwar ist die Wertbestimmung innerhalb kapitalistischer Gesellschaften das die Produktion steuernde, insofern dominante Moment, kann diese Rolle aber nur übernehmen, indem die Produktion gleichzeitig auch dem Gebrauchscharakter der Produkte Rechnung trägt.

45 Diesen Sachverhalt haben erneut schon die "Klassiker" hervorgehoben: "Der Widerspruch zwischen gesellschaftlicher Produktion und kapitalistischer Aneignung tritt an den Tag als Gegensatz von Proletariat und Bourgeoisie." (MEW 19, S. 214)

46 Auf die Folgen dieser Realabstraktion des kapitalistischen Produktionsprozesses von den Lebensbedürfnissen der Produzenten wird noch einzugehen sein.

47 Marx hat aus diesem Grunde die ökonomische Krise als Ausdruck der "Empörung der modernen Produktivkräfte gegen die modernen Produktionsverhältnisse" (MEW 4, S. 466) bestimmt.

48 Ausdruck des paradoxen Charakters der kapitalistischen Form der Reichtumsproduktion ist nach Marx und Engels das tatsächliche Auseinandertreten von "Reichtum" und "Armut" in der Existenz gesellschaftlichen Reichtums auf der einen, der Armut der Mehrzahl der Bevölkerung auf der anderen Seite. (MEW 19, S. 218) - Ihre Argumentation ist allerdings auch in dieser Beziehung von einer mangelhaften Unterscheidung der ihnen historisch vor Augen stehenden Verelendungsformen und des hier angesprochenen strukturellen Mechanismus von Verelendung, auf dessen Basis zumindest eine Mehrzahl von historischen Armutsformen konzipierbar ist, gekennzeichnet.

neten Funktionen einer eigenständigen Institutionalisierung außerhalb dieses Systems. Nur durch eine solche Verlagerung der internen Funktionsprobleme der kapitalistischen Ökonomie in andersartige institutionelle Zusammenhänge können deren strukturelle Spannungen zumindest zeitweilig in einem Zustand labilen Gleichgewichts gehalten werden.

Aus der gelieferten Charakterisierung der dominanten Funktionsprinzipien des ökonomischen Systems moderner Gesellschaften ergeben sich komplementär die allgemeinen Merkmale derjenigen Funktionen, die in diesem Auslagerungsprozeß außerökonomischen Zusammenhängen zugeordnet werden. Unter die gesellschaftlich notwendigen, aber aufgrund ihrer materialen Struktur nicht privatwirtschaftlich organisierbaren Aufgaben fallen zunächst diejenigen unmittelbar gesellschaftlichen Funktionen, die für die Verfolgung der privaten Zwecke der Ökonomie sowohl deren allgemeine materielle Voraussetzungen wie die notfalls repressive Absicherung dieses Formprinzips von Vergesellschaftung überhaupt garantieren und vor allem im Rahmen des politischen Systems moderner Gesellschaften thematisch werden.[49] Die Bereitstellung der subjektiven Seite des ökonomischen Prozesses in der materiellen und normativen Reproduktion der Arbeitskraft, die gerade aufgrund der mit der Warenform der Arbeitskraft gesetzten persönlichen Unabhängigkeit der Arbeiterschaft genausowenig kapitalistisch organisiert werden kann, obliegt dagegen vorwiegend den Institutionen des sozio-kulturellen Systems.[50]

Diese allgemeine Charakterisierung des Ausgrenzungs- und Zuschreibungprozesses sozialer Funktionen, deren Erfüllung das ökonomische System zwar voraussetzt, aber selbst nicht sicherstellen kann, verdeutlicht gleichzeitig auch die Grundstruktur der schon angesprochenen Dialektik von "Autonomisierung" und "Subsumtion" in der Beziehung zwischen ökonomischen und außerökonomischen Strukturen. Ist die Erfüllung solcher bestandsnotwendiger Funktionen auf der einen Seite darauf verwiesen, daß die im kapitalistischen Produktionsprozeß unterdrückten Momente von Universalität, Rationalität und Individualität im Rahmen unmittelbar autonomer Institutionen mit entsprechend eigenständigen Organisationsprinzipien herausgebildet werden, erfordert gerade derselbe funktionale Bezug eine Formierung dieser Momente gemäß den Anforderungen dieser Produktionsweise. Aufgrund seines übergreifenden Charakters stellt das ökonomische System die Kriterien zur Verfügung, an denen sich der Erfolg der autonom erbrachten Leistungen der anderen Subsysteme zu bemessen hat; in einer solchen Asymmetrie der sozialen Sphären ragt der die ökonomische Sphäre dominierende

49 Zu dieser Formbestimmung staatlichen Handelns und den materialen Funktionen, die aus ihr im einzelnen hervorgehen, siehe hinausgehend über das bisher gesagte Döbert/Nunner 1975ff. und Hübner 1982, S. 23f.

50 Eine *eindeutige* Zuordnung der hier unterschiedenen Funktionen zu den benannten Subsystemen ist allerdings aufgrund nicht immer vorhandener Deckungsgleichheit zwischen materialer Funktion und institutionellen Organisationsprinzipien nicht ohne Weiteres möglich. Der Bildungsprozeß beispielsweise als die im hier explizierten Sinn entscheidende sozio-kulturelle Funktion wird tatsächlich zu ganzen Teilen im Rahmen des politisch-administrativen Systems abgewickelt. Ein weiterer Teil der Reproduktionsfunktionen findet sich sogar in unmittelbar ökonomischen Zusammenhängen organisiert. (Zu solchen durch den kapitalistischen Betrieb unmittelbar garantierten Reproduktionsfunktionen siehe Scherr 1984, S. 97) - Materiale Funktion und Institutionalisierungsform treffen in dieser Beziehung spezifisch in der Familie zusammen, die nicht zuletzt aus diesem Grunde als "Kern des Reproduktionsbereiches" (Hirsch 1980, S. 73) zu bestimmen ist.

Zweck in bestimmender Form auch in die andersartigen oder gar gegensätzlich verfaßten dominierenden Orientierungen außerökonomischer Bereiche hinein.

In der Binnenstruktur des politischen Systems macht sich diese Dialektik von "Autonomisierung" und "Funktionalisierung" nach der Seite der Eigenständigkeit dieses Systems zunächst gerade durch die Abstraktion von den partikularen Orientierungen des ökonomischen Systems geltend. Sowohl in seiner Ausrichtung an den gemeinsamen Interessen der Warenbesitzer wie im Versuch der Steuerung des gesamtgesellschaftlichen Prozesses[51] gibt sich das politische System unmittelbar universalistische Organisationsprinzipien[52], überwindet auf seinem Boden tatsächlich die Zersplitterung und Gegensätzlichkeit des ökonomischen Prozesses.

Entspricht der damit verbundene reale Zuwachs an Rationalität und gesamtgesellschaftlicher Orientierung der modernen Interpretation des Staates als derjenigen Instanz, die die entsprechenden Defizite der bürgerlichen Gesellschaft einem Ausgleich zuführt, hat die bisherige Darstellung schon gezeigt, daß es sich bei diesen "Problemlösungen" bestenfalls um Problemverschiebungen in die Binnendynamik des politischen Systems handeln kann. Auf Basis der nur beschränkten Zugriffsmöglichkeiten staatlichen Handelns auf die ökonomischen Voraussetzungen, aus denen die Problemstellungen entspringen, reproduziert sich der doppelte Partikularismus dieser Voraussetzungen innerhalb der Eigenfunktionen des politischen Systems selbst. Nicht nur kann der Staat aufgrund der ihm vorausgesetzten privaten Verfügungsgewalt aller Warenbesitzer die Bedingungen einer gesamtgesellschaftlichen Steuerung des Produktionsprozesses nicht unmittelbar beeinflussen[53], sondern machen sich auch die klassenmäßigen Unterschiede zwischen den Warenbesitzern als Bruch innerhalb des staatlichen Universalismus geltend.[54] Indem Wirtschaftswachstum als grundlegende Bedingung des Gemeinwohls unter kapitalistischen Produktionsverhältnissen unmittelbar mit dem Prosperieren der Profitproduktion zusammenfällt, ist das politische System - nicht zuletzt vermittelt über seine finanziellen Ressourcen - gerade in der Verfolgung seiner universalistischen Ziele material an den partikularen Zweck des ökonomischen Prozesses gebunden.[55]

---

51 Aufgrund dieser Ausgrenzung des Partikularismus des ökonomischen Systems wird jeder Versuch einer unmittelbaren Einflußnahme einzelner ökonomischer Subjekte oder Gruppen solcher Subjekte auf staatliches Handeln als illegitimer Übergriff identifiziert.

52 Zur Phänomenologie des Universalismus des modernen Staates im Unterschied zu den die moderne Wirtschaft charakterisierenden Organisationsprinzipien siehe differenziert Berger u. a. 1975, S. 27-59. Die Autoren haben in diesem Zusammenhang besonders auf die Planungsansprüche und den ethischen Universalismus staatlichen Handelns hingewiesen.

53 Ein solcher Versuch des unmittelbaren Einflusses auf die ökonomischen Entscheidungen der privaten Wirtschaftssubjekte würde umgekehrt als illegitimer Übergriff des politischen Systems begriffen.

54 Dieser gebrochene Universalismus staatlichen Handelns tritt nicht zuletzt an derjenigen Tatsache hervor, die oben als Ursache für dessen gegenüber dem ökonomischen System nur eingeschränkte "Mächtigkeit" bestimmt worden ist: Die Gemeinwohlorientierung des Staates bleibt prinzipiell auf die jeweilige nationale Gesellschaft beschränkt, während die Interaktion solcher Gesellschaften sich erneut dominant nach partikularistischen Kriterien vollzieht. - Daß eine solche Identifizierung von "nationalem Wohl" und "Gemeinwohl" durchaus üblich ist, mag mit einer impliziten "nationalen" Orientierung des entsprechenden Denkens zusammenhängen, die allerdings so gut wie alle theoretisch und politisch unterschiedlichen Positionen zu übergreifen scheint.

55 Das von Offe formulierte "Rätsel der Entsprechung" verliert auf dem Hintergrund dieses Zusammenhanges viel von seinem rätselhaften Charakter. Jenseits der Frage des unmittelbaren Einflusses einzelner Kapitalisten und Kapitalfraktionen auf staatliches Handeln wird die Orientierung des politischen Systems an den allgemeinen Interessen der Kapitalistenklasse ge-

Dies bedeutet nicht nur, daß dem staatlichen Handeln innerhalb der verschiedenartigen materialen Aufgaben, die ihm in der Verfolgung des Gemeinwohl gestellt sind, eindeutige Prioritäten für solche Funktionen vorgegeben sind, die sich unmittelbar auf die Realisierung dieses Zweckes beziehen[56], sondern auch die Institutionalisierung einer grundlegenden Spannung innerhalb der Formprinzipien des staatlichen Universalismus. Während dessen *demokratische* Mechanismen gerade für die Abstraktion stehen, die die politische Sphäre von den Unterschieden der Warenbesitzer vollzieht - insofern in dieser politischen Aufhebung der Klassengegensätze die Möglichkeit der tatsächlichen Verselbständigung der politischen Sphäre gegenüber ihren ökonomischen Voraussetzungen enthalten[57] -, ermöglicht seine *bürokratische* Organisationsform gerade die Entkopplung der tatsächlichen Prozesse staatlicher Entscheidungsfindung von diesen Mechanismen demokratischer Willensbildung und erlaubt damit die Anbindung staatlichen Handelns an dessen unmittelbare Erfolgskriterien, wie sie durch das Florieren der Kapitalverwertung vorgegeben sind.[58] Lassen sich die Rationalitätsprobleme staatlichen Handelns als Verlagerung des naturwüchsigen Charakters der Warenproduktion überhaupt in die Binnenstruktur des politischen Systems identifizieren, ergeben sich hiermit die aus der Spannung von demokratischer Konstitution und der tatsächlichen Ausrichtung staatlichen Handelns entspringenden Legitimationsprobleme als Verlagerung des Gegensatzes zwischen den verschiedenen Klassen von Warenbesitzern und der diesen charakterisierenden Hegemonialstruktur in die politische Dynamik moderner Gesellschaften selbst.

Eine erneute Verschiebung finden diese Probleme in den verschiedenartigen Formen der Mediatisierung des Zusammenhangs zwischen demokratischen Entscheidungsprozessen und dem tatsächlichen Output staatlichen Handelns. Entscheidende Bedeutung hierfür übernimmt aufgrund der mit ihr verbundenen inhaltlichen und zeitlichen Entkopplung beider Momente die formaldemokratische Prozedur der Wahlen. Zwar wird das politische System durch eine solche pauschalisierte Delegation von Macht in seinen konkreten Entscheidungen weitgehend unabhängig von einer entsprechenden gesellschaftlichen Konsensbildung, bleibt aber dessenungeachtet in seinen langfristigen Entscheidungsspielräumen abhängig von der Gesamtbilanz solcher einzelner Interessenskonvergenzen bzw. -divergenzen.[59] Daß es dem staatlichen Handeln in einer positiven Gesamtbilanz

rade als materialer Inhalt derjenigen Organisationsprinzipien, die ihn der Form nach beständig dementieren, faßbar.

56 Auf diese Disparitäten innerhalb des staatlichen Universalismus - vor allem zwischen wirtschaftspolitischen und sozialpolitischen Funktionen im weitesten Sinne - und ihre Ursache im strukturellen Partikularismus kapitalistischer Gesellschaften hatte schon Offe hingewiesen.

57 Eine solche auch materiale Verselbständigung des Staates gegenüber der bürgerlichen Gesellschaft sowohl in ihren demokratischen wie terroristischen Formen hat Marx schon frühzeitig sowohl in seinen staatstheoretischen Analysen wie in seiner Auseinandersetzung mit dem Bonapartismus Napoleon des III. ins Auge gefaßt. Siehe dazu MEW 1, S. 357 und Gurland 1969, S. 55.

58 Schon Offe (1972, S. 107ff.) hatte das Gegeneinander von Demokratisierung und Bürokratisierung als innerstaatliche Verlaufsform der Spannung zwischen den universalistischen Orientierungen der politischen Sphäre und deren partikularistischen ökonomischen Voraussetzungen bestimmt. Herkommer hat neuerdings (1985, S. 32) in bezug auf die von Habermas aufgewiesenen "pathologischen Nebeneffekte" des demokratischen Rechtsstaates deren Verankerung in "dem Gegensatz von bürgerlicher Rechtsförmigkeit und dem materiellen Inhalt des Rechts" hervorgehoben.

59 Kostede (1976, S. 177) hat aus diesem Grunde die Existenz "gemeinsamer Interessen ... der verschiedenen Gesellschaftsklassen" als Möglichkeitsbedingung einer demokratischen Organisa-

gelingt, die Spannung zwischen den Imperativen der Kapitalverwertung und den von diesen systematisch marginalisierten Lebensinteressen der Mehrheit der Bevölkerung auszugleichen, verweist allerdings erneut auf ein entsprechenden Gleichgewicht in den Hegemonialbeziehungen der ökonomischen Sphäre selbst. Nur solange es dem ökonomischen System aufgrund seiner Stabilität gelingt, sowohl in direktem Austausch mit dem sozio-kulturellen System die Interessen eines hinreichend großen Anteils der Bevölkerung in hinreichendem Ausmaße zu berücksichtigen, wie auf dieser Basis dem Staat die finanziellen Ressourcen für darüber hinausgehende Interessenausgleichs- und Entschädigungsprozesse zur Verfügung zu stellen, lassen sich dic Rationalitäts- und Universalitätsdefizite des politischen Systems latent halten, kann sich der reale Schein seines Universalismus gegen das Manifestwerden dieser Defizite in Rationalitäts- und Legitimationskrisen behaupten.

Wird damit faßbar, wie der Erfolg derjenigen Problemverlagerungen, die die Funktion wie Struktur des politischen Systems bestimmen, selbst noch abhängt von der Entwicklung seiner Voraussetzungen in der bürgerlichen Gesellschaft, ist damit das diese konstituierende unmittelbare Verhältnis von ökonomischem und sozio-kulturellem System ins Zentrum der Aufmerksamkeit gerückt.

Nach der Seite des ökonomischen Systems moderner Gesellschaften hin hat sich gezeigt, daß dieser gesellschaftliche Teilbereich von einer widersprüchlichen Beziehung auf die Qualifikationen und normativen Orientierungen der Individuen gekennzeichnet ist. Der kapitalistische Betrieb als Zentrum der ökonomischen Sphäre ist in seiner zunehmenden Inkorporation der Resultate von Wissenschaft und Technik in den Produktionsprozeß und der Ausdifferenzierung seiner Binnenstrukturen einerseits in steigendem Maße auf eine entsprechend anspruchsvolle Formierung von Subjektivität angewiesen, beruht in seinen spezifischen Funktionsprinzipien aber auf einer systematischen Ausgrenzung nicht nur der Herausbildung dieser Subjektivitätsformen, sondern muß zentrale Merkmale von Subjektivität überhaupt gemäß deren Instrumentalisierung für die Mehrwertproduktion genauso systematisch unterdrücken.[60]

Als Lösung dieses zugleich unmittelbar ökonomischen wie motivationalen Problems bietet die moderne Gesellschaft erneut einen institutionellen Ausdifferenzierungsprozeß an, der durch Segmentierung dieser Probleme zunächst eine Entlastung des ökonomischen Systems von den mit ihnen verbundenen sozialen Spannungen zur Folge hat. Mit der "ökonomischen Trennung von Betrieb und Haus-

tionsform des Klassenstaates hervorgehoben. Berücksichtigt man wiederum den bloß nationalen Charakter der staatlichen Interessenvermittlung, wird zumindest ein Pfeiler deutlich, auf dem eine solche Gemeinsamkeit in Abgrenzung von anderen nationalen Interessen aufruht.

60 Marx hat die mit dem Prozeß der "reellen Subsumtion" der Arbeitskraft unter den kapitalistischen Produktionsprozeß verknüpfte Enteignung an Intentionalität auf seiten der unmittelbaren Produzenten an der Entwicklung der "Maschinerie" als "materieller Existenzweise des Kapitals" (MEW 23, S. 451) herausgearbeitet. Zu den aus diesem Subsumtionsprozeß entspringenden kulturellen "Pathologien des industriellen Arbeiters" siehe neuerdings Bünnig u. a. 1984, S. 284. Lüscher (1986, S. 27) hat den widersprüchlichen Charakter einer solchen Abstraktion von Subjektivität, die trotzdem beständig auf deren Inanspruchnahme angewiesen ist, daran festgemacht, daß die "Maschinisierung der Produzenten" keineswegs den "Handlungsmodus" in seiner Gesamtheit "ausklinken kann", sondern sich weiterhin auf die Intentionalität der Subjekte stützen muß.

halt", wie sie "verkehrswirtschaftliche Bedarfsdeckung"[61] besonders "im Fall der Kapitalrechnung" kennzeichnet (Weber 1980, S. 59), wird dem Betrieb als gesellschaftlichem Zusammenhang, dem die Subjektivität der Individuen nur als bedeutsam gilt, insofern sie sich gegenüber dem gesetzten Zweck als rational erweist, vor allem in der Herausbildung der Kleinfamilie eine Institution entgegengesetzt, in der die Herausbildung und Befriedigung von Subjektivität selbst die dominierende Orientierung darstellt.[62]

Zusammengebunden werden die derart freigesetzten Lebensbereiche von Produktion und Reproduktion durch die Lohnform, indem diese dem ökonomischen System in den Arbeitskräften die subjektive Basis der Produktion zuführt und umgekehrt der Herausbildung dieser Basis innerhalb des Reproduktionsbereiches ihre materiellen Voraussetzungen zur Verfügung stellt. In dem abstrakten Charakter dieses Vermittlungsmechanismus schlägt sich allerdings der angesprochene Freisetzungsprozeß selbst noch nieder: Weder legt die Lohnform eine Zusammenbindung bestimmter Arbeitskräfte und bestimmter Produktionsprozesse fest, noch determiniert sie die Art und Weise, in der die zur Verfügung gestellten Reproduktionsmittel genutzt werden.

Nicht zuletzt durch diese mit der Lohnform gesetzte Erweiterung von Handlungsspielräumen aller Gesellschaftsmitglieder leitet ein solcher Freisetzungsprozeß des sozio-kulturellen Systems gegenüber den unmittelbaren Zugriffen der ökonomischen Sphäre zunächst erneut einen historisch einzigartigen Prozeß der Autonomisierung[63] und Vervielfältigung entsprechender Lebensformen ein. "Moderne Individualität" mit ihren Kennzeichen der Selbstbestimmung im Rahmen ausdifferenzierter Lebensperspektiven genauso wie die mit ihr verbundene räumliche, soziale und psychische Mobilität gegenüber vorgegebenen institutionellen Zusammenhängen wird erst auf dem Boden eines solchen Freisetzungsprozesses möglich und wirklich.[64] Die tatsächliche Autonomisierung auch der Herausbildung

---

61 "Verkehrswirtschaftliche Bedarfsdeckung" steht bei Weber synomym für "Tauschvergesellschaftung".

62 Zu diesem Prozeß gesellschaftlicher "Segmentierung" und seiner Konsequenz "einer Dichotomie des privaten und öffentlichen Bereiches" siehe Berger u. a. 1975, S. 60f. Die Autoren haben darüber hinaus darauf hingewiesen, daß die individualgeschichtliche Verarbeitung dieser Dichotomie moderner Vergesellschaftung ihrerseits sogar die Institutionalisierung einer eigenständigen Lebensphase erforderlich macht, die einer solchen Verarbeitung gewidmet ist. "Jugend" als erstmals mit der bürgerlichen Gesellschaft aus dem Fluß der individuellen Entwicklung hervorgehobener Lebensabschnitt, verweist unmittelbar zurück auf die angesprochene Aufgliederung von "Betrieb" und "Haushalt". (a.a.O., S. 165) Zum sozialgeschichtlichen Hintergrund der Institutionalisierung einer autonomen Jugendphase im Rahmen der Herausbildung moderner "Ich-Identität" siehe Mitterauer 1986, S. 32ff. Zum Zusammenhang von "sozialer Differenzierung" und dem funktionalen Bezug der Adoleszenzphase auf die damit gesetzten individuellen Integrationsleistungen überhaupt siehe Döbert/Nunner 1975, S. 21ff. - Auch an diesem erneuten Versuch der Bewältigung der strukturellen Spannungen moderner Vergesellschaftung werden der schon angedeutete Mechanismus von Problemlösung durch Ausdifferenzierung sozialer Strukturen genauso wie die mit ihm verbundenen grundsätzlichen Schwierigkeiten faßbar. Problemlösung durch Ausdifferenzierung neuer Institutionen stellt zwar unmittelbar eine Entlastung des ursprünglichen Spannungsverhältnisses dar, reproduziert dieses allerdings in entsprechenden Funktionsproblemen auch innerhalb der neugeschaffenen Institutionen.

63 Habermas (1981b, S. 475) hat dementsprechend die "*Autonomie der Kaufentscheidung* unabhängiger Konsumenten" als Ausdruck der "abstrakteren Größe Arbeitskraft" der "*Autonomie der Wahlentscheidung* souveräner Staatsbürger" zur Seite gestellt.

64 Zu dieser "fortschrittlichen" Seite der "Modernisierung des Lebensstiles" siehe Lerner 1979 (1958), S. 362ff., der allerdings in seinem apologetischen Überschwang aus den Augen verliert, in welchen gewaltsamen Formen der angesprochene Auflösungsprozeß des unmittelbaren Zusammenhangs von Produktion und Reproduktion, wie ihn Marx in seiner Skizze der "ursprünglichen Akkumulation des Kapitals" nachgezeichnet hat, sich vollzogen hat. Berger u. a.

solcher Subjektivitätsformen innerhalb der produktionsfernen Institution der Kleinfamilie wird darüber hinaus komplettiert im Rahmen andersartiger gesellschaftlichen Institutionen, die in der Verallgemeinerung und Intensivierung von Bildungsprozessen dem Bewußtsein der Individuen eine Universalität und Differenzierung geben, die dem weltgeschichtlichen Charakter des ökonomischen Systems kapitalistischer Gesellschaften zunächst durchaus entspricht.[65]

Der einzigartige Freisetzungsprozeß von Subjektivität und Individualität, wie er das sozio-kulturelle System moderner Gesellschaften kennzeichnet, erweist sich von daher als nicht nur faktische, sondern auch funktionale Konsequenz der ökonomischen Organsisationsprinzipien solcher Gesellschaften. Der unmittelbare Gegensatz zwischen der Autonomisierung und Individualisierung von Subjektivität in der sozio-kulturellen Sphäre und deren Heteronomisierung und Nivellierung innerhalb des ökonomischen Subsystems, macht sich dagegen - unter der Dominanz des letzteren - sowohl in den äußeren Grenzen, die die ökonomische Dynamik kapitalistischer Gesellschaften der Entwicklung sozio-kultureller Lebensformen setzt, wie den inneren Brüchen solcher Lebensformen selbst, wie sie aus diesen Beschränkungen hervorgehen, geltend.[66]

Indem sich unter kapitalistischen Produktionsverhältnissen die Scheidung von Produktion und Reproduktion als Abtrennung der unmittelbaren Produzenten von den objektiven Produktionsbedingungen vollzieht[67], bleibt für diese Produzenten die Aneignung ihrer Reproduktionsmittel grundsätzlich gebunden an den Verkauf ihrer Arbeitskraft und deren zugleich prekäre Bedingungen wie disparitäre Konsequenzen. In der periodisch auftretenden tatsächlichen Zerstörung des Zusammenhangs von Produktion und Reproduktion im massenhaften Ausschluß von Arbeitskraft aus dem Produktionsprozeß wird die grundsätzliche Unsicherheit des materiellen Fundaments sozio-kultureller Lebensformen zumindest für den lohnabhängigen Teil der Bevölkerung unmittelbar greifbar[68]; selbst unter günsti-

---

(1975, S. 59ff.) liefern eine ähnliche Darstellung der Merkmale "moderner Identität", sind dabei aber zumindest für die sozio-kulturellen Kosten des mit ihr verbundenen Individualisierungsprozesses sensibel.

65 Den Zusammenhang zwischen der tatsächlichen Herstellung von Weltgeschichte und einer entsprechend umfassenden Handlungsorientierung hat Hahn (1984, S. 196) in Anknüpfung an Elias hervorgehoben. Lerner (a.a.O., S. 369) hat aus dem angesprochenen Grund die Verallgemeinerung von Elementarbildung und damit des Zugangs zur Schriftsprache als entscheidenden Indikator für die "Modernität" von Gesellschaften identifiziert. Eine ähnliche Bedeutung kommt in diesem Universalisierungsprozeß des Bewußtseins auch der Entwicklung der anderen Massenmedien zu. (a.a.O., S. 368)

66 Die grundsätzliche Beschränkung der kulturellen Fortschrittsdynamik moderner Gesellschaften durch die ökonomische Dynamik solcher Gesellschaften hat Herkommer (1985, S. 31) zusammenfassend charakterisiert: "Weil dieser Individualisierungsprozeß ein Emanzipationsprozeß vermittelst und innerhalb der kapitalistischen Warenproduktion ist, ... setzen sich *auf erweiterter Stufenleiter* die Bedingungen von Heteronomie ... und Borniertheit ... fort."

67 Marx hat der Ambivalenz der bürgerlichen Form der Freisetzung der Lebenszusammenhänge der Arbeiter mit dem Begriff der "doppelten Freiheit" der Lohnarbeiter sowohl von unmittelbaren sozialen Zwängen wie auch von den Mitteln zur Realisierung ihrer Individualität charakterisiert. Die Abtrennung der Produzenten von den Produktionsmitteln umfaßt insofern nicht nur ihre Herauslösung aus traditionellen Zwangsverhältnissen, sondern auch die Negation der auf diesem historischen Boden erstmals möglichen Realisierung von Selbstbestimmung und Individualität: "Diese Art individueller Freiheit ist daher zugleich die völligste Aufhebung aller individuellen Freiheit und die völlige Unterjochung der Individualität unter gesellschaftliche Bedingungen, die die Form von sachlichen Mächten ... annehmen." (MEW 42, S. 551)

68 Herkommer (a.a.O., S. 31) hat aus diesem Grunde "die Auswirkungen von massenhafter Arbeitslosigkeit" als "grellsten Ausdruck ... einer drastischen Subsumtion ... der persönlichen Entwicklung innerhalb der modernen Gesellschaft ... unter die entfremdeten sachlichen Verhältnisse" bestimmt.

geren Bedingungen, unter denen sich die Lohnarbeiterschaft die zu ihrer Reproduktion notwendigen Mittel aneignen und unter Umständen auf Basis der expansiven Eigendynamik des kulturellen Differenzierungsprozesses den Bereich dieser Mittel sogar ausweiten kann, bleibt die Entwicklung solcher Aneignungsmöglichkeiten aufgrund der weiterhin dominanten Akkumulationsdynamik des Kapitals prinzipiell hinter dem gesellschaftlichen Niveau von Reichtumsproduktion zurück.

Diese wahrhaft existenzielle Dominanz des ökonomischen Mediums "Geld" gegenüber dem kulturellen Medium "Sinn" wird zur Grundlage einer spezifisch widersprüchlichen Formierung der normativen und motivationalen Strukturen des sozio-kulturellen Systems, die weit hinausgeht über die aus dem Differenzierungsprozeß moderner Gesellschaften allein schon entspringenden normativen Integrationsprobleme. Mit der mit diesem Differenzierungsprozeß verbundenen Ausgrenzung der Prozesse der Herausbildung von Subjektivität und der ihr entsprechenden kulturellen Wertmuster aus dem ökonomischen Vergesellschaftungszusammenhang wird zunächst ein Riß in die modernen Identitätsformen gelegt, muß das Individuum seine Identität segmentieren und beständig gegen die Widersprüche, die zwischen diesen Verhaltens- und Orientierungssegmenten bestehen, behaupten.[69] Gleichzeitig bedeutet eine solche Transformation der oben aufgewiesenen Probleme institutioneller Integration in die Struktur der Individuen selbst, daß die Mittel zur Herausbildung einer diese Widersprüche übergreifenden Einheit in ihrer Beschränkung auf die sozio-kulturelle Sphäre gegenüber der damit gestellten Aufgabe prinzipiell unzureichend sind.[70] Indem der Prozeß der Herausbildung von Subjektivität und kulturellen Deutungsmustern darüber hinaus nicht nur beschränkt, sondern auch inhaltlich funktionalisiert wird durch eine ökonomische Vergesellschaftungslogik, die gerade von der Negation dieser Zwecke der tatsächlichen Subjekte zehrt, gibt das Dominanzverhältnis zwischen gesellschaftlichen Sphären dieser Spannung, unter der die moderne Form von Subjektivität steht, allerdings eine spezifische Verschärfung[71].

Nach der Seite der Formierung von Subjektivität als Arbeitsvermögen bedeutet eine solche Funktionalisierung, daß sich auch die Institutionen des sozio-kul-

---

69 Die anomischen Konsequenzen, die aus dieser Notwendigkeit einer Identitätsstiftung innerhalb des Nicht-Identischen hervorgehen, stellen seit der Herausbildung moderner Subjektivität einen zentralen Bezugspunkt der Modernitätskritik in allen ihren Varianten dar. Siehe dazu Berger u. a. 1975, S. 59ff. und Döbert/Nunner 1973, S. 314.

70 Berger u. a. (1975, S. 160ff.) haben diese Spannung zwischen den umfassenden normativen und motivationalen Integrationsansprüchen, die an die "Privatsphäre" gerichtet werden, und den begrenzten Möglichkeiten, die ihr gerade aufgrund ihrer Abtrennung von der "öffentlichen Sphäre" zur Verfügung stehen, unter dem Titel "Unterinstitutionalisierung der Privatsphäre" angesprochen.

71 Die Hervorhebung der spezifischen Ausprägung normativer und motivationaler Spannungen moderner Vergesellschaftung als Ausdruck der Verfassung der ökonomischen Sphäre stellt ein, wenn nicht das Charakteristikum der marxistischen Modernitätskritik dar. Während auch bei anderen Varianten die Gegensätze, die moderne Identitäts- und Sinnstiftung kennzeichnen, wie gesehen, durchaus hervorgehoben werden, bleibt deren Basis in der spezifischen Verfassung des ökonomischen Systems moderner Gesellschaften ausgeklammert. Gemäß einer solchen Ausblendung beschränkt sich die entsprechende Modernitätskritik daher auch meist auf die sozio-kulturellen Pathologien der Moderne, während deren ökonomische Organisationsprinzipien weitgehend als "gesund" unterstellt werden. Besonders deutlich wird dies beispielsweise an der angesprochenen Arbeit von Berger u. a., in der die ökonomische Entwicklung moderner Gesellschaft in ihrer Gesamtheit deren Erfolgsbilanz zugeschlagen wird. Wie gezeigt, können sich auch die jüngeren Arbeiten von Jürgen Habermas einer solchen Vereinseitigung der Pathologien der Moderne nicht entziehen, obwohl in ihnen zumindest noch programmatisch daran festgehalten wird, daß die Ursachen sozio-kultureller Krisenprozesse in der partikularistischen Organisation des ökonomischen Systems zu suchen sind.

turellen Systems an denjenigen Subjektivitätsformen und Wertmustern zu orientieren haben, die Voraussetzung der Teilnahme der Individuen am Produktionsprozeß darstellen. Gerade in den sozialen Zusammenhängen, in den die Eigenbedeutung von Subjektivität und Individualität thematisch ist, müssen auf den verschiedenen Ebenen des Sozialisationsprozesses gleichzeitig diejenigen Abstraktionen an diesen Merkmalen vorbereitet werden, die das Individuum in seiner späteren Funktion im Rahmen des Arbeitsprozesses an sich vollziehen muß.[72]

Diejenigen Subjektivitätsformen, die den gesellschaftlichen Individuen in ihrer Rolle als Konsumenten zukommen, stehen zunächst der mit solchen arbeitsorientierten Wertmustern verbundenen Selbstinstrumentalisierung der Individuen entgegen, geht es in ihnen doch tatsächlich um die unmittelbare Befriedigung von deren Bedürfnissen.[73] Beschränkt bleibt ein solches "Bei-sich-Sein des Arbeiters" (MEW, Erg. Bd. 1, S. 514) nicht nur erneut durch den segmentären, privatistischen Charakter dieser "Freitätigkeit des Menschen" (a.a.O.), sondern auch durch die inneren Schranken dieses Privatismus selbst, wie sie sich wiederum aus seinem ökonomischen Fundament ergeben: Mit dem beständigen Auseinanderklaffen zwischen Bedürfnisproduktion auf der einen, den zu ihrer Befriedigung zur Verfügung stehenden Mitteln auf der anderen Seite, bindet die konsumistische Lebensform das Subjekt in dem beständigen Versuch, diese Lücke zu schließen, nur umso fester in die Leistungsdisziplin des Arbeitsprozesses ein.

Der daraus entspringende Teufelskreis sich gleichzeitig unmittelbar ausschließender Subjektivitätsformen und Wertorientierungen reproduziert derart die Widersprüche des ökonomischen Systems bis hinein in die Binnenstruktur der unmittelbaren Sozialbeziehungen der Individuen und ihrer Persönlichkeitsstruktur selbst und bedroht auf dieser Basis beständig die in der Privatsphäre herausgebildeten Identitätsformen.[74] Das Ausmaß, in dem eine solche Bedrohung der motivationalen und normativen Basis von Vergesellschaftung sich zu tatsächlichen Funktionsstörungen innerhalb des sozio-kulturellen Systems auswächst, hängt dementsprechend entscheidend von der Entwicklung dieser ökonomischen Widersprüche ab. Werden in deren krisenhafter Zuspitzung sowohl die Ausbeutungsmechanismen innerhalb des Produktionsprozesses intensiviert, wie gleichzeitig der Spielraum für Lohnzugeständnisse verengt, bedeutet dies bei gleichzeitig wachsender Umwerbung der Konsumenten eine entsprechende Steigerung der Konsum-Leistungsspirale und damit ein verstärktes Auftreten soziokultureller Pathologien, wird dies zur Grundlage einer sich vertiefenden Krise

72 Wieweit diese von der spezifisch kapitalistischen Verfaßtheit des Produktionsprozesses geforderte Formierung von Subjektivität in deren Grundstrukturen hineinreicht, hat Scherr (1984, S. 25ff.) im einzelnen verfolgt. Nicht nur macht die reelle Subsumtion der unmittelbaren Produzenten unter den kapitalistischen Produktionsprozeß die Abstraktion von den qualitativen Dimensionen sowohl der Zeit- wie Raumstrukturen von Subjektivität erforderlich, sondern zwingt den Individuen eine Unterordnung ihrer Leiblichkeit und Affektivität unter die vorgegebene Ordnung der Maschinerie auf.

73 Diese doppelte Sozialisationsfunktion vor allem der Familie "als Leistungsbereitschaft und Arbeitsdisziplin stabilisierender Erziehungsanstalt" und "konsumistischem Suchthaufen" und die aus ihr erwachsenden normativen Spannungen hat Lüscher (1986, S. 23) erneut in Anknüpfung an Gramsci formuliert.

74 Daß "die kalten Winde der 'Heimatlosigkeit' diese zerbrechlichen Bauten ... der Privatsphäre ..., die Zufluchten ..., die die Menschen als 'Heimat' erleben, ... bedrohen", haben wiederum Berger u. a. (a.a.O., S. 162) hervorgehoben. Wie diese "Gefährdung ... der kompensatorischen Qualitäten der Privatsphäre" (a.a.O.) aber selbst noch aus deren innerem Zusammenhang zur "öffentlichen Sphäre" hervorgehen, haben sie allerdings nicht geklärt.

moderner Identitätsformen und des modernen Wertesystems selbst. Eine solche Konzeption, die die kapitalistisch induzierten Deprivationsprozesse sowohl an den vom Arbeitsprozeß auferlegten Leiden, wie am Niveau der gesellschaftlichen Reichtumsproduktion bemißt, erlaubt es gleichzeitig, diese sozio-kulturellen Pathologien in zentralen Dimensionen als Verschiebungen unmittelbar ökonomischer Verelendungsprozesse in das sozio-kulturelle System kapitalistischer Gesellschaften zu begreifen.

Ist mit der gelieferten Skizze der Grundstrukturen des Gesamtzusammenhangs moderner Vergesellschaftung deutlich geworden, wie deren Integrationsprobleme zurückverweisen auf die Art und Weise, in der die Widersprüche der kapitalistischen Produktionsweise eine Ausdifferenzierung dieses Zusammenhangs erforderlich machen, stellt sich unmittelbar die Frage, auf welcher Basis es dieser Gesellschaftsformation bisher immer wieder gelungen ist, diese Probleme trotzdem einer wenn auch nur temporären Lösung zuzuführen. Mit dem aufgewiesenen Mechanismus der Problemausgrenzung und -verlagerung hat sich zwar eine entsprechende Lösungsstrategie angedeutet, gleichzeitig aber der nur begrenzte Erfolg einer solchen Strategie erwiesen. Indem der Prozeß der institutionellen Differenzierung moderner Gesellschaften die Defizite ihrer ökonomischen Basis nur durch die Herausbildung sozialer Subsysteme verarbeiten kann, die sowohl in ihrer Beziehung zueinander[75] wie in ihrer Binnenstruktur erneut von gegensätzlichen Prinzipien bestimmt sind, stellt sich die Frage nach den Möglichkeitsbedingung sozialer Integration aufs Neue und umso nachdrücklicher. Wenn soziale Strukturen, die sich in ihrer Gesamtheit zu sich selbst negativ verhalten, sozusagen aus logischen Gründen nicht bestandsfähig sind, ist es tatsächlich überraschend, daß solche Strukturen sich - wie der Anti-Autoritarismus angedeutet hatte - nicht in einer "permanenten Krise" befinden, beständig ihres Zusammenbruchs gegenwärtig sein müssen, sondern historisch immer wieder enorme Integrationsleistungen zustande gebracht haben.

Mit dieser Problemformulierung ist allerdings auch schon der Weg zur Lösung gewiesen: Indem die bisherige Darstellung idealtypisch verfahren ist, ist sie unmittelbar überhaupt nicht mit den historisch-empirischen Stabilitätsbedingungen befaßt; vielmehr ist sie sogar gerade in einem solchen Verfahren gezwungen gewesen, im strengen Sinne empirisch falsche Annahmen bzgl. der Realität kapitalistischer Gesellschaften zu machen. Die aufgewiesene dilemmatische Struktur moderner Vergesellschaftung nähme erst in dem Augenblick den angedeuteten ausweglosen Charakter an, in dem solche Gesellschaften in der vollständigen Durchsetzung ihrer Funktionsprinzipien realhistorisch sich zu einem geschlossenen und damit nur noch selbstbezüglichen System entwickelt hätten, ein Zustand, der auch für die nähere Zukunft moderner Gesellschaften nicht abzusehen ist, möglicherweise überhaupt nur als Grenzwert einer Folge realhistorischer Annäherungsprozesse zu konzipieren ist.

75 Das konfliktorische Verhältnis zwischen den subsystemspezifischen Orientierungen moderner Gesellschaften ist nicht nur von marxistischer Seite aus immer wieder betont worden. Auch Theoretiker mit andersartiger wissenschaftlicher und politischer Ausrichtung haben die daraus erwachsenen Spannungen als grundsätzliche Bedrohung der Identität moderner Gesellschaften begriffen. Neben der Arbeit von Berger u. a. siehe dazu beispielsweise Bell 1974 und neuerdings Klages 1984 (S. 165ff.) und Bornschier 1986 (S. 175).

Das bisher skizzierte "statische" Modell der Struktur moderner Gesellschaften bedarf also aufgrund seiner eigenen Logik einer Öffnung in Richtung auf die geschichtliche Herausbildung und Durchsetzung dieser Struktur als Verlaufsform ihres widersprüchlichen Charakters.

2.3 Modernisierung als Durchsetzung kapitalistischer Vergesellschaftung

Schon ein oberflächlicher Blick auf die historische Entwicklung moderner Gesellschaften zeigt die angesprochene Abweichung der vergangenen, gegenwärtigen und für die nähere Zukunft absehbaren empirischen Realitäten solcher Gesellschaften von dem skizzierten Strukturmodell moderner Vergesellschaftung.[1] In doppelter Hinsicht sind diese historischen Realitäten im Unterschied zu der Homogenität und Abgeschlossenheit eines solchen Strukturmodells grundsätzlich von "historischen Ungleichzeitigkeiten" relativ zu der "dominanten Struktur ... einer Gesellschaftsformation" (Altvater 1983, S. 223) gekennzeichnet: Nicht nur präsentiert sich das ökonomische Fundament moderner Gesellschaften - sowohl in internationalem Maßstab wie aber auch in der Binnenstruktur fortgeschrittener moderner Gesellschaften selbst - als Nebeneinander der dominanten kapitalistischen Organisationsprinzipien mit ihrerseits unterschiedlichsten Modernisierungsniveaus auf der einen, und weiterhin fortbestehenden traditionellen Produktions- und Reproduktionsformen vorkapitalistischer Herkunft auf der anderen Seite, sondern lassen sich innerhalb eines derartigen "Kontinuums der Modernisierung" (Berger u. a. 1975, S. 14) auch zwischen den sozialen Lebensbereichen der Moderne verschiedene Grade von Durchsetzung spezifisch moderner Strukturen unterscheiden.[2]

Eine solche Graduierung und Dynamisierung der "starren Unterscheidung von Tradition und Moderne ... am historischen Material" (Brandt 1972, S. 12), wie sie der Begriff der "Modernisierung" aufgrund seines komparativen Charakters ermöglicht[3], mag nun für historische Zwecke zunächst hinreichend sein. Indem sie es nicht nur erlaubt, gegebenen Gesellschaften einen Wert auf der Modernisierungsskala zuzuordnen und deren spezifische Probleme auf dieser Basis zu verorten[4], sondern auch die Entwicklung moderner Gesellschaften als einen sich rasant beschleunigenden Prozeß der Zunahme von Modernität entlang der historischen

---

1 Auf dieses Auseinanderfallen zwischen dem Idealtypus von "Moderne" und deren historischen Gestalten haben Berger u. a. (1975, S. 14) hingewiesen: "So etwas wie eine 'moderne Gesellschaft' als solche und für sich allein genommen gibt es nicht ... ." Bendix (1979 (1966), S. 507) hat aus dieser Tatsache gefolgert, daß es unzulässig sei, moderne "Gesellschaften als ... geschlossene Systeme zu analysieren".

2 Daß sich der Prozeß der "partiellen Modernisierung ..., der zur Institutionalisierung relativ moderner Sozialstrukturen neben erheblich weniger modernen Strukturen in ein und derselben Gesellschaft führt", vor allem entlang der "unterschiedlichen Gesetzlichkeiten der funktionalen Subsysteme der Gesellschaft" vollzieht, hat Rüschemeyer (1979, S. 382 u. S. 389) herausgearbeitet. - Kalberg (1989) hat jüngst in Anknüpfung an Webers Entwurf einer historisch-vergleichenden Soziologie die Notwendigkeit einer solchen doppelten Relativierung eines allzu monolithischen "Bildes der Neuzeit" unter den Stichworten "Eigengesetzlichkeit gesellschaftlicher Lebensbereiche" und "historische Vermächtnisse" hervorgehoben.

3 Mit Hilfe dieser Abstufung von Modernität wird es gleichzeitig auch möglich, die in der Fordismustheorie immer wieder hervorgetretene historische Dichotomisierung von "traditionellen" und "modernen" Organisationsprinzipien aufzubrechen.

4 Ein Beispiel für ein solches Vorgehen stellt die Diskussion über die "unterschiedlichen Phasen gesellschaftlicher Entwicklung in Deutschland" anhand der These einer "unzureichenden Modernisierung der Gesellschaft nach kapitalistischen Organisationsprinzipien" (Funke 1978, S. 227) dar. Zu dieser durchaus kontroversen Annahme eines spezifischen Modernitätsrückstandes als Ursache des "deutschen Sonderweges" siehe zusammenfassend Zimmermann 1986, S. 101f.

Zeitachse nachzuzeichnen[5], liefert sie entscheidende Hinweise für eine gesellschaftshistorische Betrachtung moderner Gesellschaften. Wenn das skizzierte Strukturmodell der Moderne allerdings darüber hinaus theoretischen Zwecken dienen soll, die beobachteten Charakteristika des Modernisierungsprozesses nicht nur als faktische, sondern in gewisser Weise auch notwendige Konstellationen bestimmt werden sollen, bedarf es der Entwicklung einer "Theorie der Modernisierung", die die realhistorisch wirksamen Mechanismen des teleologischen Prozesses der Annäherung von historischer Realität und Strukturmodell moderner Vergesellschaftung herausarbeitet.

Tatsächlich haben alle Varianten der Modernisierungstheorie mehr oder weniger "starke evolutionistische Annahmen"[6] getroffen, um "historische Transformationsprozesse" auf eine "übergreifende, notwendige, endogene Entwicklungslogik" beziehen zu können. (Kitschelt 1985, S. 189) Die Modernisierungstheorie im engeren Sinne zeichnet sich dabei dadurch aus, daß sie den Diffusions- und Intensivierungsprozeß von Modernität entweder an relativ formalen Evolutionsmechanismen[7] festmacht oder ihre ausgeprägte Gewißheit bzgl. des gleichermaßen "synchronen" wie "universalen" Charakters der "Entwicklungsprinzipien" (Zapf 1975, S. 217) aus der normativ motivierten Überzeugung von der Überlegenheit moderner Vergesellschaftung gewinnt.[8] Auch in dieser Beziehung soll im folgenden verdeutlicht werden, daß die skizzierte kapitalismustheoretische Konkretisierung der Strukturprinzipien der Moderne eine zugleich bestimmtere wie kritischere Konzeptualisierung des Modernisierungsprozesses als realhistorische Durchsetzung dieser Strukturprinzipien erlaubt, insofern als Vermittlungsversuch zwischen Theorie und Geschichte moderner Vergesellschaftung erfolgsversprechender ist.[9]

Innerhalb einer solchen Durchsetzungskonzeption sind erneut zwei Aspekte zu unterscheiden: auf der einen Seite die Bestimmung dieses Durchsetzungsprozeß als historische Entfaltung der strukturellen Widersprüche der spezifisch modernen Produktionsweise, auf der anderen Seite die Konsequenzen dieses ökonomischen Modernisierungsprozesses für die schrittweise Herausbildung einer genauso modernen Verfaßtheit außerökonomischer Lebensbereiche.

---

5 Diese "Beschleunigung der Geschichte" und damit der beständig dynamische Charakter moderner Vergesellschaftung gehört selbst zu den "Kontinuitäten" dieser Gesellschaftsformation. Siehe dazu Immerfall 1987, S. 58.

6 Jenseits des "geschichtsphilosophischen" Beigeschmacks solcher Annahmen, der in der entsprechenden Diskussion um die "methodologischen Grenzen ... von Entwicklungstheorien" (Kitschelt a.a.O.) thematisch geworden ist, sind Bemühungen um die *Erklärung* historischer Prozesse prinzipiell auf den Rückgriff auf - wenn auch bedingte - Notwendigkeiten im Hintergrund solcher Prozesse verwiesen. Insofern kann es unter der Voraussetzung, daß eine theoretische Auseinandersetzung mit der Singularität historischer Entwicklungen überhaupt als sinnvoll unterstellt wird, nur um die Art und Stärke der entsprechenden Annahmen gehen.

7 Beschleunigte Expansion und Differenzierung innerhalb des Modernisierungsprozesses werden in dieser Beziehung in erneuter Anlehnung an den Strukturfunktionalismus meist aus universellen Überlebensbedingungen komplexer Systeme wie der Notwendigkeit fortschreitender Differenzierung und wachsender Umweltkontrolle abgeleitet. Zur "Abstraktionshöhe" der von der Modernisierungstheorie benannten Evolutionsmechanismen siehe Lepsius 1977, S. 19f.

8 "Den Entwicklungsländern werden die Errungenschaften der westlichen Welt dringend zur Nachahmung empfohlen. Modernisierung wird als Fortschritt interpretiert." (Zapf 1975, S. 217)

9 Funke (1978, S. 225f.) hat dementsprechend die Nachzeichnung jener "prozessualen Einheit von Theorie und Geschichte", die eine Vermittlung zwischen "Formanalysen" auf der einen, einem "deskriptiv verstandenen Modell" kapitalistischer Gesellschaften erlaubt, als Kern einer zu entwickelnden Theorie des "sich durchsetzenden Kapitalismus" bestimmt.

Trotz der aufgewiesenen Mängel der marxistischen Tradition auch in der Behandlung des ersten Fragenkomplexes haben die entsprechenden Bemühungen zumindest grundsätzliche Hinweise für die Entwicklung einer ökonomischen Durchsetzungstheorie geliefert.[10] Ausgangspunkt einer solchen Theorie stellt das skizzierte Widerspruchsmodell der ökonomischen Basis moderner Vergesellschaftung und die darin eingelassene krisentheoretische Konzeptualisierung des Modernisierungsprozesses dar.[11] Eine empirische Erfüllung dieses Modells in der realhistorischen Verallgemeinerung kapitalistischer Funktionsprinzipien würde, wie schon angedeutet, die entsprechende Gesellschaft auf Basis der in diese Funktionsprinzipien eingelassenen widersprüchlichen Imperative deren Bestandsfähigkeit nicht nur vorübergehend, sondern grundsätzlich in Frage stellen. Mit der einen solchen Zustand vollständiger Durchsetzung kennzeichnenden Erlahmung sowohl der Verwertungs- wie Realisierungsdynamik kapitalistischer Gesellschaften würden tatsächlich die entsprechenden Krisenprozesse permanent gestellt.[12]

10 In dieser Beziehung hat die marxistische Tradition jenseits ihrer vielfältigen theoretischen Deformierungen des Marxschen Werkes unter dem Druck der historischen Verhältnisse durchaus Weiterentwicklungen der Marxschen Theorie angeboten. Engels selbst war sich bewußt, wie sehr es dieser Theorie an einer "wirklichen historischen Darstellung" des Kapitalismus mangelte, und hatte im Kontext dieser Bemerkung gleichzeitig Sombart nahegelegt, ein solches Projekt anzugehen, eine Anregung, die dieser in der Folge mit seinem "Modernen Kapitalismus" tatsächlich aufgegriffen hat. Siehe dazu vom Brocke 1987, S. 19f.

11 Auf diesen inneren Zusammenhang zwischen einer dialektischen Interpretation moderner Vergesellschaftung und der Krisentheorie hat Berger (1979, S. 121) hingewiesen: "Marx hat seine Krisentheorie als Schlußstein einer auf dem Widerspruchsmodell basierenden Gedankenentwicklung konzipiert." - Wenn im folgenden von "Krise" die Rede ist, handelt es sich dabei stets um diejenigen grundsätzlichen und historisch relativ übergreifenden Infragestellungen kapitalistischer Produktionsweise, wie sie sich aus den im weiteren zu skizzierenden langfristig wirksamen Krisentendenzen, den "letzten Gründen" (Berger a.a.O., S. 122) der Krise ergeben. Es geht hierbei also immer um die "großen strukturellen" und nicht um die "kleinen konjunkturellen Krisen" (Altvater 1983, S. 227).

12 Eine solche Interpretation der sich steigernden Zusammenbruchstendenzen des Kapitalismus als Annäherung an die "Asymptote" vollständiger Durchsetzung hat neuerdings Wallerstein (1986, S. 14) angeboten, indem er die "totale Kommodifizierung" als "immanente Grenze der Kommodifizierung" bestimmt hat. Schon Mandel (1972, S. 499) hatte die entsprechende Vision eines sowohl in technologischer wie geographischer Hinsicht durchgesetzten Kapitalismus entworfen und dessen Funktionsunfähigkeit verdeutlicht: Einer in weltweitem Maßstab vorwiegend automatisierten Produktion mit einer ungeheuren Steigerung des Warenausstoßes stünde eine Mehrheit zahlungsunfähiger, weil beschäftigungsloser Konsumenten gegenüber. Auch für die zu Anfang dieses Jahrhunderts geführte Debatte um die Notwendigkeit des Zusammenbruchs der kapitalistischen Ökonomie stellte diese Vision den Hintergrund dar. (Siehe dazu zusammenfassend Sweezy 1976 (1942), S. 225f.) Besonders deutlich ist dies in inhaltlicher wie methodischer Hinsicht erneut in den Arbeiten von Rosa Luxemburg und in den an diese anknüpfenden Bemühungen Fritz Sternbergs (1929 (1926)). Beide gehen ausdrücklich davon aus, daß "der Kapitalismus, wenn er nicht nur die vorherrschende, sondern die alleinherrschende Wirtschaftsform ist, an seinen ökonomischen Widersprüchen in kürzester Frist zugrunde gehen muß." (Sternberg a.a.O., S. 19; ähnlich Luxemburg 1912 (1970), S. 380 und in bezug auf ihre Argumentation Lukacs 1923 (1975), S. 143) Die "klassische" zusammenbruchstheoretische Diskussion war allerdings trotz ihres hohen theoretischen Niveaus nicht nur von der schon hervorgehobenen vorschnellen historischen Interpretation der Zusammenbruchstendenzen der kapitalistischen Ökonomie charakterisiert, sondern auch in theoretischer Hinsicht von Vereinseitigungen in der Bestimmung der "letzten Gründe" der Funktionsunfähigkeit eines durchgesetzten Kapitalismus gekennzeichnet. Indem jede der in dieser Diskussion hervorgetretenen Positionen sich auf eine Seite der ökonomischen Dynamik des Kapitalismus konzentrierte (Rosa Luxemburg beispielsweise auf das Problem der Mehrwertrealisierung, während bei anderen Diskussionsteilnehmern eher das Problem des tendenziellen Falls der Profitrate im Zentrum stand), geriet der Gesamtzusammenhang kapitalistischer Produktionsweise als Produktions- und Konsumtionsweise aus dem Blickfeld. Eine hier im Detail nicht weiterzuverfolgende ökonomische Begründung der Funktionsunfähigkeit eines abgeschlossenen kapitalistischen Systems müßte gerade darauf abzielen, diesen Gesamtzusammenhang von Produktion und Konsumtion, wie er über das Zen-

Ist damit der Bezug einer Analyse der Durchsetzung des Kapitalismus zu dessen Strukturmodell hergestellt, muß der Bezugspunkt für eine Analyse der tatsächlichen Stabilitäts- und Krisenpotentiale kapitalistischer Gesellschaften gerade die in historischem Sinne grundsätzliche Abweichung von der in einer solchen Idealisierung gesetzten Geschlossenheit und Selbstbezüglichkeit der Funktionsprinzipien der modernen Ökonomie sein. Seit der historischen Entstehung des Kapitalismus im Dominantwerden dieser Funktionsprinzipien zunächst in einem Land und dem Gewinn einer weltökonomischen und -politischen Hegemonialstellung dieses Landes war die Entwicklungsdynamik dieser Gesellschaftsformation sowohl in ihren produktiven wie destruktiven Dimensionen beständig von der Spannung zwischen ihren widersprüchlichen Strukturprinzipien und ihren jeweiligen historischen Voraussetzungen, die sich andersartigen traditionellen Organisationsprinzipien verdanken, bestimmt. Jeder historische Abschnitt der Entwicklung der kapitalistischen Weltgesellschaft stellte im Rahmen dieser Spannung eine mehr oder weniger integrierte Kombination von Produktions- und Reproduktionsformen unterschiedlichsten Modernitätsniveaus dar: Neben den verschiedenen Stufen der Subsumtion solcher Formen unter das Kapital[13] stehen innerhalb eines kapitalistisch dominierten Weltmarktes weiterhin unterschiedlichste vormoderne Organisationsprinzipien der Ökonomie genauso wie Mischformen zwischen beiden Vergesellschaftungstypen.

Kennzeichen dieses Nebeneinanders verschiedener Entwicklungsstufen von Vergesellschaftung ist in modernen Gesellschaften allerdings von vornherein nicht nur ihre Zusammenschließung durch den Weltmarkt überhaupt, sondern eine dynamische Tendenz innerhalb einer solchen weltweiten Integration, die jede solche Kombination in Richtung auf eine Ausweitung spezifisch kapitalistischer Funktionsprinzipien aufsprengt.[14] Der Mechanismus, der diesen Prozeß *ursächlich*[15] vorantreibt, ergibt sich erneut aus der Zersplitterung des gesellschaftlichen Prozesses, wie sie kapitalistische Gesellschaft charakterisiert: Durch den Mechanismus der Konkurrenz wird jeder einzelne Kapitalist nicht nur zum Zwecke der Akkumulation des Kapitals, sondern allein schon zu dessen Erhaltung zu einer be-

trum dieses Systems, die Mehrwertrate, tatsächlich hergestellt wird, als widersprüchlichen und damit sich selbst aufhebenden aufzuweisen. Darauf, daß eine solche Integration auch für die Krisentheorie notwendig ist, hat beispielsweise Dobb 1937 (1972), S. 108 hingewiesen. Dessenungeachtet bleiben aber auch aktuellere Bemühungen um eine Reformulierung der Marxschen Krisentheorie bei einer Entgegensetzung entsprechender Erklärungsansätze im Rahmen von "Unterkonsumtionstheorien" einerseits, "Theorien, die Krisen aus dem Gesetz des tendenziellen Falls der Profitrate ableiten" andererseits stehen. Siehe dazu Cogoy 1979b, S. 268f.

13 Diesen Unterschieden innerhalb der Unterordnung der Ökonomie unter kapitalistische Funktionsprinzipien hat Marx mit seiner Differenzierung zwischen "formeller" und "reeller Subsumtion" versucht gerecht zu werden. Den entsprechenden Durchsetzungsprozeß spezifisch moderner, d. h. industrieller Produktionsweise hat er material an der Entwicklung von der "Manufaktur" zur "Großen Industrie" nachgezeichnet. (MEW 23, S. 356ff.)

14 "Als Grundtendenz der ... industriellen Gesellschaft bezeichnet die Marxsche Analyse die Tendenz zur Ablösung aller Überreste früherer gesellschaftlicher Formationen durch industrielle Strukturen. Sie sieht die Entwicklung durch eine außerordentlich starke dynamische Tendenz gekennzeichnet, die in der allumfassenden Durchindustrialisierung des Erdballs münden müßte." (Gurland 1969, S. 51)

15 Marx hat die Konkurrenz dementsprechend als "wirklichen Prozeß des Kapitals", in dem das, "was in der Natur des Kapitals liegt, nur reell herausgesetzt wird als äußere Notwendigkeit", gefaßt. (MEW 42, S. 551) Tatsächlich stellt die Konkurrenz denjenigen Mechanismus dar, der den Übergang von einer bloß funktionalen Analyse kapitalistischer Produktionsweise zur kausalen Erklärung von deren "wirklicher Bewegung ... auf der Oberfläche der Gesellschaft" (MEW 25, S. 33) ermöglicht.

ständigen quantitativen und qualitativen Überschreitung der Grenzen der jeweiligen Produktionsstruktur gezwungen, durch Reinvestition des realisierten Profits den unmittelbaren Produktionsprozeß zu erweitern und technologisch umzuwälzen und dabei auch seinen Zugriff auf entsprechend auszuweitende Absatzmärkte zu sichern. Jede solche Überschreitung der Geschlossenheit der jeweiligen empirischen Grenzen des Einzelkapitals läßt sich umgekehrt als bestimmte Vermeidungsstrategie gegenüber den festgehaltenen krisenhaften Bedrohungen des Profitmechanismus begreifen. Durch die organisatorische und technologische Rationalisierung des Produktionsprozesses und die dadurch bewirkte Steigerung der Arbeitsproduktivität gelingt einzelnen Kapitalisten oder auch Kapitalfraktionen mit der Realisierung von Extraprofiten gegenüber in dieser Beziehung weniger entwickelten Einzelkapitalien eine individuelle Steigerung der Profitrate, die deren durch den technologischen Rationalisierungsprozeß selbst vorangetriebenen "tendenziellen Fall" auszugleichen vermag.[16] Derselbe Prozeß technologischer Umwälzung der Produktionsstruktur und die mit ihm verbundenen Produktinnovationen[17] eröffnen gleichzeitig einerseits entsprechende neuartige Märkte; andererseits können und müssen sich die technologisch fortgeschrittensten Kapitalfraktionen aufgrund ihrer Kostenvorteile und des gesteigerten Produktionsausstoßes einen größeren Anteil an schon bestehenden Märkten sichern, und können damit auch den Bedrohungen, denen die Entwicklung der Profitrate von der Realisierungsseite ausgesetzt ist, erfolgreich entgegentreten.[18]

Zeigt sich auf diese Art und Weise, wie es der kapitalistischen Produktionsweise in der beständigen Überschreitung ihrer technologischen und geographischen Grenzen tatsächlich gelingt, die Widersprüche, die aus dem Profitprinzip entspringen, auszugleichen, wird gleichzeitig sichtbar, daß eine solche Stabilisierung kapitalistischer Produktionsweise gerade nur aufgrund des partikularen Charakters dieses Expansionsprozesses denkbar ist. Nur indem einzelne Kapitalfraktionen und diejenigen Nationalstaaten, denen sie ursprünglich entstammen, aus der relativen Unterentwicklung anderer Kapitalien und geographischer Zonen im

16 Die entsprechenden Methoden zur Produktion von "Surplusprofiten" sind aus diesem Grunde nahezu deckungsgleich mit den von Marx benannten "entgegenwirkenden Ursachen" zum "Gesetz des tendenziellen Falls der Profitrate". Mandel (1972, S. 72ff.) hat als solche Methoden die Realisierung technologischer Vorsprünge, die Verbilligung der Arbeitskraft und der Rohstoffe und schließlich den Versuch zur Monopolbildung benannt. Eine weitere Ausdifferenzierung der hier nur in Grundzügen skizzierbaren Durchsetzungstheorie hätte die unterschiedlichen Formen der Expansion des Kapitalismus, wie sie an diese verschiedenartigen Momente von dessen Profitstrategie anknüpfen, genauso wie die jeweils spezifischen Mechanismen der Selbstuntergrabung der profitstabilisierenden Wirkung solcher Momente zum Gegenstand zu machen. Gerade die schon angesprochenen imperalismustheoretischen Bemühungen in der Geschichte des Marxismus böten für eine solche Ausdifferenzierung eine Fülle von Anknüpfungspunkten. Im folgenden wird es vor allem um diejenigen Charakteristika der Entwicklung verschiedenartiger Akkumulationsmodelle gehen, die aus den widersprüchlichen Konsequenzen des Prozesses technologischer Rationalisierung entspringen; nicht zuletzt deshalb, weil dieser Prozeß nach seiner produktiven und konsumtiven Seite das beherrschende Motiv kapitalistischer Rationalisierung darstellt.

17 Jeder technologische Innovationsschub hat eine umfassende Nachfrage nach den entsprechenden Produktionstechnologien und eine Marktausweitung für die in der Herstellung dieser Technologien angelegten Kapitalien zur Folge.

18 Marx hat den "auswärtigen Handel" als internationale Form der Lösung des Realisierungsproblems aus diesem Grunde als weitere "entgegenwirkende Ursache" zu den Krisentendenzen kapitalistischer Produktionsweise benannt. (MEW 25, S. 247)

wahrsten Sinne des Worte Profit schlagen können[19], gelingt im Rahmen einer solchen Hegemonialstruktur unterschiedlichster Modernisierungsniveaus eine relativ stabile Organisation des Gesamtzusammenhangs des kapitalistischen Weltsystems.[20]

Derselbe Partikularismus kapitalistischer Produktionsweise setzt diesem Stabilisierungsprozeß allerdings auch seine inneren Schranken. Zwar stellt die ihn begründende Ausweitung des Zugriffsbereiches moderner Produktionsweise in der Funktionalisierung und Durchdringung immer weiterer Produktionssparten und Regionen zunächst eine enorme Autonomisierung des Kapitals, einen Schritt in der Herstellung seiner Weltherrschaft dar.[21] Die Konkurrenz als derjenige Mechanismus, der diesen permanenten Modernisierungsprozeß vorantreibt, bringt aber aufgrund ihres atomistischen Charakters systematisch auch diejenigen unbeabsichtigten Resultate privatwirtschaftlicher Entscheidungen hervor, die die Bedingungen dieses Stabilisierungsprozesses untergraben. Dadurch, daß die zugrunde liegenden Profitvorteile aufgrund der freien Bewegung des Kapitals nicht auf Dauer gestellt werden können[22] - eine Privatisierung in diesem Sinne gerade nicht möglich ist - ist im Rahmen des Mechanismus des Ausgleichs der Profitrate auf Dauer eine Verallgemeinerung der technologischen Basis dieser Extraprofite absehbar.[23] Mit diesen "gleichmacherischen Prozessen der Kapitalströme auf dem Weltmarkt" (Altvater 1983, S. 234) fallen nicht nur die Kostenvorteile der modernsten Kapitale als Kompensation des Falls der Profitrate weg, sondern stellt sich erneut das Problem, wie der gleichzeitig sich beständig beschleunigende Zuwachs an Produkten Absatz finden soll.[24]

---

19 Tatsache wie Mechanismus der damit verbundenen geographischen "Problemverschiebung" haben Esser u. a. (1979, S. 2) benannt: "Eine hohe Konkurrenzfähigkeit auf dem Weltmarkt garantiert nicht nur Absatz und Profit, sondern ermöglicht die Externalisierung immanenter Krisenfaktoren wie sinkende Profitrate, Überakkumulation und Disproportionalitäten." Auch in dieser Beziehung bewährt sich also der "partikulare Universalismus", der die nationalstaatliche Organisation der Weltgesellschaft ausmacht.

20 Die grundsätzliche Angewiesenheit kapitalistischer Produktionsweise auf die Existenz und Ausbeutung vor-, halbkapitalistischer und weniger entwickelter kapitalistischer Sozialstrukturen, wie sie schon Rosa Luxemburg hervorgehoben hatte, hat neuerdings Wallerstein in seiner Theorie des kapitalistischen Weltsystems wiederum betont: Der Prozeß der gleichzeitigen Durchdringung wie Ausbeutung vor allem traditionaler Vergesellschaftungsformen stellt gemäß dieser Theorie einen, wenn nicht den Faktor dar, der die Überlebensfähigkeit dieses Systems ausmacht. Siehe dazu Wallerstein 1986, S. 11f. Die verschiedenen Formen eines solchen Eindringens in vorkapitalistische Produktionsweisen wären erneut auszudifferenzieren nach den unterschiedlichen "entgegenwirkenden Ursachen" zu den benannten Krisentendenzen und den entsprechenden Formen der Internationalisierung des Kapitals. Auch in dieser Beziehung hat Mandel (a.a.O., S. 77ff.) in Anknüpfung an die marxistische Imperialismustheorie eine Fülle von Hinweisen geliefert.

21 Marx hat dementsprechend das "Niederreißen" der "Grenzen", die dem Kapital durch "frühere Produktionsweisen" gesetzt sind (MEW 42, S. 549) nicht nur als dessen "Entwicklung zur Totalität", zur "Unterordnung aller Elemente der Gesellschaft" (a.a.O., S. 203), sondern überhaupt als Prozeß der "Erstarkung" (a.a.O., S. 550) des Kapitals bestimmt.

22 Jeder Versuch, die Bedingungen der Realisierung von Extraprofiten durch ökonomische und politische Organisation des Kapitals festzuschreiben, ist dementsprechend als Bruch mit der Logik privatwirtschaftlicher Produktion zu verstehen. Auf die verschiedenen Formen einer solchen Aufhebung des Kapitalismus auf seinem eigenen Boden wird noch einzugehen sein.

23 Zu diesem Verallgemeinerungsprozeß technologischer Innovationen im Rahmen des Ausgleichs der Profitrate und seinen Brechungen siehe differenziert Mandel 1972, S. 85ff.

24 Zu der Art und Weise, in der "Investitionen, die mit technischem Fortschritt verbunden sind, zunächst den Markt räumen, aber in der 'zweiten Runde' das Problem: Verkauf einer ständig steigenden Warenmasse nur verschärfen", siehe Berger 1979, S. 131. Marx hat dementsprechend den Mechanismus des Ausgleichs der Profitrate durch die Konkurrenz ausdrücklich als dasjenige

Das erneute Hervortreten der Krisenhaftigkeit kapitalistischer Produktionsweise verbleibt dabei aber genauso wenig auf stationärer Ebene wie die vorangegangene Stabilisierung dieser Produktionsweise. Genauso wie der Autonomisierungsprozeß des Kapitals dessen zivilisatorischen Dynamik zunächst beschleunigt, vertieft er in der Folge auch die entsprechenden Krisentendenzen kapitalistischer Produktionsweise in einem doppelten Sinne: Auf der einen Seite verbreitert der jeweils vorausgesetzte Expansionsprozeß dieser Produktionsweise die Basis des Wirkens ihrer Krisendynamik und damit auch der Betroffenheit von deren Konsequenzen; auf der anderen Seite verengt sie mit der zunehmenden Durchdringung nicht-kapitalistischer Strukturen gleichzeitig den Spielraum für eine erneute Grenzüberschreitung zum Zwecke der Stabilisierung der Profitrate.[25]

Derselbe Prozeß also, der zunächst in einem enormen Zuwachs an Regulationskapazität[26] gegenüber den krisenhaften Bedrohungen der kapitalistischen Produktionsweise resultiert, steht in der Folge gerade für eine zunehmende Annäherung an denjenigen Zustand vollständiger Durchsetzung dieser Produktionsweise, der ihre strukturelle Funktionsunfähigkeit auch empirisch hervortreten ließe.[27]

Werden in dieser sich vertiefenden Krisendynamik kapitalistischer Vergesellschaftung sozusagen negativ die Grenzen des von ihr getragenen Universalisierungs- und Rationalisierungsprojektes deutlich, bringt dieses Projekt selbst aufgrund seiner eigenen Dynamik auch "positive" Formen solcher Selbstaufhebungstendenzen hervor. Der anarchische Prozeß der Konkurrenz produziert nicht nur ursächlich verschiedene Formen der Organisation des Kapitals zu zunehmend umfassenderen Entscheidungseinheiten, sondern funktionalisiert diese Formen[28] der

---

naturwüchsige Prinzip bestimmt, das die relative Bedeutung der "entgegenwirkenden Ursachen" mit Notwendigkeit relativiert: "Aber die Konkurrenz verallgemeinert sie (die neue Produktionsprozedur; St. B.) und unterwirft sie dem allgemeinen Gesetz. Dann tritt das Sinken der Profitrate ein - vielleicht zuerst in dieser Produktiossphäre, und gleicht sich nachher mit den anderen aus -, das also ganz und gar unabhängig ist vom Willen der Kapitalisten." (MEW 25, S. 275)

25 Diesen zwei Aspekten der "spiralenförmigen Zyklizität" (Wallerstein 1986, S. 12) kapitalistischer Entwicklung hatten Marx und Engels schon im Kommunistischen Manifest eine prägnante Formulierung gegeben: "Wodurch überwindet die Bourgeoisie die Krisen? ... Dadurch, daß sie allseitigere und gewaltigere Krisen vorbereitet und die Mittel, den Krisen vorzubeugen, vermindert." (MEW 4, S. 468)

26 Die Bemühungen der "Regulationsschule" lassen sich tatsächlich als Versuche verstehen, diese Fähigkeit des Kapitalismus zur Stabilisierung grundsätzlich konfliktorischer Verhältnisse zu erklären.

27 Diese Dialektik von "Autonomisierung" und "Selbstnegation" hat Marx in den Grundrissen angedeutet: In dem Maße, indem das Kapital in seiner "Erstarkung" die "Krücken vergangner ... Produktionsweisen ... wegwirft, ... fängt es an, sich selbst als Schranke der Entwicklung zu fühlen." (MEW 42, S. 551) Weitergeführt hat diese Dialektik von "Expansion" und "Selbstuntergrabung" erneut Rosa Luxemburg (1970 (1912), S. 396): "So breitet sich der Kapitalismus dank der Wechselwirkung mit nichtkapitalistischen Gesellschaftskreisen ... immer mehr aus ... . Je mehr kapitalistische Länder aber an dieser Jagd nach Akkumulation teilnehmen und je spärlicher die nichtkapitalistischen Gebiete werden ..., umso erbitterter wird der Konkurrenzkampf des Kapitals .... Durch diesen Prozeß bereitet das Kapital ... seinen Untergang vor." - Dieses Ineinandergreifen von "Erfolg" und "Krise" kapitalistischer Produktionsweise (Wallerstein 1986, S. 13) als Moment der historischen Entwicklung des Kapitalismus erlaubt es unter anderem, die sowohl von der Kritischen Theorie wie dem Anti-Autoritarismus gepflegte *geschichtsphilosophische* Aporie eines zugleich "absolut starken" wie "endgültig niedergehenden" Kapitalismus *historisch* aufzulösen.

28 Marx hat solche Formen anhand des Mechanismus von Konzentration und Zentralisation des Kapitals in der Herausbildung von Monopolen und Aktiengesellschaften bestimmt. (MEW 23, S. 650ff.)

Begrenzung des partikularen Charakters kapitalistischer Produktionsweise auch zur Absicherung sowohl bestehender Profitvorteile wie zur Kontrolle und Aufteilung entsprechender Märkte[29]. Daß es sich in solchen Andeutungen postkapitalistischer Vergesellschaftungsprinzipien aber nur um Formen der "Selbstaufhebung des Kapitals als Privateigentum innerhalb der kapitalistischen Produktionsweise" (MEW 25, S. 452) handelt, die sich als solche ihrerseits "in gegensätzlichen Formen" (a.a.O., S. 277) bewegen, wird nicht nur an den weiterhin bestehenden Schranken solcher Organisationsversuche an der Konkurrenz deutlich[30], sondern auch darin, daß diese Organisationsformen gerade die soziale Basis, auf der die für die Gesamtgesellschaft relevanten Entscheidungen fallen, immer mehr verengt, solche Entscheidungsprozesse einer immer kleiner werdenden Gruppe von Individuen zuordnet.[31]

Mit einer solchen Skizze der Durchsetzungsmechanismen spezifisch moderner Produktionsweise wird in Grundzügen deutlich, wie sich die bisher aufgewiesenen *theoretisch* gegensätzlichen Sichtweisen der Entwicklungslogik dieser Produktionsweise als Ausdruck der historischen Entfaltung der *praktischen* Widersprüchlichkeit von deren Funktionsprinzipien begreifen lassen. Durchsetzung wie Selbstaufhebung dieser Funktionsprinzipien genauso wie die Prozesse der Stabilisierung und der krisenhaften Störung als historische Konkretisierung dieser gegenläufigen Tendenzen ergeben sich auf Basis dieses Modells gerade als Momente der widersprüchlichen Durchsetzungsdynamik kapitalistischer Produktionsweise selbst. Genauso findet die oben postulierte Dialektik von "Kontinuität" und "Bruch" ihre Klärung nicht nur durch die Tatsache, daß der Modernisierungsprozeß kapitalistischer Gesellschaften beständig die Erneuerung von deren Strukturen einschließt, sondern sich diese Erneuerung ihrerseits in gegensätzlichen Formen bewegt, in zunehmendem Maße tatsächlich auch zu strukturellen Brüchen innerhalb des kapitalistischen Vergesellschaftungsmodus führt, ohne allerdings dessen Rahmen insgesamt zu sprengen.

Mit dieser Konzeptualisierung des ökonomischen Modernisierungsprozesses als Ausdruck der "geschichtlichen Tendenz der kapitalistischen Akkumulation" (MEW 23, S. 789) ist zugleich ein relativ starkes "teleologisches" Modell[32] ent-

---

29 Offe (1972, S. 22) hatte deshalb zu Recht die "Organisation des Marktes" als einen der wesentlichen "Krisenauffangmechanismen" des Spätkapitalismus benannt.

30 Die nur relative Bedeutung und Überlebensfähigkeit von Monopolen als eine der Formen der "Organisation des Kapitals" hat die Marxorthodoxie an Hand des Mechanismus des Ausgleichs der Profitrate immer wieder herausgearbeitet. Siehe dazu beispielsweise die schon erwähnte Argumentation Mandels (1972, S. 464). - Wie angedeutet, lassen sich die Auseinandersetzungen zwischen "orthodoxen" und "revisionistischen" Positionen (von Hilferdings "Finanzkapital" über Lenins "Imperialismus" und Sweezy/Barans "Monopolkapital" bis in die Diskussion der 70er Jahre) deshalb auch als Auseinandersetzungen um den Status dieser "Organisationsformen" des Kapitals begreifen.

31 Marx hat diesen sich verschärfenden Partikularismus an der Entwicklung der Aktiengesellschaften verdeutlicht: "Diese Expropriation stellt sich aber selbst in gegensätzlicher Gestalt dar, als Aneignung des gesellschaftlichen Eigentums durch wenige ... statt daher den Gegensatz zwischen dem Charakter des Reichtums als gesellschaftlicher und als Privateigentum zu überwinden, bildet sie ihn nur in neuer Gestalt aus." (MEW 25, S. 456)

32 Kitschelt (1985, S. 189f.) hat in Anknüpfung an die "Modernisierungstheorie" ein ähnliches Modell von "Sequenzen institutioneller Herausforderungen und Innovationen in kapitalistischen Gesellschaften" entworfen, das allerdings mit erheblich schwächeren evolutionären Annahmen arbeitet; dies wohl nicht zuletzt deshalb, weil es ähnlich wie die "Modernisierungstheorie" selbst nur wenig zu dem *bestimmten* Charakter der gesellschaftlichen Organisationsprinzipien, die der unterstellten Entwicklungsdynamik moderner Gesellschaften zugrunde liegen, zu sagen weiß.

worfen. Eine Reflexion auf die dabei als zentral benannten Entwicklungsdimensionen verdeutlicht allerdings sofort, daß die Art und Weise des historischen Wirksamwerdens der angesprochenen Teleologie in entscheidendem Maße von Bedingungen abhängig ist, die jenseits ihrer Geltungsansprüche liegen. Zwar ist mit der Annahme einer solchen Teleologie unterstellt, daß sich die historische Entwicklung kapitalistischer Gesellschaften tatsächlich entlang der skizzierten Entwicklungslogik ordnen läßt, d. h. auch, daß normalerweise spätere Formen dieser Entwicklung einen höheren Grad an Modernisierung repräsentieren; ob im Rahmen einer solchen realhistorischen "Fortschrittsdynamik" allerdings nicht tiefgreifende Rückschläge möglich sind und welche konkrete Gestalten und zeitlichen Perspektiven sich das Fortschreiten dieser Dynamik gibt, hängt von historischen Konstellationen ab, über deren Realisierung das entwickelte Durchsetzungsmodell keine Aussagen zu treffen erlaubt: Weder ist die Entwicklung des technischen Fortschrittes selbst voraussehbar[33], noch lassen sich jenseits der historischen Betrachtung die Erfolgsaussichten des jeweiligen Internationalisierungsschubes abschätzen. Ob und in welcher Form es den Zentren des kapitalistischen Weltsystems gelingt, dieses nach ihrem Bilde zu gestalten, hängt in wesentlichen Aspekten sowohl von den Gegensätzen zwischen diesen Zentren selbst wie viel mehr noch von den Widerständen, die ihnen in der Form andersartiger Vergesellschaftungsprinzipien in der Peripherie dieses Systems entgegentreten, ab.[34] Da in den kompetitiven und antagonistischen Charakter der Auseinandersetzung um entsprechende Hegemonialpositionen auf dem Weltmarkt gleichzeitig die Perspektive auch von deren gewaltsamer, d. h. kriegerischer Fortsetzung einbeschlossen ist, ergibt sich die *Möglichkeit* von Rückschlägen im Rahmen der skizzierten Teleologie sogar aus deren eigener Struktur.[35] Nicht zuletzt hat sich in der Geschichte der Moderne darüber hinaus immer wieder gezeigt, daß im Zusammenhang mit solchen Aktualisierungen des destruktiven Potentials dieser Epoche durchaus auch deren Vergesellschaftungsprinzipien selbst in Frage standen. Die *Wirklichkeit* der Entfaltung der skizzierten Teleologie ist auch in dieser Beziehung von einer Fülle vorausgesetzter und durch das Handeln der Individuen erst zu konstituierender historischer Bedingungen bestimmt, über die das skizzierte gesellschaftstheoretische Modell keine Aussagen zu treffen erlaubt.

Ist mit einer solchen systematischen Einbeziehung einer gesellschaftshistorischen Betrachtungsweise[36] eine grundsätzliche Lösung der Beziehung zwischen "Notwendigkeit" und "Kontingenz" angezielt, die gleichermaßen "strukturalistische"

33 Dies ist eines der Argumente, das die Poppersche Kritik am Historizismus motiviert hat. Unter "Historizismus" versteht Popper dabei - im Unterschied zum üblichen Verständnis - gerade eine geschichtsphilosophische, "strukturalistische" Betrachtung von Geschichte, die deren gesetzmäßige Bestimmung und Voraussehbarkeit unterstellt.

34 Inwieweit es tatsächlich gelingt, die angesprochenen "entgegenwirkenden Ursachen" zu mobilisieren, ist von einer Fülle jeweils nur empirisch zu bestimmender sozialer Bedingungen nicht nur ökonomischen Charakters sowohl in den Zentren wie der Peripherie des kapitalistischen Weltsystems abhängig.

35 In bezug auf solche Rückschläge wird in diesem Durchsetzungsmodell allerdings unterstellt, daß, solange dessen gesellschaftliche Anwendungsbedingungen nicht selbst in Frage gestellt werden, die in ihm enthaltene Dynamik in der Folge erneut einsetzt.

36 Die Einsicht in die systematische Bedeutung historischer Betrachtung hat neuerdings Altvater (1983, S. 227) in Anlehnung an die entsprechende Programmatik der Fordismustheorie formuliert: "In dieser Perspektive kann Geschichte nicht länger als Alibi zur Rechtfertigung gewisser abstrakter Schemata verstanden werden, sie ist ein unaufhebbarer Bestandteil der experimentellen Verfahren, der die Spannung zwischen Abstraktem und Konkretem ... orientiert."

wie "historizistische" Konsequenzen zu vermeiden sucht, liegt mit der "Theorie der Langen Wellen" auch der Versuch einer Konkretisierung dieses Vermittlungsanliegens in Richtung auf die realhistorische Untergliederung der Entwicklung kapitalistischer Gesellschaften vor. Wie angedeutet, bedarf eine solche phasentheoretische Ausdifferenzierung des Modernisierungsprozesses aber vor allem in bezug auf die angedeuteten "strukturalistischen" Überziehungen dieser "Theorie" selbst der Bereinigung von entsprechenden Vereinseitigungen, einer klareren Grenzziehung zwischen ihren theoretischen und empirischen Ansprüchen und Bestandteilen.[37]

Nach der Seite ihres theoretischen Instrumentariums hin stellt diese Theorie eine Übertragung der schon benannten Durchsetzungsmechanismen und ihrer zyklischen Konsequenzen in die Binnenstruktur der entsprechenden Zyklen selbst dar. Jede Phase kapitalistischer Entwicklung ist zu begreifen im Rahmen eines historisch bestimmten Akkumulationsmodells, das es einzelnen Kapitalfraktionen und Nationen[38] durch einen sowohl intensiven wie extensiven Modernisierungsschub ermöglicht, den krisenhaften Tendenzen der modernen Ökonomie entgegenzusteuern und mit dem entsprechenden Prosperieren der Profitproduktion einen Abschnitt relativen Gleichgewichts innerhalb der gegensätzlichen Anforderungen dieser Ökonomie einzuleiten. Mit der Verallgemeinerung derjenigen Charakteristika, die die "Fortschrittlichkeit" einer solchen "Verzahnung eines technologischen Stils mit einem polit-ökonomischen Regime, d. h. einer bestimmten Ausgestaltung des Nationalstaates und des Weltmarktes" (Bornschier 1986, S. 173) ausmachen, erreicht das "entsprechende "Modell ... der modernen Sozialstruktur" (a.a.O.) den Punkt seiner "Sättigung" (a.a.O., S. 174).[39] Von diesem Zeitpunkt an schlagen dieselben Bedingungen, die zuvor Grundlage sozialer Integration und Stabilität waren, in Bedingungen der Störung des gesellschaftlichen Gleichgewichtes um, tritt die strukturelle Krisenhaftigkeit kapitalistischer Vergesellschaftung in der Vertiefung konjunktureller Abschwünge zunehmend hervor. Die "große Krise", die aus der Erschöpfung der Dynamik des vorangegangenen Modernisierungsschubes erwächst, ist nur aufhebbar, indem diese Bedingungen

37 Dafür, daß solche Merkmale der Langen Wellen wie etwa die Dauer ihrer jeweiligen Auf- und Abstiegsphasen, die offensichtlich von nur empirisch bestimmbaren Bedingungen abhängen, auch in der heutigen Diskussion noch als Bestandteile eines theoretisch einholbaren Automatismus solcher Wellen verstanden werden, steht die entsprechende Argumentation Wallersteins. Dieser handhabt die "Kondratieff-Wellen" und ihre Charakteristika weiterhin in einer zugleich "strukturalistischen" wie "objektivistischen" Form. (Siehe dazu beispielsweise a.a.O., S. 24) Insgesamt hat sich aber wohl eher ein methodologisches Verständnis dieser "Theorie" durchgesetzt, wie es neuerdings Bornschier (1986, S. 175) formuliert hat: "Die Vorstellung eines diskontinuierlichen, von Zyklen überlagerten Entwicklungspfades will kein ehernes Gesetz im Sinne einer Theorie der Geschichte sein." Ähnlich siehe Altvater 1983, S. 219 im Hinweis auf die "historisch einmaligen Transformationen", die den Beginn einer neuen Welle einläuten.

38 Darauf, daß jede Restabilisierung kapitalistischer Produktionsweise auf einer solchen spezifischen - letztlich technologisch motivierten - Hegemonialstruktur von Dominanz und Unterordnung auf dem Weltmarkt beruht, hat erneut Wallerstein (a.a.O., S. 11) hingewiesen: "Das kapitalistische System überwindet also seine Schwierigkeiten, die Akkumulationsengpässe, in einem zyklischen Muster. Dabei ändert sich aber die relative Bedeutung und damit die Profitabilitätshierarchie einzelner Industrien ebenso wie die Hierarchie einzelner Staaten, gemessen an deren Macht und Konzentration von Kapitalien und Vermögen."

39 Bornschier (a.a.O., S. 183) hat gleichzeitig den Mechanismus einer solchen Sättigung genauso treffend charakterisiert: "Getrieben durch das Profitmotiv ergreift der neue technologische Stil ... immer weitere Bereiche der Weltwirtschaft, bis das Modell saturiert ist, durch effektive Nachfrage in den reichen Ländern und durch Erschöpfung der kaufkräftigen Nachfrage in der Semiperipherie."

selbst wiederum in einem grundsätzlichen Sinne überschritten werden. Nur durch eine erneute Intensivierung der Dynamik des Modernisierungsprozesses im Rahmen eines erneuten Schubs technologischer Innovation und einer entsprechenden Reorganisation des kapitalistischen Weltsystems kann es gelingen, eine neue Phase der relativen Stabilität dieses Systems einzuleiten.[40]

Die "Theorie der Langen Wellen" hat sich allerdings nicht auf diese selbst noch theoretische Konkretisierung des skizzierten Durchsetzungsmodells beschränkt, sondern sich im Rückblick auf die bisherige Entwicklung des Kapitalismus darüber hinaus auch den jeweiligen historischen Konstellationen gewidmet, deren Analyse allein verständlich macht, daß solche Restabilisierungsversuche moderner Vergesellschaftung tatsächlich immer wieder von Erfolg gekrönt waren. Wie schon gezeigt, hat sie dabei eine Fülle empirischer Evidenzen dafür erbracht, *daß* die bisherige Geschichte des Kapitalismus sich entlang der entwickelten phasentheoretischen Begrifflichkeit ordnen läßt.[41] Genauso hat sich allerdings gezeigt, daß die Frage nach der *Art und Weise*, in der die jeweilige Phase kapitalistischer Vergesellschaftung aus einem bestimmten historischen Ineinandergreifen der theoretisch als relevant festgehaltenen evolutionären Mechanismen hervorgeht, auch in bezug auf die Vergangenheit dieser Gesellschaftsformation bisher nur unzureichend bestimmt worden ist. Weder hat die Durchsetzungstheorie selbst eine ausreichende begriffliche Konkretisierung erfahren[42], noch ist die historische Entwicklung kapitalistischer Gesellschaften in einer Form durchdrungen worden, die einen unmittelbaren Bezug auf ein solches Durchsetzungsmodell erlauben würde.

Das Instrumentarium, das die "Theorie der Langen Wellen" zur Verfügung stellt, unterliegt - jenseits dieser Notwendigkeit einer Konkretisierung in ökonomischer Hinsicht - einer weitaus grundsätzlicheren Beschränkung. Zwar hat diese Theorie immer wieder darauf verwiesen, daß die Phasendynamik kapitalistischer Vergesellschaftung in ihren kontingenten Momenten nicht nur von historischen Bedingungen ökonomischen Ursprungs, sondern in wesentlichen Gesichtspunkten von dem Ge- bzw. Mißlingen außerökonomischer Institutionalisierungsprozesse abhängig ist, mithin eine Überwindung der "strukturalistischen" genauso wie der "ökonomistischen" Defizite der marxistischen Tradition eine systematische und empirische Einbeziehung solcher Prozesse in eine Phasentheorie moderner Vergesellschaftung erforderlich macht. Faktisch haben aber auch die seit dem Einset-

40 In modernisierungstheoretischer Terminologie hat Kitschelt (1985, S. 190) diesen Prozeß der Restabilisierung mit dem "Auftreten institutioneller Innovationen" im Anschluß an "qualitative Periodenbrüche" in Zusammenhang gebracht. Bornschier (a.a.O., S. 174) hat in ähnlicher Intention die "langen Wellen" als Abschnitte von "Institutionalisierung und Desinstitutionalisierung" gekennzeichnet. Angedeutet ist damit schon, daß eine solcher erneuter Aufschwung kapitalistischer Vergesellschaftung auf eine Fülle von Prozessen verweist, die jenseits der ökonomischen Entwicklung liegen.

41 Gegenüber den theoretischen Überziehungen, denen sich diese "Theorie" schuldig gemacht hat, ist dementsprechend ihre empirische Evidenzbasis immer wieder positiv hervorgehoben worden. Jenseits konkreter Zuordnungsprobleme spricht tatsächlich vieles dafür, daß sich die üblichen deskriptiv orientierten Phasengliederungen des Kapitalismus im Rahmen der "Theorie der Langen Wellen" immerhin auf einem höheren Abstraktionsniveau rekonstruieren lassen. Siehe dazu beispielsweise Lutz 1984, S. 45ff., obwohl der von Lutz selbst verfolgte Erklärungsansatz grundsätzliche Unterschiede zu den theoretischen Annahmen dieses Ansatzes aufweist.

42 Für diesen Zweck bedürfte es gerade der Entwicklung eines synthetischen Modells der Profitratenentwicklung, das alle für diese bedeutsamen Momente und ihre Entwicklungs- und Selbstuntergrabungsmechanismen einzubeziehen erlaubte.

zen der "Krise des Marxismus" in beiden Beziehungen intensivierten Bemühungen bisher bestenfalls erste Ansätze in diese Richtung formuliert. Auf dem Hintergrund des oben diagnostizierten Mangels an einer *strukturellen* Verortung der Einheit des modernen Vergesellschaftungsprozesses ist bisher auch in *historischer* Hinsicht weder gelungen, die Mechanismen der Formierung außerökonomischer Lebensbereiche nach den Erfordernissen der ökonomischen Sphäre zusammenhängend zu bestimmen[43], noch eine auch nur in Grundzügen angemessene Darstellung der Geschichte des Kapitalismus entlang dieser Mechanismen zu liefern.[44] Insofern als auf diese Art und Weise die Kluft zwischen "Strukturmodell" und historischer Wirklichkeit moderner Gesellschaften bei der Bestimmung von deren außerökonomischer Dynamik weitaus tiefer aufklafft als in den skizzierten Ansätzen zu einer ökonomischen Phasentheorie des Kapitalismus[45], muß sich auch die folgende Darstellung beschränken: Die Konkretisierung des gelieferten Strukturmodells entlang der vorgestellten ökonomisch orientierten Phasentheorie kann bestenfalls die Perspektiven einer entsprechenden gesamtgesellschaftlich ausgerichteten Durchsetzungstheorie aufreißen, ohne in ähnlicher Form wie in bezug auf den ökonomischen Prozeß auch die realhistorisch wirksamen Durchsetzungsmechanismen bestimmen zu können.

---

43 Auch mit diesem Problem der historischen Verankerung der subsystemspezifischen Funktionsprinzipien moderner Gesellschaften war Marx schon befaßt. In der Zuordnung solcher Prinzipien zu verschiedenen Nationen - England repräsentierte dabei die ökonomischen, Frankreich die politischen und Deutschland die ideologischen Charakteristika dieser Epoche - hat er dabei versucht, dieses Problem ungeachtet des Mangels einer entsprechenden Durchsetzungstheorie methodologisch handhabbar zu machen. Siehe dazu Funke 1978, S. 224.

44 Auf die Fülle der im Zusammenhang der Hinwendung auf eine historisch orientierte Analyse der politischen und kulturellen Dynamik moderner Gesellschaften entstandenen Arbeiten kann hier im einzelnen nicht eingegangen werden. Zur Entwicklung des modernen Staates insgesamt siehe beispielsweise die Arbeiten von Anderson (1979) und Breuer/Treiber (1982). Die entsprechenden Arbeiten von Wallerstein sind vor allem dem Versuch gewidmet, der spezifischen Bedeutung der nationalstaatlichen Organisation der Weltgesellschaft im Rahmen der "Theorie der Langen Wellen" gerecht zu werden; diese Einbeziehung der spezifisch politischen Dynamik dieser Gesellschaft bleibt allerdings auch bei ihm gemessen an den Ansprüchen dieser Theorie unsystematisch und punktuell. Von ähnlichen Mängeln sind auch die Versuche einer Verortung der kulturellen Dynamik moderner Vergesellschaftung im Rahmen der "kulturalistischen Wende" des Marxismus gekennzeichnet. Auch wenn diese Versuche - wie Burkart (1984, S. 65) in bezug auf den von Gouldner (1980, S. 43) geprägten Begriff des "kulturellen Kapitals" der Meinung ist - zunächst "geeignet scheinen, politische Ökonomie und Kultursoziologie endlich integrieren zu können", zeigt die weitere Entwicklung der entsprechenden Begrifflichkeit vor allem in den Arbeiten von Bourdieu, daß auf ihrer Basis zwar durchaus einzelne Mechanismen der kulturellen Reproduktion der Klassenstruktur moderner Gesellschaften empirisch differenziert ins Auge zu fassen sind; die behauptete Vermittlung solcher konkreten Analysen hin zu deren ökonomischer Grundlage verdankt sich allerdings einer Abstraktion am Kapitalbegriff, die gerade die subsystemspezifischen Formen, in denen sich Klassenherrschaft durchsetzt, nicht mehr hinreichend von einander abhebbar macht. Siehe dazu beispielsweise Bourdieu 1982, S. 183f. Auch denjenigen Versuchen, die eine solche Entdifferenzierung ökonomischer und kultureller Kategorien vermeiden - wie etwa die Arbeiten von Achinger u. a. 1980 und Clarke u. a. 1981 - gelingt es bestenfalls punktuell, ihre empirischen Analysen der Auseinandersetzung um kulturelle Hegemonie an die ökonomische Basis der in solche Auseinandersetzungen verwickelten Klassen anzubinden.

45 Auch die wenigen Versuche einer phasentheoretischen Ausdifferenzierung der politischen und kulturellen Entwicklung moderner Gesellschaften entlang von Innovationsschüben, die jeweils eine neue Stufe von deren Entwicklung einleiten, bleiben meist deskriptiv - wie z. B. die entsprechende Schematisierung von "Strukturen und Entwicklungssequenzen fortgeschrittener kapitalistischer Demokratien" bei Kitschelt (1985, S. 192). Am ehesten läßt sich vielleicht die schon angesprochene historische Nachzeichnung des Prozesses der Herausbildung des modernen Rechts- und Sozialstaates durch Habermas (1981b, S. 524ff.) als Versuch der Verortung solcher empirisch konstatierbaren Einschnitte der historischen Entwicklung im Rahmen der oben skizzierten Dialektik von "Kolonialisierung" und "Autonomisierung" begreifen, allerdings mit den aufgewiesenen Beschränkungen eines solchen Versuches.

Konzentriert man sich dementsprechend in einem ersten Schritt auf die Konsequenzen, die das skizzierte Modell von "Subsumtion" und "Autonomisierung" sozialer Sphären für den Durchsetzungsprozeß moderner Prinzipien in diesen Sphären besitzt, fällt zunächst eine formale Analogie zur dargestellten Dialektik der ökonomischen Durchsetzung ins Auge. Ähnlich wie sich gerade der Prozeß der Totalisierung kapitalistischer Funktionsprinzipien als deren Selbstrelativierung in der Form einer zunehmenden Inanspruchnahme von strukturfremden Formen der Zentralisation und Organisierung des privaten Wirtschaftsprozesses vollzieht, läßt sich auch die zunehmende Unterordnung des gesamtgesellschaftlichen Zusammenhangs unter die Erfordernisse der sich verallgemeinernden kapitalistischen Produktionsweise als zunehmendes Hervortreten solcher strukturfremder, weil nicht-kapitalistisch verfaßter Vergesellschaftungsprinzipien verstehen.[46] Zwar vollzieht sich auch der Subsumtionsprozeß ehedem außerökonomisch organisierter Funktionen mit der ökonomischen Durchsetzung des Kapitalismus verstärkt in der Form einer unmittelbaren Unterordnung dieser Funktionen unter das Profitprinzip[47]; gleichzeitig hat sich aber gezeigt, daß die Organisation des Produktionsprozesses nach diesem Prinzip begleitet und gestützt werden muß durch die Ausdifferenzierung institutioneller Zusammenhänge, die sich gerade dem unmittelbaren Zugriff von seiten privater Kapitalinteressen entziehen, insofern ihrerseits einen unmittelbaren Bruch mit der kapitalistischen Vergesellschaftungslogik darstellen.[48]

Von diesem Prozeß institutioneller Autonomisierung bleibt allerdings die Tatsache unberührt, daß die derart hervortretenden Eigendynamiken des politischen und sozio-kulturellen Systems auch in ihrer historischen Entfaltung von der Durchsetzung der Widersprüche des ökonomischen Systems bestimmt sind. Im

46 Auf die Parallelität dieser beiden Aspekte von Durchsetzung als "*notwendiger* Entwicklung *heteronomer* Strukturelemente" hatte schon Offe (1972, S. 27ff.) hingewiesen.

47 Daß, wie die orthodoxe Theorie vor allem hervorgehoben hat, der Prozeß der Durchsetzung kapitalistischer Produktionsweise zunehmend alle gesellschaftlichen Bereiche unmittelbar mit kapitalistischen Organisationsprinzipien durchdringt, ergibt sich unmittelbar aus dessen expansivem Charakter. Lutz (1984, S. 262) hat diese Entwicklung an der "zunehmenden Kommerzialisierung und Industrialisierung der Freizeit" und "der fortschreitenden Verwandlung des Gesundheitswesens in lukrative und wachstumsträchtige Absatzmärkte" verdeutlicht. Hirsch/Roth (1986, S. 115) haben versucht, dieser Entwicklung mit ihrem Konzept der "Hyperindustrialisierung" gerecht zu werden. - Genauso gerechtfertigt wie ein solcher Hinweis auf die Bedeutung von Kapitalisierungsprozessen gegen post-industrialistische Überziehungen einer Entkopplung gesellschaftlicher Bereiche von der Logik des industriellen Prozesses ist, ergibt sich allerdings aus der Logik dieses Prozesses selbst die Schranke einer solchen unmittelbaren Unterordnung unter das Profitprinzip. Indem jeweils nur ein bestimmter Ausschnitt gesellschaftlicher Funktionen unmittelbar kapitalistisch organisierbar ist, vollzieht sich der Subsumtionsprozeß solcher Funktionen unter die Anforderungen des kapitalistischen Produktionsprozesses grundsätzlich in doppelter Form, muß der unmittelbare Ökonomisierungsprozeß immer begleitet werden von der Ausgrenzung privatwirtschaftlich nicht garantierbarer Voraussetzungen aus diesem Prozeß. Wie dabei "Privatisierung" und "Verstaatlichung" jeweils gewichtet sind, beispielsweise welche konkreten Funktionen privatwirtschaftlich oder staatlich organisiert werden, ist erneut eine Frage, die nur konkret-historisch zu beantworten ist. Diese historische Relativität hatte schon Offe (1972, S. 101) mit dem Hinweis auf die inzwischen zunehmend sich aktualisierende Möglichkeit der "Reprivatisierung" von bisher öffentlichen Aufgaben hervorgehoben. Altvater (1972, S. 9) hat entsprechend den historischen Charakter dessen, "was jeweils allgemeine, vom Staat herzustellende Produktionsbedingungen sind", unterstrichen.

48 Den Mechanismus einer solchen Begrenzung der "Ausbreitung" der Organisationsprinzipien der "technologischen Produktion" als "primärem Träger" von "Modernisierung" haben Berger u. a. (1975, S. 20) mit dem treffenden Terminus "Blockierung" bezeichnet, ohne allerdings anzugeben, auf welchen Charakteristika des modernen Differenzierungsprozesses die Notwendigkeit einer solchen Beschränkung des von der ökonomischen Sphäre ausgehenden Kolonialisierungsprozesses beruht.

Rahmen eines seinerseits noch wenig entfalteten Grades an extensiver und intensiver Durchsetzung spezifisch kapitalistischer Produktionsweise macht sich deren strukturierende Bedeutung nicht nur in einer Begrenzung des institutionellen Ausdifferenzierungsprozesses durch weiterhin bestehende integrative Formen der Organisation des Zusammenhangs von "Produktion", "Politik" und "Reproduktion", sondern auch in einer häufig bloß "formellen" Unterordnung der wenn auch in moderner Form institutionalisierten, so doch in ihren materialen Gehalten noch von traditionellen Prinzipien bestimmten außerökonomischen Lebensbereiche geltend. Mit dem Hervortreten der spezifischen qualitativen Merkmale kapitalistischer Produktionsweise und deren zunehmender Verallgemeinerung in internationalem Maßstab vollzieht sich umgekehrt auf der einen Seite eine zunehmende institutionelle Entkopplung des ökonomischen Systems von begrenzteren sozialen Zusammenhängen - realisieren sich damit auch zunehmend die Bedingungen für dessen beherrschende Rolle - und müssen auf der anderen Seite solche Zusammenhänge in steigendem Maße "reell" unter dessen Erfordernisse subsumiert werden.[49] Während die selbst noch unentwickelte kapitalistische Produktionsweise weiterhin von traditionalen Organisationsformen auch des politischen und des sozio-kulturellen Systems zehren kann, macht ihr "Fortschreiten" eine genauso moderne Organisation dieser Subsysteme notwendig.[50] Mit der schrittweisen Zersetzung traditioneller politischer Regulationsformen und soziokultureller Lebenszusammenhänge treten dabei nicht nur die oben aufgewiesenen *inneren* Widersprüche der modernen Organisationsprinzipien dieser gesellschaftlichen Verhältnisse, sondern auch die Spannungen, die das Ineinandergreifen von Funktionalisierung und Autonomisierung für die Beziehung *zwischen* gesellschaftlichen Lebensbereichen zur Folge hat, in zunehmendem Maße hervor.

Auch für die historische Entwicklung des Zusammenhangs sozialer Subsysteme ist diese Spannung wiederum als Ausdruck der "relativen Selbständigkeit" der "sekundären" gegenüber den "primären Trägern" der Modernisierung zu verstehen.[51] Wie gezeigt, sind die außerökonomischen Lebensbereiche, solange es ihnen nicht gelingt, sich ihrerseits zum bestimmenden Moment des weltgeschichtlichen Zusammenhangs zu machen, zwar in ihren eigenen Existenz- und Erfolgsbedingungen an das Prosperieren des Profitmechanismus gebunden, müssen von daher aufgrund ihrer Eigenlogik sich nach dessen Anforderungen gestalten; aufgrund des in sich selbst keineswegs einheitlichen und geplanten Charakters dieser An-

49 Beispiele für diese Dialektik von zunehmender Entkopplung und Funktionalisierung hat die Offesche Argumentation in Fülle geliefert. Gurland (1969, S. 54f.) hat in bezug auf das politische System herausgearbeitet, daß die mit fortschreitender Entwicklung des kapitalistischen Produktionsprozesses zunehmende Inanspruchnahme und Formierung dieses Systems sich allein schon aus Umfang wie Technologisierungsgrad der betriebenen privatwirtschaftlichen Projekte ergibt. - Die hier gewählte terminologische Unterscheidung zwischen "formeller" und "reeller Subsumtion" bedarf allerdings einer Erläuterung insofern, als - wie oben schon angedeutet - diese Begrifflichkeit bei Marx zunächst auf Prozesse einer unmittelbaren Unterordnung gesellschaftlicher Verhältnisse unter kapitalistische Organisationsprinzipien beschränkt war. Löst man sie von diesem Zusammenhang ab, vermag sie tatsächlich den hier angesprochenen Unterschied auch innerhalb einer nur vermittelten Funktionalisierung solcher Verhältnisse zu verdeutlichen.

50 Funke (1978, S. 228) hat diesen Schritt im "*Dominant*werden kapitalistischer Organisationsprinzipien" als Übergang von der "Fähigkeit des Kapitalismus, in eine vorgefundene infrastrukturelle Basis 'hineinzuwachsen'" zu der Notwendigkeit, "diese nach seinen eigenen Bedürfnissen umzumodeln", gekennzeichnet.

51 Zu dieser Unterscheidung siehe Berger u. a. 1975, S. 90.

forderungen selbst[52] und der institutionell autonomen Wahrnehmung der entsprechenden Aufgaben ist eine direkte Anbindung der Abläufe außerökonomischer Subsysteme an die Erfordernisse des ökonomischen Systems nicht möglich. Vielmehr vollzieht sich die Definition und Durchführung dieser Aufgaben entlang der spezifischen Orientierungen und Medien des politischen und sozio-kulturellen Systems und der sich an ihnen entzündenden sozialen Auseinandersetzungen und findet ihre Effizienzkontrolle an den Kriterien des ökonomischen Systems nur über verschiedenartige, meist mehrstufige Rückkopplungsmechanismen.[53]

Für die raum-zeitlichen Perspektiven solcher Anpassungsprozesse zwischen sozialen Subsystemen hat dies sozusagen eine Potenzierung derjenigen Kontingenz[54], die schon allein den ökonomischen Modernisierungsprozeß kennzeichnet, zur Folge. Die Durchsetzung spezifisch moderner Organisationsformen des politischen und des sozio-kulturellen Systems wird nicht nur gebrochen durch die jeweilige Kombination traditioneller und moderner Momente, wie sie sich aus dem Ineinandergreifen "formeller" und "reeller Subsumtionsprozesse" als Ausdruck einer bestimmten Entwicklungsstufe des ökonomischen Systems ergibt[55], sondern durch eine grundsätzliche "historische Ungleichzeitigkeit" auch in der Herstellung eines solchen relativ abgestimmten Institutionengefüges. Ihren Ausdruck kann diese Ungleichzeitigkeit in Modernitätsrückständen außerökonomischer Lebensbereiche gegenüber der ökonomischen Entwicklung[56] bis hin zu der Vertiefung daraus entspringender Spannungen zu offenen Gegensätzen zwischen den Orientierungen sozialer Subsysteme finden.[57] Für eine Verständigung über den Modernisierungsprozeß in seiner Gesamtheit tritt damit die Analyse der Beziehungen zwischen den jeweiligen "partiellen" Modernisierungsniveaus gesellschaft-

---

52 Wie gezeigt, verläuft auch innerhalb des wirtschaftlichen Systems die Entscheidung, ob die jeweils formulierten Anforderungen tatsächlich den Effizienzkriterien dieses Systems genügen, über den Rückkopplungsmechanismus des Marktes, also erst vermittelt über die Kontrolle der Resultate des vollzogenen Anpassungsprozesses.

53 Die oben angedeuteten Kanäle der äußeren Abstimmung sozialer Subsysteme wären in diesem Zusammenhang auch in historischer Hinsicht zu konkretisieren.

54 Diese doppelte Brechung des Modernisierungsprozesses findet nach Berger u. a. (1975, S. 96) ihren Ausdruck darin, daß die tatsächlichen Lebens- und Bewußtseinsformen des modernen Menschen innerhalb des weiten Spielraums zwischen "Notwendigkeit" und "Zufall" eher einer "briccolage" ähnlich sind, die ihre "Bausteine" unterschiedlichsten sozialen und historischen Zusammenhängen entnimmt, als einem einheitlichen und "apodiktisch" zu begreifenden Gefüge von Elementen.

55 In dieser Hinsicht könnte man für jede Epoche ökonomischer Durchsetzung - allerdings selbst noch in idealtypischer Form - das dem jeweiligen Entwicklungsstand der Ökonomie angemessene Modernisierungsniveau politischer und kultureller Vergesellschaftung bestimmen.

56 Die von Ogburn (1957) entwickelte These eines "cultural lags" zwischen "materieller und immaterieller Kultur" zielt auf solche Modernisierungsrückstände ab.

57 Solche Gegensätze können dabei fortschreiten bis zu einer vorübergehenden auch inhaltlichen Verselbständigung außerökonomischer Subsysteme gegenüber den Anforderungen der ökonomischen Entwicklung. Das politische System beispielsweise kann unter dem Legitimationsdruck, der vom sozio-kulturellen System ausgeht, durchaus einschneidende Eingriffe in die private Verfügungsgewalt der Träger des ökonomischen Systems vornehmen, setzt sich damit - unter der Bedingung der freien Bewegung des Kapitals - aber der Gefahr einer Erosion seiner ökonomischen Fundamente durch Investitionsstop oder -auslagerung aus. Selbst die Unterbindung solcher Kapitalstrategien durch einen direkten Angriff auf den privaten Charakter der Produktion durch Sozialisierungsmaßnahmen einzelner Staaten entzieht diese nicht dem ökonomischen, politischen und möglicherweise auch militärischen Druck von seiten eines weiterhin kapitalistisch organisierten Weltmarktes.

licher Lebensbereiche neben die Nachzeichnung dieser subsystemspezifischen Modernisierungsdynamik selbst.[58]

Für eine Untergliederung dieser Dynamik im Rahmen der "Theorie der Langen Wellen" bedeutet dies nicht nur, daß jede dieser Wellen auch nach dem jeweils geltenden Modus politischer Regulation und der herrschenden Lebensform als spezifische Kombination moderner und traditioneller Organisationsprinzipien zu bestimmen ist, sondern darüber hinaus auch, daß ihre Identität und ihr Erfolg in entscheidendem Maße davon abhängen, inwiefern es gelingt, der Spannung zwischen solchen historischen Spezifika des politischen und sozio-kulturellen Systems auf der einen, den Anforderungen der ökonomischen Sphäre auf der anderen Seite eine relativ stabile, gleichgewichtige Form zu geben.[59] Auch wenn der Erfolg bzw. Mißerfolg solcher Anpassungsprozesse überhaupt und deren zeitliche Perspektiven damit wiederum in entscheidendem Ausmaß von den historischen Konstellationen innerhalb des politischen und sozio-kulturellen Systems nationaler Gesellschaften bestimmt ist[60], gibt das ökonomische System dieser Gesellschaften umgekehrt den Grundton des jeweiligen "historischen Blocks" von Vergesellschaftung vor. In der aufsteigenden Phase der ökonomischen Dynamik Langer Wellen stehen auf Basis der günstigen Entwicklungsbedingungen der Profitrate die materiellen Ressourcen zur Verfügung, die die notwendigen Modernisierungsprozesse des politischen und kulturellen Systems zugleich finanzierbar machen, wie im Rahmen dieses Anpassungsprozesses auch zumindest in selektiver Form den eigenständigen Ansprüchen dieser sozialen Subsysteme gerecht zu werden erlauben. Trotz der Kosten auch eines solchen Modernisierungsprozesses, der ungeachtet seiner "sozialen Abfederung" mit massiven Zerstörungen verfestigter Lebenszusammenhänge verbunden ist, dominiert in dieser ökonomischen Aufschwungphase der jeweils fortgeschrittensten kapitalistischen Gesellschaften auch innerhalb der außerökonomischen Lebensbereiche die produktive Seite der Modernisierungsdynamik, erscheint der entsprechende Modernisierungsschub als weiterer Schritt in Richtung auf die Erfüllung der politischen und kulturellen Verheißungen der Moderne.[61] Auch in ihrem wechselseitigen Bezug scheinen sich dabei diese subsystemspezifischen Entwicklungen gegenseitig auf ihrem Weg in dieselbe Richtung zu befördern.[62]

58 Rüschemeyer (1979, S. 390) hat aus diesem Grunde die Analyse der entsprechenden "Inkonsistenzen ... zwischen Subsystemen" als entscheidenden Schritt in Richtung auf die "Erhöhung ... des Realitätsgehaltes und der Genauigkeit von Modellen ... des sozialen Wandels" gekennzeichnet.

59 Klages (1984, S. 169) hat in Anknüpfung an entsprechende Argumentationen Bells "eine Vermittlung der jeweiligen subsystemspezifischen Eigenrationalitäten" in Richtung auf "ein 'Gleichgewicht' zwischen den 'gesellschaftlichen Gegebenheiten'" als Bedingung der Stabilität moderner Gesellschaften benannt.

60 Tatsächlich enthält das hier skizzierte Modell durchaus die Möglichkeit krisenhafter Störungen der materiellen Reproduktion aufgrund eines Rückstandes in der Modernisierung der nichtökonomischen Bedingungen von deren Entwicklung.

61 "In einer Periode lebhafter Investitionstätigkeit, hoher Wachstumsraten und folglich ökonomischer Prosperität ... ist die politische Kultur durch im allgemeinen optimistische Verhaltensweisen und Bewußtseinsformen charakterisiert." (Altvater 1983, S. 241)

62 Bornschier (1986, S.181) hat aus diesem Grund den "Kompromiß" als Resultat sozialer Auseinandersetzungen, von dem alle Seiten in der Relativierung ihrer eigenen Ansprüche gleichzeitig dennoch profitieren, als die ein solches "Gleichgewicht ... zwischen den ... Prinzipien der modernen Sozialstruktur" dominierende Form der Vermittlung gegensätzlicher Interessen gekennzeichnet. Altvater (a.a.O., S. 241) hat dementsprechend "reformistische Positionen" auf dem Bo-

Mit der Erschöpfung der ökonomischen Dynamik der entsprechenden Langen Welle werden allerdings die Mißtöne, die sich hinter einer solchen Harmonie verbergen, zunehmend unüberhörbar. Der unter diesen Bedingungen zwecks Krisenüberwindung beschleunigte ökonomische Rationalisierungsprozeß bedarf zunächst einer genauso intensivierten Modernisierung außerökonomischer Bereiche im Sinne von dessen partikularer Ausrichtung und verschärft damit die in deren Eigendynamik eingelassenen Gegensätze. Darüber hinaus läßt die relative Verknappung der Ressourcen zum Ausgleich dieser Widersprüche gegenüber den unmittelbar zur Stützung der Ökonomie verwendeten Mitteln zunehmend den Gegensatz zwischen den Ansprüchen der verschiedenen Subsysteme und die Dominanzstruktur innerhalb dieser Gegensätzlichkeit hervortreten. Auf Basis dieses Ineinandergreifens von wachsender Beanspruchung außerökonomischer Subsysteme und gleichzeitiger Verengung von deren Spielräumen beginnt sich die ökonomische Krise zunehmend zur "Großen Krise" des "historischen Blocks" in seiner Gesamtheit auszuweiten.[63]

Ob eine solche Krise im Rahmen der Herausbildung eines neuen "historischen Blocks" gelöst werden kann, damit eine neue Lange Welle kapitalistischer Entwicklung anhebt, ist gemäß des ökonomischen Fundaments dieser Krise zunächst von den oben skizzierten ökonomischen Bedingungen abhängig, verweist allerdings in deren Ausschöpfung auf einen entsprechenden Modernisierungsschub aller Momente des betreffenden gesellschaftlichen Zusammenhangs als notwendige Bedingung einer solchen Restabilisierung.

Damit ist die Richtung angedeutet, in der eine Dynamisierung des vorgestellten Strukturmodells moderner Vergesellschaftung im Rahmen der Theorie der Langen Wellen anzugehen wäre; jenseits der mangelnden theoretischen Konkretisierung der Mechanismen eines solchen übergreifenden Modernisierungsprozesses läßt der relativ formale Charakter dieser Skizze aber auch deutlich werden, daß jede derartige Konkretisierung, soll sie nicht in Gegensatz zur wirklichen Entwicklung moderner Gesellschaften treten, zunehmend auch in ihren theoretischen Ansprüchen auf die Einbeziehung konkret-historischer Prozesse verwiesen ist. Indem die hier gewählte gesellschaftstheoretische Betrachtungsweise damit zunehmend an ihre Grenzen stößt, überschreitet gleichzeitig die jenseits dieser Grenzen zu fordernde gesellschaftshistorische Darstellung der jüngsten Phase des Modernisierungsprozesses genauso die Grenzen des hier abgesteckten Vorhabens. Was angesichts dieser Beschränkungen bleibt, ist der Versuch, im folgenden die methodologischen und inhaltlichen Perspektiven einer Theorie, die die jüngste Phase der Entwicklung moderner Gesellschaften unter dem Titel "fordistische Modernisierung" als fortgeschrittene Etappe der skizzierten Modernisierungsdynamik faßt, zu umreißen.

---

den der "wirklichen mit Reformen zu erzielenden Erfolge" als die die Aufstiegsphasen Langer Wellen charakterisierende Problembearbeitungsstrategie bestimmt.

63 Kitschelt (1985, S. 194) hat diese Störungen sozialer Integration zwischen sozialen Subsystemen in das Zentrum seiner Theorie der "Interferenz" gestellt, sich dabei allerdings ausdrücklich von Ansätzen, die die Ursache solcher Interferenzphänomene innerhalb ökonomischer Krisenprozesse verorten, abgesetzt. Altvater (1983, S. 229) hat innerhalb einer solchen ökonomiekritischen Argumentation "das interferierende Hineinspielen von ökonomischen und politischen Prozessen in die jeweils anderen 'Subsysteme'" als entscheidendes Merkmal "Großer Krisen" bestimmt.

3. Zur Theorie fordistischer Modernisierung

Die aufgewiesenen Probleme einer kapitalismustheoretisch orientierten Modernisierungstheorie stellen sich aufgrund der geringen oder überhaupt nicht vorhandenen Distanz zwischen Gegenstand und theoretischer Analyse für die jüngste Phase des Modernisierungsprozesses in verschärfter Form. Zwar läßt sich auch in dieser Beziehung eine Fülle von Evidenzen dafür mobilisieren, *daß* zentrale Merkmale fordistischer Gesellschaften sich als Ausdruck der skizzierten Durchsetzungsdynamik begreifen lassen, vielmehr sogar noch eine bestimmte, relativ fortgeschrittene Etappe innerhalb dieser Dynamik repräsentieren. *Wie* sich aber der Gesamtzusammenhang der Charakteristika des Fordismus als bestimmte Stufe des Modernisierungsprozesses ergibt, ist, wie gezeigt, bisher noch keiner befriedigenden Klärung zugeführt worden.

Mit dieser Diagnose des gegenwärtigen Standes der hier ins Auge gefaßten "Theorie fordistischer Modernisierung" ist gleichzeitig auch die Richtung angegeben, in der eine Überwindung des defizitären Zustandes marxistisch orientierter Gegenwartsanalysen auf Basis des entwickelten gesellschaftstheoretischen Modells voranzutreiben wäre. Im Entwurf und der Durchführung eines empirisch orientierten Forschungsprogramms zu einer solchen "Theorie fordistischer Modernisierung" wären erneut die gesellschaftshistorischen Intentionen aufzugreifen, die schon die frühe Kritische Theorie in ihren Bemühungen um eine "Theorie des historischen Verlaufs der gegenwärtigen Epoche" (Horkheimer 1932a, S. III) bestimmt hatten. Wenn, wie oben angedeutet, die skizzierte Durchsetzungskonzeption auch in methodologischer Hinsicht die Perspektiven der damit angezielten Vermittlung von "Gesellschaftstheorie" und "historischer Forschung" grundsätzlich aufzuzeigen erlaubt, verweist die Durchführung einer solchen Vermittlung auf die empirische Umsetzung des skizzierten Strukturmodells kapitalistischer Gesellschaften in bezug auf deren realgeschichtlichen Entwicklungsprozeß, müssen die in diesem Modell hervorgehobenen 'Realabstraktionen' zum Gegenstand empirischer Forschungen gemacht" (Habermas 1981b, S. 555) werden.[1]

Auch wenn ein solches Vorhaben den Rahmen dieser Arbeit weit überschreitet, sollen im folgenden zumindest die methodologischen Anforderungen und materialen Implikationen, die mit einem Forschungsprogramm "fordistische Modernisierung" zu verbinden sind, skizziert werden. Leitend muß dabei in methodologischer Hinsicht die Frage nach der Art und Weise sein, in der das entwickelte Strukturmodell vermittelt über seine selbst noch gesellschaftstheoretische Dynamisierung in der vorgestellten Durchsetzungskonzeption "übersetzt" werden kann

1 Die die "Theorie des kommunikativen Handelns" abschließenden Bemerkungen zu den "Aufgaben einer kritischen Gesellschaftstheorie" widmen sich dementsprechend dem Versuch, in Anknüpfung an den "interdisziplinären Materialismus" der frühen Kritischen Theorie ein "Forschungsprogramm", in dem "'Realabstraktionen' einen empirischen erforschbaren Gegenstandsbereich bilden" (a.a.O., S. 549) zu skizzieren. Schon in seiner Tätigkeit in Starnberg hatte Habermas dieses Anliegen einer Integration von "theoretischer Grundlagenforschung und empirischen Programmen" (Habermas 1985, S. 59) verfolgt. - Auch wenn oben darauf hingewiesen worden ist (und im weiteren noch darauf zurückzukommen sein wird), daß Habermas genauso wie die frühe Kritische Theorie bezogen auf die Methodologie einer empirischen Konkretisierung von Realabstraktionen grundsätzlichen Mißverständnissen aufsitzt, lassen diese Bemerkungen durchaus zentrale methodologische Dimensionen eines solchen Forschungsprogrammes hervortreten.

in empirische Zugangsweisen zu der Komplexität gegenwärtiger gesellschaftlicher Entwicklungen. Inhaltlich wird zumindest exemplarisch deutlich zu machen sein, daß solche verschiedenen Zugangsweisen in ihren Resultaten dafür sprechen, die gegenwärtige Phase gesellschaftlicher Entwicklung als historisch bestimmten (eben: fordistischen) Abschnitt der skizzierten Modernisierungsdynamik kapitalistischer Gesellschaften zu begreifen.

3.1 Zu Methodik und Pragmatik eines Forschungssprogrammes

Den Ausgangspunkt der mit einer Theorie fordistischer Modernisierung zu vollziehenden Wendung von - an einem Maximum an Einheitsstiftung ausgerichteten - gesellschaftstheoretischen Annahmen hin zur prinzipiell unendlichen Differenzierung empirischer Wirklichkeit müssen und können die Unterscheidungen bilden, die das theoretische Modell selbst zur Verfügung gestellt hat. Dieses hatte nicht nur auf die historische Gliederung moderner Gesellschaften in relativ diskrete Phasen hingewiesen, sondern auch die innere Differenzierung jedes dieser Abschnitte als Konsequenz der strukturellen Charakteristika moderner Gesellschaften herausgearbeitet. Neben der Tatsache, daß sich der Gesamtzusammenhang solcher Gesellschaften als national gegliedertes System internationaler Dependenzen darstellt, war dabei vor allem die Ausdifferenzierung unterschiedlicher sozialer Sphären innerhalb dieser Gesellschaften hervorgehoben worden.[1]

Damit sind zwar wiederum schon auf der Abstraktionsebene des theoretischen Modells grundlegende empirische Merkmale moderner Vergesellschaftung benannt; die Ausgestaltung dieser Merkmale in der historischen Wirklichkeit dieser Gesellschaft erschließt sich allerdings nur einer empirischen Forschungspraxis, die deren historische Gestalten methodisch entlang der Differenzierungen des theoretischen Modells befragt.

Bei der Skizze der in der Forschungspraxis der Sozial- und Geschichtswissenschaften tatsächlich in entsprechender Form vorliegenden methodischen Zugänge kann es dabei nicht in erster Linie um eine Verständigung über erkenntnistheoretische und methodologische Fragen der Beziehung von "Theorie" und "Empirie", wie sie sich beispielsweise im Rahmen einer "Methodologie wissenschaftlicher Forschungsprogramme" (Lakatos 1974) stellen würde, gehen[2]; im Vordergrund sollen vielmehr Fragen der Methodik und Pragmatik des angezielten Forschungsprogrammes stehen.[3] Neben der damit verbundenen Ausblendung der grundsätzlichen Fragen der Beziehung von "Theorie" und "Empirie" werden die nachfolgenden Überlegungen auch von einer Ausgrenzung in Richtung auf die konkrete empirische Forschungspraxis bestimmt sein: Wenn im weiteren von "empirischer Forschung" die Rede sein wird, sind vielmehr auf mittlerer Abstraktionsebene vorliegende Synthesen empirischer Forschungs*resultate* angesprochen als der Prozeß der methodischen Erhebung und Ordnung von Daten selbst, der diese Resul-

---

1 Einen treffenden Überblick über die Ebenen, die in der gesellschaftshistorischen Forschung voneinander abzuheben sind, hat neuerdings Kalberg (1989) in Anknüpfung an die "historisch-vergleichenden Schriften Max Webers" gegeben. Daß die gesellschaftsgeschichtliche Forschung sich häufig gleichermaßen mit den Namen von Marx und Weber verbindet, ist auch unter diesem methodischen Gesichtspunkt kaum als Zufall anzusehen. In bezug auf die Arbeiten von Wehler als einem der westdeutschen Exponenten der "Gesellschaftsgeschichte" siehe dazu neuerdings Gleichmann 1989, S. 5.

2 Dies bedeutet unter anderem, daß der Komplex entsprechender Fragestellungen, wie er die Sozialwissenschaften seit ihrer Entstehung begleitet und in Westdeutschland vor allem im Umkreis des "Positivismusstreits" erneut aufgegriffen worden ist, am Rande der Argumentation bleibt. Als Überblick zum theoriegeschichtlichen Hintergrund der Diskussionen über das Verhältnis von "Theorie" und "Empirie" siehe Eberle/Hennig 1974.

3 Die Gründe für eine solche Begrenzung ergeben sich dabei nicht nur aus den pragmatischen Beschränkungen dieser Arbeit, sondern verweisen auch darauf, daß der gegenwärtige Umgang mit der Beziehung von "Theorie" und "Empirie" nach einer nicht immer fruchtbaren "fundamentalistischen" Phase insgesamt eher pragmatisch bestimmt ist.

tate hervorbringt. Aus noch zu erläuternden Gründen scheint die Durchführung von empirischer Forschung im engeren Sinne auf Basis des skizzierten Forschungsprogrammes auf weiteres kaum sinnvoll. Im Zentrum der folgenden Überlegungen wird gemäß dieser Beschränkungen die Frage stehen, in welcher Form eine methodische Anknüpfung an vorliegende Forschungsresultate die angesprochenen strukturellen Differenzierungen einer empirischen Konkretisierung zuführen kann, um von da aus auch in inhaltlicher Hinsicht jeweils diejenigen Forschungsansätze sowohl innerhalb wie außerhalb der marxistischen Theoriebildung anzusprechen, die sich im Sinne der geforderten Vermittlung von Modernitäts- und Kapitalismustheorie als Anknüpfungspunkte anbieten.[4]

Hinausgehend über diese Auseinandersetzung mit der Form, in der sich die Konkretisierung wie Überprüfung eines Forschungsprogramms "fordistische Modernisierung" zu vollziehen hätte, soll abschließend an ausgewählten Aspekten der gegenwärtigen Entwicklung moderner Gesellschaften (und in Anknüpfung an entsprechende kapitalismus- wie modernitätstheoretische Bemühungen) zumindest angedeutet werden, welche Perspektiven eine entsprechende Integration der Resultate empirischer Forschung im Rahmen des angezielten Forschungsprogramms auch in inhaltlicher Hinsicht anzubieten hat.

Die skizzierte Durchsetzungstheorie hat die geschichtliche Entwicklung moderner Gesellschaften als "diskontinuierliche Kontinuität" bestimmt: als einen Prozeß, der zwar angetrieben ist von einer übergreifenden Entwicklungsdynamik, sich allerdings gemäß der jeweils vorliegenden konkret-historischen Bedingungen untergliedert in eine Abfolge von Phasen mit spezifischer Ausprägung dieser Dynamik. Jede dieser Phasen ist gemäß dieser Konzeption gleichzeitig auch als spezifische Vermittlung von "notwendigen" und "kontingenten" gesellschaftlichen Prozessen zu verstehen.[5]

Eine Verortung der jüngsten Phase gesellschaftlicher Entwicklung als solche bestimmte Ausprägung dieser Dialektik ist damit per definitionem darauf verwiesen, aktuelle gesellschaftliche Entwicklungen rückzubeziehen auf vorangegangene Abschnitte des Modernisierungsprozesses. Dieses Sich-in-Beziehung-Setzen zur Geschichte ist nicht nur für die inhaltliche Einbeziehung der historischen Voraussetzungen gegenwärtiger Entwicklungen erforderlich, sondern erbringt darüber hinaus eine spezifische methodologische Leistung: Allein durch den historischen Vergleich können die Binnenstrukturen gesamtgesellschaftlicher (d. h. jede synchrone Differenzierung übergreifender) Zusammenhänge relativiert werden und damit sowohl der Gefahr einer Überziehung der Originalität gegenwärtiger Entwicklungen wie der einer fundamentalistischen Position des "Immer-schon-dagewesen" entgegengesteuert werden.

---

4 Die dabei getroffene Auswahl an Autoren und Werken beansprucht weder Repräsentativität, noch eine angemessene inhaltliche Berücksichtigung der angesprochenen Arbeiten (diese wäre gerade in der Durchführung des Forschungsprogrammes erst zu leisten); vielmehr dient sie sowohl in methodischer wie inhaltlicher Hinsicht der Verdeutlichung der Richtung, in der eine solche Durchführung anzugehen wäre.

5 Bornschier hat neuerdings (1988, S. 8) die grundlegende Bedeutung der hier angesprochenen Vermittlungsprobleme zwischen "Theorie" und "Wirklichkeit" und "Grundprozessen" und "historischen Ausprägungen" für die Entwicklung von Zeitdiagnosen hervorgehoben. Seiner Meinung nach läßt sich die schwierige Gratwanderung zwischen einem "konkretistischen" und einem "ahistorischen" Zugang zu aktuellen Entwicklungen nur im Rahmen einer "dialektischen Evolutionstheorie" (S. 12) antreten.

Einen ersten Schritt in Richtung auf eine solche historische Verortung aktueller Entwicklungen stellen die in verschiedenartigen Modernisierungstheorien angegangenen Bemühungen dar, einzelne gesellschaftliche Prozesse nicht nur entlang von Modernisierungsdimensionen zu ordnen, sondern auch mit Hilfe einer wenn auch jeweils unterschiedlich bestimmten Modernisierungsdynamik zu erklären. Durch ein solches Vorgehen wird es zwar möglich, einzelne Züge gegenwärtiger moderner Gesellschaften sowohl in ihrem Zusammenhang wie ihrer Spezifität zu vorangegangenen Etappen des Modernisierungsprozesses zu begreifen. Den Ansprüchen der skizzierten Durchsetzungstheorie würde allerdings nur eine phasentheoretische Synthese solcher Teilanalysen, wie sie die Theorie der Langen Wellen anzielt, voll entsprechen: Nur durch eine einheitliche Interpretation historischer Wandlungsprozesse ließe sich die fordistische Phase kapitalistischer Vergesellschaftung als diskreter Abschnitt der skizzierten Modernisierungsdynamik begreifen.

Die tatsächlichen Bemühungen, die Resultate historischer Forschung gemäß der damit umrissenen Fragestellungen zu ordnen[6], lassen sich vielleicht am ehesten unter dem Etikett "historische Modernisierungsforschung"[7] zusammenfassen, differenzieren sich aber unter dieser gemeinsamen Intention in zumindest drei "anknüpfungsfähige" Traditionslinien aus.[8]

Zu nennen ist hierbei zunächst die Modernisierungsforschung im engeren Sinne[9]. Diese hat nicht nur in ihrem methodologischen Selbstverständnis als "empirische Makrosoziologie" (Flora 1974, S. 9) ihre Orientierung an einer "Makro-Geschichte" (Rokkan 1976, S. 5; hier zitiert nach Flora 1981, S. 399), d. h. der "Beschreibung und Erklärung von Unterschieden ... in zeitlicher Hinsicht" hervorgehoben, sondern auch in ihren materialen Analysen den Weg der "historischen Soziologie"[10] beschritten. Ausdruck hat diese Orientierung an einer empirischen Erforschung gesamtgesellschaftlicher Wandlungsprozesse dabei nicht zuletzt in dem

6 Mit dieser Charakterisierung gesellschaftshistorischer Forschung ist erneut die schon angedeutete Konkretionsgrenze auch dieser Forschungsrichtung angesprochen: In den meisten Fällen handelt es sich in ihren Bemühungen um die typologische oder erklärende Strukturierung bereits methodisch aufgearbeiteten historischen Materials; in den wenigsten Fällen wird mit diesen anspruchsvollen theoretischen Bemühungen historische Forschung im engeren Sinne verbunden. Der Frage, ob es sich hierbei um eine bloß faktische Begrenzung handelt, die eventuell im Zuge der Entwicklung "alternativer" Methodologien der Datenerhebung auch in der Geschichtswissenschaft überwunden werden könnte, soll hier nicht nachgegangen werden. Ruhloff hat 1985 sowohl in bezug auf traditionelle wie neuere Methoden der Geschichtswissenschaft auf den selbstverständlicherweise engen Zusammenhang zwischen geschichtstheoretischen Entwürfen und den Methoden historischer Forschung hingewiesen. Aber auch die Tatsache, daß dieser Zusammenhang insbesondere für die gesellschaftsgeschichtliche Forschung gilt, ändert wenig daran, daß auch weiterhin theoretische Synthesen historischer Prozesse und historische Datenerhebung nur in den seltensten Fällen forschungspraktisch zusammengeführt werden.

7 Zu diesem Konzept siehe Wehler 1975, S. 59ff. und neuerdings Bergmann u. a. 1986, S. 5f.

8 Zu einer ähnlich motivierten Unterscheidung von "anknüpfungsfähigen" Forschungstraditionen siehe Habermas 1981b, S. 550ff.

9 Daß die Grenzziehung zwischen den genannten Forschungstraditionen ohne ein gehöriges Maß an Willkür nicht möglich ist, zeigt schon die Frage, wie eng dieser Strang der Theoriebildung zu verstehen ist. Während z. B. die "historisch-soziologischen Arbeiten" von Barrington Moore von Vertretern dieser Tradition selbst beansprucht werden (siehe dazu Flora 1974, S. 84ff.), werden sie von anderer Seite viel mehr deren "webermarxistischen" Alternativentwürfen zugeordnet. Siehe dazu Roth 1989, S. 10.

10 Siehe dazu Bornschier 1988, S. 287, der in dieser Beziehung vor allem die Arbeiten von Stein Rokkan hervorhebt. Tatsächlich hat Rokkan sein Lebenswerk ausdrücklich unter die Maxime einer "vergleichenden Geschichte Westeuropas" gestellt. Siehe dazu zusammenfassend Flora 1981 und Rokkan selbst 1980.

Bemühen dieser Forschungstradition um den Aufbau von Datenarchiven gefunden, die weit in die Geschichte der Moderne zurückreichen.[11]

Trotz solcher unbestreitbaren Vorzüge hat diese Forschungstradition - unabhängig von der Gültigkeit ihrer theoretischen Voraussetzungen - den Modernisierungsprozeß meist nur aus einer einseitigen Perspektive ins Auge gefaßt. Bis auf wenige Ausnahmen beschränken sich sowohl ihre Theoriebildung wie ihre empirische Forschungspraxis auf die Nachzeichnung politischer und kultureller Modernisierungsprozesse, während die Entwicklung des ökonomischen System moderner Gesellschaften weitgehend in die Rahmenbedingungen solcher Analysen verwiesen wird.[12] Die Behebung dieses Mangels hat sich die unter dem Titel "Gesellschaftsgeschichte"[13] zusammengefaßte Forschungsrichtung in ihrer sozial- und wirtschaftsgeschichtlichen Orientierung ausdrücklich zum Ziel gesetzt[14]. Gleichzeitig sind wesentliche Bestrebungen dieser geschichtswissenschaftlichen Tradition ausdrücklich von dem Versuch einer modernitätstheoretischen Strukturierung und Erklärung der Geschichte der Moderne geleitet.[15]

Neben diese Theorietradition, in die wesentliche Motive einer marxistisch ausgerichteten Geschichtsbetrachtung durchaus Eingang gefunden haben, sind in jüngerer Vergangenheit erneut auch in der marxistischen Theorietradition selbst Bemühungen um eine Hinwendung zur Geschichte getreten. Mit der Distanzierung von der die erste Hälfte der 70er Jahre dominierenden "kategorialen" Betrachtungsweise hat sich diese Tradition zunehmend Fragen der historischen Entstehung und Durchsetzung der kapitalistischen Ökonomie und des modernen Staates zugewandt.[16]

---

11 Siehe hierzu Flora 1974, S. 113. Die durch solche Datenarchive geschaffene Möglichkeit von Sekundäranalysen repräsentiert - selbst für Fälle, in denen Primärerhebungen weiterhin möglich wären - faktisch meist das Maximum an Annäherung zwischen "Theorie" und "empirischer Forschung" im engeren Sinn. Ob dieses methodische Bemühen der Modernisierungsforschung um eine enge Verbindung zwischen "Theorie" und "Empirie" allerdings zusammenfällt mit einem entsprechenden inhaltlichen Annäherungsprozeß, ist ein zweite Frage, auf die noch zurückzukommen sein wird.

12 Flora (1981, S. 400) hat diese Beschränkung an den Arbeiten von Stein Rokkan deutlich gemacht. Auch wenn es in der Modernisierungstheorie durchaus Ausnahmen gibt (siehe dazu erneut Flora 1974, S. 46 in bezug auf die Theorie der Wirtschaftsstadien von Rostow), ist die Modernisierungstheorie insgesamt doch durch eine solche Konzentration auf Prozesse der politischen Entwicklung und sozio-kulturellen Mobilisierung charakterisiert. Wie angedeutet, mag dies zusammenhängen mit der Verankerung dieser Tradition in dem "normativistischen" Bezugsrahmen des soziologischen Funktionalismus.

13 Zu dieser Titulierung und der Charakterisierung der grundlegenden Intentionen dieser Tradition siehe Habermas 1981b, S. 551.

14 Auch dies ließe sich sicherlich in Zusammenhang mit den theoriegeschichtlichen Gewährsleuten dieser Tradition, Marx und Weber, bringen.

15 Zur Auseinandersetzung dieser gesellschaftsgeschichtlichen Orientierung mit der Modernisierungstheorie im engeren Sinne und den Perspektiven, die sich daraus für eine Modernisierungskonzeption im Rahmen "historischer Sozialwissenschaft" ergeben, siehe Wehler 1975, insbesondere S. 58ff. - Aus dem Kontext der gesellschaftsgeschichtlichen Tradition sind nicht nur unmittelbar eine Fülle von modernitätshistorischen Untersuchungen hervorgegangen (siehe dazu unter vielen neben den ausdrücklich mit dem Anspruch einer "historischen Modernisierungsforschung" angetretenen Arbeiten von Steinbach 1982, Bergmann u. a. 1986 und Kaelble 1987 den Sammelband zur deutschen Sozialgeschichte von Conze/Lepsius aus dem Jahre 1983), sondern auch starke Einflüsse auf jüngere Versuche innerhalb einer sozialhistorisch ausgerichteten Kulturforschung ausgegangen. Siehe dazu beispielsweise Jeggle u. a. 1986 und Mitterauer 1986.

16 In diesem Zusammenhang haben in der BRD entsprechende Arbeiten vor allem aus dem angelsächsischen Bereich zunehmende Resonanz gefunden. Siehe dazu beispielsweise die schon erwähnten Arbeiten von Wallerstein 1986 (1974) und Anderson 1979, die nicht nur breite Resonanz gefunden haben, sondern den Autoren inzwischen gar den Ruf von "Universalhistorikern"

Innerhalb der Vielzahl der aus diesen verschiedenen modernitätshistorischen Ansätzen hervorgegangenen Arbeiten wäre im Rahmen eines Forschungsprogrammes "fordistische Modernisierung" das Augenmerk erneut auf solche Analysen zu lenken, die die historisch-komparative Perspektive, die diesem Herangehen an geschichtliche Prozesse inhärent ist, ausdrücklich mit dem Anspruch auf die Entwicklung einer Phasentheorie solcher Prozesse verbindet. Tatsächlich hat sich jede der angesprochenen Traditionen diesem Problem gestellt: von den relativ abstrakten Stadienmodellen der Modernisierungstheorie[17] über die Versuche einer konkret-historischen Untergliederung der Geschichte des Kapitalismus[18] in der gesellschaftsgeschichtlichen Forschung bis hin zu der Inanspruchnahme der "Theorie der Langen Wellen" innerhalb der marxistischen Theorie. Insofern, als es letzterer phasentheoretischer Konzeption - entkleidet von ihren geschichtsphilosophischen Überziehungen - gelingen könnte, den Aufweis von übergreifenden Evolutionsmechanismen moderner Gesellschaften zu verbinden mit der historischen Betrachtung von Zeitpunkt wie Art und Weise von deren Greifen, wären dabei den neueren Bemühungen um eine Reformulierung und materiale Durchführung dieser Theorie besondere Aufmerksamkeit zu schenken.[19]

Eine solche Einordnung der jüngsten Phase gesellschaftlicher Entwicklung aus der historischen Außenperspektive würde dabei im Rahmen einer "Theorie fordistischer Modernisierung" nicht nur den "Rückblick" auf die Spezifika dieser Phase schärfen, sondern in der Bestimmung des ihre Originalität ausmachenden Ineinandergreifens von Kontinuität und Wandel auch Maßstäbe zur Beurteilung sich gegenwärtig abzeichnender Zukunftsperspektiven liefern.[20]

---

eingetragen haben. (Siehe dazu Roth 1989, S. 10) In den gleichen Zusammenhang der Auseinandersetzung mit der Herausbildung der Moderne gehören auch die Arbeiten des französischen Sozialhistorikers Fernand Braudel, die inzwischen in der Bundesrepublik auf ein ähnlich starkes Interesse zu stoßen beginnen. (Siehe dazu Schrader 1988) - Für die Entwicklung kapitalistischer Gesellschaften im 20. Jahrhundert ist u. a. auf die Arbeit von Spohn aus dem Jahre 1977 zu verweisen. Besondere Bedeutung kommt dieser Arbeit insofern zu, als sie in ausdrücklicher Abgrenzung zu den "Formanalysen" der frühen 70er Jahre genauso ausdrücklich die bisher skizzierte Durchsetzungstheorie zur Grundlage einer historischen Analyse des ökonomischen Entwicklungsprozesses des Deutschen Reichs von 1870 bis 1914 macht. Die schon angesprochene Arbeit von Lutz aus dem Jahre 1984, die sich von ihrem zeitlichen Zuschnitt als Weiterführung eines solchen Projekts bis hin zur Gegenwart verstehen ließe, ist dagegen trotz ihres partiellen Rückgriffs auf die "Theorie der Langen Wellen" kaum der dort vertretenen Durchsetzungskonzeption verpflichtet. Dessenungeachtet lassen sich ihr aber durchaus eine Fülle von Hinweisen für eine historische Konkretisierung dieser Konzeption entnehmen.

17 Siehe dazu Flora 1974, S. 44 vor allem in bezug auf die Rostowsche Stadientheorie, die sich in gewisser Weise als Gegenentwurf zur "Theorie der Langen Wellen" begreifen läßt.

18 Daß im Zentrum solcher Bemühungen beispielsweise bei Wehler und Kocka (beide 1974) das Konzept des "organisierten Kapitalismus" steht, verweist auf unmittelbare Verbindungslinien zu dem in dieser Arbeit nachgezeichneten Diskussionszusammenhang und eröffnet gleichzeitig entsprechende Anknüpfungsperspektiven.

19 Siehe hierzu die in der Darstellung und Diskussion dieser Theorie schon erwähnte Literatur. Einen erfolgversprechenden Versuch in diese Richtung hat Bornschier in der bereits angesprochenen Arbeit aus dem Jahr 1988 vorgelegt. Diese liefert nicht nur einen Überblick über die verschiedenen Varianten dieser Theorie und eine eigenständige Interpretation ihrer zentralen Bestandteile, sondern wendet sie in einer materialreichen Analyse der Entwicklung moderner Gesellschaften gleichzeitig auch historisch. Besondere Bedeutung kommt dabei der Tatsache zu, daß diese Anwendung der "Theorie der Langen Wellen" ausdrücklich dem Ziel gewidmet ist, im Rahmen eines historisch-komparativen Vorgehens die Spezifika des jüngsten Abschnittes moderner Vergesellschaftung - von Bornschier mit dem Prädikat "keynesianisch" charakterisiert - herauszuarbeiten. (a.a.O., S. 13)

20 Wie sich auch an der Fordismustheorie gezeigt hat, verdanken sich die Überziehungen im Entwurf solcher Zukunftsperspektiven in den meisten Fällen gerade einem Mangel an "historischem Bewußtseins".

Auch wenn dieses historisch-vergleichende Verfahren immer schon Informationen über die Binnenstruktur der zu vergleichenden Zeitabschnitte voraussetzt, muß im Zentrum einer "Theorie fordistischer Modernisierung" allerdings die Auseinandersetzung mit der Binnenstruktur des jüngsten Abschnittes des Modernisierungsprozesses selbst stehen.

Die Dimensionen, entlang derer sowohl die Einheitlichkeit wie Differenzierung der angezielten Phase gesellschaftlicher Entwicklung anzugehen wären, sind dabei erneut von dem skizzierten gesellschaftstheoretischen Modell vorgegeben.

In räumlicher Hinsicht bedeutet dies zunächst, daß nicht nur die Modernisierungsdynamik überhaupt, sondern insbesondere ihr fordistischer Abschnitt als weltumspannender Zusammenhang zu begreifen sind. Aufgrund der zunehmenden Internationalisierung, wie sie das ökonomische System moderner kapitalistischer Gesellschaften von Anbeginn an kennzeichnet, muß die Einheit gesamtgesellschaftlicher Analysen ihrer gegenwärtigen Gestalt grundsätzlich dieser übergreifende Zusammenhang sein[21], muß eine "Theorie fordistischer Modernisierung" als "Theorie der Weltgesellschaft" antreten. Unter den entwickelten kapitalismustheoretischen Annahmen hätte ein solcher Versuch, die zunehmende Einheit des internationalen Systems und ihre konkreten Formen nachzuzeichnen, material sein Augenmerk auf den gegenwärtigen Stand der Internationalisierung kapitalistischer Produktionsweise als Fundament einer solchen Einheit zu richten.

Gleichzeitig hat die Konzeptualisierung dieses Prozesses im Rahmen der skizzierten Durchsetzungstheorie aber genauso die Differenzierung dieser Einheit deutlich gemacht. Vor allem[22] entlang der durch die Nationalstaaten vorgegebenen politischen Untergliederung des Weltsystems[23] muß dieses als abgestuftes System vormoderner, moderner und möglicherweise auch postmoderner ökonomi-

---

21 Bornschier hat diesen Sachverhalt ausdrücklich zum Ausgangspunkt seiner Analyse gegenwärtiger gesellschaftlicher Wandlungsprozesse gemacht: "Der für diese Prozesse bedeutsame soziale Rahmen ist das Weltsystem und nicht die einzelne 'nationale Gesellschaft'" (1988, S. 9) und gleichzeitig die entsprechenden methodologischen Konsequenzen gezogen: "Diese Gesamtkomposition (der Weltsozialstruktur; St.B.) und ihren Zusammenhang zu entwickeln und historisch wie komparativ zu untersuchen, wäre aus Gründen der Systematik sicherlich der naheliegende Anfang." (a.a.O., S. 12) - Auch Beck (1986, S. 48ff.) hat im Zusammenhang mit seiner These der "Globalisierung der Zivilisationsrisiken" - allerdings erneut in der ihm eigenen Manier der Überzeichnung der aktuellen Modernisierungsdynamik - die Notwendigkeit eines solchen umfassenden Zugriffs hervorgehoben.

22 Mit dieser Einschränkung soll darauf hingewiesen werden, daß auch innerhalb des Territoriums der einzelnen Nationalstaaten ähnliche Unterschiede und Gegensätze bestehen; umgekehrt verweist die Konstitution von Nationalstaaten aber u. a. darauf, daß diese - in Abgrenzung zu anderen geographischen Regionen - relativ homogen in ihrer Wirtschafts- und Bevölkerungsstruktur sind. (Siehe dazu Bornschier 1988, S. 287.) Je mehr im Einzelfall von einer solchen Bedingung abgewichen wird, desto stärkere innernationale Spannungen sind zu erwarten. Das klassische Beispiel innerhalb der fordistischen Nationen stellt hierfür Italien mit seiner sich in der Nachkriegsgeschichte eher noch vertiefenden Ungleichzeitigkeit des Modernisierungsprozesse zwischen Norden und Süden und den sich daraus ergebenden gesellschaftlichen und politischen Spannungen dar. Siehe dazu beispielsweise Donolo 1974, der diese Spannungen ausdrücklich im Rahmen des Konzepts "ungleichmäßiger Entwicklung" begreift.

23 Zu dieser Gliederung von "Typen von Gesellschaften in der Weltsozialstruktur" siehe erneut Bornschier 1988, S. 10. (Eine entsprechende Typologie politischer Systeme hat Flora (1974, S. 54) in Anknüpfung an Almond und Powell entwickelt.) Innerhalb seiner Unterscheidung zwischen "Gesellschaften der Peripherie", "teilmodernisierten Gesellschaften", "staatskapitalistischen Gesellschaften des Gegenzentrums" und "westlichen Gesellschaften des Zentrums" wäre sowohl in vergleichender wie in kausaler Hinsicht die Beziehung der beiden zuletzt benannten Gesellschaftstypen von besonderer Bedeutung für die Analyse der Spezifika des gegenwärtigen Weltsystems; wie angedeutet, nicht zuletzt wegen der hier vertretenen Annahme eines notwendigen Zusammenhangs zwischen kapitalistischer Produktionsweise und moderner Sozialstruktur.

scher Strukturen, die im Rahmen einer Hegemonialstruktur nationaler Wirtschaften hierarchisch geordnet sind, begriffen werden.[24]

Wie dies allerdings häufig bei solchen programmatischen Konsequenzen gesellschaftstheoretischer Modelle der Fall ist, erweist sich der tatsächliche Forschungsstand einem solchen anspruchsvollen Vorhaben als nur begrenzt gewachsen. Zwar ist gerade die Fordismustheorie ausdrücklich mit dem Anspruch auf eine Klärung der "Gegenwärtigen Grundzüge der Internationalisierung des Kapitals" (Aglietta 1979) aufgetreten und haben auch andere nationale Varianten marxistischer Theoriebildung dazu wichtige Beiträge geliefert[25]; wie sich allerdings an der Fordismustheorie gezeigt hat, ist die Integration dieser als solche weiterzuverfolgenden Ansätze in eine befriedigende Diagnose des gegenwärtigen Standes der Internationalisierung des Kapitals[26] oder gar in eine umfassende Gegenwartsanalyse kaum gelungen. In dem von der Fordismustheorie vorgelegten zeitdiagnostischen Entwurf ist dagegen jenseits der formulierten Programmatik faktisch eine Fixierung an den jeweiligen nationalen Perspektiven ökonomischer und politischer Entwicklung vorherrschend geblieben; eine Blickverengung, die gerade angesichts der sich gegenwärtig andeutenden Verschiebungen oder gar Neustruktuierungen der das fordistische Weltsystem charakterisierenden Hegemonialstruktur[27] ein schwerwiegendes Defizit für das Verständnis der aktuellen und zukünftigen Entwicklung moderner Gesellschaften darstellt.

Ließe sich mit einer schrittweisen Behebung dieses Mangels der Gesamtzusammenhang fordistischer Vergesellschaftung einer Klärung[28] zuführen, wären in einem zweiten Schritt die im Zentrum dieses Gesamtzusammenhangs stehenden

24 Das damit angesprochene Verhältnis von "Internationalisierung der kapitalistischen Produktionsverhältnisse" und "Nationalstaat" (Poulantzas 1973) stellte aus diesem Grunde schon immer einen der zentralen Gegenstände marxistischer Theoriebildung dar. Dazu, daß in dieser Theorietradition der unauflösliche Zusammenhang von "Kampf konkurrierender Nationalstaaten" und "neuzeitlich-abendländischen Kapitalismus" (Weber 1980 (1922), S. 815) in jüngster Vergangenheit erneut auf der ihm allein angemessenen historischen Ebene angegangen worden ist, haben wiederum die genannten Arbeiten von Anderson und Wallerstein entscheidend beigetragen. Zu den kategorialen Defiziten, mit denen dieses historische Herangehen umgekehrt allerdings häufig verbunden ist, siehe Busch 1985.

25 Als Überblick über die Entwicklung der marxistischen Diskussion der zweiten Hälfte der 70er Jahre siehe Deubner u. a. 1979. Als neuere Arbeiten siehe beispielsweise Altvater 1981 u. 1985 mit währungsökonomischen Schwerpunkten, Kreye 1980 in bezug auf die Entwicklung Westeuropas, Fröbel 1980 zur "gegenwärtigen Entwicklung der Weltwirtschaft" und mit dem Versuch einer Skizze einer "globalen Krise", die auch die realsozialistischen Länder einbegreift, Amin u. a. 1986.

26 Auf diesen unbefriedigenden Stand der "Weltmarkttheorien" innerhalb der marxistischen Diskussion hat aus der Perspektive eines Beteiligten Altvater 1985 hingewiesen.

27 In diesen Zusammenhang gehört nicht nur die Frage des "hegemonialen Abstiegs Amerikas" (Amin 1986), sondern auch das Hervortreten eines neuen Hegemonialaspiranten in der Gestalt von Japan und die mit beiden Prozessen in Zusammenhang stehenden wachsenden Integrationsbemühungen in Westeuropa. Siehe dazu systematisch Busch 1978 und für die aktuelle Diskussionen über die Perspektiven des "Binnenmarktes" beispielsweise Steinkühler 1989.

28 Ob die Modernisierungstheorie im engeren Sinne zu einer solchen Klärung beitragen kann, ist zumindest zu bezweifeln. Ihre umfangreiche Auseinandersetzung mit der Struktur des internationalen Systems beschränkt sich meist auf eine komparative Perspektive des Vergleichs unterschiedlicher Modernisierungsniveaus nationaler Gesellschaften auf dem Hintergrund der Annahme einer allgemeinen Evolutionsmechanik. Ein den marxistischen Ansätzen entsprechendes theoretisches Modell der Herrschaftsdynamik dieser Disparitäten des Modernisierungsprozesses hat sie kaum entwickelt. Zu diesem Mangel siehe Wehler 1975, S. 18f. Zu den Defiziten der komparativen Orientierung der Modernisierungstheorie siehe Tipps 1973.

(insofern im engeren Sinne[29]) fordistischen Gesellschaften ins Auge zu fassen. Der Entwurf einer "Theorie fordistischer Modernisierung" impliziert dabei nicht nur, daß die gegenwärtige Entwicklung moderner Gesellschaften überhaupt als Ausdruck einer deren verschiedene nationale Gestalten übergreifenden Modernisierungsdynamik zu begreifen ist, sondern bringt diese Gemeinsamkeit ausdrücklich in Zusammenhang mit dem realhistorischen Modellcharakter der den entsprechenden historischen Abschnitt dominierenden Hegemonialmacht. Für eine empirische Überprüfung der Erklärungskraft dieses Theorieprogramms stellt sich damit die Aufgabe, in der Betrachtung derjenigen nationalen Gesellschaften, für die es Geltung beansprucht, diese These einer Konvergenz innerhalb von deren vielfältigen Differenzen zu erhärten.[30] Als Grundgesamtheit einer solchen Betrachtung ergeben sich die Nationen, in denen die Merkmale des skizzierten Strukturmodells vorliegen, die sich also nach dessen Maßstäben als "modern" begreifen lassen.[31]

Die methodischen Zugänge zum Beleg wie der theoretischen Interpretation von Gemeinsamkeiten wie Unterschieden solcher umfassenden gesellschaftlichen Zusammenhänge in synchroner Hinsicht stellt die Methodologie des internationalen Vergleichs zur Verfügung.[32] Nicht nur im Aufweis unmittelbar empirischer Gemeinsamkeiten und Unterschiede, sondern auch in einer kausalanalytischen Hinterfragung solcher empirischen Tatbestände als Ausdruck der Brechung der unterstellten übergreifenden Modernisierungsdynamik durch die Ungleichzeitigkeiten und Besonderheiten nationaler Entwicklungen könnte diese Methode den behaupteten umfassenden Erklärungsanspruch des angezielten Theorieprogramms einer empirischen Prüfung zuführen.[33]

---

29 Tatsächlich reflektiert die Tatsache, daß solche Epochenetiketten immer einen Teil fürs Ganze nehmen - auch die Rede von einem "modernen Weltsystem" abstrahiert davon, daß dieses weiterhin zu größeren Teilen von vormodernen Strukturen bestimmt ist -, nur in sprachlicher Form die realen Hegemoniebeziehungen innerhalb der jeweiligen Epoche.

30 Daß solche Gemeinsamkeiten "trotz geschichtlicher, kultureller und politischer Variation" zunehmend hervortreten, hat Bornschier (1988, S. 318ff.) in bezug auf die westlichen Gesellschaften ausdrücklich im Rahmen einer Konvergenztheorie zu belegen gesucht. Mit der gleichen Intention hat sich Kaelble (1987) den "Konvergenzen und Differenzen" allerdings nur "zwischen den europäischen Gesellschaften" (a.a.O., S. 12) zugewandt.

31 Auch wenn Bornschier sich in seiner inhaltlichen Bestimmung der Auswahlkriterien von der hier verfolgten Perspektive unterscheidet, deckt sich die von ihm umrissene Grundgesamtheit, die 18 Länder umfaßt, im wesentlichen mit dem im Rahmen einer "Theorie fordistischer Modernisierung" einzubeziehenden "Pool". (a.a.O., S. 10ff.) - Daß die Auswahl der zu berücksichtigenden Nationen selbst schon eine sowohl theorie- wie interessengeleitete Entscheidung über als relevant erachtete Dimensionen voraussetzt (sich aber dessenungeachtet in der empirischen Durchführung als unangemessen erweisen kann), wird an alternativen Bestimmungen dessen, was als einheitlicher Bezugsrahmen für vergleichende Verfahren anzusehen ist, deutlich. Aus seinem expliziten Anspruch, den "Weg zu einer europäischen Gesellschaft" als Grundlage des Prozesses der *west*europäischen Integration zu verfolgen, ergibt sich beispielsweise für Kaelble (a.a.O., S. 14ff.) Westeuropa als solcher Bezugsrahmen, gegenüber dem Japan und die USA nur als äußere Vergleichsmaßstäbe auftreten. Aus dem Bestreben, an der Einheit Europas *in seiner Gesamtheit* festzuhalten, ergibt sich für Haller (1988, S. 7)) eine entsprechende Einbeziehung auch der osteuropäischen Länder als Momente der "Einheit" in der "Vielfalt Europas".

32 Daß der internationale Vergleich diejenige Methode ist, die der Soziologie allein die empirische Überprüfung von Annahmen über makrosoziale Strukturen erlaubt, hat u. a. Flora 1974, S. 97 hervorgehoben. René König hat in Anknüpfung an Durkheim und in Abgrenzung von den vergleichenden Methoden der Geschichtswissenschaft diese Methode dementsprechend als *die* Methode einer synchron vorgehenden theoretischen Soziologie charakterisiert. (1972, S. 390)

33 Zu den verschiedenen Zwecken, denen die vergleichende Methode zwischen einer ausschließlich deskriptiven und einer anspruchsvollen theoretischen Orientierung dienen kann, siehe zusammenfassend Doeker 1971. Zu den spezifischen Leistungen dieser Methode im Rahmen kausal-

Damit ist zwar nicht viel mehr als das relativ triviale *Postulat* einer Überprüfung theoretischer Annahmen an der Gesamtbreite empirischer Phänomene, für die sie Geltung beanspruchen, formuliert; daß die Praxis der Forschung einer solchen selbstverständlichen methodologischen Forderung allerdings wiederum nur in unzureichender Form entsprochen hat, zeigt dagegen, daß die *Durchführung* international vergleichender Studien keineswegs gleichermaßen trivial ist.[34] Während sich die Mehrzahl zeitdiagnostischer Entwürfe von vornherein auf die Merkmale des jeweils präsenten nationalen Kontextes beschränkt, entspricht auch die nicht ungewichtige Anzahl von Untersuchungen, die eine derartige Fixierung überwinden, in der Minderzahl der Fälle den inhaltlichen und methodischen Ansprüchen des vergleichenden Verfahrens. Meist handelt es sich bei den entsprechenden Untersuchungen, auch wenn sie ausdrücklich unter dem Titel "internationaler Vergleich" auftreten[35], um die Zusammenfassung von Länderstudien, die jeweils unter unterschiedlichen theoretischen Bezügen und methodischen Gesichtspunkten durchgeführt sind. Dies gilt nicht nur für solche Untersuchungen, in denen der vergleichende Gesichtspunkt von vornherein nicht in den Vordergrund gestellt wird[36], sondern in besonderem Maße für die im Umkreis der Modernisierungstheorie entstandene Forschungstradition der Comparative Politics mit ihrem ausdrücklich komparativen Ambitionen: Auch diese Tradition bietet als Realisierung ihres anspruchsvollen Programms meist nur eine bestenfalls nach gemeinsamen Fragestellungen geordnete Zusammenstellung von Länderstudien an.[37]

---

analytischer Verfahren siehe Scheuch 1967, S. 20ff. - Darauf, daß diese Methode für die Soziologie nicht nur erstmals im Zusammenhang mit der Suche nach den Gemeinsamkeiten innerhalb des Industrialisierungsprozesses des 19. Jahrhunderts an Bedeutung gewonnen hat und ihre zunehmende Rolle in der jüngeren Vergangenheit auf das engste verkoppelt war mit dem realen Fortschreiten von Internationalisierungsprozessen, haben sowohl Scheuch (a.a.O., S. 11) wie König (a.a.O., S. 393) und Heintz (1974, S. 416) hingewiesen.

34 Dieser Spannung zwischen dem methodologisch Notwendigen und dem forschungspraktisch Wirklichen ist sich die Fordismustheorie durchaus bewußt geworden. Hirsch/Roth (1986, S. 106) haben einerseits auf die Relevanz "vergleichender Analysen der in den kapitalistischen Metropolen eingeschlagenen oder angezielten Strategien" hingewiesen, gleichzeitig sich aber beschränken müssen auf die "Untersuchung der aktuellen Restrukturierungstendenzen in der Bundesrepublik". Auch Flora (1974, S. 94) hat seine Hervorhebung der grundlegenden Bedeutung, die der vergleichenden Methode für die Makrosoziologie zukommt, mit der Festellung verbunden, daß diese meist nicht über Studien eines Landes, in dem andere nationale Kontexte bestenfalls in ad-hoc-Manier einbezogen werden, hinauskommt.

35 Ein Beispiel hierfür stellt der 1985 von Karl-Werner Brand herausgegebene Sammelband zu den "Neuen sozialen Bewegungen in Westeuropa und den USA" dar, der trotz seines Untertitels "Ein internationaler Vergleich" kaum über eine Zusammenstellung von Länderstudien hinauskommt. Als Beispiel für ein Vorgehen, daß anhand der Untersuchung der Studentenbewegung in den westlichen Ländern diesen methodischen Mangel im Rahmen eines "echten" vergleichenden Verfahrens zu beheben sucht, siehe die schon angesprochene Arbeit von Cavalli/Martinelli 1971. Allerdings darf dabei nicht unerwähnt bleiben, daß diese Arbeit einen solchen methodischen Zugewinn mit der relativen Allgemeinheit der für den Vergleich verwendeten inhaltlichen Dimensionen erkauft.

36 Siehe dazu beispielsweise den erwähnten Sammelband von Winkler 1974, der die Entwicklung des "Organisierten Kapitalismus" entlang seiner verschiedenen nationalen Varianten nachzuzeichnen versucht, dies aber ausdrücklich nur als ersten Schritt auf dem Felde der "vergleichenden Sozialgeschichte" (a.a.O., S. 7) begreift.

37 Siehe hierzu unter anderem Doeker 1971, Cattell/Sisson 1978 und Eckstein/Apter 1966. Auch die neueren Bemühungen Floras um eine vergleichende Untersuchung der westeuropäischen Wohlfahrtsstaaten nach dem Zweiten Weltkrieg, bleiben - trotz ihrer unbestreitbaren Verdienste vor allem in bezug auf die Entwicklung einer zu Vergleichen geeigneten Datenbasis (Siehe dazu Flora u. a. 1983) - auf eine Zusammenstellung von Länderstudien beschränkt. (Siehe dazu beispielsweise ders. 1986.) - Dieses angesichts der methodologischen Ansprüche des vergleichenden Verfahrens verblüffende Vorgehen kennzeichnet selbst solche Versuche, die durch ihre Konzentration auf zwei Länder vor geringeren Problemen bei der Entwicklung ein-

Für den angezielten Aufweis der Konvergenz innerhalb der Vielfalt nationaler Entwicklungen können diese Versuche allenfalls einen ersten Schritt darstellen. Neben einer Aufarbeitung solcher Studien in einem einheitlichen inhaltlichen und methodischen Bezugsrahmen wäre insbesondere denjenigen eher seltenen Untersuchungen Aufmerksamkeit zu schenken, die von vornherein den Weg eines "echten" vergleichenden Verfahrens eingeschlagen haben. Tatsächlich haben die oben skizzierten Theorietraditionen dies zumindest in einzelnen Fällen getan. Sowohl aus der Modernisierungstheorie im engeren Sinne[38] wie der gesellschaftsgeschichtlichen Forschung[39] und der marxistischen Tradition[40] liegen entsprechende Arbeiten vor. Daneben ist in diesem Zusammenhang die schon angesprochene jüngste Arbeit von Volker Bornschier, die keiner dieser Traditionen ohne weiteres zuzuordnen ist, besonders hervorzuheben. Auch wenn diese Arbeit damit genausowenig unmittelbar von marxistischer Theoriebildung in Anspruch genommen werden kann, muß sie auch im gegebenen Zusammenhang als gegenwärtig sowohl in inhaltlicher wie methodischer Hinsicht fortgeschrittenste vergleichende Analyse der aktuellen Perspektiven moderner Gesellschaften begriffen werden. Hinausgehend über die schon angedeuteten methodischen Vorzüge dieser Arbeit beruht ihr Verdienst in inhaltlicher Hinsicht nicht nur auf dem Aufweis der Konvergenz der bisherigen Entwicklung dieser Gesellschaften, sondern auch auf der Hervorhebung von solchen Unterschieden, die in bezug auf eine zukünftige Entwicklung Orientierungspunkte für eine Reorganisation oder gar Neukonstitution eines einheitsstiftenden Weltmodells liefern könnten.[41] Auch in dieser Hinsicht könnte die vergleichende Methode damit entscheidende Hinweise auf die Zukunftsperspektiven fordistischer Gesellschaften zwischen Kontinuität und Wandel zur Verfügung stellen.

Sind damit die makrosozialen Einheiten einer "Theorie fordistischer Modernisierung" *territorial* umrissen, verweist die Durchführung einer solchen Theorie auf die *strukturellen* Differenzierungen innerhalb dieser Einheiten. Das skizzierte Struk-

heitlicher theoretischer Bezugspunkte und einer vergleichbaren Datenbasis stehen. Siehe dazu beispielsweise den von der Robert Bosch Stiftung herausgegebenen "Systemvergleich Deutschland-Frankreich" aus dem Jahre 1980.

38 Hier wären vor allen Dingen die schon erwähnten Arbeiten Stein Rokkans zu einer "vergleichenden Geschichte Westeuropas" zu nennen, die zumindest auf typologischer Ebene eine vergleichende Strukturierung der Entwicklung der politischen Systeme in Westeuropa zur Verfügung stellen. Wie Flora (1981, S. 433) allerdings zu Recht bemerkt hat, besitzt die entsprechenden Auseinandersetzung Rokkans mit dem jüngsten Abschnitt dieser Entwicklung bloß rudimentären Charakter.

39 Hier ist erneut auf die Arbeit von Kaelble (1987) zu verweisen, die die wirtschaftliche und soziale Entwicklung der westeuropäischen Länder bis in die jüngste Vergangenheit verfolgt.

40 Siehe dazu beispielsweise die Arbeit von Hagelstange (1988), deren Intention sowohl vom Zuschnitt der Grundgesamtheit der einbezogenen Nationen wie von ihrer theoretischen Konzeption sich mit den Zielsetzungen der hier verfolgten Durchsetzungstheorie decken. Lash/Bagguley (1988) haben in ihrem Vergleich von fünf westlichen Industrienationen ausdrücklich den Bezug zur Regulationsschule und deren "Analysen zum Übergang vom 'Fordismus' zum 'Postfordismus'" hergestellt.

41 Auf die spezifische Rolle, die in gesellschaftlichen Umbruchsphasen die *unterschiedlichen* nationalen Formen der Krisenbewältigung für den experimentellen Prozeß in Richtung auf einen erneuten Zustand relativen Gleichgewichts spielen, haben schon Hirsch/Roth (1986, S. 106) hingewiesen. Eine besondere Bedeutung besitzt für Bornschier dabei die Auseinandersetzung mit Japan als möglichem "Sonderfall" innerhalb der Grundgesamtheit "westlicher" Gesellschaften, auch wenn er in dieser Beziehung letztlich doch wieder an der von ihm formulierten Konvergenzthese festhalten möchte. (a.a.O., S. 349)

turmodell moderner Gesellschaften hat hierzu erneut einen allgemeinen inhaltlichen Bezugsrahmen zur Verfügung gestellt. Indem es die realhistorische Dynamik dieser Gesellschaften grundsätzlich im Rahmen einer spezifischen Dialektik von "Einheit" und "Differenzierung" sozialer Subsysteme konzeptionalisiert hat, kann es gleichzeitig genauso grundsätzliche Orientierungen für die methodischen Zugänge zu dieser Dialektik bieten.

Zwar hat sich gezeigt, daß sich moderne Gesellschaften unmittelbar als Zusammenhang ausdifferenzierter sozialer Strukturen, die jeweils spezifischen Eigenlogiken gehorchen, darbieten; andererseits ist aber auch deutlich geworden, daß dieser Zusammenhang keineswegs nur auf Verhältnissen äußerer Wechselwirkung solcher relativ autonomer Subsysteme beruht, sondern in einem doppelten Sinn eine innere Einheit aufweist. Nicht nur ist jedes der ausdifferenzierten Subsysteme jenseits seiner dominanten spezifischen Funktionsprinzipien notwendig auf die, wenn auch untergeordnete Inanspruchnahme von Orientierungen aller anderen gesellschaftlichen Bereiche verwiesen, sondern hat sich auch gezeigt, daß das ökonomische System aufgrund seines extensional übergreifenden Charakters innerhalb dieses Nebeneinanders sozialer Subsysteme auch in intensionaler Hinsicht als einheitsstiftende Struktur zu begreifen ist.

In bezug auf die methodologischen und wissenschaftsorganisatorischen Konsequenzen, die eine solche Realdialektik von "Einheit" und "Differenzierung" zu zeitigen hätte, zeigt sich, daß die in dieser Beziehung gegenwärtig vorherrschende Forschungspraxis genauso wie deren Selbstreflexion vor allem dem Differenzierungsaspekt Rechnung trägt und dabei die einheitsstiftenden Intentionen selbst nur noch in beschränkter Form einbringt. Zum einen findet die empirische Auseinandersetzung mit gesellschaftlicher Wirklichkeit vorwiegend in einzelwissenschaftlichen Zusammenhängen statt[42], die als solche die Eigendynamik des jeweiligen Subsystems in den Vordergrund stellen[43]; zum anderen wird der gesellschaftliche Zusammenhang dieser Subsysteme, wo er überhaupt thematisch wird, im Rahmen gesellschaftstheoretischer Bemühungen geltend gemacht, die ihrerseits

42 Der damit unterstellte Zusammenhang zwischen Einzelwissenschaften und empirischer Forschung soll nun weder besagen, daß sich die Einzelwissenschaften ausschließlich der empirischen Forschung im engeren Sinn widmen, noch umgekehrt, daß solche empirische Forschung ausschließlich von den Einzelwissenschaften betrieben wird. Vielmehr ist auch hier auf die jeweils *dominanten* Orientierungen abzustellen: Während die Einzelwissenschaften systematisch (und auch in ihrer historischen Genese als "positive Wissenschaften") auch in ihren begrenzten theoretischen Synthesen vorwiegend an der unendlichen Ausdifferenzierung der empirischen Wirklichkeit ausgerichtet sind, dominiert in disziplinübergreifenden Ansätzen ein abstrahierender Umgang mit dieser Komplexität.

43 Für die hier behauptete Korrespondenz zwischen gesellschaftlichen und wissenschaftlichen Differenzierungsprozessen spricht nicht zuletzt die Tatsache, daß sich die gesellschaftswissenschaftlichen Disziplinen tatsächlich genau an den oben bestimmten Subsystemgrenzen voneinander abheben. Ökonomie, Politik und sozio-kulturelles System haben mit den Wirtschaftswissenschaften, der Politikwissenschaft und der Soziologie die ihrer Eigenlogik entsprechende einzelwissenschaftliche Behandlung gefunden. Bonß/Schindler (1982, S. 37) haben auf dieses Entsprechungsverhältnis zwischen der Herausbildung der "positiven Wissenschaften" und "der Eigenlogik bestimmter Gegenstandsbereiche ... unabhängig von der Einordnung in ein ... gesellschaftliches Insgesamt" hingewiesen. Wie schon angedeutet, kommt vor allem den Arbeiten von Adorno das Verdienst zu, diesen Zusammenhang zwischen "real vollzogenen Brüchen" und der "Trennung" von Einzelwissenschaften in seinen gesellschaftlichen Bedingungen und methodologischen Konsequenzen herausgearbeitet zu haben. Siehe dazu beispielsweise Adorno 1973, S. 23ff.

methodologisch und forschungspraktisch ein durchaus gebrochenes Verhältnis zu empirischer Forschung besitzen.[44]

Angesichts dieser komplementären Vereinseitigungen einzelwissenschaftlicher Forschung und gesellschaftstheoretischer Entwürfe steht die hier angezielte "Theorie fordistischer Modernisierung" vor kaum bewältigbaren Problemen.[45] Wenn sie an dem angedeuteten Zusammmenhang zwischen der Einheit des gesellschaftlichen Prozesses selbst und einer entsprechend einheitlichen Konzeption von dessen wissenschaftlicher Erklärung festhalten will[46], müßte sie Strategien zur Überwindung dieses Auseinandertretens einzelwissenschaftlicher Forschung und gesamtgesellschaftlicher Analysen entwickeln. Wie gezeigt, sind die Intentionen sowohl der Frühen Kritischen Theorie wie auch ihres gegenwärtig bedeutensten Repräsentanten genau auf dieses Anliegen gerichtet.[47] Ebenfalls hat sich allerdings gezeigt, daß die Umsetzung dieser Intentionen innerhalb der Konzeption des "interdisziplinären Materialismus" die beanspruchte Vermittlung kaum zu leisten vermag: Zum einen wird die benannte Gegenüberstellung empirisch unverbindlicher gesellschaftstheoretischer (tatsächlich sogar ausdrücklich unter dem Signum der "Sozialphilosophie" eingeordneter) Bemühungen und der Eigenständigkeit einzelwissenschaftlicher Forschung nicht überwunden[48]; zum anderen haben auch schon die frühen Vertretern der Kritischen Theorie[49] zusammen mit ei-

---

44 Für die damit zusammenhängende "Entmaterialisierung" der Gesellschaftstheorie stehen im Bereich marxistisch orientierter Ansätze in methodologischer wie inhaltlicher Hinsicht die entsprechenden Arbeiten von Jürgen Habermas. Wie angedeutet, haben diese nicht nur ein gebrochenes Verhältnis zu einer empirischen Interpretation des realabstraktiven Verfahrens, sondern weisen tatsächlich in ihren gesellschaftstheoretischen Bemühungen einen instrumentellen Umgang mit Empirie, wie er sozialphilosophischen Entwürfen allerdings meist zu eigen ist, auf.

45 Hirsch (1980, S. 73) hat dementsprechend die Beschwernisse einer "systematischen Darstellung ... der wichtigsten gesellschaftlichen Entwicklungstendenzen ... unter dem gesamtgesellschaftlichen Gesichtspunkt" angesichts deren vorherrschender "Untersuchung ... unter disziplinspezifischen Aspekten und Fragestellungen" hervorgehoben.

46 Die grundsätzliche Bedeutung einer in materialer und methodologischer Hinsicht einheitlichen Perspektive auf die Entwicklung der modernen Gesellschaft hatte schon Lukacs 1923 (1975, S. 94) in seinem berühmten Diktum: "Die Herrschaft der Kategorie der Totalität ist der Träger des revolutionären Prinzips in der Wissenschaft" zusammengefaßt.

47 Jay (1982, S. 68) hat aus diesem Grund das Horkheimersche Programm des "interdisziplinären Materialismus" als methodologische und wissenschaftsorganisatorische Konkretisierung der Lukacsschen "Totalitätsthese" gekennzeichnet. Auf die Art und Weise des Habermasschen Anknüpfens an das Konzept des interdisziplinären Materialismus ist schon hingewiesen worden. Siehe dazu auch Bonß/Schindler 1982, S. 63.

48 Bonß/Schindler (a.a.O., S. 55f.) haben darauf hingewiesen, daß die interdisziplinäre Formel des Horkheimerschen Forschungsprogrammes keineswegs die angezielte "Vereinigung von Philosophie und Wissenschaft" (Horkheimer 1933, S. 23) zu begründen imstande ist, sondern vielmehr die Pole dieses Verhältnisses unberührt läßt und in eine äußere Wechselbeziehung zu setzen sucht. Gleichzeitig haben sie die berechtigte Frage aufgeworfen, inwiefern sich die Horkheimersche Konzeption wenn auch nicht in ihrer Forschungspraxis, so doch in ihrem Selbstverständnis von der inzwischen nahezu bis zur Sinnlosigkeit zerredeten Forderung nach Interdisziplinarität unterscheidet.

49 Jay (1982) hat herausgearbeitet, daß mit der Adornoschen Konzeption einer "negativen Totalität" schon in der Frühphase des Instituts ein Gegenentwurf zum integrativ orientierten interdisziplinären Programm Horkheimers aufgetreten ist. Eine Anknüpfung an diesen Gegenentwurf steht dabei vor dem Problem, daß dieser beim Verweis auf die Notwendigkeit theoretischer Brüche als Ausdruck der Zerrissenheit der Wirklichkeit selbst stehen geblieben ist; seiner "negativen" Orientierung insofern die Treue gehalten hat, als er keine Perspektive für eine systematische (nicht aphoristische) Forschungspraxis aufgewiesen hat, die unter der Berücksichtigung solcher praktischen Erkenntnisschranken trotzdem einen einheitlichen Zugriff auf gesellschaftliche Wirklichkeit wagt. Daß eine solche theoretische Resignation selbstbewußter Ausdruck der enttäuschten Hoffnungen auf eine von der Vernunft gestiftete reale Einheit der Gesellschaft ist, macht dabei die absurde Konsequenz des Adornoschen Denkens aus.

ner solchen Entgegensetzung die zugleich empirischen wie einheitsstiftenden Ansprüche, die mit der Kritik der Politischen Ökonomie verbunden waren, zunehmend ad acta gelegt.

Die Frage nach einer geeigneten Konzeption zur forschungspraktischen Bearbeitung der angesprochenen Dialektik bleibt damit weiterhin unbeantwortet. Zwar hat die Suche nach entsprechenden Antworten sich vor allem im Anschluß an den "Positivismusstreit", der ausdrücklich dem Verhältnis von "Gesellschaftstheorie" und "empirischer Forschung" gewidmet war, intensiviert[50] und ist auch keineswegs ohne Ertrag geblieben; allerdings haben auch diese Diskussionen auf lange Sicht weder eine überzeugende methodologische Konzeption für gesellschaftstheoretisch angeleitete Forschung erbracht, noch sind sie in eine entsprechend ausgerichtete Forschungspraxis eingemündet.[51] Wohl nicht zuletzt wegen der Tatsache, daß es der marxistischen Diskussion, wie gezeigt, bisher kaum gelungen ist, ausgehend von den einheitsstiftenden Realabstraktionen des ökonomischen Subsystems, wie sie in der Kritik der Politischen Ökonomie formuliert sind, ein entsprechendes Gerüst von Realabstraktionen für den Gesamtzusammenhang moderner Gesellschaften und die diesen konstituierenden außerökonomischen Subsysteme zu entwickeln, hat sich in dieser Diskussion bisher kein einheitlicher Bezugsrahmen für die Einordnung und Strukturierung einzelwissenschaftlicher Studien herausgebildet. Vielmehr hat sich auch die marxistische Tradition entgegen ihrer ausdrücklichen Intention eher dem angesprochenen Prozeß eines Auseinanderdriftens "spekulativer" gesamtgesellschaftlich orientierter Diagnosen und "solider" einzelwissenschaftlicher Forschung beugen müssen.[52]

Die angezielte "Theorie fordistischer Modernisierung" steht damit vor einer Situation, in der - hinausgehend über die Fordismustheorie als unmittelbarer Bezugstheorie - für die intendierte Gegenwartsdiagnose der Umkreis *systematischer* Anknüpfungsmöglichkeiten eng begrenzt ist. Solange die theoretischen wie methodologischen Fundamente einer dem Einheitlichkeitsanspruch des skizzierten gesellschaftstheoretischen Modells entsprechenden Forschungsmethodologie nicht gelegt sind, ist eine entsprechende Relativierung der Integrationsansprüche einer "Theorie der fordistischen Modernisierung" dementsprechend unvermeidbar.

50 Siehe dazu die unmittelbar im Zusammenhang dieses Streits stehende Arbeit von Wellmer (1967) und die Versuche von Holzkamp 1972 und Ritsert 1976, dessen Impulse für einzelwissenschaftliche Forschung fruchtbar zu machen. Auf den theoriegeschichtlichen Überblick von Eberle/Hennig ist schon hingewiesen worden. In den gleichen Zusammenhang sind auch die Diskussionen über die "Methode der Kritik der Politischen Ökonomie" einzuordnen, die allerdings aufgrund ihrer Ableitungsorientierung nur selten Perspektiven für eine empirische Umsetzung dieses Theorieprogramms gewiesen haben.

51 Hier soll und kann gemäß der bereits formulierten forschungspragmatischen Orientierung keine angemessene Beurteilung der komplexen wissenschaftstheoretischen und methodologischen Diskussion der 70er und 80er Jahre geliefert werden, sondern vielmehr das Schwergewicht auf die inhaltlichen Anknüpfungsperspektiven einer "Theorie fordistischer Modernisierung" an die Praxis aktueller Forschung gelegt werden. Eine nähere Betrachtung der damit ausgeklammerten Entwicklung der forschungsreflexiven Fragestellungen würde vermutlich zeigen, daß sich die wissenschaftstheoretische Auseinandersetzung nach einem Höhepunkt in den 70er Jahren weitgehend in die entsprechenden disziplinären Subkulturen zurückgezogen hat, die methodologischen Bemühungen sich dagegen vor allem der Entwicklung und Ausdifferenzierung alternativer methodischer Ansätze in der empirischen Forschung im engeren Sinne zugewandt haben.

52 Dieser "Veralltäglichungsprozeß" auch der marxistischen Diskussion im Anschluß an deren Krise ist oben an der Entwicklung der Bildungsforschung angedeutet worden. Für eine solche Interpretation spricht nicht zuletzt die Tatsache, daß diese Tradition erst in jüngster Vergangenheit (eben mit der Fordismustheorie) wieder den Mut zu einer umfassenden und zugleich empirisch orientierten Gegenwartsdiagnose gefunden hat.

Nach der Seite des methodologischen Bezugs bedeutet dies die Wahl eines Verfahrens, das sich kaum von dem kritisierten interdisziplinären Vorgehen unterscheidet; pragmatisch ein eher *eklektizistisches* Umgehen mit den inhaltlichen Resultaten von einzelwissenschaftlich verorteten Forschungstraditionen. Zu gute kommt einem solchen Vorgehen dabei allerdings die Tatsache, daß auch einzelwissenschaftliche Forschung nicht nur, wie angedeutet, mit Notwendigkeit auf grenzüberschreitende Zugriffe auf gesamtgesellschaftliche Entwicklungen verwiesen ist[53], sondern auch faktisch immer wieder entsprechende Bemühungen hervorgebracht hat. Daß die Suche nach solchen disziplinübergreifenden Ansätzen erneut in den schon angesprochenen Theorietraditionen in besonderem Maße fündig wird, ergibt sich dabei sozusagen von selbst aus den übergreifenden Grundmotiven dieser Traditionen.

Die Modernisierungstheorie im engeren Sinn hat sich dabei nicht nur ausdrücklich "die zentrale Aufgabe ..., die dynamischen Interaktionen zwischen den wirtschaftlichen, politischen und kulturellen Systemen zu analysieren" (Rokkan 1976, S. 4f.; hier zitiert nach Flora 1981, S. 399), gestellt[54], sondern zu diesem Zwecke eine in ihrer Art wohl einzigartige Datenbasis erstellt.[55] Mit dem Aufbau umfangreicher international orientierter Datenarchive[56] hat die Modernisierungsforschung damit nicht nur, wie angedeutet, das Fundament für international vergleichende Untersuchungen gelegt, sondern in entscheidendem Maße zur Konkretisierung der Makrosoziologie in Richtung auf ihre empirische Basis beigetragen.[57] Ob die gesellschaftsdiagnostische Ausschöpfung der damit geschaffenen Möglichkeiten dem Selbstverständnis dieser Tradition als "empirischer Makrosoziologie"

53 Auch in dieser Beziehung hat Adorno auf die strukturelle Analogie zwischen sozialer und wissenschaftlicher Differenzierung verwiesen. Genauso wie gesellschaftliche Subsysteme in ihrem Funktionieren von der immanenten Inanspruchnahme der Leistungen anderer Subsysteme abhängig sind, sind auch die Einzelwissenschaften in der Beantwortung ihrer genuinen Fragestellungen auf außer ihnen liegendes Wissen verwiesen. (Siehe dazu Adorno 1973, S. 24.) - In wissenschaftsorganisatorischer Hinsicht ließen sich die beständigen Anläufe auf Interdisziplinarität auch von seiten der Einzelwissenschaften und deren nur begrenzter Erfolg als Verlaufsform dieser Spannung zwischen zunehmender Spezialisierung und Verwiesenheit auf gesamtgesellschaftliche Zusammenhänge begreifen.

54 Neben den schon genannten international vergleichenden Arbeiten zur Entwicklung des westeuropäischen "Wohlfahrtsstaates" nach dem Zweiten Weltkrieg siehe die zusammenfassende Arbeit von Flora 1979 und ähnlich motivierten Arbeiten von Alber 1982 und 1989. (An diesem jüngsten Versuch aus dem Bereich der Modernisierungstheorie wird insbesondere die spezifische Verschränkung diachroner und synchroner vergleichender Verfahren, wie sie die Modernisierungsforschung anstrebt, faßbar.) Daß die jüngste Phase der Entwicklung westlicher Gesellschaften unter dem Titel "Wohlfahrtsstaat" angegangen wird, macht - unabhängig von dessen theoretischen und ideologischen Implikationen - allerdings wiederum deutlich, wo innerhalb des angezielten Dreiecks von Ökonomie, Politik und Kultur der Schwerpunkt der Analyse der Modernisierungstheorie liegt.

55 Neben dem schon erwähnten "zweivoluminösen" Datenhandbuch zu "Staat, Wirtschaft und Gesellschaft" in Westeuropa, das unter der Leitung von Peter Flora erstellt worden ist, siehe dessen entsprechende Datensammlung aus dem Jahre 1975 vor allem in bezug auf sozio-kulturelle Modernisierungsprozesse. Insofern als diese jüngsten Bemühungen der Modernisierungstheorie tatsächlich für grundsätzliche und weitgehend anerkannte Motive dieser Tradition stehen, ist Flora durchaus in seiner Behauptung zuzustimmen, daß "auch die schärfsten Kritiker in der Fülle empirischer Studien und den systematischen Bemühungen, eine adäquate Datenbasis zu schaffen, das unbestreitbare Verdienst der Modernisierungsforschung sehen." (Flora 1974, S. 16)

56 Siehe dazu Flora 1974, S. 98.

57 Daß dabei aber auch die Untersuchungen der Modernisierungstheorie weitgehend Sekundäranalysen von Datenmaterial bleiben, das zu anderen Zwecken und in anderen Kontexten gewonnen ist, spricht erneut dafür, daß eine Konkretisierung gesellschaftstheoretisch orientierter Forschung bis hin zum Primärmaterial bisher nur die Ausnahme geblieben ist.

(Zapf in: Flora 1974, S. 9) entspricht, bleibt allerdings angesichts des faktischen Standes ihrer Theoriebildung zumindest zu bezweifeln. Zum einen bleibt diese Theoriebildung in den meisten Fällen bei einer typologischen Ordnung des empirischen Materials stehen. Daß die entwickelten Typologien selbst sich dabei im Vollzuge ihrer Konkretisierung an diesem Material eher in dessen Komplexität aufzulösen beginnen, als diesem eine Struktur zu geben[58], mag zum anderen mit einem grundsätzlicheren methodischen Defizit zusammenhängen: Dort, wo die Modernisierungstheorie das typologische Verfahren überhaupt überschreitet, bietet sie meist nicht mehr als empirische Generalisierungen an und kann derart kaum ihren hochgesteckten Ambitionen auf eine Vermittlung von "Theorie" und "Empirie" gerecht werden.[59]

Faßt die Modernisierungstheorie damit - wenn auch in unzureichender Form - aus der theoriegeleiteten Perspektive der Soziologie gesamtgesellschaftliche Entwicklungen empirisch fundiert ins Auge, so tritt die aus der Geschichtswissenschaft entstandene "gesellschaftsgeschichtliche" Forschung vom anderen Pol des Verhältnisses von "Theorie" und "Geschichte" mit ähnlichen Vermittlungsansprüchen auf. Nicht nur zielt sie ausdrücklich auf die Anbindung historischer Detailforschung an das theoretische Instrumentarium der Sozialwissenschaften ab[60], sondern verbindet damit ausdrücklich die Orientierung an der Überschreitung fachwissenschaftlicher Grenzen.[61] Selbst wenn sich diese Tradition aufgrund ihrer disziplinären Verankerung meist in weitausgreifenden zeitlichen Perspektiven bewegt, sind in ihrem Zusammenhang durchaus auch Arbeiten entstanden, denen Bedeutung für den jüngsten Abschnitt der geschichtlichen Entwicklung zukommt.[62]

Neben der Berücksichtigung solcher Arbeiten kommt im Rahmen eines Forschungsprogramms "fordistische Modernisierung" selbstverständlich den Versu-

---

58 Besonders fällt dies an den umfangreichen typologischen Bemühungen Stein Rokkans auf, die in ihrer zunehmenden empirischen Ausdifferenzierung Hand in Hand gehen mit einer entsprechenden Zunahme der verwendeten Dimensionen. Daß ein solches Verfahren selbst im Rahmen einer nur analytischen Strukturierung von empirischem Material keine befriedigende Reduktion der Komplexität dieses Materials darstellt, zeigt sich nicht zuletzt daran, daß sich die Rokkanschen Typologien mit ihrer Ausdifferenzierung zunehmend einem Eins-zu-Eins-Verhältnis von Typen zu zugeordneten Fällen annähern. Siehe dazu beispielsweise Rokkan 1980, S. 123.

59 Zu diesem Defizit an "Erklärung" siehe selbstkritisch Flora 1974, S. 44, 95 und 101. Das programmatisch gerade in der Modernisierungstheorie für eine Explikation der Beziehung zwischen "Theorie" und "Empirie" in Anspruch genommene Instrument idealtypischer Konstruktionen wird damit forschungspraktisch gerade nicht fruchtbar gemacht. Tatsächlich pflegt die Modernisierungstheorie eher ein Verständnis von "Theorie", das diese unmittelbar auf der Ebene kausaler Beziehungen beobachtbarer Phänomene einordnet.

60 Zu der von dieser Tradition ausgelösten Diskussion zum Verhältnis von "Soziologie und Geschichte" und den daraus erwachsenen Perspektiven einer "historischen Sozialwissenschaft" siehe Wehler 1984 (1976).

61 Zur interdisziplinären Orientierung der in dieser Tradition stehenden "historischen Sozialforschung" siehe Ruloff 1985, S. 12ff.

62 Hinzuweisen ist dabei zunächst auf diejenigen der schon erwähnten Arbeiten, die ihre Auseinandersetzung mit übergreifenden Modernisierungsprozessen bis in die Gegenwart verlängert haben. Daneben sind zumindest im weiteren Umkreis dieser Tradition Arbeiten entstanden, in deren Zentrum der jüngste Abschnitt des Modernisierungsprozesses selbst steht. Siehe dazu beispielsweise Spree 1985 und Abelshauser 1983. Die Arbeit von Hans-Peter Schwarz, die 1981 als zweiter Band einer inzwischen komplettierten "Geschichte der Bundesrepublik" erschienen ist, stellt zwar einen interessanten Versuch dar, aus der Perspektive der Geschichtswissenschaft die Entwicklung der westdeutschen Gesellschaft in den 50er Jahren als Modernisierungsprozeß zu rekonstruieren, ist dabei aber eher an den theoretischen und ideologischen Prämissen der Modernisierungstheorie im engeren Sinne orientiert.

chen, zentrale Merkmale dieses Zeitabschnittes aus marxistischer Perspektive einzuordnen, besondere Bedeutung zu; dies nicht nur wegen der kapitalismustheoretischen Fundierung des skizzierten Strukturmodells der Moderne, sondern auch deshalb, weil diese Tradition trotz der auch an ihr zu beobachtenden Tendenz zur einzelwissenschaftlichen Spezialisierung auch in ihrer gegenwärtigen Gestalt weiterhin an dem Anspruch einer umfassenden und zugleich empirisch orientierten Analyse[63] gesellschaftlicher Prozesse festgehalten hat. Auch wenn hierbei weiterhin ökonomisch orientierte Arbeiten im Vordergrund stehen[64], hat diese Tradition durchaus auch Versuche aufzuweisen, die politische Geschichte der jüngsten Phase gesellschaftlicher Entwicklung einzuordnen.[65] Und selbst wenn, wie gezeigt, die Auseinandersetzung mit der sozio-kulturellen Dynamik moderner Gesellschaften eine entscheidende Schwachstelle der marxistischen Tradition darstellt, sind auch in dieser Beziehung gerade in der jüngsten Vergangenheit die Bemühungen um die Behebung eines solchen Mangels unverkennbar. Dies gilt nicht nur für Theoretiker, die eher einem relativ weit definierten Umkreis dieser Tradition zuzuordnen sind[66], sondern auch für Arbeiten mit explizit marxistischer Ausrichtung.[67]

---

63 Das von Marx in der Einleitung der "Deutschen Ideologie" (MEW, S. 27) skizzierte Forschungsprogramm zielt genau auf eine solche Vermittlung zwischen empirischer Detailforschung, wie sie schon zu seiner Zeit von den "abstrakten Empirikern" betrieben worden ist, auf der einen, den Abstraktionen der Geschichtsphilosophie auf der anderen Seite ab.

64 Eine Nachzeichnung des jüngsten Modernisierungsschubes in ökonomischer Hinsicht wäre dabei besonders auf eine vertiefte Auseinandersetzung mit den ökonomischen Fundamenten der Fordismustheorie verwiesen, d. h. zunächst auf die grundlegenden Arbeiten von Michel Aglietta, die bisher in der BRD nur eine allzu pauschale Rezeption gefunden haben, und im weiteren auf die aktuellen Diskussionen über die Perspektiven "postfordistischer" Vergesellschaftung (siehe dazu Lash/Bagguley 1988). Daneben ist besonders die Arbeit von Altvater u. a. aus dem Jahre 1980 als wohl fortgeschrittenster Versuch einer kategorial angeleiteten empirischen Verortung der Entwicklung der westdeutschen Wirtschaft hervorzuheben. Die schon angesprochene Arbeit von Lutz (1984) läßt sich erneut nicht ohne weiteres dieser Tradition zuordnen, liefert aber gerade für die zentrale Frage der Modernisierung des Verhältnisses von Produktion und Reproduktion während des interessierenden Zeitraums wesentliche Hinweise.

65 Neben Überblicksarbeiten über die "Politische Geschichte der Bundesrepublik" wie z. B. der von Rupp 1978 vorgelegten sind für die Bundesrepublik zwei zeitlich und inhaltlich aneinander anknüpfende Strukturierungsversuche zu nennen. Die umfassende empirische Verortung der ersten Phase der Entwicklung der BRD unter dem Titel "CDU-Staat" (Schäfer/Nedelmann 1969 (1967)), wird dabei in gewisser Weise weiterverfolgt in dem Versuch, die darauffolgende Phase unter dem Titel "Modell Deutschland" einer Interpretation auf mittlerem Abstraktionsniveau zuzuführen. (Siehe dazu das entsprechende Themenheft des Leviathan aus dem Jahre 1979) Dieser Diskussionszusammenhang besitzt dabei nicht nur den Vorzug unmittelbarer Berührungspunkte zur Fordismustheorie, sondern läßt sich gleichzeitig auch als Versuch verstehen, Theorieelemente aus der Kritik der Politischen Ökonomie in Verbindung zu setzen zu solchen politikwissenschaftlichen Diskussionen, wie sie in den 70er Jahren im Umkreis der Korporatismusdebatte geführt worden sind. Siehe dazu Hirsch 1980ff.

66 Hierzu gehören in erster Linie die inzwischen breit rezipierten Arbeiten von Pierre Bourdieu, die zwar weiterhin auf zentrale, vor allem klassentheoretische Bestandteile der Marxschen Theorie zurückgreifen, aber deren ökonomiekritisches Fundament weitgehend aus den Augen verloren haben. In Anknüpfung an diese Arbeiten hat sich in der Bundesrepublik eine Forschungslinie entwickelt, die ihr Augenmerk auf sozialstrukturelle und kulturelle Konsequenzen ökonomischer Modernisierungsprozesse gerichtet hat, dabei in ähnlicher Weise aber die Spezifika dieser Prozesse selbst nur noch in zunehmend pauschaler Form einzubeziehen vermag. Siehe dazu die Arbeiten von Preuss-Lausitz u. a. 1983 und Achinger 1980.

67 Siehe dazu vor allem die Untersuchungen des von Raymond Williams inspirierten Centre for Contemporary Cultural Studies (beispielsweise Clarke u. a. 1981). Aus dem Bereich der Fordismustheorie selbst ordnet sich die Arbeit von Scherr (1984) ausdrücklich dem Anspruch einer Vermittlung von Kritik der Politischen Ökonomie und Kulturtheorie zu, während die Arbeiten von Lüscher (1986 u. 1987), wie angedeutet, dazu tendieren, diesen Vermittlungszusammenhang in Richtung auf eine kulturalistische Orientierung aufzulösen.

Ist damit das Reservoir von Ansätzen, die aufgrund ihrer eigenen integrativen Ansprüche unmittelbare Anknüpfungsmöglichkeiten für eine "Theorie fordistischer Modernisierung" bieten, erschöpft, stellt auch die einzelwissenschaftliche Forschung im engeren Sinn eine Fülle von "verwertbaren" Resultaten[68] für ein solches Forschungsprogramm zur Verfügung. Besonders zu berücksichtigen wären in diesem unübersehbaren Feld allerdings erneut solche Ansätze und Forschungsfelder, die ihre Gegenstände selbst schon auf einem dieser umfassenden Theorie entsprechenden Abstraktionsniveau vorgeformt haben und dabei gleichzeitig auch in inhaltlicher Hinsicht Affinitäten zu dem verfolgten modernitätstheoretischen Herangehen aufweisen.[69]

Mit einem solchen Vorgehen beginnt sich das skizzierte Forschungsprogramm allerdings tatsächlich zunehmend zu totalisieren und damit Gefahr zu laufen, sich an den angesichts der Zerfaserung dieser Totalität geforderten Integrationsleistungen aufzureiben. Daß dieses Risiko unvermeidbar, gleichzeitig aber durchaus tragbar ist, macht die ab- und zusammenschließende Form der Anknüpfungsperspektiven, auf die dieses Programms verwiesen ist, deutlich. In der unumgänglichen Auseinandersetzung mit alternativen gegenwartsdiagnostischen Ansätzen würde zum einen faßbar, daß die Vorzüge wie Mängel solcher Ansätze unauflösbar mit der Inanspruchnahme der angesprochenen Vielfalt inhaltlicher Dimensionen und methodischer Zugänge verbunden ist[70]; zum anderen stellen diese Ansätze aus demselben Grund immer schon - wenn auch zu kritisierende - Vorgriffe auf eine solche umfassende inhaltliche und methodische Perspektive dar. Indem sie dementsprechend eine Fülle empirischen Materials unterschiedlichster Provenienz unter übergeordneten Gesichtspunkten verarbeiten, liefert die kritische Auseinandersetzung mit ihnen auch im positiven Sinne eine entscheidende Vorleistung für die im Rahmen einer "Theorie fordistischer Modernisierung" angezielte Gegenwartsdiagnose.

Auch wenn hier aufgrund des programmatischen Charakters dieser Überlegungen nicht auf die inhaltliche Beziehung dieses Theorieprogramms zu den gegenwärtig diskutierten alternativen Entwürfen eingegangen werden kann[71], erlaubt

---

68 Mit diesem gleichermaßen eklektizistischen wie instrumentalistischen Bezug auf einzelwissenschaftliche Forschung ist endgültig die zumindest faktische Konkretisierungsgrenze des skizzierten Forschungsprogrammes erreicht: Bis auf weiteres kann dieses sich bestenfalls die Integration von schon einzelwissenschaftlich verarbeiteter Empirie in den skizzierten theoretischen Bezugsrahmen zum Ziel setzen. Entsprechend bleibt der Weg zu einer eigenständigen empirischen Forschungspraxis im engeren Sinn diesem Forschungsprogramm tatsächlich wohl in näherer Zukunft verschlossen.

69 Tatsächlich zeichnet sich in der gegenwärtigen Diskussion eine Konvergenz beider Kriterien ab: Mit dem zunehmenden Grad theoretischer Verarbeitung empirischen Materials wird zunehmend eine Orientierung an modernitätstheoretischen Fragestellungen verbunden. Auf den im weiteren noch anzusprechenden Forschungsfeldern "sozialer Wandel und Wertwandel" und "Soziale Bewegungen" beispielsweise ist dabei eine solche umfassende Verortung inzwischen über einen bloß äußerlichen Bezug hinausgekommen. Daß solche Felder gleichzeitig im Zusammenhang verschiedener Einzelwissenschaften thematisiert werden, spricht darüber hinaus für die Anknüpfungsmöglichkeiten an ihre Resultate. Zu den dafür im Einzelnen in Betracht kommenden Arbeiten siehe im weiteren an gegebenem Ort.

70 Tatsächlich ließen sich die wesentlichen Defizite solcher Entwürfe mit einer Vernachlässigung zumindest eines dieser Zugänge im Rahmen historischer, nationaler oder bereichsspezifischer Fixierungen in Zusammenhang bringen.

71 Dies ist bisher schon punktuell geschehen und wird im weiteren in der gleichen Form weitergeführt werden. Insgesamt befindet sich eine "Theorie fordistischer Modernisierung" in dieser Beziehung in einer ambivalenten Situation: Zwar lassen sich auf dem Hintergrund der gegenwärti-

die Auseinandersetzung mit den jeweils verfolgten zeitdiagnostischen Strategien zumindest, die Ansprüche, die mit einer Realisierung des skizzierten Forschungsprogrammes zu verbinden wären, abschließend zu präzisieren.

Wenn man die gegenwärtig vorliegenden zeitdiagnostischen Entwürfe unter der Perspektive der entwickelten methodischen Zugangsweisen betrachtet, zeigt sich tatsächlich, daß jeder dieser Entwürfe diese Zugangsweisen mehr oder weniger in Anspruch nimmt. Zur Begründung der Triftigkeit der eigenen Gegenwartsdiagnose und der daran anknüpfenden Skizzierung von Zukunftsszenarien werden regelmäßig historische Vergleiche bemüht, verschiedene nationale Entwicklungen herangezogen und schließlich eine Fülle von Resultaten unterschiedlichster Forschungsgebiete zu integrieren gesucht.[72] In der Art und Weise aber, in der dabei die angesprochene grundsätzliche Spannung zwischen dem Zugriff auf die Totalität gesellschaftlicher Entwicklungen und den Ansprüchen eines empirisch gehaltvollen Umgangs mit solchen Entwicklungen angegangen wird, ergeben sich allerdings wesentliche Unterschiede. Diese verschiedenartigen zeitdiagnostischen Vorgehensweisen (und damit ihre jeweils spezifische Inanspruchnahme der skizzierten "methodischen Zugänge") lassen sich in einem Kontinuum zwischen erneut nur idealtypisch fixierbaren Polen verorten.

Auf der einen Seite steht dabei ein Verfahren, das sich aufgrund seiner unmittelbaren und daher kurzfristigen Orientierung an der Entwicklung definitiver Gegenwartsdiagnosen und genauso griffiger Zukunftsprognosen den Ansprüchen eines theoretisch und methodisch kontrollierten Bezugs auf aktuelle gesellschaftliche Prozesse nur beschränkt stellen kann. Wenn dieser Mangel an theoretischer und methodischer Disziplin bedeutet, daß die Relativierung der Spezifika dieser Prozesse an deren historischen und nationalen Variationen genauso ad hoc bleiben muß wie der Bezug auf die Resultate einzelwissenschaftlicher Forschung, kann ein solches Vorfahren allerdings gerade wegen seines "spekulativen" Charakters den Blick der hypothesenschaffenden Phantasie für neuartige und überraschende Entwicklungen schärfen und derart Forschungsperspektiven eröffnen, die einem "disziplinierteren" Vorgehen vorerst verschlossen sind.[73]

Auf der anderen Seite einer solchen Typisierung steht ein Verfahren, das sich ausdrücklich den entwickelten theoretischen und methodischen Ansprüchen der Verarbeitung einer Totalität von Erfahrungswirklichkeit stellt und sich damit auch in systematischer Form auf die skizzierten "methodischen Zugänge" einläßt. Zwar kann ein solches Vorgehen den spezifischen Fixierungen "spekulativer" zeitdiagnostischer Entwürfe dadurch entgehen, begibt sich damit aber auf eine Durststrecke

gen Beliebtheit modernitätstheoretischer Fragestellungen die Mehrzahl der aktuellen Gegenwartsdiagnosen in unmittelbare Beziehung zu ihren *modernitätstheoretischen* Intentionen stellen; umgekehrt ist es aufgrund des gegenwärtig geringen Grades an Beliebtheit marxistischer Theoriebildung um die Anknüpfungsperspektiven deren *kapitalismustheoretischer* Intentionen schlechter bestellt.

72 Dies gilt sowohl für die verschiedenen Varianten der Postindustrialismustheorie wie für die marxistischen Versuche einer Zeitdiagnose und die im weiteren noch anzusprechenden Entwürfe.

73 Tatsächlich ließe sich fragen, ob sich gegenwärtige oder gar zukünftige Entwicklungen im Rahmen solcher systematischer Verfahren angemessen angehen lassen. Angesichts der Tatsache, daß "die Eulen der Minerva erst in der Dämmerung ihren Flug antreten", bleiben die Möglichkeiten eines systematischen Zugriffs auf die Totalität gegenwärtiger und zukünftiger gesellschaftlicher Wirklichkeiten begrenzt. Darauf, daß die sozialwissenschaftliche Forschung als Moment der Selbstreflexion der Gesellschaft selbst noch vom Stand von deren Entwicklung und Problembewußtsein abhängig ist, ist einleitend schon hingewiesen worden.

der Forschung, die die Hoffnung auf die Entwicklung einer schlüssigen Zeitdiagnose oder gar den Entwurf von Zukunftsperspektiven durchaus auch zunichte machen kann.

Daß sich in der marxistischen Diskussion Näherungen für beide Positionen finden, ist schon deutlich geworden.[74] Innerhalb solcher außermarxistischer Zeitdiagnosen, die sich aufgrund ihrer modernitätstheoretischen Ausrichtung als Anknüpfungspunkte für eine "Theorie fordistischer Modernisierung" anbieten, lassen sich zwei in dieser Hinsicht repräsentative Ansätze hervorheben.

Der inzwischen vieldiskutierten Arbeit von Beck aus dem Jahre 1986 kann tatsächlich bescheinigt werden, daß sie ihre Diagnosen auf der einen Seite "oft unbekümmert um begriffliche Präzision, empirische Triftigkeit und innere Konsistenz" vorträgt, andererseits aber "den Mut zur subjektiven Synthese einer Vielzahl empirischer Arbeiten auf heterogenen Problemfeldern hat" (Joas 1988, S. 1f.). Nicht nur in der vorschnellen Verallgemeinerung einzelner empirischer Entwicklungen, sondern auch mit der Überzeichnung von historischen Unterschieden und der Fixierung an nationalen Ausprägungen der thematisierten gesellschaftlichen Prozesse weist diese Arbeit die typischen methodischen Defizite "spekulativer" Zeitdiagnosen auf.[75] In theoretischer Hinsicht macht sich dieser Mangel an Systematik dabei in einem grundlegenden Defizit an Integration der zentralen Argumentationsstränge geltend, wird somit die unterstellte Einheit der Zeitdiagnose faktisch nicht eingeholt.[76] Auch die Tatsache, daß Beck darüber hinaus nicht zögert, seine auf grundlegende Entwicklungstendenzen moderner Gesellschaften gerichtete Diagnose in unmittelbare Beziehung zu singulären Gegenwartsereignissen zu setzen[77], spricht dabei nicht für das Vorliegen eines Bewußtseins über die inhaltlichen und methodischen Beschränkungen einer wissenschaftlichen Auseinandersetzung mit gesellschaftlicher Wirklichkeit.

Umgekehrt weist die Arbeit von Beck aufgrund einer solchen "Disziplinlosigkeit" aber tatsächlich die oben angedeuteten Vorzüge "spekulativer" Entwürfe auf. Ihre relative Freiheit von theoretischer und methodischer Kontrolle ermöglicht ihr

---

74 Für die erste Position stehen in der aktuellen marxistischen Diskussion beispielsweise solche Ansätze wie der von Wallerstein 1982 mit seiner unbekümmerten Skizze einer neuartigen und überraschenden weltökonomischen und -politischen Konstellation; für eine gemessen an ihren vergangenheitsbezogenen Leistungen eher enttäuschend vorsichtige Auseinandersetzung mit den Zukunftsperspektiven kapitalistischer Gesellschaften siehe beispielsweise die Arbeit von Altvater aus dem Jahre 1983. Wie gezeigt, übergreift die Fordismustheorie auch in dieser Hinsicht beide Seiten der angesprochenen Dialektik, ohne allerdings ihre Vermittlung zu leisten.

75 Zu dieser Kritik insgesamt siehe Joas 1988. Eine detaillierte Auseinandersetzung mit der Beckschen Arbeit würde allerdings zeigen, daß diese Kritik zumindest zu relativieren ist. Tatsächlich läßt sich Beck in weiten Teilen seiner Argumentation durchaus auf die Differenziertheit und Widersprüchlichkeit, die Kontinuitäten und Brüche der betrachteten Entwicklungen ein; sobald es allerdings um zusammenfassende Interpretationen geht, fällt er häufig hinter das damit entwickelte Problembewußtsein zurück und bietet diejenigen bündigen Formeln an, die den breiten Erfolg seiner Arbeit begründet haben. Dies ist schon an einzelnen Punkten angedeutet worden und wird im weiteren immer wieder in allerdings genauso punktueller Form aufzugreifen sein.

76 Besonders deutlich ist dies an der Beziehung der zwei zentralen zeitdiagnostischen Konzepte seiner Arbeit. Wie sich die Herausbildung der "Risikogesellschaft" und der "Individualisierungsprozeß" als zwei Seiten einer "anderen Moderne" begreifen lassen, bleibt in Becks Analysen offen. Auf die Unklarheiten seines Begriffs von "Moderne" selbst ist hier nicht im Detail einzugehen. Eine entsprechende Analyse würde in dieser Hinsicht allerdings zeigen, daß Beck trotz seines Bemühens, gesellschaftliche Wandlungsprozesse als verschiedene Gestalten einer übergreifenden Modernisierungsdynamik zu begreifen, letztlich auf eine Dichotomisierung der Moderne zurückfällt, die weder deren Grundstruktur noch historischer Dynamik gerecht wird.

77 Angesprochen ist hiermit seine einleitende Bezugnahme auf die Nuklearkatastrophe von Tschernobyl.

die Einbeziehung einer Fülle von gesellschaftlichen Wandlungsprozessen unter einer neuartigen theoretischen Sichtweise und setzt damit ein enormes heuristisches Potential für eine weniger kreative, aber "solidere" Forschungspraxis frei.[78]

Als Gegenpol zu dieser Umgangsform mit den Grundproblemen zeitdiagnostischer Entwürfe läßt sich der jüngste Versuch Volker Bornschiers, die "westlichen Gesellschaften im Wandel" zu erfassen, begreifen. Dieser Versuch ist von Anbeginn an von dem Bemühen gekennzeichnet, seine Zeitdiagnose mit Hilfe der Entwicklung eines umfassenden theoretischen wie methodischen Instrumentariums aus der allzu engen Nachbarschaft der "Tagesaktualität" zu befreien. (Bornschier 1988, S. 8) Die gelieferte Reinterpretation der "Theorie der Langen Wellen" dient dabei dem Zweck einer historischen Verortung der gegenwärtigen Modernisierungsdynamik, die Entwicklung eines Bezugsrahmens für eine international vergleichende Forschung der Auflösung nationaler Fixierungen der Theoriebildung, und die systematische Ausdifferenzierung gesellschaftlicher Subsysteme und sie bestimmender Funktionsprinzipien ermöglicht schließlich eine zugleich einheitliche wie differenzierende Betrachtungsweise dieser Dynamik. Vervollständigt wird dieser umfassende theoretische Bezugsrahmen durch die materiale Einbeziehung einer Fülle von empirischen Forschungsresultaten unterschiedlichster einzelwissenschaftlicher Herkunft.

Genauso beeindruckend wie der enorme theoretische, methodische und empirische Aufwand dieser Arbeit ist allerdings auch der eher ernüchternde Charakter der gezogenen Konklusionen. Bleiben schon die gegenwartsanalytischen Teile der gelieferten Zeitdiagnose eher retrospektiv orientiert, so nehmen die Überlegungen zu den Zukunftsperspektiven nicht nur vom Umfang her einen geringen Raum ein, sondern machen kaum spürbar, in welche Richtung sich der Wandel westlicher Gesellschaften vollziehen könnte.[79]

Damit sind sowohl von Strategie wie Inhalten zwei zentrale modernitätstheoretisch orientierte zeitdiagnostische Ansätze benannt, an denen eine "Theorie fordistischer Modernisierung" ihre Anknüpfungsfähigkeit und ihre spezifischen Leistungen zu erweisen hätte. Gleichzeitig ist aber - allein schon aufgrund des Schwergewichts der bisherigen Argumentation auf der Entwicklung eines systematischen gesellschaftstheoretischen und -historischen Bezugsrahmens von Gegenwartsdiagnosen - evident, welcher der beiden skizzierten Wege von dieser Theorie zu beschreiten wäre. Zwar ist die heuristische Funktion von "spekulativen" Entwürfen, die häufig unter dem Einfluß einer Selbstwahrnehmung der Gesellschaft stehen, die die Singularität und Einzigartigkeit sozialer Wandlungsprozesse akzentuiert, nicht bestreitbar; erfolgversprechende Strategien der Erklärung wie der zumindest partiellen Voraussage der Richtung solcher Veränderungen sind aber in einem nicht nur kurzatmigen Sinn nur in dem Maße entwickelbar, indem es gelingt, konkret-historischen Prozesse in einem systematisch ausgerichteten Verfahren eine übergreifende Interpretation zu geben. Daß auch für solche Versuche die

78 Auch diesen Vorzug der Beckschen Arbeit hat Joas (a.a.O., S. 2) hervorgehoben, dabei allerdings genauso dessen Grenzen festgehalten: "Die Probleme beginnen jeweils jenseits dieser Beschreibungen und Analysen, nämlich dort, wo diese theoretisch und geschichtlich eingeordnet und ausgedeutet werden."

79 Siehe dazu Bornschier (a.a.O., S. 419-429). Tatsächlich beschränken sich diese Überlegungen vorwiegend darauf zu zeigen, daß Umstruktuierungen innerhalb des gegenwärtigen Institutionengefüges westlicher Gesellschaften erforderlich sind. Darüber hinausgehende Reflexionen besitzen dagegen meist normativen Charakter.

konkret-historische Wirklichkeit in ihrer Einzigartigkeit eine unüberschreitbare Grenze darstellt, verweist dabei zwar auf eine grundsätzliche Beschränkung einer theoretischen Auseinandersetzung mit den Resultaten menschlichen Handelns, sollte aber gerade Anlaß dazu sein, diese Grenze soweit wie möglich in die historische Konkretion zu verschieben.

Der "lange Atem", auf den solche Bemühungen angewiesen sind, bedeutet für die angezielte "Theorie fordistischer Modernisierung" *grundsätzlich*, daß sie den Weg zu schlüssigen Gegenwartsdiagnosen und Zukunftsszenarien nur in einer Vielzahl von Schritten zurücklegen kann; *konkret* ergibt sich aus diesem Erfordernis eine noch weitaus bescheidenere Zielsetzung für die folgenden Überlegungen zu den *inhaltlichen* Perspektiven eines solchen Theorieprogramms. Gemäß der dominant gesellschaftstheoretischen Orientierung der vorliegenden Arbeit kann es noch nicht einmal in Ansätzen darum gehen, die skizzierten methodischen Zugänge in materialer Form in Richtung auf die Durchführung dieses Programms zu verdichten; vielmehr wird es sich bei diesen Überlegungen bestenfalls um eine "Ideenskizze für ein Forschungsprogramm" (Bornschier a.a.O., S. 14) handeln. In selektiver Anknüpfung an inhaltliche Resultate, wie sie aus den genannten methodischen Zugängen und den ihnen entsprechenden Forschungstraditionen erwachsen sind, zielt diese Skizze darauf ab, die zeitdiagnostischen Erklärungs*potentiale* des vorgelegten gesellschaftstheoretischen Modells zu verdeutlichen. In einem eher illustrativen Vorgehen[80] ist aufzuzeigen, inwiefern das entwickelte Strukturmodell moderner Gesellschaften und die daran anknüpfende Durchsetzungstheorie einen angemessenen Zugang zu zentralen Dimensionen der jüngsten Phase moderner Vergesellschaftung erlauben. Kann ein solches Vorgehen tatsächlich nicht mehr leisten als den Aufweis des "Zueinanderpassens" (Habermas 1981b, S. 588) von "Gesellschaftstheorie" und "empirischer Forschung", so bezeichnet diese faktische Äußerlichkeit beider Pole allerdings keineswegs eine unüberwindbare Kluft zwischen "Theorie" und "Geschichte"[81], sondern gibt ein Ziel vor, dem sich die Durchführung des skizzierten Forschungsprogrammes schrittweise anzunähern hätte.

80 Habermas (1981b, S. 583) hat entsprechend die Versuche, die Erklärungspotentiale seines gesellschaftstheoretischen Entwurfes für die Erfüllung der "Aufgaben einer kritischen Gesellschaftstheorie" als "illustrative Hinweise ... zur interdisziplinär angelegten Erforschung des selektiven Musters kapitalistischer Modernisierung" charakterisiert.

81 Daß die angesprochene Äußerlichkeit nicht ein schrittweise zu überwindender Zustand ist, sondern einen grundlegenen Bruch innerhalb unseres Erkenntnisvermögens anzeigt, hat Habermas erneut mit seiner Trennung zwischen "philosophisch-begriffsanalytischem" und "erfahrungswissenschaftlichem" Vorgehen signalisiert. Daß diese Trennung, wie Adorno aufgezeigt hat, Ausdruck realhistorischer Brüche moderner Vergesellschaftung ist, kann dabei gerade keine Begründung für eine theoretische Überhöhung dieser Trennung sein; vielmehr fordert diese Tatsache gerade deren Kritik und zumindest den Versuch einer innertheoretischen Überwindung dieser Kluft. Ein solcher Versuch müßte dabei allerdings seinen methodologischen Horizont verlängern in eine Kritik der zugrunde liegenden gesellschaftlichen Widersprüche selbst. Auch in dieser methodologischen Hinsicht hat Habermas das verzweifelte Festhalten Adornos an solchen kritischen Ansprüchen mit seinem affirmativen Bezug auf die Moderne und deren Brüche "überwunden".

3.2 Der Fordismus als fortgeschrittene Moderne

Für die Erfolgsperspektiven einer Verständigung über den Charakter der jüngsten Phase kapitalistischer Phase im Rahmen des angezielten Forschungsprogrammes spricht in inhaltlicher Hinsicht, daß sich wesentliche Merkmale sowohl der Subsysteme wie der zeitlichen Gliederung dieser Phase entlang des zugrunde gelegten gesellschaftstheoretischen Modells und dessen Dynamisierung in der vorgestellten Durchsetzungskonzeption ordnen lassen. Besonderes Gewicht kommt dabei der Tatsache zu, daß die entsprechenden Strukturierungsleistungen nicht nur die Konzeptualisierungen dieser Phase von marxistischer Seite betreffen[1], sondern tatsächlich auch in materialer Hinsicht vielfältige Anknüpfungsmöglichkeiten in bezug auf zeitdiagnostische Beschreibungen und Interpretationen aus der Perspektive andersartiger Theorietraditionen bieten.

Die sich in der Zeit nach dem Zweiten Weltkrieg in den fortgeschrittenen kapitalistischen Nationen durchsetzende fordistische Organisation von Produktion und Reproduktion und die ihr angemessene Form des "internationalen Regimes" des Kapitals hat sich nicht nur in ihrem Selbstbewußtsein als Vollendung der "modernen Industriegesellschaft" präsentiert, sondern ist auch in ihrer tatsächlichen Entwicklung zumindest durch eine ausgeprägte Intensivierung und Ausweitung der skizzierten Dynamik des Modernisierungsprozesses gekennzeichnet. Auf Basis einer ausdrücklich unter dem Signum von Wissenschaft und Technik vorangetriebenen Rationalisierung des unmittelbaren Produktionsprozesses im Taylorismus[2] und einer genauso wissenschaftlich fundierten Umwälzung von dessen Energie- wie Rohstoffbasis[3] sind die technologischen Voraussetzungen für den aufsteigenden Abschnitt einer neuen Langen Welle geschaffen worden. Die Rekonstruktion und Expansion des Weltmarktes nach der letzten "Großen Krise" der Moderne -

---

1 Als solchen marxistischen Versuch, die "sozialökonomische Entwicklung der gegenwärtigen Gesellschaft" zumindest in Grundzügen als relativ fortgeschrittenes Stadium der Durchsetzung einer idealtypisch fixierbaren "Logik" kapitalistischer Vergesellschaftung zu bestimmen, siehe die schon mehrfach erwähnte Arbeit von Gurland (1969, S. 51f.), die sich allerdings auf die Darstellung einzelner Prozesse konzentriert, ohne diesen eine phasentheoretische Verortung zu geben.

2 Scherr (1984, S. 43f.) hat herausgearbeitet, daß die vom Taylorismus angezielte "wissenschaftliche Betriebsführung" diejenige Organisationsform des Verhältnisses von objektiven und subjektiven Produktionsbedingungen darstellt, die in der bisherigen Geschichte des Kapitalismus den höchsten Grad an Annäherung an die strukturell in die kapitalistische Produktionsweise eingelassene Subsumtion der lebendigen Arbeitskraft unter die Maschinerie repräsentiert, gleichzeitig aber auch deren "Vorboten" in dieser Geschichte hervorgehoben. Wie eng solche historischen Vorgriffe auf die tayloristische Organisation der Produktion mit dem Prozeß der Internationalisierung des Kapitals zusammenhängen, hat Fröbel (1980, S. 36f.) verdeutlicht: Schon in den Frühzeiten des englischen Kapitalismus zu Beginn des 18. Jahrhunderts sind Visionen formuliert worden, die an den Bewohnern vor allem der afrikanischen Kolonien diejenige Vereinfachung des Arbeiters zum "abgerichteten Gorilla", die der Fordismus schließlich wahrzumachen versucht hat, vorwegnehmen wollten.

3 In dieser zweifachen Beziehung wird übereinstimmend die grundlegende Bedeutung der Petrochemie als Basistechnologie hervorgehoben. Siehe dazu neuerdings Bornschier 1986, S. 182f. Die genauso grundlegende Bedeutung des entsprechenden Rohstoffes macht dabei auch verständlich, daß dessen Verteuerung seit Beginn der 70er Jahre durchaus als *ein* Faktor in der Relativierung der Profitkonstellation der Nachkriegszeit zu begreifen ist. Zu den technologischen Innovationen dieser Periode insgesamt siehe die schon erwähnten Argumentationen von Mandel und Roth/Kanzow.

und ihrem Kulminationspunkt im Zweiten Weltkrieg[4] - stellte aufgrund der gleichzeitig geschaffenen weltpolitischen Konstellationen nicht nur einen sich beständig ausweitenden Markt für die entsprechenden neuartigen Produktions- wie Konsumgüter zur Verfügung, sondern ermöglichte unter der technologischen, ökonomischen und politischen Hegemonie der Vereinigten Staaten auch die Herausbildung einer relativ stabilen Weltwirtschafts- und Währungsordnung, die ihren weiterhin partikularen Charakter im Verweis auf mittelfristig aufzuhebende Modernisierungshindernisse zu legitimieren wußte. Seinen spezifischen Ausdruck fand dieser Internationalisierungsschub kapitalistischer Produktionsweise darin, daß in dem Hervortreten multinationaler Konzerne das Kapital erstmals in ökonomisch bedeutsamem Ausmaß auch seiner unmittelbaren Existenzform, dem produktiven Kapital, eine internationale Form gegeben hat.[5]

In einen wechselseitigen Verstärkungsprozeß tritt diese "Landnahme" des Kapitals nach außen mit dem gleichzeitig betriebenen "nach innen gewandten Imperialismus" (Berger 1986, S. 127) spezifisch moderner Produktionsweise. Ein historisch wohl einzigartiger Industrialisierungsprozeß der Landwirtschaft[6] in den Metropolen des kapitalistischen Weltsystems leitete eine entsprechend umfangreiche Freisetzung an Arbeitskräften für den auf Basis des expandierenden Weltmarktes sich ausweitenden industriellen Produktionsprozeß ein. Die damit vollzogene Verallgemeinerung der Lohnform als Reproduktionsmechanismus stützte gleichzeitig die äußere Nachfrage nach dem gesteigerten Output dieses Produktionsprozesses durch die Schaffung eines in diesem Ausmaß genauso einzigartigen inneren Marktes für industriell produzierte Konsumgüter und wurde auf dieser Basis selbst ein Pfeiler des die Aufstiegsphase des Fordismus kennzeichnenden Florierens von Produktion und Konsumtion.[7]

---

4 Indem man die mit kriegerischen Auseinandersetzungen verbundene Zerstörung von gesellschaftlichen Produktivkräften als eine der möglichen Verlaufsformen "Großer Krisen" der kapitalistischen Gesellschaft begreift, wird auch die relative Bedeutung einer Argumentation, die die Nachkriegsprosperität im wesentlichen aus Rekonstruktionsprozessen erklärt, faßbar. Umgekehrt wird aber genauso sichtbar, daß ein solcher Zusammenhang zwischen Rekonstruktion und Wirtschaftswachstum nur vermittelt über die Analyse der Akkumulationsbedingungen des Kapitals herstellbar ist.

5 Zu diesem Internationalisierungsprozeß als Basis des Aufschwungs fordistischer Vergesellschaftung insgesamt siehe Altvater 1983, S. 231f. - Schon Mandel hatte die Herausbildung multinationaler Konzerne als spezifisches Merkmal der internationalen Organisation des Spätkapitalismus bestimmt. Bühler (1981, S. 142ff.) hat vor allem darauf hingewiesen, daß dieser Schritt in der Annäherung von Begriff und Realität des Kapitals seinerseits auf einem ähnlichen Annäherungsprozeß im Rahmen der technologischen Basis des Fordismus beruht: Erst der Taylorismus mit seinem analytischen Zugriff auf komplexe Produktionsvorgänge hat die tatsächliche räumliche und zeitliche Entkopplung der Momente solcher Vorgänge und damit auch ihre geographische Abtrennung möglich gemacht.

6 Schon Marx hatte die Einführung kapitalistischer Produktionsweise in der Landwirtschaft, die Herausbildung der kapitalistischen Grundrente, als eine entscheidende Bedingung für die Durchsetzung kapitalistischer Vergesellschaftung überhaupt benannt, die Analyse der historischen Formen, in denen sich dieser Prozeß vollzieht, aber aus den schon genannten methodischen Beschränkungen des "Kapitals" bewußt aus dessen Zusammenhang ausgeklammert. (MEW 25, S. 627)

7 Zu dem Prozeß "innerer Landnahme durch den industriell-marktwirtschaftlichen Sektor" als Basis der "europäischen Nachkriegsprosperität" siehe Lutz (1984, S. 261f.). Lutz verliert aber in der nahezu ausschließlichen Konzentration auf diesen Prozeß aus den Augen, daß ein solcher innerer Modernisierungsschub in einer Ausweitung des industriellen Produktionsprozesses und einer entsprechenden Steigerung der Wachstumsraten, die innerhalb eines Jahrzehnts beispielweise in der BRD zu einer Verdreifachung des Bruttosozialprodukts geführt hat (Claessens 1985 u. a., S. 170), kaum möglich gewesen wäre, wenn diesselbe BRD im selben Zeitraum ihren Anteil an den Exporten im Rahmen des gesamten Welthandels nicht genauso verdreifacht hätte. (a.a.O.,

Lassen sich damit zentrale Charakteristika der Herausbildung und Verallgemeinerung fordistischer Vergesellschaftung einem Modernisierungsschub der Art zuordnen, wie er die aufsteigende Phase Langer Wellen kennzeichnet, haben sich mit der "Sättigung" dieses Modernisierungsmodells in Folge tatsächlich auch diejenigen Entwicklungen, die die absteigende Phase solcher Wellen bestimmen, durchgesetzt. Mit der Verallgemeinerung der zunächst in den USA dominant gewordenen fordistischen Produktionstechnologien war nicht nur eine Untergrabung der ökonomischen und politischen Hegemonialstellung dieser Nation und eine dementsprechende Destabilisierung der Weltwirtschafts- und Währungsordnung verbunden[8], sondern mit der zunehmenden Wettbewerbsfähigkeit auch der sogenannten Schwellenländer haben sich auch die Profitvorteile der fortgeschrittenen kapitalistischen Nationen insgesamt relativiert und stößt eine auf Basis verschärfter Konkurrenz weiterhin expandierende Produktion zunehmend an die Grenzen einer nicht in gleichem Maße ausweitbaren Nachfrage.[9] Indem die Entwicklung der Profitrate auf diese Art und Weise "von außen" unter Druck gerät, verengen sich gleichzeitig auch die Spielräume für eine Ausweitung der Lohnarbeit innerhalb der Metropolen des kapitalistischen Weltsystems, wird deren Umkreis durch die unter den Bedingungen gesteigerter Konkurrenz erneut beschleunigte Rationalisierungsdynamik sogar eingeschränkt. Die Stagnation des kapitalistischen Akkumulationsprozesses und die Versuche von deren Überwindung durch eine Intensivierung des Einsatzes fortgeschrittener Technologien resultieren nicht nur in solchen sozialen Folgen wie dem Wiedereinsetzen von Massenarbeitslosigkeit, sondern begrenzen gleichzeitig auch die Möglichkeiten einer erneuten Ausweitung des Massenkonsums zwecks Lösung der Absatzprobleme des Kapitals.[10]

Darüber, daß die Perspektiven einer erneuten langfristigen Restabilisierung kapitalistischer Gesellschaften - jenseits des spekulativen Charakters von Prognosen bzgl. deren konkreten Verlaufes - grundsätzlich im Rahmen des skizzierten Modernisierungsmodells zu konzipieren sind, besteht nicht nur unter marxistisch orientierten Autoren[11] weitgehend Einigkeit. Nur ein erneuter technologischer Innovationsschub, dessen Fundament sich in der Entwicklung der Mikroelektronik abzeichnet, und eine entlang der Kontrollmöglichkeiten dieser Technologie[12] reorganisierte Struktur des Weltmarktes[13] könnten einen erneuten langfristigen An-

S. 259) Zur Kritik dieser Vereinseitigung des Lutzschen Erklärungsansatzes siehe Berger 1986, S. 132.

8 Auf diese umfangreichen Konsequenzen des zumindest seit Beginn der 60er Jahre zu beobachtenden technologischen Angleichungsprozesses zwischen den USA auf der einen, Westeuropa und Japan auf der anderen Seite hatte schon Mandel hingewiesen. Neuerdings siehe dazu Wallerstein 1986, S. 25 und Altvater 1983, S. 232.

9 Zur Differenzierung dieser Prozesse siehe Fröbel 1980, S. 9.

10 Zu den Grenzen einer erneuten Ausweitung des inneren Marktes als Basis einer Restabilisierung der kapitalistischen Ökonomie siehe wiederum Lutz (a.a.O., S. 262f.)

11 Für die BRD haben beispielsweise Hauff/Scharpf mit ihrer einflußreichen Arbeit zur "Modernisierung der Volkswirtschaft" schon 1975 die Richtung gewiesen, in der im Rahmen des "Modell Deutschland" eine Bewältigung der Krise im Angesicht von "Strukturänderungen im Weltwirtschaftssystem" (a.a.O., S. 17) zu suchen ist.

12 Nach Schlupp (1979, S. 34) vollzieht sich dementsprechend die Auseinandersetzung um eine neue weltökonomische Hegemonialstruktur im Rahmen einer "Technologie- und Modernisierungskonkurrrenz" um "jene elektronischen Steuerungs- und Regelungssysteme ..., die die Produktionsstrukturen und Arbeitsprozesse der nächsten Jahrzehnte bestimmen sollen ... ."

13 Bornschier (1986, S. 190) hat die Notwendigkeit einer solchen Neusynthese von Technologieentwicklung und Weltmarktentwicklung in der Forderung nach einem "neuen technologischen Stil" und einem "neuen politökonomischen Regime" im Rahmen eines "überzeugenden Weltmo-

stieg der Profitrate in denjenigen fortgeschrittenen kapitalistischen Nationen, die von dieser neuen Struktur "profitieren", einleiten.[14] Voraussetzung des nicht nur kurzfristigen Erfolges eines solchen neuen Akkumulationsmodells wäre allerdings auch die Herausbildung eines neuartigen Konsummodells, das den Absatz der auf Basis eines derart intensivierten technologischen Rationalisierungsschubes letztlich weiter expandierenden und sich ausdifferenzierenden Konsumgüterproduktion garantieren würde.[15]

Gerade dieser Aufriß der Perspektiven einer Überwindung der Grenzen des fordistischen Vergesellschaftungsprojektes im Rahmen eines erneuten Modernisierungsschubes macht allerdings wiederum auch die Mängel der dabei zugrunde gelegten "Theorie fordistischer Modernisierung" genauso wie die Anforderungen, die an deren Behebung zu stellen wären, deutlich. Eine Erklärung des Aufstieges und der Krise des Fordismus im Sinne einer auch gesellschaftshistorischen Verortung dieser Langen Welle der Entwicklung des Kapitalismus als spezifische Stufe des Durchsetzungsprozesses moderner Produktionsweise ist der Fordismustheorie bisher nicht gelungen; die theoretische Integration der empirischen Momente der gegenwärtigen Umbruchsphase kapitalistischer Gesellschaften in den Entwurf zumindest von Grundlinien der Überschreitung einer solchen Phase kann auf dieser Basis umso weniger gelingen. In beiden Beziehungen stellt sich daher für eine Weiterentwicklung der hier angedeuteten "Theorie fordistischer Modernisierung" die Aufgabe, sowohl in der weiteren Ausdifferenzierung des skizzierten kapitalismus- und modernitätstheoretischen Modells wie in einer von diesem geleiteten umfassenden empirischen Durchdringung der bisherigen Entwicklung fortgeschrittener moderner Gesellschaften die angezielte Vermittlung zwischen "Theorie" und "Geschichte" solcher Gesellschaften voranzutreiben. Möglicherweise könnte es damit auch gelingen, die schon angedeutete Grenze wissenschaftlicher Analysen sozialer Handlungszusammenhänge zumindest ein Stück weit in Richtung auf die Konkretisierung der Zukunftsperspektiven fortgeschrittener kapitalistischer Gesellschaften zu verschieben.

Daß diese Zukunftsperspektiven in entscheidendem Maße nicht nur von der hier skizzierten ökonomischen Dynamik, sondern auch von den Resultaten der politischen und kulturellen Entwicklung gegenwärtiger Gesellschaften abhängen, ist schon mehrfach hervorgehoben worden. Genauso hat sich allerdings immer wieder gezeigt, daß die Bemühungen der marxistischen Theoriebildung, den Zusammenhang von ökonomischen und außerökonomischen Prozessen in fordistischen Gesellschaften einer Klärung zuzuführen, bisher nur von geringem Erfolg gekrönt gewesen sind. Auf diesem Hintergrund wird sich in der folgenden Dar-

dells" zusammengefaßt. Unterschiedliche Szenarien einer solchen neuen weltökonomischen und weltpolitischen Hegemonialstruktur sind oben schon angedeutet worden.

14 Zu den Produktivitätspotentialen der Computerisierung vor allem in Richtung auf eine Flexibilisierung der Produktionsanlagen selbst siehe Bünnig u. a. 1984, S. 290f. Besonders haben die Autoren dabei hervorgehoben, daß die "Computertechnik das Kapital ein entscheidendes Stück in seiner alten Zielsetzung von Autonomie näherzubringen scheint". (a.a.O.) Tatsächlich hatte schon Marx die "automatische Fabrik" (MEW 23, S. 442), die mit der Computerisierung auch der Kontrollfunktionen des Produktionsprozesses erstmalig vollständig realisierbar geworden ist, als Höhepunkt der technologischen Autonomisierung des Kapitals bestimmt.

15 Zu der Notwendigkeit einer solchen Modernisierung auch des Konsummodells des Fordismus und den Schwierigkeiten - angesichts steigender Arbeitslosigkeit in den Metropolen und wachsender Verschuldung der Peripherie -, selbst in Grundzügen ein Modell zu entwerfen, das den absehbaren Erfordernissen des neuen Akkumulationsregimes entspricht, siehe Lipietz 1985, S. 134.

stellung ausgewählter Merkmale des politischen und sozio-kulturellen Systems fordistischer Gesellschaften unter der Perspektive der skizzierten Modernisierungstheorie nicht nur die *faktisch* doppelte Kontingenz solcher Merkmale gegenüber ökonomischen Prozessen geltend machen, sondern auch die Kontingenz der *Argumentation* selbst verdoppeln.

Für eine historische Nachzeichnung der Entwicklung des modernen Staates wäre gemäß der skizzierten Durchsetzungstheorie für jede Epoche kapitalistischer Vergesellschaftung das jeweilige Ineinandergreifen von traditionellen und modernen Organisationsformen staatlichen Handelns material herauszuarbeiten und gleichzeitig als Ausdruck des jeweiligen historischen Verhältnisses von institutioneller Besonderung und Funktionalisierung des politischen Systems gegenüber der ökonomischen Sphäre zu bestimmen. Jenseits eines derart umfangreichen Vorhabens macht allerdings schon ein punktueller Bezug auf die historische Entwicklung des bürgerlichen Staates deutlich, daß sich - wie dies in revisionistischen Theorien teilweise unterstellt wird - dessen Verhältnis zur bürgerlichen Gesellschaft nicht entlang eines *quantitativen* Mehr oder Weniger an staatlicher Vermittlung des ökonomischen Durchsetzungsprozesses, geschweige denn einer Dichotomie von "staatsfreier" Ökonomie in den frühen Phasen kapitalistischer Entwicklung und "staatsgesteuerter" Ökonomie in deren späten Phasen ordnen läßt. Vielmehr war die Durchsetzung der spezifisch modernen Produktionsweise in jeder ihrer Etappen von einer massiven Stützung durch das politische System nationaler Gesellschaften sowohl nach außen wie nach innen abhängig, dies sogar besonders in dem Maße, in dem diese Produktionsweise aufgrund ihres geringen Entwicklungsgrades einer häufig gewaltsamen Durchsetzung gegenüber traditionellen Organisationsformen des Produktionsprozesses bedurfte.[16]

Sind aber gerade solche frühen Etappen des Modernisierungsprozesses von einer noch unmittelbaren Intervention der politischen Gewalt in das ökonomische Geschehen gekennzeichnet, ist damit auch angedeutet, daß die tatsächlichen Unterschiede in der Entwicklung des Verhältnisses von Staat und bürgerlicher Gesellschaft an den *qualitativen* Formen dieses Verhältnisses festzumachen sind. Für die frühen Phasen des Modernisierungsprozesses bedeutet dies, daß in ihnen das ökonomische und politische System noch nicht diejenige Selbständigkeit gegeneinander gewonnen haben, die solche unmittelbaren Eingriffe zumindest zur Ausnahme macht, gleichzeitig das politische System auch in seiner Binnenstruktur weder in seinen sozialen Träger noch seinen Funktionsprinzipien sich von einer Bindung an feudale Strukturen gänzlich freigemacht hat.[17] Für die fortgeschrittene

16 Als Skizze einer solchen Inanspruchnahme des bürgerlichen Staates für den ökonomischen Durchsetzungsprozeß auch schon im Rahmen seiner "historischen Konstitution" siehe Kostede 1976, S. 185f. im Anschluß an Gerstenberger 1973 als eine der wenigen historisch orientierten Bemühungen, die aus der westdeutschen Staatsdebatte hervorgegangen sind. Marx selbst hat in seiner Darstellung der historischen Entstehung des Kapitalismus innerhalb der "ursprünglichen Akkumulation des Kapitals" im Detail nachgezeichnet, wie diese Entstehung sowohl in der gewaltsamen Abtrennung der agrarischen Produzenten von ihren Produktionsmitteln, als auch in der genauso gewaltsamen Ausplünderung ganzer Regionen der Welt durch den unmittelbaren Eingriff des staatlichen Gewaltapparates ermöglicht wurde. "Modernisierung der Volkswirtschaft" war von daher schon immer ein Anliegen des bürgerlichen Staates.

17 Gegen die in der westdeutschen Staatsdebatte immer wieder vollzogene Identifizierung des strukturellen Verhältnisses von Staat und bürgerlicher Gesellschaft mit dessen historischen Formen hat Kostede (a.a.O., S. 184) gerade diesen Sachverhalt hervorgehoben: "Die begriffliche Entwicklung des Zusammenhangs von Staat und Gesellschaft ... beruht auf der stillschweigenden

Form des Modernisierungsprozesses, wie sie die kapitalistischen Gesellschaften nach dem Zweiten Weltkrieg repräsentieren, bedeutet dies umgekehrt, daß die Organisationsprinzipien ihres politischen Systems als Formen einer zunehmenden Herstellung des spezifisch modernen Zusammenhangs von institutioneller Autonomisierung gesellschaftlicher Sphären und deren entsprechend nur vermittelter Funktionalisierung zu begreifen sind. In der Herstellung entsprechender Binnenstrukturen des fordistischen Staatsapparates gelang es - hinausgehend über die Entkopplung des Mechanismen der Konstitution des politischen Systems von ökonomischen Kriterien im Zuge der Durchsetzung des allgemeinen Wahlrechts[18] -, auch innerhalb der Staatsbürokratie den Einfluß traditioneller, noch weitgehend anhand "zugeschriebener" sozialer Merkmale zusammengesetzter politischer Eliten zurückzudrängen zugunsten des Aufbaus einer modernen Bürokratie, basierend auf einem sich vor allem entlang des "erworbenen" Merkmals Bildung rekrutierenden Personals aus vorwiegend bürgerlichen Schichten.[19] Das Fundament für diesen inneren Modernisierungsschub des politischen Systems ist dabei erneut in dem Hervortreten derjenigen ökonomischen Bedingungen, die eine entsprechende Autonomisierung politischer Steuerung erforderlich machen, zu suchen: Mit der wachsenden Internationalisierung des ökonomischen Systems in fordistischen Gesellschaften bedarf das staatliche Handeln zunehmend einer rationalen und universalistischen Organisation bezogen auf die dadurch gesetzten "Sachzwänge", muß sich gerade von dem Zugriff einzelner gesellschaftlicher Gruppen innerhalb des jeweiligen nationalen Zusammenhangs unmittelbar emanzipieren, um allerdings umso stärker in vermittelter Form unter die Erfordernisse der internationalisierten Akkumulation des Kapitals unterworfen zu werden.[20]

Tatsächlich hat das politische System kapitalistischer Gesellschaften in der Nachkriegszeit in quantitativer wie qualitativer Hinsicht einen entscheidenden Schub in Richtung auf das oben idealtypisch angesetzte Verhältnis von "Staat" und

Voraussetzung, daß jene ursprüngliche Diremtion, daß jene erste historische Besonderung von Staat und Gesellschaft im Übergang vom Feudalismus zur Moderne abgeschlossen war."

18 In den europäischen Nationen fand dies zu Beginn des 20. Jahrhunderts statt; während des 19. Jahrhunderts blieb der "Universalismus" des bürgerlichen Staates in dieser Hinsicht auf eine Minderheit, die sich weit unter 10% der Bevölkerung bewegte, beschränkt; ein weiteres Beispiel dafür, daß Begriff und Geschichte der Moderne nur über langwierige historische Prozesse und soziale Auseinandersetzungen eine Annäherung erfahren. Siehe dazu Zimmermann 1986, S. 103ff.

19 Auch dieser Prozeß wäre historisch und national auszudifferenzieren, insofern als sich die Herausbildung des Bildungsbürgertums als Träger des "modernen Bürokratismus" (Weber 1980 (1922), S. 576) bis in den Ausgang des 18. Jahrhunderts zurückverfolgen läßt (Siehe dazu beispielsweise Kreutz 1974, S. 45ff.) und in ihrer Verallgemeinerung von nationalen Bedingungen abhängig ist. Daß dieser Prozeß in der jüngsten Phase moderner Vergesellschaftung eine entscheidende Beschleunigung erfahren hat, hat Schwarz (1981, S. 412ff.) zumindest in bezug auf die bundesrepublikanische Gesellschaft herausgearbeitet. Erst in dieser Phase gelang es endgültig, den Einfluß der "bürokratisch-junkerlichen Oberschicht" zugunsten einer im wesentlichen über Bildungspatente rekrutierten "kleinbürgerlich-mittelständischen" politischen Elite zu brechen. Das Schwergewicht, das in bezug auf diesen Zeitraum auch französische und englische Autoren wie Bourdieu und Clarke auf die zunehmende Bedeutung von Bildung für die Struktur des gesellschaftlichen Schichtungssystems und die Rekrutierung gesellschaftlicher Eliten gelegt haben, stützt eine ähnliche Interpretation auch für andere fordistische Nationen. Zu diesen Konvergenzen im Zusammenhang von Sozialstruktur und Bildungsentwicklung siehe im einzelnen Bornschier 1988, S. 328ff.

20 Diesen Gegensatz zwischen einem sich nach innen zunehmend autonomisierenden politischen System und dessen zunehmender Unterordnung unter die internationale Entwicklung des ökonomischen Systems hatten schon Hirsch/Roth als zentrales Merkmal fordistischer Vergesellschaftung hervorgehoben. Altvater (1983, S. 246) hat diesen Sachverhalt entsprechend als "Obsiegen des Wertgesetzes über das politische Prinzip der Intervention" gekennzeichnet.

"bürgerlicher Gesellschaft" erfahren. Neben eine Vervielfachung der "Staatsquote" am Bruttosozialprodukt fordistischer Gesellschaften[21] tritt eine Ausweitung sowohl der wirtschafts- wie sozialpolitischen Aufgaben des Staates, die, wie gesehen, sogar Anlaß für die Vision einer umfassenden Steuerung des gesamtgesellschaftlichen Zusammenhangs durch politische Intervention gegeben hat.[22]

Begleitet wird diese zunehmende staatliche Vermittlung des ökonomischen und sozio-kulturellen Modernisierungsprozesses durch das verstärkte Hervortreten der inneren Strukturprinzipien des modernen Staates während dieses Zeitraums: Waren vor allem nach der Erfahrung des Faschismus die Mechanismen demokratischer Selektion und Legitimation politischer Eliten endgültig zu einem zentralen Pfeiler des politischen Institutionengefüges und der politischen Kultur geworden[23], bedurfte gleichzeitig die zunehmende Orientierung des derart demokratisch konstituierten wie legitimierten politischen Systems an den "Sachzwängen"[24] eines sich internationalisierenden ökonomischen Systems einer wachsenden Entkopplung des tatsächlichen Outputs dieses Systems von einer solchen demokratischen Basis.[25]

Daß die damit verbundene Verlagerung zentraler politischer Entscheidungen in den Korporatismus[26] der "Herrschaft der Verbände" (Claessens u. a. 1985, S. 101) gelingt, und sich mit der Herausbildung eines entsprechenden "staatsbürger-

21 Für die BRD beispielsweise veranschlagen Claessens u. a. (1985, S. 59) zum gegenwärtigen Zeitpunkt etwa den dritten Teil des "volkswirtschaftlichen Gesamteinkommens" als Staatsetat gegenüber 7,5% im Jahre 1913 für das Deutsche Reich.

22 Eine solche Unterstellung ist selbst noch in jüngeren Arbeiten, die ausdrücklich ökonomische Determinanten ins Zentrum ihrer Aufmerksamkeit stellen, spürbar. Lutz (1985a, S. 327f.) beispielsweise scheint in seinem schon angesprochenen Erklärungsversuch der Nachkriegsprosperität der Entwicklung des Wohlfahrtsstaates eine Rolle zuzuschreiben, die dieser nur auf dem Hintergrund eines internationalen Prosperierens der Profitproduktion übernehmen konnte, ohne diesen Hintergrund selbst - vermutlich aufgrund seiner ökonomischen Orientierung an der Entwicklung von Binnenmärkten - thematisch werden zu lassen.

23 Hierbei ist - vor allem für die Entwicklung der BRD - erneut dem realpolitischen wie kulturellen Einfluß der Vereinigten Staaten eine entscheidende Bedeutung zuzuschreiben.

24 Die ideologische Begleitmusik eines solchen scheinbar an den "natürlichen" Bedingungen des technischen Fortschritts orientierten, ausschließlich auf instrumentellem Wissen beruhenden Handelns politischer Eliten stellt die zu Beginn der 60er Jahre entstandene "Technokratiethese" mit ihren entsprechend antidemokratischen Konsequenzen dar. Zu dieser Theorie und ihren Widersprüchen siehe Offe 1972, S. 107f.

25 Habermas (1981b, S. 530) hat dieses Ineinandergreifen der wachsenden Berücksichtigung von aus der Lebenswelt formulierten Ansprüchen im Rahmen des politischen Systems auf der einen, der zunehmenden Entpolitisierung und Bürokratisierung dieses Prozesses auf der anderen Seite als grundsätzliche Ambivalenz des in der Nachkriegszeit sich verwirklichenden "sozialen und modernen Rechtsstaats" gekennzeichnet. Auch wenn gerade, wie oben angedeutet, seine Argumentation die vorhandenen Kontinuitäten in dieser Beziehung unterschätzt, muß jenseits einer differenzierteren historischen Betrachtungsweise davon ausgegangen werden, daß diese Ambivalenz in den fordistischen Gesellschaften der Nachkriegszeit eine spezifische Verschärfung erfahren hat. Nicht zuletzt findet dies seinen Ausdruck darin, daß die zentralen Fragestellungen der bundesrepublikanischen Politikwissenschaft um diesen Prozeß der schrittweisen Entkopplung der staatlichen Bürokratie von demokratischen Entscheidungsprozessen kreisen, diese Spannung zwischen Bürokratisierung und Demokratisierung des politischen Systems möglicherweise zumindest für die Entwicklung dieser Disziplin in der BRD sogar konstitutive Bedeutung besitzt. Zu den in dieser Diskussion hervorgehobenen Stufen der Verschiebung von Entscheidungsgewalt (über das Verhältnis der Bevölkerung zu den Parteien, der Parteien zu ihren Parlamentsfraktionen und schließlich des Parlaments selbst zur Regierungsexekutive) von dem unterstellten Souverän des demokratischen Staates hin zur Staatsbürokratie siehe zusammenfassend Rupp 1978, S. 104ff.

26 Altvater (1980, S. 43f.) hat die vor allem in der BRD gepflegte "korporative Politikregulierung" als Mechanismus "zur strukturpolitischen Anpassung der Wirtschaft an die Weltmarktbedingungen (Modernisierung der Volkswirtschaft)" charakterisiert.

lichen Privatismus" (Habermas 1973, S. 106) auch nach der Seite des sozio-kulturellen Systems Orientierungen durchzusetzen, die die Spannungen zwischen den bürokratischen und demokratischen Organisationsprinzipien des modernen Staates in einem relativen Gleichgewichtszustand halten, hängt - wie die Fordismustheorie im einzelnen aufgewiesen hat - allerdings von den selbst noch vorpolitischen Erfolgsbedingungen des politischen Handelns ab. Nur solange, wie das politische System auf Basis ökonomischer Prosperität im Rahmen seines grundlegend disparitären Charakters einen ausreichenden Umkreis gesellschaftlicher Interessen berücksichtigen kann, ist das Prinzip einer pauschalen Delegation politischer Entscheidungen relativ erfolgsversprechend. In dem Maße allerdings, in dem in der ökonomischen Abschwungphase der Langen Welle des Fordismus die Schnittmenge zwischen den Resultaten eines dominant an einer weltmarktorientierten Modernisierung der Wirtschaft orientierten staatlichen Handelns und den Interessen der verschiedenen Gruppen der Bevölkerung sich zunehmend verkleinert, gerät eine solche Formalisierung des demokratischen Verfahrens zunehmend unter Druck; der Widerspruch des modernen Staates zwischen seinem formalen Universalismus und seinem materialen Partikularismus genauso wie zwischen seinen inneren Organisationsprinzipien tritt dabei zunehmend als Krise des politischen Systems hervor.[27] Die unmittelbar ökonomisch motivierte Rationalitäts- und Finanzkrise des Staates findet sich auf dieser Basis vervollständigt durch die Krise auch seiner legitimatorischen Fundamente.

Deutet sich mit dieser Skizze für die fordistische Phase der Durchsetzung kapitalistischer Produktionsweise tatsächlich der behauptete innere Zusammenhang zwischen den ökonomischen und den politischen Widersprüchen des Modernisierungsprozesses an, wären allerdings für eine weiterführende Betrachtung dieser Phase erneut die raum-zeitlichen Verschiebungen innerhalb eines solchen Zusammenhangs zu thematisieren. Schon für die empirisch vorliegende Krise des Fordismus müßten sowohl die zeitliche Beziehung[28] zwischen deren subsystemspezifischen Ausprägungen wie die nationalen Formen, die diese Ausprägungen annehmen, ins Auge gefaßt werden.[29]

Wie schon an der Fordismustheorie deutlich geworden ist, ist der Aufweis der Perspektiven einer Überwindung der Krise des modernen Staates von einer solchen Spannung zwischen "Notwendigkeit" und "Kontingenz" noch weitaus grund-

---

27 Schmidt (1978) hat an der "Politik der inneren Reformen" der sozialliberalen Koalition im Zeitraum zwischen 1969 und 1976 im Detail aufgezeigt, wie deren Versuch, eine weltmarktorientierte Modernisierung der Ökonomie mit einem erneuten Schub in der Entwicklung des demokratischen Sozialstaates zu verbinden, unter dem Einfluß der sich durchsetzenden ökonomischen Krise gescheitert ist. Die Diskussion um das "Modell Deutschland" hat gezeigt, wie dieser Versuch in der Folgezeit abgelöst wird durch eine intensivierte ökonomische Modernisierungsstrategie, die mehr oder weniger bewußt die Rücknahme der von ihr eingeleiteten sozial- und bildungspolitischen Reformen in Kauf nimmt bzw. sogar selbst betreibt. Daß dieses politische Projekt schließlich durch eine Alternative ersetzt wurde, die für eine solche Wende in der Akzentsetzung zwischen den verschiedenen Funktionen des politischen Systems geeigneter ist, scheint auf diesem Hintergrund kaum zufällig.

28 Zu beantworten wäre beispielsweise die Frage, warum die ersten Anzeichen eines Bruches innerhalb des fordistischen Vergesellschaftungsmodells nicht im ökonomischen, sondern im politisch-legitimatorischen und im sozio-kulturellen System hervorgetreten sind; dies allerdings auf dem Hintergrund der ersten Anzeichen auch ökonomischer Funktionsprobleme dieses Modells.

29 Auch hier lassen sich zwar einerseits Gemeinsamkeiten festhalten derart, daß die Krise des Fordismus Hand in Hand geht mit einer Krise des "sozialdemokratischen" Modus politischer Regulation; die in den verschiedenen fordistischen Nationen aus dieser Krise hervorgegangenen Alternativen unterscheiden sich andererseits in wesentlichen Aspekten.

sätzlicher betroffen. Zwar hängen solche Perspektiven unbezweifelbar von den Möglichkeiten eines erneuten langfristigen ökonomischen Aufschwungs ab, sind aber hinausgehend über dessen eigene Unabsehbarkeit entscheidend von den Auseinandersetzungen innerhalb der national organisierten politischen Systeme abhängig. Ob es beispielsweise im Rahmen einer "Entschlackung" des Staates von sozialpolitischen Funktionen in einer erneuten Reprivatisierung der entsprechenden Reproduktionsrisiken gelingt, das politische System von den Ansprüchen ganzer Teile der Bevölkerung zu entlasten[30] und die daraus entspringenden sozialen Auseinandersetzungen den Mechanismen repressiver Kontrolle zu unterwerfen, ist in entscheidendem Ausmaß nicht nur von der Stärke des ökonomischen Drucks, der eine solche "Konzentration auf das Wesentliche" fordert, sondern auch von den jeweiligen nationalen Traditionen[31] und nicht zuletzt den sozialen Auseinandersetzungen darüber, was als solches "Wesentliche" anzusehen ist, selbst bestimmt.

Die Anläufe, die die Fordismustheorie in Richtung auf die Entwicklung von diesbezüglichen Szenarien unternommen hat, sprechen allerdings grundsätzlich dafür, daß das politische System kapitalistischer Gesellschaften in einem solchen Reorganisationsprozeß keines der seiner spezifisch modernen Form entsprechenden Merkmale fallen lassen wird[32], sondern in einer Neugewichtung von deren widersprüchlicher Struktur eine neue Stufe politischer Modernisierung einleiten wird, in der aber durchaus wesentliche Errungenschaften der fordistischen Verlaufsform dieser Widersprüche in Frage gestellt werden könnten.

Wenn sich damit Wirkungsweise und Binnenstrukturen des politischen Systems fordistischer Gesellschaften genauso wie dessen Zukunftsperspektiven im Rahmen der fortgeschrittenen Entfaltung der Widersprüche moderner Staatlichkeit begreifen lassen, verweist auch die Art und Weise, in der in diesen Gesellschaften die materielle und normative Reproduktion von Subjektivität organisiert wird, auf eine entsprechende Modernisierungsdynamik. Nicht nur der institutionalisierte Autonomisierungsprozeß von Reproduktionsfunktionen vor allem in familiären Zusammenhängen, sondern auch die Form, in der diese gestützt, ergänzt oder auch konterkariert werden durch die Übernahme solcher Funktionen durch das politisch-administrative System können in ihren grundlegenden Merkmalen als Ausdruck des skizzierten ökonomischen Modernisierungsprozesses innerhalb fordistischer Gesellschaften bestimmt werden. Mit der in der Nachkriegszeit beschleunigten Verallgemeinerung des Lohnarbeiterverhältnisses in der massenhaften Zerstörung von Formen "einfacher Warenproduktion"[33] ist die institutio-

30 Einen solchen Ausweg aus den Strukturproblemen des kapitalistischen Staates hatte schon Offe (1972, S. 101) angedeutet.

31 Die Reduzierung sozialstaatlicher Aufgaben ist beispielsweise in den Vereinigten Staaten aufgrund ihrer historisch kaum entfalteten Sozialgesetzgebung mit weitaus geringeren Friktionen durchzuführen als beispielsweise in der BRD, deren entsprechende Traditionen und Strukturen bis in die zweite Hälfte des 19. Jahrhunderts zurückverweisen.

32 Die Entkopplung eines rasant betriebenen staatlich gestützten Modernsierungsprozesses der Ökonomie von den demokratischen Mechanismen des modernen Staates, wie sie zumindest den deutschen Faschismus gekennzeichnet hat, wäre als ein solcher Versuch, eine Seite der widersprüchlichen Dynamik des Modernisierungsprozesses fallen zu lassen, zu verstehen.

33 Diese Verschiebung von Reproduktionsformen, die weiterhin auf dem Eigentum der Produzenten an den Produktionsmitteln beruhen, hin zu Lohnarbeitsverhältnissen findet ihren Ausdruck darin, daß beispielsweise in der BRD im Zeitraum zwischen 1950 und 1982 der Anteil der Selbständigen an der erwerbstätigen Bevölkerung von 29,1 auf 12,5% zurückgegangen ist,

nelle Auslagerung der Reproduktionsfunktionen aus dem produktiven Zusammenhang bei gleichzeitig intensivierter reeller Subsumtion dieser Funktionen unter dessen Anforderungen entscheidend vorangetrieben worden. Mit der damit vollzogenen Annäherung an die spezifisch moderne Form von "Autonomisierung" und "Funktionalisierung" außerökonomischer Lebensbereiche treten gleichzeitig auch die geforderten institutionellen und normativen Merkmale der sozio-kulturellen Funktionen und die in sie eingelassenen Widersprüche zunehmend hervor. Die städtische Kleinfamilie wird aufgrund der Auflösung des Haushaltes als ökonomischer Einheit und der gleichzeitig geforderten Mobilität der Arbeitskräfte gegenüber noch teilweise[34] an traditionellen Mustern orientierten großfamiliären und nachbarschaftlichen Sozialzusammenhängen zur bestimmenden Form materieller und normativer Reproduktion.[35] Die damit intensivierte "Autonomisierung der Kleinfamilie" (Habermas 1981b, S. 568) und die mit ihr verbundenen Individualisierungsprozesse fanden allerdings in derselben Entwicklung ihre Beschränkung. Jenseits der oben skizzierten grundsätzlichen Probleme einer derart verengten sozialen Institution gegenüber den gleichzeitig sich an sie ausweitenden Ansprüchen gerät die diese Institution selbst noch kennzeichnende Arbeitsteilung zwischen lohnvermittelter produktiver und hausfraulicher reproduktiver Arbeit unter den unmittelbaren Druck des ökonomischen System: durch die massive Zunahme von weiblicher Lohnarbeit[36] wird sozusagen der Individualisierungsprozeß

während der entsprechende Anteil der Lohnabhängigen im gleichen Zeitraum von 70,9 auf 87,5% angestiegen ist. Siehe dazu Claessens u. a. 1985, S. 216 und ähnlich Clarke u. a. 1981, S. 71 in bezug auf die englische Entwicklung. In dieser Beziehung hat sich die Marxsche Prognose zunehmender "Proletarisierung" bewährt, allerdings in der Form einer Ausdifferenzierung der Lebenslagen von Lohnabhängigen, die Marx aufgrund seiner Ausrichtung auf die unmittelbar an den kapitalistischen Produktionsprozeß angebundenen Formen der Lohnarbeit nicht in den Blick bekommen hat. - Achinger u. a. (1980, S. 44) haben diesen Enteignungsprozeß vor allem als Krise des "traditionellen Mittelstandes", der "eigene Produktionsmittel besitzt ..., aber nicht oder kaum über Arbeitskraft verfügt", charakterisiert. "In einer solchen Lage befinden sich etwa Landwirte und selbständige Handwerker, aber auch selbständige Ärzte." (a.a.O.) Bezieht man diese Krise des "alten Mittelstandes" zurück auf die nicht nur vom Anti-Autoritarismus gepflegte Vorstellung einer Untergrabung der ökonomischen Basis der "bürgerlichen Werte" zurück, so wird deutlich, daß sich eine solche Vorstellung tatsächlich nur auf diese Gruppe, deren Lebensbedingungen gerade eine relativ unterentwickelte, gerade nicht spezifisch kapitalistische Form der bürgerlichen Organisation der Ökonomie repräsentieren, stützen kann. Tatsächlich deutet sich hier schon an, daß zentrale Momente der Interpretation des Modernisierungsprozesses der 60er Jahre rückverweisen auf solche soziale Umschichtungen innerhalb der "Mittelschichten" (oder in "klassischer" Terminologie: des Kleinbürgertums).

34 Diese Relativierung ist deshalb notwendig, weil es sich bei den entsprechenden Formen erneut schon um "Mischungen" zwischen traditionellen und modernen Organisationsprinzipien handelt. Die "traditionelle Arbeiterkultur" wie sie für die BRD beispielsweise von den Zechensiedlungen des Ruhrgebietes repräsentiert wird, stellt in einem doppelten Sinne eine solche Mischung dar. Zwar war der Zusammenhang zwischen Produktion und Reproduktion dominiert von geldlichen Leistungen, Ort und zentrale Bestandteile der Reproduktion, wie beispielsweise die Wohnung selbst, waren aber weiterhin in unmittelbarem Zusammenhang mit dem betreffenden Betrieb organisiert; gleichzeitig beruhte diese Reproduktionsform zumindest auf einer Ergänzung der lohnvermittelten Aneignung gesellschaftlichen Reichtums durch Formen der Subsistenzwirtschaft.

35 Auf diesen Prozeß hatte schon die Fordismustheorie hingewiesen. Clarke u. a. (1981, S. 70ff.) haben die entsprechende Auflösung der "ökologischen Situation ... der Arbeiternachbarschaft", wie sie die "traditionelle Arbeiterkultur" kennzeichnet, für den Modernisierungsprozeß der englischen Gesellschaft nachgezeichnet. Mit diesem Prozeß sind nicht nur die soziale und räumliche Ausgliederung der Kleinfamilie und die entsprechende Individualisierung auch des Wohnens verbunden, sondern auch der Zwang zu einer genauso individualisierten Erhöhung der Mobilität zwischen Arbeitsplatz und Familie. Das Auto scheint auch in dieser Beziehung für die Logik fordistischer Vergesellschaftung zu stehen.

36 Für die BRD beispielsweise veranschlagt Schwarz (1981, S. 395) allein im Zeitraum von 1950 bis 1957 eine Steigerung der Erwerbstätigkeit von Frauen um 50%, die allerdings zu großen Teilen

bis in die Kleinfamilie fortgesetzt und stellt deren Zusammenhalt nicht zuletzt in sich rasant beschleunigenden Scheidungsraten in Frage.[37] Daß solche Spannungen letztlich auch mit der für die Lohnarbeiter geforderten Mobilität zusammenhängen - läßt sich diese häufig für beide Ehepartner kaum gleichzeitig realisieren[38] -, verweist dabei gleichzeitig darauf, daß auch dieses Moment der Freisetzung von Lebensformen weiterhin gebrochen wird durch die Anpassungszwänge der Berufsarbeit.[39]

Ausdruck dieser verschiedenen Spannungen der Kleinfamilie zwischen Autonomisierung auf der einen, wachsenden Ansprüchen von seiten des ökonomischen Systems auf der anderen Seite ist die den familiären Zusammenhang gleichzeitig unterstützende wie seinerseits relativierende Ausweitung der sozio-kulturellen Funktionen des politischen Systems.[40] In dem Maße, in dem es der Familie zunehmend weniger gelingt, ihre Reproduktionsfunktionen wahrzunehmen, ist sie auf staatliche Maßnahmen angewiesen, die sie gleichzeitig entlasten, wachsende Bestandteile dieser Funktionen allerdings gleichzeitig dem Bürokratismus solcher Maßnahmen unterwerfen.[41]

Mit diesem Schub in der institutionellen Aufgliederung des gesellschaftlichen Zusammenhanges moderner Gesellschaften ergibt sich für die Mehrzahl von deren Mitgliedern zunehmend auch die Möglichkeit wie Notwendigkeit der Herausbildung entsprechender Subjektivitätsformen und Wertorientierungen. Nicht nur nach der Formseite verlieren dabei die bis zu diesem Zeitpunkt weiterhin einfluß-

---

auf das Konto der zunehmenden Einbindung von Frauen aus der Mittelschicht in die Lohnarbeit zu verbuchen ist. Hier deutet sich erneut an, daß die Art und Weise, in der der tatsächliche Modernisierungsprozeß kulturell thematisiert wird, in hohem Maße von den Umstrukturierungen innerhalb einer bestimmten Sozialschicht geprägt ist.

37 Seinen unmittelbaren Ausdruck findet dies darin, daß beispielsweise in der BRD die Scheidungsrate sich in der Zeit zwischen 1960 und 1982 mehr als verdoppelt hat. Siehe dazu Claessens u. a. 1985, S. 402. - Lüscher (1986, S. 32) hat entsprechend darauf hingewiesen, daß mit der durch die Lohnform gesetzten Mobilität des Lohnarbeiters "Henry's Traum auf eine Gesellschaft von Singles zugeschnitten scheint." Daß eine entsprechende Singlegesellschaft aber - wie Beck (1986, S. 161ff.) trotz vielfältiger Differenzierungen anzunehmen scheint - weder den funktionalen Erfordernissen noch den tatsächlichen Perspektiven des kulturellen Modernisierungsprozesses entspricht, hat Lüscher allerdings genauso hervorgehoben: "Die Einbindung der ... Singles in die Familieneinheit ... muß der fordistischen Vision wie ein Bremsklotz erscheinen, aber auch wie ein Rettungsring."

38 Zu diesem Aspekt des Übergriffes der "Individualisierungsdynamik" auch auf die Binnenstruktur der Kleinfamilie siehe Beck 1986, S. 175f.

39 Clarke u. a. (1981, S. 77ff.) haben diese Zwänge am Prozeß der mit der regionalen Verlagerung der englischen Industriereviere verbundenen Mobilität von Arbeitskräften verdeutlicht. Die Folgen eines "langsamen Verfalls ganzer Industriezweige und Regionen" für die "Ökologie der Arbeiterkultur" lassen sich heute an der Krise der traditionellen Industriereviere im Ruhrgebiet beobachten. - Auch in dieser Beziehung hat sich die "Modernisierungstheorie" in der ideologischen Verbrämung des Modernisierungsprozesses hervorgetan: Ihr gilt die "physische" und "soziale Mobilität" auch des "einfachen Menschen ... der westlichen Welt" als ein Prozeß der "Wanderung vieler einzelner", die "für sich den Entschluß gefaßt haben, ihre eigene Version eines besseren Lebens anderswo zu suchen" (Lerner 1979, S. 362).

40 Auf die grundsätzliche Komplementarität zwischen der Herausbildung "einer neuen, verkleinerten privaten/häuslichen Reproduktionszelle: der *städtischen, proletarischen Kleinfamilie*" auf der einen, "eines neuen und erweiterten *kollektiven Konsums* (Arbeitslosenversicherung, Gesundheitswesen, Rentenversicherung, Freizeitindustrie)" auf der anderen Seite hat Bühler (1981, S. 148) hingewiesen.

41 Die Momente von "Kolonialisierung" und "Autonomisierung" der Lebenswelt, deren mangelhafte Verarbeitung bei Habermas Anlaß zu ihrer theoretisch widersprüchlichen Bestimmung gebildet haben, lassen sich also als Momente der realhistorischen Widersprüchlichkeit der Kleinfamilie begreifen. Wie schon angedeutet, hat Hirsch (1980, S. 90f.) dieser Dialektik von "Autonomisierung" und "Auflösung" der Familie eine ähnliche Explikation gegeben.

reichen Prinzipien einheitlicher Handlungs- und Weltorientierung immer mehr an Bedeutung[42], sondern treten auch in materialer Hinsicht die im Rahmen einer weiterhin wirksamen Verzichtsethik noch integrierten Produktions- und Reproduktionsnormen auseinander. Zwar sind auch in dieser Hinsicht die historischen Kontinuitäten einer solchen Freisetzung der kulturellen Dynamik moderner Gesellschaften zu berücksichtigen[43], läßt sich aber für den betrachteten Zeitraum genauso ein beschleunigtes und intensiviertes Auseinandertreten einer solchen ethisch zusammengebundenen Einheit in eine dominant[44] instrumentalistische Beziehung zum Arbeitsprozeß auf der einen, eine dominant privatistische und konsumistische Orientierung für die Reproduktionssphäre konstatieren.[45]

Repräsentiert die fordistische Organisation des Zusammenhangs zwischen ökonomischem und sozio-kulturellem System auf diese Art und Weise tatsächlich ein fortgeschrittenes Stadium der Annäherung an die spezifisch modernen institutionellen und normativen Mechanismen dieser Beziehung, lassen sich auch an weiteren "sekundären Trägern" des Modernisierungsprozesses[46] ähnliche Angleichungstendenzen aufzeigen. Wenn beispielsweise, wie schon angedeutet, die institutionelle Entkopplung von Familie und Produktion nicht nur die Institutionalisierung eines eigenen Lebensabschnittes zwecks individualgeschichtlicher Verkopplung der Orientierungen beider Bereiche, sondern auch die zunehmende staatli-

42 Diese Verschärfung des Differenzierungs- und Enttraditionalisierungsprozesses auch der Wertsphären findet unter anderem seinen Ausdruck in der in der Nachkriegszeit entsprechend beschleunigten Säkularisierung der Gesellschaft. Die Religion verliert dabei zwar keineswegs ihre Bedeutung als Orientierungssystem, wird aber gemäß der Logik dieses Prozesses der Aufgliederung von Wertsphären ihres "universellen Geltungsanspruches" beraubt und dadurch zur "Privatsache" gemacht. (Schwarz 1981, S. 392)

43 Herkommer (1985, S. 33f.) hat entsprechend die "relative Konstanz des bürgerlichen Grundmusters" hervorgehoben, innerhalb von deren Rahmen aber trotzdem an einem "Wertewandel", in dem "die traditionalen, ständischen ... für den frühen Kapitalismus besonders funktionalen ... Elemente der Werteordnung weitgehend zurückgetreten sind", festgehalten.

44 Die Charakterisierung dieser Orientierungen als "dominant" ist erneut insofern notwendig, als die in einem solchen Instrumentalismus enthaltene "Verringerung der Kulturbedeutung der berufsethischen Lebensorientierung" (Scherr 1984, S. 200) wiederum ohne das Weiterbestehen eines Minimums an normativer Besetzung einer noch so reduzierten Arbeitsrolle die Funktionsfähigkeit des produktiven Zusammenhangs selbst in Frage stellen würde. Scherr (a.a.O., S. 201) hat der in Anknüpfung an neuere Arbeiten zum Wandel von Arbeitswerten weiterhin festzuhaltenden "wertbildenden" Bedeutung produktiver Arbeit, mithin ihrer nur begrenzten "Entethisierung" deshalb mit dem Konzept eines "gebrochenen Instrumentalismus" gerecht zu werden versucht.

45 Daß dieses vom "Abbau der protestantischen Ethik ..., auf deren Gesetzen das traditionelle Wertsystem unserer Gesellschaft beruhte" (Bell 1974, S. 61), hervorgebrachte "Auseinanderklaffen ... zwischen den Grundsätzen der Wirtschaft ... und der kulturellen Entwicklung ... *die* Krise der westlichen Gesellschaft begründet, ... dieser kulturelle Widerspruch die *größte* Herausforderung an diese Gesellschaft bedeutet" (Bell 1974, S. 70; Hervorhebung St. B.), ist zwar sicherlich überzogen; darüber, daß es sich bei diesem Hervortreten der Widersprüchlichkeiten des modernen Wertesystems um *eine* der grundsätzlichen Bedrohungen moderner Vergesellschaftung handelt, besteht - jenseits der unterschiedlichen Perspektiven auf mögliche Lösungen dieses Problems - weitgehend Einigkeit. Zu den unterschiedlichen Konsequenzen dieses Prozesses, vor allem nach der Seite der "Modernisierung des Konsumverhaltens" (Spree 1985) liegen eine Fülle von einzelnen Untersuchungen vor; zu der Umsetzung konsumistischer Orientierungen im primären Sozialisationsprozeß siehe beispielsweise Rolff 1983, zu den Konsequenzen eines solchen Wandels in der Beziehung zur gegenständlichen Welt auch für den Bezug auf die eigene und fremde Sinnlichkeit siehe Preuss-Lausitz 1983. Der inneren Widersprüchlichkeit dieses Prozesses zwischen Freisetzung und intensivierter Instrumentalisierung von Sinnlichkeit hatte Marcuse, wie gesehen, mit dem Begriff der "repressiven Entsublimierung" versucht gerecht zu werden.

46 Als solche "sekundären Träger" haben Berger u. a. (1975, S. 90f.) die "Ausbreitung städtischer Lebensstile", die Erhöhung sozialer Mobilität, die zunehmende Bedeutung von Technik und Wissenschaft und schließlich "Massenerziehung" und "Massenmedien" benannt.

che Vermittlung dieses Übergangsprozesses erforderlich macht, so ist zu erwarten, daß gerade der Zusammenhang von "Jugend" und "Bildung" Aufschlüsse über den Stand der kulturellen Modernisierung einer gegebenen Gesellschaft gibt. Tatsächlich sind in den fordistischen Gesellschaften der Nachkriegszeit entsprechende Entwicklungen zu beobachten: Nicht nur verallgemeinert sich der Tendenz nach eine institutionalisierte Jugendphase über alle Schichten der Gesellschaft, sondern gewinnt diese Phase u. a. aufgrund der wachsenden Ansprüche des ökonomischen Systems[47] an die Bereitstellung von Bildungsqualifikationen, die die Kernfamilie allein schon auf Basis des sich beständig beschleunigenden sozialen Wandels nicht garantieren kann, im Rahmen der Verallgemeinerung und Ausweitung von staatlich organisierten Bildungsprozessen ein bisher einmaliges Gewicht.[48] Allerdings vollzieht sich auch dieser kulturelle Universalisierungsschub von Anbeginn erneut in disparitären Formen: Auf der einen Seite bleibt die institutionelle Gliederung des staatlichen Bildungssystemes weiterhin entlang der Kriterien sozialer Schichtung organisiert, auf der anderen Seite profitieren auch innerhalb dieser Aufgliederung keineswegs alle sozialen Schichten gleichermaßen von der betriebenen Reform des Bildungssystems. Daß es ihm Rahmen dieser Reform vor allem der sogenannten Neuen Mittelschicht gelingt, ihrer auf Bildung beruhenden sozialen Identität ein größeres Gewicht innerhalb des gesellschaftlichen Schichtungssystemes zu verschaffen[49], verweist dabei erneut auf die Ankopplung der in den 60er Jahren eingeleiteten Modernisierung des Bildungssystems an die Anforderungen ökonomischer Modernisierung[50]; diese Tatsache zeigt allerdings

---

47 Tatsächlich läßt sich Bildung, indem sie das zu einer Rationalisierung des Produktionsprozesses erforderliche "Humankapital" zur Verfügung stellt, als "entgegenwirkende Ursache zum tendenziellen Fall der Profitrate" begreifen. (Zu einer solchen Argumentation siehe beispielsweise Roth/Kanzow 1971, S. 85ff.) Der Fehler entsprechender bildungsökonomischer Ansätze besteht hierbei erneut nicht darin, daß sie auf diese unmittelbar ökonomische Bedeutung der Bildungsreform hingewiesen haben, sondern vielmehr darin, daß sie die Qualifikationsfunktion von Bildung für außerökonomische Tätigkeiten der politischen und kulturellen Vermittlung ökonomischer Prozesse nahezu gänzlich ausgeblendet haben und ihr dadurch entscheidende Momente der Modernisierung des Bildungssystems seit den 60er Jahren entgangen sind.

48 Zu diesem Zusammenhang der "massiven Ausweitung der höheren Bildung" und der Verallgemeinerung und Verlängerung der Jugendphase siehe beispielsweise Clarke u. a. 1981, S. 55. Auf die enorme Beschleunigung, die der Modernisierungsprozeß auch in dieser Hinsicht in den letzten Jahrzehnten erfahren hat, haben Berger u. a. (a.a.O., S. 165) hingewiesen. Zu den entsprechenden Verschiebungen des Qualifikationsniveaus auch innerhalb der Arbeiterklasse siehe Hirsch/Roth 1986, S. 55: "Während 1925 noch 70% der männlichen Arbeiter un- und angelernt waren, sind es 1970 nur noch 40%."

49 Daß sich die Effekte der Bildungsreform vor allem auf diejenigen Gruppen der "neuen Mittelschicht" konzentriert haben, die als Träger von Vermittlungstätigkeiten im tertiären Sektor und Prozessen politischer und kultureller Modernisierung in den 60er Jahren tatsächlich an Bedeutung gewonnen haben, ist aus der heutigen Perspektive unübersehbar. Achinger u. a. (1980, S. 106) haben entsprechend "die Neue Mittelklasse als den unmittelbaren Gewinner der Bildungsexpansion" bestimmt; Clarke u. a. (1981, S. 73) haben umgekehrt gezeigt, daß innerhalb der Arbeiterklasse bestenfalls deren "sozial mobile Elite" von der Bildungsreform profitieren konnte und selbst Glotz/Malanowski (1982, S. 56) haben in bezug auf die westdeutschen Universitäten den begrenzten Charakter von deren "sozialer Öffnung" hervorgehoben. Die Arbeiten von Bourdieu sind schließlich dem Aufweis gewidmet, daß es sich bei einer solchen disparitären Partizipation am Bildungsprozeß keineswegs um eine nur empirische Abweichung vom Pfade der "Chancengleichheit" handelt, sondern daß die Organisation dieses Prozesses in kapitalistischen Gesellschaften grundsätzlich die Form der kulturellen Reproduktion sozialer Ungleichheit unter universalistischen Ansprüchen annimmt. Siehe dazu in Anknüpfung an Bourdieu Büchner 1984, S. 54.

50 An der unmittelbar ökonomischen Bedeutung der Neuen Mittelklassen als Ausdruck des Rationalisierungs- und Ausdifferenzierungsprozesses der Produktion selbst, haben Achinger u. a. (1980, S. 42) auch im Rahmen ihrer Kritik an den Beschränkungen bildungsökonomischer Erklärungsversuche der Bildungsreform festgehalten.

auch, daß der Verlauf der Bildungsreform in entscheidenden Dimensionen geprägt war durch die "relative gesellschaftliche Autonomie" (Achinger u. a. 1980, S. 36) politischer und sozio-kultureller Modernisierungsprozesse, die es gerade dieser Gruppe erlaubt hat, ihre Position hinausgehend über den Rahmen solcher ökonomischen Anforderungen auszubauen.

Zeigt diese Skizze zentraler Dimensionen des kulturellen Modernisierungsprozesses fortgeschrittener kapitalistischer Gesellschaften erneut, wie dessen Eigendynamik durch die oben konstatierte "doppelte Kontingenz" gegenüber den ökonomischen Strukturprinzipien moderner Vergesellschaftung gekennzeichnet ist, in ihren Resultaten dessenungeachtet aber an die Anforderungen, die von diesen Prinzipien ausgehen, gebunden bleibt, durch deren partikularen Charakter beständig gebrochen wird, so läßt sich auch die spezifische Akzentsetzung im Rahmen dieses widersprüchlichen Zusammenhangs von Autonomisierung und Funktionalisierung *grundsätzlich* entlang der "Tonalität" des jeweiligen Abschnittes der ökonomischen Entwicklung Langer Wellen ordnen.

Unter Bedingungen ökonomischer Prosperität bedeutet dies, daß gegenüber den Folgen der Zerstörung bisheriger Lebenszusammenhänge, Wertorientierungen und Subjektivitätsformen genauso wie den anomischen Konsequenzen der dabei sich verallgemeinernden neuen Lebensformen Gewichte in die Waagschale geworfen werden können, die eine relativ ausgeglichene Gesamtbilanz des sozio-kulturellen Modernisierungsprozesses aufzustellen erlauben. Dabei handelt es sich nicht nur um die im Rahmen der Ausweitung des Lebensstandards für breite Schichten der Bevölkerung eingetretene Ausweitung und Ausdifferenzierung konsum- und freizeitorientierter Lebensstile[51], sondern auch um diejenigen Freisetzungen kultureller Horizonte von einer unmittelbaren Orientierung an solchen konsumistischen Lebensstilen, wie sie im Rahmen der Bildungsexpansion möglich geworden sind - ohne daß diese Freisetzungsprozesse allerdings von den Perspektiven auf eine bevorzugte Position innerhalb des Schichtungssystems und entsprechend privilegierter Konsumchancen abgelöst werden.[52] Jenseits des grundsätzlich disparitären Charakters solcher Prozesse gewinnt das sozio-kulturelle System in ihnen eine Entfaltung und Eigenständigkeit[53], die die Versprechungen der

---

51 Clarke u. a. (a.a.O., S. 50ff.) haben erneut am Beispiel der Entwicklung von Jugend herausgearbeitet, wie sich im Rahmen der Herausbildung einer konsumistischen Konsum- und Freizeitkultur die "Entstehung einer besonderen Jugendkultur" vollzogen hat.

52 Innerhalb einer solchen Ausweitung der Prozesse unmittelbarer Freisetzung von dem fordistischen Leistungs/Konsumzirkel wären auch diejenigen Momente des Wertwandels anzusiedeln, die über diesen Zirkel hinausgehen. Wie nahezu einstimmig alle Untersuchungen zur sozialstrukturellen Verankerung solcher "postmaterialistischen" Bestandteile von Wertwandel feststellen (siehe dazu beispielsweise Klages 1984, S. 41 und Inglehart 1981, S. 311), verdichten sich deren Effekte gerade in der Gruppe der "jungen Gebildeten", die in ihrer Lebenssituation von den unmittelbaren Zwängen der Berufsarbeit freigesetzt ist. Dies bedeutet allerdings nicht nur, daß diese Momente von Wertwandel keineswegs für eine Verschiebung innerhalb einer anthropologisch vorgegebenen Hierarchie von Orientierungen mit zugleich gesellschaftsübergreifender Bedeutung stehen, sondern auch, daß auf Basis des nur vorübergehenden Charakters einer solchen Freisetzung im Rahmen eines grundsätzlichen Bezuges auf ökonomische Reproduktionszwänge "postmaterialistischen" Orientierungen auch für diese Gruppe lebensgeschichtlich eine nur beschränkte Bedeutung zukommt. "Konsumistische Orientierungen" genauso wie deren Überschreitungen wären damit selbst als zwei allerdings erneut widersprüchliche Aspekte eines sozialen Ausdifferenzierungsprozesses unter dem fortbestehenden Primat spezifisch moderner ökonomischer Orientierungen zu begreifen.

53 Von konservativen Kulturkritikern wie Bell (1974, S. 60) ist dieser Positionsgewinn des kulturellen Systems sogar zu einer "Revolution", einem "Generalangriff der 'Kultur' auf die Gesellschaftsstruktur" stilisiert worden; auch Klages (a.a.O., S. 156f.) ist der Meinung, daß der ent-

Moderne auf Wohlstand, Chancengleichheit und Bildung in die Nähe ihrer Erfüllung zu rücken scheinen.

Daß es sich bei diesen Entwicklungen aber nicht um eine schrittweise Annäherung an einen solchen Zustand der Harmonie der Funktionsprinzipien moderner Vergesellschaftung handelt, sondern um ein prekäres Gleichgewicht dieser Funktionsprinzipien[54] unter historisch eng umgrenzten Bedingungen, wird erneut mit dem ökonomischen Abschwung der Langen Welle des Fordismus deutlich. Zwar leitet ein solcher Umschwung keinen radikalen Bruch mit der kulturellen Dynamik der Prosperitätsphase des Fordismus ein, verschiebt aber die Akzente in der Beziehung dieser Dynamik zum ökonomischen System eindeutig in Richtung auf stärkere Begrenzung und Funktionalisierung sozio-kultureller Prozesse für dieses System und verlagert ensprechend auch das innere Schwergewicht des sozio-kulturellen Systems in eine restriktive Richtung. Mit der ökonomischen Krise treten nicht nur die Disparitäten innerhalb des ökonomischen Fundaments des sozio-kulturellen Systems als erneute Verschärfung sozialer Ungleichheit[55] bis hin zum Ausschluß erheblicher Teile der Bevölkerung aus dem über Lohnarbeit vermittelten Reproduktionszusammenhang überhaupt hervor; darüber hinaus geraten die konsumistische Lebensform und ihre Institutionalisierung in der Kleinfamilie auch da, wo sie für die Mehrheit der Bevölkerung weiterhin aufrechterhalten werden können, unter den erhöhten Druck des ökonomischen Prozesses. Indem dieser im Rahmen der Notwendigkeit beschleunigter Rationalisierung vor allem auch den Lohnanteil am Gesamtprodukt zu senken bestrebt ist und ihm dies auf dem "drohenden" Hintergrund einer wachsenden industriellen Reservearmee auch möglich ist, verschärfen sich selbst da, wo keine entsprechenden Reallohneinbußen in Kauf genommen werden müssen, die Leistungsanforderungen, denen zur Erhaltung eines gegebenen Lebensstandards entsprochen werden muß. Gleichzeitig machen die erhöhten Absatzprobleme der kapitalistischen Ökonomie eine erneute Ausweitung und Ausdifferenzierung des Konsumniveaus erforderlich, beschleunigt sich auf diese Art und Weise für diejenigen Gruppen, die nicht aus dem Leistungs-/Konsumzirkel des Fordismus herausfallen, dessen Teufelskreis rasant.[56] Indem derart der Gegensatz zwischen den kapitalistischen Prinzipien der

sprechende Wertwandel von "Pflicht- und Akzeptanzwerten" hin zu "Selbstentfaltungswerten" die Möglichkeiten des ökonomischen Systems überzogen hat, und fordert dementsprechend eine Relativierung der "Autonomie der Kultursphäre" (S. 167). Wie sich in der jüngeren Vergangenheit gezeigt hat, haben die Autoren Recht behalten. Die Ansprüche des kulturellen Systems haben sich tatsächlich zunehmend als dysfunktional für die ökonomische Logik kapitalistischer Gesellschaften erwiesen und die "Gesellschaftstruktur" ist zum "Gegenangriff" angetreten.

54 Bornschier (1986, S. 180) hat diese Phase dementsprechend erneut dadurch gekennzeichnet, daß "Ungleichheit wie Gleichheit und Effizienz sich ... in einem gewissen Gleichgewicht befinden, das freilich einen Kompromiß darstellt zwischen Macht, Effizienz und Gleichheit", und darüber hinaus den *grundlegend* konfliktorischen Charakter eines solchen Gleichgewichts im Unterschied zu dessen *Manifestationsformen* hervorgehoben: "Der Sozialstruktur liegen mithin auch im Gleichgewicht Konflikte zugrunde, die aber weitgehend latent bleiben."

55 Ein differenziertes Bild dieser "neuen alten Ungleichheiten" haben für die BRD Franz u. a. (1986) entworfen.

56 Auf den Druck, den die "Krise des fordistischen Akkumulationsmodells" auf "konsumistische Kulturmuster" ausübt, hat Scherr (1984, S. 241) hingewiesen. Indem er diesen Zusammenhang allerdings ausschließlich in Richtung auf die Notwendigkeit von "Reallohnsenkungen" thematisiert, geraten ihm andersartige Möglichkeiten einer Lösung des Problems etwa durch die zunehmende Spaltung zwischen gesellschaftlichen Gruppen, die um den Preis intensivierter Leistung ihr Konsumniveau auch in Zukunft ausweiten und ausdifferenzieren können, und anderen Gruppen, denen eine erhebliche Reduktion ihrer Ansprüche in dieser Beziehung zugemutet wird, aus den Augen; ein Szenario, das im Hinblick auf aktuelle Entwicklungen weitaus ange-

Produktion und den Ansprüchen des sozio-kulturellen Systems zunehmend hervortritt, verschärfen sich auch dessen anomische Konsequenzen sowohl für das einzelne Individuum wie die Kleinfamilie als zu deren Kompensation bestimmtem institutionellen Zusammenhang. Genauso wie der ökonomische "Abschwung" damit von "einem verbreiteten Wertezerfall (Anomie mit Gleichgültigkeit)" (Bornschier 1986, S. 187) begleitet wird[57], sind auch diejenigen Gruppen und Prozesse, in denen das Hervortreten der emanzipatorischen Seite moderner Werte verankert war, durch die ökonomische Entwicklung zunehmend negativ betroffen. Neben dem seit Mitte der 70er Jahre einsetzenden Stagnieren, wenn nicht sogar Zurückschrauben der Bildungsreform[58] gerät auch diejenige Lebensphase, in der der Bildungsprozeß weitgehend angesiedelt ist, selbst zunehmend unter den Einfluß der Widersprüche der ökonomischen Entwicklung moderner Gesellschaften. Hatte die Bedeutung von Bildungsabschlüssen für die Position innerhalb des gesellschaftlichen Schichtungssystems im Rahmen des fordistischen Modernisierungsschubes überhaupt entscheidend zugenommen, nimmt dieser Prozeß mit der Krise des Fordismus unmittelbar paradoxe Form an: Einerseits wird gerade unter Bedingungen verschärfter Rationalisierung des Produktionsprozesses und Konkurrenz auf dem Arbeitsmarkt der Erwerb höherer Bildungsqualifikationen zunehmend zu einer notwendigen Bedingung einer Integration in Berufstätigkeit, andererseits wird durch den gleichen Prozeß der Erwerb entsprechender Qualifikationen immer weniger zur Garantie einer solchen Integration nicht nur in den beruflichen Lebenszusammenhang.[59] Sowohl durch die unmittelbaren Konsequenzen der ökonomischen Krise in zunehmender Jugendarbeitslosigkeit, als auch durch die aus der daraus entspringenden Verschärfung der Anbindung von Bildungsprozessen an die Erfordernisse der ökonomischen Entwicklung und die entsprechende Intensivierung von Konkurrenz- und Leistungszwängen gerät damit auch derjenige autonomisierte Lebensabschnitt zunehmend unter den Druck anomischer Konflikte, der individualgeschichtlich gerade die Herausbildung der modernen Individualitäts- und Identitätsformen gewährleisten sollte.[60]

---

messener erscheint als die Prognose eines frontalen Angriffes auf die Reproduktionsbedingungen der Mehrheit der lohnabhängigen Bevölkerung.

57 Klages hat eine Differenzierung der verschiedenen Phasen des Wertwandels vorgenommen, die eine solche auch zeitlich zu verstehende Beziehung zwischen gesellschaftlicher Entwicklung und Wertwandel nahelegt. Seiner Meinung nach hat der "Wertwandel" im eigentlichen Sinne etwa Mitte der 70er Jahre unter dem Einfluß des Hervortretens der "Grenzen der Bildungsrevolution", eines "dramatischen Kanzlersturzes" und eines "deutlichen Umschwungs im ökonomischen Bereich" (1984, S. 127) seinen Abschluß gefunden, ohne allerdings in ein neues Wertegleichgewicht eingemündet zu sein. Vielmehr ist der Zeitraum seit der Beendigung des Wertwandels von "erheblichen Spannungen, die sich als psychischer Innendruck bemerkbar machen" (a.a.O., S. 133) bestimmt. Folgen dieser intensivierten Spannung zwischen gegensätzlichen Anforderungen der Gesellschaftsstruktur stellen dabei Prozesse zunehmender "Subjektivierung" und Instrumentalisierung des Handels mit der Gefahr einer Infragestellung werthafter Handlungsorientierungen überhaupt dar. Bezogen auf die Familie hat Klages im Zusammenhang mit solchen "Destruktionstendenzen der Wertkultur" ein weiteres Ansteigen der Ehescheidungen konstatiert. (a.a.O., S. 142ff.)

58 Zu diesem Übergang von der "Reformeuphorie" zur "restriktiven Bildungspolitik" siehe Becker/ Wagner 1977, S. 41ff.

59 Zu der Entwicklung dieser Paradoxien des Bildungssystems unter Bedingungen der ökonomischen Krise, der mit ihnen verbundenen Entwertung von Bildungsabschlüssen und ihren Konsequenzen für die Verschärfung von Selektionsprozessen innerhalb des Bildungssystems siehe Lutz 1982, S. 242ff. und Hirsch 1978.

60 Zinnecker (1985, S. 45) hat dem Ineinandergreifen von Autonomisierung und Untergrabung der Jugendphase innerhalb fordistischer Modernisierung eine Interpretation gegeben, die unmittelbar auf die Annahmen der hier vorgeschlagenen dialektischen Konzeptualisierung des Moderni-

Während sich damit zentrale Dimensionen der gegenwärtig diagnostizierten kulturellen Krise fortgeschrittener kapitalistischer Gesellschaften als genauso fortgeschrittene Formen der Entfaltung der strukturellen Widersprüche des kulturellen Modernisisierungsprozesses begreifen lassen, sind die Perspektiven einer Überwindung dieser Krise im Rahmen eines erneuten Schubes kultureller Modernisierung nur schwerlich absehbar. Daß die Möglichkeiten wie Charakteristika eines solchen Modernisierungsschubes wiederum in wesentlichen Aspekten von der Entwicklung der ökonomischen Rahmenbedingungen des sozio-kulturellen Systems abhängig sind, ergibt sich allein schon aus der Tatsache, daß der fordistische Zirkel von "hoher Leistung" und "differenziertem Genuß" nur solange nicht zusammenbricht, wie die unmittelbar ökonomischen Marginalisierungsprozesse auf selbst noch begrenzbare Gruppen der Bevölkerung beschränkt bleiben. Welchen Verlauf allerdings die Auseinandersetzungen um die Legitimität solcher Ausgrenzungsprozesse genauso wie um die steigenden individuellen und gesellschaftlichen Kosten einer Aufrechterhaltung oder gar Intensivierung der konsumistischen Lebensform nehmen, müßte erneut den Gegenstand einer auch nach nationalen Gesichtspunkten differenzierenden empirischen Analyse aktueller Entwicklungen und der sich in diesen abzeichnenden Tendenzen bilden. Die entsprechenden Versuche der Fordismustheorie[61] haben allerdings auch in dieser Beziehung nahegelegt, daß die weitere Entwicklung des sozio-kulturellen Systems moderner Gesellschaften eher als Verschärfung bzw. Neuakzentuierung der aufgewiesenen Widersprüche denn als grundlegender Bruch mit der kulturellen Dynamik der Moderne zu begreifen sein wird.[62]

Der damit vorgelegte Versuch, zentrale Merkmale der Entwicklung fortgeschrittener kapitalistischer Gesellschaften als Ausdruck der Modernisierungsdynamik solcher Gesellschaften zu bestimmen, macht zu guter wie zu "schlechter" Letzt die Stärken wie Mängel der angestrebten "Theorie fordistischer Modernisierung" nochmals deutlich. Zwar eröffnet diese Theorie Perspektiven auf ein Verständnis aktueller gesellschaftlicher Entwicklungen, das sich innerhalb einer Reformulierung grundsätzlicher Annahmen der marxistischen Theorietradition entfalten läßt;

sierungsprozesses verweist. Mit dem empirischen Aufweis, daß sich diese Phase gesellschaftlicher Entwicklung sowohl als erstmalige Durchsetzung von "Jugend" wie als "Ende der Realgeschichte von Jugend" charakterisieren läßt, verbindet er die Vermutung, daß es sich bei diesem realhistorischen Gegeneinander von "These" und "Antithese" um ein "Musterbeispiel für das, was die Protagonisten einer kritischen Theorie der Gesellschaft, Adorno und Horkheimer, seinerzeit die "Dialektik" der Aufklärung genannt haben", handelt. Auch wenn dieser Brückenschlag zwischen "Empirie" und "Geschichtsphilosophie" allzu unvermittelt ist, besteht in der Diskussion über die aktuelle Verfassung jugendlicher Lebenslagen weitgehend Einigkeit darüber, daß diese von den angedeuteten Widersprüchen bestimmt sind. Sowohl Hornstein (1985) wie Baethge (1985) sind in dieser Hinsicht der Meinung, daß nicht nur in bezug auf die Vergangenheit, sondern auch in der Gegenwart der Prozeß der Autonomisierung und Individualisierung von Jugend vorangetrieben wird, sich aber unter dem wachsenden Druck gesellschaftlicher Zwänge gleichzeitig die anomischen Bedrohungen dieses lebensgeschichtlichen Freiraums intensivieren.

61 Siehe dazu insbesondere Hirsch/Roth 1986, S. 115ff.

62 Vielmehr beispielsweise als die Herausbildung einer Gesellschaft von atomisierten Singles, die als solche um so besser den verschiedenartigen Mechanismen sozialer Kontrolle unterworfen werden könnten, ist das Fortschleifen des Widerspruchs zwischen tatsächlich in diese Richtung weisenden Tendenzen und den weiterhin sowohl empirisch resistenten wie funktionalen Formen familiärer Vergemeinschaftung zu erwarten, allerdings verbunden mit einer Verschärfung der anomischen Konsequenzen einer solchen Spannung. - Auch in dieser Hinsicht wären die entsprechenden Versuche Becks, die Marken eines "Weges in eine andere Moderne" abzustecken, zu relativieren.

eine tatsächliche Auflösung der "Krise des Marxismus" als Variante einer solchen theoretischen Verständigung über gesellschaftliche Entwicklungen bedürfte allerdings genau derjenigen empirischen Konkretisierung des vorgestellten modernisierungstheoretischen Modells, die in solchen Versuchen wie der Fordismustheorie bestenfalls ansatzweise angegangen worden ist. Gerade die hier im Anschluß an diese Theorie formulierten Versuche, die Richtung einer solchen Konkretisierung zu weisen, haben gezeigt, wie sehr auch eine genuin theoretische Auseinandersetzung mit gesellschaftlichen Entwicklungen immer wieder an die Grenze ihrer Differenzierungsfähigkeit stößt, solange sie sich nicht beständig ihrer empirischen Bezugspunkte in der geschichtlichen Entwicklung versichert. Daß sich mit der auf diesem Hintergrund erneut einzufordernden Vermittlung von Theorie und Historie wiederum - und auf dem Boden einer zunehmend differenzierteren einzelwissenschaftlichen Analyse gesellschaftlicher Entwicklungen in intensivierter Form - eines derjenigen Probleme stellt, das nicht nur die Kritische Gesellschaftstheorie von Anbeginn begleitet hat, sollte dabei eher Ansporn als Grund zur Resignation sein, zumindest solange man weiterhin auch an dem praktischen Sinn einer solchen übergreifenden Verständigung über gesellschaftliche Verhältnisse festzuhalten gewillt ist.

Auch wenn die vorliegende Arbeit mit diesem Appell gleichzeitig am Ende ihrer *gesellschafts*analytischen Intentionen angelangt ist, bleibt zum Schluß - gerade weil die marxistische Theorie diesen Willen immer wieder bekundet hat, ihre Krise dementsprechend vor allem auch immer für eine Krise derjenigen praktischen Veränderungsversuche stand, auf die sie ihre theoretische Kritik stützen zu können glaubte, - anzudeuten, welche Perspektiven und Fragen das bisher vorgestellte modernisierungstheoretische Modell für eine *bewegungs*theoretische Auseinandersetzung mit solchen praktischen Versuchen und ihrer Krise aufwirft.

AUSBLICK:
DIE SOZIALEN BEWEGUNGEN UND DIE "KRISE DES MARXISMUS"

Der vorangegangene Versuch, die kapitalismustheoretischen Fundamente der Marxschen Theorie einer Reformulierung nahezubringen, die die im Grunde ihrer Krise identifizierten "ökonomistischen" und "strukturalistischen" Fehlschlüsse aufhebbar macht, ohne diese Fundamente selbst preiszugeben, war von einer doppelten Intention geleitet. Auf der einen Seite sollte gezeigt werden, daß die Erklärungsansprüche, die die marxistische Tradition auf Basis dieser Fehlschlüsse formuliert hat, das tatsächliche Erklärungspotential einer sowohl strukturell wie ökonomisch orientierten Verständigung über die empirischen Realitäten fortgeschrittener kapitalistischer Gesellschaften immer wieder überbeansprucht hat. Bedeutet dies, daß der kurzschlüssigen Beziehung zwischen verschiedenen Ebenen gesamtgesellschaftlicher Analyse zunächst eine Entkopplung dieser Ebenen entgegenzustellen ist, sollte auf der anderen Seite genauso deutlich werden, daß im Rahmen eines vermittelten In-Beziehung-Setzens zwischen diesen Analyseebenen eine solche sowohl ökonomisch wie strukturell orientierte Theorie moderner Vergesellschaftung weiterhin die grundlegenden Charakteristika auch gegenwärtiger kapitalistischer Gesellschaften erklärbar macht, Aussagen über die konkrete Ausgestaltung dieser Merkmale dabei aber an die empirische Analyse dieser Gesellschaften verweist.

Die Argumentation war dabei in gewisser Weise allerdings selbst noch von dem oben identifizierten "dritten" Defizit der marxistischen Tradition gekennzeichnet. Bis auf wenige Hinweise auf den Einfluß sozialer Auseinandersetzungen auf die spezifische Verlaufsform sozialstruktureller Widersprüche ist sie, indem sie weitgehend von den Bestandserfordernissen sozialer Subsysteme her argumentiert hat - und gleichzeitig unterstellt hat, daß diesen in der Realgeschichte von Gesellschaft normalerweise Rechnung getragen wird - weitgehend "funktionalistisch" und "objektivistisch" geblieben. Daß jedes der bezeichneten strukturellen Merkmale moderner Vergesellschaftung und dessen jeweilige historische Ausprägung[1] ein bestimmtes Ineinander von Handlungszusammenhängen von Individuen darstellt, ist dabei meist nicht berücksichtigt worden.

Hier kann nun nicht der Ort sein, diesen Mangel zu beheben. Weder kann es darum gehen, den strukturellen und historischen Formen des Konstitutions- und Reproduktionszusammenhangs von "Subjektivität" und "gesellschaftlicher Objektivität" in modernen Gesellschaften nachzugehen[2], noch darum diesen Zusammen-

1 Nicht nur läßt sich jedes der benannten strukturellen Merkmale als entsprechend idealtypisch gefaßter Handlungszusammenhang begreifen, sondern ist - wie schon angedeutet - die historische Durchsetzung dieser Merkmale selbst Resultat konkret-historischer gesellschaftlicher Auseinandersetzungen gewesen. Wenn beispielsweise vom "Wertgesetz" die Rede war, so steht dieses nur für die Art und Weise, in der die Individuen im Rahmen der Privatproduktion ihr Handeln aufeinander beziehen; genauso bedeutet die historische Durchsetzung dieses Gesetzes nicht mehr als das bestimmte Resultat der Auseinandersetzung zwischen sozialen Gruppen oder auch Nationen mit unterschiedlichen Niveaus der Verallgemeinerung dieser Form der Produktion.

2 Daß jenseits der prinzipiell kaum bestreitbaren Notwendigkeit einer handlungstheoretischen Konzeptualisierung dieses Zusammenhangs die Rede von "gesellschaftlicher Objektivität" nicht nur bloße Metaphorik ist, hat schon Marx an dem widersprüchlichen Charakter des Handelns der Individuen in tauschvermittelten Vergesellschaftungsprozessen festgemacht: "Sosehr nun das Ganze dieser Bewegung als gesellschaftlicher Prozeß erscheint und sosehr die einzelnen Mo-

hang im umfassenden Sinn in Richtung auf das Verhältnis zwischen moderner Vergesellschaftung und der Tatsache wie den Formen des Hervortretens sozialer Bewegungen hin zu konkretisieren.[3]

Vielmehr soll im Bezug einzelner Dimensionen der Entwicklung sozialer Bewegungen auf das vorgestellte modernisierungstheoretische Modell angedeutet werden, inwiefern auch in dieser Beziehung das oben skizzierte zweigleisige Verfahren der Bearbeitung der "Krise des Marxismus" erfolgversprechend ist, mithin eine Auseinandersetzung mit den Entstehungs- und Wirkungsbedingungen auch gegenwärtiger sozialer Bewegungen den Rahmen marxistischer Theoriebildung, so wie er hier eingegrenzt worden ist, keineswegs mit Notwendigkeit aufsprengt.

Eine zentrale These des vorgestellten "Strukturmodells" moderner Vergesellschaftung bestand darin, daß diese sowohl in den Beziehungen zwischen ausdifferenzierten sozialen Subsystemen wie in deren Binnenstruktur selbst gegensätzliche Anforderungen hervorbringt. Überträgt man ein solches strukturelles Charakteristikum auf die Handlungsebene[4] bedeutet dies, daß nicht nur die einzelnen Individuen mit einer Fülle von widersprüchlichen Handlungsimperativen konfrontiert werden, die ihre individuelle Identität in Frage stellen, sondern sich entsprechend der entgegengesetzten Ansprüche, die mit verschiedenen Positionen innerhalb des institutionellen Gefüges zusammenhängen, auch Gruppen von Individuen mit sich wechselseitig ausschließenden Orientierungen gegenüberstehen, insofern auch der soziale Zusammenhalt des betreffenden Handlungssystems bedroht ist.[5]

Bleiben auf diesem Hintergrund persönliche genauso wie soziale Integration in modernen Gesellschaften grundsätzlich prekär, so hat die Dynamisierung von de-

mente dieser Bewegung vom bewußten Willen und besondern Zwecken der Individuen ausgehen, sosehr erscheint die Totalität des Prozesses als ein objektiver Zusammenhang, der naturwüchsig entsteht. ... Die Zirkulation ... ist auch die erste Form, worin ... das gesellschaftliche Verhältnis als etwas von den Individuen Unabhängiges erscheint." (MEW 42, S. 127) Die verschiedenen Formen "realer Verselbständigung" und ihr Fundament im Handeln der Individuen waren während der 70er Jahre ein weiterer Gegenstand der Reformulierungsversuch der Marxschen Theorie. Siehe dazu beispielsweise Reichelt 1970, S. 40; Adorno 1973, S. 57; Ottomeyer 1974, S. 67ff.; Bader u. a. 1976, S. 46ff. und neuerdings Scherr 1984, S. 18ff. - Daß die Entzweiung von "System" und "Lebenswelt" und die Kolonialisierung letzterer durch ersteres, wie sie moderne Gesellschaften kennzeichnet, mit dem antagonistischen Charakter und der Übermacht eines nicht der kollektiven Intentionalität der Individuen unterworfenen Weltmarktes zusammenhängt, ist oben schon angedeutet worden.

3 Nicht nur im historischen Sinne besteht in der Auseinandersetzung mit sozialen Bewegungen weitgehend Einigkeit über den grundlegenden Charakter eines solchen Zusammenhangs zwischen der Herausbildung der Moderne und dem Hervortreten sozialer Bewegungen, sondern auch in systematischer Hinsicht wäre zu fragen, inwiefern zentrale Formprinzipien derjenigen spezifischen Form kollektiven Handelns, die soziale Bewegungen darstellen, überhaupt erst unter den spezifisch modernen Bedingungen der Ausdifferenzierung von Staat und bürgerlicher Gesellschaft auftreten können. Zu diesen historischen und systematischen Zusammenhängen siehe Rammstedt 1978, S. 27f. und 1979, S. 674f.

4 Die rollentheoretische Unterscheidung zwischen "Intra-" und "Interrollenkonflikten" beispielsweise stellt eine nahezu getreue Abbildung der beiden genannten Aspekte der Widersprüche des institutionellen Systems auf die Merkmale des Handlungssystems dar.

5 Was die individuelle Seite dieses Sachverhalts betrifft, haben Döbert/Nunner-Winkler (1975, S. 62) die entsprechenden psychischen Integrationsprobleme als zentralen Bezugspunkt der Herausbildung moderner "Ich-Identität" bestimmt. Eine relativ flexible und integrierte Form der Lösung solcher Probleme gilt ihnen in dieser Hinsicht als Erfolg; eine Überwindung dieser Gegensätze selbst überschreitet dagegen auf dem Hintergrund ihres affirmativen Bezuges auf die Moderne ihren Horizont. - Nach der Seite sozialer Gegensätze wäre auch hier zu differenzieren zwischen Konflikten, die sich innerhalb des betreffenden Subsystems bewegen und solchen, die sich zwischen Gruppen, die primär in verschiedenen Lebensbereichen mit unterschiedlichen dominanten Orientierungen verankert sind, entzünden.

ren Strukturmodell genauso gezeigt, daß solche Widersprüche in der historischen Entwicklung dieser Gesellschaften keineswegs mit Notwendigkeit auch zu einem tatsächlichen Scheitern individueller und sozialer Integration führen. Nicht nur die "Modernisierungstheorie" hat auf die verschiedenen Möglichkeiten der "Eindämmung und Reduktion von Spannungen" (Rüschemeyer 1979, S. 390), die aus den "Spaltungen" (a.a.O., S. 391) des Modernisierungsprozesses hervorgehen, hingewiesen, sondern auch die marxistische Theorie hat deutlich gemacht, daß durch eine "Institutionalisierung des Konflikts" (Clarke u. a. 1981, S. 64)[6] auch innerhalb der Handlungsorientierungen der Akteure ein Zustand relativen Gleichgewichts hergestellt werden kann. Gleichzeitig hat sie einen solchen Prozeß der Stabilisierung individueller Identität und sozialer Interaktion allerdings grundsätzlich als disparitäre Form personaler und sozialer Integration gekennzeichnet.[7] Selbst in den Aufstiegsphasen Langer Wellen, die Spielräume für eine solche Stabilisierung zur Verfügung stellen, beruhen psychische wie soziale Identität weiterhin auf Ausgrenzungsprozessen nicht nur abweichender Handlungsimpulse der Individuen[8], sondern auch auf verschiedenen Formen disparitärer Berücksichtigung oder gar Marginalisierung von gesellschaftlichen Gruppen, die im Rahmen dieser Spielräume nicht einbezogen werden können.[9] Solange der "Kompromiß" allerdings den weitaus größeren Teil der Bevölkerung einschließt, lassen sich solche Ausgrenzungsprozesse abweichender Handlungsorientierungen und sozialer Gruppen entweder durch Hinweis auf ihren nur vorübergehenden Charakter oder durch individualisierende Ursachenzuschreibungen legitimieren.

Mit dem Eintritt der Langen Welle in ihren absteigenden Abschnitt gerät das derart institutionalisierte Gefüge von Handlungsorientierungen und sozialen Kompromißstrukturen zunehmend unter Druck. Indem sich die Handlungsspielräume von Individuen und sozialen Gruppen verengen und dabei die widersprüchlichen Anforderungen des Handlungssystems unmittelbar konfliktorische Gestalt annehmen, treten gleichzeitig zunehmend Formen der Bearbeitung solcher Konflikte hervor, die sich dem herkömmlichen Muster der Regulation von Konflikten entziehen.[10] Daß sich auf diese Art und Weise in sozialstrukturell induzierten Kri-

---

6 Lepsius (1977, S. 28) hat entsprechend die "Modernisierung ... als Ergebnis spezifischer Formen der Institutionalisierung sozialer Konflikte" bestimmt.

7 Clarke u. a. (a.a.O.) verweisen aus diesem Grunde auf den Unterschied zwischen einer solchen "Institutionalisierung" gegensätzlicher Interessen und dem "Konsensus" als tatsächlicher Überwindung von deren Gegensätzlichkeit.

8 Zu fragen wäre hier, ob der psychoanalytisch festgehaltene Prozeß der Abspaltung von Motiven durch Verdrängung nicht als individualgeschichtliches Komplement zu einer solchen sozialen Ausgrenzung "abweichender" individueller Handlungsformen zu begreifen ist. Döbert/Nunner-Winkler (a.a.O. S. 32) haben, indem sie den "nach außen auf die Realität zielenden *Bewältigungsstrategien*" gegenüber widersprüchlichen Handlungsimperativen "die nach innen gerichteten ... *Abwehrmechanismen*" zur Seite gestellt haben, eine solche Interpretation nahegelegt.

9 In solchen Ausgrenzungsprozessen findet das anti-autoritäre Theorem einer Zurückdrängung abweichender Potentiale in den Bereich des Psychischen und in sozialen Randgruppen ihr reales Fundament in der Prosperitätsphase des Fordismus. In dieser gelingt es tatsächlich, Konfliktpotentiale zumindest in ihren manifesten Formen aus dem Zentrum des Vergesellschaftungsprozesses auszulagern.

10 Für die Ebene individuellen Handelns hat Rosenmayr (1970, S. 219) diese Infragestellung verfestigter Handlungsorientierungen und die entsprechende Desinstitutionalisierung des Handelns in Phasen sozialen Wandels festgehalten: "In Perioden raschen und grundlegenden Wandels wird die Anwendbarkeit und dadurch die Stärke der erlernten Verhaltensmuster reduziert, ... werden die Handlungen von Individuen weniger durch institutionalisierte Wertsysteme und traditionelle Identifikationen bestimmt, als stärker und öfter von institutionellen ... Herausforderungen motiviert ... . Zum Zusammenhang von "sozialer Krise" und "Handlungsdesorientierung"

sen verschiedene Formen eines von den institutionalisierten Kriterien von Normalität abweichenden Verhaltens häufen, ist allerdings nicht nur im ursächlichen Sinne Ausdruck des Hervortretens der anomischen Struktur individuellen Handeln und des konfliktorischen Charakters der vorangegangenen Modernisierungsstufe, sondern stellt gleichzeitig das Feld für die Auseinandersetzung um neue Muster der institutionellen Bewältigung dieser Probleme dar.[11]

Ist damit zwar ein innerer Zusammenhang zwischen der Entwicklung "struktureller" Problemlagen und den Handlungsorientierungen von Individuen bzw. Gruppen von Individuen herstellbar, sind sowohl die Art und Weise der Transformation solcher Problemlagen in bestimmte Handlungs- und Bewußtseinsformen, wie die Resultate der daraus entspringenden sozialen Auseinandersetzungen dadurch keineswegs festgelegt. Welche Formen und welches Ausmaß das sich der Tendenz nach häufende abweichende Verhalten annimmt - ob es sich beispielsweise in vorwiegend individualistischen Verarbeitungsmustern erschöpft[12] oder weiterhin auf ausgrenzbare Gruppen der Gesellschaft beschränkt bleibt, während die bisher gültigen Institutionalisierungen für ein sich zwar verengendes Zentrum der Gesellschaft aufrechterhalten werden können -, ist zwar durch die Intensität und das Ausmaß struktureller Krisenprozesse entscheidend beeinflußt, hängt aber genauso von den Auseinandersetzungen innerhalb der gegebenen Handlungszusammenhänge - vor allem über die Alternative einer kollektiven Interpretation von Prozessen sozialer Deprivation gegenüber deren individualisierender Verortung - ab. Welche Resultate schließlich solche Auseinandersetzungen für den Reinstitutionalisierungsprozeß erbringen, ist zwar wiederum "durch strukturelle Ausgangsbedingungen begrenzt" (Kitschelt 1985, s. 193), ist aber erneut in entscheidenden Dimensionen davon bestimmt, wie es im Rahmen der Mechanismen sozialer Kontrolle gelingt, die entsprechenden Probleme einzugrenzen, zu unterdrücken oder zu kanalisieren.[13]

Bezieht man eine solche Konzeptualisierung des Zusammenhangs von struktureller Entwicklung und Handeln zurück auf die Entstehungs- und Wirkungsbedingungen sozialer Bewegungen, erhöht dies erneut die Kontingenz des Zusammenhangs zwischen der gesellschaftsanalytisch festmachbaren Dynamik moderner

siehe ähnlich Rammstedt 1978, S. 139 u. 147. Für das institutionelle System selbst hat Kitschelt (1985, S. 193) das beschleunigte Auftreten neuartiger Bewältigungsstrategien in Phasen sozialen Umbruchs hervorgehoben: "Dagegen 'explodiert' die Variation politischer Strategien in Zeiten neuer gesellschaftlicher Herausforderungen und Integrationsprobleme, wenn die Spielregeln politischer und ökonomischer Integration selbst zum Konfliktgegenstand werden."

11 Auf diese "Schrittmacherfunktion" abweichenden Verhaltens für die Reinstitutionalisierung des gesellschaftlichen Zusammenhangs in Phasen intensiven sozialen Wandels hat erneut Rosenmayr (a.a.O.) hingewiesen.

12 Auf die vielfältigen Formen der Verarbeitung von "Strukturanomien" (Beck 1971) in genauso vielfältigen Formen abweichenden Verhaltens hat Neidhardt (1970, S. 35) in Anknüpfung an die entsprechende Typologie Mertons hingewiesen. Döbert/Nunner-Winkler (1975) haben bezogen auf die jugendlichen Protestbewegungen seit Mitte der 60er Jahre innerhalb desselben theoretischen Bezugsrahmens "aktivistische" und "apathische" Protestformen unterschieden.

13 Zu dieser Kette verschiedener Stufen des Prozesses sozialen Wandels in modernen Gesellschaften siehe in differenzierter Form Neidhardt 1970. Neidhardt unterscheidet dabei zumindest fünf solche Stufen, die zwar jeweils im Zusammenhang zu sehen sind, in deren Durchlaufen die zugrunde liegenden strukturellen Ambivalenzen moderner Vergesellschaftun allerdings jeweils eine spezifische Verarbeitung erfahren: diese strukturellen Spannungen selbst, deren Übertragung in widersprüchliche Handlungsimperative, die tatsächlichen Handlungen als Verarbeitung dieser Widersprüche, deren soziale Kontrolle durch andere gesellschaftliche Gruppen und schließlich die Prozesse sozialen Wandels als vorläufiger Endpunkt dieser Wechselwirkung zwischen "Sozialstruktur" und "Handeln".

Gesellschaften und dieser spezifischen Form gesellschaftlichen Handelns. Weder ist strukturell vorgegeben, daß die sich verschärfenden Widersprüche des Handlungssystems in derjenigen zugleich außerinstitutionellen wie kollektiven Form angegangen werden, die soziale Bewegungen ausmacht, noch, daß sie in ihren Inhalten solche neuartigen Definitionen zumindest zentraler Momente der gesellschaftlichen Entwicklung anbieten, wie dies genauso charakteristisch für solche Bewegungen ist.[14] Vielmehr kann der entsprechende Prozeß sozialer Verallgemeinerung wie inhaltlicher Radikalisierung in jeder seiner Etappen einen Abbruch finden und auf diese Art und Weise gerade nicht in die Herausbildung einer sozialen Bewegung einmünden.[15] Genauso wie damit die Entstehung sozialer Bewegungen überhaupt ein höchst voraussetzungsvolles Projekt darstellt, ist das Vorantreiben solcher Verallgemeinerungs- und Radikalisierungsprozesse über den Versuch einer Neuanpassung moderner Vergesellschaftung hinaus auf deren prinzipielle Infragestellung nur unter bestimmten Bedingungen zu erwarten. Selbst unter der Voraussetzung einer enormen Intensivierung der strukturellen Krisenprozesse dieser Vergesellschaftungsform hängen solche "revolutionären" Handlungsorientierungen von einer Fülle ihrerseits nicht strukturell determinierter ökonomischer, politischer und kultureller Auseinandersetzungsprozesse ab.[16] Daß damit die - nicht nur die Spätkapitalismustheorie in ihren orthodoxen wie revisionistischen Varianten, sondern auch selbst noch die Fordismustheorie kennzeichnende - kurzschlüssige Verbindung zwischen "strukturellen" Krisenprozessen auf der einen, dem Handeln wie Bewußtsein der von ihnen betroffenen Individuen und sozialen Gruppen auf der anderen Seite in systematischer wie empirischer Hinsicht aufgebrochen ist, liegt auf der Hand.[17] Eine Auseinandersetzung mit diesem Zusammenhang von "Struktur" und "Handlung" bedürfte dementsprechend einer Ausdifferenzierung der angedeuteten Vermittlungsebenen und deren jeweiliger historischer Ausprägungen, bevor dieser Zusammenhang in einer derart grundlegenden Form entkoppelt wird, wie sich dies nicht nur in den entsprechenden Argumentationen der Fordismustheorie angedeutet hat.

---

14 Raschke (1987, S. 20) hat genau diese beiden Merkmale als konstitutiv für "soziale Bewegungen" hervorgehoben. Ähnlich siehe schon Heberle 1967, S. 9ff. in seiner Definition sozialer Bewegungen als "auf eine 'radikale' Erneuerung der Gesellschaft gerichtete Bestrebung" von mehr oder weniger unorganisierten "Gruppen".

15 Rammstedt (1978, S. 137ff.) hat im Rahmen seines Ablaufschemas sozialer Bewegungen die verschiedenen Stufen einer solchen Entwicklung zur sozialen Bewegung genauso wie die entsprechenden Mechanismen, die eine solche Entwicklung verhindern können, herausgearbeitet.

16 Daß eine Verschärfung ökonomischer und politischer Krisen keineswegs einen Automatismus der Herausbildung eines auf ihre Ursachen gerichteten revolutionären Bewußtseins in Gang setzt, hat nicht zuletzt die Niederlage der Arbeiterbewegung im Anschluß an die Weltwirtschaftskrise gezeigt.

17 In Anknüpfung an die "klassische" Arbeit von Thompson aus dem Jahre 1963 haben die kulturtheoretisch orientierten Ansätze innerhalb des Marxismus aus diesem Grunde hervorgehoben, daß "Aushandeln, Widerstand, Kampf ... stets sehr aktiv, strukturell gegensätzlich ... sind. ... Ihr Resultat ist nicht gegeben, sondern *gemacht*." (Clarke u. a. 1981, S. 91) In ausdrücklicher Abgrenzung von der Herstellung einer direkten Beziehung zwischen dem "ganzen Spektrum in der Klasse" und "einer zugeschriebenen Form von Bewußtsein" haben sie gleichzeitig unterstrichen, "daß ein entwickeltes und organisiertes revolutionäres Klassenbewußtsein der Arbeiter nur *eine* unter vielen möglichen Reaktionen ist und zudem eine besonders unbequeme". (a.a.O.) Schon Marx hatte zwar gewußt, daß die strukturell vorgegebene Lebenssituation von Arbeitern im Rahmen ihrer Konkurrenz auf dem Arbeitsmarkt und ihrer Kooperation im Produktionsprozesse sowohl Tendenzen in Richtung auf individualisierende wie kollektive Lösungsmöglichkeiten umfaßt, allerdings die historischen Formen und strategischen Konsequenzen eines solchen Widerspruches aufgrund seiner auf die nahe Zukunft bezogenenen Vision einer zugleich kollektiv handelnden wie revolutionär orientierten Arbeiterklasse nur unzureichend berücksichtigt.

Zeichnet sich damit zumindest die Möglichkeit ab, die Formprinzipien sozialer Bewegungen im Rahmen der skizzierten Reformulierung marxistischer Grundannahmen als Ineinandergreifen von strukturellen Charakteristika des Modernisierungsprozesses und der an diese anknüpfenden Spontaneität sozialen Handelns zu bestimmen, kann diese Konzeptualisierung kapitalistischer Vergesellschaftung vielleicht auch in materialer Hinsicht dazu beitragen, fehlerhaften Alternativen in der Wahrnehmung gegenwärtiger sozialer Bewegungen zu entgehen. Damit könnte es gleichzeitig gelingen plausibel zu machen, daß deren unbestreitbare Spezifika eher als Ausdruck einer bestimmten historischen Konstellation des Modernisierungsprozesses denn als Aufforderung zu einer völlig neuartigen Betrachtungsweise solcher Bewegungen zu begreifen sind.

Anknüpfend an das empirisch unbestreitbare Zusammentreffen einer Krise der Arbeiterbewegung als "alter" sozialer Bewegung und dem massiven Hervortreten "neuer" sozialer Bewegungen wird schon seit den entsprechenden Argumentationen des Anti-Autoritarismus das Verhältnis beider Bewegungen vor allem unter dem Gesichtspunkt ihrer grundlegenden qualitativen Unterschiede und einer genauso grundsätzlichen Verschiebung der sozialen Dynamik von ersteren auf letztere diskutiert.[18] Zwar ist einer solchen Sichtweise erneut insofern Recht zu geben, als sich die beiden benannten Typen sozialer Bewegung tatsächlich entlang unterschiedlicher Problemlagen entfaltet haben: Wie angedeutet, waren die "neuen Bewegungen" von vornherein vor allem an den legitimatorischen Aspekten des politischen Systems und den Widersprüchen des sozio-kulturellen Lebensbereiches moderner Gesellschaften orientiert, während die "alten" sozialen Bewegung hauptsächlich mit der Auseinandersetzung um unmittelbar ökonomische Fragen und deren Weiterungen in den realen Herrschaftszusammenhang des politischen Systems befaßt waren.[19] Betrachtet man diese Unterschiede allerdings wiederum unter den Gesichtspunkten des vorgestellten Strukturmodells der Moderne und seiner Dynamisierung in Richtung auf den geschichtlichen Prozeß, wird deutlich, daß sich die Verlängerung solcher empirischer Unterschiede in eine theoretische Dichotomie erneut einer Vereinseitigung an beiden Polen dieser Unterscheidung verdankt.

Zum einen läßt sich zwar an den derart entgegengesetzten Typen sozialer Bewegung aufgrund ihrer sozialstrukturellen Verankerung in unterschiedlichen sozialen Subsystemen eine dominante Orientierung an deren spezifischen Funktionsproblemen festhalten;[20] genauso wie aber gezeigt worden ist, daß die entspre-

---

18 Relativ frühzeitig und für die gegenwärtige Bewegungsdiskussion bedeutsam hat, wie schon angedeutet, Touraine 1969 (1972) einen solchen Bruch in der Geschichte sozialer Bewegungen behauptet und diesen Wandel der sozialen Akteure in Zusammenhang gebracht mit einem genauso tiefgehenden Wandel der gesellschaftlichen Struktur in Richtung auf eine "post-industrielle" Gesellschaft.

19 Dieser Unterschied war Anlaß zu verschiedenartigen dichotomen Begriffsbildungen zum Zwecke seiner typologischen Verortung: von dem von jeglicher sozialer Formbestimmung abstrahierenden Begriffspaar "Materialismus" vs. "Postmaterialismus" über die Unterscheidung zwischen "system-" und "lebensweltorientierten" Bewegungen bis zu der gegenwärtig einflußreichen Entgegensetzung von "kultur-" und "machtorientierten" Bewegungen, wie sie Joachim Raschke (1985, S. 451ff.) eingeführt hat. In früheren Arbeiten hatte Raschke mit seiner Unterscheidung zwischen "Herrschafts-", "Verteilungs-" und "Lebensformparadigma" diese Dichotomie nach der Seite der Machtorientierung ausdifferenziert. (1980, S. 25ff.)

20 Eine solche Verortung jugendlicher Protestformen entlang der sozialstrukturellen Verankerung der betreffenden Protestgruppen und der deren Lebensbedingungen jeweils dominierenden Problemlagen haben Clarke u. a. (a.a.O., S. 110ff.) anhand der Unterscheidung zwischen prole-

chenden subsystemspezifischen Organisationsprinzipien selbst ohne einen wenn auch untergeordneten Bezug auf die jeweils nicht thematischen Aspekte des gesellschaftlichen Zusammenhangs undenkbar sind, zeigt sich auch an den subsystemspezifisch ausgerichteten Bewegungen, daß in ihnen den jeweils nicht-thematischen gesellschaftlichen Problemen durchaus Bedeutung zukommt. Daß sich die Arbeiterbewegung beispielsweise in ihrer Geschichte zu keinem Zeitpunkt darauf beschränkt hat, durch Lohnkämpfe ihren Anteil an der gesellschaftlichen Reichtumsproduktion auszuweiten, sondern daß die von ihr geführten Auseinandersetzungen sowohl um die Reproduktionsformen selbst wie auch um die Organisation des Produktionsprozesses immer schon Auseinandersetzungen um Prozesse kultureller Enteignung und entsprechender Zerstörung von Lebensformen waren, hat die entsprechende sozialgeschichtliche Forschung ohne Zweifel belegt.[21] Umgekehrt läßt sich, wie an der Entwicklung des Zusmmenhangs von Bildungsreform und "neuen Mittelschichten" angedeutet, auch an den neuen sozialen Bewegungen zeigen, daß deren Anliegen trotz ihrer unmittelbaren Entkopplung von ökonomischen Zusammenhängen keineswegs frei von Orientierungen sind, die sich auf die Mechanismen der ökonomischen Reproduktionsbedingungen der sie tragenden Gruppen beziehen.[22]

Zum anderen zeigt die Geschichte sozialer Bewegungen, daß auch in diachronischer Hinsicht nicht ohne weiteres von "alten" oder "neuen" Bewegungen gesprochen werden kann: Weder ist jenseits der "Krise der Arbeiterbewegung" deren baldiges Ableben abzusehen, noch besitzen die kulturellen Protestbewegungen der Gegenwart diejenige historische Originalität, die ihnen im Rahmen der Dichotomie von "alt" und "neu" allzu gerne zugeschrieben wird.[23] Vielmehr wäre im Hinblick auf die "neuen" Bewegungen zu fragen, ob ihre kaum zu bezweifelnde soziale Ausweitung und Intensivierung nicht eher mit der skizzierten Beschleunigung des Modernisierungsprozesses auch außerökonomischer Bereiche in Zusammenhang zu bringen ist.[24] Die Frage allerdings, warum die gleiche Beschleunigung der *ökonomischen* Modernisierungsdynamik und ihrer krisenhaften Konsequenzen bei den von dieser unmittelbar betroffenen Gruppe kein ähnliches Protestpo-

tarischen Widerstandsformen und der "Gegenkultur" der Mittelschicht, die vor allem für einen Bruch in der kulturellen Hegemonie des Fordismus steht, exemplarisch vorgeführt.

21 Siehe dazu grundsätzlich Bünnig u. a. 1984, S. 286 u. Knödler-Bunte 1981, S. 145f., der - in Abgrenzung von der Habermasschen Dichotomie von "system-" und "lebensweltorientierten" Konfliktpotentialen - gerade diesen Sachverhalt zum Anlaß nimmt, "nicht den scharfen Bruch zwischen den traditionalen Konfliktlinien der Arbeiterbewegung und den heutigen sozialen Bewegungen zu sehen".

22 Insofern, als zum heutigen Zeitpunkt beträchtliche Teile der Neuen sozialen Bewegungen nicht mehr ausschließlich aus dem "Neuen Mittelstand" als "Modernisierungsgewinnern" entstammen, wäre in diesem Zusammenhang beispielsweise zu fragen, inwiefern sich in diesen Teilen die Momente ökonomischer Marginalisierung und kultureller Konfliktpotentiale unmittelbar zusammenschließen. Siehe dazu erneut Knödler-Bunte 1981, S. 148.

23 Die verschiedenen Bewegungen, in denen sich seit "Beginn der industriellen Revolution" vor allem bei intellektuellen Gruppen der Gesellschaft der Widerstand auch gegen die sozio-kulturelle Dynamik moderner Vergesellschaftung nicht nur geregt, sondern zum Teil massive Formen angenommen hat, hat Renn 1985, S. 153. skizziert. Auch der immer wieder ins Feld geführte Vergleich zwischen der Jugendbewegung des anhebenden 20. Jahrhunderts und den aktuellen Formen jugendlichen Protestes spricht - jenseits der Unterschiede im einzelnen - für solche Kontinuitäten sowohl in den Protestmotiven wie den Protestgruppen.

24 Einen solchen Zusammenhang zwischen "Intensivierung" und "Beschleunigung" des Modernisierungsprozesses und der Vertiefung von "Unzufriedenheiten" und "Gegenbildungen", die "von Beginn der modernen Ära an da waren" haben Berger u. a. (1975, S. 162ff.) hergestellt.

tential freisetzt, ist mit einem solchen Hinweis auf die grundsätzlichen Charakteristika des Modernisierungsprozesses nicht beantwortbar, verweist aber auf dem Hintergrund des angedeuteten mehrstufigen Zusammenhangs zwischen strukturellen Entwicklungen und kollektivem Protesthandeln zunächst auf die empirische Analyse dieser verschiedenen Vermittlungsstufen.

In ähnlicher Form läßt sich möglicherweise auch ein weiteres Problem der Verständigungsversuche über den Charakter gegenwärtiger sozialer Bewegungen reformulieren. In diesen Versuchen ist es inzwischen zwar relativ selbstverständlich, die Charakteristika solcher Bewegungen in Beziehung zu setzen zu der aktuellen "Krise der modernen Zivilisation"[25]; darüber, ob es sich bei den neuen Bewegungen in einer solchen Beziehung allerdings um eine an historisch vorangegangenen Vergesellschaftungsformen orientierte Widerstandsbewegung oder um Formen abweichenden Verhaltens, die gerade die Hindernisse, die solche verfestigten gesellschaftlichen Strukturen dem anstehenden Modernisierungsschub in den Weg stellen, beiseite räumen, oder gar um einen "Aufbruch in eine andere Gesellschaft" (Brand u. a. 1983) handelt, besteht nur noch wenig Einigkeit. Zwar dominieren - entsprechend der Fundamentalisierung der "Krise der Moderne" - Interpretationen, die diese Bewegungen als entweder in die Vergangenheit oder die Zukunft weisenden Bruch mit der modernen Vergesellschaftungsdynamik verstehen wollen und in dieser Hinsicht erneut auf die Originalität dieser Bewegungen abstellen[26]; insgesamt ist die Diskussion allerdings durch ein beständiges Schwanken zwischen solchen sich unmittelbar ausschließenden Interpretation gekennzeichnet.

Auch in dieser Beziehung kann die gelieferte Konzeptualisierung des Modernisierungsprozesses möglicherweise Vermittlungsperspektiven aufweisen, indem sie solche gegensätzlichen Auffassungen selbst noch als Ausdruck der realen Widersprüchlichkeit dieses Prozesses identifiziert. Nicht nur legt diese Konzeptualisierung in systematischer Hinsicht nahe, die sozialen Auseinandersetzungen um den anstehenden Modernisierungsschub als Ineinandergreifen "traditionalistischer", "modernistischer" und "postmodernistischer" Impulse zu begreifen, mithin als Versuch, eine neuartige Synthese von Vergangenheit, Gegenwart und Zukunft herzustellen[27]; sondern auch in historischer Hinsicht läßt sich dieses Ineinandergreifen verschiedener Motivationen - allerdings mit jeweils unterschiedlicher

25 Siehe Brand u. a. 1983, S. 17. Diese Arbeit wird vielleicht noch am ehesten dem damit formulierten Anspruch der Herstellung einer Beziehung zwischen dem historischen Modernitätsniveau gegenwärtiger kapitalistischer Gesellschaften (erneut am Beispiel der BRD) und den Merkmalen der neuen Bewegungen gerecht.

26 Solche Interpretationen sind nicht nur innerhalb der verschiedenen Strömungen postmodernen Denkens formuliert worden. Habermas (1981c, S. 464) "befürchtet" beispielsweise, daß "die Ideen des Antimodernismus, mit dem Zusatz einer Prise von Prämodernismus, im Umkreis der grünen und alternativen Gruppen an Boden gewinnen". Brand u. a. (a.a.O., S. 251) sind dagegen der Meinung, daß sich in den "verschiedenen Strängen der neuen sozialen Bewegungen" die "Konturen eines neuen Vergesellschaftungsmodells" abzeichnen, das das "Projekt der Moderne" in durchaus produktiver Form abzulösen imstande wäre.

27 Auf diese Gleichzeitigkeit von "Gegenmodernisierung" als traditionell orientiertem Widerstand gegen Modernisierung, Modernisierung selbst und "Entmodernisierung" als Prozeß der Infragestellung moderner Vergesellschaftungsprinzipien in Richtung auf ein zukünftiges "Ende der Moderne" (a.a.O., S. 10) haben Berger u. a. (1975, S. 163) hingewiesen.

Schwerpunktsetzung - sowohl innerhalb der "alten" wie der "neuen" Bewegungen festmachen.[28]

Erneut soll damit nicht die Vertiefung, die die Auseinandersetzung mit der Moderne gegenwärtig erfährt, in Frage gestellt werden, sondern im Sinne der skizzierten Dialektik von Kontinuität und Wandel daran festgehalten werden, daß eine solche Auseinandersetzung auch in ihrer Originalität keineswegs einen Bruch mit der Logik und Geschichte des Modernisierungsprozesses darstellt[29], sondern gerade als Ausdruck der Krise derjenigen fortgeschrittenen Form von Modernität, die der Fordismus repräsentiert, zu begreifen ist.

Wenn man auf diese Art und Weise die Entstehungsbedingungen der Neuen sozialen Bewegungen im Rahmen einer sich intensivierenden und sich zugleich über den gesamtgesellschaftlichen Zusammenhang verallgemeinernden Krise moderner Vergesellschaftung bestimmt, legt dies auch eine spezifische Interpretation von deren Rückwirkungen auf die Formen einer Überwindung einer solchen Krise nahe. Auf Basis des tatsächlichen Bedeutungszuwachses sozio-kultureller und politischer Prozesse für die Verarbeitung der Krise des ökonomischen Systems moderner Gesellschaften gewinnen nicht nur die Trägergruppen solcher Prozesse an Einfluß auf die gesellschaftliche Entwicklung, sondern können die aus ihnen hervorgegangenen Protestbewegungen die Auseinandersetzung um mögliche Ausgänge aus der "Krise der Moderne" entscheidend mitbestimmen. Hält man aber daran fest, daß der wirkliche Spielraum für solche verschiedenen Formen der Reinstitutionalisierung moderner Gesellschaften letztlich begrenzt wird von der Entwicklung der ökonomischen Sphäre dieser Gesellschaften, ist ein solcher Einfluß

28 Während die neuere sozialgeschichtliche Forschung zur Arbeiterbewegung gezeigt hat, daß deren Motivationen wie Organisationsformen in entscheidendem Maße geprägt waren von der Orientierung an vorkapitalistischen, handwerklichen Traditionen (siehe dazu zusammenfassend Jacoby 1985), hat Gramsci umgekehrt schon frühzeitig darauf hingewiesen, "daß gerade die Arbeiter Träger der neuesten und modernsten industriellen Forderungen waren und sie auf ihre Art und Weise tapfer vertraten" (1967, S. 385). Die im Rahmen einer "idealisierten" Geschichtsschreibung der Arbeiterbewegung ins Zentrum gerückte prinzipielle Infragestellung der Strukturprinzipien der Moderne war dagegen in deren wirklicher Geschichte genauso eine Ausnahme wie die Entwicklung eines entsprechenden "revolutionären Klassenbewußtseins". Zu den Kontinuitäten der sozialen Auseinandersetzung über die Ausrichtung des Modernisierungsprozesses insgesamt siehe erneut Renn 1985, S. 153ff. - Daß in solchen sozialen Auseinandersetzungen je nach Stand des Modernisierungsprozesses eines der genannten Momente dominiert, läßt sich selbst noch an den Unterschieden innerhalb der "neuen Bewegungen" verdeutlichen. Auch wenn die Studentenbewegung denjenigen Zusammenhang darstellt, in dem "entmodernisierende" Gegenkulturen erneut an Bedeutung gewonnen haben, blieb sie in weiten Teilen sowohl in ihren Motiven wie tatsächlichen Erfolgen an "modernen" Problemlösungsstrategien orientiert. Die "neueren" Formen der "neuen Bewegungen" dagegen sind nach dem offensichtlichen Scheitern solcher Strategien eher von einer Abwendung von modernen Organisationsprinzipien dominiert.

29 Brand (1982, S. 67f.) hat eine solche Verbindung zwischen einer kontinuitätstheoretischen Verortung modernitätskritischer Bewegungen und der Annahme, daß der zugrunde liegende "Widerspruch an Schärfe, an Destruktuvität der Folgen ... zugenommen hat", angedeutet. Keineswegs sind also mit dem Hinweis auf die Kontinuität, in der die Neuen sozialen Bewegungen stehen, deren spezifische Qualitäten in Frage gestellt. Überhaupt gewinnt das Prädikat "neu" nur präzise Bedeutung, wenn man die Hinsichten, auf die es bezogen wird, spezifiziert. Alles ist gegenüber allem in irgendeiner Hinsicht neu, genauso wie jedes Phänomen, wählt man nur die geeignete Bezugsebene, mit jedem anderen Gemeinsamkeiten aufweist. Auch hier kann wiederum nur eine differenzierende historische Betrachtung weiterhelfen. Die seit der Diagnose dieses Problems im Jahre 1982 in diese Richtung unternommenen Versuche haben bisher allerdings noch wenig Früchte erbracht. Siehe dazu beispielsweise den Aufsatz desselben Autors aus dem Jahre 1987 zur Frage der "Kontinuität und Diskontinuität in den neuen sozialen Bewegungen".

gleichzeitig zu relativieren.[30] Solange sich eine Vermittlung der Motive und Aktivitäten der Neuen sozialen Bewegungen hin zu der Auseinandersetzung um ein neues Akkumulationsmodell nicht andeutet, bleiben die tatsächlichen Konsequenzen der von ihnen aus der Perspektive des sozio-kulturellen Systems formulierten Modernitätskritik beschränkt. Gerade weil sich in den unmittelbaren Auseinandersetzungen um ein solches neues Akkumulationsmodell keineswegs eine Remobilisierung der "alten" Bewegungen andeutet - die in der Infragestellung eines international orientierten Modernisierungsprozesses diejenige Ebene ansteuern könnte, auf der das moderne Primat der Ökonomie alleine praktisch aufhebbar wäre[31] - ist zu erwarten, daß sich die tatsächlichen Wirkungen auch der "neuen" Bewegungen - jenseits ihres unbestreitbaren Einflusses auf die gesellschaftliche Definition der gegenwärtigen Umbruchsituation - bestenfalls auf Modifikationen der strukturellen Dynamik des anstehenden Modernisierungsschubes beschränken werden.

Steht der gegenwärtige Stand sozialer Bewegungen damit ohne Zweifel für eine Krise desjenigen praktischen Projektes der Überwindung der Widersprüche moderner Vergesellschaftung, dem der Marxismus seine theoretische Formulierung gegeben hat, scheint auch dies auf dem Hintergrund des skizzierten gesellschaftstheoretischen Modells kein Grund zu sein, die entsprechenden theoretischen Ansprüche selbst fallen zu lassen.[32] Vielmehr als eine solche theoretische Fundamentalisierung der "Krise der Arbeiterbewegung" wäre auch in dieser Hinsicht eine empirische Analyse der Beziehung zwischen dem Entwicklungsstand sozialer Bewegungen auf der einen, den strukturellen Charakteristika der gegenwärtigen Krise des Fordismus auf der anderen Seite zu fordern, die das Ausmaß und die Grenzen auch dieser strategischen Dimension der "Krise des Marxismus" bestimmbar machen würde. Wie allerdings die Skizzierung der entsprechenden Versuche der Fordismustheorie gezeigt hat, ist die Bearbeitung der "Krise des Marxismus" gerade in dieser Beziehung noch weitaus rudimentärer geblieben als die entsprechenden gesellschaftsanalytischen Bemühungen.[33] Jenseits der Frage

30 Nicht nur Autoren, die dezidiert an der Arbeiterklasse als Zentrum der Auseinandersetzungen um sozialen Wandel festhalten, sind daher der Meinung, daß es sich bei den "Gegenkulturen" der Mittelschicht um eine "Panne im höheren Nervensystem der Gesellschaft handelt" (Clarke u. a. 1981, S. 121), deren Effekt "darin besteht, daß sie diese Fragen (des anstehenden sozialen Wandels; St. B.) überhaupt auf die politische Tagesordnung gesetzt haben", deren Beschränkung genauso darin besteht, daß "die Antworten aber anderswo liegen" (a.a.O., S. 126). Auch Autoren, die sich aus der Perspektive der Neuen sozialen Bewegungen selbst mit deren "Erfolgen und Grenzen" beschäftigen, kommen zu dem Resultat, daß "der spezifische Erfolg der alternativen Projekte wohl primär in ihrer Signalfunktion liegt" (Brand u. a. 1983., S. 258).

31 Der historisch allenfalls in Ansätzen realisierte Internationalismus der Arbeiterbewegung war auf dem Hintergrund einer solchen Überlegung von vornherein als notwendige Strategie gegen den schon in weitaus höherem Maße realisierten Internationalismus des Kapitals konzipiert worden.

32 Auch in dieser Hinsicht wäre zu fragen, ob die im Anschluß an die "Krise des Marxismus" eifrig betriebene *grundsätzliche* Entkopplung der theoretischen und praktischen Gehalte dieser Tradition nicht erneut das "andere Extrem" der vorher betriebenen unmittelbaren Ineinssetzung beider Momente darstellt, ob nicht umgekehrt in relativer Unabhängigkeit von der historischen Existenz der unterstellten Einheit von "Theorie" und "Praxis" in sozialen Bewegungen an einem solchen inneren Zusammenhang zwischen den kritischen Ansprüchen der Theorie und den Veränderungsansprüchen sozialer Akteure festgehalten werden kann.

33 Auch eine Betrachtung anderer Versuche, die Charakteristika der gegenwärtigen sozialen Bewegungen in Verbindung zu setzen mit den strukturellen Merkmalen sozialen Wandels, würde zeigen, daß bestenfalls punktuelle Verbindungen zwischen diesen beiden Dimensionen hergestellt werden. Als Überblick über solche Versuche siehe Brand 1982, dem der entsprechende Entwurf

der praktischen Überwindung der "Krise der Moderne" in Richtung auf eine postmoderne Gesellschaftsformation, die deren Widersprüche einer Lösung zuführen könnte, bleibt deshalb auch der Versuch einer theoretischen Verarbeitung dieser Krise in einer marxistisch orientierten Gegenwartsdiagnose eine Aufgabe für die Zukunft.

---

von Joachim Hirsch als fortgeschrittenste Variante einer Vermittlung zwischen gesellschaftlicher Entwicklung und der Dynamik sozialer Bewegungen gilt.

NACHTRAG

In der jüngsten Vergangenheit haben sich unübersehbare Veränderungen in den weltpolitischen Bedingungen der Auseinandersetzung mit der marxistischen Tradition ergeben. Durch die sich rasant beschleunigende Vertiefung der "Krise des realexistierenden Sozialismus" und dessen massive Auflösungserscheinungen hat sich auch die "Krise des Marxismus" insgesamt unbezweifelbar vertieft. Gerade weil diese Prozesse weder zum Zeitpunkt der Fertigstellung der vorliegenden Arbeit (im Sommer 1988) noch während ihrer Überarbeitung (im Frühjahr 1989) in ihrem Umfang und grundsätzlichen Charakter absehbar waren und dementsprechend nicht berücksichtigt werden konnten, soll die Frage ihrer möglichen Bedeutung für das skizzierte Forschungsprogramm zumindest nicht unerwähnt bleiben.

Man könnte in dieser Beziehung zunächst durchaus die These vertreten - und ein entsprechender Rückblick auf die hier in Frage kommenden Teile der Argumentation würde diese These stützen -, daß das in der vorliegenden Arbeit entwickelte gesellschaftstheoretische Modell genauso wie das im Anschluß daran skizzierte Forschungsprogramm von den angesprochenen politischen Veränderungen *unmittelbar* nicht betroffen ist.

Dafür spricht im Kontext dieser Arbeit nicht nur die aus pragmatischen Gründen vollzogene Ausklammerung der strategisch-politischen Dimensionen der "Krise des Marxismus", sondern auch die in ihr angedeutete systematische Notwendigkeit einer *relativen* Entkopplung deren theoretischer Bestandteile von diesem praktischen Komplex.[1]

Mit dem Hinweis auf den bloß relativen Charakter einer solchen Entkopplung ist allerdings gleichzeitig auch die Notwendigkeit der Herstellung einer *vermittelten* Beziehung zwischen beiden Dimensionen der marxistischen Tradition ausgesprochen. Gerade in einer Situation, in der in der öffentlichen wie auch der wissenschaftlichen Diskussion eine nur noch sozialpsychologisch erklärbare Entdifferenzierung der verschiedenen Ebenen marxistischen Denkens zu beobachten ist, käme einer solchen Verständigung über die Vermittlungsmechanismen innerhalb der Einheit von Theorie und Praxis eine besondere Bedeutung zu.[2]

Neben diesem Komplex, dem sich die vorliegende Arbeit ausdrücklich nicht gestellt hat, ergeben sich aus den angesprochenen weltpolitischen Veränderungen[3] allerdings auch solche Konsequenzen, die das skizzierte empirische Forschungs-

---

1 Auch in strategisch-politischer Hinsicht wäre zumindest auf den - gleichermaßen trivialen wie in der gegenwärtigen Diskussion über das "Ende des Kommunismus" kaum mehr wahrgenommenen - Tatbestand hinzuweisen, daß der "westliche Marxismus" seit seiner Entstehung Zweifel daran angemeldet hat, ob das in der Sowjetunion verfolgte politische Projekt sowohl von seinen gesellschaftlichen Voraussetzungen wie seinem tatsächlichen Verlauf als Realisierung der in die marxistische Tradition eingelassenen Vision der Überwindung der Gegensätze moderner Vergesellschaftung zu begreifen ist. Selbst wenn die Tatsachen, die der Auflösungsprozeß des realexistierenden Sozialismus offenbar hat werden lassen, auch für Vertreter einer solchen Position eine weitere Desillusionierung über dessen Charakter bedeuten, bliebe weiterhin an dem "rationalen Kern" dieser Position festzuhalten.

2 Zu Fragen wäre beispielsweise nach den Konsequenzen des offensichtlichen Scheitern der staatszentrierten planwirtschaftlichen Versuche in Osteuropa für die in dieser Arbeit gelieferte theoretische und damit implizierte politische Beurteilung des Differenzierungsprozesses moderner Gesellschaften.

3 Hierbei wären nicht nur die Veränderungen in Osteuropa zu berücksichtigen, sondern auch deren Beziehung zum Prozeß der westeuropäischen Einigung.

programm zumindest in seiner Wendung in Richtung auf die sich gegenwärtig abzeichnenden Zukunftsperspektiven kapitalistischer Gesellschaften *unmittelbar* betreffen. Gemäß der "Theorie der Langen Wellen" war im Vorangehenden die Überwindung der diagnostizierten "Krise des Fordismus" im wesentlichen von zwei Bedingungen abhängig gemacht worden: Neben dem Hervortreten einer neuartigen Technologie verweist eine solche Restabilisierung kapitalistischer Gesellschaften auf die Entstehung einer genauso neuartigen weltökonomischen und -politischen Konstellation, die der Entfaltung dieser Technologie selbst wie dem Absatz des auf ihrer Basis ausgeweiteten Angebots an Konsumgütern entsprechende "Räume" schafft.

Mit der zunehmenden Bedeutung der Mikroelektronik hat sich die Realisierung der ersten Bedingung schon seit geraumer Zeit angedeutet; mit der - jenseits der sozialen und politischen Auseinandersetzungen über ihre konkrete Form - schon in Begriff befindlichen Öffnung der osteuropäischen Waren- und Kapitalmärkte zeichnet sich auch die Verwirklichung der zweiten Voraussetzung ab. Auf dem Boden dieses erneuten Schubes der Durchsetzung der modernen Produktionsweise ist von daher nicht nur eine politisch-ideologische Stärkung der kapitalistischen Nationen verbunden, sondern auch ein entsprechender langfristiger Stabilisierungsprozeß des kapitalistischen Weltsystems in ökonomischer Hinsicht zu erwarten.[4]

Insofern als damit tatsächlich die weltpolitischen und -ökonomischen Charakteristika des fordistischen Abschnittes kapitalistischer Entwicklung grundsätzliche Veränderungen erfahren, stellt sich die schon von der Fordismustheorie angedeutete Perspektive eines historischen Bruchs mit dieser Phase moderner Vergesellschaftung in radikalisierter Form; die zeitdiagnostischen Intentionen des hier skizzierten Forschungsprogramms "fordistische Modernisierung" wären damit unmittelbar weiterzuverfolgen in der Auseinandersetzung mit der postfordistischen Organisation der modernen Weltgesellschaft und ihrer nationalen Bestandteile.

4 Die diesen Entwicklungen schon vorangegangenen Anzeichen einer Restabilisierung der Ökonomie seit Mitte der 80er Jahre, konnte Bornschier noch 1988 (S. 9 u. 13) als "Zwischenerholung" verstehen. Angesichts der sich seitdem rasant beschleunigenden Wandlungsprozesse der "Weltsozialstruktur" müssen sie dagegen eher als Indizien für den Einstieg in eine neue Lange Welle kapitalistischer Vergesellschaftung begriffen werden.

LITERATUR

Abelshauser, Werner 1975: Wirtschaft in Westdeutschland 1945-1948. Rekonstruktion und Wachstumsbedingungen in der amerikanischen und britischen Zone, Stuttgart.

Ders. 1976: Die verhinderte Neuordnung? Wirtschaftsordnung und Sozialstaatsprinzip in der Nachkriegszeit, in: Politische Bildung, Bd. 9, S. 53-72.

Ders. 1983: Wirtschaftsgeschichte der Bundesrepublik Deutschland 1945-1980, Frankfurt a. M.

Ders. 1987: Die langen Fünfziger Jahre. Wirtschaft und Gesellschaft der Bundesrepublik Deutschland 1949-1966, Düsseldorf.

Abendroth, Wolfgang 1968: Demokratisch-liberale oder revolutionär-sozialistische Kritik?, in: Negt, Oskar (Hg.), Die Linke antwortet Jürgen Habermas, Frankfurt a. M., S. 131-142.

Achinger, Gertrud u. a. 1980: Modernisierung im Klassenkonflikt, in: Rolff, Hans-Günter (Hg.), Soziologie der Schulreform, Weinheim/Basel, S. 27-110.

Adorno, Theodor W. 1973: Aufsätze zur Gesellschaftstheorie und Methodologie, Frankfurt a. M.

Ders. 1975: Gesellschaftstheorie und Kulturkritik, Frankfurt a. M.

Ders. 1980 (1951): Minima Moralia. Reflexionen aus dem beschädigten Leben, Gesammelte Schriften Bd. 4, Frankfurt a. M.

Ders. (Hg.) 1969: Spätkapitalismus oder Industriegesellschaft? Verhandlungen des 16. Soziologentages, Stuttgart.

Ders. u. a. 1972: Der Positivismusstreit in der deutschen Soziologie, Darmstadt/Neuwied.

Aglietta, Michel 1976: Régulation et Crises du Capitalisme. L'expérience des Etats-Unis, Paris.

Ders. 1979: Die gegenwärtigen Grundzüge der Internationalisierung des Kapitals. Die Wertproblematik, in: Deubner, Christian u. a., Die Internationalisierung des Kapitals. Neue Theorien in der internationalen Diskussion, Frankfurt a. M./New York, S. 70-124.

Agnoli, Johannes/Brückner, Peter 1968: Die Transformation der Demokratie, Frankfurt a. M.

Ahlberg, René 1972: Ursachen der Revolte. Analyse des studentischen Protests, Stuttgart/Berlin/Köln/Mainz.

Ahlheim, Rose u. a. 1971: Gefesselte Jugend. Fürsorgeerziehung im Kapitalismus, Frankfurt a. M.

AK 1974: Resultate der Arbeitskonferenz, 1. Jg., Nr. 1, München.

Dies. 1975: Resultate der Arbeitskonferenz, 2. Jg., Nr. 2, München.

Alber, Jens 1982: Vom Armenhaus zum Wohlfahrtsstaat. Analysen zur Entwicklung der Sozialversicherung in Westeuropa, Frankfurt a. M./New York.

Ders. 1989: Der Sozialstaat in der Bundesrepublik 1950-1983, Frankfurt a. M./New York.

Allerbeck, Klaus 1973: Soziologie radikaler Studentenbewegungen. Eine vergleichende Untersuchung in der BRD und den Vereinigten Staaten, München/Wien.

Ders. 1985: Arbeitswerte im Wandel, in: Mitteilungen aus der Arbeitsmarkt- und Berufsforschung, 18. Jg., H. 2, S. 209-216.

Ders./Rosenmayr, Leopold (Hg.) 1971: Aufstand der Jugend? Neue Aspekte der Jugendsoziologie, München.

Altvater, Elmar 1970: Klassenverhältnisse im Spätkapitalismus, in: Kapitalismus in den siebziger Jahren, Frankfurt a. M., S. 33-58.

Ders. 1972: Zu einigen Problemen des Staatsinterventionismus, in: Probleme des Klassenkampfes, H. 3, S. 1-53.

Ders. 1980: Deutschland - Eine Modellskizze, in: Gremliza, Hermann L./Hannover, Heinrich (Hg.), Die Linke. Bilanz und Perspektiven für die 80er, Hamburg, S. 39-56.

Ders. 1981: Die Zeitbombe auf dem Weltmarkt tickt, in: Probleme des Klassenkampfes, H. 42, S. 6-24.

Ders. 1983: Bruch und Formwandel eines Entwicklungsmodells, in: Hoffmann, Jürgen (Hg.), Überproduktion, Unterkonsumtion, Depression. Analysen und Kontroversen zur Krisentheorie, Hamburg, S. 217-254.

Ders. 1985: Die Kläglichkeit der Weltmarkttheorien, in: Probleme des Klassenkampfes, H. 59, S. 122-130.

Ders. 1987: Gramsci in der BRD: Eine Theorie wird gefiltert, in: Probleme des Klassenkampfes, H. 66, S. 161-168.

Altvater, Elmar/Huisken, Freerk (Hg.) 1971: Materialien zur politischen Ökonomie des Ausbildungsektors, Erlangen.

Ders./Hoffmann, Jürgen/Semmler, Willi 1980: Vom Wirtschaftswunder zur Wirtschaftskrise. Ökonomie und Politik in der Bundesrepublik, 2 Bde., Berlin.

Amin, Samir u. a. 1986: Dynamik der globalen Krise, Opladen.

Aminzade, Ronald 1984: Capitalist Industrialization and Patterns of Industrial Protest: A Comparative Urban Study of Nineteenth-Century France, in: American Sociological Review, Vol. 49, S. 437-453.

Anderson, Perry 1978: Über den westlichen Marxismus, Frankfurt a. M.

Ders. 1979: Die Entstehung des absolutistischen Staates, Frankfurt a. M.

Ardigò, Achille 1985: Sistema sociale e soggettività di mondo vitale quotidiano: oltre la teoria luhmanniana dell'incongruenza, in: Annali di Sociologia/Soziologisches Jahrbuch, S. 165-176.

Autorenkollektiv 1977: Wir warn die stärkste der Parteien.... Erfahrungsberichte aus der Welt der K-Gruppen, Berlin.

Baake, Dieter/Heitmeyer, Wilhelm (Hg.) 1985: Neue Widersprüche. Jugendliche in den achtziger Jahren, Weinheim/München.

Backhaus, Hans-Georg 1969: Zur Dialektik der Wertform, in: Schmidt, Alfred (Hg.), Beiträge zur marxistischen Erkenntnistheorie, Frankfurt a. M., S. 128-152.

Bader, Veit Michael u. a. 1976: Einführung in die Gesellschaftstheorie. Gesellschaft, Wirtschaft und Staat bei Marx und Weber, Frankfurt a. M./New York.

Baethge, Martin 1974: Abschied von Reformillusionen. Einige politisch-ökonomische Aspekte zum Ende der Bildungsreform in der BRD, in: Tohidipur, Mehdi (Hg.), Politische Ökonomie des Bildungswesens, Weinheim/Basel, S. 407-429.

Ders. 1985: Individualisierung als Hoffnung und als Verhängnis. Aporien und Paradoxien der Adoleszenz in spätbürgerlichen Gesellschaften oder: die Bedrohung der Subjektivität, in: Mitteilungen des SOFI, Nr. 11, S. 1-22.

Bahrdt, Hans P. 1969: Diskussionsbeitrag, in: Adorno, Theodor W. (Hg.), Spätkapitalismus oder Industriegesellschaft? Verhandlungen des 16. Deutschen Soziologentages, Stuttgart, S. 63.

Baran, Paul A./Sweezy, Paul M. 1967 (1966): Monopolkapital. Ein Essay über die amerikanische Wirtschafts- und Gesellschaftsordnung, Frankfurt a. M.

Baring, Arnulf 1982: Machtwechsel. Die Ära Brandt-Scheel, Stuttgart.

Bauß, Gerhard 1977: Die Studentenbewegung der sechziger Jahre. Handbuch, Köln.

Beck, Ulrich 1971: Zu einer Theorie der Studentenunruhen in fortgeschrittenen Industriegesellschaften, in: Kölner Zeitschrift für Soziologie und Sozialpsychologie, H. 3, S. 439-477.

Ders. 1986: Risikogesellschaft. Auf dem Weg in eine andere Moderne, Frankfurt a. M.

Ders. 1987: Auf dem Weg in die industrielle "Risikogesellschaft", in: Blätter für deutsche und internationale Politik, H. 2, S. 139-146.

Ders./Bonß, Wolfgang 1984: Soziologie und Modernisierung. Zur Ortsbestimmung der Verwendungsforschung, in: Soziale Welt, H. 4, S. 381-406.

Becker, Egon 1976: Materialistische Bildungsökonomie und empirische Qualifikationsforschung, in: Ritsert, Jürgen (Hg.), Zur Wissenschaftslogik einer kritischen Soziologie, Frankfurt a. M., S. 248-345.

Ders. 1983: Hochschule und Gesellschaft. Funktion der Hochschule und Reproduktionsprobleme der Gesellschaft, in: Enzyklopädie Erziehungswissenschaft Bd. 10, Stuttgart, S. 29-58.

Ders./Wagner, Bernd 1977: Ökonomie der Bildung, Frankfurt a. M./New York.

Becker, Uwe 1986: Kapitalistische Dynamik und politisches Kräftespiel. Zur Kritik des klassentheoretischen Ansatzes, Frankfurt a. M.

Bell, Daniel 1974: Kulturelle Widersprüche im Kapitalismus, In: Ders./Kristol, Irving (Hg.), Kapitalismus heute, Frankfurt a. M./New York, S. 37-71.

Ders. 1984: Die Dimensionen der nachindustriellen Gesellschaft, in: Kern, Lucian (Hg.), Probleme der postindustriellen Gesellschaft, Königsstein/Ts., S. 78-96.

Bendix, Reinhard 1979 (1966): Modernisierung in internationaler Perspektive, in: Zapf, Wolfgang (Hg.), Theorien des sozialen Wandels, Königsstein/Ts., S. 505-512.

Benz, Wolfgang 1984: Die Gründung der Bundesrepublik. Von der Bizone zum souveränen Staat, München.

Berger, Johannes 1979: Der Grundgedanke der Marxschen Krisentheorie, in: Das Argument, Sonderband 35, S. 120-133.

Berger, Johannes 1983: Das Ende der Gewißheit - Zum analytischen Potential der Marx'schen Theorie, in: Leviathan, 11. Jg., H. 4, S. 474-493.

Ders. 1986: Die Nachkriegsprosperität: ein nach innen gewandter Imperialismus?, in: Soziologische Revue, H. 2, S. 127-132.

Berger Peter L./Berger, Brigitte/Kellner, Hansfried 1975: Das Unbehagen in der Modernität, Frankfurt a. M./New York.

Bergmann, Joachim u. a. 1969: Herrschaft, Klassenverhältnis und Schichtung, in: Adorno, Theodor, W. (Hg.), Spätkapitalismus oder Industriegesellschaft? Verhandlungen des 16. Soziologentages, Stuttgart, S. 67-87.

Bergmann, Jürgen u. a. 1986: Arbeit, Mobilität, Partizipation, Protest. Gesellschaftlicher Wandel in Deutschland im 19. und 20. Jahrhundert, Opladen.

Bergmann, Uwe u. a. 1968: Rebellion der Studenten oder Die neue Opposition, Reinbek bei Hamburg.

Berstecher, Dieter 1970: Zur Theorie und Technik des internationalen Vergleichs, Stuttgart.

Birke, Adolf M./Kettenacker, Lothar (Hg.) 1988: Wettlauf in die Moderne. England und Deutschland seit der industriellen Revolution, München/London/New York/Paris.

Bischoff, Joachim 1973: Gesellschaftliche Arbeit als Systembegriff. Über wissenschaftliche Dialektik, Westberlin.

Blanke, Bernhard 1979: Krise der Linken - Krise des Marxismus, in: Ders. u. a., Die Linke im Rechtsstaat Bd. 2, Berlin, S. 255-269.

Ders./Jürgens, Ulrich/Kastendiek, Hans 1975: Kritik der Politischen Wissenschaft 2. Analysen von Politik und Ökonomie in der bürgerlichen Gesellschaft, Frankfurt a. M./New York.

Ders. u. a. 1976 u. 1979: Die Linke im Rechtsstaat, 2 Bde., Berlin.

Ders./Schäfer, Gert 1979: Krise der Linken - Krise des Marxismus, in: Probleme des Klassenkampfes, H. 36, S. 35-48.

Boccara, Paul 1971: Zum staatsmonopolistischen Kapitalismus, in: Sozialistische Politik, 3. Jg., Nr. 11, S. 7-39.

Bock, Hans Manfred 1976: Geschichte des "linken Radikalismus" in Deutschland. Ein Versuch, Frankfurt a. M.

Böckelmann, Frank/Nagel, Herbert (Hg.) 1976: Subversive Aktion. Der Sinn der Organisation ist ihr Scheitern, Frankfurt a. M.

Bohrer, Karl-Heinz 1981: Über den Kulturbegriff der westdeutschen Gesellschaft, in: Scheel, Walter (Hg.), Die andere deutsche Frage: Kultur und Gesellschaft in der Bundesrepublik Deutschland nach dreißig Jahren, Stuttgart, S. 33-45.

Bonß, Wolfgang 1982: Psychoanalyse als Wissenschaft und Kritik. Zur Freudrezeption der Frankfurter Schule, in: Ders./Honneth, Axel (Hg.), Sozialforschung als Kritik, Frankfurt a. M., S. 367-425.

Ders/Honneth, Axel (Hg.) 1982: Sozialforschung als Kritik. Zum sozialwissenschaftlichen Potential der Kritischen Theorie, Frankfurt a. M.

Ders./Schindler, Norbert 1982: Kritische Theorie als interdisziplinärer Materialismus, in: Ders./Honneth, Axel (Hg.), Sozialforschung als Kritik. Zum sozialwissenschaftlichen Potential der Kritischen Theorie, Frankfurt a. M.

Bornschier, Volker 1986: Moderne Sozialstruktur und ihr Wandel, in: Schweizerische Zeitschrift für Soziologie, H. 1, S. 173-190.

Ders. 1988: Westliche Gesellschaften im Wandel, Frankfurt a. M./New York.

Bourdieu, Pierre 1973: Kulturelle Reproduktion und soziale Reproduktion, in: Ders./Passeron, Jean-Claude, Grundlagen einer Theorie der symbolischen Gewalt, Frankfurt a. M., S. 91-137.

Ders. 1982: Ökonomisches Kapital, kulturelles Kapital, soziales Kapital, in: Soziale Welt, Sonderheft 2, S. 183-198.

Bracher, Karl Dietrich/Jäger, Wolfgang/Link, Werner 1986: Republik im Wandel 1969-1974. Die Ära Brandt, Geschichte der Bundesrepublik Deutschland, Bd. 5/1, Stuttgart/Mannheim.

Brand, Karl-Werner 1982: Neue soziale Bewegungen. Entstehung, Funktion und Perspektive neuer Protestpotentiale. Eine Zwischenbilanz, Opladen.

Ders. 1987: Kontinuität und Diskontinuität in den neuen sozialen Bewegungen, in: Roth, Roland/Rucht, Dieter (Hg.), Neue soziale Bewegungen in der Bundesrepublik Deutschland, Bonn, S. 30-44.

Ders./Büsser, Detlef/Rucht, Dieter 1983: Aufbruch in eine andere Gesellschaft. Neue soziale Bewegungen in der Bundesrepublik, Frankfurt a. M./New York.

Brand, Karl-Werner (Hg.) 1985: Neue soziale Bewegungen in Westeuropa und den USA. Ein internationaler Vergleich, Frankfurt a. M./New York.

Brandes, Volkhard u. a. (Hg.) 1977: Handbuch 5: Staat, Frankfurt a. M./Köln.

Brandt, Gerhard 1972: Industrialisierung, Modernisierung, gesellschaftliche Entwicklung, in: Zeitschrift für Soziologie, 1. Jg., Heft 1, S. 5-14.

Breuer, Stefan 1977: Die Krise der Revolutionsheorie, Frankfurt a. M.

Ders./Treiber, Hubert (Hg.) 1982: Entstehung und Strukturwandel des Staates, Opladen.

Brocke, Bernhard vom (Hg.) 1987: Sombarts "Moderner Kapitalismus". Materialien zur Kritik und Rezeption, München.

Brückner, Peter 1978: Versuch, uns und anderen die Bundesrepublik zu erklären, Berlin.

Brunkhorst, Hauke 1983: Paradigmakern und Theoriedynamik der Kritischen Theorie der Gesellschaft, in: Soziale Welt, 34. Jg., H. 1, S. 22-56.

Ders./Koch, Gertrud 1987: Marcuse zur Einführung, Hamburg.

Büchner, Peter 1984: Die Bedeutung kultureller Hegemonie für den Bildungsadel. Über Entwicklungsdynamik und Reproduktionsformen höherer Bildungsansprüche am Beispiel der BRD seit 1945, in: Österreichische Zeitschrift für Soziologie, 9. Jg., H. 3, S. 54-60.

Bühler, Marcel 1981: Weltmarkt, internationale Arbeitsteilung und nationale Reproduktion, in: Probleme des Klassenkampfes, H. 44, S. 139-158.

Bünnig, Jens u. a. 1984: Zur aktuellen Neustrukturierung des Kapital- und Klassenverhältnisses. Der Betrieb als Formationsbasis sozialökonomischen Strukturwandels, in: Institut für Marxistische Studien und Forschungen (Hg.), Marxistische Studien. Jahrbuch des IMSF 7, Frankfurt a. M., S. 282-298.

Burkart, Günter 1984: Die Zukunft von Bildung: Meritokratisierung oder Herrschaftssicherung durch Bildungskapital?, in: Österreichische Zeitschrift für Soziologie, 9. Jg., H. 3, S. 61-71.

Busch, Klaus 1974: Die multinationalen Konzerne. Zur Analyse der Weltmarktbewegung des Kapitals, Frankfurt a. M.

Ders. 1978: Die Krise der Europäischen Gemeinschaft, Frankfurt a. M.

Ders. 1985: Mythen über den Weltmarkt. Eine Kritik der theoretischen Grundlagen der Weltsystemtheorie Immanuel Wallersteins, in: Probleme des Klassenkampfes, H. 59, S. 101-121.

Catell, David T./Sisson, Richard 1978: Comparative Politics. Institutions, Behavior and Developement, Palo Alto.

Cavalli, Alessandro/Martinelli, Alberto 1971: Ein theoretischer Rahmen zur vergleichenden Analyse der Studentenrevolten, in: Allerbeck, Klaus/Rosenmayr, Leopold (Hg.), Aufstand der Jugend, München, S. 66-80.

Cerutti, Furio 1971: Hegel, Lukács, Korsch. Zum dialektischen Selbstverständnis des kritischen Marxismus, in: Negt, Oskar (Hg.), Aktualität und Folgen der Philosophie Hegels, Frankfurt a. M., S. 199-214.

Claessens, Dieter/Klönne, Arno/Tschoepe, Armin 1985: Sozialkunde der Bundesrepublik, Düsseldorf/Köln.

Clarke, John u. a. 1981 (1979): Jugendkultur als Widerstand. Milieus, Rituale, Provokationen, Frankfurt a. M.

Claussen, Detlev (Hg.) 1981: Spuren der Befreiung - Herbert Marcuse. Ein Materialienbuch zur Einführung in sein politisches Denken, Darmstadt/Neuwied.

Clemenz, Manfred 1968: Theorie als Praxis? Zur Philosophie und Soziologie Adornos, in: Neue politische Literatur, H. 2, S. 178-194.

Cogoy, Mario 1979a: "Das Gesetz des tendenziellen Falls der Profitrate", in: Fetscher, Iring (Hg.), Grundbegriffe des Marxismus, Hamburg, S. 222-230.

Ders. 1979b: "Krisen", in: Fetscher, Iring (Hg.), Grundbegriffe des Marxismus, Hamburg, S. 266-279.

Cohn-Bendit, Daniel u. a. 1980: Dann ist der Pessimismus eben realistisch... 13 Jahre später. Eine Diskussion mit Daniel Cohn-Bendit, Tilman Fichter, Thomas Jahn, Franz Mettel, Moishe Postone und Bernd Rabehl, in: Marcuse, Herbert, Das Ende der Utopie, Frankfurt a. M., S. 159-191.

Conze Werner/Lepsius, M. Rainer (Hg.) 1983: Sozialgeschichte der Bundesrepublik Deutschland, Stuttgart.

Deltgen, Florian 1969: Was kann unter einer Bewegung verstanden werden?, in: Kölner Zeitschrift für Soziologie und Sozialpsychologie, Sonderheft 13, S. 410-429.

Deppe, Frank u. a. 1970: Die neue Arbeiterklasse. Technische Intelligenz und Gewerkschaften im organisierten Kapitalismus, Frankfurt a. M.

Deubner, Christian u. a. 1979: Die Internationalsierung des Kapitals. Neue Theorien in der internationalen Diskussion, Frankfurt a. M./New York.

Deutsches Jugendinstitut München (Hg.) 1968: Bibliographie Studentenunruhen, München.

Dietz, Gabriele (Red.) 1987: Klamm, Heimlich & Freunde: die 70er Jahre. Bilder-Lese-Buch, Berlin.

Dobb, Maurice 1972 (1937): Political Economy and Capitalism, Westport (Connecticut).

Ders. 1973 (1959): Scheinbare und tatsächliche Wandlungen. Bemerkungen zur Diskussion um den neuen Kapitalismus, in: Ders. u. a., Aufsätze zur Theorie des Spätkapitalismus, Den Haag, S. 37-50.

Ders. u. a. 1973: Aufsätze zur Theorie des Spätkapitalismus, Den Haag.

Döbert, Rainer/Nunner-Winkler, Gertrud 1973: Konflikt- und Rückzugspotentiale in spätkapitalistischen Gesellschaften, in: Zeitschrift für Soziologie, 2. Jg., H. 4, S. 301-325.

Dies. 1975: Adoleszenzkrise und Identitätsbildung, Frankfurt a. M.

Doeker, Günther (Hg.) 1971: Vergleichende Analyse politischer Systeme, Freiburg i. Br.

Donolo, Carlo 1974: Ungleichmäßige Entwicklung und Auflösung gesellschaftlicher Strukturen, Berlin.

Dubiel, Helmut 1978: Wissenschaftsorganisation und politische Erfahrung, Studien zur frühen Kritischen Theorie, Frankfurt a. M.

Ders. 1985: Was ist Neokonservatismus?, Frankfurt a. M.

Ders./Söllner, Alfons (Hg.) 1981: Wirtschaft, Recht und Staat im Nationalsozialismus. Analysen des Instituts für Sozialforschung 1939-1942, Frankfurt a. M.

Dutschke, Rudi 1968: Die Widersprüche des Spätkapitalismus, die autiautoritären Studenten und ihr Verhältnis zur Dritten Welt, in: Bergmann, Uwe u. a., Rebellion der Studenten oder Die neue Opposition, Reinbek, S. 33-93.

Ders. 1969: Ausgewählte und kommentierte Bibliographie des revolutionären Sozialismus. Von Karl Marx bis in die Gegenwart, Hannover.

Dux, Günter/Münch, Richard 1982: Symposium über Jürgen Habermas, Theorie des kommunikativen Handelns, in: Soziologische Revue, H. 4, S. 381-397.

Ebbighausen, Rolf 1985: Politische Soziologie zwischen marxistischer Krisenanalyse und Modernisierungsforschung, in: Politische Vierteljahresschrift, 26. Jg., H. 1, S. 83-97.

Eberle, Friedrich/Hennig, Eike 1974: Anmerkungen zum Verhältnis von Theorie und Empirie, in: Gesellschaft. Beiträge zur Marxschen Theorie 2, Frankfurt a. M., S. 7-110.

Eckstein, Harry/Apter, David E. (Hg.) 1966: Comparative Politics, New York/London.

Eder, Klaus/Habermas, Jürgen 1976: Zur Struktur einer Theorie der sozialen Evolution, in: Lepsius, M. Rainer (Hg.), Zwischenbilanz der Soziologie. Verhandlungen des 17. Deutschen Soziologentages, Stuttgart, S. 37-48.

Eisenstadt, Samuel N. 1971 (1965): Altersgruppen und Sozialstruktur, in: Friedeburg, Ludwig v. (Hg.), Jugend in der modernen Gesellschaft, Köln/Berlin, S. 49-81.

Eisner, Erich 1967: Der gesellschaftliche Standort der Studentenbewegung, in: Neue Kritik, H. 44, S. 34-48.

Encyclopädie Erziehungswissenschaft 1983: Bd. 10: Ausbildung und Sozialisation an der Hochschule, Stuttgart.

Erikson, Erik H. 1971 (1965): Identifikation und Identität, in: Friedeburg, Ludwig v. (Hg.), Jugend in der modernen Gesellschaft, Köln/Berlin, S. 277-287.

Ders. 1981: Jugend und Krise, Berlin/Wien.

Esser, Josef u. a. 1979: Das "Modell Deutschland" und seine Konstruktionsschwächen, in: Leviathan, 7. Jg., H. 1, S. 1-11.

Euchner, Walter/Schmidt, Alfred (Hg.) 1968: Kritik der Politischen Ökonomie heute. 100 Jahre "Kapital". Referate und Diskussionen vom Frankfurter Colloquium 1967, Frankfurt a. M.

Fetscher, Iring 1967: Der Marxismus. Seine Geschichte in Dokumenten, München.

Ders. (Hg.) 1976: Grundbegriffe des Marxismus. Eine lexikalische Einführung, Hamburg.

Fichter, Tilmann/Lönnendonker, Siegwart 1977: Kleine Geschichte des SDS. Der Sozialistische Studentenbund von 1946 bis zur Selbstauflösung, Berlin.

Dies. 1979: Von der Neuen Linken zur Krise des Linksradikalismus, in: Blanke, Bernhard u. a., Die Linke im Rechtsstaat, Bd. 2, Berlin, S. 100-132.

Flora, Peter 1974: Modernisierungsforschung. Zur empirischen Analyse der gesellschaftlichen Entwicklung, Opladen.

Flora, Peter 1975: Indikatoren der Modernisierung. Ein historisches Datenhandbuch, Opladen.

Ders. 1979: Krisenbewältigung oder Krisenerzeugung? Der Wohlfahrtsstaat in historischer Perspektive, in: Matthes, Joachim (Hg.), Sozialer Wandel in Westeuropa. Verhandlungen des 19. Deutschen Soziologentages, Frankfurt a. M./New York, S. 82-136.

Ders. 1981: Stein Rokkans Makro-Modell der politischen Entwicklung Europas: ein Rekonstruktionsversuch, in: Kölner Zeitschrift für Soziologie und Sozialpsychologie, 23. Jg., H. 3, S. 388-436.

Ders. u. a. 1983: State, Economy and Society in Western Europe 1815-1975. A Data Handbook, 2 Bde., Frankfurt a. M./London/Chicago.

Ders. (Hg.) 1986: Growth to Limits. The Western European Welfare State, Bd. 2, Berlin/New York.

Ford, Henry 1922: My Life and Work, Garden City (NY).

Ders. 1930: Moving Forward, Garden City (NY).

Franz, Hans-Werner/Kruse, Wilfried/Rolff, Hans-Günter (Hg.) 1986: Neue alte Ungleichheiten. Berichte zur sozialen Lage der Bundesrepublik, Opladen.

Fröbel, Folker 1980: Zur gegenwärtigen Entwicklung der Weltwirtschaft, in: Starnberger Studien 4: Strukturveränderungen in der kapitalistischen Weltwirtschaft, Frankfurt a. M., S. 9-88.

Fromm, Erich 1932: Über Methode und Aufgabe einer analytischen Sozialpsychologie, in: Zeitschrift für Sozialforschung, 1. Jg., Heft 1/2, S. 28-54.

Ders. 1936: Sozialpsychologischer Teil, in: Horkheimer, Max u. a., Studien über Autorität und Familie, Paris, S. 77-135.

Fülberth, Georg 1985: Die Bundesrepublik: Prosperitätsformel und Krisenformel, in: Blätter für deutsche und internationale Politik, H. 4, S. 420-430.

Funke, Rainer 1978: Sich durchsetzender Kapitalismus. Eine Alternative zum spätkapitalistischen Paradigma, in: Starnberger Studien 2: Sozialpolitik als soziale Kontrolle, Frankfurt a. M., S. 219-228.

Gangl, Manfred 1987: Politische Ökonomie und Kritische Theorie. Ein Beitrag zur theoretischen Entwicklung der Frankfurter Schule, Frankfurt a. M./New York.

Ganßmann, Heiner 1983: Marx ohne Arbeitswerttheorie?, in: Leviathan, H. 3, S. 394-412.

Garling, Ulrich u. a. 1971: Die gesellschaftswissenschaftliche Intelligenz im System des staatsmonopolistischen Kapitalismus, in: Sozialistische Politik, Nr. 12, S. 85-100.

Gente, Hans-Peter (Hg.) 1970 u. 1972: Marxismus, Psychoanalyse, Sexpol, 2 Bde., Frankfurt a. M./ Hamburg.

Gerstenberger, Heide 1973: Zur Theorie der historischen Konstitution des bürgerlichen Staates, in: Probleme des Klassenkampfes, H. 8/9, S. 207-226.

Geyer, Dietrich 1972: Von der Kriegskoalition zum Kalten Krieg, in: Ders. (Hg.), Osteuropa-Handbuch. Sowjetunion - Außenpolitik I, 1917-1955, Köln/Wien, S. 343-381.

Gleichmann, Peter R. 1989: Deutsche Gesellschaftsgeschichte für Soziologen, in: Soziologische Revue, H. 1, S. 2-8.

Glotz, Peter/Malanowski, Wolfgang 1982: Student heute. Angepaßt? Ausgestiegen?, Reinbek bei Hamburg.

Goldberg, Jörg u. a. 1985: Zu den "langen Wellen" ökonomischer Entwicklung im Kapitalismus, in: IPW-Berichte, 14. Jg., H. 10, S. 1-11.

Goldschmidt, Dietrich/Schöfthaler, Traugott 1979: Die Soziologie in Wechselwirkung mit Bildungssystem, Bildungspolitik und Erziehungswissenschaft, in: Kölner Zeitschrift für Soziologie und Sozialpsychologie, Sonderheft 21, S. 294-323.

Ders./Teichler, Ulrich/Webler, Wolff-Dietrich (Hg.) 1984: Forschungsgegenstand Hochschule. Überblick und Trendbericht, Frankfurt a. M./New York.

Gouldner, Alwin W, 1980: Die Intelligenz als neue Klasse. 16 Thesen zur Zukunft der Intellektuellen und der technischen Intelligenz, Frankfurt a. M./New York.

Gramsci, Antonio 1967: Philosophie der Praxis, Frankfurt a. M.

Grebing, Helga/Pozorski, Peter/Schulze, Rainer 1980: Die Nachkriegsentwicklung in Westdeutschland 1945-1949, 2 Bde., Stuttgart.

Gremliza, Hermann L./Hannover, Heinrich (Hg.) 1980: Die Linke. Bilanz und Perspektiven für die 80er, Hamburg.

Grosser, Alfred 1980: Deutschlandbilanz. Geschichte Deutschlands seit 1945, München.

Grossmann, Henryk 1929: Das Akkumulations- und Zusammenbruchsgesetz des kapitalistischen Systems, Leipzig.

Ders. 1932: Die Wert-Preis-Transformation bei Marx und das Krisenproblem, in: Zeitschrift für Sozialforschung, 1. Jg., S. 55-84.

Gruppi, Luciano 1976: Togliatti e la via italiana al socialismo, Rom.

GRZ (Gruppe Rheinische Zeitung) 1977: Sozialistische Hochschulpolitik, Bonn.

Dies. 1978: Studentenbewegung, unveröffentlichtes Manuskript, Duisburg.

Gurland, Arcadius R. L. 1969: Zur Theorie der sozial-ökonomischen Entwicklung der gegenwärtigen Gesellschaft, in: Adorno, Theodor W. (Hg.), Spätkapitalismus oder Industriegesellschaft?, Stuttgart, S. 48-66.

Ders. 1981 (1941): Technologische Entwicklung und Wirtschaftsstruktur im Nationalsozialismus, in: Dubiel, Helmut/Söllner, Alfons (Hg.), Wirtschaft, Recht und Staat im Nationalsozialismus. Analysen des Instituts für Sozialforschung 1939-1942, Frankfurt a. M., S. 235-284.

Habermas, Jürgen 1968: Technik und Wissenschaft als "Ideologie", Frankfurt a. M.

Ders. 1970: Protestbewegung und Hochschulreform, Frankfurt a. M.

Ders. 1971: Vorbereitende Bemerkungen zu einer Theorie der kommunikativen Kompetenz, in: Ders./Luhmann, Niklas, Theorie der Gesellschaft oder Sozialtechnologie - Was leistet die Systemforschung?, Frankfurt a. M., S. 101-141.

Ders. 1973: Legitimationsprobleme im Spätkapitalismus, Frankfurt a. M.

Ders. 1974: Theorie und Praxis, Frankfurt a. M.

Ders. 1975: Wahrheitstheorien, in: Wahrheit und Reflexion, Festschrift für Walter Schulz, Pfullingen, S. 211-265.

Ders. 1976a: Zur Rekonstruktion des Historischen Materialismus, Frankfurt a. M.

Ders. 1976b: Diskussionsbemerkung: Zum Theorievergleich in der Soziologie, in: Lepsius, M. Rainer (Hg.), Zwischenbilanz der Soziologie. Verhandlungen des 17. Deutschen Soziologentages, Stuttgart, S. 78-80.

Ders. 1979a: Einleitung zu: Ders. (Hg.), Stichworte zur "Geistigen Situation" der Zeit, Bd. 1, Frankfurt a. M., S. 7-36.

Ders. 1979b: Interview mit Jügen Habermas am 23. März 1979 in Starnberg, in: Horster, Detlef, Habermas zur Einführung, Hannover 1980, S. 70ff.

Ders. 1981a: Dialektik der Rationalisierung. Ein Gespräch, in: Ästhetik und Kommunikation, 12. Jg., H. 45/46, S. 126-157.

Ders. 1981b: Theorie des kommunikativen Handelns, Bd. 2, Frankfurt a. M.

Ders. 1981c: Die Moderne - ein unvollendetes Projekt, in: Ders., Kleine politische Schriften I-IV, Frankfurt a. M., S. 444-464.

Ders. 1981d: Philosophisch-politische Profile, Frankfurt a. M.

Ders. 1985: Die Neue Unübersichtlichkeit, Frankfurt a. M.

Ders./Henrich, Dieter 1974: Zwei Reden. Aus Anlaß des Hegel-Preises, Frankfurt a. M.

Ders. u. a. 1978: Gespräche mit Herbert Marcuse, Frankfurt a. M.

Hack, Lothar 1968: Zur neuen Faszination der Unmittelbarkeit, in: Ders./Negt, Oskar/Reiche, Reimut, Protest und Politik, Frankfurt a. M., S. 45-74.

Hagelstange, Thomas 1988: Die Entwicklung von Klassenstrukturen in der EG und Nordamerika, Frankfurt a. M./New York.

Hahn, Alois 1984: Theorien zur Entstehung der europäischen Moderne, in: Philosophische Rundschau, 31. Jg., H. 3/4, S. 178-202.

Haller, Max 1988: Grenzen und Variationen gesellschaftlicher Entwicklung in Europa - eine Herausforderung und Aufgabe für die vergleichende Soziologie, in: Österreichische Zeitschrift für Soziologie, 13. Jg., H. 4, S. 5-19.

Hauff, Volker/Scharpf, Fritz W. 1975: Modernisierung der Volkswirtschaft. Technolgiepolitik als Strukturpolitik, Frankfurt a. M/Köln.

Heberle, Ruldolf 1967: Hauptprobleme der politischen Soziologie, Stuttgart.

Hegel, Georg Wilhelm Friedrich 1969 (1812): Wissenschaft der Logik, Bd. I, Frankfurt a. M.

Heimann, Horst 1981: Die Krise des Marxismus und das Verhältnis zwischen sozialistischen Intellektuellen und organisierter Arbeiterbewegung, in: forum ds, S. 96-145.

Ders. 1986a: "Krise des Marxismus", in: Meyer, Thomas u. a. (Hg.), Lexikon des Sozialismus, Köln, S. 383.

Ders. 1986b: "Reformismus", in: Meyer, Thomas u. a. (Hg.), Lexikon des Sozialismus, Köln, S. 519-521.

Heintz, Peter 1974: Interkultureller Vergleich, in: König, Renè (Hg.), Handbuch der empirischen Sozialforschung Bd. 4, Stuttgart, S. 405-425.

Herkommer, Sebastian 1985: Kapitalismus, Sozialstaat, Individualität, in: Sozialismus, 11. Jg., H. 11, S. 29-35.

Hilferding, Rudolf 1973 (1910): Das Finanzkapital, 2 Bde., Frankfurt a. M.

Hirsch, Joachim 1969: Zur politischen Ökonomie des politischen Systems, in: Kress, Gisela/Senghaas, Dieter (Hg.), Politikwissenschaft, Frankfurt a. M., S. 190-214.

Ders. 1970: Wissenschaftlich-technischer Fortschritt und politisches System, Frankfurt a. M.

Ders. 1974: Staatsapparat und Reproduktion des Kapitals, Frankfurt a. M.

Ders. 1976: Bemerkungen zum theoretischen Ansatz einer Analyse des bürgerlichen Staates, in: Gesellschaft. Beiträge zur Marxschen Theorie 8/9, Frankfurt a. M., S. 99-149.

Ders. 1977: Kapitalreproduktion, Klassenauseinandersetzungen und Widersprüche im Staatsapparat, in: Brandes, Volkhard u. a. (Hg.), Handbuch 5: Staat, Frankfurt a. M., S. 161 -181.

Ders. 1978: Der Zerfall des Elfenbeinturms. Zu den gegenwärtigen Bedingungen von Lehren und Lernen in der Hochschule, in: päd extra, H. 6, S. 28-34.

Ders. 1980: Der Sicherheitsstaat. Das "Modell Deutschland", seine Krise und die neuen sozialen Bewegungen, Frankfurt a. M.

Ders. 1985: Fordismus und Postfordismus. Die gegenwärtige gesellschaftliche Krise und ihre Folgen, in: Politische Vierteljahresschrift, 26. Jg., H. 2, S. 160-182.

Ders./Roth, Roland 1980: "Modell Deutschland" und neue soziale Bewegungen, in: Probleme des Klassenkampfes, H. 40, S. 14-39.

Dies. 1986: Das neue Gesicht des Kapitalismus. Vom Fordismus zum Post-Fordismus, Hamburg.

Hofmann, Werner 1970: Zur Soziologie der Studentenrevolte, in: Ders., Abschied vom Bürgertum, Frankfurt a. M., S. 76-91.

Holzkamp, Klaus 1972: Kritische Psychologie. Vorbereitende Arbeiten, Frankfurt a. M.

Homburg, Heidrun 1986: "Organisierter Kapitalismus", in: Meyer, Thomas u. a. (Hg.), Lexikon des Sozialismus, Köln, S. 468f.

Hondrich, Karl Otto 1976: Entwicklungslinien und Möglichkeiten des Theorievergleichs, in: Lepsius, M. Rainer (Hg.), Zwischenbilanz der Soziologie. Verhandlungen des 17. Deutschen Soziologentages, Stuttgart, S. 14-36.

Honneth, Axel 1981: Diskussionsbemerkung, in: Habermas, Jürgen, Dialektik der Rationalisierung. Ein Gespräch, in: Ästhetik und Kommunikation, 12. Jg., H. 45/46, S. 126-157.

Horkheimer, Max 1932a: Vorwort zu: Zeitschrift für Sozialforschung. 1. Jg., H. 1/2, S. I-IV.

Ders. 1932b: Geschichte und Psychologie, in: Zeitschrift für Sozialforschung, 1. Jg., H. 1/2, S. 125-144.

Ders. 1933: Materialismus und Metaphysik, in: Zeitschrift für Sozialforschung, 2. Jg., H. 1, S. 1-39.

Ders. 1941: Art und Mass Culture, in: Zeitschrift für Sozialforschung. Studies in Philosophy and Social Science, 9. Jg., S. 290-304.

Ders. 1967 (1939): Die Juden und Europa, in: Ders., Autoritärer Staat. Aufsätze 1939-1941, Amsterdam, S. 7-39.

Ders. 1967 (1940): Autoritärer Staat, in: Ders., Autoritärer Staat. Aufsätze 1939-1941, Amsterdam, S. 41-79.

Ders. 1967 (1941/42): Vernunft und Selbsterhaltung, in: Ders., Autoritärer Staat. Aufsätze 1939-1941, Amsterdam, S. 81-123.

Ders. 1972: Gesellschaft im Übergang. Aufsätze, Reden und Vorträge 1942-1970, Frankfurt a. M.

Ders. 1974 (1937): Traditionelle und kritische Theorie, in: Ders., Traditionelle und kritische Theorie, Frankfurt a. M., S. 12-64.

Ders. 1981 (1931): Die gegenwärtige Lage der Sozialphilosophie und die Aufgaben eines Instituts für Sozialforschung, in: Ders., Sozialphilosophische Studien. Aufsätze, Reden und Vorträge 1930-1972, hg. v. Werner Brede, Frankfurt a. M., S. 33-46.

Ders. u. a. 1936: Studien über Autorität und Familie, Paris.

Ders./Adorno, Theodor W. 1971 (1947): Dialektik der Aufklärung, Frankfurt a. M. (ursprünglich 1944 in englischer Sprache).

Ders. (Hg.) 1980 (1932-1941): Zeitschrift für Sozialforschung, 1.-9. Jg., Reprint, München.

Horn, Klaus 1972: Psychoanalyse - Kritische Theorie des Subjekts. Aufsätze, Frankfurt a. M.

Ders. 1978: Psychopathologisch - politisch - psychosozial. Steuerungsprobleme im organisierten Kapitalismus. Nachbemerkungen zu: Ders. (Hg.), Kritik der Hochschuldidaktik, Frankfurt a. M., S. 358-408.

Hornstein, Walter 1985: Jugend 1985 - Strukturwandel, neues Selbstverständnis und neue Problemlagen, in: Mitteilungen aus der Arbeitsmarkt- und Berufsforschung, 18. Jg., H. 2, S. 157-166.

Huber, Josef 1980: Wer soll das alles ändern? Die Alternativen der Alternativbewegung, Berlin.

Hübner, Horst 1982: Sozialdemokratische Hochschulpolitik, Ordinarienuniversität und Studentenbewegung 1960-1980. Eine politisch-soziologische Analyse sozialdemokratischer Hochschulreform in Nordrhein-Westfalen unter besonderer Berücksichtigung der Universität Münster, Münster.

Hübner, Kurt 1987: Neue Gesichtszüge?, in: Sozialismus, H. 4, S. 39-44.

Huster, Ernst-Ulrich u. a. 1975: Determinanten der westdeutschen Restauration 1945-1949, Frankfurt a. M.

Immerfall, Stefan 1987: Theorien und Theoretiker der Moderne. Zur Diskussion um den Gehalt des neuzeitlichen Modernisierungsprozesses, in: SOWI, 16. Jg., H. 1, S. 57-64.

Inglehart, Ronald 1981: Wertwandel in den westlichen Gesellschaften: Politische Konsequenzen von materialistischen und postmaterialistischen Prioritäten, in: Klages, Helmut/Kmieciak, Peter (Hg.), Wertwandel und gesellschaftlicher Wandel, Frankfurt a. M./New York, S. 279-316.

Ders. 1983: Traditionelle politische Trennungslinien und die Entwicklung der neuen Politik in westlichen Gesellschaften, in: Politische Vierteljahresschrift, 24. Jg., H. 2, S. 139-145.

Institut für Marxistische Studien und Forschungen 1984: Marxistische Studien. Jahrbuch des IMSF 7, Frankfurt a. M.

Institut für Sozialforschung 1981: Gesellschaftliche Arbeit und Rationalisierung. Neuere Studien aus dem Institut für Sozialforschung in Frankfurt a. M., Opladen.

Jacobeit, Wolfgang 1986: Weltbild im Wandel? Zur "Volkskultur" zwischen Feudalismus und Kapitalismus, in: Jeggle, Utz u. a. (Hg.): Volkskultur in der Moderne. Probleme und Perspektiven empirischer Kulturforschung, Reinbek bei Hamburg, S. 25-36.

Jacoby, Henry 1985: Von den konservativen Motiven revolutionärer Bewegungen. Neue Studien amerikanischer Historiker, in: Kommune, 3. Jg., Nr. 1, S. 86-90.

Jaeggi, Urs 1972: Macht und Herrschaft in der Bundesrepublik, Frankfurt a. M.

Jänicke, Martin (Hg.) 1973: Politische Systemkrisen, Köln.

Jánossy, Franz 1966: Das Ende der Wirtschaftswunder. Erscheinung und Wesen der wirtschaftlichen Entwicklung, Frankfurt a. M.

Jay, Martin 1976: Dialektische Phantasie. Die Geschichte der Frankfurter Schule und des Instituts für Sozialforschung 1923-1950, Frankfurt a. M.

Ders. 1979: "Marcuse, Herbert", in: International Encyclopedia of the Social Sciences, Vol. 18, Biographical Suppl., London/New York, S. 497-500.

Ders. 1982: Positive und negative Totalität. Adornos Alternativentwurf zur interdisziplinären Forschung, in: Bonß, Wolfgang/Honneth, Axel (Hg.), Sozialforschung als Kritik, Frankfurt a. M., S. 67-86.

Jeggle, Utz u. a. (Hg.) 1986: Volkskultur in der Moderne. Probleme und Perspektiven empirischer Kulturforschung, Reinbek b. Hamburg.

Joas, Hans 1988: Das Risiko der Gegenwartsdiagnose, in: Soziologische Revue, H. 1, S. 1-6.

Kaase, Max 1981: Legitimationskrise in westlichen demokratischen Industriegesellschaften: Mythos oder Realität?, in: Klages, Helmut/Kmieciak, Peter (Hg.), Wertwandel und gesellschaftlicher Wandel, Frankfurt a. M./New York, S. 328-350.

Kaelble, Hartmut 1987: Auf dem Weg zu einer europäischen Gesellschaft. Eine Sozialgeschichte Westeuropas 1880-1980, München.

Kalberg, Stephen 1981: Max Webers Typen der Rationalität: Grundsteine für die Analyse von Rationalisierungs-Prozessen in der Geschichte, in: Sprondel, Walter M./Seyfarth, Constans (Hg.), Max Weber und die Rationalisierung sozialen Handelns, Stuttgart, S. 9-38.

Ders. 1989: Max Webers historisch-vergleichende Untersuchungen und das "Webersche Bild der Neuzeit": eine Gegenüberstellung, in: Weiß, Johannes (Hg.), Max Weber heute. Erträge und Probleme der Forschung, Frankfurt a. M., S. 425-444.

Kammler, Jörg 1974: Politische Theorie von Georg Lukacs, Darmstadt/Neuwied.

Kapitalismus 1970: Kapitalismus in den siebziger Jahren. Referate vom Kongreß in Tilburg im September 1970, Frankfurt a. M.

Karsten, Maria-Eleonora/Thunemeyer, Bernd 1983: Kinder zwischen Stadt und Land, in: Preuss-Lausitz, Ulf u. a., Kriegskinder, Konsumkinder, Krisenkinder. Zur Sozialisationsgeschichte seit dem Zweiten Weltkrieg, Weinheim/Basel, S. 142-149.

Kaste, Hermann/Raschke, Joachim 1979: Zur Politik der Volkspartei, in: Narr, Wolf-Dieter/Thränhardt, Dietrich (Hg.), Die Bundesrepublik Deutschland, Meisenheim, S. 168-209.

Kautsky, Karl 1976 (1899): Bernstein und das Sozialdemokratische Programm. Eine Antikritik, Berlin/Bonn-Bad Godesberg.

Keller, Susanne/Vahrenkamp, Richard 1974: Die Illusionen des Spätkapitalismus, in: Neues Forum, H. 241/242, S. 38-43 u. H. 243, S. 47-52.

Kerbs, Diethart (Hg.) 1970: Die hedonistische Linke. Beiträge zur Subkulturdebatte, Neuwied/Berlin.

Kern, Lucian (Hg.) 1984: Probleme der postindustriellen, Gesellschaft, Königstein/Ts.

Kievenheim, Christoph: Zur Stellung der Intelligenz in der Klassen- und Sozialstruktur des entwickelten Kapitalismus, in: Ders./Leisewitz, André (Hg.), Soziale Stellung und Bewußtsein der Intelligenz, Köln, S. 111-152.

Kitschelt, Herbert 1985: Materiale Politisierung der Produktion. Gesellschaftliche Herausforderung und institutionelle Innovationen in fortgeschrittenen kapitalistischen Demokratien, in: Zeitschrift für Soziologie, 14. Jg., H. 3, S. 188-208.

Klär, Karl-Heinz 1986: "Modernisierung und Arbeiterbewegung", in: Meyer, Thomas u. a. (Hg.): Lexikon des Sozialismus, Köln, S. 439-441.

Klages, Helmut 1983: Wertwandel und Gesellschaftskrise in der sozialstaatlichen Demokratie, in: Matthes, Joachim (Hg.), Krise der Arbeitsgesellschaft? Verhandlungen des 21. Deutschen Soziologentages in Bamberg, Frankfurt a. M./New York, S. 341-352.

Ders. 1984: Wertorientierungen im Wandel. Rückblick, Gegenwartsanalysen, Prognosen, Frankfurt a. M./New York.

Ders./Kmieciak, Peter (Hg.) 1981: Wertwandel und gesellschaftlicher Wandel, Frankfurt a. M./New York.

Kluke, Paul 1981: Das Institut für Sozialforschung, in: Lepenies, Wolf (Hg.), Geschichte der Soziologie. Studien zur kognitiven, sozialen und historischen Identität einer Disziplin Bd. 2, Frankfurt a. M., S. 390-429.

Knödler-Bunte, Eberhard 1981: Diskussionsbemerkung, in: Habermas, Jürgen, Dialektik der Rationalisierung. Ein Gespräch, in: Ästhetik und Kommunikation, 12. Jg., H. 45/46, S. 126-157.

Kocka, Jürgen 1974: Organisierter Kapitalismus oder Staatsmonopolistischer Kapitalismus? Begriffliche Vorbemerkungen, in: Winkler, Heinrich August (Hg.), Organisierter Kapitalismus. Voraussetzungen und Anfänge, Göttingen, S. 19-35.

Ders. 1979: Restauration oder Neubeginn? Deutschland 1945-1949, in: Demokratie und Sozialismus, H. 11, S. 112-136.

König, Renè 1972: "Interkultureller Vergleich", in: Bernsdorf, Wilhelm (Hg.), Wörterbuch der Soziologie, Frankfurt a. M., S. 390-394.

Kolakowski, Leszek 1977: Die Hauptströmungen des Marxismus. Entstehung, Entwicklung, Zerfall, 3 Bde., München/Zürich.

Koneffke, Gernot 1971: Integration und Subversion. Zur Funktion des Bildungswesens in der spätkapitalistischen Gesellschaft, in: Nyssen, Friedhelm (Hg.), Schulkritik als Kapitalismuskritik, Göttingen, S. 79-123.

Korsch, Karl 1966 (1923): Marxismus und Philosophie, Frankfurt a. M.

Ders. 1967 (1938): Karl Marx, Frankfurt a. M.

Ders. 1971 (1931): Krise des Marxismus, in: Ders., Die materialistische Geschichtsauffassung, Frankfurt a. M., S. 167-172.

Kostede, Norbert 1976: Die neuere marxistische Diskussion über den bürgerlichen Staat. Einführung - Kritik - Resultate, in: Gesellschaft, Beiträge zur Marxschen Theorie 8/9, Frankfurt a. M., S. 150-196.

Krahl, Hans-Jürgen 1971: Konstitution und Klassenkampf. Zur historischen Dialektik von bürgerlicher Emanzipation und proletarischer Revolution, Frankfurt a. M.

Kramer, Dieter 1986: Marktstruktur und Kulturprozeß. Überlegungen zum Verhältnis von Kultur und kapitalistischer Gesellschaft, in: Jeggle, Utz u. a. (Hg.), Volkskultur in der Moderne. Probleme und Perspektiven empirischer Kulturforschung, Reinbek bei Hamburg, S. 37-53.

Kraushaar, Wolfgang (Hg.) 1978: Autonomie oder Getto? Kontroversen über die Alternativbewegung, Frankfurt a. M.

Ders. 1979: Student und Politik. Eine ausgewählte und kommentierte Bibliographie unter besonderer Berücksichtigung sozialpsychologischer Aspekte, Hamburg.

Kress, Gisela/Senghaas, Dieter 1969: Politikwissenschaft. Eine Einführung in ihre Probleme, Frankfurt a. M.

Kreutz, Henrik 1974: Soziologie der Jugend, München.

Kreye, Otto 1980: Westeuropas wirtschaftliche und soziale Entwicklung und die Rationalität und Realität einer Neuen Internationalen Wirtschaftsordnung, in: Starnberger Studien 4: Strukturveränderungen in der kapitalistischen Weltwirtschaft, Frankfurt a. M., S. 269-285.

Kromphardt, Jürgen 1980: Konzeptionen und Analysen des Kapitalismus - von seiner Entstehung bis zur Gegenwart, Göttingen.

Kühn, Arthur 1972: Jugend und sozialer Wandel. Kritische Anmerkungen zu neueren konflikttheoretischen Perspektiven in der Jugendsoziologie, in: Soziale Welt, 23. Jg., H. 2, S. 129-147.

Küsters, Gerd-Walter 1980: Der Kritikbegriff der Kritischen Theorie Max Horkheimers. Historisch-systematische Untersuchung zur Theoriegeschichte, Frankfurt a. M./New York.

Kukuck, Margareth 1977: Student und Klassenkampf. Studentenbewegung in der BRD seit 1967, Hamburg.

Kursbuch 1971: Die Klassenkämpfe in Italien, Nr. 26, hg. von Peter Schneider, Berlin.

Lakatos, Imre 1974: Falsifikation und die Methodologie wissenschaftlicher Forschungsprogramme, in: Lakatos, Imre/Musgrave, Alan (Hg.): Kritik und Erkenntnisfortschritt, Braunschweig, S. 89-189.

Langguth, Gerd 1976: Die Protestbewegung in der Bundesrepublik Deutschland 1968-1976, Köln.

Ders. 1983: Protestbewegung. Entwicklung, Niedergang, Renaissance. Die Neue Linke seit 1968, Köln.

Lash, Scott/Bagguley, Paul 1988: Arbeitsbeziehungen im disorganisierten Kapitalismus: Ein Vergleich von fünf Nationen, in: Soziale Welt, H. 3, S. 239-259.

Lederer, Hebert 1968: Revolutionäre Strategie und liberales Maklertum, in: Negt, Oskar (Hg.), Die Linke autwortet Jürgen Habermas, Frankfurt a. M., S. 113-130.

Lefèvre, Wolfgang 1968: Reichtum und Knappheit, Studienreform als Zerstörung gesellschaftlichen Reichtums, in: Bergmann, Uwe u. a., Rebellion der Studenten oder Die neue Opposition, S. 94-150.

Lehner, Franz 1981: Die "stille Revolution": Zur Theorie und Realität des Wertwandels in hochindustrialisierten Gesellschaften, in: Klages, Helmut/Kmieciak, Peter (Hg.), Wertwandel und gesellschaftlicher Wandel, Frankfurt a. M./New York, S. 317-327.

Leibfried, Stephan 1968: Die angepaßte Universität. Zur Situation der Hochschulen in der Bundesrepublik und in den USA, Frankfurt a. M.

Ders. (Hg.) 1967: Wider die Untertanenfabrik. Handbuch zur Demokratisierung der Hochschule, Köln.

Leineweber, Bernd 1977: Intellektuelle Arbeit und kritische Theorie. Eine Untersuchung zur Geschichte der Theorie in der Arbeiterbewegung, Frankfurt a. M.

Ders./Schibel, Karl-Ludwig 1975: Die Revolution ist vorbei - Wir haben gesiegt, Berlin.

Lenin, Wladimir Iljitsch 1930 (1917): Der Imperialismus als höchstes Stadium des Kapitalismus, in: Sämtliche Werke, Bd. 19, Wien, S. 79-211.

Lepsius, M. Rainer 1977: Soziologische Theoreme über die Sozialstruktur der "Moderne" und die "Modernisierung", in: Koselleck, Reinhart (Hg.), Studien zum Beginn der modernen Welt, Stuttgart, S. 10-29.

Ders. (Hg.) 1976: Zwischenbilanz der Soziologie. Verhandlungen des 17. Deutschen Soziologentages, Stuttgart.

Lerner, Daniel 1979 (1958): Die Modernisierung des Lebensstils: eine Theorie, in: Zapf, Wolfgang (Hg.): Theorien des sozialen Wandels, Königsstein/Ts., S. 362-381.

Leviathan 1979: Leviathan. Zeitschrift für Sozialwissenschaften, 7. Jg., H. 1.

Link, Jochen (Hg.) 1975: Beiträge und Materialien zur Spätkapitalismusdiskussion, München.

Lipietz, Alain 1985: Akkumulation, Krisen und Auswege aus der Krise: Einige methodische Überlegungen zum Begriff "Regulation", in: Probleme des Klassenkampfes, H. 58, S. 109-137.

Löwenthal, Richard 1978: Wertwandel und Legitimität in der westlichen Industriegesellschaft, in: IBM-Nachrichten, 28. Jg., H. 243, S. 339-346.

Ders. 1979: Gesellschaftswandel und Kulturkrise. Zukunftsprobleme der westlichen Demokratien, Frankfurt a. M.

Lorenzer, Alfred 1972: Zur Begründung einer materialistischen Sozialisationstheorie, Frankfurt a. M.

Lüscher, Rudolf 1986: Henry und die Krümelmonster, in: Widerspruch, H. 11, S. 20-42.

Ders. 1987: Henry und die Krümelmonster. Versuch über den fordistischen Sozialcharakter, Tübingen.

Lukacs, Georg 1975 (1923): Geschichte und Klassenbewußtsein, Darmstadt/Neuwied.

Lutz, Burkart 1982: Bildungsexpansion und soziale Ungleichheit. Eine historisch-soziologische Skizze, in: Soziale Welt, Sonderheft 2, S. 221-245.

Lutz, Burkart 1984: Der kurze Traum immerwährender Prosperität, Frankfurt a. M./New York.

Ders. 1985a: Der Wohlfahrtsstaat: Schon am Ende oder erst am Anfang?, in: Gewerkschaftliche Monatshefte, H. 6, S. 321-333.

Ders. 1985b: Irrungen und Wirrungen historischer Sozialforschung. Erwiderung auf R. Spree, in: Zeitschrift für Soziologie, 14. Jg., H. 5, S. 411-415.

Luxemburg, Rosa 1970 (1912): Die Akkumulation des Kapitals. Ein Beitrag zur ökonomischen Erklärung des Imperialismus, Frankfurt a. M.

Magri, Lucio 1979: Krise des Kapitalismus und Krise der Linken, in: Probleme des Klassenkampfes, H. 36, S. 13-34.

Mandel, Ernest 1968 (1962): Marxistische Wirtschaftstheorie, 2 Bde., Frankfurt a. M.

Ders. 1969: Die deutsche Wirtschaftskrise. Lehren der Rezession 1966/67, Frankfurt a. M.

Ders. 1970a: Geschichte des Kapitalismus und seine Bewegungsgesetze, in: Kapitalismus in den siebziger Jahren, Frankfurt a. M., S. 7-32.

Ders. 1970b: Gibt es eine neue Arbeiterklasse?, in: Deppe, Frank u. a. (Hg.), Die neue Arbeiterklasse, Frankfurt a. M., S. 127-133.

Ders. 1972: Der Spätkapitalismus. Versuch einer marxistischen Erklärung, Frankfurt a. M.

Ders. 1974: Einführung in die marxistische Wirtschaftstheorie, Frankfurt a. M.

Ders. 1987 (1980): Die langen Wellen im Kapitalismus, Frankfurt a. M.

Marcuse, Herbert 1928: Beiträge zu einer Phänomenologie des Historischen Materialismus, in: Philosophische Hefte, 1. Jg., S. 45-68.

Ders. 1932: Neue Quellen zur Grundlegung des Historischen Materialismus, in: Die Gesellschaft, 9. Jg., H. 8, S. 136-174.

Ders. 1934: Der Kampf gegen den Liberalismus in der totalitären Staatsauffassung, in: Zeitschrift für Sozialforschung, 3. Jg., S. 161-195.

Ders. 1936: Ideengeschichtlicher Teil, in: Horkheimer, Max (Hg.), Studien über Autorität und Familie, Paris, S. 136-228.

Ders. 1937: Über den affirmativen Charater der Kultur, in: Zeitschrift für Sozialforschung, 6. Jg., S. 54-94.

Ders. 1938: Zur Kritik des Hedonimus, in: Zeitschrift für Sozialforschung, 7. Jg., S. 55-89.

Ders. 1965: Vorwort zu: Ders., Kultur und Gesellschaft I, Frankfurt a. M., S. 7-16.

Ders. 1965 (1937): Philosophie und kritische Theorie, in: Ders., Kultur und Gesellschaft I, Frankfurt a. M., S. 102-127.

Ders. 1967: Ziele, Formen und Aussichten der Studentenopposition, in: Das Argument, Bd. 9, H. 45, S. 398-408.

Ders. 1968 (1956): Trieblehre und Freiheit, in: Ders., Psychoanalyse und Politik, Frankfurt a. M., S. 7-34.

Ders. 1969: Versuch über die Befreiung, Frankfurt a. M.

Ders. 1972 (1941): Vernunft und Revolution. Hegel und die Entstehung der Gesellschaftstheorie, Darmstadt/Neuwied.

Ders. 1973: Konterrevolution und Revolte, Frankfurt a. M.

Ders. 1975 (1932): Hegels Ontologie und die Theorie der Geschichtlichkeit, Frankfurt a. M.

Ders. 1978 (1967): Der eindimensionale Mensch, Neuwied/Berlin.

Ders. 1979 (1964): Industrialisierung und Kapitalismus im Werk Max Webers, in: Ders., Kultur und Gesellschaft II, Frankfurt a. M., S. 107-129.

Ders. 1980: Das Ende der Utopie. Vorträge und Diskussionen in Berlin 1967, Frankfurt a. M.

Ders. 1981 (1941): Einige gesellschaftliche Folgen moderner Technologie, in: Dubiel, Helmut/Söllner, Alfons (Hg.), Wirtschaft, Recht und Staat im Nationalsozialismus. Analysen des Instituts für Sozialforschung 1939-1942, Frankfurt a. M., S. 337-367.

Ders. 1981 (1978): Marxismus und Feminismus, in: Claussen, Detlev (Hg.), Spuren der Befreiung - Herbert Marcuse, Darmstadt/Neuwied, S. 261-273.

Ders. 1982 (1957): Triebstruktur und Gesellschaft. Ein philosophischer Beitrag zu Sigmund Freud, Frankfurt a. M.

Ders. u. a. 1979: Studentenbewegung - und was danach?, Das Argument, Studienheft 30, Berlin.

Mattick, Paul 1969: Kritik an Herbert Marcuse. Der eindimensionale Mensch in der Klassengesellschaft, Frankfurt a. M.

Mauke, Michael 1970: Die Klassentheorie von Marx und Engels, Frankfurt a. M.

Merleau-Ponty, Maurice 1968 (1955): Die Abenteuer der Dialektik, Frankfurt a. M.

Merritt, Richard L./Rokkan, Stein (Hg.) 1966: Comparing Nations. The Use of Quantitative Data in Cross-National Research, New Haven/London.

MEW 1-42: Marx-Engels-Werke, Bde. 1-42, Berlin.

MEW Erg. Bd. 1: Marx-Engels-Werke, Ergänzungsband, Erster Teil, Berlin.

Meyer-Fehr, Peter 1985: Die Relevanz jugendlicher Subkulturen für den sozialen Wandel, in: Schweizerische Zeitschrift für Soziologie, Bd. 11, H. 2, S. 331-344.

Miermeister, Jürgen/Staadt, Jochen (Hg.) 1980: Provokationen. Die Studenten- und Jugendrevolte in ihren Flugblättern, Darmstadt/Neuwied.

Mirbach, Thomas 1984: Das "Projekt" der Moderne, in: Politische Vierteljahresschrift - Literatur, H. 1, S. 5-16.

Mitterauer, Michael 1986: Sozialgeschichte der Jugend, Frankfurt a. M.

Müller, Wolfgang/Neusüß, Christel 1970: Die Sozialstaatsillusion und der Widerspruch von Lohnarbeit und Kapital, in: Sozialistische Politik, 2. Jg., Nr. 6/7, S. 4-67.

Müller-Rommel, Ferdinand 1983: Die Postmaterialismusdiskussion in der empirischen Sozialforschung: Politisch und wissenschaftlich überlebt oder noch immer zukunftsweisend?, in: Politische Vierteljahresschrift, 24. Jg., H. 2, S. 218-228.

Narr, Wolf-Dieter/Thränhardt, Dietrich (Hg.) 1979: Die Bundesrepublik Deutschland. Entstehung - Entwicklung - Struktur, Königsstein/Ts.

Negt, Oskar (Hg.) 1968: Die Linke antwortet Jürgen Habermas, Frankfurt a. M.

Neidhardt, Friedhelm 1970: Bezugspunkte einer soziologischen Theorie der Jugend, in: Ders. u. a., Jugend im Spektrum der Wissenschaften, München, S. 11-48.

Ders. 1977: Randgruppen der Universität. Zur Soziologie der Studenten, in: Neumann, Johannes (Hg.), 500 Jahre Eberhard-Karls-Universität Tübingen. Wissenschaft an der Universität heute, Tübingen, S. 335-364.

Neumann, Franz L. 1981 (1942): Die Wirtschaftsstruktur des Nationalsozialismus, in: Dubiel, Helmut/Söllner, Alfons (Hg.), Wirtschaft, Recht und Staat im Nationalsozialismus. Analysen des Instituts für Sozialforschung 1939-1942, Frankfurt a. M., S. 129-233.

Neumann, Wolfgang/Lasserre, Renè 1980: Methodenprobleme des Ländervergleichs, in: Robert-Bosch Stiftung (Hg.), Deutschland-Frankreich: Bausteine zum Systemvergleich, Gerlingen, Bd. 1, S. 11-24..

Oehler, Christoph 1985: Geschichte der Hochschulentwicklung nach 1945, unveröffentlichtes Manuskript, Kassel.

Oehlke, Paul 1979: Probleme der Marxismusdiskussion in der Bundesrepublik, in: Probleme des Klassenkampfes, H. 36, S. 61-74.

Offe, Claus 1968: Kapitalismus - Analyse als Selbsteinschüchterung, in: Negt, Oskar (Hg.), Die Linke antwortet Jürgen Habermas, Frankfurt a. M., S. 106-112.

Ders. 1969: Politische Herrschaft und Klassenstrukturen. Zur Analyse spätkapitalistischer Gesellschaftssysteme, in: Kress, Gisela/Senghaas, Dieter (Hg.), Politikwissenschaft, Frankfurt a. M., S. 155-189.

Ders. 1972: Strukturprobleme des kapitalistischen Staates. Aufsätze zur politischen Soziologie, Frankfurt a. M.

Ders. 1984: Korporatismus als System nichtstaatlicher Makrosteuerung? Notizen über seine Voraussetzungen und demokratischen Gehalte, in: Geschichte und Gesellschaft, 10. Jg., H. 2, S. 234-256.

Ogburn, William F. 1957: Cultural Lag as Theory, in: Sociology and Social Research, XLI.

Otto, Karl A. 1977: Vom Ostermarsch zur APO. Geschichte der außerparlamentarischen Opposition in der Bundesrepublik 1960-70, Frankfurt a. M./New York.

Ottomeyer, Klaus 1974: Soziales Verhalten und Ökonomie im Kapitalismus. Vorüberlegungen zur systematischen Vermittlung von Interaktionstheorie und Kritik der Politischen Ökonomie, Gießen.

Outhwaite, William 1987: Max Webers Theorie der Begriffbildung im Lichte einer marxistischen Wissenschaftstheorie, in: Böckler, Stefan/Weiß, Johannes (Hg.): Marx oder Weber? Zur Aktualisierung einer Kontroverse, Opladen, S. 16-28.

Pasolini, Pier Paolo 1986: Das Herz der Vernunft, hg. von Burkhart Kroeber, Berlin.

Picht, Georg 1965: Die deutsche Bildungskatastrophe, München.

Pohlmann, Friedrich 1987: Die Strukturtheorie des Kapitalismus bei Karx Marx. Zur soziologischen Interpretation des Marxschen Spätwerks, Rheinfelden.

Pollock, Friedrich 1932: Die gegenwärtige Lage des Kapitalismus und die Aussichten einer planwirtschaftlichen Neuordnung, in: Zeitschrift für Sozialforschung, 1. Jg., S. 8-27.

Ders. 1981a (1941): Ist der Nationalsozialismus eine neue Ordnung?, in: Dubiel, Helmut/Söllner, Alfons (Hg.), Wirtschaft, Recht und Staat im Nationalsozialismus. Analysen des Instituts für Sozialforschung 1939-1942, Frankfurt a. M., S. 111-128.

Ders. 1981b (1941): Staatskapitalismus, in: Dubiel, Helmut/Söllner, Alfons (Hg.), Wirtschaft, Recht und Staat im Nationalsozialismus. Analysen des Instituts für Sozialforschung 1939 -1942, Frankfurt a. M., S. 81-109.

Poulantzas, Nicos 1973: Die Internationalisierung der kapitalistischen Produktionsweise und der Nationalstaat, Berlin.

Preuss-Lausitz, Ulf 1983: Vom gepanzerten zum sinnstiftenden Körper, in: Ders. u. a., Kriegskinder, Konsumkinder, Krisenkinder. Zur Sozialisationsgeschichte seit dem Zweiten Weltkrieg, Weinheim/Basel, S. 89-106.

Ders. u. a. 1983: Kriegskinder, Konsumkinder, Krisenkinder. Zur Sozialisationsgeschichte seit dem Zweiten Weltkrieg. Weinheim/Basel.

Priester, Karin 1986: "Gramsci", in: Meyer, Thomas u. a. (Hg.), Lexikon des Sozialismus, Köln, S. 239-241.

Projektgruppe Entwicklung des Marxschen Systems 1973: Das Kapitel vom Geld, Westberlin.

Projektgruppe zur Kritik der Politischen Ökonomie 1973: Zur Logik des Kapitals, Westberlin.

Prokla (Redaktion) 1979: Was heißt Krise des Marxismus? in: Probleme des Klassenkampfes, H. 36, S. 1-12.

Puhle, Hans-Jürgen 1984: Historische Konzepte des entwickelten Industriekapitalismus, in: Geschichte und Gesellschaft, 10. Jg., H. 2, S. 165-184.

Rabehl, Bernd 1968: Von der antiautoritären Bewegung zur sozialistischen Opposition, in: Bergmann, Uwe u. a., Rebellion der Studenten oder Die neue Opposition, Reinbek bei Hamburg, S. 151-178.

Rammstedt, Ottheim 1978: Soziale Bewegung, Frankfurt a. M.

Ders. 1979: Theorie der sozialen Bewegung, in: Technische Universität Berlin (Hg.), Soziologische Analysen. Referate aus den Veranstaltungen der Sektionen der Deutschen Gesellschaft für Soziologie, Berlin, S. 672-680.

Raschke, Joachim 1980: Politik und Wertwandel in den westlichen Demokratien, in: Aus Politik und Zeitgeschichte, B 36, S. 23-45.

Ders. 1985: Soziale Bewegungen. Ein historisch-systematischer Grundriß, Frankfurt a. M./New York.

Ders. 1987: Zum Begriff der sozialen Bewegung, in: Roth, Roland/Rucht, Dieter (Hg.), Neue soziale Bewegungen in der Bundesrepublik Deutschland, Bonn, S. 19-29.

Reiche, Reimut 1968a: Die Beschränkung der jugendlichen Protestbewegungen, in: Hack, Lothar/Negt, Oskar/Reiche, Reimut, Protest und Politik, Frankfurt a. M., S. 25-43.

Ders. 1968b: Verteidigung der "neuen Sensibilität", in: Negt, Oskar (Hg.), Die Linke antwortet Jürgen Habermas, Frankfurt a. M., S. 90-103.

Ders. 1971: Sexualität und Klassenkampf, Frankfurt a. M.

Reichelt, Helmut 1970: Zur logischen Struktur des Kapitalbegriffs bei Karl Marx, Frankfurt a. M.

Reijen, Willem van/Schmid Noerr, Gunzelin (Hg.) 1987: Vierzig Jahre Flaschenpost: "Dialektik der Aufklärung" 1947-1987, Frankfurt a. M.

Reisch, Lina 1985: Kulturelle Hegemonie in der Bundesrepublik seit 1945, in: Die Neue Gesellschaft/Frankfurter Hefte, 32 Jg., H. 10, S. 887-894.

Renn, Otwin 1985: Die alternative Bewegung: eine historisch-soziologische Analyse des Protestes gegen die Industriegesellschaft, in: Zeitschrift für Politik, 32. Jg., H. 2, S. 153-194.

Renner, Karl 1918 (1917): Marxismus, Krieg und Internationale. Kritische Studie über offene Probleme des wissenschaftlichen und praktischen Sozialismus in und nach dem Weltkrieg, Stuttgart.

Ritsert, Jürgen (Hg.) 1976: Zur Wissenschaftslogik einer kritischen Soziologie, Frankfurt a. M.

Robert Bosch Stiftung (Hg.) 1980: Deutschland-Frankreich: Bausteine zum Systemvergleich, 2 Bde., Gerlingen.

Röhrich, Wilfried 1983: Die verspätete Demokratie. Zur politischen Kultur der Bundesrepublik Deutschland, Köln.

Rokkan, Stein 1980: Eine Familie von Modellen für die vergleichende Geschichte Europas, in: Zeitschrift für Soziologie, 9. Jg., H. 2, S. 118-128.

Rolff, Hans-Günter 1983: Massenkonsum, Massenmedien und Massenkultur, in: Preuss-Lausitz, Ulf u. a., Kriegskinder, Konsumkinder, Krisenkinder. Zur Sozialisationsgeschichte seit dem Zweiten Weltkrieg, Weinheim/Basel, S. 153-167.

Rolshausen, Claus (Hg.) 1970: Kapitalismus und Krise. Eine Kontroverse um das Gesetz des tendenziellen Falls der Profitrate, Frankfurt a. M.

Ronge, Volker 1973: Die Umwelt im kapitalistischen System, in: Jänicke, Martin (Hg.), Politische Systemkrisen, Köln, S. 329-352.

Ders. 1979: Bankpolitik im Spätkapitalismus. Politische Selbstverwaltung des Kapitals, Starnberger Studien 3, Frankfurt a. M.

Rosdolsky, Roman 1968: Zur Entstehungsgeschichte des Marxschen "Kapitals", 2 Bde., Frankfurt a. M.

Rosenmayr, Leopold 1970: Jugend als Faktor sozialen Wandels. Versuch einer theoretischen Exploration der Jugendrevolten, in: Neidhardt, Friedhelm u. a., Jugend im Spektrum der Wissenschaften, München, S. 203-228.

Roth, Guenther 1987: Die Vereinigten Staaten heute aus der Sicht von Karl Marx und Max Weber, in: Böckler, Stefan/Weiß, Johannes (Hg.), Marx oder Weber? Zur Aktualisierung einer Kontroverse, Opladen, S. 214-229.

Ders. 1989: Soziologie und historische Perspektive, in: Soziologische Revue, H. 1, S. 8-14.

Roth, Karl Heinz/Kanzow, Eckard 1971: Unwissen als Ohnmacht. Grundrisse einer Analyse der Wissenschafts- und Bildungspolitik des bundesrepublikanischen Herrschaftskartells, Berlin.

Roth, Roland 1985a: Rebellische Subjektivität. Herbert Marcuse und die neuen Protestbewegungen. Frankfurt a. M./New York.

Ders. 1985b: Neue soziale Bewegungen in der politischen Kultur der Bundesrepublik - eine vorläufige Skizze, in: Brand, Karl-Werner (Hg.), Neue soziale Bewegungen in Westeuropa und den USA. Ein internationaler Vergleich, Frankfurt a. M./New York, S. 20-82.

Ders. 1987: Fordismus und neue soziale Bewegungen. Gesellschaftliche Entwicklungsphasen als theoretischer Bezugsrahmen für die Analyse sozialer Bewegungen, in: blätter des iz3w, Nr. 140, S. 16-23.

Ders. (Hg.) 1980: Parlamentarisches Ritual und politische Alternativen, Frankfurt a. M./New York.

Ders./Rucht, Dieter (Hg.) 1987: Neue soziale Bewegungen in der Bundesrepublik Deutschland, Bonn.

Rucht, Dieter 1985: Neue soziale Bewegungen - Phänomen einer Übergangsgesellschaft. Papier zur Tagung der Deutschen Gesellschaft für Soziologie "Soziale Bewegungen und Soziale Evolution", 3./4. Mai 1985 in München.

Rüschemeyer, Dietrich 1979: Partielle Modernisierung, in: Zapf, Wolfgang (Hg.), Theorien des sozialen Wandels, Königsstein/Ts., S. 382-386.

Ruloff, Dieter 1985: Historische Sozialforschung, Stuttgart.

Rupp, Hans Karl 1978: Politische Geschichte der Bundesrepublik Deutschland, Stuttgart/Berlin/Köln/Mainz.

Sahmel, Karl-Heinz 1979a: Vernunft und Sinnlichkeit. Eine kritische Einführung in das philosophische und politische Denken Herbert Marcuses, Königstein/Ts.

Ders. 1979b: Ausgewählte Bibliographie der Schriften von und über Herbert Marcuse, in: Pozzoli, Claudio (Hg.), Jahrbuch Arbeiterbewegung 6: Grenzen gewerkschaftlicher Politik, Frankfurt a. M., S. 271-301.

Schäfer, Gert/Nedelmann, Carl (Hg.) 1969 (1967): Der CDU-Staat. Analysen zur Verfassungswirklichkeit der Bundesrepublik, 2. Bde., Frankfurt a. M.

Scharpf, Fritz W. 1973: Reformpolitik im Spätkapitalismus, in: Jänicke, Martin (Hg.), Politische Systemkrisen, Köln, S. 353-361.

Scherr, Albert 1984: Strukturelle Bedingungen und alltagskulturelle Formen individueller Reproduktion im entwickelten Kapitalismus, München.

Scheuch, Erwin, K. 1967: Society als context in cross-cultural comparisons, in: Social Science Informations, 6. Jg., H. 5, S. 7-23.

Ders. 1968: Soziologische Aspekte der Unruhe unter den Studenten, in: Aus Politik und Zeitgeschichte, 4.11.1968, S. 3-25.

Schlupp, Frieder 1979: Internationalisierung und Krise - das "Modell Deutschland" im metropolitanen Kapitalismus, in: Leviathan, 7. Jg., H. 1, S. 12-35.

Schmid, Claudia 1984: Staatliche Hochschulpolitik in der Bundesrepublik. Daten Strukturen und Tendenzen, in: Aus Politik und Zeitgeschichte, B 3-4, S. 11-23.

Schmidt, Alfred 1969: Einleitung zu: Ders. (Hg.), Beiträge zur marxistischen Erkenntnistheorie. Frankfurt a. M., S. 7-17.

Ders. 1974: Praxis, in: Gesellschaft. Beiträge zur Marxschen Theorie 2, Frankfurt a. M., S. 264-308

Schmidt, Manfred G. 1978: Die "Politik der inneren Reformen" in der Bundesrepublik Deutschland 1969-1976, in: Politische Vierteljahresschrift, 19. Jg., S. 201-253.

Schmiede, Rudi 1976: Das deutsche "Wirtschaftswunder" 1945-1965, in: Blanke, Bernhard u. a., Die Linke im Rechtsstaat Bd. 1, Berlin, S. 107-138.

Ders. 1979: Das Ende des westdeutschen Wirtschaftswunders 1966-1977, in: Blanke, Bernhard u. a., Die Linke im Rechtsstaat Bd. 2, Berlin, S. 34-78.

Schmierer, Joscha 1969: Zur Analyse der Studentenbewegung, in: Rotes Forum, Nr. 5, S. 5-14.

Schoch, Bruno 1981: Auf der Suche nach der verlorenen Wahrheit, in: Claussen, Detlev (Hg.): Spuren der Befreiung - Herbert Marcuse, Darmstadt/Neuwied, S. 47-65.

Schrader, Fred E. 1988: Materielles Leben, Ökonomie und Kapitalismus: Der sozialgeschichtliche Entwurf von Fernand Braudel, in: Soziologische Revue, H. 4, S. 377-383.

Schülein, Johann 1981: Jenseits des Leistungsprinzips - Marcuse und Freud, in: Claussen, Detlev (Hg.), Spuren der Befreiung - Herbert Marcuse, Darmstadt/Neuwied, S. 117-136.

Schwarz, Hans-Peter 1981: Die Ära Adenauer. Gründerjahre der Republik 1949-1957, Geschichte der Bundesrepublik, Bd. 2, Stuttgart/Wiesbaden.

Sinclair, Upton 1985 (1937): Am Fließband. Mr. Ford und sein Knecht Shutt, Reinbek bei Hamburg, (amerikanische Originalausgabe: Flivver King: the Story of Ford-America, Detroit 1937).

Smuditis, Alfred 1984: Wandel der Aufwachsbedingungen - Wandel der Weisen des Umgangs mit Welt. Die Fragmentierung des bürgerlichen Subjekts und was danach kommen könnte, in: Österreichische Zeitschrift für Soziologie, 9. Jg., H. 3, S. 44-52.

Sombart, Werner 1987 (1932): Die Zukunft des Kapitalismus, in: Brocke, Bernhard vom (Hg.), Sombarts "Moderner Kapitalismus", Materialien zur Kritik und Rezeption, München, S. 394-418.

Sommerkorn, Ingrid N. (Hg.) 1981: Identität und Hochschule. Probleme und Perspektiven studentischer Sozialisation, Hamburg.

Spinner, Helmut F. 1985: Rationalismus, Rationalisierung, Modernisierung, in: Nohlen, Dieter/ Schultze, Rainer-Olaf (Hg.), Pipers Wörterbuch zur Politik, Bd. I: Politikwissenschaft, München/ Zürich, S. 823-831.

Spohn, Wilfried 1977: Weltmarktkonkurrenz und Industrialisierung Deutschlands 1870-1914. Eine Untersuchung zur nationalen und internationalen Geschichte der kapitalistischen Produktionsweise, Berlin.

Ders. 1979: Thesen zum historischen Verhältnis von Marxismus und Arbeiterbewegung, in: Probleme des Klassenkampfes, H. 36, S. 49-60.

Spree, Reinhard 1985: Modernisierung des Konsumverhaltens deutscher Mittel- und Unterschichten während der Zwischenkriegszeit, in: Zeitschrift für Soziologie, 14. Jg., H. 5, S. 400-410.

Srubar, Ilja 1983: Diskursive und dialektische Vernunft: Das Konzept der gesellschaftlichen Rationalisierung bei Marx und Weber, in: Zeitschrift für Soziologie, 12. Jg., H. 1, S. 7-23.

Steffen, Monika/Funken, Klaus 1971: Die einfache Kaderproduktion. Thesen zur Studentenbewegung als kleinbürgerlicher Massenbewegung, in: Kursbuch, Nr. 25, S. 123-141.

Steinbach, Peter (Hg.) 1982: Probleme politischer Partizipation im Modernisierungsprozeß, Stuttgart.

Steinkühler, Franz (Hg.) 1989: Europa '92. Industriestandort oder Lebensraum, Hamburg.

Sternberg, Fritz 1929 (1926): "Der Imperialismus" und seine Kritiker, Berlin.

Sweezy, Paul M. 1973 (1959): Theorien über den neuen Kapitalismus, in: Dobb, Maurice u. a., Aufsätze zur Theorie des Spätkapitalismus, Den Haag, S. 5-16.

Ders. 1976 (1942): Theorie der kapitalistischen Entwicklung, Frankfurt a. M.

Teichler, Ulrich 1985: Zum Wandel von Bildung und Ausbildung in den 70er und 80er Jahren, in: Mitteilungen aus der Arbeitsmarkt- und Berufsforschung, 18. Jg., H. 2, S. 167-176.

Therborn, Göran 1987: Auf der Suche nach dem Handeln. Geschichte und Verteidigung der Klassenanalyse, in: Probleme des Klassenkampfes, H. 66, S. 128-160.

Thomè, Helmut 1985: Wandel zu postmaterialistischen Werten? Theoretische und empirische Einwände gegen Ingleharts Theorie-Versuch, in: Soziale Welt, H. 1, S. 27-59.

Thompson, Edward P. 1963: The Making of the English Working Class, London.

Thränhardt, Dietrich 1986: Geschichte der Bundesrepublik Deutschland, Frankfurt a. M.

Tipps, Dean C. 1973: Modernization Theory and the Comparative Study of Societies: A Critical Perspective, in: Comparative Studies in Society and History, Vol. 15, S. 199-226.

Tohidipur, Mehdi (Hg.) 1974: Politische Ökonomie des Bildungswesens, Weinheim/Basel.

Torstendahl, Rolf 1985: Das Konzept des Organisierten Kapitalismus und seine Anwendung auf Schweden, in: Geschichte und Gesellschaft, 11. Jg., H. 1, S. 90-98.

Touraine, Alain 1972 (1969): Die postindustrielle Gesellschaft, Frankfurt a. M.

Ders. 1983: Soziale Bewegungen. Spezialgebiet oder zentrales Problem soziologischer Analysen?, in: Soziale Welt, H. 2, S. 143-152.

Vester, Heinz-Günter 1985: Modernismus und Postmodernismus - Intellektuelle Spielereien?, in: Soziale Welt, H. 1, S. 3-26.

Voßberg, Henning 1979: Studentenrevolte und Marxismus. Zur Marxrezeption in der Studentenbewegung auf Grundlage ihrer politischen Sozialisationsgeschichte, München.

Vranicki, Predag 1983 (1961): Geschichte des Marxismus, 2 Bde., Frankfurt a. M.

Wagner, Helmut 1976: Zum Verhältnis von ökonomischer Krise und Legitimationskrise. Ein Beitrag zur neueren Legitimationskrisendiskussion, Frankfurt a. M./Bern.

Wagner, Hilde/Stahn, Peter 1987: Das neue Gesicht des Kapitalismus. Debatte des neuen Theorieentwurfs von Joachim Hirsch und Roland Roth, in: Sozialismus, H. 4, S. 29-38.

Wallerstein, Immanuel 1986 (1974): Das moderne Weltsystem - Die Anfänge kapitalistischer Landwirtschaft und die europäische Weltökonomie im 16. Jahrhundert, Frankfurt a. M.

Ders. 1986: Krise als Übergang, in: Amin, Samir u. a., Dynamik der globalen Krise, Opladen, S. 4-35.

Wallich, Henry C. 1979: Das "Deutsche Wunder" - eine Übersicht, in: Narr, Wolf-Dieter/Thränhardt, Dietrich (Hg.):, Die Bundesrepublik Deutschland, Königstein/Ts., S. 60-74.

Weber, Max 1968 (1922): Gesammelte Aufsätze zur Wissenschaftslehre, Tübingen.

Ders. 1980 (1922): Wirtschaft und Gesellschaft. Grundriss der verstehenden Soziologie, Tübingen.

Weber, Samuel 1986: "Postmoderne" und "Poststrukturalismus". Versuch eine Umgebung zu benennen, in: Ästhetik und Kommunikation, 17. Jg., H. 63, S. 105-111.

Webler, Wolff-Dietrich 1983: Geschichte der Hochschule seit 1945, in: Enzyklopädie Erziehungswissenschaft Bd. 10, Stuttgart, S. 169-193.

Ders. 1984: Staat und Hochschulen. Empirie und Theoriebildung am Fall Baden-Württemberg, Köln/ Wien.

Wehler, Hans-Ulrich 1974: Der Aufstieg des organisierten Kapitalismus und Interventionsstaates in Deutschland, in: Winkler, Heinrich August (Hg.), Organisierter Kapitalismus. Voraussetzungen und Anfänge, Göttingen, S. 36-57.

Ders. 1975: Modernisierungstheorie und Geschichte, Göttingen.

Ders. 1984 (1976): Geschichte und Soziologie, Königstein/Ts.

Weidenfeld, Werner 1985: Modernisierung - Kern neuer europäischer Identität?, in: Aus Politik und Zeitgeschichte, B 28, S. 3-9.

Weiß, Johannes 1975: Max Webers Grundlegungg der Soziologie, München.

Ders. 1983: Verständnisorientierung und Kritik. Zur "Theorie des kommunikativen Handelns" von Jürgen Habermas, in: Kölner Zeitschrift für Soziologie und Sozialpsychologie, 35. Jg., H. 1, S. 108-120.

Wellmer, Albrecht 1967: Methodologie als Erkenntnistheorie. Zur Wissenschaftslehre Karl R. Poppers, Frankfurt a. M.

Wersig, Gernot 1985: Die Kommunikative Revolution. Strategien zur Bewältigung der Krise der Moderne, Opladen.

Widmann, Arno 1981: Diskussionsbemerkung, in: Habermas, Jürgen, Dialektik der Rationalisierung. Ein Gespräch, in: Ästhetik und Kommunikation, 12. Jg., H. 45/46, S. 126-157.

Wiggershaus, Rolf 1986: Die Frankfurter Schule. Geschichte - theoretische Entwicklung - politische Bedeutung, München/Wien.

Winkler, Heinrich A. (Hg.) 1974: Organisierter Kapitalismus. Voraussetzungen und Anfänge, Göttingen.

Wirth, Margaret 1972: Kapitalismustheorie in der DDR. Entstehung und Entwicklung der Theorie des staatsmonopolistischen Kapitalismus, Frankfurt a. M.

Wolf, Frieder O. 1979: Auflösung oder Erneuerung des Marxismus?, in: Probleme des Klassenkampfes, H. 36, S. 25-34.

Zapf, Wolfgang 1975: Die soziologische Theorie der Modernisierung, in: Soziale Welt, 26. Jg., H. 2, S. 212-226.

Ders. (Hg.) 1979: Theorien des sozialen Wandels, Königsstein/Ts.

Ziehe, Thomas 1975: Pubertät und Narzißmus, Frankfurt a. M.

Zimmermann, Ekkart 1986: Evolutionärer und revolutionärer Wandel, in: Funkkolleg Politik, Studienbegleitbrief 7, Weinheim/Basel, S. 84-127.

Zinnecker, Jürgen 1985: Jugend der Gegenwart - Beginn oder Ende einer Epoche, in: Baacke, Dieter/ Heitmeyer, Wilhelm (Hg.), Neue Widersprüche: Jugendliche in den 80er Jahren, Weinheim/ München, S. 24-45.

SACHREGISTER

PERSONEN- UND ORGANISATIONSREGISTER

GPSR Compliance

The European Union's (EU) General Product Safety Regulation (GPSR) is a set of rules that requires consumer products to be safe and our obligations to ensure this.

If you have any concerns about our products, you can contact us on ProductSafety@springernature.com

In case Publisher is established outside the EU, the EU authorized representative is:

Springer Nature Customer Service Center GmbH
Europaplatz 3
69115 Heidelberg, Germany

Batch number: 10809472

Printed by Printforce, the Netherlands